U0749122

数据分析不求人

SAS Viya可视化分析原理与实践

王有芹 著

SELF-SERVICE DATA ANALYSIS

THEORY AND PRACTICE OF VISUAL ANALYTICS WITH SAS VIYA

清华大学出版社

北京

内 容 简 介

本书共 23 章,分为 3 篇:理念篇、基础篇和进阶篇。其中,理念篇从探索式数据分析及可视化的通用基础理论出发,介绍相关的原理、技术、方法和过程,帮助读者理解可视化分析的思想理念,以便在可视化分析中践行这些理念;基础篇按照 SAS 可视化分析的方法论,对数据访问与准备、描述性分析对象与诊断性分析对象、报表设计与支持、报表内容与交互支持等基础功能模块进行系统地梳理、归纳、总结和说明;进阶篇主要讨论 SAS 可视化分析中一些相对复杂、更多交互、需要编程或定制的内容,包括预测分析、地理分析、路径分析与网络分析、数据驱动与 Viya 作业等内容对象,以及聚合运算、VA REST API 与 SDK、定制图形模板等。书中内容遵循理论与实践相结合的指导思想,便于读者参照研习及操作。

本书可作为日常工作需要创建数据图表的人士、数据分析初学者或从业者、可视化分析爱好者的自学读物,SAS Viya 使用者及 SAS 技术支持人员的参考书和 SAS Viya 培训教材,也可作为高等学校"数据可视化分析"课程的教学用书或参考书,以及各行业数据分析人员的参考书。

版权所有,侵权必究。举报:010-62782989,beiqinquan@tup.tsinghua.edu.cn。

图书在版编目(CIP)数据

数据分析不求人:SAS Viya 可视化分析原理与实践 / 王有芹著. -- 北京:清华大学出版社,2025.8. -- ISBN 978-7-302-69739-8

Ⅰ.C819

中国国家版本馆 CIP 数据核字第 2025CB2395 号

责任编辑:贾　斌　董柳吟
封面设计:刘　键
责任校对:郝美丽
责任印制:宋　林

出版发行:清华大学出版社
　　　　网　　　址:https://www.tup.com.cn,https://www.wqxuetang.com
　　　　地　　　址:北京清华大学学研大厦 A 座　　　邮　　编:100084
　　　　社　总　机:010-83470000　　　　　　　　　邮　　购:010-62786544
　　　　投稿与读者服务:010-62776969,c-service@tup.tsinghua.edu.cn
　　　　质量反馈:010-62772015,zhiliang@tup.tsinghua.edu.cn
　　　　课件下载:https://www.tup.com.cn,010-83470236

印　装　者:三河市天利华印刷装订有限公司
经　　　销:全国新华书店
开　　　本:185mm×260mm　　**印　张:**28.5　　　　**字　　数:**697 千字
版　　　次:2025 年 9 月第 1 版　　　　　　　　　　　**印　　次:**2025 年 9 月第 1 次印刷
印　　　数:1～1500
定　　　价:116.00 元

产品编号:106702-01

Visualization is critical to data analysis. It provides a front line of attack，revealing intricate structure in data that cannot be absorbed in any other way. We discover unimagined effects，and we challenge imagined ones. ——William S. Cleveland

可视化在数据分析中至关重要。它作为数据探索的排头兵，能够揭示数据中那些无法通过其他方式理解的复杂结构。通过可视化，我们质疑既有假设、斩获意外发现。

Visual analytics combines the strengths of humans and computers. ——Daniel A. Keim

可视化分析结合了人和计算机的优势。

Everybody needs data literacy because data is everywhere. Data is the new currency，it's the language of the business. We need to be able to speak that. ——Piyanka Jain

每个人都需要数据素养，因为数据无处不在。数据是一种新兴货币，一种商业语言，我们必须能够用它来发言。

When we represent quantitative information in visual form，our ability to think about it is dramatically enhanced. Visual representation not only make the patterns，trends，and exceptions in numbers visible and understandable，they also extend the capacity of our memory. ——Stephen Few

当我们以可视化形式呈现定量信息时，我们的思考能力得到了显著提升。可视化展现不仅使数据中的模式、趋势和异常变得显而易见，还扩展了我们的记忆容量。

序

SAS 公司是全球知名的商业智能与分析软件厂商。1976 年由 Jim Goodnight 博士及 John Sall 博士等创立于美国北卡罗来纳州立大学,其公司名称 SAS(Statistical Analysis System)源自创始产品——统计分析系统。SAS 公司一直奉行为全球客户提供"The Power to Know"的宗旨,在产品研发和客户支持方面不断取得成功,收入和利润稳步提升,逐渐成长为世界最大的软件公司之一。近几年,公司产品除传统的 SAS 平台之外,成功推出基于云分析的 Viya 平台,是当今市场上最全面、最快捷的分析平台之一。目前,全球 120 多个国家的 50 000 多家企业在使用 SAS 产品解决方案,90% 以上的《财富》100 强公司或其关联公司是 SAS 的客户。20 世纪 90 年代初,SAS 产品开始进入中国市场服务国内客户,2005 年 SAS 在北京成立研发中心和用户服务支持中心,在华业务覆盖商业智能与分析软件、行业解决方案、智能领域专业咨询服务及专业培训与技术支持等,赢得了越来越多国内用户的信任和支持,涉及金融、制药、电信、政府、制造、能源、交通、环保等多个行业。

我与 SAS 公司结缘,始于 2012 年初与 SAS 北京研发中心总经理刘政博士的交流。为汇聚企业与学校两方面的优势,我们协商在北京大学开设一门集传授知识与技能于一体的数据分析课程,共同培养下一代数据分析人才。首期为北京大学研究生与本科生开设的公选课"统计分析与商务智能"于 2012 年秋季学期正式推出。至今该课程已连续开设十多年,受到北京大学信息学院、元培学院、光华管理学院、数学院、工学院等选课学生的广泛好评。课程内容注重理论与实践相结合,提升学生的综合技能,不仅涵盖统计分析的相关内容与案例,还结合了 SAS 编程及可视化分析等内容。

在当今的大数据浪潮中,无论企业还是个人,都越来越重视数据的价值,数据分析能力已经成为公民数据素养的一个重要方面。我国新的基础教育课程标准中,对 STEM(科学、技术、工程与数学)学科均提出了加强数据能力教育的要求,公民和学生的数据素养教育问题,已成为我国发展数字经济战略中不可或缺的一环。毫无疑问,数据分析能力的培养有助于人们数据素养的提高,而可视化分析系统作为一种集成了自助式与自动化数据分析的工具,简便易用且十分高效,即使是非数据专业的使用者也能获得非常好的使用体验,逐渐成为一种非常有效、高效和重要的数据分析手段,获得越来越多人的青睐。

可视化分析将计算机与人的优势综合起来,通过充分利用计算机系统的自动化及计算能力,结合人类的视觉认知及思考分析能力,帮助人们高效地认识数据、获取信息、辅助决策;可视化分析强调对数据的深入观察,与经典的验证式数据分析相辅相成、互为补充,为更深入地挖掘数据价值、获取洞察提供支持。SAS 可视化分析系统提供的自助操作方式与自动化分析功能,使数据分析的学习曲线变得平缓,更多人能够更容易地使用它进行数据分析,真正帮助推动企业数据应用与分析迈向民主化。自动化分析功能可以帮助非数据专业人士非常便捷地进行一些常规的数据分析操作,进而结合自己的业务背景知识,获取洞见;

而系统所提供的交互式分析技术，允许使用者充分发挥他们的专业知识和数据直觉，通过交互迭代获得更可信、更有意义的分析结果，进而辅助决策。另外，可视化分析工具也便于通过优化分析模型的参数或选择不同的模型算法，进行分析、验证、比较，从而对模型和算法持续评估与完善。

除了日常的计算机教育研究工作，我的主要科研方向是机器学习、文本挖掘等。我发现，可视化分析解决问题的思路，在这些领域也都不乏用武之地。不说知识生成模型的指导意义，仅就可视化分析的信息沟通原则、宏观到微观原则，以及丹尼尔·凯姆（Daniel Keim）教授所倡导的 Analyze first、Show the Important、Zoom/filter and analyze further、Details on demand 等可视化分析原则，都在潜移默化地指导着我们的日常研究工作，使我们受益颇多。更进一步讲，随着机器学习、人工智能技术的高速发展和快速应用，构建可信赖的 AI 系统已经迫在眉睫。可视化分析能够帮助人们更好地理解 AI 算法、调试和提升算法效率，推动 AI 的应用。我们知道，数据分析和 AI 本质上都是一个数据驱动决策的过程，这个过程越高效，能为企业带来的价值越大。而可视化分析充分利用数据可视化能快速呈现海量数据的关键特征、快速获取对数据的关注与洞察等特点，助力人们快速检验预期、发现 AI 模型的问题或错误，从而改进和优化算法，为构建可信赖的 AI 系统发挥关键性作用。

正因为可视化分析的种种优势，我认为每个人都应该学习可视化分析，包括其解决数据分析问题的思路及相关工具的使用。《数据分析不求人》是一本该领域内值得推荐的好书，内容独到翔实，可操作性强，涵盖从数据准备到数据呈现、从数据探索分析到创建数据报表等多方面。王有芹老师不仅对 SAS 可视化分析系统进行了全面细致的梳理、归纳和阐述，而且介绍了视觉认知的相关原理等可视化分析的通用理论、技术、方法及过程，用于指导读者的可视化分析实践。书中内容还融合了她及团队在日常可视化分析技术支持方面的经验积累、撰写的技术博客，以及在北京大学"统计分析与商务智能"课程的相关专题等内容，充分展现了作者在数据可视化分析方面的深厚功底及在推动数据分析素质教育方面的初心担当。

本书是集数据分析的理论与实操于一体的学习教程，适合日常工作中与数据打交道的广大读者、数据分析与可视化分析的爱好者，以及数据分析从业者，尤其适合使用 SAS 分析工具的从业者和技术人员阅读或参考，也诚挚推荐给要开设"数据可视化分析"课程的高校、企业等。

张铭

北京大学计算机学院数据科学与工程研究所教授、博士生导师

教育部计算机基础课程教学指导委员会委员、中国计算机学会 CCF 杰出教育奖获得者

2020—2023 年人工智能全球 2000 位最具影响力 AI 学者

前　言

首次萌生编写本书的想法是在 2015 年底,我受邀为我司在北京大学开设的"统计分析与商务智能"课程讲授数据可视分析的专题。当时,北京大学信息科学技术学院张铭教授非常重视,特意申报了开放讲座,除在校学生参加外,还有一些校外人士聆听。他们大多已经毕业多年,有些人从事的是计算机技术相关工作,有些人则是非技术从业者。课后的交流反馈非常热烈,使我有机会体悟到,原来那么多人可以从数据可视化及可视化分析中受益,却苦于缺乏这方面的系统知识和技能。

其实,不止是在教学中,日常工作中也接触过不同行业的从业者,有的来自软件开发、测试、统计分析等技术岗位,也有来自医药研发、保险金融等专业领域的人才。他们中大部分对可视化分析好像知道一些,又好似雾里看花。有多少人能够辨析条形图与直方图的异同?什么类型数据适用哪种图形?可视化听起来很亲民,但究竟应该如何进行可视化分析呢?作为可视化分析领域的从业者,我希望能够为各行业从业者学习和使用可视化分析略尽绵薄之力。

具体一点来说,可视化分析作为一个融合了多领域知识的学科,将人的探索分析能力、思维判断能力、行业背景知识等,与计算机系统的大存储、云计算、机器学习算法等结合起来,使其具备了其他数据分析方法无可比拟的优势:

(1) 数据可视化使用视觉图形将关键数据及其特征以更直观的形式呈现出来,能够快速获取人们的关注、传递对数据的洞察。面对巨量数据,可视化技术能够有效减少数据过载带来的困扰,帮助人们对数据进行更有效、更高效的理解和认识,正所谓"一图胜千言"。

(2) 可视化分析的理念与实践,鼓励人们尝试使用多种图形、从多个视角去理解数据,引领人们更好地检验或质疑预期,了解数据所包含或潜在的趋势、模式,及时发现或探测非预期值、关注数据中隐藏的问题等。

(3) 可视化分析系统提供的自助操作方式,大大减少了使用者在学习与培训上所投入的时间,尤其是对非数据专业人士来讲,能够更有效、更高效、更多视角地去认识业务数据、获取业务洞察,可视化分析系统将真正帮助企业实现数据分析的便利化和数据使用的民主化。

(4) 可视化分析系统将自动化分析与交互式分析相结合,使计算机的智能分析与人的自主分析二者相得益彰,使用者既可以在适当的场景中采用高效的自动化分析,也可以发挥他们的背景知识与业务直觉,通过交互分析获得更有业务意义的分析结果。

(5) 可视化分析对数据专业人士也是不可或缺的重要分析手段,在数据探索、模型解释、假设验证、结果展示等多个环节发挥其独特作用,对复杂问题进行深入探究和迭代。随着 AI 技术的快速发展,企业将越来越依赖 AI 系统,而构建可信赖的 AI 系统需要大量安全的、可解释的人工智能算法和模型,但摆在眼前的问题是这些算法和模型大多难以被人们理解,也就难以获得企业的信赖。可视化图形能够帮助人们更有效、更高效地理解和解释 AI 使用的数据、模型及结果,从而有助于消除人们对 AI 决策过程的疑虑。可视化分析还可以通过多种交互分析来显示算法及模型在不同配置下的输出、快速甄别 AI 运行的问题或错误,以便改进和优化算法。毋庸置疑,可视化分析必将在构建可信赖 AI 系统的过程中发挥关键性作用。

鉴于上述可视化分析的优势,我们认为学习可视化分析可以使企业中的每个人都受益。除此之外,可视化分析解决问题的思路,也有助于人们提升许多日常工作及沟通交流的效率和效果,持续迭代、持续评估及交互反馈的思想,也有益于企业改善业务流程。

本书从视觉认知、探索式数据分析等通用理论出发,首先介绍可视化分析的相关原理、技术方法、原则与过程等,便于读者在可视化分析中践行这些理念;接着从具体的分析方法论和知识技能视角,对 SAS 可视化分析系统所提供的各种功能模块(如基础功能模块、交互功能模块、进阶定制模块等),进行系统的梳理、归纳、总结和说明。书中每章都提供了习题与小结,便于读者回顾该章的主要知识点。本书还融合了笔者自 2015 年起每年在北京大学"统计分析与商务智能"课程中所做专题讲座的内容,以及发布在 SAS 全球技术博客上相关文章的内容,努力遵循理论与实践相结合的指导思想,注重可操作性,涵盖从数据准备到数据呈现、从数据探索分析到生成数据报表的全过程,读者可以在理解可视化分析理论与方法的基础上,按部就班地进行研习与实际操作。

读者对象

本书适合以下读者群体:

(1) 日常工作需要创建数据图表或数据报表、需要用数据说话的各界人士。

(2) 数据分析初学者、数据分析从业者、可视化分析爱好者。

(3) SAS Viya 使用者、SAS 技术支持人员、SAS Viya 培训讲师。

(4) 开设"数据可视化分析"课程高校的学生、教师等。

如何阅读本书

全书共 3 篇,内容包括可视化分析相关基本理念、SAS 可视化分析的基础及进阶使用等。

1. 理念篇(第 1～5 章)

主要介绍数据素养与数据分析的关系、探索式数据分析的基本理论与方法、通用的视觉认知理论、数据可视化与可视化分析的相关理论知识。掌握理念篇的内容,有助于读者了解可视化分析的底层原理与理论基石、数据可视化与可视化分析应遵循的原则及过程,以便更有效、更高效地进行可视化分析及结果呈现,并避免被误导。建议所有读者首先阅读本篇内容,尤其是视觉认知及格式塔理论的相关内容,有助于理解可视化编码原理、把握可视化图形风格;已经对数据分析基础理论有所了解的读者,可以只阅读视觉认知理论相关内容;建议非数据专业人士阅读探索式数据分析相关内容,以便对数据分析的图形技术与非图形技术有所认识。

2. 基础篇(第 6～15 章)

主要介绍 SAS 可视化分析所提供的基础对象及其应用,包括 SAS Viya 系统简介、SAS

可视化分析的方法论、数据访问与准备、描述性分析对象与诊断性分析对象、报表设计、报表内容支持、报表交互支持、与 MS Office 的集成等。通过基础篇的内容，读者可以了解 SAS 可视化分析的平台系统 Viya、云分析服务 CAS 的数据操作、数据访问、调查及准备的方法；学习描述性分析对象及诊断性分析对象的创建与使用方法；学习报表设计的相关理论、报表动态内容及交互支持等。

3. 进阶篇（第 16～23 章）

主要介绍 SAS 可视化分析所提供的一些相对复杂、可灵活定制、高交互性的对象及其应用，包括预测与自动预测对象、地理分析对象、路径分析与网络分析对象、数据驱动与 Viya 作业等内容对象；聚合运算、快速计算项、VA REST API 及 VA SDK、定制图形模板等。本篇内容适合已掌握基础篇内容的读者，在执行特定需求的可视化分析时查阅，或具有一定编程基础、有定制分析需要的专业人士参考。

致谢

首先感恩我们所处的 ABC(Artificial intelligence，Big data，Cloud computing)时代，感恩 SAS 公司，造就和培养了如我这般的一批技术人员，使我有机会获得编写本书的知识与技能；感恩家人、朋友们的鼓励与支持；感谢自己多年的坚持不懈，使本书最终得以完成。诚挚感谢 SAS 中国研发中心总经理刘政博士对本书给予的指导与支持，感谢北京大学计算机学院数据科学与工程研究所博士生导师张铭教授一直以来对我的鼓励和支持。在本书的编写过程中，获得了 SAS 美国总部研发中心分析产品部高级经理高燕女士的大力支持及有益帮助，特此致谢。本书编写过程中也得到了 SAS 中国研发中心 VAT/BCT 团队成员的诸多支持，感谢王策、张琳对地理分析对象相关内容的帮助。同时，感谢 SAS 大中华区市场总监彭宇恒先生、石小卿女士对出版本书的大力支持。感谢清华大学出版社董编辑在本书出版过程中提供的宝贵建议及专业高效的审阅。需要感谢的名字很多，恕有无法尽数罗列。最后，感谢读者选择阅读本书。

书不尽言、言不尽意。由于作者水平有限、软件技术快速迭代等因素，书中难免有欠妥之处，敬请广大读者不吝指正！

王有芹·北京

目　录

理　念　篇

基 础 篇

进 阶 篇

理 念 篇

第 1 章

数据素养与数据分析

1.1 数据素养

我们每个人所生活的时代,是一个数据无处不在的时代。每一次出行、每一次购物、每一次用餐、每一次运动、每一次就医、每一次社交媒体上的点赞,不胜枚举,我们每个人的所有活动,都在随时随地产生数据、访问数据、理解数据、评估数据。同样地,现代企业和政府组织的运转,也无时无刻不在收集、产生和访问数据。在这个充满数据的世界里,我们的工作和生活已经离不开数据。可以说,无论一个人的学历、年龄或职业成就如何,具备基本的数据解读、分析甚至质疑的能力——被称为"数据素养"(Data Literacy),已经成为数据信息时代一项日益重要的技能。

让我们从个人和企业两个层面,分别来看看为什么在当今数字化社会中,培养和提升数据素养非常重要且必不可少。

首先,对于个人来说,数据素养可以帮助我们更好地应对信息化社会带来的挑战,并在个人生活和职业发展中发挥重要作用。

我们每个人每天的日常生活和工作都面临着大量的信息,其中很多可能是误导性的或不准确的。拥有数据素养的人可以更好地识别和过滤信息,从而避免被虚假信息误导,并帮助我们更好地理解和评估这些信息的可信度和价值,从而做出更明智的决策。同时,在职场竞争日益激烈的今天,拥有数据素养已经成为一个重要的技能。无论是在工作中处理业务数据、解读分析报表,还是在日常生活中使用数字化工具,数据素养都是不可或缺的;无论是研判市场趋势、评估运营绩效,还是制定发展战略,都需要依托数据素养来准确理解和高效处理相关数据。

普通民众的日常生活和工作,已经无法脱离数据。百姓日常会根据菜价、服务收费等相关数据,做出购买与否、购买时点的决策;根据对气温、空气污染等天气情况的了解,来安排日常出行的活动;根据对债券利率、股市波动等有关数据的解读,来规划家庭财务安排等。数据素养也让我们的日常决策,变成有意识、有数据佐证的、更可靠、更科学的决策。因此,我们说"数据素养已经成为数据信息时代使人们生活变得更美好的基本素养"。

让我们来看一个与日常生活密切联系的数据信息辨识的例子。近年来,随着新能源汽车在我国的快速发展和普及,新能源汽车的火灾事件引发了广泛关注,大量引用各种数据的新闻报道层出不穷,引发不少车主对购买新能源汽车的担忧。无疑,数据可以有力地支撑观点,使其主张更具说服力,但是,这些数字新闻在吸引人们关注的同时,也考验着人们的数据素养。例如,图1.1为一段包含数据的新闻截图,如果我们做一个简单的尝试,去掉新闻中的数字,就很容易地体会出数据对信息量及信息辨识度的重要作用。但是,这些数据有时也会造成不少困扰。我们看到一季度各类交通工具火灾同比上升8.8%,而新能源汽车火灾则上升32%,这种大幅上升是不是表明情况已经非常严峻了?我们还能放心地购买新能源汽车吗?面对这种情况,如果具备一定的数据素养,将有助于我们正确分析和解读这些数据。例如,新能源汽车火灾同比上升的数值,是其今年发生的火灾数与去年火灾数相比所增加的百分比,该比值与新能源汽车火灾发生率并不一样,后者是新能源汽车发生火灾的数量与保有量的比值。考虑到近几年新能源汽车保有量的不断扩大,虽然火灾同比上升的百分比数值超过30%,但同期的保有量扩张可能远远大于火灾数量的上升,这样计算出的新能源汽车火灾发生率,真的逐年大幅上升吗?而新能源汽车作为汽车新势力,其火灾发生率与传统燃油车相比的情况又如何?通过运用数据思维去搜寻相关数据、探寻相关因素,有助于我们批判性地认识相关问题。

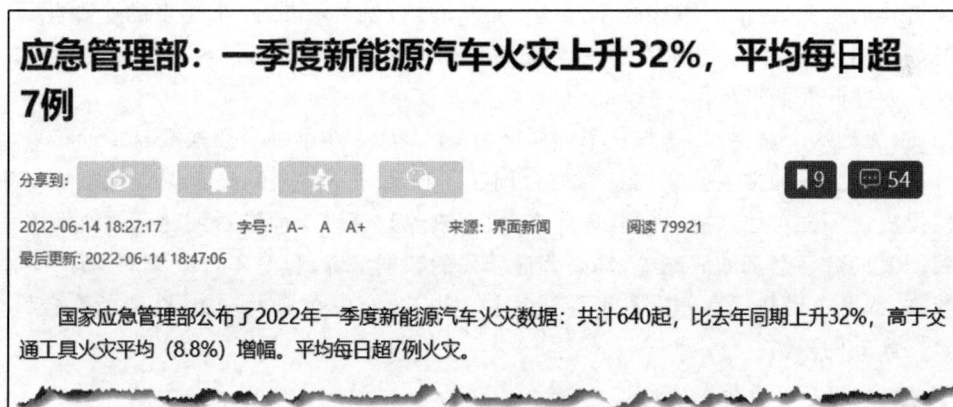

图1.1　数据对新闻信息量的影响示例

再者,对于企业来说,数据素养同样是非常重要且必不可少的。企业员工具备较高数据素养,无疑会帮助企业提升市场竞争力。

(1) **客户洞察**:数据可以帮助企业更好地了解客户,包括他们的需求、偏好和行为模式。通过分析客户数据,企业可以更精准地定位目标市场,并提供更有针对性的产品和服务。

(2) **市场竞争**:在竞争激烈的市场环境中,企业需要利用数据来了解竞争对手的策略和市场动态。数据素养使企业能够进行竞争情报分析,从而保持竞争优势并及时调整策略。

(3) **业务决策**:企业需要依靠数据来制定战略和决策。拥有数据素养的员工能够更好地理解和分析数据,从而为企业提供更准确和可靠的决策支持。

(4) **效率提升**:通过数据分析,企业可以发现业务流程中的瓶颈、优化提升的空间,从而提高生产效率和运营效率。拥有数据素养的员工能够更快地识别问题并提出解决方案。

(5) **创新发展**:数据可以成为企业创新的重要驱动力。通过分析数据,企业可以发现新的商机和市场趋势,从而推动产品创新和业务发展。

可见,对于企业来讲,要充分利用数据、获取洞察、提高企业绩效和市场竞争力,提高员工的数据素养同样至关重要。进入大数据时代,数据量大、分析工具多种多样、计算机运算能力更强大,瓶颈反而在于人员素质。员工具备清晰的问题意识,知道自己需要了解什么、分析什么、解决什么问题,才能让计算机和工具更好地发挥功效。因此,企业里上到CEO、下到基层人员,都应该至少具备基本的数据素养。提高企业及员工的数据素养,将有力推动和培养企业的数据文化,让数据语言成为企业中跨部门和角色的共同语言,从而推动组织转型升级为数据驱动型公司。

当然,这并非要求所有企业都具备同等的数据素养水平,也不是要求组织中的所有人都成为数据科学家。但是,当企业中的每个人在自己的角色和岗位上,都能充分、恰当地使用数据时,就能更好地理解业务数据,利用数据帮助企业做出更明智的决策、让数据发挥其真正的力量,帮助企业提高客户满意度、增强市场竞争力、提升效率和推动创新发展。因此,企业应该重视并投资于提升员工的数据素养水平。

沃顿商学院的一项研究表明,员工具备更高数据素养的企业,其市场价值往往远超那些员工数据素养低下的企业的平均值。麻省理工学院的研究也表明,优先投资和采用基于数据决策流程的企业,生产力指标高于其他企业5%~6%。现在,越来越多的企业除了设置专门的数据团队外,也已经开始进行一些教育课程,来提升所有岗位员工的数据素养,帮助员工和企业共同发展进步。

因此,无论从企业层面,还是从个体层面,每个人都应注重提高数据素养。近年来,我国已经开始关注公民和学生的数据素养教育问题。在我国新的基础教育课程标准中,STEM学科均提出了加强对数据能力的教育要求,数据素养教育将全面渗透到现有的教学体系中。而在我国发展数字经济的战略中,提高普通公民的数据素养,也是不可或缺的一环。特别是近几年来,提升公民数据素养进一步受到各方重视,政府也在加大投入,以不断弥合城乡居民间数据素养的鸿沟。

1.1.1　什么是数据素养

简单来说,数据素养这个术语,用来描述一个人具备有效地解读、分析、利用和质疑数据的能力。

数据素养是一种综合的能力,涵盖了从数据的获取、处理到分析和应用的全过程。一般认为,数据素养由数据思维和知识技能两大部分组成。其中,数据知识技能包括数据的基础知识及使用数据工具的基本技能;对数据的批判和反思能力;恰当有效地获取、分析、处理、利用和展现数据的能力;数据的探索分析能力;利用数据进行决策的能力。因此,可以从以下三方面来评估一个人的数据素养。

1. 具备数据思维

包含数据意识、对数据的敏感度及对数据的批判与反思能力等三个层面。能够从数据出发,批判性地辨识数据的可靠性和完整性,建立对数据的敏感度,能够以合乎道德的方式处理和使用数据。

2. 具备数据相关的基本知识

不要求人们成为数据专家(如数据分析师、数据科学家等),但要求人们知道如何与数据交互,来帮助自己了解周围的世界,识别数据中有用的、与工作和生活相关的部分。

3. 掌握使用数据工具的技能

可以通过数据工具寻找数据中的主题、模式和关系,来分析和发现数据中的意义;能够与他人沟通和交流在数据中的发现;使用从数据中获得的洞察来辅助相关的决策。

可以说,数据素养要求人们从数据视角出发观察事物,运用数据思维和批判性思维去发现和提出问题,运用数据知识和工具去分析和解决问题。数据素养不仅仅是思维、知识和技能的简单组合,更重要的是,能够在特定情境中恰当地运用这些素养,去解决现实世界中的复杂问题。

具备了数据素养,即使对非数据专业人员来讲,也能够理解和读懂数据、探索和分析数据,并懂得如何在沟通交流中利用数据、反思数据,让数据为决策提供支持。当然,对于数据专业人员,其所具备的数据素养,将在前述各个方面更进一步,他们能够更深入、更充分地利用数据,获取、处理和分析数据的能力更强更专业。

1.1.2 DIKW 金字塔模型

数据素养的理论基础,基于 DIKW 金字塔模型,其中的四个字母,分别代表数据(Data)、信息(Information)、知识(Knowledge)和智慧(Wisdom)四个英文单词的首字母。在进一步讨论数据素养之前,我们先来简单了解一下这个模型。

DIKW 金字塔模型,由美国学者亨利·尼古拉斯(Henry Nicholas)于 1974 年在他的一篇有关知识管理的文章中,首次用来描述从数据到信息、知识、智慧的连续转化过程。尽管后来有人在此模型上增加了新的层级,但原始的四层基本结构受到最广泛的认可。图 1.2 是DIKW 金字塔模型的示意图。

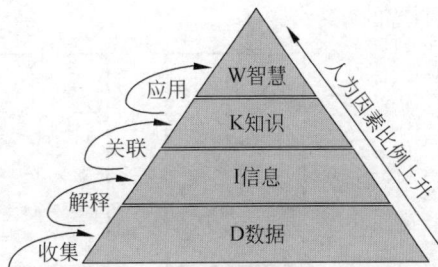

图 1.2　DIKW 金字塔模型的示意图

需要说明的是,该模型的每一层并不会自己产生价值,需要人为干预和处理,进行解释、关联和应用,才能完成从数据到信息、知识、智慧的转化过程。并且,整个过程中所需要的人为因素,其比例是逐层上升的。当然,现在人们也在尝试更多地引入人工智能技术,但是,整个转化过程依然离不开人的自觉能动性。

下面我们来逐层对该金字塔模型做一个简单说明。

(1) D 代表 Data,中文译为"数据"。根据韦氏词典(Merriam Webster)的定义,"数据"指用于推理、讨论或计算的基础事实信息(如测量或统计数据等)。数据被收集后,通常采用数值形式记录在数据库、电子表格,或以其他形式记录在文件中。数据是 DIKW 金字塔的基石,也是让数据产生价值的基础,可见数据的重要性。但是,数据就像零散的信号或符号,如果不经整理、无组织地放在那里,可能也只是噪声。要想让数据变得有用,我们需要从中获得信息。

(2) I 代表 Information,中文译为"信息",是指经过格式化或整理、组织过的、便于我们理解的、有用的数据。信息可以提供了解事物的事实,也可以是事物的特定安排或顺序所传达或代表的东西。当我们以某种系统性的方法来组织和分类数据时,就可以将类似噪声的数据转化为信息。如一串数字 110618,它代表什么意思?一个密码?随机产生的 6 位数字?还是一个日期,表示 2011 年 6 月 18 日?或是一个时间,表示 11 时 6 分 18 秒?我们需要一个上下文,来了解这串数字的组织方式或含义,此时,数据就转化为信息了。可见,为了将数据转化为信息,我们需要知道如何解释它,也可能需要重新组织以便更好地理解它。

（3）K代表Knowledge，中文译为"知识"。通过以往的经验或与熟悉的事物相关联，信息可以转化为知识。这可能是DIKW模型中最重要的一个飞跃。这意味着我们获取数据，对其进行分类、整理生成信息，然后以有用的方式组织这些信息，来帮助我们理解相互间的关系。知识可以让我们发现模式，通过学习和积累信息，分析其上下文及信息构成，让我们可以建立预测模型并真正产生洞察。

（4）W代表Wisdom，中文译为"智慧"，指良好的判断力，明智的态度、信念或行动方针。这是DIKW模型顶端的一级，涉及如何应用我们获得的知识、做出正确的决定，是理论联系实际的环节。我们希望通过前面的层级获得"智慧"，最终使我们在数据方面的所有工作能带来更好的决策和行动。

可见，在DIKW模型的四个层级中，我们对事物的认知深度在逐层增加。安东尼·菲格罗亚（Anthony Figueroa）等人用图1.3来形象地说明DIKW的递进发展：在"D数据"层，我们对事物的认识是零散、无序和割裂的；到"I信息"层，我们对事物的认识有了一些条理、归类和联系；到"K知识"层，我们对事物的认识更进一步，找到了事物间的关联、逻辑和模式；到"W智慧"层，我们已经可以运用所获得的知识做出决策，针对要解决的问题选择一条明智的途径。

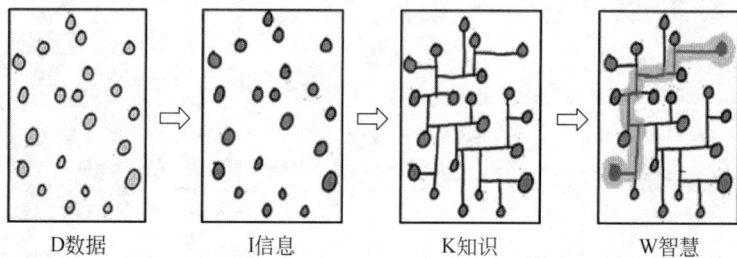

D数据　　　　　I信息　　　　　K知识　　　　　W智慧

图1.3　Anthony的DIKW递进示意图（彩色图片可扫描附录二维码查看）

DIKW模型很好地表示了从数据到智慧的一个转化过程，在实践中非常有用。它能够与人们的日常实践紧密结合，但是，也应该认识到DIKW模型是一个理想的认知转化过程，并不是经过DIKW模型的四个层级，肯定会到达"W智慧"。更多情况下，人们到达某个层级时可能由于多种原因，导致认知过程的暂时中断。不过，随着不断的积累和迭代，又可以纳入更多的信息进来，并再次迎来向知识和智慧的转化。

1.1.3　数据素养之数据思维

我们知道，数据素养由数据思维和知识技能两大部分组成。让我们先来了解数据素养的重要组成部分——数据思维。

先谈思维。所谓"思维"，既可以是一种活动，也可以是一个过程。人类通过各种感官，从大千世界中获得感知，人脑对它们进行整理、形成意识的一系列活动，可以称为"思维"。同时，我们对这些感知进行综合、整理、记忆、分析、概括、抽象、计算、比较等，以形成概念、判断、推理、决策的过程，也可以称为"思维"。因此，"思维"是一个理性认知的过程，也是该过程中的任何一种认知活动。

"思维"有多种形式，一般都需要借助语言或其他形式，进行概括、推理或反映。例如，"逻辑思维"通过概括、抽象等方法，建立对事物本质的概念、判断等认识，进一步来推理和探寻事物间的联系;"统计思维"运用统计学原理、方法和工具,对结构化数据及图表进行分析,进而依据统计推断揭示现象背后的本质特征;"数据思维"则是从问题出发,基于大量的数据事实,通过分析和探索相关因素的方法,梳理并找到解决问题的有效途径。

一般认为,"数据思维"的方法论,是基于科学研究的第四范式——数据密集型科学发现范式。所谓"数据密集型",可以简单理解为我们通常所说的"大数据",即它不仅包括大量数值形式的数据,还包括各种文字、图像、音频和视频等形式的数据。也就是说,"数据思维"是从各种相关的数据出发,来探寻、分析和发现事物之间联系的一种思维方式。

"数据思维"需要首先把工作中的业务问题或日常生活中面临的问题,定义并量化为数据问题;然后搜集和寻找进行分析所需的数据;接着使用数据分析的技术和工具,帮助我们探寻相关因素,进一步梳理和细化,直到找到解决问题的方法。这里,准确定位问题的核心诉求(找到因变量 Y),并找到影响问题核心诉求的相关因素(自变量 X),需要具备相当水平的、与业务建立联系的数据意识和敏感度,才能提出恰当且有针对性的问题。

要锻炼和提高一个人的"数据思维",最好的方法是在日常的工作生活中,多提问题,结合数据去思考问题,培养良好的数据意识和较高的数据敏感度,用批判性态度去利用数据帮助决策。下面分别对这几点进行简单介绍。

1. 提出数据问题

发现问题与提出问题,是解决问题的第一步,也是解决问题的基础。数据分析也是同样的。

提出数据问题,需要具备数据意识,在现实世界中根据所观察到的具体问题,准确表述实际问题,并进行思考、理解、探索,发现数据与具体现实问题之间的关系,从而将现实问题转化为可以通过数据解答的数据问题。

其实,在我们的日常生活中,大家都会在不经意间,将面临的一些问题转化为与数据有关的问题。例如,当我们想购买一台洗衣机时,首先要考虑的是多大容量才够家里人使用?体积多大才能刚好放入家里阳台的角落?甚至在确定购买哪个品牌时,我们都可能会先在购物平台上,查找销量排名或好评度排名靠前的。这类问题出现在我们的脑海,其实就是在建立问题与数据的联系。

企业中的情况也是类似的。通常企业面临的问题,可能是一些业务痛点,或是一些需要提升或优化的流程。提出数据问题,要求我们面对这些问题时,提高数据意识、结合量化思考,善于发现和探索业务问题与各种数据的关系,并且在梳理数据的过程中,与梳理业务问题相结合,努力探索和发现隐藏的问题和真相。

现代企业一般不缺数据,缺少的是对数据的业务化解读。这就要求我们思考从数据中究竟能够发现什么业务问题、哪些问题与数据相关、数据提示了什么异常等。明确我们应该分析什么,要解决的是什么问题,有助于我们提出更有意义的数据问题,而不是简单地提出"怎么办"之类的问题。

一般在提出数据问题时,常常通过与其他行业、与整体、与关联业务等进行对比,包括时序对比(同比、环比)、流程化对比、结果对比、分组对比等;然后进行相关性思考,判断当前业务现状及存在的问题。还可以参考以下角度,去思考数据相关问题:

(1)数据的采集方式科学可靠吗?数据来源的质量和可靠性如何?是否还有潜在的数据来源?

（2）数据处于时效范围内吗？历史数据是否有助于厘清相关的业务问题？

（3）业务指标有哪些？这些指标与业务目标和业务需求的相关度如何？指标的计算依据是什么？

（4）计算结果的衡量标准是什么、依据是什么？选择的数据计算和分析方法与业务问题的性质和业务数据的特点是否匹配？

（5）如何验证数据分析的结果并进行优化？包括涉及的模型参数调整、重新分析数据或者重新定义业务问题，以及如何确保有效地解决业务问题并产生实际价值。

另外，在需要决策时，也可以提一些数据问题来辅助决策。例如我们可以思考清楚：做决策的数据依据是什么？当这些数据有多大程度的变化，会造成我们改变所做的决策？决策执行后的结果用什么指标来衡量？

2. 提高数据敏感度

所谓"数据敏感度"，其实就是在大脑中建立起数据与企业业务或日常生活之间的联系。较高的数据敏感度，能够快速识别出数据反映的问题，并与企业业务或日常生活中的事务联系起来，能够敏锐地察觉到两者背后可能的关联或原因。

例如，外卖企业本周的订单量相比于上周上升了10%，数据敏感度高的管理人员，可能很快会想到本周订单量上升，是最近社交媒体推广生效的信号，还是天气太热更多人不愿出门就餐的原因。并且，他们能敏锐地意识到需要判断的后续相关问题：外卖订单量上升趋势是否能够延续、企业外卖骑手是否充足等问题。

可见，具备良好数据敏感度的秘籍是一定要对业务非常熟悉，能够准确理解数据背后所反映的业务诉求或问题。此外，要提高数据敏感度，还需要对各种业务衡量指标有深入的理解，熟悉关键指标的构成细分项、正常数据范围，以及其对应的业务逻辑关系，并善于观察趋势、及时发现异常，勇于追根究底找出问题的根源。

3. 批判与反思数据

数据思维的确非常重要，但也要摒弃"唯数据马首是瞻"的想法。

首先，不能盲目崇拜数据。对数据来源的可信度和有效性，要随时随地进行客观判断和交互验证。

其次，要对数据的采集、使用中所涉及的伦理道德问题，有清醒的意识和认知。注重数据隐私保护、防止应用程序滥用权限，造成对数据的过度采集、不当存储和不安全使用等，以及使用技术算法形成价格歧视等问题。随着人们对数据伦理越来越关注，企业的数据管理权和控制权，个人的数据人格权和财产权等数据权利，也将会受到更多保护和治理。

再次，要意识到数据对现实本身的反映，肯定存在局限性。采集到的数据，反映的可能只是已经被关注到的东西，而现实本身的复杂性，必然有尚未被关注和被纳入的内容。

最后，数据虽然会"说话"，但是也可能出现各说各话的情况，我们要不断培养自己解读、判断和质疑数据的能力。

数据看似客观、科学、能够呈现事实，但是从数据的挑选、解读到应用，无一不涉及人的判断和选择，这些最终都会影响到决策的优劣。正是由于数据越来越多地应用于社会生活的方方面面，而人们的数据素养参差不齐，容易使有些人有意或无意地成为偏差数据的制造者，抑或受到一些偏差数据的影响而不自知。因此，不断地批判和反思我们所获得的数据、相关图表及分析结果等，也是提高数据素养的一个重要内容。

至此，我们从提出数据问题，提高数据敏感度、批判和反思数据三个维度，简单地介绍了数据思维。数据思维让我们将思考建立在经过量化的数据事实之上，以重事实、讲逻辑的理性方式，遵从数据伦理，去寻找更有效的解决问题的办法。当然，我们也应该意识到，数据思维也有其局限性，数据不是万能的，不结合实际业务或具体问题，过度或单纯依赖数据也不是一种科学的态度。

1.1.4　数据素养之数据知识

数据素养是解读、分析、利用和质疑数据的能力。这些能力的培养，必定是从数据的基础知识开始的。

通常来讲，数据知识包括基础的数学知识、初步的统计学知识，以及一些基本的信息技术知识。具备这些基础知识，并不是要求每个人都成为数据分析师或数据科学家那样的数据专家，而是希望人们能够理解数据的基本概念，能够使用适当的数据工具，来帮助处理、解决数据相关的问题，以满足日常的工作需要。

这些基本的数据知识，赋予人们以不同方式阅读和理解数据、使用和分析数据的能力。例如，对不同类型数据的区分，常用的数据源、数据的收集整理，常见的数据分析类型和相关工具的认识；能够区分均值、中位数和众数等数据统计量；能够判断某种数据的使用是否恰当、有意义等。

本节简要总结数字的发明、数值与数感、数据、数据分类及数据分析等，已了解相关内容的读者可以跳过本节。

1. 数字的发明

数字及其概念，是人类认知领域的伟大创新。人类学家凯莱布·埃弗里特（Caleb Everett）在他的著作《数字起源》中总结：人类是依靠手指发明出的数字，而数字的发明，又促成了农耕革命和书写文字的诞生。

那么，人类最初是如何计数的呢？

考古发现，我们的祖先古代中国人，最初是用手指计数的。甲骨文数字 ▅ ▅ ▅ ▅ ，就分别代表一、二、三、四个手指。如图1.4所示，中国古人还发明了结绳、算筹等计数工具。现代研究表明，中国古代很早就有了完善的满十进一的"十进位制"计数法，这是很多其他古代民族所没有的。

图 1.4　中国古人的计数法

古代罗马人也是用手指作为计数工具的。为了表示几个物体，就伸出几个手指。为了记录这些数字，就画出Ⅰ、Ⅱ、Ⅲ来代替手指的个数，用 V 形表示一只手（五个手指），用 X 形（一只手向上，一只手向下的两个 V 形）表示两只手（十个手指），这些符号成为罗马数字的雏形。之后为了表示更大的数字，又增加了新的符号。例如，用 C 形表示一百，用 M 形表示一千等。古罗马人用"加减"计数法：较小的数字，如果列在较大数字的左边，表示的数值等于大数减去小数；较小的数字，如果列在较大数字的右边，表示的数值等于大数加上小数。如数字 4 使用Ⅳ表示，即 5－1＝4；数字 8 是用Ⅷ表示的，即 5＋3＝8。

古印度人发明了我们现在广泛使用的数字。研究表明，大约在公元三世纪，古印度人发明了最早的三个数字符号：1,2,3。后来经过漫长的积累优化，才有了 0～9 这一完善的数字体系。最终，这 10 个数字后来由阿拉伯人传入欧洲，被欧洲人误认为是阿拉伯人发明的而称为阿拉伯数字。这一名称被一直沿用下来，成为世界各国通用的数字符号。

2. 数值与数感

数字的发明，作为一种记数的符号，也帮助人们计数。后来，人们创造出了数值的概念，以更好地体现数字的大小。正如统计学家纳特·西尔弗（Nate Silver）所说，"数字无法代表它们自己，我们为它们说话，我们赋予它们意义"。

数值是用数字表示一个量的大小。就是说，数字是一种符号，而数值是由数字组成、用来表示在度量单位下的大小、多少等概念的。数值可以进行运算、比较等数学运算，也被称为数量。

人们对数值的感知能力，被称为"数感"（Number Sense）。人类学家凯莱布·埃弗里特在《数字起源》一书中，研究了"数感"的起源。他认为，人类天生具有"数感"：对 1,2,3（小于 4 的数值）有准确的感知。就是说，人类天生就具备了能够精准地辨别较小数值（指 1、2、3）的能力。但天生的"数感"在辨别较大（4 以上）数值时，只有较模糊的区分能力。同时，数值之间的差距越大，人们感受到的区分度越明显。

人类这种与生俱来的"数感"，是我们对事物带来的感官刺激的强弱、对比及顺序的一种感知。"数感"至今仍然在我们的日常工作和生活中发挥着重要的影响。例如，我们日常在记忆或重复一串数字时，会不自觉地按 3～4 个数字为一组的形式进行记录。"数感"也默默地引导我们的行为，有时会无意识地做出由"数感"促成的决策。例如，日常的体重增加一点，血压升高一点，不会带给我们什么特别的感受。但是，当数值发生的变化太大、出现明显差异时，人们会真切感受到数值发出的警告；并且，这种差异的幅度越大，警告的信号越强烈，越提示人们去采取相应的行动来应对。当血压升高达到一定数值，人们会按照医生的要求开始服用降压药物，来确保身体各个器官的正常运转。

"数感"是一种对数值及其运算的感知与认识，与常听的"语感"类似，具备内隐性的特点。当然，数感也是可以通过后天的学习和实践、逐步积累获得的一种非结构性知识。数感能够帮助人们用数量的意识去考察和理解事物发展的数量关系。

3. 数据

正是人类具有的"数感"，让人们有意无意地学会用量化的眼光去看待周围的世界。随着人类文明的发展进步，人们对数值及其量化的研究也逐渐深入和拓展，有了整数、小数、分数、正数、负数、有理数、无理数等多种类型。对各种数值的不同属性和不同运算规则的研究，人们又将数值分为区间标度值和比率标度值，前者表示数值之间的差值是有意义的；后者表示数值之间的比率是有意义的。例如，气温 20℃与 30℃之间，其差值的运算是有意义的，而比率运算就没有意义。收入 5000 元与 10000 元之间，除了差值表示收入的差距外，比率也是有意义的——可以描述两个值之间的倍数关系。

各种类型的数值，被记录下来所形成的集合，就构成了我们平常所说的"数据"。

据记载，目前找到的最早"数据"，是古巴比伦人制作的国家雇用农夫的记录，这些"数据"保存在黏土片上,记录着农夫的名字和他们的工资。这些记录表明,当时人们可能已经认识到收集和分析数据的价值,才保存并珍藏了这些"数据"。后来纸张的出现,使得记录和存储这类"数据"更容易、更便宜。

现代的计算机存储设备,让"数据"的存取更加经济、便捷。而"数据"一词,已经拓展到用来指可以被识别的、对客观事件所做的各种符号记录的集合。因此,从广义上讲,"数据"不仅可以是数值,还可以是文字、语音、图形、图像和视频等形式做的记录。

在计算机科学领域,"数据"是所有能输入计算机、被计算机程序处理的符号集合的总称。

4. 数据分类

对数据的分类,可以从多个角度进行。例如,根据数值是否连续,可以分为离散数据和连续数据。离散数据只能是某些既定的数值,连续数据可以是一个区间中的任意值。离散数据是可以计数的,仅包含不能进一步细分的有限个数值,如办公室中的计算机数量,就是离散数据。而连续数据表示相邻两个数值间还可以细分为无限个数值,这些数值无法计算具体的个数却可以测量,如学生的身高、体重等,就是连续数据。

数据分类,也可以根据与业务系统的关联度,分为包含大量业务细节的"明细数据"和经过处理的"汇总数据"。还可以从来源的角度,将数据分为未经加工的"原始数据"和经过加工产生的"衍生数据"等。

在数据分析领域,一般将数据划分为三个大类:结构化数据、非结构化数据和半结构化数据,每一类又可以进一步划分为不同子类型。图1.5是这种数据分类的示意图。

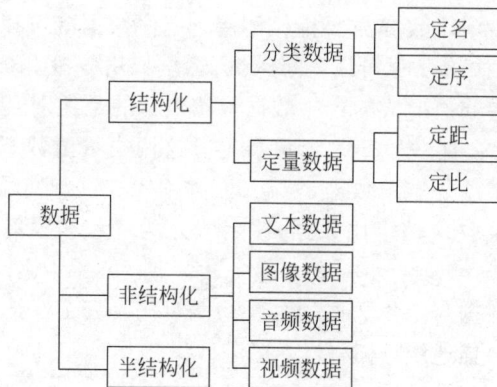

图1.5　数据分类示意图

(1) 结构化数据:是指按照二维表的结构所表示和存储的数据。这种二维表的结构,也称为"数据表"或"数据集"。其中的每一条数据以"行"为单位;每一行数据的结构属性是相同的,这些结构属性也称为"列"或"字段"。

(2) 非结构化数据:包括文字、图像、音频和视频数据。这类数据是按照特定的格式编码后保存的,一般数据量较大,不能简单转化成结构化数据。

(3) 半结构化数据:一般指以自描述方式记录的文本数据。如网站访问日志、各种网页等都是半结构化数据。

在上面的分类中,结构化数据又进一步区分为分类数据和定量数据。分类数据是指具有穷尽且互斥的类别值的数据,也称为类别数据。定量数据是指用数值来表示的、可以进行量化运算的数据,也称为数值数据或测度数据。

根据结构化数据的特点及度量的层次递进关系,又可以区分为以下几种。

1) 定名数据

用名称来标识对象或事件的数据。例如,男、女;汉族、藏族、回族等。定名数据可以执行的操作,通常只是比较两个值相等与否。

2) 定序数据

除了具备定名数据的特征(用名称标识对象)外,数据中还包括了其某种属性的相对数量或相对大小的信息。例如,非常满意、满意、不满意;学士、硕士、博士等。定序数据可以执行的操作,除了可以执行定名数据的操作(比较是否相等)外,还可以对数据进行比较大小、先后等排序操作。

3) 定距数据

除了具备定序数据的特征外,数据中还包括了更进一步的数量特征:数据间距大小是有意义的,如年龄、气温等。定距数据除了可以执行定序数据的所有操作外,还可以对数据进行加、减运算。

4) 定比数据

除了具备定距数据的特征外,数据中还包括了更进一步的数量特征:数据间的比例关系是有意义的,如产量、薪金收入等。定比数据除了可以执行定距数据的所有运算外,还可以对数据进行乘、除运算。

对于上述四种数据,需要说明的是:

(1) 定名数据和定序数据一般归为分类数据。定名数据本来就是表示类别的数据,归为分类数据并不难理解。定序数据需要稍作解释:定序数据既可以直接表示为类别数据,如"非常满意、满意、不满意"等;也可以表示为数值,例如用数值 1,0,−1,分别表示"非常满意、满意、不满意",而这些数值形式的定序数据依然表示的是类别。

(2) 定距数据和定比数据一般归为定量数据。这两类数值数据的区别,在于数值 0 是否代表"无"的概念。如气温是定距数据,气温 0℃ 并不代表没有气温;此时,对气温进行乘、除运算没有意义。而薪金收入是定比数据,薪金收入为 0 代表没有收入,对薪金收入进行乘、除运算是有意义的。

表 1.1 给出了分类数据与定量数据的主要特性对比。表 1.2 给出了分类数据与定量数据支持的数学运算及部分描述统计量。

表 1.1　分类数据与定量数据的主要特性对比

类　　别		带　名　称	带　顺　序	间距有意义	比例有意义
分类数据	定名	√			
	定序	√	√		
定量数据	定距	√	√	√	
	定比	√	√	√	√

表 1.2　分类数据与定量数据支持的数学运算及部分描述统计量

类别		运　算　符				描述性统计量		
		=、≠	>、<	+、−	×、÷	均值、方差、标准差	中位数、分位数	频数、占比、众数
分类数据	定名	√						√
	定序	√	√				√	√

续表

类别		运 算 符				描述性统计量		
		=、≠	>、<	+、-	×、÷	均值、方差、标准差	中位数、分位数	频数、占比、众数
定量数据	定距	√	√	√		√	√	√
	定比	√	√	√	√	√	√	√

本书讨论的数据分析,主要都是基于结构化数据的。对于半结构化数据和部分非结构化数据(文本),经转化后也可以作为结构化数据进行处理。对于大部分的非结构化数据,现在通常的做法,是通过机器学习、深度学习等手段来进行转化和处理,这些内容已超出本书范围,不做介绍。为了便于描述,本书对下列与数据相关的术语不做严格区分:

- 数据集、数据表:均指所保存的一个数据的集合,通常是结构化表格的形式,其每一列代表一个特定变量,每一行是对应特定变量的取值。
- 数据列、变量:均指在结构化数据表中的某一个数据列。
- 数据行、观测:均指在结构化数据表中的某一行数据;一条观测有时也称为一条记录。
- 分类变量、类别变量:均指其类型为字符型的某个数据列。
- 数值变量、测度变量:均指其类型为数值型的某个数据列。

5. 数据分析

数据分析是近年来比较热门的一个词语。在进一步说明数据分析究竟做什么之前,让我们先看看"分析"一词的含义。相信绝大多数人经常听到和使用"分析"这个词,不过,深究其含义的人并不多。根据维基百科的定义,"分析"(Analytics)一词,是指将复杂的事物逐渐拆分的过程,以达到对事物更好的理解。汉语词典中对"分析"的解释是:把一件事物、一种现象或一个概念,分解成较简单的组成部分,找出这些部分的本质属性及彼此之间的关系。顺理成章,数据分析是将"数据"与"分析"结合起来,通过对数据进行详细彻底的检查、分解和研究,去了解和确定数据的性质、特征、组成及彼此间的关系。

数据分析的侧重点,在于利用数据来解决问题、做出决策或发现模式。它从数据中提取有用信息、对数据加以详细研究、概括总结并形成结论。我们可以把数据分析比作寻宝游戏:

(1)**确定目标**:就像在一场寻宝游戏中需要先确定宝藏的位置和目标一样,在数据分析中,需要先明确我们的分析目标和要解决的问题。

(2)**准备工具**:在寻宝游戏中可能会使用地图、指南针、探测器等工具来帮助我们探寻宝藏。类似地,在数据分析中,我们需要使用数据整理工具和数据分析工具来帮助我们分析数据。

(3)**探索与发现**:一旦开始寻找宝藏,我们会沿着地图指示的方向进行探索,并留意任何线索或痕迹。在数据分析中,我们需要不断探索数据集,寻找任何有用的模式、趋势或关系,并留意和探索任何新发现的线索或痕迹。

(4)**理解与解释**:寻宝过程中发现的任何线索或痕迹,我们会试图理解它们的意义和可能的含义,为下一步行动提供参考。在数据分析中,需要我们不断尝试解释所发现的数据模式与关系,理解它们的背后原因和影响,为后续决策提供支持。

当然,通常意义下的数据分析,依赖于一系列数学、统计学等专业领域的知识、技能及相关技术过程,需要深厚的专业知识积累。因此,面对日常工作和生活中的大量数据,许多人会感到无从下手,尤其是业务人员。幸运的是,随着计算机技术、人工智能等的快速发展,各种适合业务人员使用的数据分析工具应运而生。可以说,这些数据分析工具是数学与计算机科学相结合的产物,通过使用适当的数学统计分析方法,对收集来的大量数据进行分析,加以汇总、理解和消化,以求最大化地开发数据的功能、发挥数据的效用。因此,现代的数据分析更多是指使用恰当的分析方法与工具,对数据进行分析并提取有价值的信息、从而形成有效结论的过程;或者说,数据分析通过各种分析工具、方法和技巧,对数据进行探索和分析,从中发现因果关系、内部联系和业务规律,为商业目标提供决策参考。

1.1.5　数据素养之工具技能

前面介绍了数据素养是人们能够解读和理解数据、提出数据问题、使用数据交流信息等的能力,包括对数据来源及结构的认识能力,对数据分析结果的理解与应用能力,以及对数据分析方法和工具的应用能力。因此,要提升数据素养,除了不断学习数据分析相关知识,还需要善用各种数据工具为解决数据问题的实践服务。

工欲善其事,必先利其器。数据素养的工具技能,侧重于人们应用各种相关工具,进行数据的收集、整理、探索、统计、分析及解读、评价等。常用的数据工具,一般可以分为以下两类。

1. 数据整理工具(Data Wrangler)

数据整理包括收集各种数据,并将数据从原始状态转换为更易于进行分析的形式。通过数据整理,可以减少在数据分析中由数据错误造成的问题。我们知道,数据大多是杂乱无章的,可能包含错误、缺失值、不一致格式等问题。数据整理工具可以帮助清洗数据,去除不良数据、填补缺失值、统一数据格式,并根据需要进行数据转换、数据合并等,使数据更具可用性和可分析性。数据整理通常需要花费很多时间和人力成本,因此,使用数据整理工具,通过各种内置于软件中的算法和流程,自动进行数据整理操作,或者为数据整理提供辅助手段,可以大大提高效率、降低错误率,确保数据的准确性和一致性,以便更好地满足进行数据分析的要求。

2. 数据分析工具(Data Analysis)

数据分析通过对各种数据进行详细的检查和彻底的研究,去了解和确定数据的性质、特征、组成和彼此间的关系。数据分析工具可以帮助人们从海量数据中发现隐藏的趋势、模式和关联关系;识别出市场机会和潜在风险,做出更客观科学的决策;基于历史数据和趋势进行预测;根据用户偏好和行为历史进行推荐或定制,提升用户体验和满意度。通常,进行数据分析需要有深厚的数据科学专业知识技能。数据分析的数学基础,确立于20世纪早期,但是,直到计算机出现,它才得以大力推广,可以说是数学与计算机科学相结合的产物。随着计算机技术的快速发展,一系列能够帮助非数据专业人员的数据分析工具,受到广泛的推崇和使用。这类工具通过自助式的、易操作的用户界面,使用先进的可视化技术和软件系统内置的统计模型与算法,帮助人们快速创建数据的图形化或视觉化呈现,并能够更加有效地传达数据见解的关键部分,使组织内外的数据专业人士及业务人员,更容易获得访问和分析数据的能力,更便捷、更高效地进行数据探索和分析。

当然,数据工具还包括了数据生态和数据治理等方面的工具,用于确保组织中的数据,在收集、存储、分析等环节保持准确、安全和完整等,这些工具更适用于相关的 IT 专业人员。所有这些数据工具中,支持自助式用户界面和可视化技术的数据分析工具,因其学习曲线相对平缓、易于上手操作,更适合非数据专业的普通大众快速学习和应用,非常有助于人们提升数据素养。对于数据专业人士,这类工具也可以帮助他们提高数据分析的效率和效果。这里主要探讨数据分析工具,尤其是自助式的可视化分析工具。

1) 自助式分析工具

面对日常工作和生活中的大量数据,很多人会感到不堪重负,尤其是业务人员。他们也知道数据分析的重要性和必要性,但是具体应该如何下手呢? 抓手在哪里? 难道要再去啃统计学课本、学习计算机编程吗? 幸运的是,随着计算机技术、人工智能等的进一步发展,各种适合业务人员使用的自助式数据分析工具应运而生。自助模式在提高数据分析自主性的同时,也提高了从数据到决策的便利性和高效性。

自助式分析工具比传统的数据分析工具,更加有助于企业的业务人员开展数据分析,从数据中获得洞察力,从而真正推动企业的业务发展。业务人员可以自主进行商务数据的汇总、查询、分析,并生成报表。使用自助式工具,减少了业务人员对 IT 或数据专业人员的高度依赖,以及与他们进行频繁沟通的开销;也可以避免有些数据专业人员所生成的分析结果,无法满足业务需要的窘况。

同时,随着人工智能、机器学习、语义分析和可视化技术的不断进步,已经涌现出一批高级数据分析工具,通过预置的算法和模型,为用户提供自动分析功能,去发现和理解数据中隐藏的价值。这种数据分析的自动化,为自助式数据分析提供了有力保证,无疑也助力了人们数据素养的提升。例如,业务经理可能想知道,如果年底销售额要到达 100 万元,应该投入多少资源? 此时,他们不需要知道应该运行哪些分析算法,只要通过自助式的操作界面,以交互方式执行软件所提供的预测功能,就可以得到想要的结果。

这种无编码壁垒的分析工具,使业务人员能够方便地构建满足自己需要的分析过程,消除对中间人的依赖,并加强他们获得分析结果的能力、缩短获得洞察的时间,因而有利于培养数据驱动的企业文化,使得提出数据问题的人越来越多,组织的变更和创新机会就越来越多。

自助式分析工具还提高了分析的交互性,让数据探索成为分析的目标之一,更有助于每个人从自己的视角去看数据事件,推动产品创新、发现新的市场商机和趋势。自助式分析工具的操作、使用,采用自助模式,充分保证了数据分析的便利性。人们可以随时对数据和需求的变化做出响应,而无须等待专业人员的服务。业务人员可以方便地通过调整参数、使用更多、更新的数据源,去尝试寻找最优方案。企业的 IT 部门或专业数据人员,则可以专注于有更高技术要求的工作中。而企业则通过员工的自助式探索和分析,能收集到更多的业务见解和建议,从而推动企业发展。

2) 可视化分析工具

很多学者的研究表明,人类的大脑有超过 50% 的面积,用来处理视觉输入。大脑在接收到比较强烈的视觉刺激时,注意力将被快速吸引。可视化技术正是可以为大脑带来这种强烈刺激的有效工具。它能够强化感知、有助于人们的认知和记忆。同时,与大脑对文字的"线性"处理方式不同,大脑对图形、图像的处理是"并行"的,处理效率明显更高。因此,可视化技术能够让人们更高效地获得知识,帮助人们更快速地理解数据特性,在分析问题、找出数据模式等方面提高效率。可以说,可视化在数据分析中的优势,是其他数据分析方法无可比拟的。

一图抵千言,可视化让人们能够以更直观地、更易理解的方式,从浩如烟海的数据中理出头绪、化繁为简,迅速从复杂数据中获取关键特征和重要信息,使信息和决策的沟通、传达更高效。可视化在快速传递大量信息的同时,以更直观生动的方式,给人们留下深刻印象,有助于信息的记忆。可视化在视觉认知理论的指导下,通过借助可视化元素,能够清晰、有效地传达和沟通信息。

可视化也有助于人们"见未见"(See the unseen),方便地查看数据中所包含或潜在的趋势、模式,及时发现意外值、异常值等。这方面最著名的例子,是"安斯库姆四重奏",它的四个数据集中 x 和 y 的均值、样本方差,以及它们的相关系数、线性回归方程等统计特性都非常接近,但是四个数据集中的数据分布却完全不同。而通过可视化图形,我们能够对每个数据集的数据特征及数据中可能存在的问题一目了然。

可视化更是探索式数据分析的主要方法。探索式分析,顾名思义就是灵活使用多种图形,在探查中发现数据模式和潜在问题的一种数据分析方法。它通过交互式的数据探索,结合人们的心智思维,去提炼、启发新的构想。这里,各种图形所起的作用,就好比 X 光片的作用,在 X 光片的帮助下,医生能够透视到与解剖学相关的问题,并且据此给出诊断和治疗建议。同样地,可视化图形让人们能够发现数据中与其业务相关的问题,进而产生相关的假设及构想,然后进行探索和验证。

最后,可视化分析工具为人们从多个视角、多个维度去查看和认识数据,从数据中获得洞察提供便利。利用计算机软件,实现可视化元素与数据属性间的映射,使得人们很轻松就可以获得多种形式的可视化,让人们多视角、多维度去认识数据及其特性。通过使用可视化工具,轻松了解业务进度、关注业务异常,从而让没有数据分析专业知识的业务人员,也能从数据中获得洞察力。可视化分析工具,还能够为他们提供便捷地访问数据、探索数据、分析汇总和设计报表、自动构建模型等一系列功能。只要经过简单培训,就可以快速上手,进行自助式的可视化分析。可见,可视化分析工具在帮助人们提高数据素养方面能够发挥重要作用。

总之,在数字化时代,每个人都需要具备一定的数据素养。要提升企业与个人的数据素养,培养数据思维非常重要;同样地,在实践中锻炼提高对数据的敏感度、并结合业务工作或日常生活需要提出数据问题;平时注重学习和积累数据相关知识,锻炼使用数据工具的技能,将对数据和业务的思考、对数据知识的学习和工具的应用结合起来;这些都有助于提升数据素养。通过持续实践,体会从提出数据问题到解决数据问题,再到数据辅助决策及反馈的整个过程,相信一定会使自己的数据素养得到有效提升。

1.2　数据分析

通过前面的内容,我们对数据分析有了初步认识,本节从统计学视角和可视化视角简要介绍数据分析的发展沿革,以及几种常见的数据分析类型。

1.2.1　数据分析的发展沿革

数字发明后,随着人类生产和生活实践的不断发展,逐渐有了研究数值相关的学科,并建立了基本的数学概念和理论。随着历史进程的推进，又不断发展出很多分支。到 20 世纪早期，数理统计学的发展为数据分析奠定了坚实的数学基础，数据分析开始进入快速发展阶段，特别是随着更多相关学科的发展和融合，加速了数据分析与数据科学的进步。到 20 世纪中期，计算机技术的出现和广泛使用，使得数据分析得以推广。现在，随着人工智能技术的快速发展，机器学习、深度学习等都已经逐步应用于数据分析领域。

当然，数据分析的发展是一个错综复杂的过程。以史为鉴，从历史中汲取智慧。本节将从统计学和可视化两个视角，简要介绍数据分析的发展历程，以帮助读者更好地理解数据可视化分析的发展。

1. 统计学视角

关于统计的最早起源，很难说清。多数学者认为，统计与古代统治者对当地的人口进行登记和计算有关。当时的统治者需要根据人口进行食物配给，或确定其统治区的经济收入和军力支出等。古人进行数据统计的最早文字记载，是大约公元前 5 世纪由古希腊历史学家修昔底德（Thucydides）在他的著作《伯罗奔尼撒战争史》中所描述的。他记载了雅典人如何计算城墙的高度：让士兵通过计算自己面前一小段墙壁的砖块数量，来计算城墙的高度。为了使结果更准确，由多名士兵同时数出砖块数量，把最频繁的数值作为砖块数量的最可能值（现代统计学中"众数"的雏形）。然后，用这个数值乘以一块砖的高度，就可以算出要爬上敌方城墙所需梯子的最小高度。

随着农耕社会在土地和人口调查等方面的需求不断涌现，持续推动着数学和统计学的发展。继公元前 4 世纪，古希腊哲学家亚里士多德（Aristotle）首次撰写了城邦政情后，"城邦政情"式的统计研究延续了一两千年，直至 17 世纪中叶才逐渐被"政治算数"所替代，并很快被演化为"统计学"（Statistics）。

值得一提的是，当时的人口统计学家约翰·格朗特（John Graunt）创建了有史以来第一张生命表（Life Table），其中计算出了每个年龄段的生存概率。在其主导的一个有关遏制黑死病在欧洲蔓延的统计分析实验中，Graunt 首次将描述性统计应用于实验研究。描述性统计对所搜集的大量数据资料进行加工整理、综合概括（如编制次数分布表、绘制直方图、计算各种特征数等方法），并使用数字、列表、图形等对资料进行分析和描述。1669 年荷兰数学家克里斯蒂安·惠更斯（Christiaan Huygens），第一次以可视化形式来呈现 Graunt 的生命表统计信息，绘制出一个有关连续分布函数的图形。如图 1.6 所示，曲线的 X 轴显示的是年龄，Y 轴显示的是可能存活到该年龄的人口比例。在 Graunt 生命表给出的预期寿命的固定数字基础上，Huygens 还计算了预期寿命的中位数，并将其与预期寿命区分开来。这种预期寿命的概率图，在现代保险和精算领域依然常见。

而同一时期，数学家帕斯卡（Blaise Pascal）和费马（Pierre de Fermat）通过研究赌博时赌资的分配问题，奠定了概率论的基础。18—19 世纪，概率理论日益成熟。1763 年英国统计学家贝叶斯（Thomas Bayes）发表的论文《机遇理论中一个问题的解》，标志着贝叶斯定理的创立。该理论从结果出发对原因进行后验概率的计算，被视为最早的"数学化"统计推断。到 20 世纪中叶，贝叶斯定理逐渐发展为统计学的一个主要分支。如今，该理论已经被广泛应用于物理学、生态学、心理学、计算机，甚至哲学等各个领域。仅在计算机领域，它就已被应用于自然语言处理、人工智能、推荐系统、图像识别、垃圾邮件筛选等多个方面。

19 世纪中叶到 20 世纪上半叶，阿道夫·凯特勒（Adolphe Quetelet）使用研究自然科学

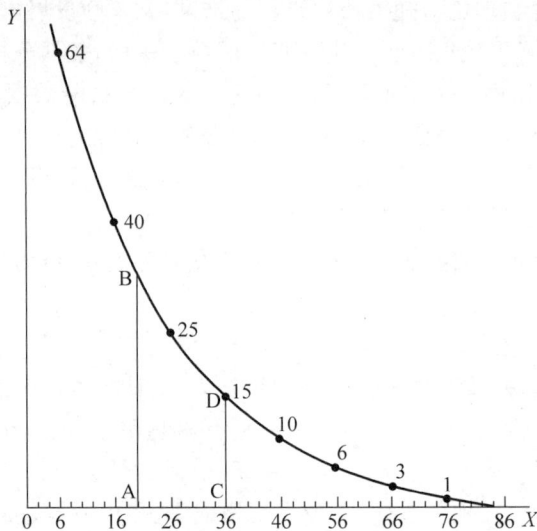

图 1.6　生命表的概率分布图（Huygens 1669）

的方法研究社会现象，为现代统计学奠定了基础。杰西·奈曼（Jerzy Neyman）提出对未知
事件概率的置信度和零假设等概念。而现代数理统计的奠基人、英国数学家罗纳德·费希
尔（Ronald Fisher），也在这一时期开创了方差分析、抽样分布、极大似然估计等统计方法。
数理统计学得到进一步发展，由描述性统计向推断性统计发展。推断性统计是在搜集、整理
观测的样本数据基础上，根据带随机性的观测样本数据以及问题的条件和假定（模型），对未
知事物做出的以概率形式表述的推断。

　　第二次世界大战以后，在经济、社会、军事等方面需求的推动下，统计学被赋予新的意义
和使命。随着信息论、系统论、控制论等学科与统计学的相互渗透和结合，统计学得到进一
步发展和完善。1962 年，约翰·图基（John Tukey）发表了一篇题为《数据分析的未来》的论
文，描述了一门有关"从数据中进行学习"的新科学，敦促统计学家减少对统计理论的关注，
更多投入到整个数据的分析过程。1977 年，Tukey 的《探索式数据分析》一书出版，提出验
证式数据分析和探索式数据分析应该齐头并进。

　　从 20 世纪中叶至今，随着计算机技术和其他新兴学科的快速发展，统计学越来越依赖
计算机技术。1970 年，IBM 公司发布首个关系数据库系统；商业智能、数据仓库的概念开
始出现和流行起来；1991 年，随着超文本标识语言 HTML 及相关规范的推出，互联网诞
生；1999 年，术语"大数据"在学术论文中首次使用，术语"物联网"也开始使用；2005 年，大
数据开源框架 Hadoop 推出，大数据分析逐渐开始流行；2015 年，深度学习技术开始应用到
数据分析中，并且人工智能、语音识别等都被应用到数据分析中。数字经济已经扩展到社会
生活的方方面面，成为影响政治、经济、军事、商业、金融等领域的一股不可忽视的力量，而数
据分析也在此背景下受到广泛重视、得到蓬勃发展。

2. 可视化视角

　　远古时代的壁画、象形文字等可以被看作可视化图形的雏形，而最早的可视化图形，主
要出现在人们绘制的恒星及其他天体的位置图或用于导航的地图中，且大多为几何图形。
到了 17 世纪，解析几何、测量和估计误差理论、概率论及人口统计学等新的理论和方法出现，
开始引导人们想要通过一些视觉化的方式来表达他们的想法，使他人更容易理解其理论。

18世纪,人们已创造出很多统计图形。英国政治经济学家威廉·普莱菲尔(William Playfair)在他的著作《商业和政治图表集》一书中,开始使用统计图表的柱状图、线图和直方图等。他还在其后来的著作中使用区域图和饼图等。当时很多地图制作者,也开始尝试在地图上显示一些新的图形(如等值线和等高线)等。图1.7为1786年Playfair绘制的经济数据折线和条形图。

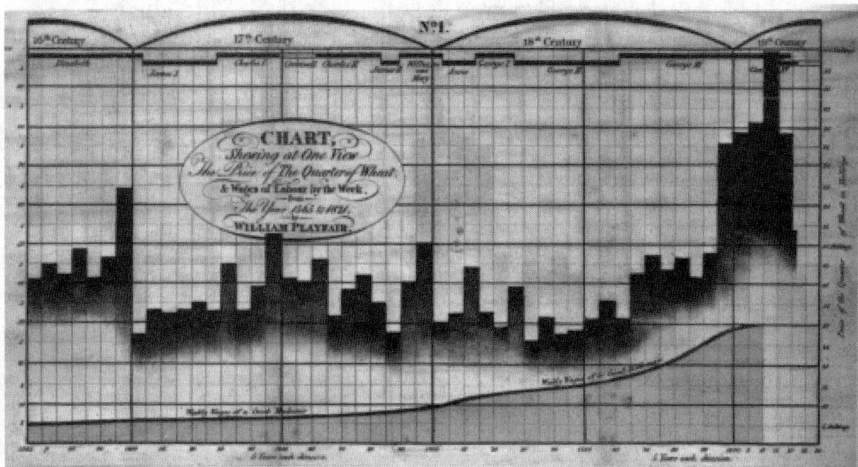

图1.7 经济数据折线和条形图(1786年)

19世纪上半叶,是现代数据图形的开创期,统计图形和专题地图呈爆炸式增长。统计图形几乎已经有了现代常见的各种图形形式:条形图、饼图、直方图、折线图和时间序列图、等高线图等。

19世纪中叶开始,进入现代数据图形的黄金年代。可视化快速发展的所有条件都逐步成熟:欧洲各地建立了官方的国家统计局,人们日益重视数字信息对于工业、商业和运输的重要性,也创建了很多具有创新性的数据图。这一时期最有影响力的一张图,是1861年由查尔斯·明纳德(Charles J Minard)发表的、被称为"有史以来最好图形"的拿破仑东征图。在这张图中,作者用一个二维图去捕获和分析了促成拿破仑失败的四大原因:军队行进的方向、部队穿越的地理位置、由于饥饿和伤病而缩减的军队规模,以及他们所经历的严寒天气。这张图非常生动、形象地揭示了拿破仑远征莫斯科前后,其军队实力的变化,使读者一目了然地看懂这段历史背后所蕴含的必然性。

而在19世纪中叶,两个医学教授威廉·法尔(William Farr)和约翰·斯诺(John Snow),就霍乱病源问题而展开的研究和辩论中,开始将数据统计分析和可视化技术结合起来。而Snow医生所绘制的霍乱病例分布地图,也成为流传至今的可视化分析的开山之作。

20世纪上半叶,进入现代数据图形的黯淡期,几乎没有多少图形创新。可视化的热情,被当时兴起的正统量化统计模型所取代。在这一时期,量化统计图形成为主流,人们注重用各种图形进行实验功效的比较,缺乏图形方面的创新。

20世纪中叶,可视化再次获得长足发展。尤其是约翰·图基(John Tukey)在《探索式数据分析》一书中,创新出多种简单有效的图形(茎叶图、分位数图、盒须图等),来显示数据及其分析结果。探索式数据分析也盛行一时,图形化让数据分析变得有趣且易于理解。伴随着计算机在数据处理能力和显示技术方面的不断发展,以及统计分析的图形软件工具包的不断创新,又进一步推动新的可视化方法和技术的爆炸性增长。

1975 年至今,数据可视化的发展开始进入多个细分领域的精细化发展时期。例如,高维数据可视化的新方法(散点图矩阵、平行坐标图等),离散和分类数据的新图形(格状图、筛分图、镶嵌图、词云等),以及对原有图形的扩展(广义线性模型的诊断图、镶嵌矩阵等)。并且,新的可视化技术使人们能够在时间序列和地图等多种图形上,进行交互操作。20 世纪 80 年代末开始,可视化在认知和信息沟通方面的作用,受到广泛讨论和认可。1983 年,爱德华·塔夫特(Edward Tufte)在他的著作《定量信息的视觉展示》中,给出了对图形在美学和信息完整性方面的见解,"数据墨水比""谎言因子"等一些概念在业内得到推崇。他创建的迷你线图(Sparkline),可以在表格内嵌入图形。另一位统计学家汉斯·罗斯林(Hans Rosling),于 2005 年在 TED 演示的动态气泡图,生动地展示了中国和印度如何在过去几十年拼命追赶欧美经济的过程,更是收获了大量拥趸。

进入 21 世纪后,单纯的数据可视化已经难以应对大数据时代的挑战,可视化分析逐渐走到了舞台的中央。它综合了数据分析与可视化的理论和方法,辅助人们通过交互方式、去探索和分析数据间的各种关系,挖掘有用信息、做出有效决策。同时,各种支持可视化分析的工具,还纷纷结合人工智能、机器学习、语义分析等方面的技术,推动数据分析迈入自动化、自助式的时代。

图 1.8 是弗兰德利(Michael Friendly)教授对可视化发展历史的一个简单总结。

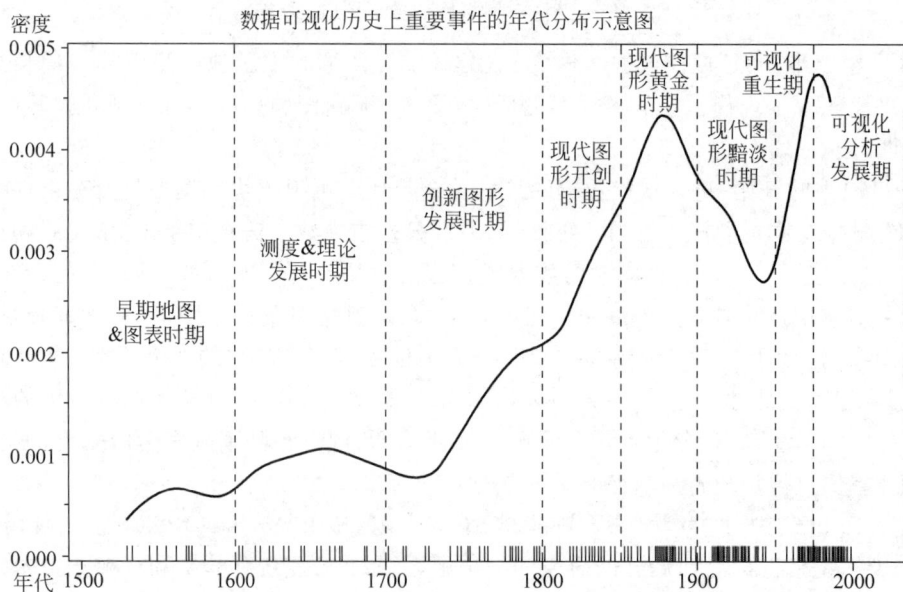

图 1.8　可视化发展历史示意图

1.2.2　数据分析的类型

从上一节数据分析的发展沿革,我们看到数据分析的发展,与统计学和计算机技术的发展有着深刻的渊源。同时,统计学和计算机技术也丰富了数据分析的方法,形成了多种类型的数据分析。

下面简要介绍三种常见的数据分析的分类方式。

1. 根据数据分析阶段及所依据的技术理论

可以将数据分析分为以下两大类：

（1）验证式数据分析——侧重于对已有假设的证实或证伪。着重评估已有的线索和证据，主要使用传统的数理统计方法，进行研究和验证。

（2）探索式数据分析——侧重从数据中去发现和探索隐藏的有价值信息。主要基于Tukey教授所开创的探索式数据分析，使用图形化的数据描述和探索方法，去发现变量之间的相关性，探寻新的研究假设等。探索式数据分析被认为是可视化分析的先驱。

2. 根据数据分析的主体所采用的决策模式

可以把数据分析分为以下两种：

（1）被动型数据分析——主要是通过分析，告诉我们过去发生了什么，特定事件发生了多少次、发生频率、时间、地点等。通常，这种对历史数据进行的分析，企业处于被动的决策模式下，因此称为"被动型分析"。它一般通过描述性方法，用定量分析去诊断和解释既往的历史数据，揭示之前未确定的模式、异常、关键变量和相互关系。

（2）主动型数据分析——主要是通过对一些前瞻性问题的分析，帮助我们了解为什么会这样，预测接下来会发生什么，如果之前的趋势继续下去会怎样，可能发生的最好和最坏情况是什么等。通常，这种主动地去探查问题，通过建模等方式对未来进行预测、改进的分析，可以使管理者在决策时更加积极主动，因此称为"主动型分析"。它一般通过预测性分析和指导性分析等手段，来辅助业务决策、确定后续的最佳行动方案。这类数据分析更多涉及统计建模等内容，有些内容超出本书范围，有兴趣的读者可以查阅相关资料。

3. 根据数据分析的技术方法与目标

可以将数据分析分为以下四种：

（1）描述性数据分析——用数据对已经发生的事件进行描述，让我们知道发生了什么。主要使用技术图表来做描述性分析。

（2）诊断性数据分析——追溯事件发生的原因，是诊断性分析的主要目标。常通过一些交互式的探索进行探查和诊断。

（3）预测性数据分析——根据历史数据对未来结果进行预测，是预测性分析的主要目标。一般是通过建立和训练模型，对未来进行预测。

（4）指导性数据分析——根据对已发生事件的原因及未来各种"可能"发生情况的预测，来指导选择最佳的可行方案。主要通过人工智能、机器学习等技术，进行模型优化、模型比较等，来选取最佳方案提供指导。

简而言之，无论何种类型的数据分析，都可以描述为一系列的技术过程，包括：数据收集、整理、分类、计算、统计等过程，通过定量的方式诊断和解释过去，以获得洞察、揭示模式、异常、关键变量及相互关系，从而认识和把握现在、预测和改进未来。不同类型的数据分析，目的都是通过各种技术手段和方法，把隐藏在数据中的信息提炼出来，把研究对象的内在规律总结出来，从而能够帮助我们做出有效的判断和决策。

1.3 习题

（1）什么是数据素养？它包括哪些基本组成部分？

（2）在数据分析领域，数据是如何分类的？各个分类分别支持哪些运算？

（3）常见的数据分析有哪些类型？

1.4　本章小结

数据素养是一个人对数据进行解读、分析、利用和质疑的能力，它是当今数字时代企业和个人都应具备的基本素养，可以帮助我们实现从数据→信息→知识→智慧的转化。本章从什么是数据素养出发，介绍了数据素养的理论基础 DIKW 金字塔模型，讨论了数据素养的三个重要组成部分：数据思维、数据知识和工具技能；并进一步说明了学习和锻炼数据分析能力是提升数据素养的一种非常有效的途径。

在本章的讨论中，还简要介绍了一些基本的数据知识，包括数字、数值、数感、数据及数据分类等，旨在从认识和理解数据的视角，帮助读者厘清不同类型数据的特点。另一部分内容是从统计学和可视化两个视角，分别概要回顾了数据分析的发展沿革和一些常见的数据分析类型，便于对后续章节关于探索式数据分析及可视化分析的理解。对已经具备相关知识的读者，快速浏览本章内容即可。

数据素养是一个比较宏大的话题，本书希望能够通过对数据可视化分析的相关介绍，为提高公民的数据素养，略尽绵薄之力。要提升个人的数据素养，首先要培养数据思维，平时注重学习和积累数据相关知识，在工作和生活实践中锻炼和提高对数据的敏感度，提出数据问题，并懂得利用数据工具去解决问题和辅助决策。提升数据素养不是一蹴而就的事情，需要不断地学习和实践，而现在各种数据分析工具，提供了非常便捷的自助式和可视化的数据分析途径，有助于人们提升数据素养。

第 2 章

探索式数据分析

电子资源

探索式数据分析(Exploratory Data Analysis,EDA)由统计学家约翰·图基(John Tukey)于 20 世纪 70 年代首次提出。这一分析方法提出后,因其以解决问题为中心、无须明确定义假设,很快就受到业界的欢迎,并在诸多领域中得到应用。从 20 世纪 90 年代开始,国外一些高校的数据分析课程中开始讲授 EDA 课程,并进而在学术界获得广泛认可和大量使用,成为一种重要的数据分析方法而赢得盛誉。

随着数据量的爆炸式增长,到了 21 世纪的今天,EDA 已经成为大数据分析的主流方法之一,并引领数据分析走向可视化分析的新阶段。

2.1 初识探索式分析

2.1.1 关于初创人

探索式数据分析的初创人是约翰·图基(John Tukey),如图 2.1 所示。他在 1977 年出版的 *Exploratory Data Analysis* 一书,提出一套能够更有效地进行数据分析、更清晰地展示数据的方法,这标志着探索式数据分析的正式诞生。

Tukey 是普林斯顿大学数理统计博士、教授,AT&T 研究员、贝尔实验室研究员。曾被誉为统计界的毕加索,是过去 60 年中最有影响力的统计学家之一。他开创了快速傅里叶变换算法、探索式数据分析方法、图基检验、图基 lambda 分布等。比特(bit)和软件(Software)这两个术语也是他创造的。

Tukey 所处的那个年代,正是数理统计学在应用和理论两方面获得长足发展的时期。他认为,虽然概率论是数理统计学的基础,但是统计学应该是一门偏应用的科学,关注的重点应该是数据的分析和建模。Tukey 在他的著名论文《数据分析的未来》中,提出了"数据分析"这一新的学科,并在统

图 2.1 约翰·图基

计分析与计算机科学之间建立起联系。他曾挑战当时主流的数理统计学家,坚持应该把数据分析作为统计分析不可或缺的部分。如今,数据分析的势头在某些方面已经超越了统计分析,甚至有人认为数据分析包含统计分析。

Tukey 的研究成果多姿多彩,探索式数据分析是其中一个非常重要的创新。他认为,在数理统计研究中,不使用概率模型也可以直接检验数据本身所展现的模式或形态。他还研究了极端值对所观测到的数据模式的影响力,倡导验证式数据分析(Confirmatory Data Analysis,CDA)和探索式数据分析(Exploratory Data Analysis,EDA)在分析实践中应该齐头并进。他还开创出一套图形工具,以便在探索式数据分析中更好地展现数据。可以说 Tukey 在数据分析领域的影响至深至远。

2.1.2 什么是 EDA

简单来讲,EDA 是一套分析和认识数据主要特征的理念和方法。EDA 从现有数据出发,在尽量少的先验假设下,通过图形、表格、特征量等手段,强调认识和探索数据的结构、模式和规律,并在此基础上发现和提出进一步的假设,以便通过更多的数据更好地建模,去检验这些假设。

当面对大量繁杂的数据时,大部分人往往无从下手。此时,使用 EDA 方法就非常有效。一般地,EDA 方法从以下方面着手:

(1) 发现数据中的错误、异常和缺失,并分析其原因、决定是否保留这些数据。

(2) 获取数据的分布特征,为后续的进一步分析提供依据。我们知道,一些传统的数理分析方法,常常对数据分布有一定的要求(如需要数据分布服从正态分布等)。

(3) 通过多种图形工具,识别和提取数据集里面的重要变量;探索、观察和发掘特征变量之间的关系、特征变量与目标变量之间的关系(如两个变量间是否存在线性相关等)。

(4) 多次迭代对数据进行探索,尝试建立可解释的数据模型或数据假设。

EDA 过程鼓励尽可能以多种方式去呈现和倾听数据的"心声"。在模型构建的初始阶段,尤其是在找不到明确理论可以指导建模时,EDA 是一个非常有用的理想选择。即使有明确的先验假设,EDA 仍然可以通过丰富的数据描述和图形展示,提供有价值的信息和参考,帮助验证研究人员所选择的模型是否适用。

EDA 的方法和理念,与前面介绍的数据素养一章所倡导的"数据思维"不谋而合。数据思维提倡基于大量的数据事实、从提出问题出发进行思考和推理,找到解决问题的有效办法。EDA 也强调整个数据分析过程应从数据探索开始,在分析过程中,EDA 通过使用可视化图形对数据进行各种探索,来更好地帮助人们理解数据中的模式、趋势、离群值、意外结果等,并在这个过程中,为所研究的问题寻找新线索和下一步的前进方向。

1. EDA 是一个多次迭代的过程

EDA 强调以多次迭代的方式去探寻数据中的模式、提取重要特征,揭示数据构造、检测异常,检验基本的假设和初步的模型。在这个多次迭代的过程中,注重借助图形的力量,以及交互式启发和印证的探索模式。

Tukey 经常把 EDA 与侦探工作进行类比,在一步步探寻真相的过程中,我们事先并不知道自己会有什么发现,所以也不会做过多的假设。我们只是通过各种技术方法(主要是多种可视化图形),对数据进行一次又一次的检视,来寻找线索,并在这个过程中对任何发现都保持开放的心态,把这些发现串联起来进行梳理,又会有新的线索和发现,然后又再次检视、关联、梳理、发现,多次迭代直到最终获得真相。

2. EDA 是一种启发式的分析方法

在强调对原始数据的实质性理解之上,关注迭代过程所产生的中间结果,鼓励以灵活多变的视角,进行数据探索和发现。强调对数据的图形化表示、对数据的重新表达(Re-expression)和对数据子集的分析等,从而能够更大程度地调动人脑的认知能力,获得更多启示。

EDA 中可以使用统计模型,也可以不用统计模型。Tukey 认为统计分析不应该只重视模型和假设的验证,而应该充分发挥探索式分析的长处,在过程中发现新的假设和数据模型。

3. EDA 是数据驱动的图形分析方法

EDA 的实践是通过各种技术和方法,最大限度地了解数据集自身所蕴含的特性。EDA 强调使用图形工具,帮助人们认识和探索数据。通过各种图形发现数据的内部结构和关联,并从中提取出重要的变量和发现、检测极端值或异常值。可见,EDA 是一种数据驱动的分析方法。

2.1.3 为何需要 EDA

让我们通过一个例子,来理解为什么在数据分析中需要使用 EDA 所推崇的可视化图形方法。

表 2.1 列出的四组数据,分别包含了 x 和 y 两个变量的 11 组样本值。请认真观察这四组数据,想想它们有何异同? 表中已经列出这四组数据的一些基本统计量(均值、样本方差、相关系数、线性回归方程等),通过它们能看出这四组数据有什么异同吗?

表 2.1 安斯库姆四重奏

	组 I		组 II		组 III		组 IV	
	x	y	x	y	x	y	x	y
1	10	8.04	10	9.14	10	7.46	8	6.58
2	8	6.95	8	8.14	8	6.77	8	5.76
3	13	7.58	13	8.74	13	12.74	8	7.71
4	9	8.81	9	8.77	9	7.11	8	8.84
5	11	8.33	11	9.26	11	7.81	8	8.47
6	14	9.96	14	8.1	14	8.84	8	7.04
7	6	7.24	6	6.13	6	6.08	8	5.25
8	4	4.26	4	3.1	4	5.39	19	12.5
9	12	10.84	12	9.13	12	8.15	8	5.56
10	7	4.82	7	7.26	7	6.42	8	7.91
11	5	5.68	5	4.74	5	5.73	8	6.89
均值	9	7.501	9	7.501	9	7.500	9	7.501
样本方差	11	4.127	11	4.128	11	4.123	11	4.123
x 和 y 的相关系数	0.81642		0.81624		0.81629		0.81652	
线性回归方程	$y=3.00+0.500x$		$y=3.00+0.500x$		$y=3.00+0.500x$		$y=3.00+0.500x$	

实际上,这四组数据是 1973 年由统计学家安斯库姆(Anscombe)构造的四个数据集,也称为"安斯库姆四重奏"。正如表 2.1 所示,四个数据集中 x 和 y 的均值、样本方差及它们

的相关系数、线性回归方程等统计特征,看起来都非常接近。

但是,如果只依赖于这些统计特征,往往并不能全面地认识数据。让我们来看看可视化图形所展示的这四个数据集,如图 2.2 所示。

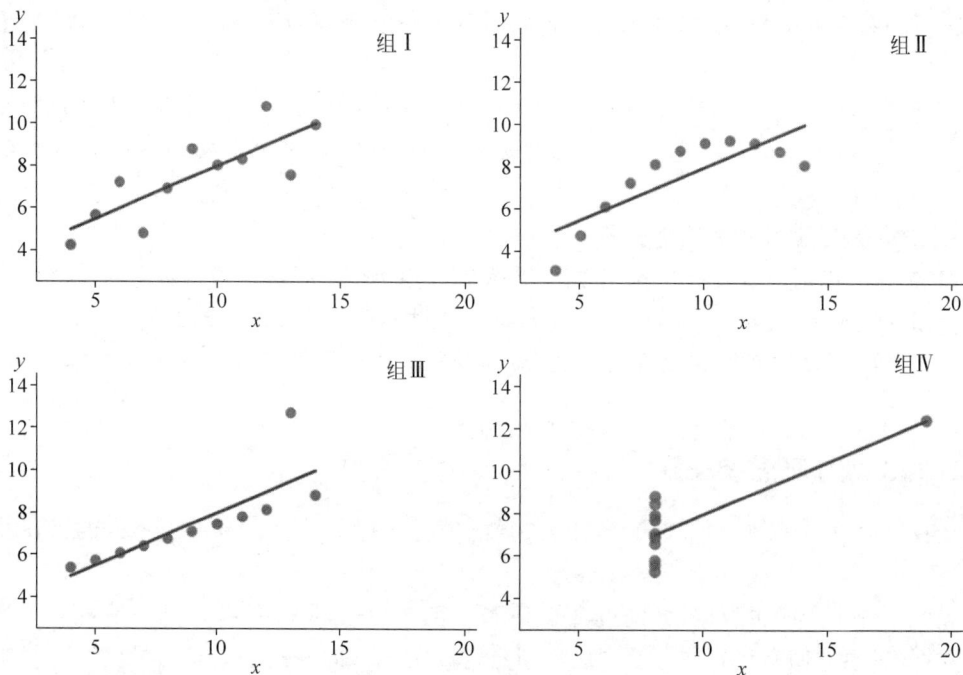

图 2.2　安斯库姆四重奏图形

显然,如果只看表 2.1 给出的数据表格及统计量等,我们无法了解这些数据的分布情况及离群值的影响。通过图形,我们能够非常清晰地看到,四个数据集中 x 和 y 的关系。

(1) 组 Ⅰ 的数据集:由一组点组成,这些点似乎具有粗略的线性关系。

(2) 组 Ⅱ 的数据集:其数据点能够较好地拟合一条曲线,但 x 和 y 之间不具备显著的线性关系。

(3) 组 Ⅲ 的数据集:数据的绝大部分 x 和 y 之间有明显的线性关系。但是,有一个具有较大偏离的离群值。

(4) 组 Ⅳ 的数据集:数据的绝大部分 x 值都是相同的数值8,但是有一个远离其他数据的离群值19。

可见,在开始进一步的数据分析之前,使用图形对数据进行探索式分析是很重要、也很必要的。

有人会说"安斯库姆四重奏"是人为构造的数据集,现实中不大可能有这种数据。事实上,现实中仅通过数据的统计特征和指标,误导大众的例子也很多。例如,某上市公司公布的员工平均年薪为 20 万元,看到这个数字,民众常常会认为该企业员工的收入普遍挺高的。但是,当把所有的薪酬数据绘制成图形时,可能看到的却是几名高管的年薪近千万元,而普通一线员工的年薪只有区区几万元。只有通过具体的薪酬数据图形,才能更好地体现具体的薪酬分布情况,并引导我们去探寻造成这种情况的潜在问题。

另外,通过 EDA 的图形方法,还可以让我们重新审视所面对的数据,并根据需要重新调整关注的对象或研究的方法。例如,"安斯库姆四重奏"中组Ⅱ的数据集,展示了 x 和 y 之间存在某种密切关系,但看起来并不是线性关系。图形能告诉我们,使用线性回归是错误的,我们应该去尝试其他的回归模型。由此,我们才可能去寻找一个可以更好地描述数据、具有更高预测能力的模型。

2.2 探索式分析简介

前面说过,EDA 是分析数据、认识数据特征的一套理念和方法,是一种意愿和态度,愿意从数据中寻找我们认为可能不存在的事物或可能存在的事物。Tukey 说:"探索式数据分析是主动地、敏锐地观察,而不是被动地描述所看到的内容,EDA 强调的是去探寻出乎意料的发现。"

当然,随着各种数据分析和可视化工具的大量涌现,传统的 EDA 方法和技术已经融入各种工具和分析过程中。读者使用这些数据分析工具,可以轻松地做出各种图形来辅助数据分析的实践。但是,了解 EDA 的理念、使用方法和技术,有意识地去实践探索式分析的理念,会带给我们意想不到的收获。

让我们先来看一个 EDA 方程式。

2.2.1 EDA 方程式

为了便于理解 EDA,有学者给出了以下 EDA 方程式:

$$EDA = VA + MA + MF + INT$$

其中,方程式右边的各部分代表的含义如下:

(1) VA(Visual Analysis)——可视化分析。EDA 的技术方法主要是图形化的,因为与数学公式和抽象模型相比,人们更容易理解图形化的表示。

(2) MA(Multiple Analysis)——多重分析。EDA 方法的一个特点,就是使用多种图形工具,对不同级别的数据缩减或组合,以探寻数据中潜在的模式。

(3) MF(Model-Free)——无模型。EDA 方法的主旨,是尽可能少地从假设或模型出发,而是更多地从数据出发,是一种数据驱动型的分析方法。

(4) INT(Interactive)——交互式。EDA 方法对某一步探索结果的解释,将决定下一步的探索如何进行,这是一个根据不同结果做出不同反应的交互过程。使用 EDA 方法,分析者的上下文知识及基于背景知识对探索结果的特征解释,都可以交互地指导下一步的分析。

综合以上,EDA 方程式说明 EDA 方法实质上是一种交互式的可视化分析方法,它由数据驱动,包含多重的迭代分析过程。

2.2.2 EDA 的技术方法概览

Tukey 倡导的 EDA 技术方法,可以分为非图形类和图形类,且两者可以结合起来使用。

1) EDA 的非图形类方法

针对单变量或多变量而有所不同。

（1）单变量：主要是对单个变量值的范围，以及每个值的出现频率（或相对频率）等进行探索和分析。如果是分类变量，主要是查看每个类别的频数及频数占比；如果是数值变量，则对数据的分布情况进行初步探索，主要针对的是连续型数据的一些描述性统计量，包括数据的集中趋势、分布范围及分布形态。

（2）多变量：主要是对双变量或多变量进行的探索和分析。如果是两个以上分类变量的情况，主要是查看分类变量间每个事件水平上的聚合统计量；或对分类变量进行数值编码后的相关性；如果包含分类变量和数值变量，主要是在分类变量的每个事件水平上，查看数值变量的相关统计量；如果是两个以上数值变量的情况，主要是使用交叉表、回归分析、方差分析等探查这些数值变量间的关系。

2）EDA 的图形类方法

根据处理的是单变量或多变量也有所不同。

（1）单变量：以适当的图形，对单个变量值的范围，以及每个值的出现频率（或相对频率）等进行图形化探索。如果该变量是分类变量，主要使用条形图，显示单个分类变量的分布情况，其每个矩形条对应分类变量的每个事件水平，矩形条的长短表示该事件水平的频数或百分比等统计量。如果是数值变量，则通过图形显示单个数值变量的频次分布情况、数值的具体分布形状、异常值或极端值的情况等。

（2）多变量：主要是使用适当的图形，对两个或多个变量进行探索分析。如果是两个或多个分类变量的情况，主要是按不同类别或事件水平的频数或百分比等统计量，显示分布情况；如果包含分类变量和数值变量，主要是在分类变量的每个事件水平上，为数值变量生成各种统计量的图形；如果是两个或多个数值变量的情况，主要是通过图形探查这些数值变量间的关系。

我们将在 2.3 节，对 EDA 技术方法做进一步介绍。

2.2.3　EDA 的使用方式

EDA 的使用，建议采用以下方式或它们的组合：对原始数据进行探索和可视化、对转换数据进行探索和可视化、探查组合数据的统计特性。

1. 对原始数据进行探索和可视化

（1）对原始数据集中的每个字段，进行单变量的可视化及汇总统计。对数据进行检查。

- 是否有缺失值。
- 是否有重复值。
- 分布是否均衡。
- 是否有异常值。

（2）对原始数据集中的每个字段，进行其与目标变量间的双变量图形探索。

- 是否存在相关关系。
- 检视数据间的分布情况及关系。

（3）对原始数据集中的多个字段，进行多变量的可视化探索。

- 是否存在交互作用。
- 检视数据间的分布情况及关系。

（4）计算原始数据集中每个字段的描述统计量，进行可视化探索。

包括但不限于以下统计量：总和、均值、标准差、方差、计数、最小值、最大值、中位数、第1四分位数、第3四分位数、偏度、峰值、变异系数、p 值、t 统计量等。

2. 对转换数据进行探索和可视化

从分析目标出发，对原始数据进行必要的转换，然后对转换后的数据进行探索、汇总及可视化。可以使用非图形化方法和图形化方法，按照对原始数据的探索和可视化的类似步骤，对转换后的数据进行探索和检视。

数据转换通常包括但不局限于以下种类：

（1）数据标准化（Standardization）：对定量数据按比例进行缩放，使转换后的数据处于一个特定的区间。例如，基于正态分布的假设下，将数据变换为均值为 0、标准差为 1 的标准正态分布。

（2）数据归一化（Normalization）：对定量数据映射为 0～1 范围内的小数，从而消除数据值的量纲影响。

（3）数据离散化（Discretization）：针对连续型数据，进行处理使其值域分别映射到一个有限的区间。例如，使用等距法、等频法等进行映射。等距法是一种常用的离散化方式，就是将数据排序后，分入若干个箱子（间距相同的区间）中。等频法是按相同的频数，将数据划分为几个区间，每个区间中的数据出现的频数一样。

（4）数据泛化（Generalization）：将更细节的数据，抽象或提升为更高的层级。例如，对于年龄来说，18 岁以下的值定义为"青少年"，18～40 岁的值定义为"中青年"，41～60 岁的值定义为"中年"，60 岁以上的值定义为"中老年"等。

（5）数据聚合（Aggregation）：对数据进行汇总或合计等统计运算。数据聚合可以包括频数、求和、均值、方差、标准差、中位数、分位数等。

（6）数据拆分（Break）：对某个字段中包含的多种信息分拆为多个字段。如将日期拆成年、月、日等。

（7）数据连接（Join）：不同数据表之间，根据关联字段，组合成一个新的数据集。根据两张数据表中关联字段的匹配情况，又分为内连接、左连接、右连接和全连接等。

（8）数据计算（Calculation）：通过一些数学运算或数学表达式，对原始数据进行转换。例如，对数转换、倒数转换、平方根转换等。

（9）数据过滤（Filter）：根据设定的条件，选择或排除原始数据集中的部分数据。

（10）数据分区（Partition）：将数据集划分为不同的分区子集合。一般通过均匀随机抽样的方式，分成无交集的几个子集合，根据不同的需要将它们用于分析的不同阶段。例如，分为训练子集、验证子集、测试子集等。

（11）数据聚类（Cluster）：根据数据的某种内在特性，将数据分成几个组，使组内的数据元素之间的差别尽可能小，而与组外的其他数据元素的差别尽可能大。让数据值聚类成不同的小组，有助于识别数据中的潜在模式。

（12）数据类型转换：根据分析需要，将一种数据类型的数据，转换为另一种类型。如将数值 1、2、3 转换为字符"1""2""3"等。

（13）降维：通过映射，将高维度空间中的数据点转换为低维度空间中的数据点，从而减少随机变量的个数，降低数据中特征的冗余度。

（14）创建衍生变量：根据分析技术或业务需要，从原始数据中创建的新变量。例如，为数据集创建唯一标识符；或是经过探索、删除某些异常值后，创建出具有更好数据特征的变量等。

3. 探查组合数据的统计特性

（1）综合检查原始数据与转换数据的正态性：直方图、箱线图、Q-Q图等。查看图形中数据分布是否对称、是否存在相关关系等。其中，直方图与箱线图主要查看图形是否对称；Q-Q图侧重比较数据的分位数与某个理论分布的分位数是否匹配。

（2）对两两组合而成的双变量，多使用散点图查看数据分布。

（3）对于多个变量，可以使用散点图矩阵或格状图等查看数据分布。

（4）从不同视角、以不同的方式，尽可能多地对组合数据进行详尽的、多样的可视化，了解多个变量之间的交互作用。

（5）将各种可视化图形联系在一起，通过人脑的模式识别能力、结合领域知识或业务规则，来识别可能的潜在模式、问题，提出新的疑问和假设。

（6）针对新的疑问和假设，进一步搜集、整理和转换数据，进入下一个探索式分析的迭代。这个过程中，可以结合验证式分析的方法和手段，两者相辅相成，以获得对数据或问题更深入的认识。

上面给出的EDA使用方式，只罗列了部分Tukey建议的探索和分析技术。实际上，EDA在参数估计、假设检验、统计建模等方面也提供了很多实用的步骤建议。由于超出本书内容范围，建议有兴趣的读者阅读相关书籍。

总之，无论怎样使用EDA，都应确保在进行数据分析之前，查看原始数据。这一点非常重要。在EDA的实践中，要求分析人员应该清楚地了解所分析的数据是如何生成的。但是，现在很多数据可能来自自动采集设备、组织内的业务系统、第三方数据等。分析人员远离数据的生成过程，容易造成对数据的认识的局限性和片面性。在开始分析之前，仔细、全面地了解和认识原始数据，才能识别数据中可能存在或被忽视的问题，避免基于错误数据做出错误分析（Garbage in，garbage out）。

2.3　EDA常用技术方法

前面的章节简要介绍了EDA建议的常用技术方法，包括非图形技术和图形技术。本节将对这些技术方法做进一步说明，以便非数据专业的读者能够理解基本的术语和图形。如果已经具备相关知识储备的读者，可以跳过本节阅读后面的章节。

2.3.1　非图形技术

EDA的非图形技术，通过定量的方法，对单变量或多变量数据进行统计量的计算汇总。如果是分类变量，主要是每个类别的频数或频数占比；如果是数值变量，则是对数据的集中趋势、分布范围及分布形态的探查；如果是多变量，则可以使用交叉表（Crosstab）或列联表（Contingency Table），汇总相关统计量。

（1）集中趋势：常用的统计量包括均值、中位数、众数。集中趋势最常见的度量是均值。对于偏斜分布或存在离群值时，中位数可能是首选。

（2）分布范围：常用的统计量包括方差、标准差、四分位数、四分位间距（IQR），用于计算极差的最小值和最大值也可以用来指示分布范围。

（3）分布形态：常用的统计量包括偏度系数、峰度系数。偏度是对数据分布的不对称性的量度，正态分布的偏度为 0，偏度＜0 为左偏态分布，偏度＞0 为右偏态分布。峰度是数据分布峰部的尖度，用来度量数据向中心的聚集程度。与正态分布的峰度相比，向中心更集中的数据，其峰度系数更大一些。

鉴于本书的内容以可视化分析为主，这里简要介绍几种常用的统计量，以及两种表格对象。

1. 频数

频数也称频次，通常指某个事件发生的次数。在数据分析中，可以简单地理解为一组数据所包含的观测个数。如果我们有一组数据：5,11,2,48,17,110,15,23，则该组数据的频数，就是其包含的数值个数 8。

需要注意的是，英文中，"频数"与"频率"都是 frequency。中文里两者含义并不同，频数作为一个统计量，就是单纯地计算事件发生的次数。而频率则不同，它表示的是某个事件的频数与样本总数之间的比率。

2. 均值

均值是对一组数据求简单算术平均值。这是最常见的、用来衡量数据的集中趋势的一个统计量。均值的计算公式为

$$\bar{x} = \frac{x_1 + x_2 + \cdots + x_n}{n}$$

例如，我们有一组数据：5,11,2,48,17,110,15,23，则其简单算术平均值为

$$\bar{x} = \frac{5 + 11 + 2 + 48 + 17 + 110 + 15 + 23}{8} = 28.875$$

我们知道，一组数据的算术平均值是这组数据分布的重心，也称平衡点。如果数据中存在一个极端值，那么，为了使数据分布保持平衡，其均值就会向较大值的方向偏移。所以，如果数据中存在极端值，或者说数据分布呈现高度偏态，则均值不是描述数据集中趋势的最佳指标。

3. 中位数

中位数是另一个衡量数据的集中趋势的常用指标，它对极端值不敏感。中位数表示的是数据分布的中间值，该值将数据分成个数相等的两部分：一半数据的值小于中位数，另一半数据的值大于中位数。

中位数的计算，首先需要对这组数据按值的大小进行排序，然后找出排序后正中间位置的那个数，就是中位数。

如果一组数据的个数为奇数，则中位数刚好就是排序后最中间的那个数值。如果一组数据的个数为偶数，则中位数取排序后最中间两个数值的算术平均数。例如，还是前面的这组数据：5,11,2,48,17,110,15,23，中位数的计算过程是：首先将数据排序，得到 2,5,11,15,17,23,48,110；这组数据共有 8 个（偶数），则中位数需要计算最中间两个数值的算术平均数。本例位于中间的是两个数，值分别是 15 和 17，所以，这组数据的中位数就是这两个数值的算术平均数 16。

值得注意的是，当数据是标准的正态分布时，数据的均值与中位数一样，都位于数据分

布的中间点。但是,如果数据分布呈向右的偏态,则均值会大于中位数。如果数据分布呈向左的偏态,则其均值会小于中位数。此时,只有中位数才真正位于数据分布的中心位置。如果读者对正态分布有些淡忘了,可以参看下一节直方图部分对正态分布的相关介绍。

大部分情况下,我们获得的样本数据并不是标准的正态分布,因此,中位数比均值更适合衡量数据分布的集中趋势。以某公司的薪酬为例,薪酬的分布通常呈现右偏态,高层管理人员的薪酬比大多数员工的薪酬高得多。这些高薪会导致均值虚高。因此,通常会以薪酬中位数而不是薪酬的均值,来代表这家公司的"典型"薪酬水平。

4. 四分位数

前面讲的中位数,将数据分成两个数量相等的部分。事实上,我们可以将数据分成更多份数量相等的部分,其分隔值被称为"分位数"(Quantile)。

常见的分位数有四分位数、十分位数等。例如,将数据分成四等分,其分隔值被称为"四分位数"。这样,25%的值将会小于第 1 四分位数($Q1$),50%的值将会小于第 2 四分位数($Q2$),而 75%的值将会小于第 3 四分位数($Q3$)。这种划分下,第 2 四分位数就是中位数。

还用前面的这组数据来看:5,11,2,48,17,110,15,23,经过排序和二等分后的两组数据分别是:2,5,11,15 和 17,23,48,110;进一步对这两组数据再次进行二等分,求算术平均值,就可以计算出各四分位数:

第 1 四分位数:(5+11)/2=8(即二等分后第一组数据的中位数)。

第 3 四分位数:(23+48)/2=35.5(即二等分后第二组数据的中位数)。

第 2 四分位数:(15+17)/2=16(即原数据排序后的中位数)。

其中,第 3 四分位数与第 1 四分位数之间的差值,称为"四分位数间距"(IQR)。它是中间 50%的数值,即全部数据值排序后处于正中间的 50%。IQR 值越小,说明数据的集中趋势越明显。

另外,使用"四分位数"和"四分位间距",还有助于找出数据中潜在的离群值。后面介绍的盒形图,使用的就是"四分位数"和"四分位间距",来确定中间盒形两侧的须线长度的。落在这些须线之外的数据点,就是潜在的离群值。

5. 极差

极差(Range),也称作值域,是一组数据中的最大值(Max)和最小值(Min)的差。极差可以反映数据的数值范围,用来刻画一组数据的离散程度。它的计算公式如下:

$$Range = Max - Min$$

但是,极差受到极端值的影响较大。日常生活中为了减小这种影响,常用的方法是去除极端值,例如,在竞技体育比赛中,会使用去掉最高分和最低分的打分方式,就是为了减小极端值对最终成绩的影响。如果 10 名学生的测试成绩分别为 30,80,79,85,76,89,87,100,83,78,则极差为 70,表示最高分学生与最低分学生的差距有 70 分。如果去掉一个最高分和一个最低分后,极差就减小至 13 分,学生之间的分数差距就没有那么显著了。

极差的优点是计算简单、含义直观,运用也比较方便。因此,极差得到了广泛的应用。但是,由于极差只取决于两个极端值的大小,无法反映和衡量其他数据的分布和波动情况,同时易受极端值的影响,所以,使用极差时应特别注意。

6. 方差与标准差

方差可以用来衡量数据在均值附近的变异程度或波动情况。其计算方法是,先计算数据集中的每个值与均值之差的平方和,再除以数据个数减 1 得到的平均值。其计算公式如下:

$$S^2 = \frac{\sum_{i=1}^{n}(x_i - \bar{x})^2}{n-1}$$

其中,S^2 表示方差,x_i 表示第 i 条数据,$\bar{x}$ 表示该数值变量的均值,n 为数据个数。

由于方差是通过与均值的偏差进行平方后得到的结果,因此方差的测量单位是原始变量的单位平方。这样造成的问题是,很难解读这个值,因此,更常用的统计量是标准差。

标准差也是用来表示数据在均值附近的变异情况,它是通过计算方差的平方根得到的。因此,标准差的测量单位就与所关注变量的测量单位相同。这样,我们就可以方便地使用标准差来解读数据的变异情况。例如,我们有一组数据,记录的是学生的体重,测量单位为公斤,计算出来的方差值约为 93.32,标准差为 9.66,表示这个数据集中,这些学生的体重平均偏离均值约为 9.66kg。

标准差用于度量数据分布的离散程度。标准差越小,意味着数据越向均值靠近;标准差越大,表示数据分布在一个较大的值域中。

7. 简单表

简单表,也就是我们常见的一维表格,变量名称显示在表格行上,变量的值显示在表格的列方向。简单表至少需要一个变量,可以是分类变量,也可以是数值变量。

如果变量为分类变量,就将它的所有事件水平(也就是其不同的类别值)在表格中按纵向(列方向)显示;如果变量为数值变量,就列出该数值变量的聚合值(也就是总和、均值等,默认为总和)。其中,分类变量的事件水平值依次显示在变量名称"类型"下方的单元格中,而数值变量的聚合值显示在变量名称"频数"下方的单元格中。例如,图 2.3 所示的简单表示例中,左边的简单表显示了一个分类变量的所有事件水平值;中间的简单表是只有一个数值变量时所显示的聚合值;右边的简单表是按分类变量的各个事件水平值显示数值变量的聚合值。

类型 ▲
车皮
混合
轿车
卡车
体育
越野车

频数 ▲
428

类型 ▲	频数
车皮	30
混合	3
轿车	262
卡车	24
体育	49
越野车	60

图 2.3 分类变量与数值变量的简单表示例

8. 交叉表

交叉表是以二维表格的形式,显示和比较两个或多个变量的不同分组间,以及各个分组的频数或其他统计量的分布情况,从而去寻找和发现变量之间可能存在的关系。

一般地,交叉表至少需要两个变量,并且至少一个是分类变量、至少一个是数值变量。如果交叉表只包含一个变量,则必须是数值变量,此时,该交叉表相当于只有一个数值变量的简单表。

　　与简单表不同,交叉表中的分类变量和数值变量的名称显示在行或列上,分类变量的值显示在行或列上、数值变量的值显示在行与列交叉的单元格中。交叉表的一些分类变量,其事件水平值按纵向列示在交叉表的左侧,而其他分类变量的事件水平值,则横向列示在交叉表的上部;数值变量的聚合值(或统计量)则显示在交叉表中对应行与对应列交叉的单元格中。

　　图2.4(a)是交叉表的一个简单示例。读者可以将它与图2.4(b)所示的简单表进行对比,来体会两者的区别。不难发现,如果显示相同的数据,交叉表比简单表占用的空间更少,且更易于获得对各个类别的概览。

| 类型 ▲ | 车皮 | 混合 | 轿车 | 卡车 | 体育 | 越野车 |
原产 ▲	频数	频数	频数	频数	频数	频数
美国	7	——	90	16	9	25
欧洲	12	——	78	——	23	10
亚洲	11	3	94	8	17	25

(a) 交叉表

原产 ▲	类型 ▲	频数
美国	轿车	90
美国	体育	9
美国	车皮	7
美国	越野车	25
美国	卡车	16
欧洲	体育	23
欧洲	轿车	78
欧洲	车皮	12
欧洲	越野车	10
亚洲	轿车	94
亚洲	混合	3
亚洲	车皮	11
亚洲	越野车	25
亚洲	卡车	8
亚洲	体育	17

(b) 简单表

图2.4　交叉表与简单表的比较示例

2.3.2　图形技术

　　大多数EDA技术,本质上都是辅以一些定量技术的图形。根据所研究数据的类型和数量,EDA推荐使用的图形也有所不同。

　　图2.5列出了一些EDA常用的图形。例如,如果是单个分类变量,主要使用条形图,显示单个分类变量的每个类别值(也称为分类变量的事件水平)的频率分布情况,其每个矩形条对应每个事件水平,矩形条的长短表示该事件水平的频数或百分比等统计量;如果是单个数值变量,则通过茎叶图、直方图等,显示单个数值变量的频次分布情况、数值的具体分布形状、异常值或极端值的情况等。如果是两个或以上的分类变量和数值变量,主要是通过图形显示分类变量的每个事件水平上,单个或多个数值变量的分布情况、相互关系、异常值等,如并排的盒形图可以显示数值变量在分类变量的每个事件水平上的分布情况。

　　本节简要介绍一些EDA常用的图形。这些图形中的大部分都可以使用SAS Visual Analytics轻松创建;其中的茎叶图、核密度估计图、正态分位数图可以通过相关的SAS代码进行绘制,有兴趣的读者,可以扫描本章二维码查看。

1. 茎叶图

　　如图2.6所示的茎叶图示意图,是使用数据5,11,2,48,17,110,15,23,根据其十位数字分隔、排列"茎"和"叶"而得到的。

　　茎叶图与直方图有类似之处,但又不同于直方图。茎叶图中不仅保留了原始数据的信

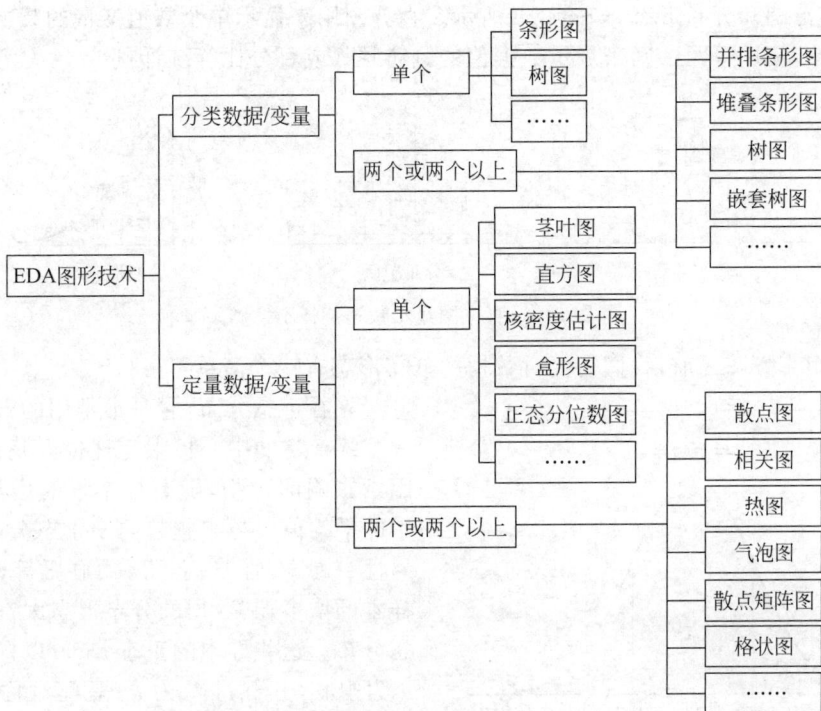

图 2.5　EDA 常用图形

息,还可以体现一些数值分布情况;而直方图则较少保留原始数据的信息,更多体现原始数据的部分统计信息。将茎叶图逆时针方向旋转 90°,就可以看作一个直方图,其叶子的个数表示了该数据段的频数。如上面的例子中,10 以下的数据有 2 个(2,5),10~20 的数据有 3 个(11,15,17)。

但是,茎叶图的绘制不如直方图方便。通常情况下可视化软件很少能够直接绘制茎叶图,但可以通过编写代码绘制茎叶图。图 2.7 是使用 SAS 代码绘制的茎叶图示例。

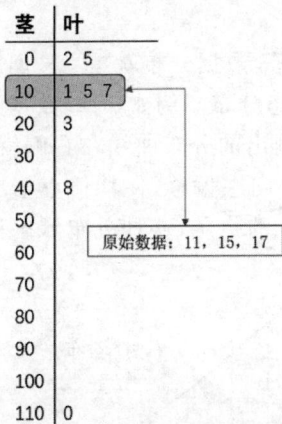

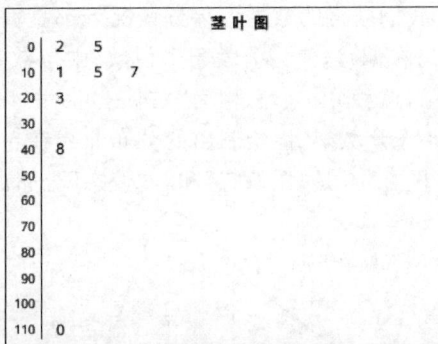

图 2.6　茎叶图示意图　　　　图 2.7　使用 SAS 代码绘制的茎叶图示例

2. 直方图

直方图(Histogram)可以帮助我们直观地了解连续型数值变量的三种分布特征:集中

趋势、分布范围和分布形态,如图 2.8 所示。直方图用来显示单个数值变量的频次分布或相对频次分布,使用等距区间来展示数据值的分布频数或百分比等统计量。

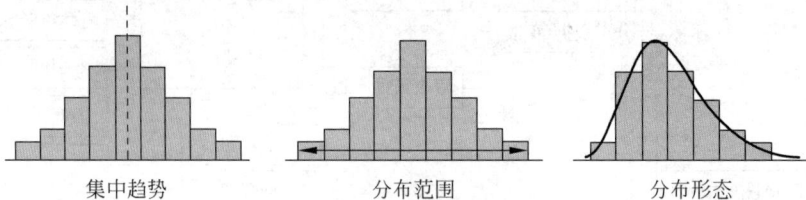

图 2.8   直方图显示数据特征示意图

在介绍直方图之前,我们需要对数据的分布形态有一个简单了解。

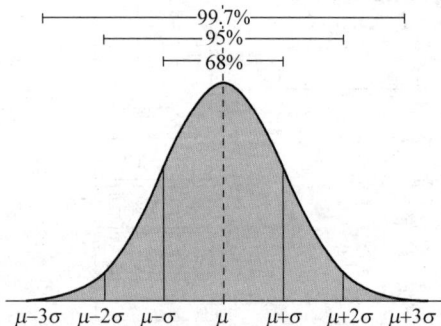

图 2.9   正态分布示意图

先看正态分布,它是最常用的分布形态之一。统计学的中心极限定理告诉我们,受多种因素影响的事物,随着样本量的增加,这些样本的平均值会越来越趋向于正态分布。例如,男性身高、女性身高、寿命、血压等,随着测量样本的增多,其数据的分布形态大都呈现为正态分布。这些样本的正态分布,以样本的均值 μ 为中心,其标准差为 σ,呈现对称的钟形分布。如图 2.9 所示,我们可以看到,在样本均值 μ 左右的 6 个 σ 范围内,包含了大约 99.7% 的样本。如果 σ 值越小,表示数据的分布越集中;相反,如果 σ 越大,表示数据的分布越分散。正态分布曲线下的面积之和始终保持为 1。

正态分布在均值 μ 处是左右对称的,其数值大于均值的个数和小于均值的个数基本是一样的。并且,其均值、中位数、众数都相等。均值、中位数在非图形技术部分介绍过,这里简单介绍众数,它是指一组数据中出现次数最多的数值。例如,一组数据 1,5,5,8,3,8,5 中,5 的出现次数最多,这组数据的众数就是 5。不难理解,众数在数据分布中处于分布曲线的最高峰处。

如果数据分布中,均值与中位数不相等,与众数也不相等,数据分布就是一种偏态分布。现实中,我们获得的数据大部分情况下都是偏态的,而非正态分布。例如,有些数据的分布,均值 μ 向右偏移,使均值大于中位数、中位数大于众数,绘制出的分布曲线在右侧就形成较长的拖尾,这种分布形态称为"右偏态"。相反,如果均值 μ 向左偏移,使均值小于中位数、中位数小于众数,从而绘制出的分布曲线在左侧就形成较长的拖尾,这种分布形态称为"左偏态"。图 2.10 是"左偏态"和"右偏态"分布的示意图。

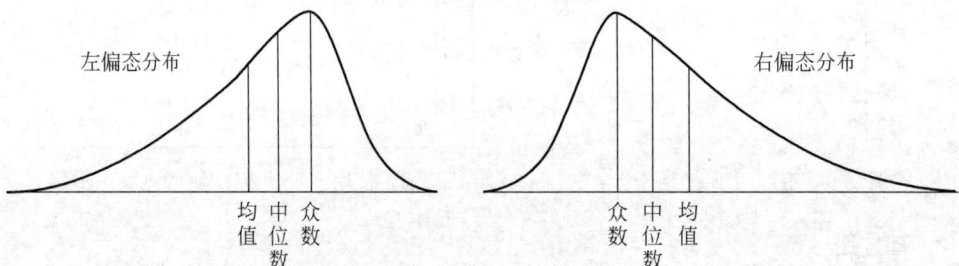

图 2.10   偏态分布示意图

下面来看直方图的绘制方法。首先需要将数值变量的值按大小进行排序,然后将排序后的数据值域划分为若干等距离的连续区间,再分别汇总该数值变量在每个区间中的统计量,最后用矩形条的高度将该统计量展示出来。

从直方图的绘制方法,可以看出图形展示的数据分布,是依赖所划分的区间数量的。不同划分的分箱区间,绘制出来的直方图视觉差异也会比较大。图 2.11 所示的两个直方图,使用的是同一个数据变量 MSRP,左边的直方图设置的分箱数为 15,右边设置的分箱数为 50,可以看出差异还是比较明显的。

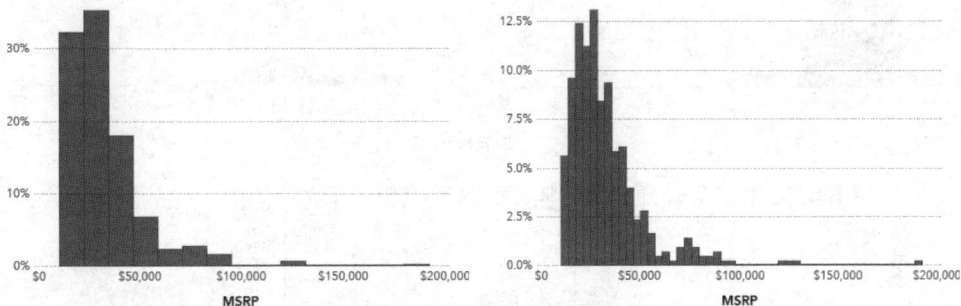

图 2.11 直方图受分箱数影响

3. 核密度估计图

上面介绍的直方图,可以显示数值变量的分布情况。但是,分箱的数量(或者说区间的宽度)对直方图的形状有较大影响,造成的视觉差异也较大。另外,直方图不够平滑,无法与数学密度模型进行直观比较。因此,有很多人用密度估计图来展示数据的分布,使得数据的分布变化看起来更平滑。这里的介绍以核密度估计图为例。

核密度估计(Kernel Density Estimate,KDE)是一种广泛使用的密度估计方法,用于估计随机变量的概率密度。核密度估计是非参数方法,意味着密度估计会根据数据中的观测值进行调整,比参数估计方法更灵活。通常,核密度估计需要设置核函数及其带宽。核函数是计算核密度估计的一个函数,用来提供权重;而带宽控制核密度估计图的平滑度。如何计算核密度估计,超出了本书的讨论范围,非数据专业的读者,只需大概了解有这样一个生成过程即可。

根据核密度估计绘制出的一条曲线图,称为核密度估计图。图 2.12 给出在 SAS Visual Analytics 中绘制的两张核密度估计图(分别叠加了直方图和针状图)作为参考。我们可以看到,核密度估计图可以更好地展示数据分布的情况和变化曲线,比直方图更一目了然。

4. 散点图

散点图(Scatter Plot),是将两个数值变量的值,分别显示在 X、Y 坐标方向,以查看两个数值变量之间的关系或其中的异常值。

散点图是探索两个数值变量之间关系的最常用图形之一。通过观察散点图中数据点的分布情况,我们可以探索以下信息:

(1)变量之间是否存在相关性或关联趋势?如果大部分的数据点会以某种形状或趋势呈现,则可能存在某种相关性。如图 2.13 所示,如果两个变量值同时增长,表示两者可能存在正相关关系;如果随着一个变量值的增大,另一个变量值减小,表示两者可能存在负相关

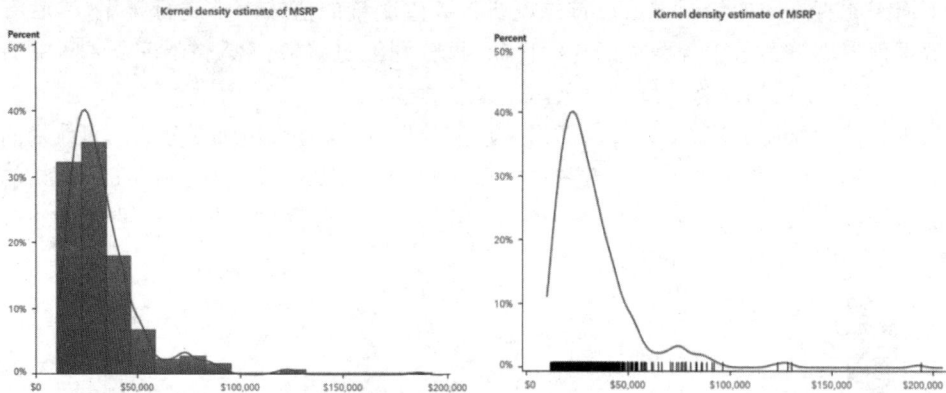

图 2.12　两张核密度估计图

关系；如果两者的变化完全是随机的，则表示两者不相关。

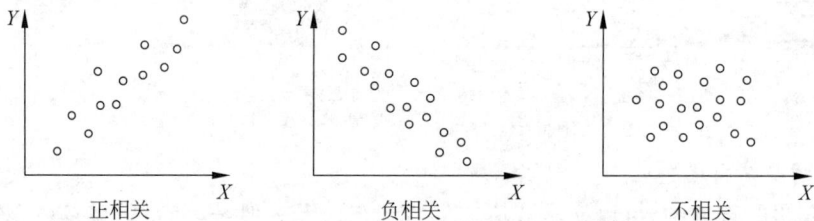

图 2.13　从散点图看相关性之一

（2）如果存在相关性，是线性还是非线性的相关？相关性的强度如何？我们可以从散点的分布情况，大致看出两个数值变量之间的相关性是线性或非线性的。同时，从散点分布的密集程度，可以看出支持这种相关性的强度。如图 2.14 所示，指数型相关的图形显示了较大的相关强度，而线性相关的图形显示的相关程度就比较弱。另外，必要时在散点图中画出拟合线，可以更明确地表示数据间的相关关系。

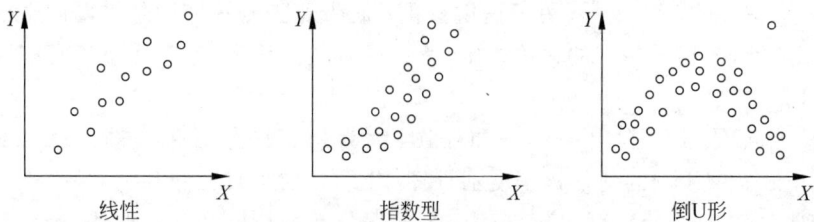

图 2.14　从散点图看相关性之二

（3）数据是否存在离群值？这个比较容易理解，如图 2.14 中的"倒 U 形"散点图中，很明显能看到在右上角有一个点，与所有其他点距离较远，是一个离群值。散点图对于识别数据中的异常值也很有用。

（4）是否存在数据集群？如果图中的数据点有相对的聚集特性，则可能存在数据集群，可以进一步对数据做聚类分析等。

5. 散点图矩阵与格状散点图

散点图可以方便地探索两个变量之间的关系。如果要同时查看多个变量之间的关系，则可以使用散点图矩阵或格状散点图。

使用散点图矩阵或格状散点图探索多个数值变量之间的关系,具体的做法是,在多个数值变量中,依次使用两个变量绘制一个散点图,然后把这些散点图排列为三角形或正方形的散点图矩阵。这样,就可以查看每一对变量之间的关系。

散点图矩阵的排布,通常以矩形阵列的形式。如图 2.15 所示,四个变量位于从左上到右下的对角线位置上,并分别与其他几个变量两两组合绘制散点图,然后将这些散点图排布为一个矩形阵列。具体来说,四个变量 A、B、C、D 位于在从左上角到右下角的对角线上的四个位置,如图中的白色虚线所指。对角线上四个位置的变量组合就是变量自身。然后,这些变量再依次与其他行或列的变量进行两两组合,分别绘制散点图,最终组合为散点图矩阵。

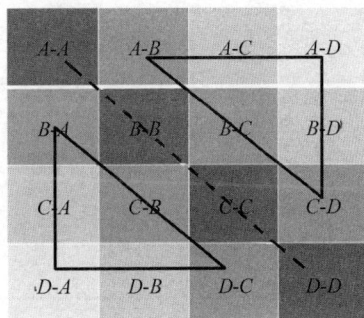

图 2.15 散点图矩阵示意图

在这个矩形阵列中,两个变量之间的组合具有一定的对称性,即在横轴和纵轴的位置进行了对调。如图 2.15 中两个三角形所指示的那些位置,连线的左下部形成的三角形与右上部形成的三角形,是以白色虚线为对称轴排列的。这样,其中每个散点图的坐标也是相互对称的(例如,散点图 B-A,把变量 A 绘制在 X 轴、把变量 B 绘制在 Y 轴;而散点图 A-B,则是把变量 A 绘制在 Y 轴、把变量 B 绘制在 X 轴)。因此,这种正方形的矩阵图也常被简化为三角形排列的矩阵图。如图 2.16 所示,是一个三角形散点图矩阵的示例。

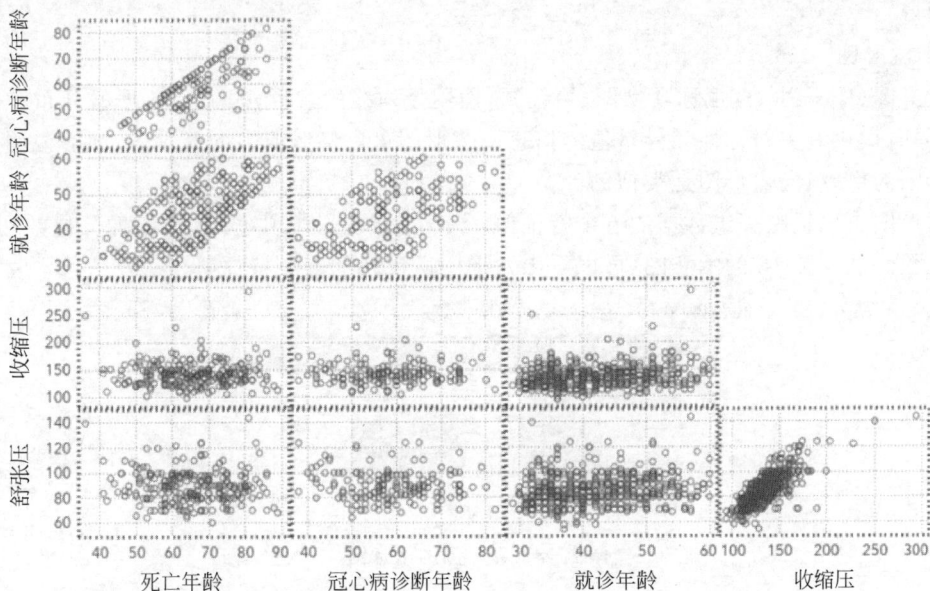

图 2.16 三角形散点图矩阵的示例

对于包含多个分类变量,需要绘制散点图的情况,我们还可以使用格状图来创建图形矩阵,其中的每个散点图显示一个数据子集。在图 2.17 所示的格状散点图矩阵中,每张散点图分布在以黑色实线划分的格子中,这些格子是按照"吸烟状况"和"死因"两个分类变量划分并组合形成的子集;而每个散点图所依据的数值变量,是"冠心病诊断年龄"和"死亡年龄"。

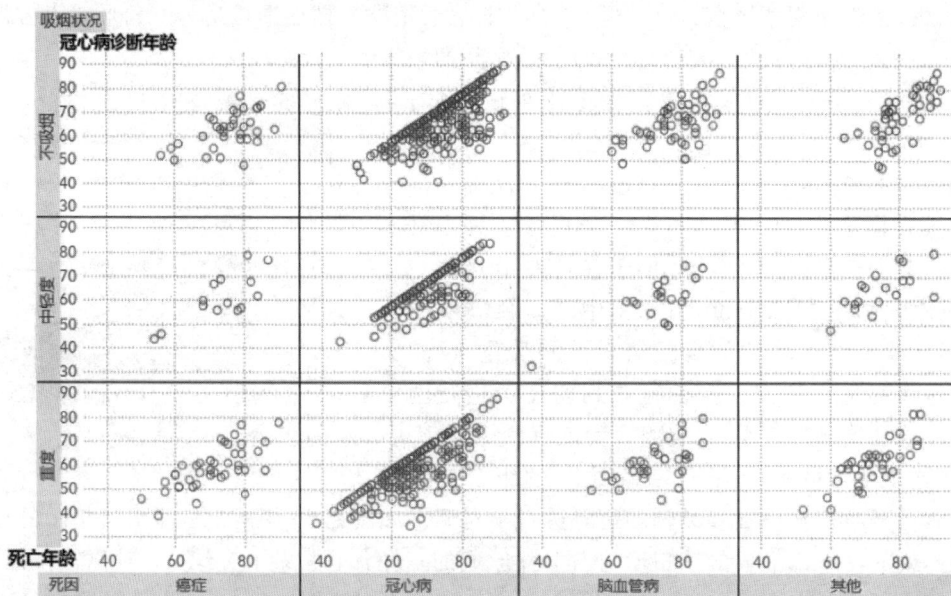

图 2.17　格状散点图矩阵的示例

三角形图形矩阵和格状图形矩阵的应用,并不局限于散点图。当需要为多个数据变量创建一系列图形时,也就是要一次性对多个变量绘制某种图形时,都可以使用这两种方式来排列图形。

6. 盒形图

盒形图(Box Plot),也称盒型图、箱线图,使用带须线的盒形,来显示数据的分布和扩散情况,同时提供有关对称性和异常值的信息。盒形图可以横向或纵向显示,下面的说明以横向盒形图为例,纵向盒形图是类似的。

盒形图可以反映一组数据的五个特征值:最大值、最小值、中位数、第 1 四分位数和第 3 四分位数。从图 2.18 的示意图,可以看出盒形图所反映的五个特征值。

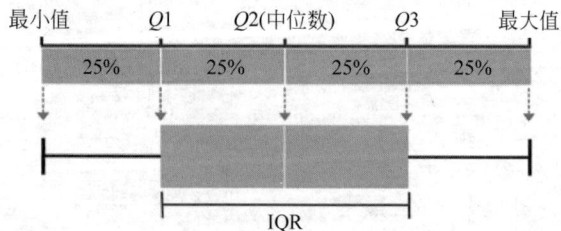

图 2.18　盒形图的示意图

盒形图中间的"盒形"部分,其左侧边线是第 1 四分位数 $Q1$、右侧边线是第 3 四分位数 $Q3$;"盒形"中间所绘制的垂直竖线,是中位数所在的位置,即第 2 四分位数 $Q2$。盒形图的"须线",一般从中间盒形的两侧开始,分别延伸到最远不超过四分位间距 1.5 倍的数据值处。

值得注意的是,图 2.18 中给出的须线,恰好是最小值和最大值。实际上,盒形图须线的长度是经过计算的。具体来说,左边须线的长度,需要先计算出 $Q1$ 与 1.5 倍四分位间距

IQR 的差值：$Q1-1.5 \cdot IQR = Q1-1.5 \cdot (Q3-Q1) = 2.5 \cdot Q1-1.5 \cdot Q3$；然后将该差值与这组数据的最小值进行比较，取较大者作为左边须线的终点；从 $Q1$ 开始向左绘制直线延伸到该终点处，就是左边的须线。所有比左边须线终点值小的数据点，都将被视为离群值。

同样地，右边须线的长度，需要先计算出 $Q3$ 与 1.5 倍四分位间距 IQR 的和值：$Q3+1.5 \cdot IQR = Q3+1.5 \cdot (Q3-Q1) = 2.5 \cdot Q3-1.5 \cdot Q1$；然后将该和值与这组数据的最大值进行比较，取较小者作为右边须线的终点；从 $Q3$ 开始向右绘制直线延伸到该终点处，就是右边的须线。所有比右边须线终点值大的数据点，都将被视为离群值。

盒形图可以让我们从多个角度检查数据的分布情况。

（1）如果盒形图左、右两侧的须线长度大致相同，而且代表中位数的竖线在盒形的中心，则表示数据的分布是对称的。如果中位数更靠近中间盒形的某一条侧边，则表示数据的分布是不对称的偏态。

（2）在盒形图中代表中位数的竖线，如果在矩形盒中更偏向于第 1 四分位数 $Q1$，表示数据中有更多的数值是小于均值的，数据的分布形态为"右偏态"。相反，如果代表中位数的竖线，在矩形盒中更偏向于第 3 四分位数 $Q3$，表示数据中有更多的数值是大于均值的，数据的分布形态为"左偏态"。例如，图 2.19 中卡车发动机尺寸的盒形图，其中位数的竖线更偏向于第 1 四分位数 $Q1$，且中位数小于均值，表示卡车的发动机尺寸数据，是"右偏态"分布的。

（3）盒形图还可以帮助识别数据中的异常值或离群值。左、右两侧须线之外的数据，一般就是异常值或离群值。

另外，把两个以上的盒形图并排显示，可以检查分类变量与数值变量之间的关系，以及分类变量在每个事件水平上的数值分布情况。如图 2.19 中，两个盒形图并排列示，用来比较该数据集中不同类型的车辆，其发动机尺寸的数值分布情况。每个盒形中间的竖线是中位数的位置，菱形图标◆的位置是均值。不难看出，"轿车"的发动机尺寸一般倾向于比"卡车"的发动机尺寸小。"轿车"盒形图后面的两个圆点，标识了它有两个离群值，表示个别"轿车"的发动机尺寸也会很大。

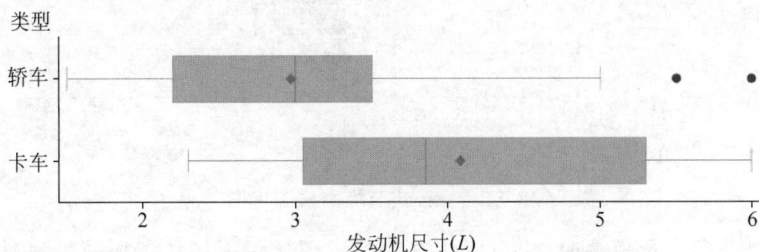

图 2.19 并排盒形图示例（彩色图片可扫描附录二维码查看）

7. 条形图

条形图（Bar Chart），使用水平矩形条或垂直矩形条，来表示不同类别的数值变量的聚合值（如总和、均值、方差等），从而便于对这些数值进行比较。

使用条形图的主要目的是对数值进行比较。因此，一个好的条形图在呈现时，最好使用数值排序后的结果，可以升序或者降序排列图中的矩形条，使比较结果一目了然。实践中，采用降序排列的条形图更常见也更有效。

图 2.20(a)使用的是水平方向的矩形条,其数据值按从大到小、依次从上到下排列;图 2.20(b)使用的是垂直方向的矩形条,其数据值按从大到小、依次从左到右排列。每个矩形条附近显示的数字,为对应的具体类别的聚合值。

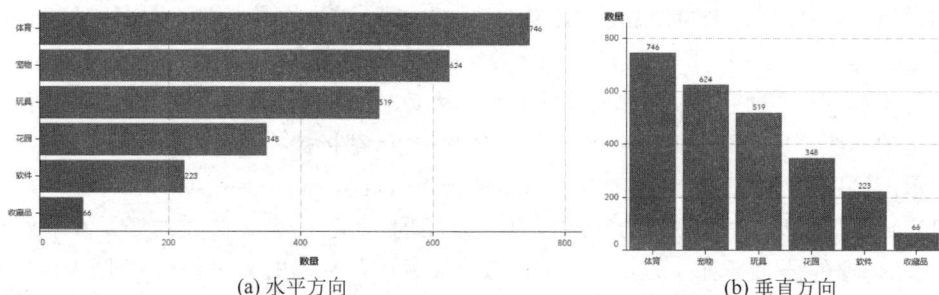

(a) 水平方向   (b) 垂直方向

图 2.20　条形图示例

图形初学者往往容易混淆条形图和直方图。这里做一个简要说明:条形图与直方图的主要不同之处在于,前者显示的数值是在分类变量的不同类别(离散值)中的数据聚合值,而后者显示的数值是在连续区间中的数据聚合值。所谓数据聚合值,可以简单地理解为按不同方式对数据进行汇总,例如,对一些数据求总和或计算平均值等,都是计算数据的聚合值。条形图是按不同类别对数值变量进行汇总;直方图只是对数值变量进行汇总,没有分类变量的汇总,它是将数值变量划分为多个连续区间并按这些连续区间进行汇总。

一般地,为条形图的一条轴分配一个分类变量,用来区分进行比较的具体类别;为另一条轴分配一个或多个数值变量,用来显示数值的聚合值。如果数值变量超过一个,则可以对矩形条采用平排或堆叠的方式显示。图 2.21 的条形图显示了两个数值变量(分别为 w 成本和 r 成本),图 2.21(a)采用了平排矩形条,图 2.21(b)采用了堆叠矩形条。不同的数值变量通过使用矩形条的色彩(颜色或深浅)进行区分。

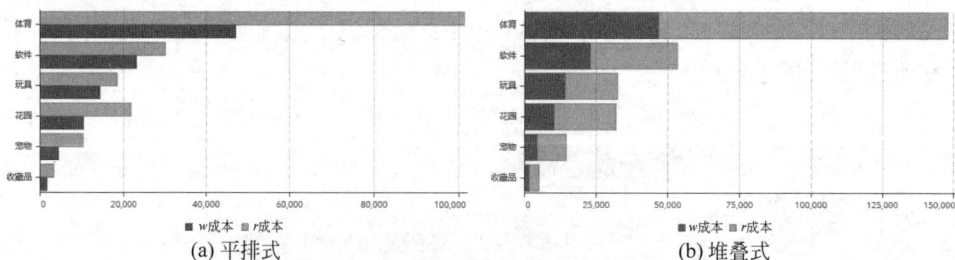

(a) 平排式   (b) 堆叠式

图 2.21　平排式与堆叠式条形图

另外,如果分类变量较多时,也可以将这些条形图显示为格状条形图矩阵,如图 2.22 所示。需要注意的是,当有太多的矩形条组合在一起时,容易造成视觉拥挤、信息密集带来的阅读困难。因此,应该谨慎使用格状条形图矩阵。

8. 正态分位数图

正态分位数图(Normal Quantile Plot),也称为 Q-Q 图,其中 Q 表示分位数(Quantile)。它是根据标准正态分布的百分位数,以升序排列来绘制出数据的分布。Q-Q 图可以看作一种特殊的散点图,其横坐标显示的是正态分布的分位数,纵坐标显示的是数值变量的数值。

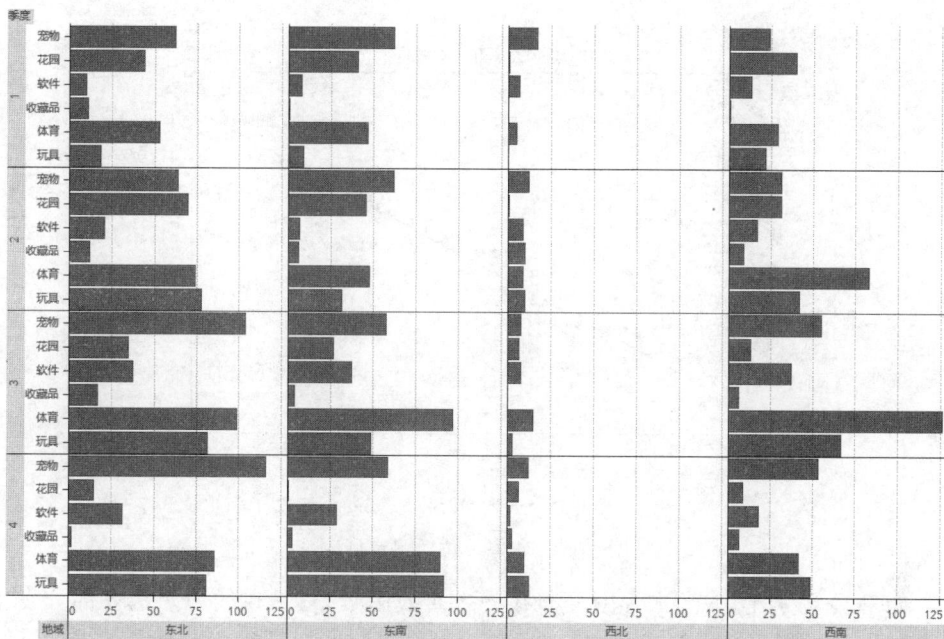

图 2.22 格状条形图矩阵

如果一组数值变量的分布接近正态分布,则其正态分位数图中的点会落在一条笔直的对角线上,且无明显的非线性模式。

Q-Q 图可以用来检查数值变量的分布是否服从正态分布,并诊断分布的偏度和峰度。如果变量服从正态分布,则 Q-Q 图显示的点分布在一条直线附近。一般来说,当需要将数值变量的分布情况与正态分布进行比较时,Q-Q 图是一种比直方图更加有效的方法。另外,Q-Q 图也常用于"残差"检查。由于理解 Q-Q 图需要更多的统计学背景知识,绘制 Q-Q 图一般也需要编写代码进行计算。所以,Q-Q 图的使用并没有直方图那么广泛。不过,Q-Q 图作为 EDA 的一种重要图形技术,我们这里做一些简单介绍。如果部分读者阅读这部分内容略感困难,可以跳过本节的学习。

图 2.23 显示的是某个班级学生的身高数据 Height,Y 轴显示的是身高数据 Height 的分布范围,为 50~75。X 轴显示的是期望的正态分布的分位数(注:正态分布的分位数是根据 Blom 公式或 Tukey 公式等计算得到,内容超出本书范围,这里不做详细介绍)。

使用 Q-Q 图,可以直观地显示数值变量呈正态分布的程度(通常是将数值变量的实际分布与其期望的正态分布进行比较)。

(1) 如果在 Q-Q 图上的点,分布在一条直线附近(无明显的非线性模式),如图 2.23 所示,则说明数值变量大致呈正态分布。进一步说,这条直线的斜率表是该分布的标准差,直线在 Y 轴(X=0)的截距是其均值。当这条直线是 45° 的对角直线(即该直线的斜率等于 1),并且该直线或其延伸部分穿过原点,则表示这个数值变量的分布与标准正态分布的均值及标准差都一样。标准正态分布的均值及标准差分别为 0 和 1。如果这条直线是 45° 的对角直线,但该直线或延伸部分不经过原点,则表示这个数值变量的均值与标准正态分布的均值不同。而如果这条直线的倾角不是 45°,则表示该数值变量的分布虽然呈正态分布,但其标准差也与标准正态分布的标准差不一样。

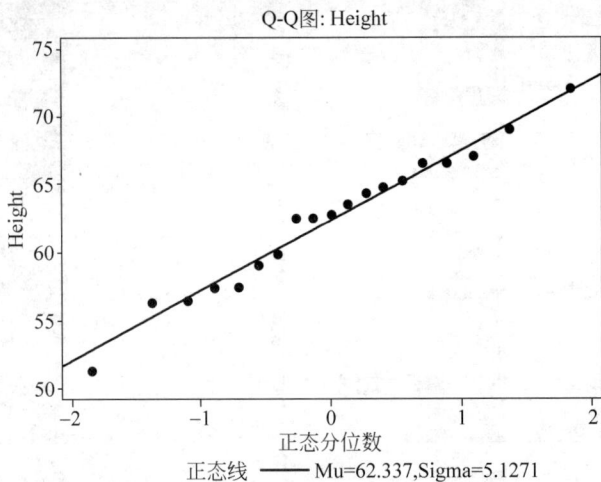

图 2.23　正态分位数图示例

（2）如果 Q-Q 图上的点，大部分分布在一条直线附近，只是在线的两端有部分发生偏离，能看出明显的非线性模式，且弯向直线下方，则说明数值变量的分布是左偏态的。如果大部分分布在一条直线附近，只在线的两端有部分发生偏离，能看出明显的非线性模式，且弯向直线上方，则说明数值变量的分布是右偏态的。如图 2.24 所示，可以对照左边相应的直方图，体会 Q-Q 图所显示的数据分布情况。

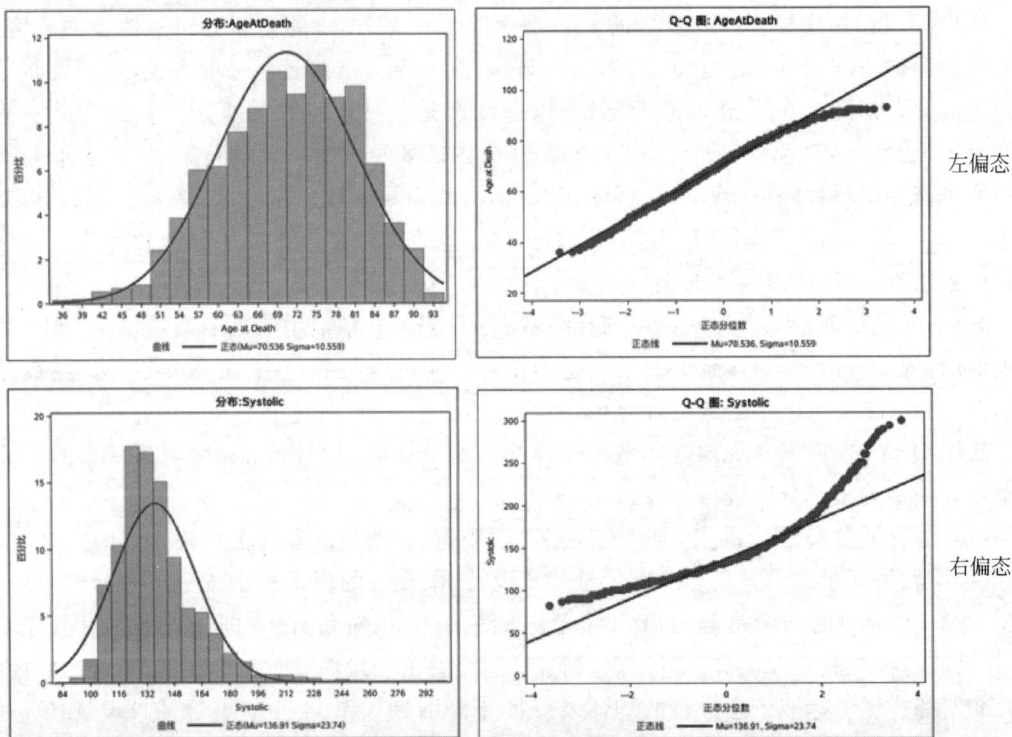

图 2.24　正态分位数图的偏态分布示例

（3）如果 Q-Q 图上的点，大部分分布在一条直线附近，在线的两端均有部分发生偏离，而且左下角向下偏离、右上角向上偏离,则可以认为数值变量是正态分布的。如果其偏离的幅度较大(两端部分离直线较远)时,表示对应的正态分布曲线的峰值较大;当该偏离的幅度较小(两端部分离直线较近)时,表示数据对应的正态分布曲线的峰值较小,偏离越小表示数据分布越接近于期望的正态分布。如图 2.25 所示,可以对照左边图中不同颜色的分布曲线,虚线箭头分别指向了右边的两个 Q-Q 图,读者可以观察、比较它们分别表示的数据分布情况。

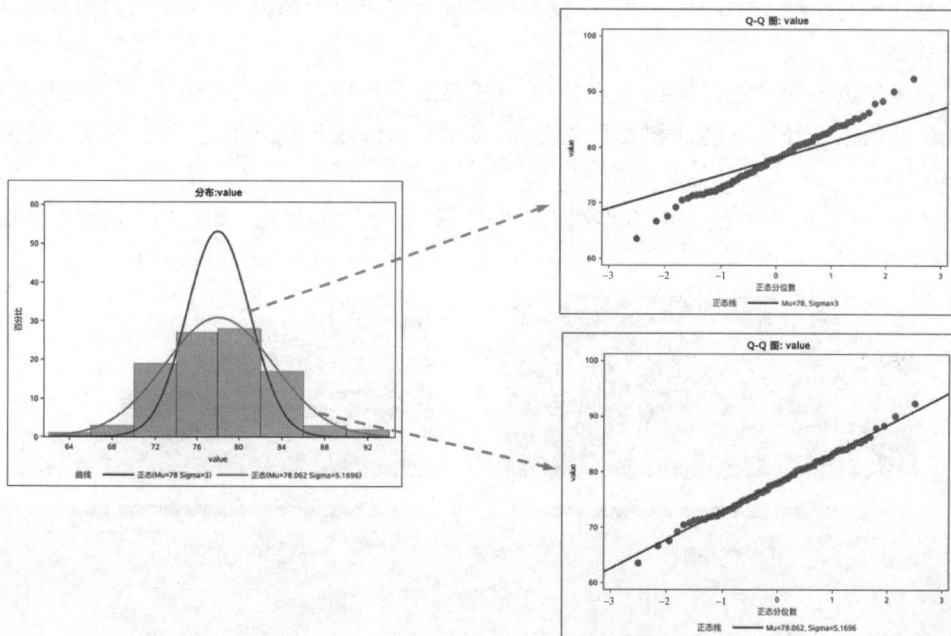

图 2.25 正态分位数图的正态分布示例

(4)如果数据是均匀分布的,则 Q-Q 图上的点,大部分都分布在一条直线附近,在线的两端有部分发生偏离,而且左下角向直线上方偏离、右上角向直线下方偏离,呈现类似倾斜的 S 形。数据分布的直方图如图 2.26(a)所示,对应的 Q-Q 图如图 2.26(b)所示。

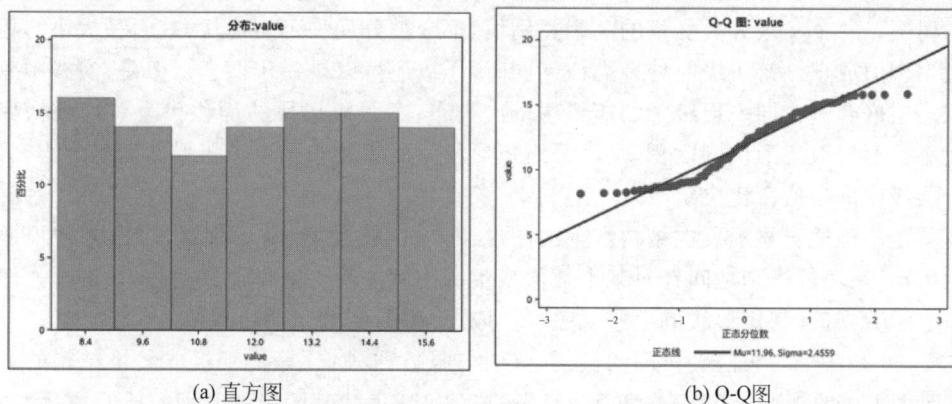

(a)直方图

(b) Q-Q图

图 2.26 正态分位数图的均匀分布示例

9. 相关图

相关图是使用方格状矩阵,来直观地比较多个数值变量两两之间相关系数的大小。相关图中大多使用的是 Pearson 相关系数。所谓相关系数,是用来量化两个数值变量之间线性关系强度的一个统计量,是介于-1和1之间的一个无单位数值。而Pearson相关系数,是计算相关系数的一种方法,由两个变量的协方差除以这两个变量的标准差乘积得到。有关相关系数的更多具体内容,属于统计分析范畴,本书不做深入探讨,有兴趣的读者可以翻阅相关资料。这里,读者只需要简单了解相关系数所表示的含义即可。

相关图的每个方格,一般使用色彩从深至浅的梯度,来表示其相关系数从大到小的变化。通过比较每个格子的颜色深浅,比较两个变量之间相关度的强弱,从而确定两者之间的相关关系。

比较多个数值变量之间的相关关系,可以按照矩形排列或三角形排列的矩阵图形式,将多个变量两两组合计算它们的相关系数,然后显示在矩阵或其左下部的三角中(可以参阅前面的图2.15)。

图2.27显示的两个相关图矩阵示例,图2.27(a)为矩形排列,图2.27(b)为三角形排列,供读者进行比较和体会。

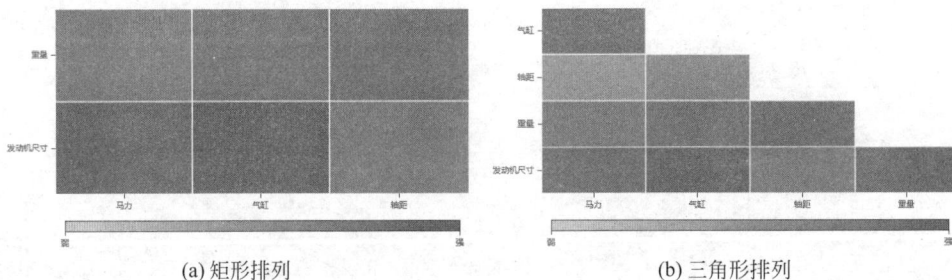

(a) 矩形排列　　　　　　　　　　　(b) 三角形排列

图2.27　两个相关图矩阵的示例

10. 树图

树图(Treemap),也称为矩形树图,它把不同大小的矩形块嵌套在一起,构成一个包含矩形块的大矩形块。树图以层次结构的形式,通过面积大小显示对应数据的聚合值。

树图中矩形块之间的嵌套(包含)关系,表示了两组或多组数据之间的父、子层级关系。这种父、子层级关系,由对应的分类变量决定。如果树图中的分类变量有多个层级,就构成嵌套的树图。每个父级分类变量的一个类别值,都会被分配一个矩形块,其面积大小与相应的数值聚合值成正比。子级的处理类似。同时,子级还可以进一步嵌套。但是,实践中一般不建议多层嵌套。在同一层级中的矩形块依次排布,每个矩形块的面积代表对应数据聚合值的大小。而父级矩形块的面积,是其子级矩形块的面积之和。单个矩形的面积大小,由其在同一层级中的数值占比决定。

树图是一种适合显示层次结构数据的图形,布局比较紧凑、易于理解,可以方便地通过面积的大小,来比较类别之间针对某个数值变量的比例关系。值得注意的是,树图通过面积大小来表示数据值,与矩形块的色彩无关。一般地,树图多填充同一颜色。

图2.28是一个二级嵌套树图的例子,其中,"服务""科技"等类别组成父级结构的大矩形块;而每个大的矩形块中又嵌套了一些小的矩形块,表示其子级的类别组成及数量占比。

11. 热图

热图(Heatmap)是用来比较第三个变量在两个变量所形成的二维单元格上的分布或变化的一种图形。这里,第三个变量的数值差异,通过其单元格的色彩深浅直观地进行表示。一般地,数值较大的单元格使用较深的颜色,数值较小的单元格使用较浅的颜色。

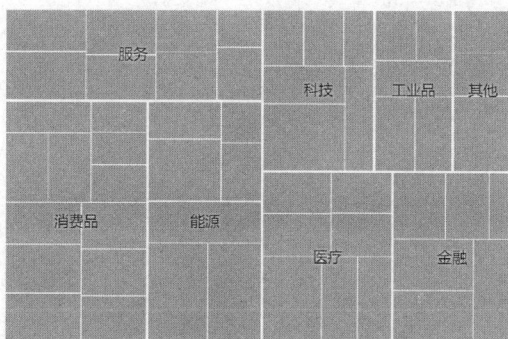

图 2.28 二级嵌套的树图示例

热图适用于获得对数据的概览,从中观察多个变量间是否存在某种模式或关联,变量间是否有相似或相关关系,是否有明显的异常等。

图 2.29 是两个热图的示例。图 2.29(a)显示的是一个数值变量在两个分类变量上的分布情况,可以看出轿车频数明显多于卡车和越野车,并且,数据中没有卡车在欧洲的相关数据。图 2.29(b)显示的是三个数值变量绘制的热图,我们看到,虽然发动机尺寸和马力都是数值变量,但是它们被离散化为多个连续的区间,发动机尺寸和马力在一些区间内呈现了一些比较明显的相关关系。

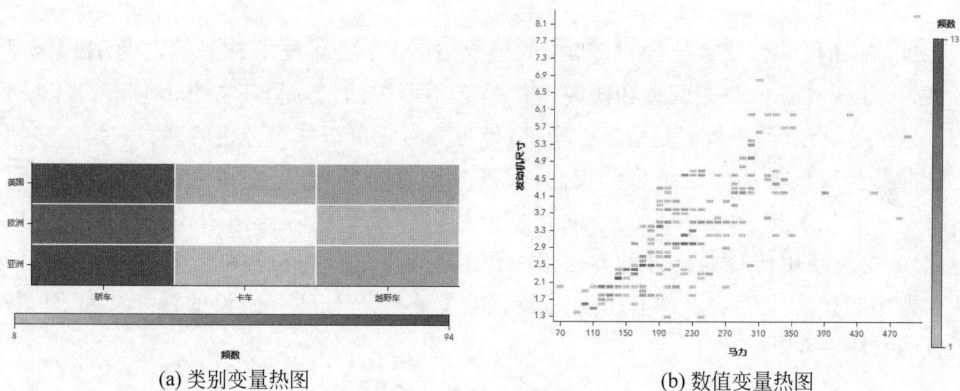

(a) 类别变量热图   (b) 数值变量热图

图 2.29 热图示例

热图用于交叉地检查多个变量结合时的数据情况,可以是两个分类变量与一个数值变量之间,也可以是一个分类变量与两个数值变量间,或者三个数值变量之间。注意:热图是把分类变量分配给水平行或垂直列,来显示不同的类别;基于行和列交叉的单元格,其颜色显示的是对应类别的数值变量值。

另外,热图只使用一个数值变量进行数值比较,其他数值变量将被离散化为多个连续区间,然后按类似分类变量那样分配给行或列。热图使用图例的颜色标尺,来标识数值差异。有时要准确地从色调之间的差异,判断数值差异的大小有点困难。此时,要获得某个单元格的具体数值,一般可以通过软件工具提供的交互式功能,使用数据提示进行查看。

如果热图需要查看的变量总数超过 3 个,可以采用每 3 个变量组合生成一个热图的方式,然后再用矩阵图的方式排布多个热图(可以参阅前面的图 2.13)。图 2.30 给出了一个三角形的热图阵列示例。

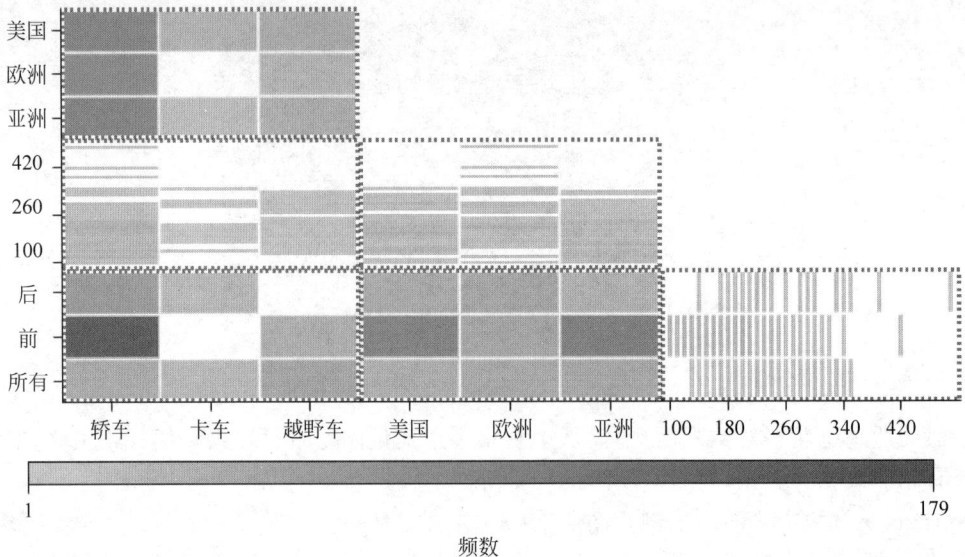

图 2.30　热图阵列示例

2.4　EDA 与 CDA

通过前面的介绍,读者已经对 EDA 的理念、使用方法和技术有了一定的了解。尽管很多人认为,EDA 在任何数据调查和研究中都是必不可少的,但是,正如其开创者 Tukey 所说:"探索式数据分析永远不可能是故事的全部,但也只有它可以作为分析的基石和第一步。"

数据分析发展的历史沿革告诉我们,数据分析有多种理论、技术和学派。其中,另一种非常重要的常用数据分析方法"验证式数据分析"(CDA),经常与探索式数据分析(EDA)并用。CDA 主要使用传统的统计学方法,进行相对精确地研究和验证。不同于 EDA 所侧重的从数据中发现和探索隐藏的有价值信息,CDA 侧重于对已有假设的证实或证伪,着重评估已有的线索和证据。

2.4.1　生动的类比

Tukey 经常把 EDA 比作侦探或检察官的工作,把 CDA 比作陪审团的工作。因为侦探或检察官的作用,是建立或获取审前证据。检察官在决定是否提起诉讼之前,先收集和检查证据,目标不是得出关于有罪和无罪的结论,而是通过调查来产生直觉预感并提供初步证据。这个过程类似于 EDA 在数据分析中所扮演的角色。而陪审团的作用,在于听取庭审、查看证据,并按照一定的程序和规则进行评议,最后做出无罪或有罪(无效或有效)的主张。这个过程类似于 CDA 在数据分析中所扮演的角色。

数据分析需要将探索式和验证式的数据分析技术结合起来使用。分析人员通过 EDA 收集并提供初步的"审前证据",目标是决定是否"起诉"(提出某种主张);同样地,分析人员通过充分发挥 CDA 的作用,依据程序和规则进行评议,目标是查看证据并确定能否"定罪"(确定该主张是否有效)。虽然两种数据分析方法的阶段性目标不同,但两者是互补而非对抗的,最终目标是一致的。因此,EDA 和 CDA 在数据分析中都很重要,应该在数据分析的实践中,将两者结合起来:首先从 EDA 出发,在分析中先获得一个值得验证的假设,再进行验证,这才是一个更理智、更有效的选择。

2.4.2 方法论维度

让我们再从方法论维度来理解一下 EDA 与 CDA 的关系。

我们知道,人类的认知活动是从所接触到的单个事物开始的。经过积累后,再将这些对个别事物的认识推及一般事物;然后,可能又从一般再推及个别。如此循环往复,我们对事物的认识就会不断深化。这一系列认知活动中,从个别到一般的认知方法,就是通常说的"归纳法";而从一般到个别的认知方法,就是"演绎法"。

就是说,"归纳法"是从认识个别的、特定的事物,推及一般性原理和普遍特征。它的优点是,能够帮助我们认识事物的共性。而其缺点是,由于"归纳法"基于对特定事物或对象的有限观察,因此,推理出的结论只表示有限规律的正确性,不能确保一般性结论的必然正确性。

而"演绎法"则是从一般性结论得出特定性结论的过程,从一般原理(或普遍事物)推及个别的特定事物。它的优点是,通过严密的逻辑得出可靠的、体现事物特性的结论。其缺点是,一般性结论的适用范围被限制在特定范围内,因而无法在更大空间中发挥其作用。另外,"演绎法"中的前提正确性非常关键,必须保证推理前提的正确,才能按照合乎逻辑的推理形式得出正确的结论。

图 2.31 给出了"归纳法"与"演绎法"之间的流程比较。

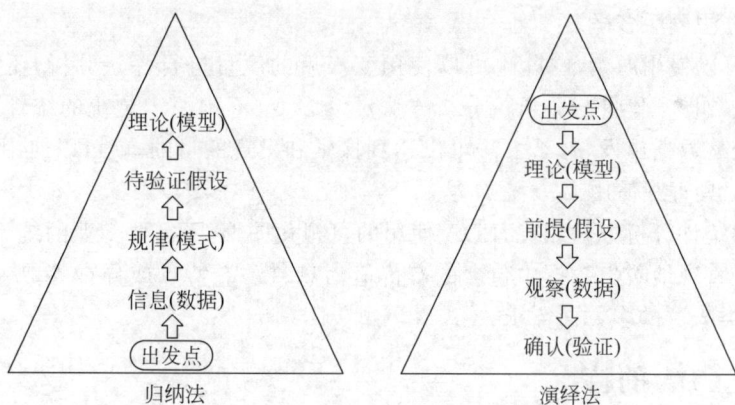

图 2.31 "归纳法"与"演绎法"之间的流程比较

"归纳法"与"演绎法"之间的联系是:用于"演绎"的一般性知识,往往首先来源于"归纳"的概括和总结。从这个意义上说,没有归纳也就没有演绎。同时,"归纳"过程所使用的规律、概念等,以及结论的论证理论等,都是在人们已经积累的一般性理论的指导下进行的"演绎"活动。从这个意义上说,没有演绎也就没有归纳。"归纳法"和"演绎法"两者互相补充、相互渗透、相互转化。

而 EDA 和 CDA 方法在数据分析中的关系也是类似的。从 EDA 出发开始数据的探索和分析,发现和提出一些潜在的假设和可能的模式,类似从特定的事物或认识出发,希望获得一般性的认识。然后,再使用 CDA 的方法和理论,归纳和验证所得到的那些潜在的假设和可能的模式,类似从一般性的认识或理论出发,推及特定的事物或认识。EDA 和 CDA 在数据分析的过程中互相渗透、互为补充,共同为我们认识事物、获取洞察提供支持。

2.4.3 EDA 的特点

EDA 在对数据进行探索、发现变量之间的相关性,以及探寻新的研究假设等方面,均可以大显身手。随着数据可视化工具的日益成熟,也加速了 EDA 的普及。

探索式数据分析 EDA 的主要特点,可以概括如下。

1) 注重让数据自己说话

EDA 强调从原始数据出发,重新检视对数据的理解,灵活处理数据,深入探索数据的内在规律。在分析思路的开拓方面,也从对数据本身的探索出发,而不是拘泥于从某种假设出发、套用模型或理论。

2) 重视可视化

EDA 非常重视对原始数据的可视化,鼓励使用简单、直观、灵活、多样、易于理解的图形表达,从而争取让数据中隐含的有价值信息能够"跃然图上"。EDA 也重视对数据中蕴含的模式、趋势或突出特点的可视化,从而帮助分析人员发现规律、得到启迪。另外,EDA 也强调对模型拟合和残差分析的图形表达,来帮助揭示模型结构、进行初步的模型评估等。

3) 强调过程的多次迭代

在 EDA 的每一次迭代中,关注所获得的发现及中间结果,从中得到启发,为下一个迭代提供更多的线索和思路,提升对主题的实质性认识。而对主题的实质性认识,又可以驱动这种迭代式的交互探索,形成一个有益的良性循环。

4) 分析方法灵活多样

EDA 既可以使用原始数据,也可以使用变换后的度量进行探索分析,还可以使用数据的重新表达或数据子集进行分析。分析方法灵活多变,不拘泥于传统的统计方法。分析方法的选择完全从数据出发,什么方法可以达到探索和发现的目的,就可以使用什么方法。

5) 分析工具直观易用

与传统的统计分析方法相比,EDA 使用的可视化图形,不需要专业的统计学知识,就可以让人们比较直观地看出数据中包含的有价值信息、模式、特点或异常等,从而有利于发现规律,满足各类人群的多方面需求。

2.4.4 CDA 的特点

CDA 注重对数据模型和假设的验证,大都使用传统的统计工具(如显著性检验,统计推断、置信水平等),对假设和估计进行验证。CDA 涉及更多专业的数理统计过程,诸如假设检验、估计生成、回归分析(估计变量之间的关系)和方差分析(评估计划结果与实际结果之间的差异)等。

验证式数据分析 CDA 的主要特点,可以概括如下。

1) 基于已确立的理论和方法

CDA 通常从经典的统计学理论和方法出发,所以,在验证分析开始之前,一般需要确定要使用的理论和方法,例如,确定使用某种统计检验,单侧或双侧检验;确定可接受的特定数值推断标准(如 p 值的大小或贝叶斯因子)等。

2) 依赖有效的样本

需要确保样本是服从某种特定的分布,满足假设检验模型的要求。同时,为 CDA 设置合理的样本及样本量,可以确保检验的有效性。这可能包括对数据的转换或调整,以及需要排除或删除数据等。

3）独立做出假设

CDA 通过质疑结论的假设,来评估结论。而假设的设定,包括假设为假的标准和假设为真的标准。这就像在审判中检查证据并询问证人,试图确定被告的有罪或无罪。同时,CDA 对假设的验证结果,会受到样本数据的影响。因此,CDA 所要验证的假设,需要在收集数据前做出,或确保假设的设定不受数据收集的影响。

4）分析结果的确定性

使用 CDA 前需确定样本服从某种要求的分布,才能套入假设模型进行验证分析。因此,CDA 分析一般不会因模棱两可的研究方法或理论,而造成不可预料的分析结果。CDA 在完成对已有假设的证实或证伪后,其结果是明确的,要么通过验证,要么没有通过验证。

2.4.5 数据分析的不同阶段

对 EDA 和 CDA 方法进行的这些对比和讨论,是为了帮助读者认识到,EDA 和 CDA 是数据分析过程中不可或缺的两个阶段:探索阶段和验证阶段。

（1）探索阶段:在这个阶段,分析人员对数据进行探索式分析,使用的主要是 EDA 方法,去获得对数据模式和特点更多的感性认识。通过可视化图形,把数据中的模式、趋势、离群值等显示出来。探索阶段既要灵活地适应数据的结构、灵活使用多种图形,也要灵活应对探索中揭示的问题、模式等。探索阶段注重于对数据进行概括和描述,不受数据模型和科研假设的限制。

（2）验证阶段:在这个阶段,分析人员对探索阶段观察到的问题、模式或效应进行分析评估和再现,使用的主要是 CDA 方法,去获得对数据模式和特点更多的理性认识。通过传统的统计推断方法,得到显著性或置信性的分析和检验,完成对已有假设的证实或证伪。验证阶段需要事先确定的假设、严格的理论依据和恰当的数据模型,以及对检验结果的客观判断。验证阶段更注重对数据模型和研究假设的选定、验证和评估。

Tukey 认为,一般的数据分析,都应该从探索式数据分析 EDA 开始。在探索阶段,EDA 可以很好地发挥其作用,生成需要解释的问题和假设。如果找到了一个好的假设,则后续分析将更容易进行。然后,需要发挥验证式数据分析 CDA 的作用,数据分析进入验证阶段。由于此时已经明确了问题和假设,也会大大降低一些不必要的实验开销。简单地说,EDA 能够回答诸如:"关于 X、Y、Z 之间的关系,数据能告诉我些什么"之类的问题,而 CDA 能够回答诸如:"假设 X、Y、Z 之间存在某种关系,数据能否确认这种关系"之类的问题。

无论对专业的数据分析人员,还是非数据专业的人员而言,EDA 都是很有价值的。尤其在大数据时代,面对海量数据,CDA 分析往往容易受到分析模型和研究假设的诸多限制。而 EDA 从数据出发的研究方法减小了这些束缚。另外,EDA 可以帮助业务人员建立对数据的直觉,从而快速地识别问题或提出正确的问题,判断生成的结果有效与否、与业务环境是否适用。最后,在使用机器学习或数据挖掘等复杂模型的场景中,EDA 同样是一个非常重要的阶段,它能够为问题的模型及其结果的解释提供来龙去脉。

当然,强调 EDA 方法的同时,我们也应该充分认识到,数据分析中仅使用 EDA 所带来的问题。EDA 方法可能无法为某些问题提供通用的可靠答案,需要采用类似"归纳法"的思路,尝试找到数据中的一般性模式。同样地,数据分析中仅使用 CDA 也存在问题,现实数据很难完全满足先决的假设条件,也就难以采用类似"演绎法"的思路,自由探索数据中预期之外的信息。在数据分析实践中,EDA 和 CDA 两者结合起来使用,才能互为补益,提高成效。

大部分情况下,数据分析应从 EDA 到 CDA,并且两者作为一个连续体,应该有一个恰当的融合,在具体实践中,两者可交叉进行。EDA 不仅可以在正式建立统计分析模型之前使用,也可以在正式建立统计分析模型之后,进一步对所拟合的统计模型进行检查和验证。而许多看似验证式的技术,包括逐步回归、某些形式的因子分析、聚类分析、判别分析以及结构方程模型等,实际也是在迭代中不断探索其目标。当研究人员试图确定"关键"因子或"最佳"模型时,这些方法实质上都是探索式的。例如,当评估替代模型时,通过多种检验值来选择最佳模型,其实就是一种探索式的分析。

现实中这样的例子并不少见。例如,在美国食药监局 FDA 对药物研究的要求中,1 期临床试验以探查进行新药治疗时的安全性和副作用为主;2 期试验以探查新药是否能有效改善健康状况为主;3 期临床试验需要通过预先指定的方法,在更大规模的、经过精心策划的研究中,去证实药物的疗效和安全性。这种三阶段的研究,从临床数据分析的角度看,1、2 期临床试验主要采用 EDA 的分析,辅以 CDA;3 期临床试验则以 CDA 的验证式研究为主,辅以 EDA。

为了便于读者理解对 EDA 和 CDA 方法的使用,可以再回顾一下前面介绍的"安斯库姆四重奏"的数据分析过程。首先,通过 EDA 所绘制的图形(参见图 2.2),我们很容易看到 4 组数据的分布情况及数据异常等信息。然后,可以根据所获得的这些认识,进一步提出相关假设(EDA 方法),并进行检验(CDA 方法)。例如,第 II 组数据集的图形所展现的 X 和 Y 之间的非线性关系,如果具备一些数理统计学知识,很容易想到两者之间可能存在二次方回归关系的假设。然后,可以通过 CDA 方法验证这一假设。可见,这一个简单的分析过程,已经在不经意间将 EDA 与 CDA 结合起来了。

EDA 和 CDA 的协同,不仅是一个数据分析和挖掘的过程,也是一个思考过程,一个包含得出最终结论所必需的过程。多个学科和领域的实践,都表明将 EDA 和 CDA 结合起来才更有效。在整个过程中,两者交织在一起,没有哪一个比另一个更好。只有充分利用两者的优势,才能创建最佳的分析模型、获得最佳的分析结果。当然,对于业务人员来说,EDA 是一个可以更好施展其才能的阶段,而 CDA 阶段中数据专业人员将更大地发挥他们的才能。

2.5 习题

(1) EDA 常用的图形技术有哪些?

(2) EDA 有哪些使用方式?

(3) EDA 与 CDA 是如何互为补益的?

2.6 本章小结

本章主要介绍了什么是探索式数据分析 EDA、常用的 EDA 技术方法，以及 EDA 的使用方式。作为可视化数据分析的先驱，EDA 进行数据分析的思路、方法和技术，对可视化分析的发展都具有非常重要的意义和作用。本章对 EDA 中常用的非图形技术与图形技术也进行了概括和说明，以便读者进一步了解它们在对原始数据、转换数据及组合数据的探索和分析中的作用。

本章还对探索式数据分析和验证式数据分析进行了对比，在数据分析的过程中两者互相渗透、互为补充。只有将两者结合起来，才能为我们认识事物、获取洞察提供更好的支持。

第 **3** 章

视觉认知理论

3.1 视觉系统

视觉系统是人和高等动物最重要的感觉系统。研究发现,视觉系统所接收和感知的信息,占人类所获得感觉信息的 80% 以上。我们的眼睛能看到东西,是由于这些物体表面所反射的光线,从眼睛的角膜、瞳孔进入眼球后聚焦在视网膜上。当视网膜上的感光细胞受到光线的刺激后,会产生视神经冲动,也就是将光信号转化为电信号。这些电信号再经过视神经,传输到我们大脑皮层的视觉中枢。大脑再经过记忆、分析、识别、判断等一系列非常复杂的过程,在大脑中形成对物体的形状、明暗、颜色、大小等的概念,这就是视知觉(我们通常称为视觉)。

图 3.1 是视觉形成过程示意图。

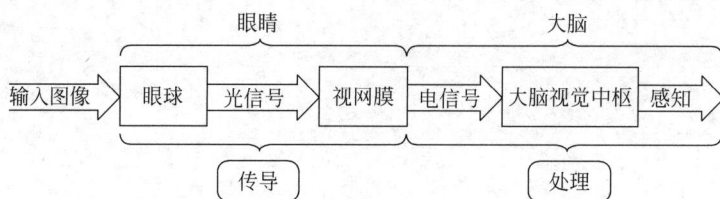

图 3.1 视觉形成过程示意图

3.1.1 视觉

光最主要的特征,就是亮度和波长,亮度决定明暗,波长决定颜色。在我们的视网膜上,有两类感光细胞:视杆细胞和视锥细胞。这两类感光细胞可以获得有关光的亮度和波长的信息,通过光电转换,就构成了视野中不同明暗和颜色的感觉。1981 年诺贝尔生理学或医学奖获得者大卫·休博尔(D. H. Hubel)和托斯滕·威塞尔(T. N. Wiesel)的研究,让我们对视觉如何转化为认识有了更多的了解。我们大脑皮层中有两种细胞——简单细胞和复杂细胞,可以帮助大脑获得物体的形状信息。简单细胞可以获得位置、朝向、大小和相位的感觉;而复杂细胞则可以感觉方向和中心等。当光线刺激转化为电信号并传输到视觉皮层细胞,通过多个层级的简单细胞和复杂细胞,感知到光的强度、对比,以及线条和边缘等,从而形成视觉信息。

实际上我们平常说的"看见",从严格意义上来讲,"看"并不一定表示"见"。如图 3.1 所示,视网膜感受到光刺激产生视神经冲动,这个过程是我们所说的"看",这是一个被动的生理过程;而视神经冲动经过大脑的分析、识别后形成的知觉,才是我们所说的"见",这个过程包括了一个主动的认知过程。由于"看"和"见"表达了视觉形成的两个过程,通常都能密切配合、高速协作,我们平时把两者合在一起称为"看见",也就是形成视觉。

3.1.2　视觉关注

生理学研究发现,我们视网膜上有一块中央凹区域,聚集了大量的视锥细胞,是视觉分辨力最敏锐的区域。除了中央凹以外,视网膜上的其他区域能感受到的视觉刺激相对来说没有那么细致,但这些区域能够在一个视野范围内同时处理大量信息,并能够注意到可能引起更多关注的兴趣点,然后快速地把目光转移到感兴趣的区域,让这一区域的物体落在视网膜的中央凹上,从而使我们能最大限度地利用视锥细胞的高分辨率,去观察更多的细节。这一研究揭示了为什么我们不能在同一时刻注意到视野内所有的点,只有那些兴趣点才能吸引我们的注意(力),并进一步启动大脑的记忆、分析、识别、判断等一系列复杂过程。

正是因为视觉的这些特性,很多心理学家开始研究哪些因素决定了能否争取到大脑的注意,以及它们是如何争取到大脑的注意的。在一个视野范围内,通常有大量纷繁复杂的信息,人类视觉总能快速定位到感兴趣的或者重要的目标区域,并进行细致的分析,而对其他区域仅仅进行粗略分析甚至忽略不见。这种选择性的心理活动,就是视觉的关注机制(Visual Attention)。

很多学者认为,视觉关注有两种模式。

1) 客观内容驱动模式

客观内容驱动模式也称为自底向上(Bottom-up)的方式。这种模式下,视觉关注与视野中内容的显著性密切相关。一般来讲,与周围区域中内容有较大差异的目标,容易引发视觉关注。客观内容驱动模式下的视觉关注,是一种无意识的、自发的反应,它更多地受到某些图像特征的影响,主要通过对比获得。人的视觉系统能快速锁定与周围区域差异大的区域,那些与周边不同的像素区域,将吸引更多的视觉关注。绿叶丛中的一朵红花,比周围的绿叶更吸引人们的视觉关注。另外,运动的物体与周围环境背景中的静止物体,容易形成显著的对比,也更容易吸引人的关注。这些与周围区域的差异,可能来自对象的颜色、大小、形状、朝向等前注意视觉属性。例如,与周边其他物体颜色不同或形状不同的东西,更容易引起人们的关注。而处于对象边缘上的点,也更容易引起人们的关注。客观内容驱动的视觉关注,主要通过处理目标对象的这些视觉特征信息,再由这些视觉特征共同组成目标对象的一些模式,有助于我们大脑构建对象模式。

2) 主观意识驱动模式

主观意识驱动模式也称为一种自顶向下(Top-down)的方式。这种模式下,视觉关注主要依赖于主观意识的支配。人们根据任务或目标的需要,将视觉关注强行转移到某一区域。这种模式是一种选择性机制。首先根据目标的需要,迅速建立起视觉预期;再根据这个预期,按一定的顺序选择部分区域进行局部验证;最后对通过验证的局部做进一步处理。这一系列过程,实际上包含了视觉关注的焦点在多个目标间的转移,以及目标与记忆中的存储进行匹配等任务。

进一步的研究发现,视觉关注实际上是一个综合的过程。单纯的自底向上或自顶向下的方式,都无法很好地完成视觉关注行为。心理学家特雷斯曼(A. Treisman)等提出的特征整合模型,受到广泛认可和高度评价。他们发现视觉关注和知觉加工的内部过程是紧密结合的,可以用"聚光灯"来形象地比喻视觉关注具有的空间选择性,根据这一模型,视觉处理过程把自底向上和自顶向下两种模式综合起来。前者对视觉刺激的颜色、朝向和运动等简单特征进行快速、自动、并行地加工,各种特征在大脑内被分别编码,产生相应的"特征图"。"特征图"中的各个特征,在位置上是不确定的。要获得对物体的知觉,还需要依靠集中注意这种"自顶向下"的处理过程,以类似"聚光灯"的形式,对"位置"进行探照和扫描,把属于被搜索目标的各个特征,有机地整合在一起,实现特征的动态组装。"特征图"中的各个特征,经过多次组装融合和迭代后,就得到视觉关注的目标。

很多视觉关注实验发现,人眼视觉往往更倾向在前景区域中寻找目标,而忽略背景区域的内容。另外,随着计算机技术的应用,眼动实验和视线追踪研究发现,人眼更加倾向于关注图像中心约 25% 的区域,并在该区域寻找目标,也就是说,图像中心区域更加容易吸引人们的视觉关注。很多的视觉实验和认知研究所揭示的人类视觉认知规律,都对我们更好地利用视觉认知原理,进行有效的数据可视化非常有帮助。

3.2　注意力与记忆

3.2.1　注意(力)

心理学家认为,"注意"是信息加工过程中普遍存在的心理机制。

我们知道,人的各种感官时时刻刻都在接收大量的、来自内部和外部的刺激。而大脑的知觉和信息处理能力是有限的,无法对感官获得的所有刺激都进行完善的加工。为了更好地分配有限的处理能力,大脑会舍弃一部分信息,通过对刺激的有效选择和调节,来保证对"重要"的信息进行更有效的关注和加工。在心理学中,描述这种关注的概念叫作"注意"(又称为注意力,Attention)。

"注意"是指人的心理活动对外界特定对象的选择、集中和指向。只有先注意到某一特定事物,才可能进一步去记忆和思考、分析。

认知心理学中,把"注意"看作信息加工的一个重要步骤,它伴随着感觉、知觉、记忆、思维等心理过程。根据迈克尔·波斯纳(Michael Posner)和史蒂文·彼得森(Steven Petersen)的神经解剖学模型,表明有三种不同的"注意系统"。

(1) 前注意系统(Anterior Attention System,AAS)或执行系统:该系统负责选择性注意,持续关注和分配注意力。

(2) 后注意系统(Posterior Attention System,PAS)或定向系统:该系统负责视觉刺激的重点关注和选择性注意。

(3) 网状激活系统(Reticular Activating System,RAS)或警报系统:该系统主要负责唤醒注意和持续注意力。当涉及关注各种刺激时,该系统在确定什么是重要的,什么是不重要的方面起着主导作用。

上面的"注意系统",包含了多种"注意"子系统。我们在日常行为中,会不断地在这些子系统间进行切换。例如,我们开车时,首先必须保持清醒(RAS 的唤醒注意),眼睛时刻注意路面的各种情况（PAS的重点关注和AAS的持续注意力），保持不会因其他事情而分心（PAS的重点关注）；我们还需要使用这些"注意"子系统，不时地把视线从正前方和左、右后视镜间来回切换、交替关注，我们还需要同时执行驾驶所需的所有动作，如使用离合、方向盘和加速器等。

我们的注意力，在信息空间中不断移动和搜索，被"注意"选择到的区域（或特征），其信息的处理得到增强，而该区域之外的信息则被削弱甚至忽略。可见，"注意"是心理活动对特定对象的选择和集中。

由于大脑处理能力的有限性，"注意"的核心问题是对信息的选择，过滤掉大部分，而只保留一小部分，进入后续的加工过程——记忆。

3.2.2　记忆

大脑大约有几百亿个脑细胞，是人体中最微妙的一个智能器官。而大脑中负责记忆活动的区域，称为"海马区"，该区域内的神经细胞突触，主要负责存储记忆。

大脑中的记忆，又可以分为瞬间记忆、短时记忆和长时记忆三类。

1）瞬间记忆

瞬间记忆是指外界刺激通过感觉器官时，按输入刺激的原样，在极短的时间内，在大脑中被感觉、迅速登记，并保留一瞬间的记忆。一般认为，瞬间记忆的容量为9～20比特，图像记忆保持的时间为0.25～1秒。瞬间记忆具有选择性，这种选择依赖于客观事物本身的特点，也依赖于人的主观心理因素。如果对瞬间记忆中的信息加以注意，信息就会转化为短时记忆。如果没有被注意，超过1秒信息便会被遗忘而消失了。

2）短时记忆

短时记忆是指外界刺激以极短的时间呈现后，被注意到，并且其保持时间在1分钟以内的记忆。短时记忆的特点是，信息保持时间很短，并且记忆容量有限，一般为7±2，即5～9个项目。如果信息量超过短时记忆的容量，或者受其他刺激的干扰没有保持足够时长，短时记忆也容易被遗忘，可能需要大脑不断复述才能短暂保留。短时记忆介于瞬间记忆和长时记忆之间，短时记忆的信息可被意识到，并通过复述转入长时记忆。

3）长时记忆

长时记忆是指外界刺激在呈现之后，经过一定深度的加工后，在头脑中长时间保留下来的记忆。长时记忆的特点是，容量无限度，信息保持时间长，一般在1分钟以上。长时记忆就是我们平时所说的"记忆"，信息主要来自对短时记忆内容的复述，或者可能由于一次刺激强度大或首次获得刺激的印象深刻而成为长时记忆。

图3.2所示的记忆的模块模型示意图，可以帮助我们认识"记忆"的形成。

总之，"记忆"是大脑对过去经验中受到刺激的一种印象。由于"记忆"，大脑才能保存过去的印象，并在此基础上使当前的印象得以深化与拓展，从而更加全面和深刻。也就是说，有了"记忆"，人们才能把前后的经验联系起来，使认知活动成为一个发展的过程、一个统一的过程。

3.2.3　记忆与可视化

看到前面介绍"注意"与"记忆"，读者可能好奇这些与可视化有什么关联呢？

可视化的目标之一，是帮助人们理解和传递信息，而理解和传递的前提，就是要获得人

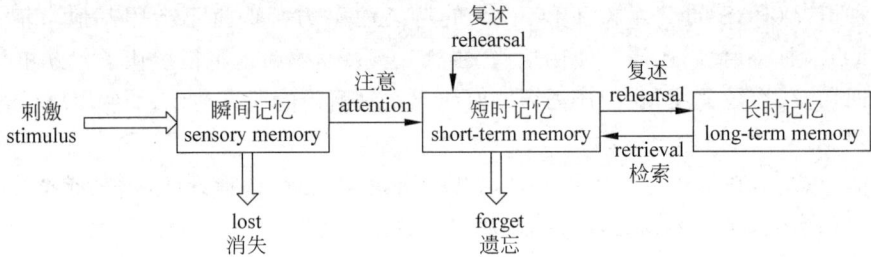

图 3.2 记忆的模块模型示意图

们的关注和记忆。以下几方面都会影响人们的视觉关注和记忆。

1. 位置效应

位置效应,是指信息在整个材料中的顺序对该信息的记忆效果有重要影响。

位置效应中最常见也是大家最熟悉的,就是首因效应,它是指最先呈现的材料记忆得较好。首因效应也就是人们常说的第一印象,它很好地解释了先入为主的情况,当多种信息呈现出来时,人们更倾向于重视放在前面的信息,同时,当后面的信息与前面的信息不一致时,人们也会倾向于最初的印象。造成首因效应的原因,可能是由于前面的信息保存时间更久、更易成为长时记忆,从而在人们脑海中形成一个整体的印象。

另一种常见的位置效应,是近因效应,它是指最后呈现的材料记忆得更好,即在总的印象形成过程中,最近获得的信息比原来获得的信息影响要大。也就是说,当多个信息先后呈现时,与中间部分的信息相比,人们更容易记住相对末尾部分的信息。近因效应使得人们更看重新近获得的信息。造成近因效应的原因,可能是由于信息出现较晚还在短时记忆中比较鲜活,从而在人们脑海中更易于提取。

记忆领域的首因效应和近因效应,在我们日常的学习、工作、生活中发挥重要作用,会直接影响到人们对信息的感知和判断。

2. 数量限制

乔治·米勒(George Miller)在他的论文《神奇的 7 ± 2:我们加工信息的容量限制》中,讲述了他对记忆的一些研究成果,对可视化也有一定的指导和借鉴意义。

Miller 对人们短时记忆的能力进行了定量分析。研究表明,大部分人的"记忆广度"大约为 7 个单位(阿拉伯数字、字母、单词或其他单位),称为"组块"。后来的研究显示,"记忆广度"还与"组块"的类别有关,如对阿拉伯数字来说"记忆广度"为 7 个单位;对英文字母来说"记忆广度"为 6 个单位。

通常,有较多因素可以影响到人们的"记忆广度"。心理学家尼尔森·科万(Nelson Cowan)在 *The magical number 4 in short-term memory* 一文中指出,年轻人的短时记忆能力为 4 个组块,儿童和老人较低一些。根据这些研究,我们也会发现,在日常生活中记忆电话号码时,按 3~4 位数为一个组块,相对就比较容易回忆。

这些研究成果也可以用来指导可视化的实践。例如,如果希望让看图形的人记住图中的内容,控制一个图形中的对象数量,尽量不超过 4 组、每组不超过 7 个,更有助于人们对内容的记忆。如果确实需要展示的对象太多,可以按一定的方式组织、排列或使用格状或矩阵形式的排列展示这些图形。

3. 前注意视觉属性

我们通过视觉获得的瞬间记忆,也被称为"图像记忆",它具有鲜明的形象性。研究发现,能够在非常短的时间(少于 500 毫秒)内,被我们视网膜上的视杆细胞和视锥细胞捕获进瞬间记忆,主要依靠的是目标对象的一些"前注意视觉属性"。虽然目标对象的辨识,可能需要启用主观意识,但这些前注意视觉属性,却能够快速吸引观察者的注意力,并自动进入短时记忆进行处理,而不需要调动主观意识去启用自顶向下的视觉关注。

充分利用这些前注意视觉属性,可以在可视化中引导观察者快速定位到兴趣点。也可以通过利用前注意视觉属性,营造出视觉上的层次感,来引导观察者处理信息的顺序和思路。

科林·瓦雷教授(Colin Ware)在他的著作 *Information Visualization：Perception for Design* 中,定义了四种类型的前注意视觉属性：颜色、形式、移动和位置。我们将逐一介绍。我们先通过一个小例子,来体验一下前注意视觉属性是如何提升视觉关注效率的。尝试在 5 秒内,以最快的速度数出如图 3.3 所示的字符串中字母 f 出现的次数。

The finished files are the result of years of scientific study that
have been performed in many years from the four countries.

图 3.3　未使用前注意视觉属性的字符串示例

通常,我们的大脑需要先根据所有这些字母的字形特征,去辨别哪个字母是 f,然后再进行计数。所以在 5 秒内得出正确结果还是有点难度。但是,同样的一段文字,如果我们使用"颜色"这一前注意视觉属性,如图 3.4 所示,把其中的字母 f 显示为红色,就会更轻松、更快地得出结果。

The finished files are the result of years of scientific study that
have been performed in many years from the four countries.

图 3.4　使用前注意视觉属性的字符串示例(彩色图片可扫描附录二维码查看)

前注意视觉属性,是指那些不需要大脑有意识关注,就可以被处理的视觉属性。研究发现,人类的眼睛和大脑能够在 500 毫秒以内处理前注意视觉属性。也就是说,当对象显示时,我们几乎可以在瞬间就毫不费力地关注到一些视觉属性,好像它们是自己"跳出来"似的,这些视觉属性就是所说的"前注意视觉属性"。

下面简单介绍常见的四种前注意视觉属性,以及它们在可视化中的应用。

1) 色彩类前注意视觉属性

色彩或者说颜色,是一组经常使用的前注意视觉属性,可以很好地吸引关注。

一般来讲,色彩有三个基本属性：色度(Hues)、饱和度(Saturation)、亮度(Intensity)。色度表明是一种什么颜色,如红、黄、蓝等。饱和度表示的是色彩的纯度,其值越大表示纯度越高,越低则逐渐变灰。亮度表示的是色彩的明暗,白色的亮度为 1,黑色的亮度为 0。

色彩类前注意视觉属性的亮度和色度,如图 3.5 所示。人眼可以快速地区分出约 120 个不同的亮度,约 300 个不同的色度。

另外,如果数据中需要区分的维度过多,人们有时候也用颜色作为一个维度进行区分。Ware 教授给出的建议是使用对比色,如图 3.6 所示,通常情况下"红—绿、黄—蓝、黑—白、粉—青、灰—橙、棕—紫"这 6 个色对两两之间的颜色区分度较高。

使用颜色,可以有效吸引人们的关注,有助记忆。在可视化中,要借助于视觉对色彩的关注,可以充分利用色彩前注意属性。以下是在可视化中,针对色彩使用给出的一些

亮度　　　　　　　色度

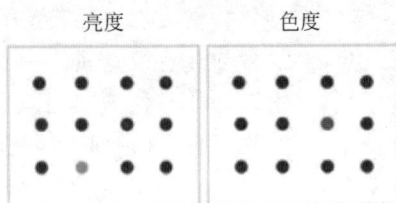

图 3.5　前注意视觉属性之亮度和色度(彩色图片可扫描附录二维码查看)

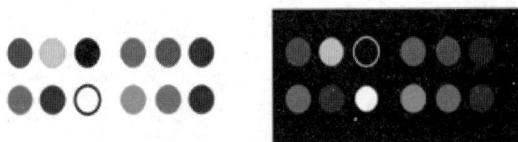

图 3.6　前注意视觉属性之对比色(彩色图片可扫描附录二维码查看)

建议。

(1) 无论出于何种需要,在可视化中对颜色的使用,都应该保持一致性。

(2) 某一个可视化对象中,使用的颜色数目一般不应该超过 6 种。

(3) 用颜色进行分组显示,使用区分度高的对比色,可以取得较好的视觉效果。

(4) 如果选择对区域进行色彩填充,应尽量使用柔和一些的颜色,色彩饱和度不宜太高。

(5) 背景和前景的颜色选择,应该遵循前景亮度较高的原则。例如,红色背景上显示文字时,字体颜色为前景色,建议选用亮度较高的颜色,从而带来更舒适的视觉体验,如红色背景上的黄色或白色字体。

2) 形态类前注意视觉属性

对象的形态中也包含了一些前注意视觉属性,可以增强或削弱视觉关注。例如,把某个对象增大而强调其重要性,会获得更多关注。相反,把某个对象缩小而降低其重要性,会削弱关注。

一般地,形态相关的一组前注意视觉属性,包括长度、宽度、形状、大小、标记、方向、曲度、封闭、分组和空间位置等。恰当使用形态的这些前注意视觉属性,可以有效吸引人们的关注,有助记忆。在可视化中,形态类前注意视觉属性,在不知不觉中影响着我们对图形的关注和认知。

图 3.7 给出的是一些形态类前注意视觉属性的示例。如果仔细观察就会发现,在查看这些示例的每一个图形时,我们的注意力会不自觉地快速聚焦在那些与其他元素不同的部分。例如,在"长度"图中较短的线,或在"方向"图中倾斜的线,在"分组"图中聚在一起的点等。

3) 移动类前注意视觉属性

另一类经常使用的前注意视觉属性是移动,它可以很好地吸引关注。这个属性在生活中也不乏应用的例子,例如,在电影或戏剧表演的对话场景中,一个配角想要抢主角的戏,常用的一个方法,就是不断地走动或变换姿势、位置等。这种行为能吸引视觉关注的原理,就在于移动是一种前注意视觉属性,可以在不知不觉中吸引我们的关注。

有研究显示,与改变文字的颜色或形状相比,动态改变的文字更容易被识别,无论这些

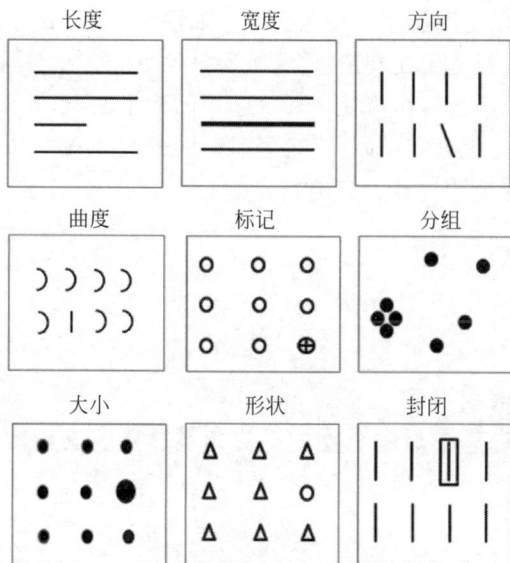

图 3.7 前注意视觉属性之形态

文字是靠近视觉中心位置,还是位于视线外围。

在可视化领域,应用移动这一前注意视觉属性的例子也很常见。如闪烁的标记、带动画的图形、移动的文字等。本书不做详细讨论。但是,有一点需要提示,尽管移动类前注意属性可以很好地吸引视觉关注,我们还是应该谨慎使用它。这是因为持续移动的元素,有时会分散人们对其他部分或信息的注意力。

4) 位置类前注意视觉属性

位置是人们经常使用,甚至习以为常的一种前注意视觉属性。传统的"注意理论"认为,我们日常选择对信息的关注和使用时,空间位置起着特殊的重要作用。例如,我们看图时注意力首先会不自觉地集中于中心位置,分配给周围的注意力,会随着距离中心渐远而逐渐减少。这与我们视觉系统的生理构造有关。记忆中的位置效应,也说明位置对信息关注的影响。

另外,位置也和我们从小养成的阅读习惯一起,在潜移默化地影响着我们的注意力。如世界上大部分人使用的阅读习惯是从左向右、从上向下,所以,我们对左上部的注意要早于对右下部的。但是,阿拉伯语和希伯来语的习惯是,文字从右向左书写,因此,那里的人们对右边内容的注意要早于左边内容。

在可视化领域,同样可以使用位置类前注意视觉属性,来强化或弱化视觉关注。如在条形图中,对数据进行排序,将代表最大或最小值的矩形条绘制在左边或上边,人们就会很自然地首先关注到它们。

4. 综合应用前注意视觉属性

综上,在可视化中应用前注意视觉属性,可以更好地吸引对重要或希望强调信息的关注。但是,这些前注意视觉属性的应用,也不能随意地无限制使用。

以下是根据一些学者及专业人员的理论和经验,总结的一些建议。

(1) 根据数据特性,选择恰当的前注意视觉属性。例如,对定量数据,使用长度、大小、位置等视觉属性更适合;而对于分类数据,使用形状、色度、亮度等视觉属性,效果更佳。

（2）避免混合或过度使用前注意视觉属性。如同时使用"色彩"和"形状"，或"大小"和"形状"等，反而容易加重视觉干扰程度，降低或分散注意力。单独选择最适合的前注意视觉属性，会达到更好的效果。读者可以比较图 3.8 中的两个图形，上面的图形比下面的图形多用了一个色彩前注意视觉属性，反而因为色彩过多而分散注意力，显得有些烦琐。相比较而言，下面的图形可以更好地让注意力集中到数据上。

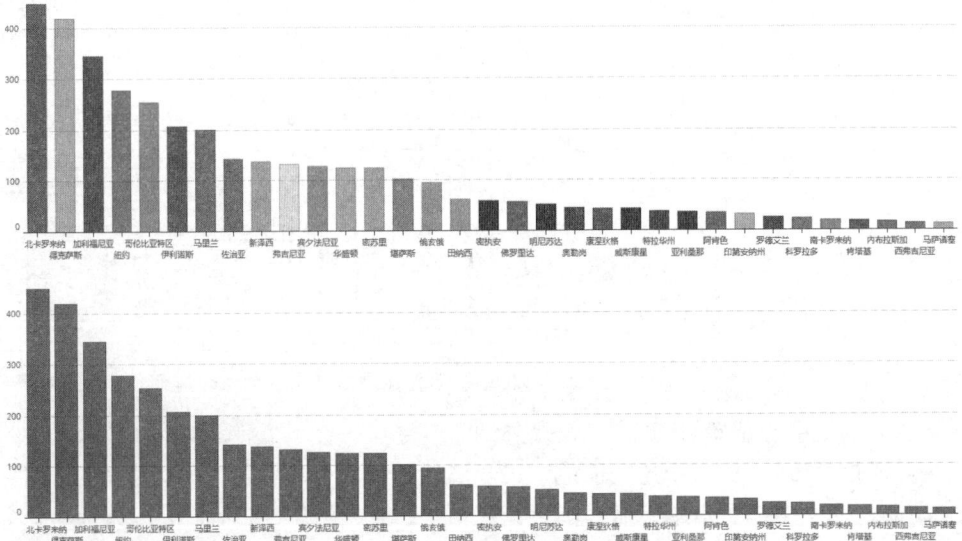

图 3.8　避免混合或过度使用前注意视觉属性（彩色图片可扫描附录二维码查看）

（3）减少在单独图形中使用边框。这样，可以避免由"封闭"（前面介绍的形态类前注意视觉属性中的一种）所造成的关注吸引，而分散对主要信息的注意力。例如，图 3.9 中的条形图包含了一个矩形框，读者的关注就可能首先被吸引到周围封闭的框，而不是那些需要关注的代表数值的矩形条。如果去掉周围的边框，更有利于将注意力集中到展示数值的矩形条。读者可以观察对比图 3.9 和图 3.10，感受前注意视觉属性对视觉注意力的影响。

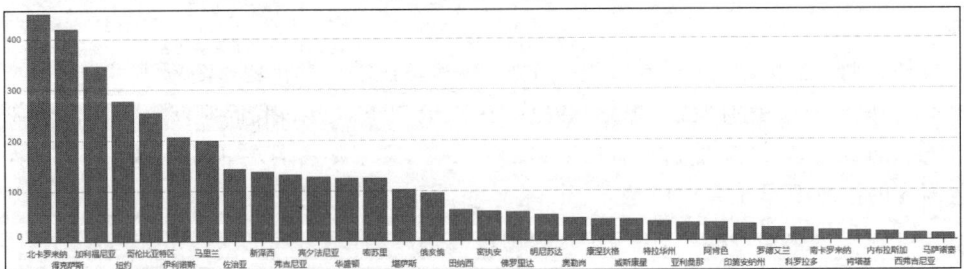

图 3.9　有矩形框的条形图示例

（4）一般地，一张图里面不宜包含太多不同类别的子图，也不要包含过量的数据点，这样有助于集中注意力。必要时，可以使用组图、格状图或矩阵等排列形式，来分别显示其单个子图，而每个子图再聚焦一类数据。一般建议根据可视化的目标，尝试不同的排列形式，进行比较后选用最恰当的。如图 3.11 所示，同样是比较在相同吸烟状况下男性患者和女性患者的血压值，读者可以对比上、下两组格状图对视觉注意力的影响。

（5）遵循文化习惯，不要试图特立独行，强行使用自己喜好的前注意视觉属性进行可视

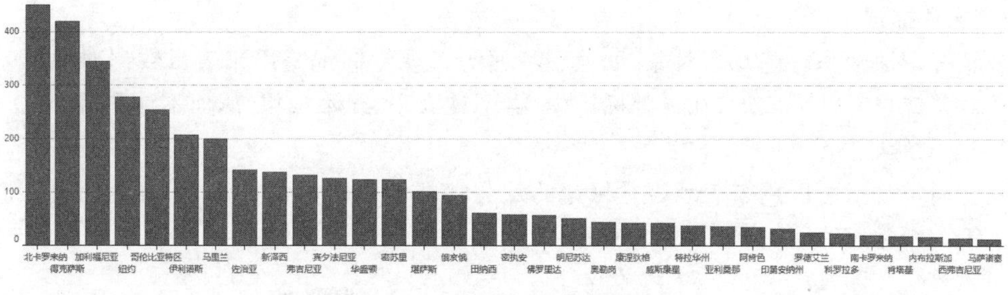

图 3.10　无矩形框的条形图示例

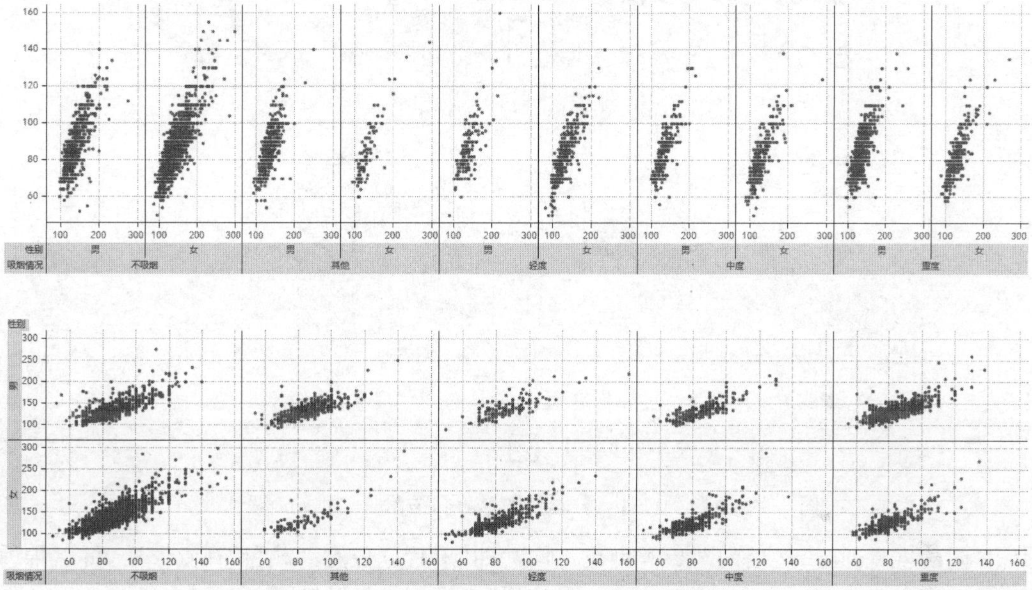

图 3.11　按可视化目标选择多子图的排列方式

化,否则容易造成误导或误解。例如,一般来说,较长的长度、较大的面积,表示数据值较大;较深的颜色,表示数据值较密集;位置坐标从左向右,表示的数据值从小到大;位置坐标从下向上,表示的数据值从小到大。切忌反其道而行之的做法。

3.3　可视化编码原理

这里所说的可视化编码,是将数据映射为可视化元素的方式。所谓可视化元素,由视觉标记和视觉通道组成。

进行可视化编码,可以通过由视觉标记和视觉通道制造的视觉刺激,强化对象的一些前注意视觉属性,从而营造出视觉上的层次感,来引导观察者快速地定位到期望的关注点。

3.3.1　可视化元素

通常,可视化编码按照一定的原则,将数据项映射为视觉标记,并将数据属性映射为视觉通道。这样,数据可视化就可以描述为一组映射:从数据项到视觉标记、从数据属性到视觉通道。

1. 视觉标记

视觉标记通常是一些几何对象,如点、线、面等。视觉标记是用来表示数据对象的基本的视觉对象或单元。一般地,在视觉标记中,点不计大小,线不计粗细,面不计厚薄。

2. 视觉通道

视觉通道是指可以用来表示视觉标记的外观特征的一些视觉方法,如位置、颜色、形状和大小等。视觉通道示例如图 3.12 所示。

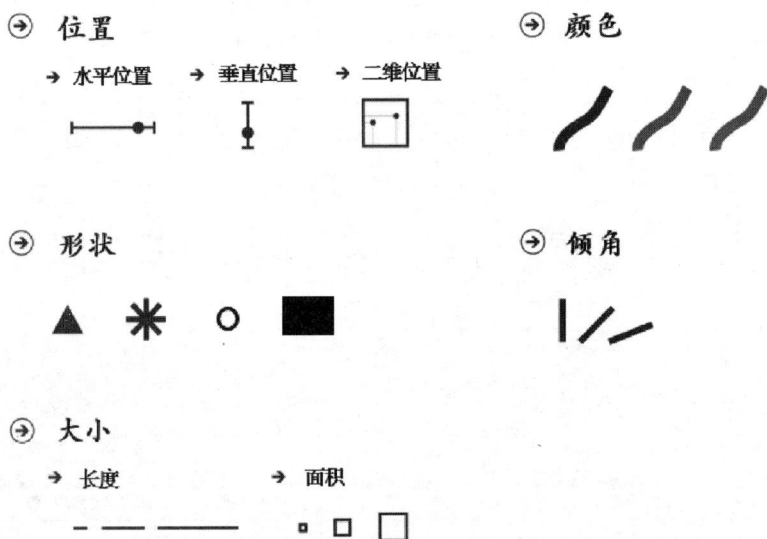

图 3.12　视觉通道示例(彩色图片可扫描附录二维码查看)

不同的视觉通道,适用的对象类型也不同。如"形状""位置""颜色"视觉通道,可以告诉我们该视觉对象是什么,或它在哪里的信息,适用于类别数据的呈现。而对于定量数据的表现,视觉通道需要告诉我们关于该视觉对象有多少的信息,此时,像"大小""位置""倾角"等视觉通道就比较适用。需要注意的是,"大小"和"形状"视觉通道,可能无法同时用于某些视觉标记,如矩形区域的面积,在树状图中只能作为"大小"视觉通道,矩形也就失去了作为"形状"通道的意义。

研究认为,上述视觉通道中,位置是表现力和有效性最强的视觉通道;其次是"大小"通道,具体包括"长度"和"面积"两种,尤其是"长度"通道更易于进行比较;"形状"是易于表现分类的通道,但没有排序的属性;"颜色"通道可以分为"色度"和"亮度"两种;"亮度"多用于数值数据,"色度"多用于分类数据。另外,在进行可视化编码时,除"位置"通道外,注意不要同时使用多个非"位置"视觉通道对数据进行编码(最多3~4个)。

表 3.1 给出的视觉通道使用建议,源自法国著名制图师雅克·贝尔坦(Jacques Bertin)。他提示我们,不同类型的数据适用不同的视觉通道。

表 3.1　视觉通道的使用建议

视觉通道	定名数据	定序数据	定距数据	定比数据
位置	√	√	√	√
大小-长度	√	√	○	○
大小-面积	√	√	○	○

续表

视 觉 通 道	定 名 数 据	定 序 数 据	定 距 数 据	定 比 数 据
颜色-明度	√	√	○	○
颜色-色度	√	×	×	×
形状	√	×	×	×
倾角	√	×	×	×

注：√表示好；○表示可以；×表示不好。

3.3.2　视觉感知的相对性

研究发现，人类的感知系统基本上是基于相对性做出判断的，一般会采用一个参照物，而不是进行绝对的判断。在考虑诸如我们感知的准确性和可辨别性等问题时，我们应该也必须区分相对判断和绝对判断。

在可视化中，我们应该考虑到人类感知系统的这一特性，才能取得更好的可视化效果。下面是学界对人类感知系统进行研究后的一些发现。

1. Weber 定律与 Fechner 定律

Weber 定律和 Fechner 定律，分别由德国心理学家恩斯特·韦伯（Ernst H. Weber）和古斯塔夫·费希纳（Gustav T. Fechner）提出，研究的是物理刺激量与其被人类感知量之间的关系。

1）Weber 定律

Weber 定律的公式为 $\Delta p = k \cdot \dfrac{\Delta S}{S}$，其中 Δp 为主观感知的变化量，k 为常数，ΔS 为物理刺激强度的变化量，S 为物理刺激强度。

Weber 定律告诉我们，人能感知到的刺激变化量，与物理刺激强度 S 有关，并且，感知量与物理刺激强度的变化量 ΔS 成正比关系。

2）Fechner 定律

Fechner 定律的公式为 $p = k \cdot \ln\left(\dfrac{S}{S_0}\right)$，其中 S 为物理刺激强度，S_0 为能被感知到的最低刺激强度，k 为常数，p 为主观感知量。

Fechner 定律告诉我们，人对刺激强度的感知量和初始刺激强度 S 与能被感知到的最低刺激强度 S_0 之比，两者之间呈现对数关系。

Weber 定律和 Fechner 定律，揭示的是对人们对外界给予的物理刺激的感知力，取决于刺激的变化量（即相对值），而不是刺激的绝对量。这点其实很容易理解，例如，小张月薪5000 元，年底加薪时上涨了 1000 元，变化量达到 20%，小张会觉得老板给我涨了这么多，我一定好好干。而小王月薪 20000 元，年底加薪时也上涨了 1000 元，变化量只有 5%，小王就没觉得工资有多少增长。虽然都是加薪 1000 元，但两人的感受却完全不一样。

Weber 定律和 Fechner 定律对可视化的启发，在于视觉刺激造成的视觉感受强弱，更依赖于刺激间的相互比较。因此，为了让可视化达到良好的效果，可以恰当使用易于对比的可视化元素。一般而言，使用相同的参照物进行相对判断，有助于人们更快捷地做出更加准确的判断。如在图 3.13(a)中，要快速准确地判断出矩形 A 和 B 的高度，可能需要花一点时间,但是,对图 3.13(b)来说就相对轻松,因为矩形 A 和 B 被加上了一个相同大小的边框(参照物),由于边框中未被填充的区域高度差很明显,使得 A 和 B 的高度容易区分。图 3.13(c)的情况也是类似的,由于矩形 A 和 B 的底边对齐(参照物),则此时 A 和 B 的高度也可以快速地进行判断。当然,如果进一步比较,我们发现与图 3.13(b)相比,图 3.13(c)更有利于人们更快速准确的做出判断,因为相对位置是更有效的视觉通道。

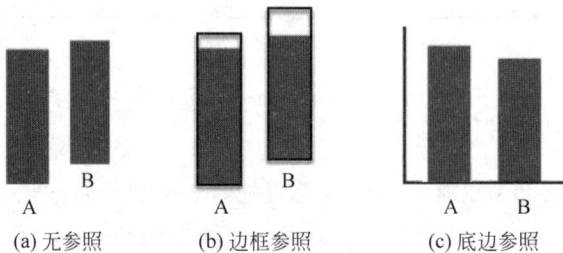

(a) 无参照　　　　(b) 边框参照　　　　(c) 底边参照

图 3.13　视觉感知的相对性示例

同样地,人类的感知系统对颜色的判断也是基于相互对比的,即与周围对象的颜色进行比较来获得对该对象颜色的感知。当然,视觉感受强弱依赖于相互比较,有时反而容易造成视错觉。我们在使用视觉属性进行可视化时,也应该注意到这一点。关于视错觉,我们可以在后面的章节看到更多内容。

2. Stevens 幂定律

Stevens 幂定律由美国心理学家斯坦利·史蒂文斯(Stanley Stevens)提出,是关于物理刺激的强度与对刺激的感知强度之间的一种经验关系,即主观感知量一般由物理刺激量的幂函数决定。换句话说,感知到的刺激大小,与刺激量的幂成正比。

Stevens 幂定律的公式为 $P = k \cdot S^n$,其中 P 为主观感知量,k 为常数,S 为物理刺激量的大小,n 为幂指数(因不同物理刺激类型而不同)。

Stevens 的研究表明,对"长度"这一视觉属性的感知准确度是线性的(其幂指数 $n=1$)。即两倍长的线是可以被正确感知为两倍的长度。但是,对于其他视觉属性的刺激,人们的感知准确度会有所降低。如对于面积,其幂指数 $n=0.7$,因此,两倍大的区域面积看起来感觉只有约 1.6 倍大($2^{0.7}=1.6$)。它表明人们往往会低估面积之间的倍数。而对倾斜角度,其幂指数 $n=1.4$,因此,两倍大的倾斜角度看起来感觉约为 2.6 倍大($2^{1.4}=2.6$)。它表明,人们往往会高估倾斜角度之间的比率。

图 3.14 给出的是 Stevens 幂定律下常见的几种视觉刺激的感知曲线。可以看出,对面积、亮度等视觉刺激,我们的感知系统容易低估其强度,而对倾角、饱和度等视觉刺激,我们的感知系统容易高估其强度。只有对长度,我们感知系统的感知精度是比较准确的。

Stevens 幂定律告诉我们,应该意识到不同类型的视觉刺激,带给我们感知系统的感知量是不同。在进行可视化时,我们应恰当地选择合适的视觉通道,尽可能减少或避免由此造成的视觉误导或视错觉。

3.3.3　可视化编码原则

在进行可视化编码时,视觉通道的选择,应该与数据特性相匹配,并遵循表现力原则和有效性原则。

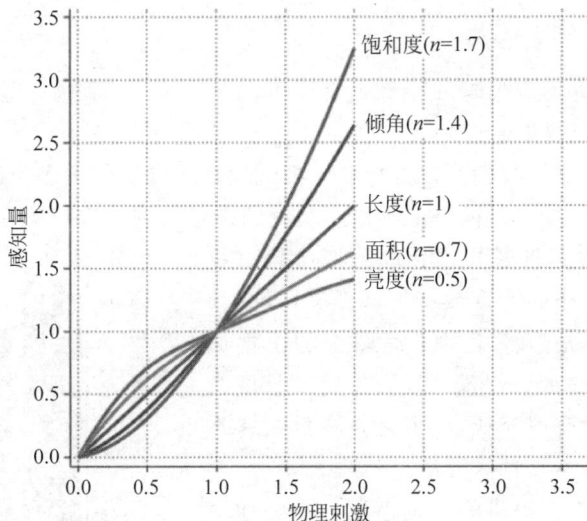

图 3.14 几种视觉刺激的感知曲线(彩色图片可扫描附录二维码查看)

表现力原则要求在进行视觉编码时,视觉通道应该表达数据中的所有信息,并且仅表现数据中包含的信息。例如,有序数据不应使用像"形状"这样的无序视觉通道。

有效性原则要求在进行视觉编码时,视觉信息的重要性应与视觉通道的特性相匹配,使用表现力高的视觉通道编码那些重要的信息。举个例子,一般来讲人的感知系统对长短的敏感度,要高于对面积大小的敏感度,因此,对重要的数值量进行可视化编码时,使用长度比面积效果更好。

进行可视化编码,还要考虑到可视化元素所提供的精确性、可辨别性、可区分性,并根据其提供的视觉突出能力和分组感知能力进行选择。

1) 视觉通道的精确性

要求我们选择适当的视觉通道,以确保我们感知系统的感知量与数据本身的特征保持一致。例如,Tufte 提出的图形谎言因子(Lie Factor)就是基于这方面的考虑。

2) 视觉通道的可区分性

要求我们选择适当的视觉通道,以确保视觉通道在表现数据属性时,相互间可以区分,不会因为对一个视觉通道的感知,影响或干扰对另外一个视觉通道的正确感知。在可视化编码时,应尽量避免视觉通道相互间的干扰。

3) 视觉标识的可辨别性

要求我们选择适当的视觉标识,以确保我们的感知系统可以轻松地通过该视觉标识,去区分不同的取值状态。某些视觉标识的属性展现不同取值的范围是有限的,例如,对"点"的大小及对"线"的宽度,不能无限增大,因为增加到一定程度,其与"面"的区分就变得很困难。

视觉突出能力和分组感知能力,是根据我们大脑的认知原理,利用可视化元素提供的精确性、可辨别性和可区分性,确保我们能够快速地关注到目标对象。例如,图 3.4 中着色的字母 f 就是应用"颜色"通道来提供视觉突出能力的一个示例。

3.3.4 可视化编码过程

可视化编码的过程,实际上就是数据字段与视觉通道建立映射的过程。

（1）选定视觉标识。"点"和"线"是最常用的视觉标识，"面"作为视觉标识时，其使用有一定的局限性。

（2）确定视觉通道。一般地，1个数据字段可以对应 $1\sim n$ 个视觉通道（$1:n$）；也可以 n 个数据字段使用一个视觉通道（$n:1$）。

在进行可视化编码时，我们可以选择单个视觉通道或同时使用多个视觉通道，来对数据进行编码。例如，图 3.15 显示的是四种汽车品牌的销量数据。选择的视觉标识是"线"。作为视觉标记的线，通常只计长短、不计粗细。因此，我们可以认为，图中矩形条的宽度没有物理意义，只有其高度（表示线的长短）是有意义的。而图中的视觉通道，选择的是 3 个——"水平位置""垂直位置""长度"。另外，虽然图中矩形条有填充颜色，但是在本例中并不具备可视化编码作用（不具备区分性）。

总结起来，图 3.15 中提供的数据字段与视觉通道的映射关系，包括：

- 分类数据：如"汽车品牌"字段，映射为"水平位置"视觉通道（X 轴），是 1 个字段对应 1 个视觉通道。
- 数值数据：如"销量"字段，映射为"垂直位置"视觉通道（Y 轴）和"长度"视觉通道，是 1 个字段对应 2 个视觉通道。

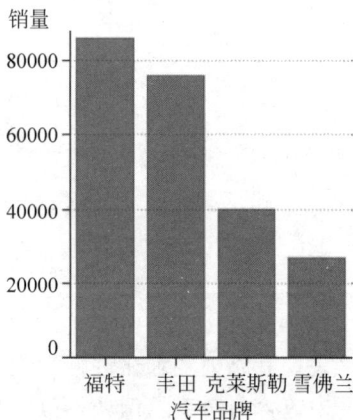

图 3.15　数据字段与视觉通道的映射示例

3.3.5　可视化编码示例

本节通过几个简单的例子，可以帮助我们进一步了解可视化编码中，对定量数据的编码方式。

图 3.16 显示了 4 种图形，其中的图 3.16(a)～图 3.16(d)，使用的视觉通道数量是递增的。

（1）图 3.16(a)显示的条形图，使用的视觉标识是"线"，使用的视觉通道是"垂直位置"和"长度"视觉通道，来对单个定量数据进行编码。

（2）图 3.16(b)显示的散点图，使用的视觉标识是"点"，包含 2 个视觉通道，分别是"水平位置"和"垂直位置"，来对两个定量数据进行编码。

（3）图 3.16(c)显示的散点图，使用的视觉标识是"点"，包含 3 个视觉通道，分别是"水平位置"和"垂直位置"，来对两个定量数据进行编码；用"颜色"视觉通道，来对 1 个分类数据进行编码。

（4）图 3.16(d)显示的气泡图，使用的视觉标识是"点"，包含 4 个视觉通道，分别是"水平位置""垂直位置""颜色""大小"。其中，"水平位置""垂直位置""大小"用来对 3 个定量数据进行编码，用"颜色"视觉通道来对 1 个分类数据进行编码。

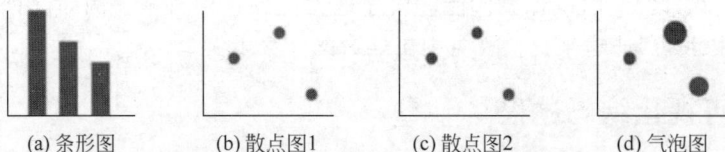

(a) 条形图　　　　(b) 散点图1　　　　(c) 散点图2　　　　(d) 气泡图

图 3.16　可视化编码示例（彩色图片可扫描附录二维码查看）

3.4 格式塔认知理论

格式塔认知理论,包含了多种有关我们视觉认知过程的理论和原则,是格式塔心理学的重要理论。

格式塔心理学是认知心理学的重要流派之一。格式塔理论由心理学家马克斯·韦特海墨(M. Wetheimer)于1912年提出后,在德国迅速兴起,并很快引起了美国心理学家的兴趣和关注,逐步在世界范围内开始传播。

格式塔认知理论,主要研究的是在知觉过程中,人类的眼睛和大脑是如何协同工作的。在知觉过程中,我们的眼睛和大脑,并不是一开始就去区分一个事物的各个组成部分,而是将各部分以某种方式组合起来,使之成为一个知觉上更易于理解、易于处理的统一体,来获得认知,或者说看懂某个事物或对象。

3.4.1 格式塔

"格式塔"是德文 Gestalt 的音译,字面意思是"统一的图案、图形、形状或结构"。通常,把一个有组织的整体(而不仅仅是其各个部分的简单总和)当作一个"格式塔"。

一个"格式塔"中,可能会存在以下视觉感受:

- 和谐(Harmony):组成整体的每个局部,它们的形状、大小、颜色等相对一致,并且排列有序。这时的整体视觉感受就达到"和谐"。
- 变化(Changes):在"和谐"的基础上,如果局部产生了形状、大小、颜色等的变化,但这种变化并没有改变所有局部的同一性质,这时就有了"变化"的视觉感受。
- 冲突(Conflict):在"和谐"的基础上,某些局部不仅仅产生了形状、大小、颜色的变化,而且产生了性质上的改变,与整体中的其他局部"格格不入"。这就产生了"冲突"的视觉感受。
- 混乱(Confusion):整体中包含大量性质互不相关的局部,视觉系统很难判断出整体到底是什么,无法获得整体的视觉感受,这个时候就产生了"混乱"。

在一个"格式塔"(即一个单一视场或单一的参照系)内,我们的视觉能力,只能接受少数几个互不关联的单元。这种能力的强弱,取决于这些单元中相似或不同的局部数量,以及它们之间的相对位置。也就是说,我们的视觉系统,更容易理解"和谐"或"变化"的"格式塔",而难于理解"冲突"或"混乱"的"格式塔"。

如果一个"格式塔"中包含了太多互不相关或格格不入的单元,大脑就会试图将其简化,然后把各个单元加以组合,使之成为一个在知觉上相对比较易于处理的整体。正是通过这一系列不断组织、简化、统一的过程,才产生出一个易于理解的、协调的整体认知。如果大脑最终无法简化这些单元,则整体就会呈现为"冲突"或"混乱"的状态,从而无法被正确认知,也就是看不懂或无法产生认知。

下面简要介绍几个主要的格式塔心理学中的认知理论。

3.4.2 普雷格郎茨定律

心理学家马克斯·韦特海默(Max Wertheimer)在一篇关于人类知觉组织的论文中,提出了关于知觉的"普雷格郎茨定律"(Law of Prägnanz)。普雷格郎茨,在德文中是简洁的意思。韦特海默的研究指出,我们的大脑倾向于去简化感知到的物象,以便于理解。就是说,大脑倾向于用简单和完整的方式,而不是复杂和割裂的方式,来感知和解释我们所看到的物象,哪怕这些图像或场景是模棱两可的。

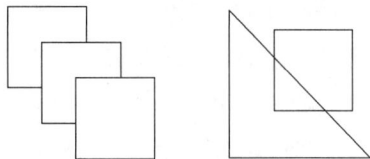

图 3.17　简化感知的示例

当面对具有一定复杂度的物象时,大脑倾向于把它们重新组织成一个个更简单的组件,或者组织成一个简单的整体,从而帮助我们获得对该物象的理解。例如,当看到图 3.17 的两张图片时,我们更愿意把它们解读成几个简单形状的叠加(如三个正方形,或一个正方形与一个三角形),而不是用一些更复杂的形状去解释(如两组 L 形和两组倒 L 形与一个正方形,或两个三角形与一个五边形)。原因是,前者的解释更加简单明晰、易于被人们理解。

普雷格郎茨定律实质上是一个"精简化原则",是格式塔理论的一个基本原则。在视觉上,人们在对一个复杂的物象进行知觉时,只要没有特别的要求,往往倾向于将它解析为更简单、更易于理解、更规则的元素被组织在一起。当面对一组模糊元素(可以用不同方式解释的元素)时,大脑会尝试以最简单的方式解释这些元素。这里,"最简单"是指具有较少、而不是较多元素的排列;具有对称、而不是非对称的排列等。当然,所谓"最简单"的方式,也会遵循其他的格式塔原则。

普雷格郎茨定律对可视化的启发在于,在可视化实践中,尽可能使用简单、简洁的图形,来表现自己的观点,也就是"简单性原则"。这个原则蕴含了人类认知的经验:我们通常以最简单的形式,感知一切物象;我们更喜欢简单、干净和有序的物象;大脑能够更快地识别一个简明清晰的物像、而不是一个细节丰富的物象。

3.4.3　格式塔的图-底理论

有关格式塔的图-底理论,最典型的一个例子是"鲁宾杯",这是以丹麦心理学家埃德加·鲁宾(Edgar Rubin)的名字命名的。如图 3.18 所示,画面所绘制的内容,可以被认为是以杯子为"图"、白色为"底"(背景)的图片;也可以被认为是以两个人的侧脸为"图"、黑色为"底"的图片。鲁宾杯生动形象地向人们证明了图—底关系的存在及相互转换,表明图-底关系的不稳定性。

格式塔图-底理论,也被称为"知觉选择论",它认为我们所感知的客观世界是纷繁复杂的,而大脑的处理能力是有限的,不可能在瞬间就捕获所有对象。因此,大脑会有意识地选择愿意去感知的一部分对象,或者说是无意识被吸引的那部分对象,在脑海中产生关于这些对象的更为鲜明、清晰的知觉,同时,把其他部分作为知觉的背景内容。

将知觉对象区分为图形与背景,确定图-底关系,是人的知觉系统中最基本的一种知觉能力。在一个"格式塔"视场中,我们的大脑需要有一个理解的基

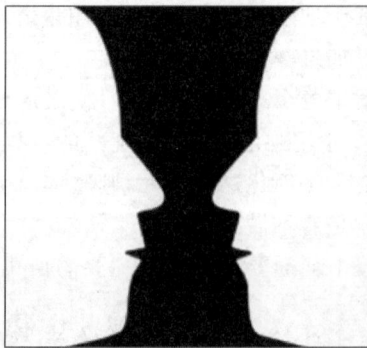

图 3.18　鲁宾杯示例

础,其中的每个元素,要么被理解成图形(视线所聚焦的部分),要么被理解成背景(除了中心图形以外的背景或图片)。

形成"鲁宾杯"这样的知觉感受,是因为"杯子"和"侧脸"都是我们所熟悉的形态。在我们大脑的印象里,保存着关于它们的视觉经验及形状,所以在观察这幅鲁宾杯画面时,知觉会迅速将这些印象和图中的形态进行匹配。随着注意力的转移,"图"与"底"的关系会发生转变。它们既对立统一,又相互依存。"图"是视觉的焦点,需要获得更多的关注和注意力;而"底"则是图形背后的底板,确实需要但相对不那么被关注。

一般地,我们的大脑会根据图形中的区域大小、位置前后、色彩明暗等,来初步判断哪部分是"图",哪部分是"底"。例如,在构图中所占区域面积较小的是图形,而所占区域面积更大的则是背景;位置靠前的为图形,而位置靠后的为背景;色彩更明亮的为图形,更灰暗一点的为背景。如图3.19中的绿色圆点,比其他灰色圆点更显眼,那么,我们的大脑倾向于把这个绿色圆点视为"图",而其他灰色圆点视为"底"。

图3.19　图-底关系的示例(彩色图片可扫描附录二维码查看)

为了吸引关注,在可视化实践中,可以有意识地通过"图-底"关系,引导观察者更快地关注期望被关注的内容。例如,图3.20中两个图,是用相同的数据分别绘制的条形图,如果我们希望关注点是12月份的销售情况,右边的效果会更好一些。

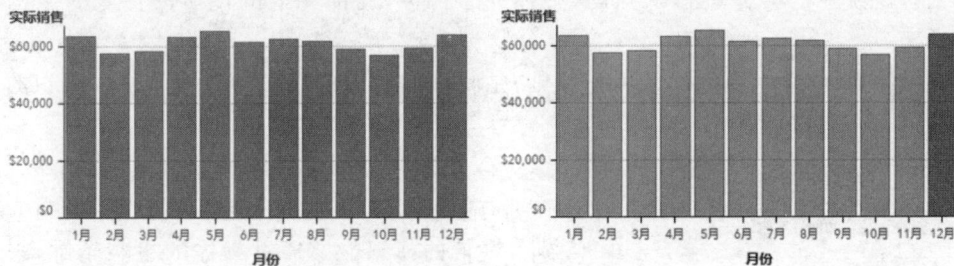

图3.20　利用图-底关系吸引关注的示例

3.4.4　格式塔的整体性原则

当我们看到一个场景或画面时,我们的大脑会自动按照各个元素的某些特征,把感觉到的信息组织在一起,并为它们构建出一定的模式或分组,从而形成对该场景或画面的一个整体认识或知觉。这就是格式塔的整体性原则。

格式塔的视觉整体性原则,有助于我们更全面地认识世界。如图3.21所示,虽然我们看到了各种不规则形状的小黑块,但我们还是能够辨认出画的是一只狗。这就是认知的整体性规律的神奇所在——整体有别于局部的简单累加。

格式塔整体性原则告诉我们,经过长期的演化,我们的视觉系统形成了一些认知惯性,包括如下几种。

1) 整体化

整体总是先于局部被看出来的。当我们试图去识别一个对象时,通常会先确定它的轮

图 3.21　格式塔整体性示例

廓,然后与大脑中过去存储的记忆进行比较,找出与这个轮廓图案相匹配的形状或物体,从而能分辨出物体。当我们完成了这种模式匹配,呈现出整体后,我们才开始识别构成整体的局部。如图 3.21 所示首先映入我们眼帘的是一条狗,然后,我们才会注意到它是通过一些黑色块勾勒出来的。

　　这是因为人类对于任何视觉图像的认知,是经过知觉系统组织后的一种形态与轮廓,而并非所有各自独立部分的简单集合。格式塔理论认为,在心理认知中,人们对客观事物的感受,源于整体关系而非局部的各个元素。也就是说,视觉不是所看到元素的简单汇总,而是被作为一个统一的整体进行认知的,整体先于部分,局部元素的性质由整体的结构关系决定。

　　在数据可视化中,视觉的整体化原则,是我们通过图形获取对数据的整体认识的理论基础。

图 3.22　具象化示例

2）具象化

　　有部分缺失的物体不会影响视觉系统对它的识别。我们的视觉能够通过物体的粗略轮廓,来识别它们。大脑将我们所看到的东西,与记忆中的熟悉模式相匹配,并能够在必要时找一个近似的匹配、自动填补空白(那些我们认为应该看到内容)。这种知觉经验,除了视觉本身的刺激,还自己"脑补"了一些空间信息。如图 3.22 所示,事实上并未画出三角形,我们却可以至少看出 2 个三角形。

　　视觉的具象化表明,为了让观察者看到一个物象,并不需要呈现一个完整的轮廓,只要提供一个足够接近的模式,可以匹配到这个物象即可。

　　在数据可视化中,视觉的具象化有利于我们观察一些缺乏细节的轮廓,从而去探究和挖掘出这些细节。

3）恒常化

　　视觉系统可以识别出经过"变化"的物体。视觉系统最大的优势,在于即使物体经过旋转、平移、缩放、变形等变化,我们都能够排除干扰,辨别出该物体。这是由于在人类的日常活动中,经常会从不同的角度遇到、观察、感知物体,所以,尽管它的外观可能有变化,或者被缩放、被旋转,我们依然可以排除干扰,辨认出该物体。例如,你认识的同事,直接面对着你,站在你面前,你可以认出他是谁;如果某天在街上看见了他的侧脸,尽管是不同的视角,但我们依然可以认出他。

在视觉范围内,知觉恒常化所适用的属性,可能包括大小、形状、方向、颜色和亮度等。也就是说,即使这些属性发生变化,我们的视觉系统依然可以识别出物体。视觉系统的这种恒常化能力,可以在一定范围内让我们保持对客观事物的稳定认识。这些认识,不会随着知觉条件、感觉映像模式或属性的改变(如大小、亮度、形状、颜色、方向等)而改变。例如,现在常用的区分计算机和人的公开图灵测试码 CAPTCHA (Completely Automated Public Turing Test,俗称"验证码"),就是利用了人类视觉的恒常化特性,通过扭曲、变形等产生机器难以识别的模式,去区分人和机器。图 3.23 是一些 CAPTCHA 码的例子。

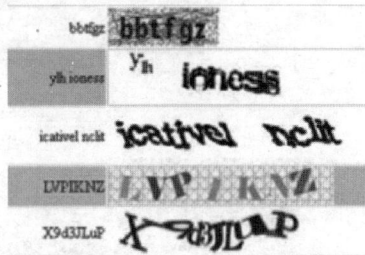

图 3.23 CAPTCHA 码示例

在数据可视化中,视觉的恒常化可以帮助我们从数据中观察到一些变化与不同,或通过主动改变去吸引关注与探索。但是,恒常化需要更多的大脑加工时间,因此,在可视化实践中要谨慎使用。

4)多稳态化

我们的视觉系统会对受到的刺激,根据一些知觉经验,主动进行一些组织和加工。这一过程如果匹配到了一些模糊的知觉经验,就会不稳定地在两个或两个以上不同解释之间穿梭,如前面介绍的"鲁宾杯"。

看到模棱两可的事物,大脑会尝试用多种方式进行解释。这是因为我们的大脑会为了寻找确定性,在可能的选择之间来回穿梭,最终让一个视角变得更加主导,而另一个视角变得更背景化。此外,一些对象可以被感知的方法不止一种,而我们的大脑又会力图确定性,就可能出现多个稳态知觉,并且可能在多种不同的知觉间,进行快速、反复的转换。

视觉的多稳态化会降低认知的效率,我们在数据可视化实践中应该尽量避免。

5)对称律

彼此对称的元素,更容易被我们的视觉系统认为是一个统一的整体,人们也更倾向于通过"对称"来理解物象的组织。具有对称性的对象,往往与稳定性、一致性、平衡感和秩序感等积极的属性相关联。在视觉上,对称元素往往被认为是属于一个整体,即使有时候它们相距较远。

对称律源自我们对自然界中许多具有对称性的事物的观察,如人脸、身体、树叶的形状、蝴蝶的翅膀等对称的事物。因此,人类非常善于识别具有对称性的物体,这意味着我们更喜欢对称的可视化图形。而不对称的图形,常会给人留下失衡的印象,不过,同时也容易因这种不平衡,而吸引到特别的关注。

在数据可视化中,对称的页面布局设计,会令人感到安稳、平衡,这对于快速、有效地传达信息很有用。同时,我们也应该意识到,不可能在可视化图形中始终都能够实现对称化的,因为这种对称化更多地取决于所使用的数据。当可视化图形具有非对称性时,反而可能因为数据打破对称性而更加引人注目。因此,对称和不对称在数据可视化中都很重要。

蝶形图是应用对称律的一个很好的例子。这种图形以中轴对称的方式排列矩形条,便于比较两组数据在Y值的分布情况。如图3.24所示的蝶形图,绘制的是2019年美国各个年龄段的人口分布情况。蝶形的两翼分别表示的是男、女的人口数量,每一对左右两边的矩形条,便于进行各年龄段的男女人口数量的对比。

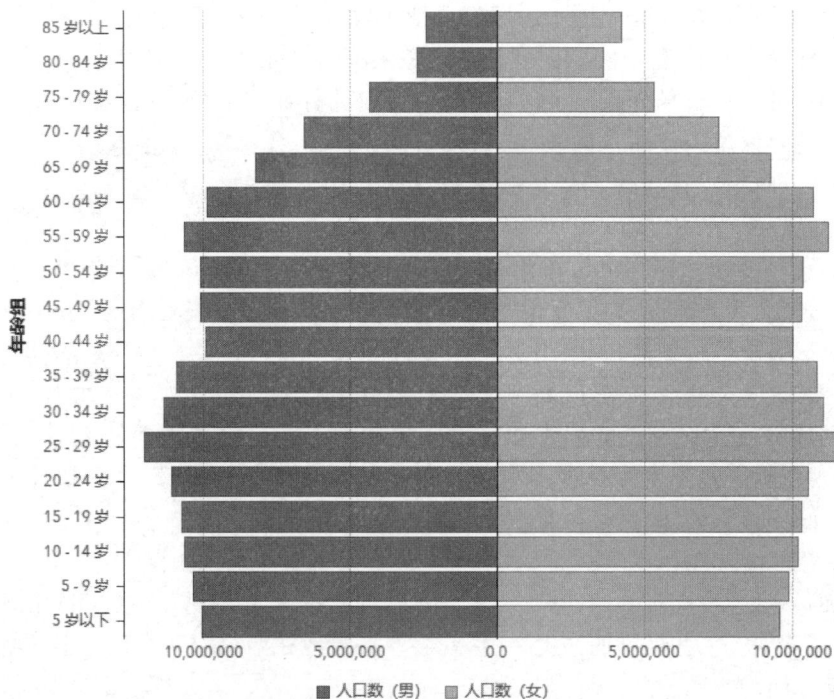

图3.24　可视化中的对称律示例

6）共势律

在视觉范围内,如果其中一部分和其他部分的变化方式相同,如某些对象都同时向共同的方向运动,那么,这些共同移动的对象,就容易被视为一个整体。共势律在可视化的动画演示中使用较多,这里不做过多介绍。

3.4.5　格式塔的群组原则

格式塔心理学认为,人们在对事物进行认知时,会在无意中对所有对象进行分组。可能会根据当前的需要或既往的经验,有选择地把事物中的一部分作为知觉对象、将它们构成一个群组去进行认知,从而确保能获得一个对该事物的清晰知觉。

对事物划分群组时,所遵循的认知规律,包括邻近律、相似律、连续律和闭合律等。

1）邻近律

人们更倾向于把彼此更加接近、间隔较小的对象,认为是一个群组的。接近可能是空间上的,也可能是时间上的。例如,夏天下雨时的雷电交加,更容易让我们把雷和电知觉为一体的,即同一事件的组成部分。在视觉认知中,我们主要讨论的是空间上的邻近,空间距离接近的元素更容易被当作一个整体,或形成一个群组。如图3.25左边的16个黑点,彼此间距差不多,我们会认为它们是一组;而右边的16个黑点,我们更倾向于认为较近的8个点为一组。

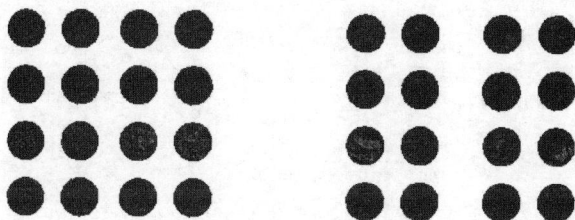

图 3.25　邻近律示例

邻近律在可视化中会潜移默化地起作用。例如，图 3.26 中每一个矩形条，都和其后面紧邻的数据值标签，以及 Y 轴上的相邻标签一起，被视为表达某个数据值的一个群组。

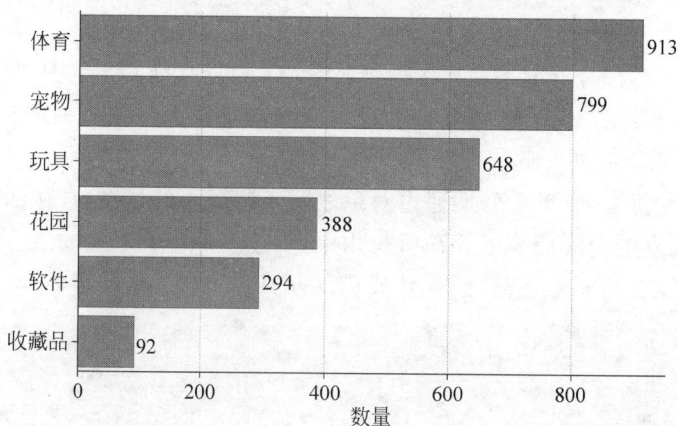

图 3.26　可视化中的邻近律

2）相似律

彼此有相似属性的对象，比具有不同属性的对象，更容易被认为属于一个群组。相似属性，包括强度、颜色、大小、形状、朝向等属性。俗话说"物以类聚，人以群分"，其实就是这一规律，人们倾向于把那些明显具有共同特性的事物组合在一起。如果元素彼此相像，我们会认为它们属于一个群组。例如，对图 3.27 的左图，我们会倾向于把颜色相同的点视作一个群组；倾向于把右图中的所有圆点视作一个群组，把所有形状为✦的视作一个群组。

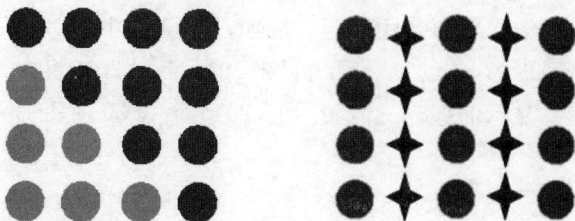

图 3.27　相似律示例（彩色图片可扫描附录二维码查看）

在可视化实践中，相似律的应用也很广泛。如图 3.28 所示，图中的所有圈分为两个组，分别是黑色圈和桔色圈（黑白印刷图书中是深色圈和浅色圈），尽管它们的位置并不是都彼此靠近，但它们的颜色一样。反之亦然，我们可以使用相似的视觉属性，来标识数据中具有相似数据特征的数据值。

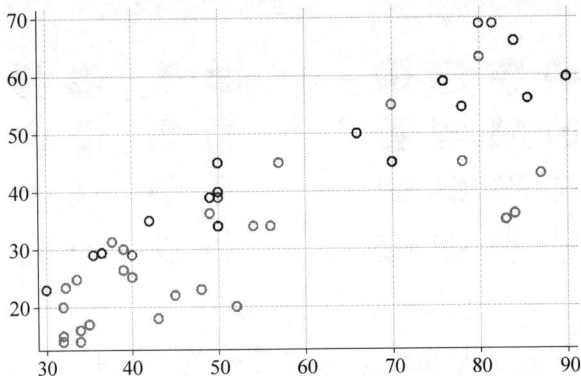

图3.28　可视化中的相似律(彩色图片可扫描附录二维码查看)

3）连续律

一个图形的某些部分看起来是延续的或连接在一起的,则其更容易被我们视为一个群组。如图3.29中连续排列的圆点,我们的视觉更倾向于认为是两条曲线交叉在一起,而很少将它视为两个V倒叠在一起。

视觉的连续性倾向,有助于我们通过对象之间某些微小的共性,在认知中将它们联系在一起、组成一个独立的单元或群组。在可视化中,位于一条直线或曲线上的元素,相比那些不在该直线或曲线上的元素,前者更容易被观察者识别为相关联的群体。

实际图形　　　　视为两条连续的线　　　　不会视为两个V形曲线
　　　　　　　　(以不同颜色区分)　　　　(以不同颜色区分)

图3.29　连续律示例(彩色图片可扫描附录二维码查看)

另外,如果绘制图形的数据中有缺失值时,连续律会自动帮我们"脑补"出缺失的部分。当然,也应该注意由此可能带来的一些问题。例如,图3.30中2015年和2016年的营业额数据缺失,当我们看到图形时,连续律会帮我们在2014年到2017年的营业额数据点之间连上趋势线,就像灰色虚线显示的那样。但实际上,2015年和2016年的营业额数据可能会偏离趋势线很多。

4）闭合律

我们的视觉系统倾向于将未闭合的图形,感知为一个闭合的完整图形。形成闭合可以通过多种形式,包括线条、背景颜色等。闭合的图形将分散的元素结合在一起,有助于形成一个更加紧密、完整和统一的认识,这一点并不难理解。但是,一个非常有趣的现象是,我们的视觉系统会自动将未闭合的图形闭合起来,以便形成一个更加完整的认识。如图3.31所示的两个图,我们倾向于将深色背景的区域视为一个群组,它们代表地球表面的大陆;浅色

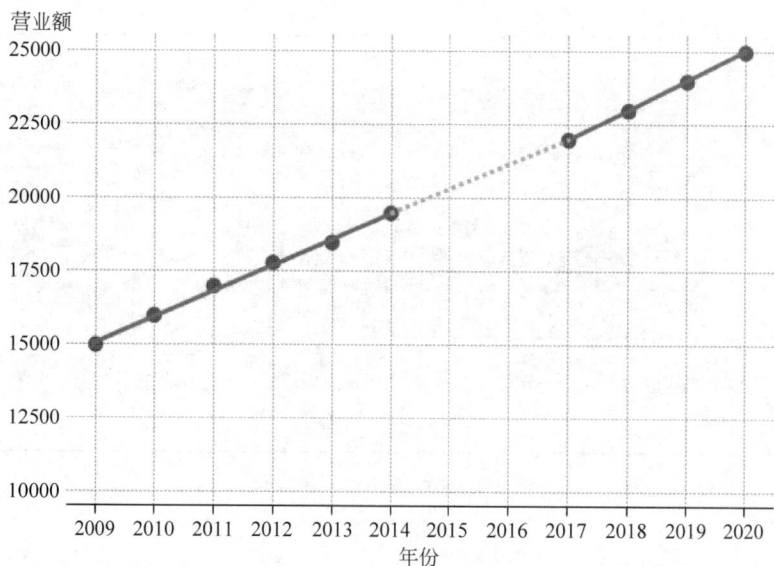

图 3.30 可视化中的连续律

区域视为另一个海洋群组。有趣的是,左边的图形并没有完全闭合为一个圆,但我们的视觉却可以很轻松地识别出它是一个代表地球的圆,显示的是地球表面陆地和海洋的分布,效果与右边的图形一样。

闭合律表明,我们的大脑倾向于寻求和发现模式。当我们看到一些复杂排列的元素时,趋向于寻找一个更单一、可辨识的图案模式。只要提供足够的信息,视觉系统可以填补其余部分,使它成为完整的"好图"。当然,如果丢失的信息元素太多,只能被视为分散的碎片,无法获得一个完整的认识。

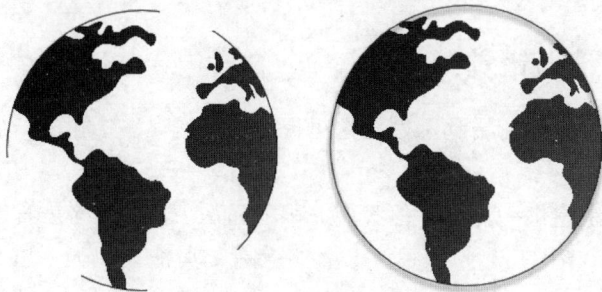

图 3.31 闭合律示例

在可视化中,我们应该意识到闭合律对我们视觉系统的影响,并恰当地利用闭合律来简化图形。除非有多个图形排列在一起,一般不建议在图形的周围再添加边界线。这与我们在前注意视觉属性的"封闭"属性中的建议不谋而合。因此,在类似图 3.32 的条形图中,去掉周围的边界线,丝毫不会影响到我们脑海中形成的完整图表(它在脑海中是有边界的)。

总之,格式塔理论包含了多种有关我们视觉认知过程的理论和原则,并且,这些原则中的大多数都彼此关联。实际上,所有这些原则都依赖于对象间的关系。我们的认知也会被对象间的关系所主导:对象之间是彼此相似的或不相似的;是彼此对立的或混杂的;彼此间是按层次排列的或受先后顺序影响的。在进行数据可视化的过程中,我们需要有意或无意地遵循格式塔原则,以更有效和更恰当的图形展现数据。

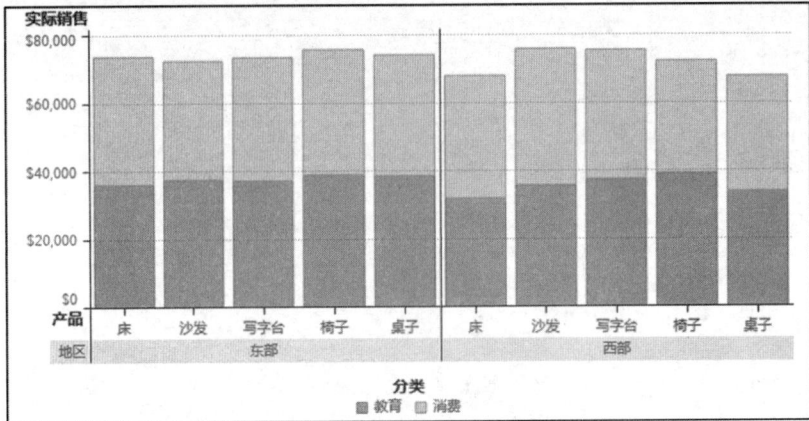

图 3.32　可视化中的闭合律

3.5　视错觉的启示

　　视错觉是在人们对视觉对象的特征(如大小、长度、形状和朝向等)进行感知时,由于视觉对象及其背景共存而形成主观扭曲或错位的视觉感受。视错觉的产生,可能是由于图像的特定构造导致的几何错觉;也可能是由于视觉感官钝化造成的生理错觉,或者心理原因导致的认知错觉。

　　视错觉的例子非常众多,如前面格式塔理论的章节中提到的"鲁宾杯"。本节将简单介绍几个视错觉的例子,希望读者对此有个简要了解,从而在可视化实践中,避免因为视错觉导致的视觉困扰或认知误区。

3.5.1　艾宾浩斯错觉

　　图 3.33 是一个艾宾浩斯错觉示例。这里提出的问题是,左边图中间的圆与右边图中间的圆,哪个更大?

　　不难猜测,答案是它们一样大。但我们一眼看过去,第一感觉是右边中间的圆大一些,这就是艾宾浩斯错觉。在纸上绘制两个大小完全相同的圆,其中一个圆被几个较大的圆围绕着,另一个圆被几个较小的圆围绕着。被大圆所围绕的圆,看起来会比小圆所围绕的圆要小一些。

　　艾宾浩斯错觉告诉我们,人们的认知系统对物体做出判断时,会自动根据物体周围的参照物来辅助判断。

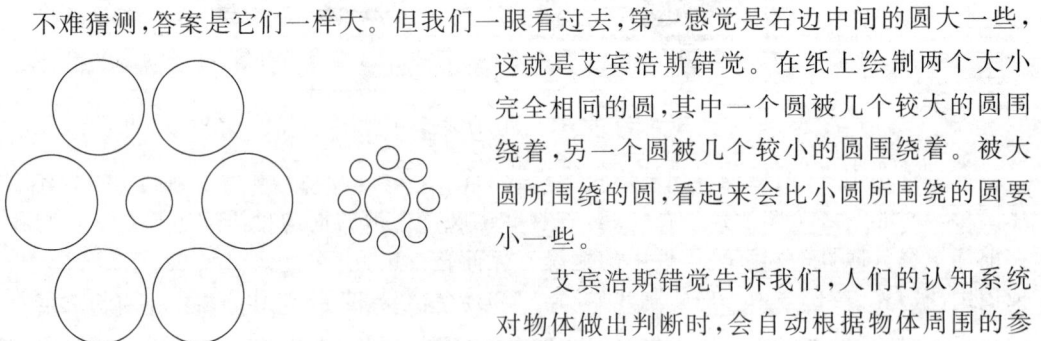

图 3.33　艾宾浩斯错觉示例

3.5.2　马赫带效应

　　先来看这个问题：图 3.34 中间的矩形条,其左、右两端的颜色相同吗?

看起来明显不一样,但正确答案是:左、右两端的颜色相同。

这是怎么回事呢? 原因是矩形条周围的背景框所填充的颜色,是从左向右渐浅的渐变色。当我们将矩形条外面的背景框填充上同一颜色(如图3.35的黑色背景框),我们就可以看到中间的矩形条,其左、右两端的颜色是相同的。

图 3.34 马赫带效应示例(彩色图片可扫描附录二维码查看)

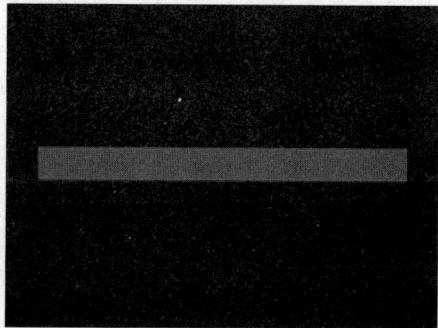

图 3.35 去除马赫带效应(彩色图片可扫描附录二维码查看)

这种现象被称为马赫带效应,由奥地利物理学家马赫(Ernst Mach)研究发现,在明暗变化的交界区域,人们通常在较亮的一边看到一条更亮的光带,在较暗的一边看到一条更暗的光带。

马赫带的产生,是由于视觉系统对信息进行加工时,即使相同亮度的对象,由于背景亮度不同,人眼所感受到的主观亮度也会不同,并且,在边界处主观亮度会有"跃升",就造成一种错觉。马赫带效应表明,人眼感觉到的亮度,并不是由亮度的刺激强度这一单个因素决定的,它同时会受到周围背景的亮度影响。因此,人们对亮度的判断,与物体相对于背景的亮度值相关。

3.5.3 普根多夫错觉

先看这个问题:图3.36中矩形块左侧的两条线,哪条与矩形块右侧的线在同一直线上?

第一眼看上去,应该是上面的那条线段,但正确答案是:下面的线段,与矩形块右侧的线在同一直线上。与图3.36相比,图3.37只是把矩形块置于图层的底层。

这种视错觉,由德国生理学家普根多夫(Johann Poggendorff)首次发现,命名为普根多夫错觉。当图中的一条直线被部分遮挡后,分隔出的两条直线看起来好像不在一条直线上。

目前对这种现象的解释,学者提出了多种不同的理论。有学者认为,普根多夫错觉是一种光学错觉,涉及大脑对对角线与水平和垂直边缘之间相互作用的感知。我们的感知系统倾向于"扩大"锐角,就是说我们看到的锐角比实际的角度大一点。在图3.36中,视觉系统会增强线段与前景灰色矩形之间方向夹角的感知,也就是在交叉点"扩大"了锐角的角度,从而造成对线条的错位感觉。还有其他理论认为,普根多夫错觉与我们大脑的认知模式有关。

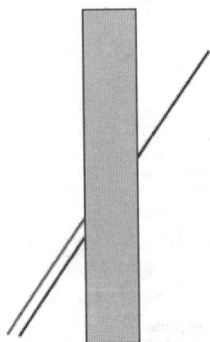

图3.36　普根多夫错觉(彩色图片可扫描　　图3.37　普根多夫错觉失效(彩色图片可扫描
　　　　　附录二维码查看)　　　　　　　　　　　　附录二维码查看)

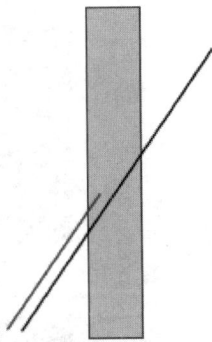

总之,各种视错觉提示我们,我们的视觉感受,大多是通过相互比较产生的。这种比较,可能包括亮度级别、色彩类型、方向角度和形状特征等。艾宾浩斯错觉是比较参照物的大小造成的,马赫带效应是比较参照物的色彩亮度造成的,而普根多夫错觉是比较参照物的方向夹角造成的错觉。虽然有这些视错觉的存在,但是,我们对世界的认知又离不开"比较"这一有效的工具。我们要做的是,了解视觉认知的原理,帮助我们更高效、更有效地认识世界,并在可视化实践中,多角度、多层面看待和研究图形所展现的结果。

3.6　习题

（1）常用的前注意视觉属性有哪些？在可视化中如何综合应用前注意视觉属性？
（2）可视化编码就是将数据映射为可视化元素,所谓的可视化元素包含什么？
（3）格式塔认知理论对可视化有哪些启发意义？

3.7　本章小结

本章简要讨论了视觉系统与视觉认知的形成过程,以及心理学在形成视觉关注与认知方面的一些研究和发现,包括视觉感知原理、可视化编码原理、格式塔认知理论与原则等。了解这些知识,有助于我们更好地理解可视化如何帮助人们更好地理解和传递信息的深层机理,从而指导我们的可视化实践。

另外,本章也谈及我们的视觉感受大多是通过比较产生,因而可能受到干扰而形成视错觉的问题。我们在可视化中应该尽量避免造成视错觉,并在可视化实践中注重多视角去解读可视化图形所展示的结果。

第 **4** 章

数据可视化概述

4.1 可视化的定义及分类

相信读者对"可视化"这个词并不陌生。从广义上说,可视化可以是用任何技术或方法创建的图形、图像、动画等,目的是便于人们沟通信息、进行交流。例如,远古时代的壁画、象形文字等,都可以认为是一种可视化;现在人们更熟悉的信息图、数据图表等,也是可视化。

有时,可视化也被认为是一个帮助人们获得洞察的认知过程。创建可视化的过程,是人们努力将自己获得的信息用图形、图表等形式表达出来的过程;查看可视化成果的过程,是人们的视觉系统去感知和关注,努力获得对其中信息的理解和认知的过程。

随着计算机技术的发展,现在绝大部分的可视化,都是使用计算机技术实现的。它们又大致可以分为以下几大类。

(1)数据可视化(Data Visualization):顾名思义,就是对数据进行的各种可视化。因此,数据可视化是一个比较宽泛的说法,包括各种图形、图表,以及数据仪表板(这是一种在有限区域内能够使人快速看到一些重要数据而设计的可视化形式,特点在于提供简练的浓缩信息,一眼就能看明白)。

(2)信息可视化(Information Visualization):从字面理解,就是对各种信息进行抽象和提炼后所做的可视化图形,也称为信息图(Inforgraphics)。它通常会结合比较抽象的概念(信息)对相关数据信息进行图形化。如对期货价格、人民币汇率走势等进行信息可视化。

(3)科学可视化(Scientific Visualization):针对各种科研模拟、科研实验进行的可视化。这也是一类非常重要的可视化,通常会和某一具体的研究领域相结合。例如,对人体器官研究的可视化,对宇宙星系的可视化,对地理信息的可视化,对物质化学结构的可视化等。

(4)其他可视化:可能包括产品模型可视化(CAD)、教育可视化等。

这几种可视化中,比较常见的是数据可视化和信息可视化,这两者也经常被人们混为一谈。其实它们之间存在细微差别,如表 4.1 所示。实践中,通常会先进行数据可视化,提炼获得一些信息后,再进行信息可视化的"精雕细琢",生成信息图。本书主要是对数据可视化进行的讨论。

表 4.1 数据可视化与信息可视化对比

比 较 维 度	数据可视化	信息可视化
处理对象	数据	信息
目标受众	团队或组织内	普罗大众
目的用途	侧重探索与发现	侧重沟通与解释
交互操作	支持交互操作	静态图形 不支持交互操作
美观要求	清晰准确 简单直观	精雕细琢 赏心悦目

4.2 数据可视化的经典案例

在对数据可视化进行深入探讨前,我们先看一个数据可视化的经典案例。

谈及数据可视化的案例,首当其冲的是法国工程师查尔斯·米纳德(Charles J Minard)于 1869 年绘制的一幅可视化图形。它生动地描绘了 1812 年俄法战争中拿破仑东征的兵力演变图。这幅杰出的作品后来广泛流传,并被众多的可视化工作者绘制成多个版本。图 4.1是维基百科上的一个英文重绘版本。

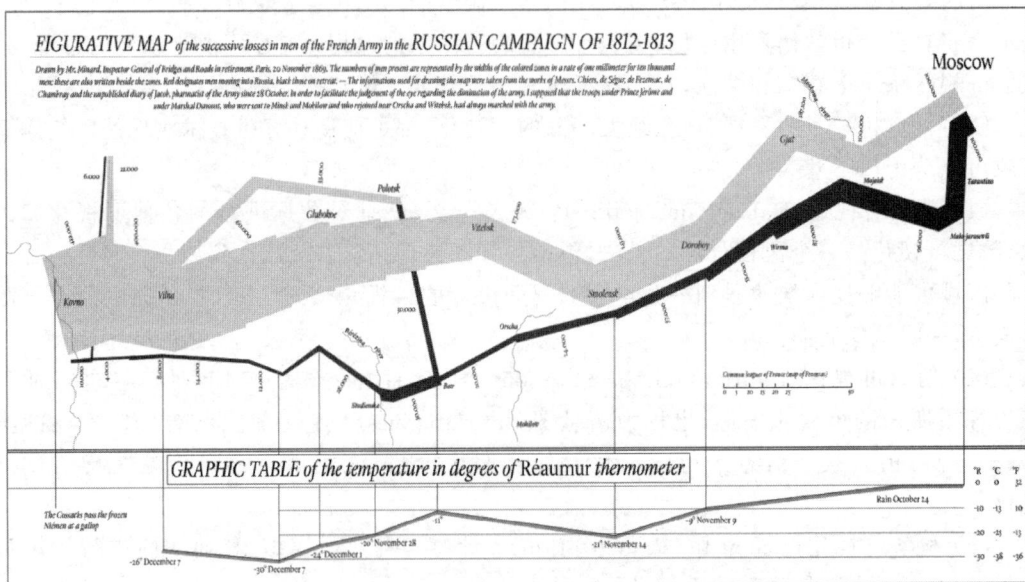

图 4.1 拿破仑东征的兵力演变图示例(Wikipedia)

这幅拿破仑东征兵力演变图,描绘的是 1812 年 6 月下旬,拿破仑率领 42 万大军,浩浩荡荡地越过 Neman 河进入俄国境内开始,到同年 11 月底法军撤回 Neman 河西岸的兵力演变过程。法军经 Vilna、Smolensk 向莫斯科(Moscow)进发,沿途两次分兵,约 6 万士兵前往Polotsk,主力继续向东前进。去往莫斯科的沿途,地势易守难攻,进入俄国境内不久,法军就遭遇了当地百年不遇的大雨,道路泥泞不堪;而俄军将领也看准了法军补给线过长的问题,采用的是消耗战术,在撤退的时候坚壁清野,法军行进非常缓慢,军队士气日渐低落。当抵达 Vitebsk 附近时,法军只剩大约 17 万人。远道而来的法国士兵水土不服,很多士兵死于饥饿和疾病。适逢那一年俄国的暴风雪提前来到,使得法军的征途更是雪上加霜。拿破仑感觉情况对法军不利,多次向俄国提议停战未果,无奈只能继续向莫斯科挺进。俄军首领决定放弃莫斯科,带走所有粮食,并放火烧城。等到法军攻入克里姆林宫时,莫斯科已经是一片焦土的空城了。此时,莫斯科已进入寒冷的冬季,前线飘着雪,法军补给又跟不上,拿破仑只得在 10 月下旬命令回撤。不料俄军主力反过来进行追击,法国军队只能边打边撤。当 11 月底回撤到 Berezina 河时,又遭到俄军炮击,死伤惨重。虽然已经和之前分兵去 Polotsk 的 3 万法军会师,但当最后完成全线大撤退、回到 Neman 河西岸时,法军兵力只剩约 1 万人。整个战事从 1812 年 6 月开始,持续近半年时间,以法军遭到了毁灭性的失败而宣告结束。

Minard 在这幅可视化图中,巧妙地融入了大量的相关数据信息:拿破仑军队的前进和撤退的行军路线、距离跨度、地理位置、军队的数目及其变化,以及军队分兵、会师情况和途经的地区、河流,还有日期、气温等。作者通过两种颜色的带状图,描绘了法军在东征莫斯科过程中的行军路线、方向和距离,路过的区域、河流、城市等,以及在进攻和回撤的过程中兵力的变化,分兵、会师的情况也都一一展现了出来,回撤的深色条带还标注了相应的日期和当时的气温。这幅可视化图形所展示的数据内容丰富翔实,为我们清晰地绘制出当时的这段历史故事,是一个用数据可视化进行说明、解释和讲故事的经典代表作品。

4.3 数据可视化的目的

人们进行数据可视化的目的,通常是多种多样的。一般地,可以大致归纳为两大类:

(1) 沟通、解释与说明:人类很早就使用图形或图像作为一种有效的沟通途径,例如,古老的象形文字采用的,就是画出与事物类似的图形,进行信息沟通的。我们进行可视化最基本的出发点,也是借助图形来清晰、有效地传达和沟通信息。同样地,也可以借助可视化,对细节和渊源进行解释和说明。

(2) 探索、发现与分析:这是数据可视化的进阶应用,旨在通过可视化手段,来帮助我们进一步探索和了解数据,去发现其中的模式或趋势、探查数据中存在的错误、分析数据的成分和属性、发掘其内在的价值,并辅助决策。

简而言之,数据可视化通过使用可视化元素,提供了一种直观、高效地查看和理解数据趋势、异常值或数据模式的方式。企业部署可视化,也围绕着上述两大类目的展开。图 4.2

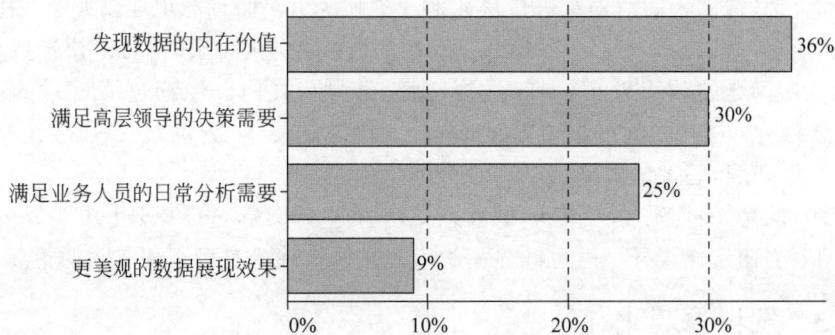

图 4.2 企业部署可视化的目的

是一项关于企业部署可视化目的的调查反馈,它显示约有 36% 的企业希望通过可视化来发现数据的内在价值;约 30% 的企业希望可视化能满足高层领导的决策需要;约 25% 的企业希望可以满足业务人员的日常分析需要;仅有 9% 的企业选择更美观的数据展现效果,以便进行沟通说明。可见,对于数据可视化来说,更应该注重的是帮助人们去传递和沟通信息、探索和分析数据中隐含的有价值信息,而图形美观效果的优先级最低。

4.4　数据可视化的作用

数据可视化的主要作用,是通过视觉图形和元素,以更直观的形式将关键数据及其特征呈现出来,以便能够快速获取关注及对数据的洞察。具体来说,数据可视化的作用,主要体现在以下 3 方面:减少数据过载的困扰、放大感知和发现预期或意外。

4.4.1　减少数据过载的困扰

众所周知,我们已经进入大数据时代,互联网、物联网、云计算等信息技术的迅猛发展,信息技术与世界政治、经济、军事、科研、生活等方方面面的交叉融合,催生了超越以往任何年代的巨量数据。遍布世界各地的各种智能移动设备、传感器、电子商务网站、搜索引擎、维基百科、金融服务、社交网络等众多应用,每时每刻都在生成数据。根据国际权威机构 Statista 的统计和预测,到 2035 年全球数据产生量将达到 2142ZB($1ZB = 10^{21}B$)。

面对如此巨量的数据,如何能够高效、及时地获取有价值、有意义的信息呢? 可视化能够帮助我们,正如人们常说的"一图胜千言"。研究发现,人类大脑有超过 50% 的区域,是专门处理视觉输入的,而大脑对图的处理速度比对文字的处理更快。根据心理学家布鲁纳(J. S. Bruner)的认知学习理论,在感受到外界的强烈刺激(如可视化界面中的形状、色彩等前注意视觉属性)时,人脑能够瞬间将新感知到的信息,纳入已有的知识结构中。如果新感知到的信息与现有知识结构不一致,也能够迅速找到相似的知识结构予以标记,或者创造一个新的知识结构,方便理解及形成认知。

有效的数据可视化,可以让我们更快速、高效地将感知到的信息,纳入并形成认知。

4.4.2　放大感知

可视化的技术和方法,根据视觉认知心理学研究的指导,恰当使用可视化元素来吸引人们的关注和记忆,帮助人们对信息进行快速地理解和认识。而有意识地放大一些感知元素,可以快速达成这一目的。当我们巧妙运用"颜色"这个可视化元素时,可以快速吸引人们的注意力,提高对问题的认识效率,同时加强记忆。例如,我们已经通过第 3 章的图 3.3 和图 3.4,体会到了可视化在放大感知方面的作用。简单地使用"颜色"这一前注意视觉属性,就可以显著缩短获得答案的时间,认知效率得到明显提升。

值得注意的是,我们需要意识到,放大感知是一把双刃剑,可以提升我们的认知效率,也可能因使用不当而造成误导。这也凸显了学习视觉认知理论对可视化实践的重要性。

4.4.3　发现预期或意外

可视化可以让我们"见未见"(Seeing the unseen),从而引导我们更好地检验对数据的预期,识别数据所包含或存在的趋势与模式,及时发现异常值或非常规模式等。

这方面最著名的例子,是统计学家安斯库姆(Anscombe)构造的"安斯库姆四重奏"。正如第 2 章所介绍的,安斯库姆给出的四个数据集中 x 和 y 的均值、样本方差,以及它们的相关系数、线性回归方程等都非常接近,但是四个数据集中的数据分布却完全不同。只有通过图形的方式,我们才能对每个数据集的数据特征和数据中可能存在的问题一目了然。

这里,我们来看韦斯伯格(Tracey Weissgerber)博士给出的另一个例子:当使用不同图形对数据进行可视化,有时能够发现一些意想不到的问题。如图 4.3(a)~图 4.3(e)所示,给出了四组具有不同分布的数据集,其 t 检验在等方差和不等方差时,p 值相差微小;四组数据的两个子组的均值和标准差均相同,图 4.3(a)的两个矩形条显示的就是每组数据的两个子组的均值,两个矩形条上方的小线段是其标准差。尽管针对四组数据的统计量绘制的图 4.3(a)完全相同,但是,从图 4.3(b)~图 4.3(e)的数据散点图,我们能够清晰地看到各组数据的差异及潜在的某种特征。

(1) 图 4.3(b)中,两组数据的分布基本对称、差异微小。

(2) 图 4.3(c)中,两组数据的分布有明显差异,且第二组有一个明显的异常值。

(3) 图 4.3(d)的两个数据集可能是双峰分布,需要进一步确认是否是双峰分布或有协变量。

(4) 图 4.3(e)中,两组数据在数量上有明显差异(第二组数据只有三个观测值)。

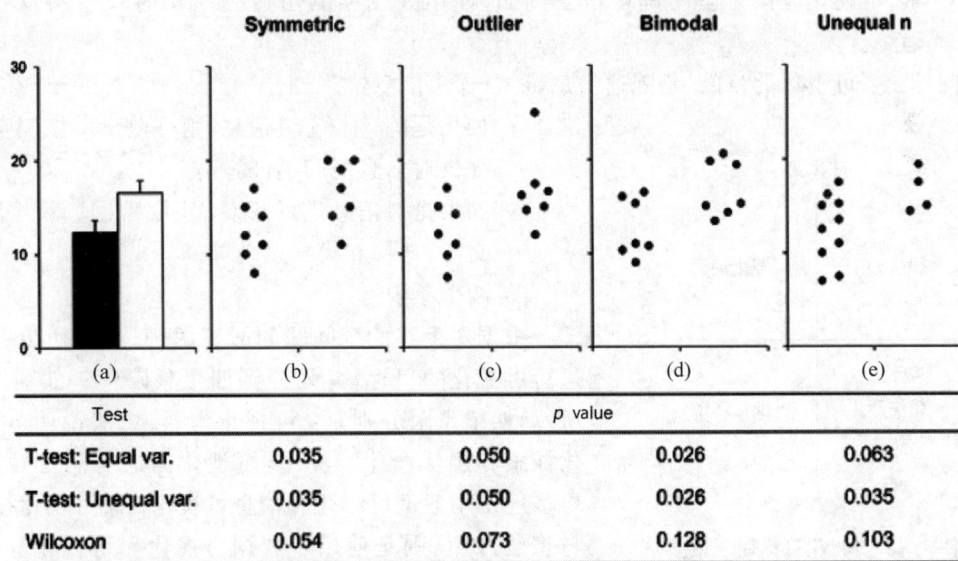

Many different datasets can lead to the same bar graph.

Test			p value	
T-test: Equal var.	0.035	0.050	0.026	0.063
T-test: Unequal var.	0.035	0.050	0.026	0.035
Wilcoxon	0.054	0.073	0.128	0.103

Weissgerber TL, Milic NM, Winham SJ, Garovic VD (2015) Beyond Bar and Line Graphs: Time for a New Data Presentation

图 4.3 可视化之意外发现的示例(Weissgerber)

这个例子表明,尽管我们看到汇总数据的条线图相同,但其自身数据的分布可能是完全不同的。进一步说,使用数据集自身的数据,与使用数据集的汇总数据进行可视化,可能得出不同的结论。因此,我们提倡在进行数据可视化时,尝试多种图形、多种视角理解数据。只有使用恰当的可视化图形,才有助于发现数据中隐藏的一些问题。

4.5　如何进行数据可视化

要进行数据可视化,首先应该确定可视化的目标、明确研究的问题,选择适用的数据可视化工具。数据可视化的具体过程,包括浏览数据、对数据进行概览,必要时对数据进行整理、准备和转换,然后,根据需要选择适当的可视化图形。

在数据可视化过程中,有一些指导原则我们可以参考执行,也有一些误区我们应该尽量避免。

4.5.1　确定可视化目标

开始可视化之前,首先要明确目标。可以从两个问题出发,在四个象限中选定目标,然后开启可视化之旅。

1) 两个问题

问题一:可视化目标,主要针对的是定性数据,还是定量数据?

- 如果是对想法、概念等定性数据进行可视化,则目标应该是对想法进行说明和解释,可视化应该力争简单明了。例如,绘制一张组织结构图直接告诉受众,这就是我们组织的架构。
- 如果是对定量数据进行可视化,则目标应该是对数据及其统计特性进行交流和探索,可视化应该力争明确可信。例如,使用线图绘制出过去 5 年的营业额及变化趋势。

问题二:可视化的目的,是陈述信息,还是探索信息?

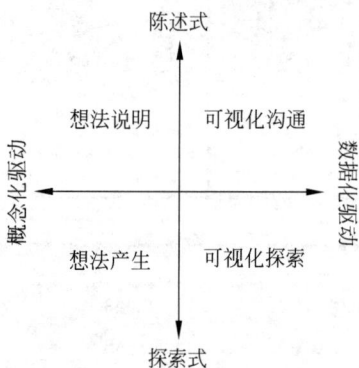

- 如果是陈述和交流信息,则可视化应该侧重于提供对信息的归纳、提炼等。
- 如果是对信息进行探索,则可视化应该侧重于交互、迭代和模式发现等。

2) 四个象限

根据对上述两个问题的回答,我们可以初步确定进行可视化的目标,并划分到四个象限中。如图 4.4 所示,四个象限分别是:可视化沟通、想法说明、可视化探索和想法产生。其中,可视化沟通与想法说明,更多地使用数据可视化和信息可视化;而可视化探索与想法产生,则是使用了数据可视化和可视化分析。本书主要讨论的是数据可视化与可视化分析。

图 4.4　可视化目标四个象限

4.5.2　数据可视化工具的选择

确定了可视化的目标后,接下来需要选择适当的数据可视化工具。现在,互联网上各种开源的数据可视化和可视化分析工具,可以说是种类繁多,再加上专业厂商提供的可视化产品,更是不可胜数。面对这么多工具,我们应该如何选择呢?

这里给出几条评估和挑选可视化工具时的考量要素,供读者参考。

1）项目经费预算充足与否

现在的数据分析工具,总体分为商用工具和开源工具两大类。如果要研究和处理的问题比较复杂,对可靠性、稳定性有较高要求,项目有足够的经费预算,建议选择商用工具,以便获得更高的安全性、稳定性、可靠性及更好的技术支持,如本书后面主要介绍的 SAS 可视化分析软件。如果要研究和处理的问题相对简单,对可靠性、稳定性没有特别要求,项目缺少经费预算,可以选用开源工具。现在互联网上有很多开源工具,如 Python、R 等。如果选用的开源工具能达到分析要求且开源社区足够活跃,通常也可以满足一些项目的基本需要。

2）需要编程技能与否

无论选择商用工具或开源工具,评估使用者所具备的知识技能,也是挑选可视化工具时一个重要的参考维度。如果项目中的使用者都具备编程技能,并掌握专业的数据分析知识,可以选择灵活度更高、支持编程的工具,以满足更专业的特定需求。如果使用者在编程技能和专业的数据分析知识方面比较欠缺,建议选择使用体验更好、操作简单便捷的自助式可视化分析工具。当然,现在很多可视化分析工具,也提供了通过编程进行高级定制分析的功能。

3）考虑数据分析的主要目标

要综合考虑进行数据分析的主要目标。如果只是进行数据的浏览和简单探索,以便更好地交流和陈述信息,普通的数据探索、可视化工具就可以满足需要。如果是为了对数据进行深入探索和分析,如需要通过统计分析、数据挖掘或人工智能算法来建模、获得洞察,则应该选择支持验证性分析的专业统计分析工具。

4）考虑数据本身的特性

有时候要进行的分析,是针对特定类型的数据展开的,如时间序列数据、地理信息数据、社交网络数据等。此时,我们应该选择提供相应数据分析支持或擅长处理对应数据类型的可视化工具。例如,如果数据主要记录的是时间日期相关的内容,就应该选择擅长进行时间序列分析的可视化工具。一般来说,商用工具支持的数据分析类型较广,而一些开源工具相对来说会有一些局限性。如 Gephi 这个开源工具,就更擅长社交网络数据的分析及可视化展现,用它来分析金融时间序列数据就不大合适。

4.5.3 数据可视化的指导原则

本章简单讨论以下进行数据可视化的指导原则,了解和应用这些原则,有助于更好地进行数据可视化。

1. 信息沟通原则

英国著名语言哲学家保罗·格莱斯(Paul Grice)提出的信息沟通原则,多用于日常的沟通交流。我们认为,鉴于沟通交流信息也是数据可视化的一个重要目的,这些原则对数据可视化也具有一定的指导意义。

Grice 的信息沟通原则,主要包括:

(1)信息量的适度原则——沟通交流时,提供的信息量应该不多不少、恰到好处,不要冗余,也不要过于精简。

(2)信息的真实可靠原则——保证使用的信息是真实的,不使用缺乏证据的信息。

(3)主题的相关原则——不偏离主题,尽可能只关注与主题有关的信息。

（4）表达的简洁有序原则——不用模糊晦涩的表达形式，简洁有序才是有效的沟通。

2. 宏观到微观原则

马里兰大学的本·施耐德曼（Ben Schneiderman）教授，提出了进行数据可视化的宏观到微观指导原则。主要由以下三方面组成：

（1）进行概览——对已有数据首先应了解其整体情况，做一个概要总览。

（2）推进或过滤——概览后逐步将"镜头"推进到下一级，或通过过滤查看某些局部的情况。

（3）聚焦详细信息——在推进或过滤所获得的认识基础上，根据需要进一步聚焦到对一些细节的探查。

3. 实践指导原则

耶鲁大学名誉教授爱德华·塔夫特（Edward Tufte），曾被纽约时报誉为"数据界的达·芬奇、图形界的伽利略"。他在数据可视化业内沉浸多年，著有多部数据可视化相关著作，提出了多个受到业内广泛认可的实践指导原则。

（1）规划优先——我们常说一图胜千言，要真正在一个有限的空间内，讲好一个数据故事，必须要很好地进行规划。从选用什么样的图标、什么样的图形，到如何布局、配色，这些都需要事先做好规划，才能让数据可视化更有效。

（2）让数据说话——尽量让数据自己说话，让看图的人对数据进行理解、归纳或推断。避免在数据可视化的过程中，由于人为的因素造成数据扭曲或对数据的曲解。

（3）最小化谎言因子——由 Tufte 教授给出的图形谎言因子（Lie Factor）的计算公式为

$$\text{谎言因子} = \frac{(\text{图形的终值长度} - \text{图形的初值长度}) / \text{图形的初值长度}}{(\text{数据的终值大小} - \text{数据的初值大小}) / \text{数据的初值大小}}$$

当谎言因子值接近 1 时，表明可视化图形比较忠实地反映数据本身；否则，可视化图形就有缩小或夸大数据的倾向。图 4.5 是一个说明图形谎言因子的示例：以 4 月份的数据为例，如果测量深色线与浅色线到 X 轴的高度，分别为 352 和 92 像素距离，而对应的数值分别为 71784 和 55647。据此，可以计算出谎言因子的值为 9.74，说明这个图形夸大了数据本身所反映的情况。

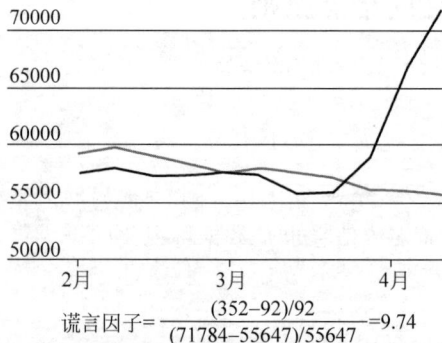

$$\text{谎言因子} = \frac{(352-92)/92}{(71784-55647)/55647} = 9.74$$

图 4.5　图形谎言因子的计算示例

（4）提高数据墨水比——Tufte 教授认为，可视化图形的目的，是帮助人们对数据进行认识和分析，所以应该将观察者的注意力吸引到数据上，而不是其他东西上。他认为，"最重要的是呈现数据",并提出了数据墨水比的概念。他指出,可以通过将图形中表现数据的墨水量,除以图形的总墨水量来计算图形的数据墨水比。数据墨水比的范围一般在 0 和 1 之间,Tufte 教授认为好的可视化图形,应该尽可能使数据墨水比最大化(即越接近 1 越好)。图 4.6 是数据墨水比的对比示例,供读者参考。

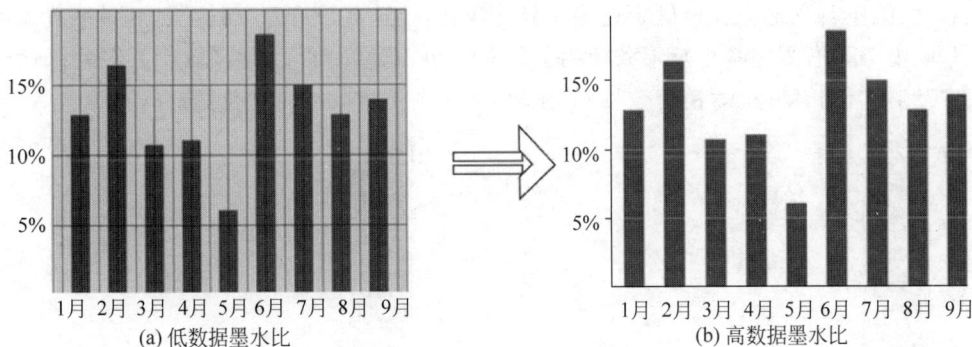

图 4.6　数据墨水比的对比示例

（5）尽量简化——Tufte 教授所倡导的图形"高数据墨水比",引领着可视化图形走向精简化的方向,这一理念在数据可视化领域受到了广泛的认可,同时也受到一些学者和业内人士的质疑。我们认为,适度的简化有助于将观察者的注意力集中到数据本身,在数据可视化的实践中,努力提高数据墨水比是有益的。但是,过度简化到影响观察者对图形的理解效率,就会得不偿失。因此,把握一个恰当的度非常重要。

建议可视化图形中尽量删除非数据的描述性元素,从而达到良好的简化风格与数据展现效率的平衡;尽量删除冗余的装饰性元素;不使用三维立体图形;尽可能减少使用背景色;图形间适当留白;删除不必要的线条和标签等,都是一些图形简化的最佳实践。

4. 色彩使用经验法则

颜色作为一种非常重要的可视化元素,也是最常用的一种视觉通道。恰当地使用颜色,可以引导观察者的视线、引起他们对特定数据特征的注意,有助于理解所呈现信息的意义和影响,并记住最重要的细节。相反,错误地使用颜色,会削弱可视化图形的表达效果。

色彩理论相当复杂,这里仅探讨如何将颜色有效地应用于数据可视化,不涉及颜色用于情绪渲染与艺术表达等方面。

下面是数据可视化中使用色彩的一些经验法则,读者可以根据可视化展现的需要,做出适当选择。

1）有意义、有节制地使用颜色

一般地,很多人倾向于认为颜色越多、色度越亮越好。但在数据可视化的实践中,恰好相反。我们应该在可视化中有节制地使用颜色,避免使用的颜色过多。我们建议在一个可视化图形中最多不要超过 7 种颜色,一般 2～3 种即可。每当想要为图形添加颜色时,可以先问自己两个问题:

（1）加入颜色,有什么用途?

（2）使用颜色,能有效地达到这个目的吗?

如果答案是"使用颜色没有什么特别用处,只是显得更好看",或"它有一个用途,但也可以用颜色以外的其他视觉通道且效果会更好",那么,我们应该避免使用颜色。就是说,仅当颜色与数据值本身的含义不同时,使用颜色才有意义。

如图4.7所示,左边图中矩形条的不同颜色有什么意义呢?完全没有。该图显示的是不同类型汽车在某段时间的销售量,X 轴上的标签已经说明了每个矩形条代表的不同车型,颜色没有增加任何意义或价值。相反地,这些颜色会让人们在看图时受到颜色差异的视觉刺激,大脑不自觉地去尝试确定这些差异的含义,让这些没有意义的视觉刺激浪费观者的时间和脑力。而右图中各个矩形条使用了同一颜色,这些矩形条更容易让人们的视觉注意力集中在对它们长度(代表销售数量)的比较,是一个更有效的可视化图形。

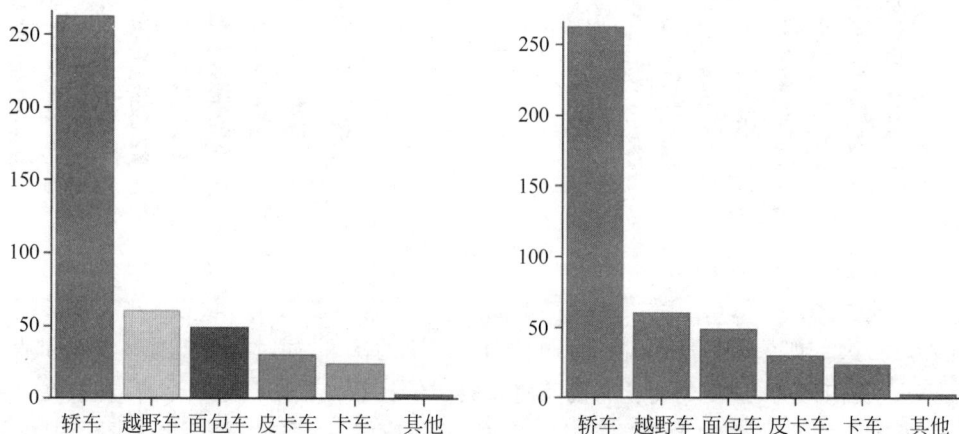

图4.7 节制使用颜色示例(彩色图片可扫描附录二维码查看)

2)借助调色板工具

一个实用的颜色调配经验,是根据数据的类型进行配色。对于数值数据,可以采用渐变色来区分数值的大小;对于分类数据,可以使用不同的色彩。但是,面对"五颜六色",究竟用哪些颜色才合适也是一个问题。

实践中,通过调色板来帮助我们配色是非常有益和有效的。数据可视化中常用的调色板有以下三类。

(1)分类调色板:用于对不同类别值的数据进行配色的调色板。

(2)顺序调色板:通过改变单一色调的亮度进行配色。顺序调色板可用于对不同的数据值进行配色,数据值按从低到高或从高到低的顺序排列,相应调色板上的颜色从一端到另一端,以连续的亮度增、减排列,使得我们能以基本相等的感知增量或减量,与数值的变化对应起来。

(3)发散调色板:使用两种对比色进行配色。发散调色板也主要用于对不同的数据值进行配色。数据值按从低到高或从高到低的顺序排列,调色板上的颜色从一种颜色到另一种颜色,以连续的色度变化排列,使得我们能以基本相等的感知增量或减量,与数值的变化进行对应。

顺序调色板与发散调色板比较类似。发散调色板从本质上来说,是两个顺序调色板的组合,只是这两个顺序调色板之间有一个共同的端点,刚好对应数值变量的中心值。一般地,如果要显示的数值变量包含一个有意义的中心值,则多使用发散调色板;如果数值变量不包含有意义的中心值,则使用顺序调色板。

现在互联网上有很多调色板工具,可以帮助我们为数据选择恰当的颜色。常用的调色板工具有 ColorBrewer 2.0、Chroma.js Color Palette Helper 等。前者可以根据数据的类型、背景、上下文等选项,提供色彩建议。后者可以根据调色板类型,以及想要使用的颜色数量和排列等,提供色彩的区分度建议。

另外,一些调色板工具还提供了对色盲人群友好的配色方案。在必要的情况下,应考虑到特殊人群的需要,在选择色彩时,尽可能选择对色盲人群具有区分度的配色方案。

3)避免光影效果

光影效果,尤其是那些旨在使点、线等视觉标识对象,呈现为三维的光影效果,应该在数据可视化实践中,尽量避免使用。因为这类光影效果,会破坏我们在数据可视化中所追求的沟通精确性原则,它以牺牲图形的准确性及清晰度为代价,只是在表象上增加了吸引力,却没有提供任何实质的视觉帮助。

4)谨慎处理背景色

马赫带效应告诉我们,应该谨慎选择是否在图形或表格的背景中使用渐变色。如果图形中需要进行区分或对比,可以使用与显示对象能形成鲜明对比的背景颜色。通常来说,背景色使用白色是一个比较好的选择。

5)遵循共识和文化习俗

在选择颜色去标识数据属性或特征时,应该遵循通用的共识和文化习俗。例如,用颜色来标识气温高低时,人们一般习惯于用红、黄色来表示高温,用蓝、灰色来表示低温。我们在可视化中,不要试图特立独行,尝试用蓝、灰色来表示高温,用红、黄色来表示低温,这会给读者理解图形造成困扰,降低认知效率。

当比较或对比两个数值时,使用对比色是一个比较好的选择。图 4.8 是一个色环中的对比色示意图,供读者参考。色环中相互对望的两个颜色即为对比色。例如,环形中间的四个灰色小三角,横向所指示的一对颜色(紫和黄),以及纵向的一对颜色(蓝绿和橙红),分别都构成对比色。

6)不要低估灰色的重要性

灰色可以说是数据可视化中最重要的颜色之一。一般的经验法则是,可视化中尽量避免使用高色度、高饱和度、高亮度的颜色,以减小眼睛的视觉疲劳。灰色是饱和度比较低的颜色,带给人的是低调、柔和、稳重的感觉。灰色与其他颜色的元素搭配,还可以突出重要元素、为其提供展示空间。例如,数据轴、边界线选用浅灰色,而展示数据的点、线使用其他颜色,就可以更好地吸引观察者的注意力。

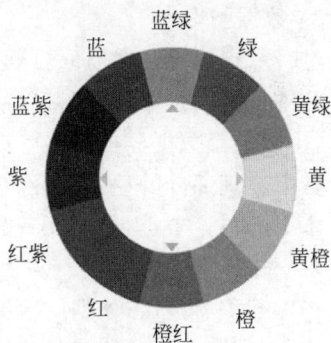

图 4.8 色环中的对比色示意图(彩色图片可扫描附录二维码查看)

另外,用灰色显示不重要的数据,可以使它们作为背景或上下文,去衬托重要的数据,同时,又可以确保数据的完整性,以便在必要时进一步查看。对最重要的数据,使用其他颜色突出显示,可以吸引更多关注。

7)组图中应保持颜色的一致性

同一个报告或一组相关图形,应该尽可能保证同一种颜色代表的是同一个组或对象,否则,容易造成观察者的误解和困扰。

4.5.4　数据可视化的过程

数据可视化的过程,应该从明确问题开始。拿到数据后,不要立刻埋头开始可视化。首先应该明确要研究的问题,并花点时间去认识和了解所提供的数据:确保对每一种度量或指标所代表的意义有正确的理解;浏览数据以获得概览及对异常或不合逻辑之处的认识;然后再开始准备数据、选择恰当图形进行可视化。

1. 明确问题

明确研究的问题,是数据可视化的第一步。进行可视化主要是为了什么目标,是为了通过可视化手段阐明观点、传达想法,还是为了探索数据,激发新的发现或构想。

大多数情况下,我们通过数据可视化,是想揭示数据之间的相互关系、明确数据的分类和分布情况、数据的变化趋势、数据的局部与总体的关系,以及数据在时空维度的分布情况、数据中的模式、是否有异常数据等。这些都是我们在明确问题时可以考虑的一些视角。

2. 浏览数据

在进行可视化之前,我们首先要对数据进行简单浏览。了解和查看数据类型是离散的、还是连续的,数据是否已经排序,有哪些度量数据,有哪些分类数据,分别是定名、定序、定距还是定比数据,数据的质量如何,是否有很多缺失值、离群值等。

浏览数据的目的,是通过对数据的浏览,获得对数据的基本认识。

在浏览数据时,使用一些可视化图表,可以帮助我们快速获得数据的概览。例如,常用直方图、散点图等查看度量数据的分布情况,用表格、条形图等查看分类变量的分布情况。

3. 数据整理

进行数据可视化之前或可视化过程中,可能需要做数据整理和准备的工作。通常包括数据清洗、过滤、排序、转换、聚合等。这类工作十分重要,需要掌握数据处理的一些技能和工具,也是整个数据分析过程中比较耗时耗力的部分。

数据整理部分的相关内容,在第二篇的章节有相关介绍。不过,总体而言,这部分内容不是本书的讨论重点,如果读者需要了解更多内容,可以查阅相关文档和资料。

4. 选择可视化图形

做完数据整理后,根据所研究的问题和对数据的理解,就可以准备开始进行数据可视化了。面临的第一个选择,就是找到适当的图形进行可视化展现。

通过第 3 章对可视化编码原理的介绍,我们已经知道了数据如何与可视化元素进行恰当的映射。通过人们多年的可视化实践的积累,已经逐步总结出一些较好的映射关系,并创建了很多常用的基础图形。这些基础的可视化图形,对数据与可视化元素进行了较好的映射,大大简化了可视化的步骤,提高了可视化效率。

一般地,各种数据可视化工具提供一些可视化的基础图形,如条形图、线图、散点图、气泡图、热图、量具图等。这些基础图形适用不同的数据类型和研究目标,可视化实践中,只需要按照数据特征和问题需要,选用恰当的可视化图形即可。例如,如果要对分类变量按某个数值进行排序,使用横向条形图就是一个较好的选择,如图 4.9(a)所示是根据频数对不同类别商品进行排序的一个可视化图形。选用这种条形图,一目了然,可以看出其中最多的是体育类商品,最少的是收藏品类商品。而如果我们想根据时间演进的顺序查看数值变量的演变趋势,选用线图就比较恰当,如图 4.9(b)所示,我们能够清晰地看出数量在一段时间内的变化趋势。

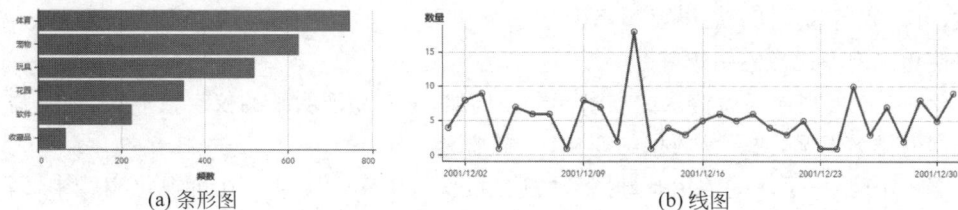

(a) 条形图　　　　　　　　　　　　　(b) 线图

图 4.9　数据与可视化元素映射的示例

另外,在常用的基础图形之上,不同的数据可视化工具提供了一些组合图形和定制图形。例如,双轴条线图是将条形图和线图进行组合,使用的是一个共享的 X 轴和两个 Y 轴,可以对两个数值变量在一个分类变量的不同事件水平的值进行比较或查看两个数值变量间的关系。定制图形提供了更大的灵活性,允许用户根据特定的需要灵活组合、定制可视化图形。定制图形可能需要较高的数据素养和编码技能,但当图形完成定制后,即可提供给非数据专业的人员使用这些定制图形。

5. 图形选择注意事项

一般地,选择数据可视化图形时,首先应该从数据被感知的准确性和精确性出发,选择可视化图形;其次考虑的是可视化对数据的展现效率;最后才是可视化图形优美与否。这与第 3 章的可视化编码原则是一致的。

在可视化实践中,选择图形时,还应该注意以下方面:

(1) 考虑所面对的问题。我们要查看的是具体数据值,还是数据的分布情况、数据变化趋势,抑或是数据的组成、相互关系等。

- 如果要展示数据的分布,直方图、盒形图适合展示单个数值变量的分布;散点图适合展示两个数值变量的分布;条形图、树图适合展示数值变量在不同分类中的分布;地图适合展示数值变量在地理维度的分布情况。
- 如果要查看数据按时间序列的变化情况,适合使用时间序列图、线图。
- 如果要查看定量数据按不同分类的排名(如前 5 名,后 3 位等),最好使用横向条形图,也可以使用树图。如果还想进行两者之间的对比,可以选用蝶形图。
- 如果要分析部分与整体的关系,适合使用饼图、环形图或堆叠条形图。一些业内人士不建议使用饼图,我们的建议是,可以谨慎使用。环形图可以看作饼图的一个变形。这些图形用作分析部分与整体的关系时,还应注意包含整体的全部分类,不便列出的分类可以显示为"其他"。
- 如果要显示数据的偏离情况,可以使用条形图、线图等,并应该配合使用参考线来标记数据的偏离,也可以使用颜色作为辅助标记。
- 如果要检查数据间的相关性,可以使用散点图结合拟合线,也可以使用其他图形(如相关矩阵图等),检查数据间的相关性。

(2) 考虑数据的特征属性。应根据要处理的数据是分类数据还是度量数据,数据是代表日期、时间,还是地理经、纬度等数据的特征属性,选择适合的图形。例如,分类数据常用的图形有条形图、树图;而度量数据常用的图形有线图、直方图、盒形图、散点图、气泡图等。

(3) 可以根据数据中不同变量的数目来选择可视化图形。每个图形支持的变量数目不同,如果变量数量过多,可以考虑使用图形矩阵或格状图。例如,如果是两个度量数据间的关系,可以使用散点图;如果要显示的是三个度量数据间的关系,散点图就满足不了需要,可以使用气泡图或散点图矩阵。

(4) 考虑展现或沟通信息的场景要求。例如,是以简洁明了的仪表板形式,还是需要提供数据的排名情况,或者是数据的变化、分布情况等。

图 4.10 给出了一些常用基础图形的选用建议,供读者参考。在可视化实践中,因为考虑因素错综复杂,可能需要对这些基础图形进行组合。

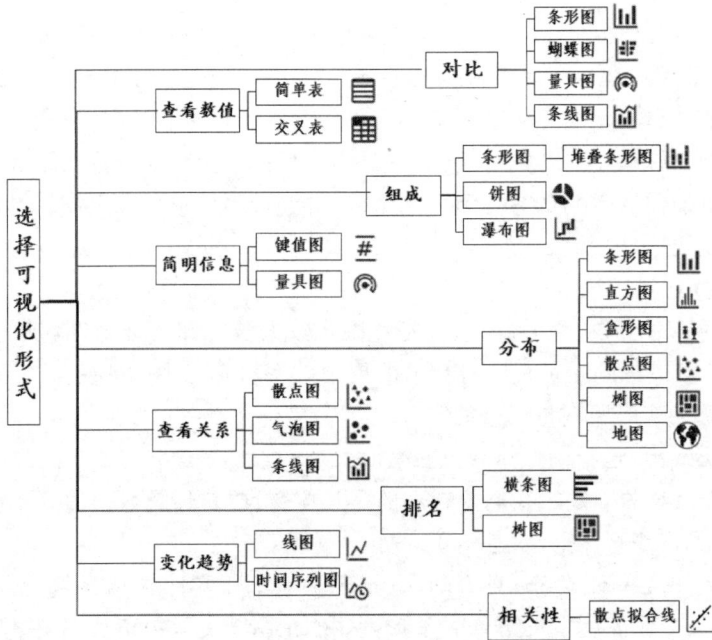

图 4.10 一些基础可视化图形的选用建议

4.6 避免被误导

在数据可视化中,有时我们会遇到一些带有误导性的可视化图形。大部分是由于可视化元素的不当使用所造成,一些可能是无意识的,一些可能是有意为之。面对良莠不齐的众多可视化图形,我们应该善于甄别,避免被误导,这样才有助于我们认清问题的本质。

下面所给出的示例均源自互联网,目的是说明一些我们应该识别出的可视化图形中的问题,并在可视化实践中尽可能地避免类似问题。

4.6.1 谨慎使用地图

通常来说,用地图展示数据时,直观的感受是用区域面积的大小,显示数值的差异。但是,一些使用地图绘制的可视化图形,却忽视了区域面积与数值的直观映射,造成信息的误读。

这方面的一个典型示例,是在各类新闻中广泛出现的美国总统选情地图。在美国民主党和共和党每 4 年 1 次的竞选前后,大家可能经常看到各种标识了红蓝州的总统选情地图。

当图中显示的红色区域的面积远大于蓝色区域的面积,我们的直观感受是红色区域所代表的共和党获得了更多选票。但是,这一直观感受显然受到看地图时人脑倾向于将区域面积与数值大小进行映射的误导。有兴趣的读者,可以扫描右侧二维码查看这种不当使用地图的示例,右边的选情地图通过标注各州的选票数量,显然较左边未标注数量的地图提供了更明确的信息,但人们还是需要与直观感受稍微"斗争"一下(即需要计算一下红蓝州选票的合计值)才能得出正确结论。因此,在使用地图展现数值大小对比关系时,要谨慎考量面积是否为一个适合的展示方式。

4.6.2　谨慎使用 3D 图形

大多业内专家都不建议在数据可视化中使用 3D(三维立体)图形。可能很多人会觉得3D 图形看起来比较炫酷,但它展示数据的方式其实是模棱两可、模糊不清的。如图 4.11(a)中的立体柱状图,我们很难知道红色柱对应的数值是使用立方体上平面的哪条线去对应数据值,这违背了在数据可视化方面的精确性原则。图 4.11(b)的立体饼图,在对立体倾角的确定方面存在问题,在视觉上易造成对扇形区域大小的误判。因此,在数据可视化实践中,建议不要使用 3D 图形。

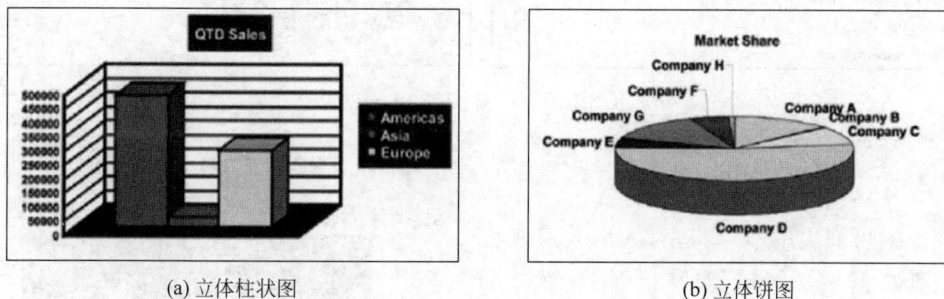

(a) 立体柱状图　　　　　　　　　　　　　　(b) 立体饼图

图 4.11　谨慎使用 3D 图形示例(彩色图片可扫描附录二维码查看)

4.6.3　谨慎使用饼图

很多人在开始做数据图形时,都喜欢用饼图,因为它简单直观。但是,有不少业内专家,不建议使用饼图做数据可视化,因为饼图一般是通过扇形面积的大小(或扇形夹角的大小)来表示数值的差异,而从前面介绍的 Stevens 幂定律的感知曲线可以知道,我们的视觉对扇形面积大小,或扇形夹角大小的判断不够准确,尤其是差别不明显的情况下。如图 4.12(a)的饼图中,我们的视觉难以精确判断扇形 A 和 B 哪个更大。但是,如果使用图 4.12(b)的条形图,我们的视觉很容易从高度来判断 B 对应的数值更大一些。另外,如果图 4.12(a)与图 4.12(b)展示的是相同数据,使用饼图也是欠妥当的。这是因为从图 4.12(b)条形图的纵轴来看,明显 A、B、C、D 百分比值之和并没有达到 100%,用饼图表示各部分占整体的百分比就不恰当。

一般地,并不是所有人都了解,饼图的制图原理在于部分与整体的占比关系,造成绘制出的饼图容易暗藏"玄机"。图 4.13 左边的饼图来自 CNN 的一篇有关美国不同种族婴儿出生情况的报道。这个饼图中各个部分的百分比,加总结果远小于 100%(整体);而右边饼图中各个部分的百分比加总,又大大超过了 100%。因此,我们建议,在使用饼图时要格外谨慎。

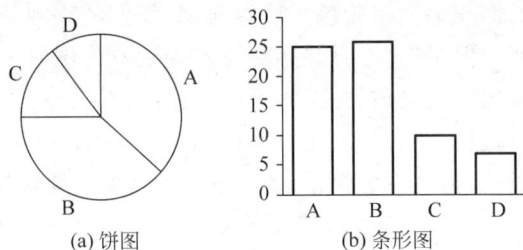

(a) 饼图　　　　　　　　　　(b) 条形图

图 4.12　谨慎使用饼图示例

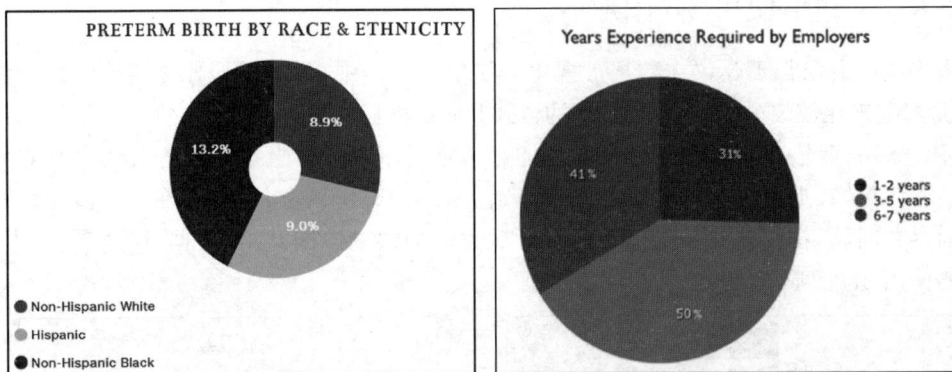

图 4.13　不当使用饼图示例(彩色图片可扫描附录二维码查看)

4.6.4　遵循常理与共识

在数据可视化中,不要违背人们普遍遵循的一些基本共识。例如,通常情况下,绝大部分国家的文化习惯,默认纵轴向上的方向表示数值越来越大。而出自 Reuters 的图 4.14,也许是为了特立独行或其他考量,这个图形用纵轴向下的方向,来表示数值增大。所以,大部分人看到这个图形时,会误认为 1990—1995 年,佛罗里达州枪击死亡率的趋势是上升的。但仔细查看图形,才发现实际上枪击死亡率的趋势是下降的。

我们无从判断图 4.14 的设计者是否有意误导观者,但是,无论如何,在数据可视化实践中,我们应该注意遵循一些普遍的共识,不要

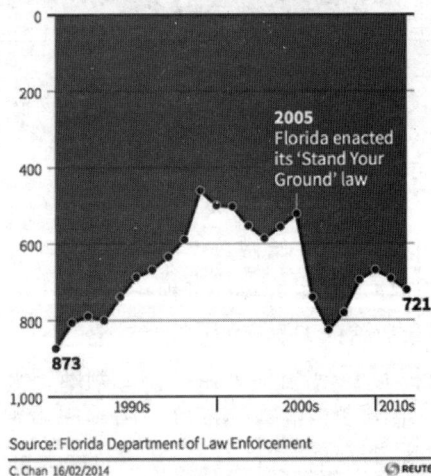

图 4.14　违背常理或共识的示例

使用违背常理的图形设计。多数国家的文化习俗是,横轴(X 轴)方向,从左到右表示数值的增大,纵轴(Y 轴)方向,从下向上表示数值的增大。

4.6.5　注意数轴刻度

数据轴的刻度,对应着数据的显示位置和长度这两个非常重要的视觉通道,在可视化中一定要重点关注。

关于数据轴的刻度,需要重点注意两方面:一是起始刻度是否从 0 开始,二是刻度的间距。例如,图 4.15(a)的起始刻度是 0,刻度间距为 500;而图 4.15(b)的起始刻度是 3650,刻度间距为 50。两个图所绘制的数据是完全相同的,但是,带给人们的视觉感受是完全不同的。图 4.15(a)给我们的感受是,30 多年间的变化不大;而图 4.15(b)给我们的感受是,30 多年间的起伏波动非常明显。如果不仔细查看,从两张图得出的直观判断也会相去甚远。

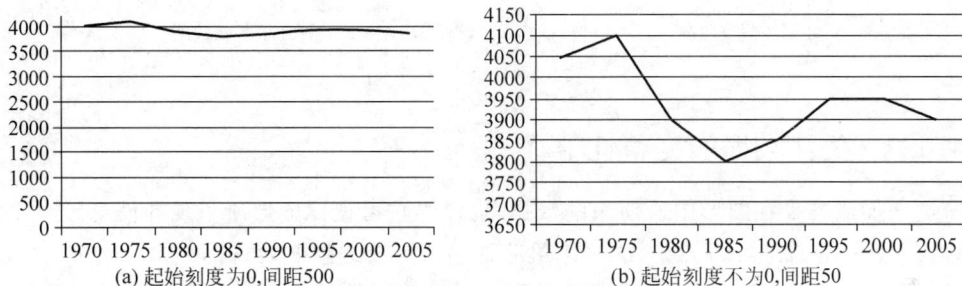

(a) 起始刻度为0,间距500   (b) 起始刻度不为0,间距50

图 4.15   注意数轴刻度示例 1

另外,需要注意的是数轴刻度的间距。通常的数轴刻度,间距是线性的;在一些特定情况下,可能需要使用对数间距的刻度,其刻度间距是非线性的。例如,有些股票分析软件绘制的股票图形,使用的就是对数刻度,以便更好地展示股票价格的波动率。相同的数据,如果分别使用线性和非线性的刻度间距,所绘制的图形,会因为数据点的位置或线的长度不同,其呈现的图形带给人们的视觉感受也不一样。所以,我们在解读可视化图形时,应该对数轴刻度有足够的重视。图 4.16(a)和图 4.16(b)显示的是同一组数据,读者可以注意观察比较两者的纵轴刻度:前者是线性刻度,后者是非线性的对数刻度。

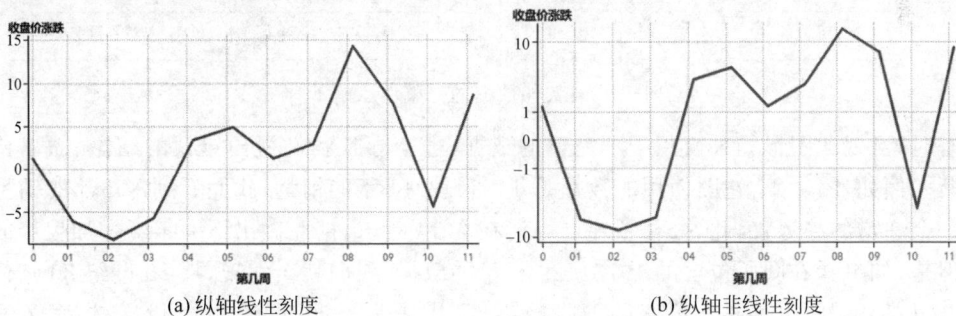

(a) 纵轴线性刻度   (b) 纵轴非线性刻度

图 4.16   注意数轴刻度示例 2

4.6.6 注意数据是否变换

如果公司董事长看到图 4.17(a)的公司年度营收图,第一眼的感觉是每年的营收趋势持续增长,内心是安慰与喜悦。但其实应该注意到,图中所使用的数据是经过累加的营收数据,而不是每年的实际营收数据。图 4.17(b)显示的才是公司每年的营收数据,其趋势明显是逐年下降的,需要尽早引起管理层的特别关注,以采取必要的干预措施。本例说明,注意图形所使用的数据是否经过变换,对正确解读图形是非常重要的。

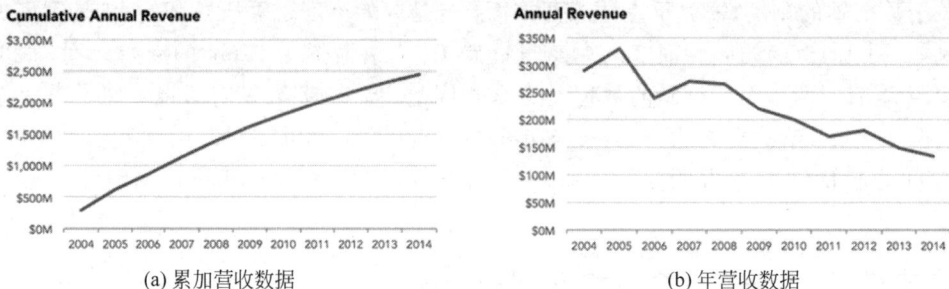

(a) 累加营收数据　　　　　　　　　　(b) 年营收数据

图 4.17　注意数据变换示例

4.6.7　关注数据的完整性

通过增加或减少在图形中所使用的数据,也会影响可视化图形所呈现的信息。

有人会通过有意地省略某些数据,让图形看起来更接近想要表现的结果。例如,图 4.18 的左图显示了 2000—2011 年每年的数据,我们可以看到数据有 3 次下降,分别是 2003 年、2006—2007 年和 2010 年。但是,右图中省略了部分年度的数据,使得图形看起来在十几年中总体处于一种缓慢上升的趋势。这种有意识地省略某些数据的做法,可以使图形看起来传递更积极的信息,但是却可能导致对原本应该关注的某些问题的疏漏。

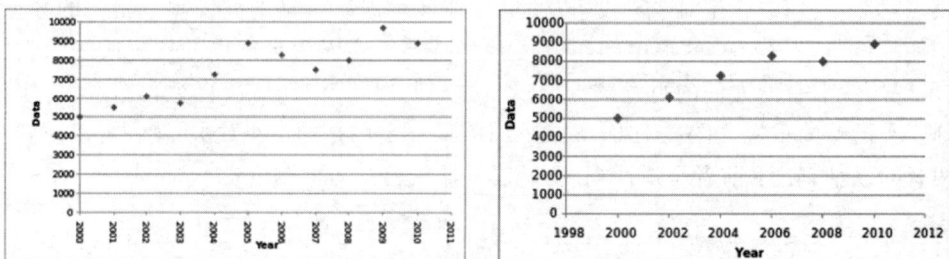

图 4.18　关注数据的完整性示例 1

有时,可视化图形如果使用了不完整的数据,也会导致我们得出错误的结论、做出错误的判断。例如,图 4.19 左图使用的数据是 1993—2014 年的销量,我们看到 Vinyl 的销量基本是一个递增的趋势,因此,公司领导层可能在 2014 年末,据此做出下一年度增加生产的决策。但是,如果看右图所包含的 1973—2014 年的数据,我们就会发现,从 20 世纪 80 年代开始,Vinyl 的销量就开始进入显著的下降趋势,尤其是进入 20 世纪 90 年代后,销量萎缩更加严重。尽管从 2008 年开始,销量有小幅回升,但明显已经无法挽回颓势,管理层应该尽早着手考虑新的替代产品。

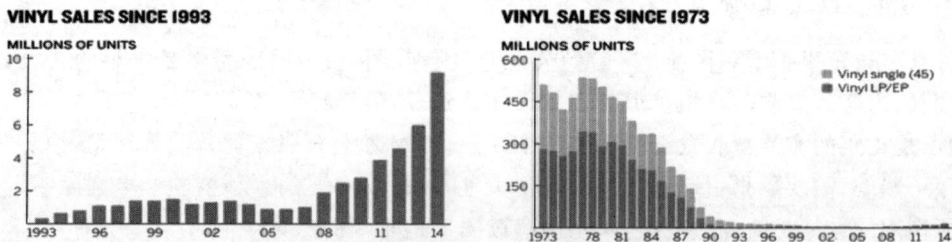

图 4.19　关注数据的完整性示例 2

4.6.8　注意选择恰当的图形

有时候,使用不恰当的图形,会从视觉感受上造成对数据或信息的误读。例如,微软曾将其浏览器 Edge 与其他两种浏览器 Chrome 和 Firefox 的运行速度进行对比,使用图 4.20(a) 所示的量具图。从图形效果来看,Edge 的速度要比 Chrome 和 Firefox 的速度快差不多 1/4。尽管在图形中,使用了文字描述速度差距的百分比值,但是,其通过视觉元素引导来夸大 Edge 性能的目的依然十分明显。如果使用图 4.20(b) 的条形图,可以一眼看出这三种浏览器之间的速度差距并不明显。

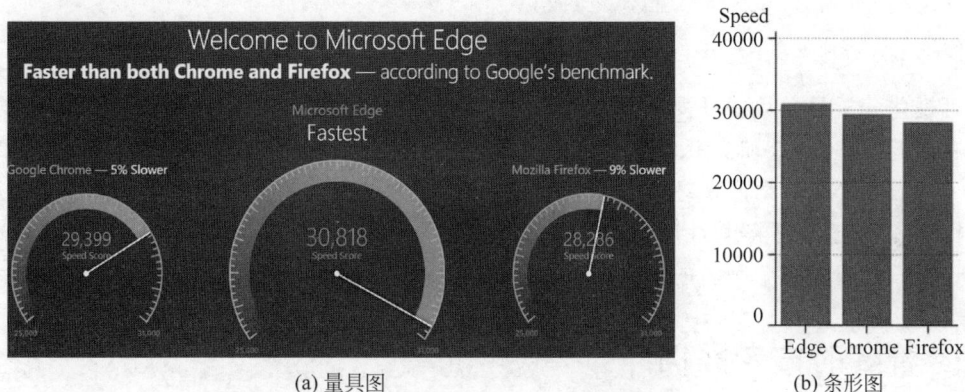

(a) 量具图　　　　　　　　(b) 条形图

图 4.20　不同图形造成不同视觉感受的示例

4.7　习题

(1) 可视化主要分为哪几类? 数据可视化与信息可视化有哪些区别与联系?

(2) 如何进行数据可视化?

(3) 如何规避数据可视化可能造成的信息误导?

4.8　本章小结

本章从可视化的定义出发,介绍了可视化的分类,以及数据可视化的目的和作用,并通过一个数据可视化的经典案例,让读者对优秀的可视化有一个感性认识。本章的重点是介绍如何进行数据可视化,从工具选择到数据可视化的指导原则,以及可视化的过程,让读者对数据可视化有一个较为全面的认识。本章还列举了一些可视化元素使用不当的示例,有助于在数据可视化实践中甄别和避免类似问题。

数据可视化作为可视化分析的初级阶段,可以让我们更好地了解和展示数据,以及一些初步的探索发现,为后续的可视化分析打好基础。

第 **5** 章

可视化分析概述

可视化分析是在数据可视化的基础上纳入了更多分析的成分,以便对大量复杂数据进行更有效的理解、推断和决策。这些分析的成分,同时得益于人脑的思维力和计算机的分析算法。从数据分析的角度来理解,可视化分析就是通过可视化的技术和手段,对数据进行详细的检查和研究,以了解其性质、特征、组成和相互关系等。

让我们先通过一个著名的案例,对可视化分析做一个感性认识。

5.1 著名的古老案例

这个著名的古老案例,是约翰·斯诺(John Snow)医生于 1854 年研究霍乱病因时所做的可视化分析。

在第一次工业革命的推动下,英国的城市化进程飞快,各地人口纷纷涌入伦敦这样的大城市,造成卫生条件下降并引发霍乱蔓延。当时人们对霍乱的病因和治疗等都一无所知,导致大量人员死亡,很多流行病学家都在研究霍乱病因。其中,颇受尊敬的英国流行病学家威廉·法尔(William Farr)认为霍乱是由"瘴气"引起的。他于 1852 年发表了 *Report on Mortality of Cholera in England 1948-49* 的研究报告。在报告中,他提供了一张包含 8 个潜在解释变量的数据表,并经过一系列的数理统计分析得出结论:霍乱死亡数和地区平均海拔之间的相关性最显著(海拔越低的地区,死亡人数更多)。虽然 Farr 所使用数据表中的 8 个因变量,有一个就是饮用水源,但他的统计检验显示,霍乱与海拔的相关性比与水源的相关性更显著。

而 Snow 医生通过他的调查研究和统计分析,发现了饮用水源与霍乱病例的相关关系。他使用可靠的统计数据,针对 1854 年伦敦宽街附近所爆发的严重霍乱,绘制出图 5.1 的病例分布地图,把霍乱病例分布与地理信息进行关联,将该地区的每一个水泵及四周的水井都标注到图中。最后他发现霍乱患者最多的区域,在宽街附近的水泵周围。结合其他相关研究,Snow 医生报告了他的这一发现,并建议及时关闭该水泵、切断传染源。此后的几天,霍乱在该地区的爆发逐渐得到了控制。

这一案例很好地体现了可视化分析的重要作用。Snow 医生也因为这项研究,被认为是现代流行病学研究的开创者之一。他用调查统计的方法,结合视觉图形给予的启示,分析并找到了病菌的源头,是体现可视化分析方法重要作用的一个有力例证。Snow 医生的这套分析方法,也开创了流行病学研究的一个新阶段。

图 5.1 伦敦宽街霍乱病例分布地图(Snow 1854)

5.2 可视化分析的定义

要给可视化分析下一个精确的定义并非易事,因为它是一门新兴的学科,本质上包含了多个学科、多个过程、融合了多个领域的成果。可视化分析所涉及的学科领域,包括数据处理、数据分析、计算机图形、信息表示、设计学、心理学、认知科学等。一个对可视化分析早期的定义是:"可视化分析是一门通过人机交互界面,帮助进行数据分析和推断的科学。"近年来,通过将计算机的自动分析技术与人机交互的结合,康斯坦茨大学的丹尼尔·凯姆(Daniel Keim)教授等人给出了一个更明确的定义:"可视化分析是将计算机自动分析和可视化技术,与人的交互式分析及探索能力相结合,对大量复杂数据进行更有效的理解、推理和决策的科学。"

可视化分析方法本质上是将人类认知优势(包括创造力、思维弹性和领域专业知识),与当今计算机系统的巨大存储、计算及处理能力相结合。通过对复杂问题进行深度解析,并通过可视化技术与交互探索手段,实现人机分析能力的有机融合,帮助人们做出明智的决策。因此,很多学者将可视化分析看作围绕着人的三个支柱:可视化、数据分析和交互操作,如

图 5.2 所示。

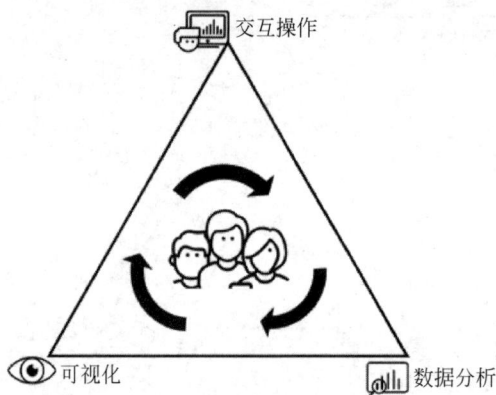

图 5.2　可视化分析的三个支柱

可视化分析中,交互操作在人与计算机间的交流中发挥着重要作用。同时,在可视化和数据分析这两个支柱中,人的视觉感知和分析能力,也起到非常关键的作用。为了更好地支持和协调这些元素,现代的可视化分析,大多通过一个软件系统来实现。该系统包含了数据的可视化、对交互性的支持、对数据分析算法和模型的支持,甚至包括了对数据整理、数据准备等这些环节的支持。

从这个视角,我们也可以将可视化分析看作一套软件系统,它包含了用来帮助人们从大量动态、模糊、相互矛盾的数据中合成信息,获得洞见的工具和技术,人们可以从中侦测预期的和非预期的结果,从而能及时地给出有说服力、易于理解的评估,有效地获取和传递这些信息,并根据决策付诸行动后的反馈进行进一步迭代。

5.3　可视化分析的作用

可视化分析的作用,一方面体现在数据可视化的作用中,包括减少数据过载困扰、提高感知效率、便于记忆、发现预期或意外等;另一方面,可视化分析还可以起到加强分析的交互性、提升分析的便利性、帮助孕育新构想、助力提升 AI 可信度等作用。

5.3.1　加强分析的交互性

大数据时代,可视化和人机交互已成为数据分析和科学决策的重要方法和有效手段。可视化分析作为不可或缺的方法和手段,能够帮助我们更有效、更高效地获得新的认知。如图 5.3 所示,在数据管理、统计分析、数据挖掘、机器学习与人工智能等领域的各种工具中,都使用可视化技术,在多个环节(包括展示、解释、探索、验证等方面)都可以发挥其独特的作用,从而帮助将数据转换为实实在在的价值。

5.3.2　提高分析的便利性

可视化分析真正实现了数据分析的便利性。新型的可视化分析系统,通过一些内置的数据分析算法和模型,使用者只需要简单的操作,就可以完成以往需要复杂的编码才能完成的数据分析任务,并且能够以更丰富的可视化形式展现分析结果。

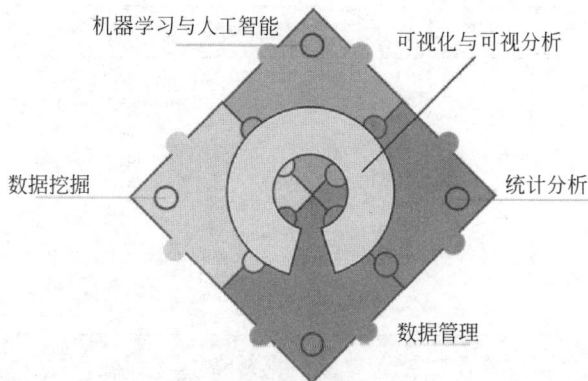

图 5.3 可视化分析用于多个数据领域

另外,现代的可视化分析软件,操作简单、提供自助式的交互操作,为数据分析提供了更大的灵活性。使用者可以自主调整各种分析模型及参数,从而获得快速响应和迭代。

一些可视化分析系统,还提供了数据准备、数据整理、数据分析、结果呈现、报表生成等覆盖数据分析全生命周期的自助式可视化支持,大大降低了数据分析的门槛,让业务人员也能轻松地访问数据、分析数据,发掘数据价值。

5.3.3 帮助孕育新构想

可视化分析的理论基础是探索式数据分析,其要义是灵活使用多种图形,从探索中发现潜在的问题及模式,然后,结合人的心智模型去提炼、引导出新的构想。可见,各种图形所起的作用,就好像是大脑中的想法,它们是新构想的萌芽,分析人员能够对这些想法进行深入思考和系统整合,探究其内在关系和相互作用,从而识别与业务相关的数据模式及潜在关联,最终形成可验证的构想与假设。

可视化有助于孕育新构想的例子,最著名的当属前面介绍的 Snow 医生研究伦敦霍乱爆发的案例。Snow 医生通过调查研究,收集数据、参考数据的分布情况,绘制出图形,并从中寻找问题特征,结合自己在流行病学方面的知识积累,最终提出大胆假设,进行验证并确定了感染源头。根据对这一案例的充分研究,本杰明·肯珀(Benjamin Kemper)博士提出了从数据到构想的模型,并充分肯定了心智模型在这个过程中所起的作用。如图 5.4 所示,这一过程一般会经历三个阶段: Ⅰ.展示数据,Ⅱ.识别特征,Ⅲ.产生构想。

用各种图形呈现数据,可以充分展示数据的分布和特征,以便我们大脑的模式识别能力得到最佳利用。由于我们大脑的短时记忆容量有限,原始数据对于人脑来说过于复杂;尽管汇总统计能够显著简化原始数据的属性特征,但不可避免地损失了关键的数据分布信息。因此,多种图形是探索式数据分析的理想选择。在统计技术方面训练有素的分析人员,拥有对图形库和数据分布的知识积累,只要与相关领域的知识相结合,就可能激发孕育出新的构想。

5.3.4 助力提升 AI 可信度

随着近年来人工智能与机器学习算法的快速发展,人们越来越重视 AI 技术,也越来越依赖 AI 系统。但是,人工智能的应用也面临着一些无法回避的问题,首当其冲的挑战是 AI 决策的可信度问题。AI 决策不仅影响企业关键业务的运营,更可能涉及人类安全等重大领域。因此,AI 模型的决策透明度至关重要。AI 模型是如何得出结论的? 使用的数据质量

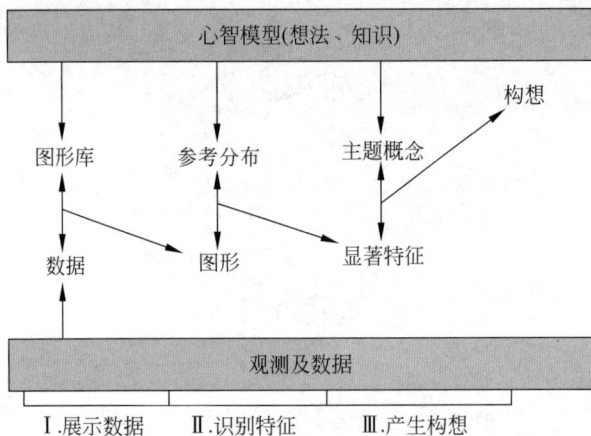

图 5.4　从数据到构想(Kemper)

和算法模型可靠吗？其结果是否具备足够的可信度与稳定性？

　　我们知道,AI 的运行就像一个黑匣子,通常人们很难理解 AI 系统是如何处理输入的海量数据、如何从这些数据中得出结果的。由此,可解释人工智能(Explainable Artificial Intelligence,XAI)受到广泛关注,特别是随着一些难以直观理解的人工智能建模技术(例如深度学习和神经网络)的广泛应用,AI 的可解释性变得越来越重要。提供对 AI 黑盒模型的解释,通过工具、技术和算法揭示模型的行为和底层决策机制非常重要。而很多应用人工智能系统的组织,对其可解释性的要求更加严格。例如,使用人工智能引擎支持信贷决策的银行,需要向被拒绝贷款的消费者提供被拒的原因。因此,组织需要确认人工智能系统所使用的数据不会对某些申请人产生偏见或特定利益联系等,同时需要有更精细的信息,来帮助组织了解做出决策时使用的风险因素和权重,并以极快的速度获得输出结果。而随着人工智能应用的快速增长,一些国家也开始推行相关的可解释性合规要求,例如,欧盟人工智能法规草案中包含了具体的可解释性合规步骤,明确要求用于信用评估等场景的人工智能工具必须符合适用的反歧视法和禁止不公平商业行为的法律规定。

　　要理解和解释人工智能,可视化作为人类交流信息的有效方式是非常必要的,可视化分析更是将人类认知能力与人机交互、计算机运算分析能力融合起来,为提升人工智能的可解释性和可信度发挥着不可或缺的作用。人们通过对 AI 使用的数据及运行结果进行可视化分析,让各种可视化图形来帮助理解、进行解释,显然有助于 AI 决策过程更透明、更易于理解,从而消除人们对 AI 系统的疑虑。另外,可视化分析可以帮助人们通过交互分析及各种图形,显示算法在不同配置下的输出、快速甄别 AI 运行的问题或错误,从而改进和优化算法。

　　没有理解就无法产生信任。只有安全、可解释的人工智能算法和模型,才能构建可信赖的 AI 系统。毋庸置疑,要达成这一目标,帮助人们更高效、更直观地理解和解释数据及其结果,可视化分析作为一种有效手段,必将在构建可信赖 AI 系统的过程中发挥关键性作用。

5.4　如何进行可视化分析

　　前面已经介绍了,可视化分析是在数据可视化的基础上,综合了计算机的自动化与计算能力,以及人的视觉认知、记忆、思考分析能力等,通过多次的交互及迭代,进行判断、推理和决策。

但在实践中,究竟该如何进行可视化分析呢? 与数据可视化相比,可视化分析中包含了更多主观分析的因素。因此,可视化分析更多地依靠人脑的思考,在各种可视化图形的帮助下,从杂乱无序的数据中,理出头绪和逻辑,获得洞察。

5.4.1 知识生成模型

可视化分析综合了计算机的自动化计算能力及人的视觉认知与分析能力。2014 年数据科学家多米尼克·萨沙(Dominik Sacha)等人,在 IEEE 可视化和计算机图形学刊物发表了《可视化分析的知识生成模型》一文。文中提出的知识生成模型,告诉我们可视化分析过程是如何通过人机交互过程,最终生成知识的。图 5.5 是源自 Sacha 等人相关论文的知识生成模型示意图。

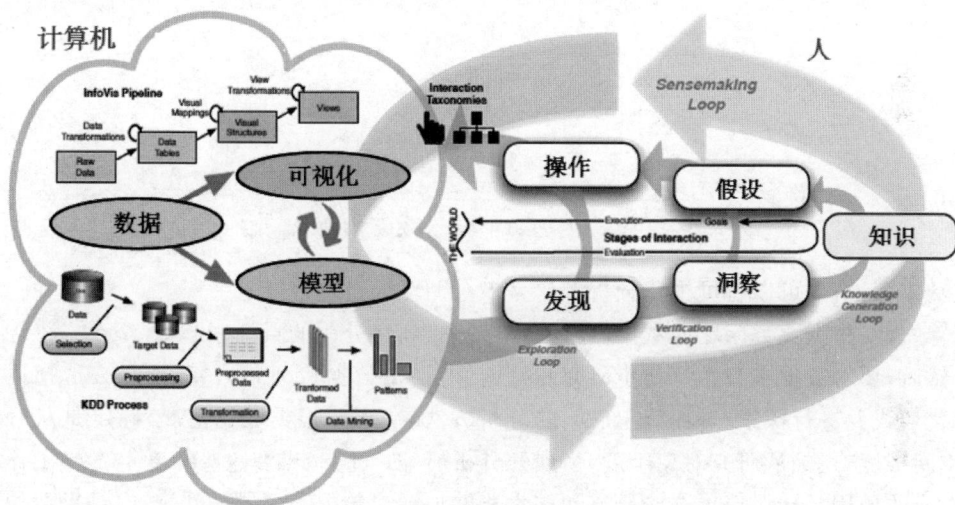

图 5.5 知识生成模型的示意图(Sacha 等)

从这个模型我们可以看到,借助可视化分析获得知识的整个过程包括:

(1) 由计算机系统执行数据整理、转换和分析操作,包括数据挖掘与模型构建。计算机系统生成的可视化图表,既可以展示数据特征,也可以呈现模型运行结果。

(2) 通过观察可视化图表和模型结果,人们可能会有所发现,并进一步发出操作指令。例如转换数据、改变参数、优化建模等。计算机系统根据人的进一步指令,执行相关操作,生成新的模型输出和可视化图表,供人们继续观察、探索、交互等。这个探索发现的过程,可能经历多次迭代,才能最终帮助人们获得有价值的洞察。

(3) 当人们获得了某些洞察时,就进入验证循环阶段。在这个阶段,人们根据获得的洞察,进一步提出一些假设,并指示计算机系统执行相关操作来验证这些假设。这一阶段也将经历多次交互及迭代。

(4) 当人们从这些假设和验证过程中获得更多洞察并不断归纳总结,形成一定的结构体系后,就进入意义构建和知识生成的循环中。同样地,经过多次交互迭代后,才可能最终形成知识。

上面的知识生成模型也告诉我们,知识生成是一个不断进行人机交互的过程:既要利用计算机的自动化计算和建模能力,又要充分发挥人的视觉认知和分析能力,才能最终洞悉数据中隐藏的信息和知识。而可视化分析正是将人、机各自的优势进行有机融合,形成统合综效的非常关键的过程和手段。

5.4.2　可视化分析的过程

德国康斯坦茨大学的丹尼尔·凯姆(Daniel Keim)教授所提倡的可视化分析"箴言",得到了很多业内人士的认可:先分析、秀重点、再缩放、加过滤、追细节。Keim教授的这套箴言,被认为是我们进行可视化分析的指导方针。将它与前面的知识生成模型结合起来,就可以勾勒出可视化分析的整个过程,如图5.6所示。

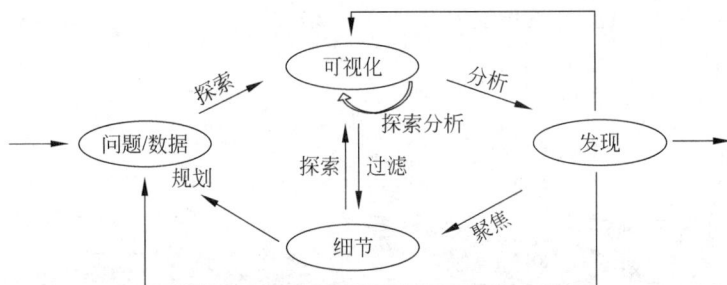

图5.6　可视化分析过程示意图

具体来说,也可以将可视化分析看作是多个循环的过程:

首先,要根据业务问题或数据,进行分析规划,确定分析的目标。

然后,要对数据本身进行初步研究和探索,需根据数据特征和研究目标,去选择适当的可视化形式并进行探索,进而确定后续的分析方法。例如,根据数据情况,确定是从时间维度、空间维度,还是从研究对象维度,去展开分析研究;进一步地,这些纬度上发生了什么情况,造成的原因是什么等。这些研究和探索能够加深对数据和问题的认识,在帮助我们确定合适的分析方法的同时,可能让我们从数据中有所发现。

当然,在这一阶段中,也可能从一些可视化图形中获得线索,并进一步通过数据过滤等手段,去追踪更多细节;或者进一步从业务问题出发,主动选择一些重点信息进行探索。通过对细节的追踪、更多的可视化图形、多维度分析及多次迭代,都可能引领我们有新的发现。

从获得的发现出发,再结合业务问题,进一步确定哪些结果是我们预期的、哪些是非预期的,然后再进行结果评估或后续假设;必要时再对一些细节进行聚焦分析,去发现和探索新的问题。这个过程依然可能是一个多次迭代的过程。

最终,可能经历若干次循环后,我们才能获得对事情前因后果的一个完整认识,从而进一步形成分析结论,完成这一轮的可视化分析。

5.4.3　发挥人脑思维力

我们不难发现,在知识生成模型和可视化分析过程中,人脑的思维力是一个非常重要的动因。通过大脑的思维,人们才能从数据和图形中理出头绪和逻辑,进行记忆、分析、计算、比较、判断、推理,从而获得洞察,做出决策。本节对人脑的思维力单独进行讨论,希望帮助读者梳理有助于可视化分析的一些思维方式,以便更好地在人机交互中发挥人的分析能力。

所谓"思维力",是指人脑进行思维的能力,即对客观事物进行间接反映和概括反映的能力。在第1章,我们曾谈及思维,这里简要说明思维的两大特征:

1) 间接性

那些通过个体的感觉系统所获得的、对事物外在的认识,是直接的感知,不能称为思维。只有那些通过个体已有的知识、经验、或借助某些媒介,获得的对事物的认识,才是思维。因此,思维要能够摆脱时间、空间的限制,去发现与其他事物的联系,是以"推断"的方式认识事物的,具有间接性的特征。

2) 概括性

思维是个体在直接认识的基础上,把一类事物的共同特征和规律抽取出来,加以综合得出对事物本质的认识;或者,通过将多次感知所获得的直接认识进行相互联系,从而得出事物相互间关系的结论。因此,思维是以"总结"的方式认识事物的,具有概括性的特征。

大脑的思维力,主要通过以下基本思维活动,帮助人们获得认知。

(1) 分析:这是把整体分解为组成部分或把局部的特性分解出来的一种思维活动。

(2) 综合:这是把各个组成部分联系起来或把局部的特性整合为整体的一种思维活动。

(3) 比较:是确定事物之间的共同点和差异点的一种思维活动。

(4) 分类:这是根据事物的共同点和差异点,将事物区分为不同类别的一种思维活动。

这四种基本的思维活动,让我们在感性认识的基础上,能够形成概念,进行判断、推理及论证等思维活动。可视化分析正是通过这些思维活动,在可视化图形所提供的直接认识的基础上,去推断和概括出数据中潜在的本质规律或相互联系。

当然,可视化分析中所需要的思维力,不只包括上述四种基本的思维活动。事实上,现在大家常提到的"批判性思维"和"创造性思维"等综合思维能力,在可视化分析中均发挥着重要作用。

1. 批判性思维

首先,"批判"这个词,容易让我们想到用批判的眼光看待问题。我们认为,这种理解具有一定的局限性。英文中 Critical 一词,除了"批判"的意思之外,还有"严格、紧要、关键"的含义。因此,不能简单地认为,批判性思维(Critical Thinking)就是用批判的眼光看问题,批判性思维强调的是"独立思考"与"理性质疑"。

从源头上看,批判性思维方式,源自苏格拉底问答法:通过对话和启发式问答,鼓励提问、回答及辩论,在这个过程中,逐渐发现答案中的矛盾或推理的缺陷,从而引发更深入的思考。就是说,批判性思维是一个逻辑推理和思辨的过程,通过深入思考和分析,提高对问题的认识,而不是简单地接受或重复别人的想法。即使对方是权威,也不盲目地全盘接受,而是要敢于提出质疑。

批判性思维的基本能力,包括解释、分析、评估、推理、质疑等,其推理过程具有严格的逻辑性、目的性,推理过程使用的数据及概念,必须有清晰的内涵与外延。

一般认为,可以通过有意识的批判性思维训练,让人们能够更加理性地接近事情真相。以下是一些有益的训练方式。

(1) 从学会提问题开始:以开放式的提问去引申出更多的想法。

(2) 重述问题:以不同的方式重述问题,有助于我们揭示出其中存在的关键假设或先决条件,加深或扩展我们对问题的认识。

(3)敢于打破假设:大多数时候,我们提出的问题或进行的推理,往往包含了某种直觉性的假设,而这种假设又常常是为了证明某个结论。我们要敢于打破这种假设,迫使自己从根本上重新考虑最初的结论。

(4)不被偏见束缚:以开放的心态,从不同的视角去思考、评估各种可能的备选方案,而不是囿于成见或偏见,只接纳自己喜欢或擅长的技术或思路、摒弃不擅长或不喜欢的选项。

(5)多重迭代思考:数据分析的过程本质上是一个不断循环迭代的过程。相较于直接简单地问"怎么做"更应该优先思考"为什么";在获得初步结论后,持续追问"后续影响",如此多重循环的思维迭代,有助于拓展思考和认识的深度。

(6)多元化视角:无论是对问题本身,还是对分析结论,都应该从多个视角验证其正确性与合理性。具体而言,可通过变换场景、时间、空间、对象等思考带来的影响差异。

(7)延迟判断:思考问题时,不要立即对于某一个观点给出赞成或反对的判断,学会先用事实和逻辑去支撑观点,再进行判断。

(8)敢于质疑:主动去甄别有用的信息,不盲从、不迷信,相信或不相信都应做到有理有据;需要抓住问题要点,遵循一定的逻辑规则不断进行质疑。

2. 创造性思维

创造性思维(Creative Thinking)是利用已掌握的知识、经验等,寻找新答案、创造新成果的思维活动。它具有综合性、探索性、求新性(独特性)和灵活性的特点。

(1)综合性:创造性思维以人们已掌握的知识、经验为基础,是"站在巨人的肩膀上,综合利用他人的成果"。因此,具有内容上的综合性。具备创造性思维的人,通常会在单位时间内关联到更多有意义的内容,并善于将这些内容在当前的思考中进行联想和综合。

(2)探索性:创造性思维不应拘泥于已有的知识、经验,而是通过大胆猜想,不断地探究、钻研,才能达到创新。

(3)求新性:也是所说的独特性。创造性思维需要想出别人想不到的方案、办法来解决问题,求新、求异、与众不同是它的显著特点之一。

(4)灵活性:创造性思维会根据条件或环境的变化,生发出对应的替代方案,来灵活应对变化。

每个问题的解决方法不止一个。创造性思维,可以用一个全新的方法去解决某个老问题;或将两个或多个已有的方法综合在一起,形成一个新方法去解决问题。创造性思维强调"开放灵活"与"发散聚合"并重。

创造性思维也可以通过学习和训练来培养。训练通常包括如下内容。

(1)提高观察力:敏锐的观察力,有助于我们看出别人看不到的东西、想出别人想不到的事情、做出别人做不到的事情。通过在熟悉的环境中,寻找和发现以往被忽略的事物,特别是留心观察异常现象,我们可以获得探索与创新的新线索。同时,不断地将观察到的事实与既有知识相联系,科学地把握和比较事物之间的相似性、重复性及特异性,这种能力将帮助我们获得更深层次的认知。

(2)保持活跃的想象力:激发想象力,有助于突破原有思维框架的束缚,从而走向创新。例如,多想象一些与众不同的事物、形象,可以是具体事物,也可以是抽象事物。日常保持好奇心,是探究、钻研、创新的动力源泉,也可以激发想象力。

(3) 培养发散思维:发散思维本身要求思考不依常规、寻求变异、探索多种答案。具有良好发散思维的人,一般具有朝多个方向思考、寻求多个答案、回避老一套解决方法的强烈愿望。通常,人们在思考问题时,更擅长使用的是"聚合思维",就是将注意力集中到一个点进行思考。聚合思维是定方向、定范围、有条理、收敛式的;相反地,发散思维是没有特定方向、没有特定范围、超越常理、跳跃式的。多数情况下,创造性思维先通过发散思维,尽可能地思考多种可能的方案,然后通过聚合思维,将它们逐步聚合并引导到有条理的逻辑序列中,最终筛选出一个最优解决方案。可见,创造性思维产生于聚合思维与发散思维的有机结合。

(4) 不断学习和积累领域知识:所谓创新,大部分都是在以往已经获得的知识和经验的基础之上,在某个部分有所突破。所有的创新,都不是从空白开始的。学习和积累领域知识,可以为创造性思维在内容的综合性方面提供更多素材。先遵循常规进行探索,然后在必要时越出传统轨道、改变既定方向,通过求异、求变取得创新结果。

(5) 锻炼变通能力:既往的知识和经验,为创新活动提供了可借鉴和可类比的内容。但是,如果一直循规蹈矩,必然无法创新。因此,扩大自己的知识领域、拥有多元化知识背景、不断尝试不同思考方法和方向,才可能取得创新。

美国教育心理学家罗伯特·艾伯尔(Robert Eberle)提出的 SCAMPER 创新思维策略,有助于人们培养创造性思维。该思维策略,由英文中的七个单词或短语的首字母构成,它们分别是:

(1) Substitute(替代):可以考虑对成分、材料、人员、工具等元素的替代。

(2) Combine(合并):可以考虑与其他元素的合并、混合或整合等。

(3) Adapt(改造):可以考虑对原有元素及其功能和结构的改造、调整、变换等。

(4) Modify(修改):考虑对原有元素某些特性方面的改变,如放大、缩小、调整形状、颜色、规模等。

(5) Put to other uses(其他用途):可以考虑拓展非传统用途,功能重构,或迁移至其他场景中使用等。

(6) Eliminate(消除):可以考虑省略、简化、去掉,或浓缩某些元素、部分功能或特征,从而凸显一种核心功能等。

(7) Reverse(逆向):可以考虑对顺序的重组、相对位置的重排,如里外对换、上下颠倒、逆转等。

在 SCAMPER 创新思维策略中,有必要强调的是"逆向"。正常的逻辑思维是有方向的,逆向思维则是摆脱常规方向,有时候反而更加有效。逆向思维可以让我们的思维,从对问题的证实转换为证伪;从正常求解过程转换为逆向思考要达成结果应具备的条件,或从问题要素的逻辑对立面展开思考。例如,李姐以 20 元的成本价购进的玩具,零售价定为 30元。一个小伙子来买,付了一张 100 元人民币,李姐找不开就找邻居借了 50 元,然后找给小伙子 70 元。晚上,李姐发现收取的 100 元是假币。那么这次交易,李姐一共损失了多少钱呢?如果采用正向思维,需要通过钱、物两条线去计算,相对烦琐;如果采用逆向思维,问题就从"李姐损失多少钱",变为"小伙子从李姐处得到了多少",就很快得到答案:玩具进价20 元,再加上 70 元的找零。

总之,批判性思维与创造性思维,实际上是两种相互关联的思维形式,我们在分析实践中,应该将两者结合起来。通过批判性思维,主动甄别有用的信息,做到不盲从、不迷信,判断要有理有据;通过创造性思维,有意识地去尝试和使用不同的思路和方法,以开放变通的心态,大胆假设,小心求证。正如前文介绍的知识生成模型所揭示的,获取知识和洞察需要人机之间的多次交互,且该过程始终以人类思维为主导。人脑的思维力,在可视化分析中扮演着非常重要的角色,充分发挥人脑的思维力,是进行可视化分析不可或缺的重要环节和必要手段。

5.4.4 可视化分析工具概览

上一节主要讲述在人机交互中如何发挥人的思维力。本节简单讨论在人机交互中如何发挥计算机的分析能力。通过可视化分析软件工具,可以事半功倍,让计算机为我们的分析工作提供便利,提升工作效率。

可视化分析工具,通常都提供了十分有效的数据可视化图表、更便捷的数据交互操作、更多类型的自动分析算法和模型,以及对数据生命周期各项功能的更全面支持。由于可视化分析软件的专业性强、覆盖数据生命周期的多个环节,需要跨学科的强大技术人才团队的支撑(例如,前面介绍的视觉认知与心理学方面的知识,以及信息加工、统计分析领域的技术与研究成果),因此,可视化分析工具多为商用软件。每个厂商提供的具体功能,可能会有所不同和侧重,有些厂商的工具还融合了机器学习、人工智能等复杂的技术和算法模型,实现了自动化分析。这也是可视化分析工具优于一般数据可视化工具的重要方面。

随着互联网、物联网、云计算等的快速发展,产生和积累了超越以往任何年代的巨量数据。与此同时,人们对数据价值的认识也日益提升,数据被比作数字时代第一种由人类自己创造的"新能源"。但是,大部分人只是喜欢"数据分析"这个时髦的词汇,真正懂得如何使用数据分析的各种工具和手段、具备这方面能力的人风毛麟角。幸运的是,可视化分析工具的出现,不但能够帮助专业的数据分析人员提高分析效率,而且也让不具备数据分析专业知识背景的业务人员看到了曙光。

优秀的可视化分析工具通过自助式与可视化双重优势,显著提升数据理解与分析的效率,使信息的沟通与传递更有效;助力人们从多视角、多维度去认识数据,获得洞察;提供便捷的交互探索模式,有效结合心智思维与视觉认知,激发创新构想。

另外,很多可视化分析工具提供的自动化算法和模型,可以降低数据分析的门槛,有助于提升企业员工的数据素养;自助式操作模式比传统的商业智能工具更符合企业的业务发展和创新要求,方便业务人员去不断尝试和探寻问题的最优解决方案。

5.5 习题

(1) 可视化分析的作用有哪些? 可视化分析有哪三个支柱?

(2) 如何进行可视化分析? 可视化分析的过程是怎样的?

(3) 知识生成模型对可视化分析有哪些启发意义?

5.6 本章小结

延续第 4 章数据可视化的内容,本章对可视化分析进行了概要阐述。可视化分析是一门新兴的学科,包含并融合了数据分析、计算机图形、信息表示、设计学、心理学、认知科学等多学科多领域的知识与积累。

本章以一个可视化分析的古老案例,作为体现可视化分析方法重要作用的一个有力例证;进而阐释了可视化分析的三个支柱,及其在以下方面的关键作用:增强分析的交互性、提升分析的便利性、帮助孕育新构想,以及提升 AI 可信度等。

本章还讨论了如何进行可视化分析。可视化分析的理论基础,是知识生成模型。可视化分析的过程,从业务问题出发,确定分析目标、制定分析规划,通过多次的人机交互和循环迭代,从中获得线索、假设,进行探索、分析。这一分析过程,离不开人脑的思维力,尤其是批判性思维和创造性思维能力。当然,工欲善其事,必先利其器。要达到事半功倍的效果,选择好用的可视化分析工具非常重要。

基 础 篇

第 **6** 章

SAS可视化分析总览

SAS可视化数据分析软件，能够让企业中的每个人都可以更便捷地进行数据分析。这里之所以强调每个人，是由于通常的数据分析软件，都需要使用者具备专门的数据分析相关的知识和技能；而SAS可视化分析软件，使用者不必掌握专业的数据分析技术、无须SAS编程技能，只是通过系统提供的拖放式操作界面，就能够直观地以自助方式，从数据中获得洞见、行动指导及决策建议。当然，对于具备数据分析相关知识、技术及编程能力的人员，SAS可视化分析软件可以在提高数据探索和分析效率的基础上，支持通过编程实现定制分析及高级分析。

SAS可视化分析软件工具（后文也称SAS Visual Analytics），目前已经推出了多个版本。新版本的SAS可视化分析软件，运行在SAS Viya平台上。它通过与SAS Viya平台的云分析服务（Cloud Analytic Services，CAS）相结合，采用内存分析处理技术，加快了分析运算的速度，从而帮助使用者更高效地进行可视化探索、发现趋势、获得洞察和创建报表等。本书后续章节的内容，主要基于Viya 3.5版本，也包括了一部分Viya 4版本提供的部分新功能，叙述中不做区分，读者可以根据自己使用的版本进行对照使用。如果所需使用的某些功能在当前版本上不可见，请联系SAS公司进行版本升级。另外，为帮助学生和教育工作者研习前沿的数据分析技能，SAS提供SAS Viya for Learners，读者可以访问https://www.sas.com/en_us/software/viya-for-learners.html进行注册访问。这是一套基于云的软件系统，支持整个分析生命周期，可以使用SAS、Python或R编写代码进行数据分析，同时，该软件系统允许免费使用SAS可视化分析工具进行学术研究或用于非商业用途。

与一般的可视化分析工具相比，SAS可视化分析软件的主要特点，可以概括如下：

（1）提供自助分析模式、以直观的拖放式操作界面，使业务人员无须专业的数据技能，就可以完成自动预测、方案分析等数据分析任务。

（2）基于智能可视化引擎，根据数据特征自动生成可视化图表，既可引导数据分析流程，又直观呈现分析结果。

（3）提供交互式分析功能，支持企业中的每个人，根据业务需求自主探索数据、分析关键信息，并快速生成和共享结果报表。

（4）提供的开放架构，可以支持和嵌入第三方的可视化分析图形。

（5）提供多种访问途径，可以使用Web浏览器、Web渐进式应用（WPA）、移动设备（平板和智能手机）应用程序、SDK等多种方式，访问SAS可视化分析的结果报表。

（6）支持多种环境的灵活部署方式，包括在物理硬件设备、私有云、公有云等环境中部署和运行 SAS 可视化分析软件。SAS Viya 于 2022 年 9 月在 Microsoft Azure 云上推出"即用即付"策略,为用户提供了一种新的、更灵活的方式,可以在公有云上以更少的费用使用 SAS Viya。

6.1　SAS Viya 简介

SAS 可视化分析软件运行在 SAS Viya 平台上,让我们先简单了解一下 SAS Viya。

SAS Viya 是一套"云就绪"的软件平台,支持数据发现、数据分析、报表展现、模型部署等整个分析生命周期,并且已推出多种基于 SAS Viya 的行业及领域解决方案。SAS Viya 允许通过 SAS 程序、命令行 CLI、REST API 和第三方编程语言(如 Python、R、Lua 和 Java)等进行访问,是一个开放式的云分析平台。

SAS Viya 包含许多不同的应用程序,提供与数据分析生命周期相关的各种应用,以及用于相关环境和程序管理的一些应用。用户通过单击应用程序界面左上角的 ▤ 图标,可以看到这些应用程序的入口,单击即可进入相应的应用程序。图 6.1 所示的是 SAS Viya 环境中一些应用程序的名称(这些应用程序,可能因用户环境的产品许可范围的不同而有所不同)。

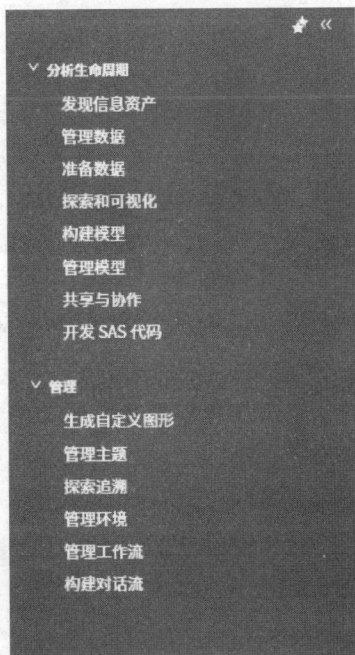

图 6.1　SAS Viya 提供的应用
　　　　程序示例

6.1.1　SAS Viya 主要应用程序简介

以下是 SAS Viya 提供的与数据分析生命周期相关的应用。主要包括:

(1) **共享与协作**(SAS Drive)——SAS Viya 的入口程序,该应用程序也是通向 SAS Viya 中所有其他应用程序的门户。同时,它提供了一个用于访问、组织和共享内容的协作界面。

(2) **发现信息资产**(SAS Information Catalog)——SAS Viya 提供的一个应用程序,用于搜索、发现、提取、集成、整理、维护和丰富企业信息资产的元数据目录,以便于查找和了解实现业务目标所需的信息资产。企业信息资产的元数据目录,为企业的数据管理员提供了从单一访问点查看数据使用情况的入口。信息资产目录有助于企业的数据民主化,每个人都拥有随时可用的所需数据,提高数据发现、获取和执行分析的效率。而企业中的每个人不同类型的用户,对信息资产有不同的使用权限。

(3) **管理数据**(SAS Data Explorer)——SAS Viya 提供的一个应用程序,可以查看、加载或导入 CAS 服务器中的数据。

(4) **准备数据**(SAS Data Studio)——SAS Viya 提供的用于数据准备的应用程序,可以完成准备数据表、转换数据表、创建 CAS 表、加载 CAS 表等任务。

(5) **探索和可视化**(SAS Visual Analytics)——SAS 可视化分析应用程序,用于数据可视化、可视化探索分析、构建统计模型及创建交互式报表等。该应用还提供 SAS Visual Analytics Apps，用户可以在浏览器或移动设备上查看报表。有 SAS Visual Statistics 软件许可的用户，还可以使用回归、决策树、聚类等更多的分析模型，以及模型比较、模型导出等。已获得 SAS Visual Data Mining and Machine Learning 许可的用户，还可以使用因子分解机、梯度提升、神经网络、支持向量机和 Bayesian 网络等数据挖掘和机器学习算法等。

（6）**构建模型**（SAS Model Studio）——SAS Viya 包含的一个集成的模型构建环境，提供了数据分析、数据挖掘等工具，使用 SAS Viya 编程和云处理环境来交付和分发分析模型、数据挖掘冠军模型、评分代码和结果等。

（7）**管理模型**（SAS Model Manager）——SAS Viya 提供的一个用于管理、测试、发布、验证和监控各种分析模型的应用程序。

（8）**开发 SAS 代码**（SAS Studio）——SAS Viya 提供的用户编程界面程序，可以编写、调试 SAS 代码或 CASL 代码。

以下是 SAS Viya 提供的与环境管理和程序管理相关的一些应用，主要包括：

（1）**生成自定义图形**（SAS Graph Builder）——SAS Viya 提供的用于创建定制图形对象的一个应用程序。用户可以在 SAS Visual Analytics 应用程序和报表中使用自己定制的图形对象，进行数据探索和报表创建。

（2）**管理主题**（SAS Theme Designer）——SAS Viya 提供的一个应用程序，可以由企业根据自身的需要，定制 SAS Visual Analytics 应用程序的外观主题，以及企业报表的外观主题。

（3）**探索追溯**（SAS Lineage Viewer）——一个用于查看和了解 SAS Viya 中各个对象间关联关系的应用程序。其核心功能并非追溯数据内容本身，而是呈现数据表与系统中各个对象之间的结构关系。

（4）**管理环境**（SAS Environment Manager）——一个用于 SAS Viya 环境中提供检查和管理环境的 Web 应用程序。SAS Environment Manager 提供的管理功能，包括对服务及其组件的管理、Viya 服务器的定义和操作、用户和组的授权管理、系统环境中各种内容资源的逻辑结构（文件夹、报表等对象）的管理、数据资源（CAS 逻辑库和数据表）的管理、内容资源包的导入导出、作业和工作流的管理等。

（5）**管理工作流**（SAS Workflow Manager）——SAS Viya 提供的一个应用程序，用于提供对基于符合业务流程模型和表示法（BPMN）2.0 标准的工作流模式的支持。一般的流程管理系统 BPM 为了更有效地进行流程管理，使用 Web、中间件及标准，来提供对业务流程的定义、自动化、审计和优化运营等选项。SAS Workflow Manager 提供的工具，可将基本工作流管理，快速集成到基于 SAS 解决方案和产品的企业运营和业务产品中。SAS Workflow Manager 支持视觉表示和行为的行业标准，可以进行扩展，以实现与平台工作流服务或其他标准业务流等进行集成。

（6）**构建对话流**（SAS Conversation Designer）——SAS Viya 提供的一个应用程序，用于创建和配置一个对话机器人，来帮助用户完成某类任务。这些对话机器人可以处理数据，并回答用户的相关问题。对话机器人使用了自然语言处理算法，用户可以使用人类自然语言的方式，简单地输入他们的问题，就可以得到答案。

6.1.2 SAS Viya 提供的接口简介

以下是 SAS Viya 提供的、与其他应用程序进行交互的接口，主要包括：

1）命令行接口（Command-Line Interface，CLI）

能够直接与 SAS Viya 提供的 REST 服务进行交互。作为图形用户界面（Graphical User Interface，GUI）的替代方法，通过命令行接口 CLI，用户可以使用代码向 SAS Viya 发送指令，并接收来自 SAS Viya 系统的响应。

2）REST API 应用程序接口

专为企业的应用程序开发人员提供的 Viya REST API，使得开发人员能够通过其他程序（如 SAS、Python、R、Lua 和 Java），创建和访问 SAS Viya 的资源，包括模型构建者或数据科学家所生成的分析模型和结果。同时，SAS Viya 提供的 CAS REST API，可用于执行 CAS 操作、管理 CAS 会话、监控系统和检查 CAS 网格，为需要直接与 CAS 交互并了解 CAS 操作的数据科学家、程序员和管理员提供了便捷的访问途径。

3）与 SAS 程序的接口

在 SAS 程序中直接使用 CASL 语言调用 CAS 过程步。

4）与 Python、R、Lua 程序的接口

使用 SAS SWAT 库（Scripting Wrapper for Analytics Transfer libraries）可以实现在 Python、R、Lua 程序中调用 SAS Viya 的云分析服务；与 Python 的开源接口包 SASPY，允许 Python 编码人员访问 SAS 数据集及 SAS Viya 提供的分析功能。

5）与 Java 程序的接口

使用 SAS 的 CASClient 类，可以在 Java 程序中调用 SAS Viya 的云分析服务。

如果需要进一步了解更多 SAS Viya 的相关信息，请读者参考联机帮助或相关文档。

6.2 云分析服务 CAS

云分析服务 CAS，是 SAS Viya 平台的核心部件，是为各种数据管理和数据分析任务提供运行时环境的服务器。

CAS 既可以部署在本地的自有 Kubernetes 集群运行，也可以部署于公有云的 Kubernetes 环境运行。在执行分析时，CAS 能够有效地将大数据处理分发到集群中的所有节点，从而实现非常快速的操作。部署在集群上的 CAS，有一个支持容错的通信层，即使在失去与某些节点的连接后，它也可以继续处理请求，确保系统的稳定运行。通信层还能够在服务器运行中动态地删除和添加节点到 SAS Viya 系统中。

如图 6.2 所示，云分析服务 CAS 可以运行在单机配置或多机配置上。在单机配置中，所有处理都在单个节点上完成。多机配置则由一个控制器和一个或多个工作节点组成，来提供最佳的处理能力。对于单机和多机这两种配置，CAS 都使用多线程算法，从而能够在任意大小的内存中，对数据执行快速的分析处理。

6.2.1 CAS 的数据操作

云分析服务 CAS 使用的内存分析技术，以最优的性能提供对加载到 CASLIB 逻辑库中

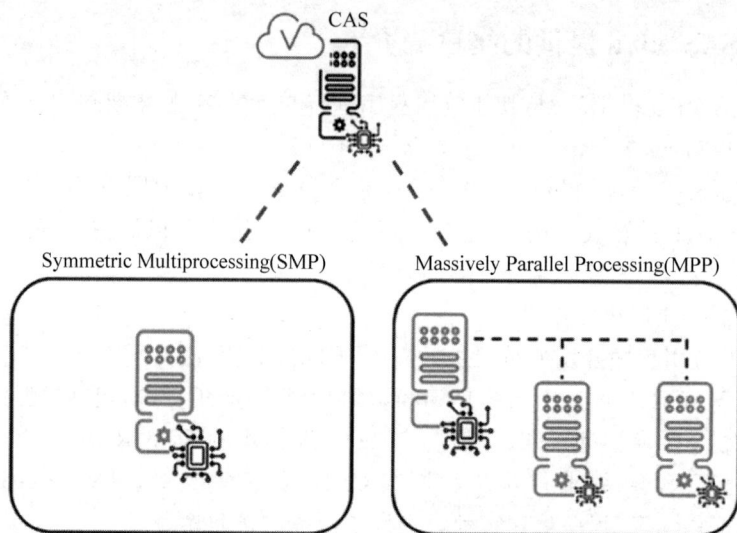

图 6.2　云分析服务 CAS 的单机与多机配置示意图

的数据表进行分析计算。CASLIB 逻辑库建立起内存与数据源之间的联系，CAS 通过 CASLIB 逻辑库，提供对内存表的各种操作。系统为每个 CASLIB 分配一个内存空间，用于存放加载到内存中的数据表、提供访问控制列表 ACL 和其他数据源相关信息。

如图 6.3 所示，用户可以从自己客户端所保存的源文件或服务器端的逻辑库中，将数据表添加、上传或加载到内存中，也可以把内存中的数据表导出到客户端或保存到服务器端。当不再需要使用内存中的数据表时，可以从内存中进行卸载，而卸载的数据表并不会影响客户端或服务器端所保存的数据源表。

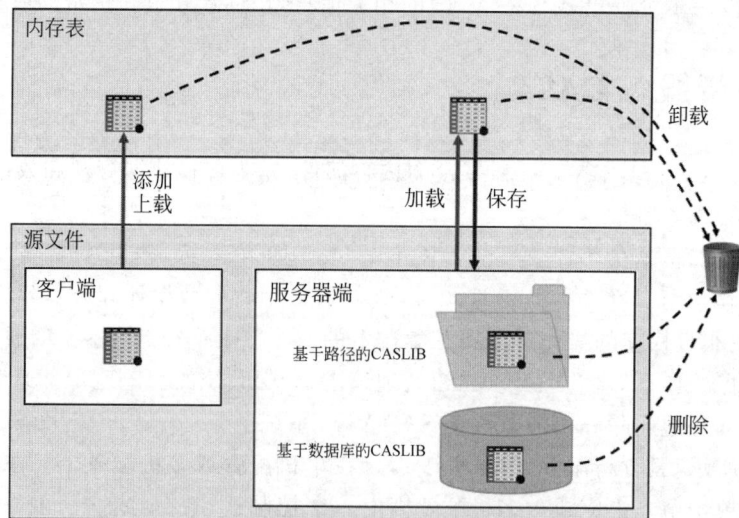

图 6.3　CAS 数据操作示意图

6.2.2　CAS 的会话类别

CAS 使用"会话"来建立和保持客户端与服务器之间的通信，以便可以发送和接受操作请求。每个 CAS 会话都有一个唯一标识符或 UUID,可以使用这个 UUID 从不同客户端连接到该 CAS 会话。

默认情况下,该 CAS 会话中所创建的 CASLIB 逻辑库、内存表等资源,仅对当前会话可见。如果要使这些资源对所有会话可见,需要将它们提升到全局范围。

加载到内存中的数据表,其适用范围也有所不同。

1) 会话范围(session)

会话范围的内存表只能在当前会话期间使用。数据表被加载到内存时,默认为会话范围。会话范围的内存表,无须检查其访问控制属性或并发访问锁定属性等,这对于临时的数据访问和分析是十分方便的。但是,其他会话无法访问此内存表。如果其他会话确实需要访问该内存表,应将它提升为全局范围的内存表,这需要通过相应的 CAS 操作进行提升。

2) 全局范围(global)

全局范围的内存表是多个会话可以共享访问的内存表。值得注意的是,全局范围的内存表,无法直接进行数据替换操作。如果需要替换全局范围的内存表,应该先卸载该内存表,对数据源表进行替换后,再将它加载为全局范围的内存表。

实际上,内存表的适用范围,是由 CASLIB 逻辑库的这两种适用范围来保障的。

(1) 会话范围 CASLIB 逻辑库:访问会话范围的 CASLIB 逻辑库时,CAS 将检查访问授权。获得访问权限的会话,才可以访问 CASLIB 逻辑库中的数据表。

(2) 全局范围 CASLIB 逻辑库:所有的 CAS 会话,都可以访问全局范围的 CASLIB 逻辑库及其关联的数据表,这样就可以与其他用户共享对一些数据表的访问。

SAS Viya 提供了一些预定义的全局范围的 CASLIB 逻辑库,以确保同一用户的多个会话可以访问相同的内存表。例如,CASUSER(user-ID) 是一个预定义的全局 CASLIB 逻辑库,所有 CAS 授权的用户 ID 默认都可以访问其 CASUSER(user-ID) 逻辑库。另外,SAS Viya 系统管理员可以在部署环境时,预定义一些全局 CASLIB 逻辑库,或者授权用户可以通过 CASLIB 语句,定义全局 CASLIB 逻辑库。

6.3　SAS Visual Analytics 功能概览

SAS Visual Analytics 可视化分析工具,通过直观、易于操作的用户界面,提供以下主要功能:

1. 自动化图形探索与交互式数据探索

根据数据集中各个数据项的特点,由 SAS Visual Analytics 系统对选定的数据,自动采用内置算法显示不同类型的图表,帮助用户进行数据的探索。

由用户根据业务需要,使用 SAS Visual Analytics 系统提供的增强数据分析功能,去探明数据、数据的特征及其关系,揭示相关数据模式,对数据进行交互式的探索等。

2. 所见即所得报表与交互式报表

使用非常直观的拖放数据界面,用户可以选择某种布局、快速地设计报表或仪表板,并方便地通过网页浏览或使用移动设备查看。

使用参数、控件等报表对象,可以设计具有高度交互的、动态的报表或仪表板,并可以在移动设备或 Web 浏览器上查看。这不同于以往传统 BI 系统中预先定义好的静态报表。

3. 自动分析与高级分析

SAS Visual Analytics 的自动分析功能,使用机器学习算法,自动执行数据分析和可视化展现,并支持用户进一步的交互式探索分析。只要用户选择了感兴趣的变量,相关的因子变量就会被自动识别出来并进行比较,得到最相关的因子变量。无须大量的数据分析相关技能,自动分析功能可以帮助组织中的绝大多数人(业务人员或管理人员),去理解是哪些因素造成某个指标太高或太低,并通过进一步的可视化分析去做更深入的探查。

SAS Visual Analytics 提供的分析对象,以及 Visual Statistics 和 Visual Data Mining and Machine Learning 提供的更多分析算法与模型,都可以使具备数据分析相关技能的数据分析人员及数据科学家,花费更少的时间、以更高的效率,来创建更高价值的分析模型、解决更复杂的数据问题。相比较而言,后面两种分析需要更多数据专业知识,更适合数据分析人员。而 SAS Visual Analytics 提供的高级分析对象,无须大量的数据分析相关技能,更适合广大企业管理人员和业务人员使用。

4. 自助式数据导入与系统工具数据导入

通过 SAS Visual Analytics 提供的简单操作方式(如选择或拖放等界面操作),业务人员可以方便地根据需要,从 Excel 表格、文本文件或其他已配置的数据源中,导入要使用的数据表,创建数据视图或为数据表创建连接等。有权限的用户,还可以从其他 CASLIB 逻辑库中导入数据。

SAS Viya 系统提供了命令行管理工具,可以使用 sas-viya 命令行,或者有权限的用户可以使用 sas-dataexplorer-cli 命令行等方式,创建或导入数据表。另外,具有 SAS Viya 系统管理员权限的用户,可以在 SAS Environment Manager 中管理和定义各种类型的 CASLIB,为用户加载或管理 CAS 数据表,或通过授权程序管理 CAS 数据表。SAS Environment Manager 中还支持通过作业(Job)的方式,批量导入和加载数据。

5. 灵活的自定义计算项与聚合数据项

除使用 CAS 数据表外,SAS Visual Analytics 提供了自定义计算项、聚合数据项的功能,为用户提供图形界面定义需要的数据项。

通过管理数据与准备数据等应用,也助力 SAS Visual Analytics 更便捷地创建和使用多种数据项。

6. 分发报表与共享报表

SAS Visual Analytics 提供的报表分发功能,可以自动向用户推送报表内容的更新。授权用户可以设定报表进行单次分发或定期分发,或由系统管理员进行设置。

SAS Visual Analytics 还为登录用户提供了共享报表的功能,包括直接与其他用户共享报表内容、将报表的链接或报表对象的链接与其他用户共享。

7. 系统提供的标准图形对象与个性化定制的图形对象

SAS Visual Analytics 系统提供了超过 60 个标准报表对象,包括表格、图形、量具、地图、控件、容器和其他对象等。这些对象,我们可以简单地分为内容对象、分析对象及控件对象,其中,内容对象包含常用的统计图形图表对象、报表专用的内容对象及提供第三方图形集成的内容对象。另外,用户可以通过 SAS Graph Guilder 应用程序,根据需要定制自己的图形对象,导入 SAS Visual Analytics 系统中就可以创建基于这些定制图形的对象。

8. 第三方可视化图形对象与对象模板

SAS Visual Analytics 系统支持以数据驱动内容对象的形式,使用第三方可视化图形对象。在数据驱动内容对象中设置来自 SAS Visual Analytics 的数据,并使用任何以 JavaScript 图表框架(例如,D3. js、Google Charts 或 CanvasJS)编写的第三方可视化图形。数据驱动内容对象提供与其他图形对象类似的交互方式,可以通过过滤器、排名和操作等方式进行交互。除此之外,还可以使用"Web 内容"对象,显示任何能够在 IFrame 中显示的动态 Web 内容。

另外,SAS Visual Analytics 系统提供了对象模板的功能。对象模板是由用户创建的具有类似外观的数据表格、图形或控件等,可以用于其他报表中。对象模板一方面可以节省用户每次创建这些对象的时间,另一方面可以确保这些对象的外观一致性。同时,对象模板是可以将数据相关信息与对象模板保存在一起的,例如,图形对象的数据角色分配、显示规则、过滤器、排名和排序等,都可以保存在对象模板中,从而提高用户创建类似报表对象的效率。

9. 系统的页面模板与定制的页面模板

SAS Visual Analytics 系统提供了 6 个页面模板。同时,用户也可以创建自己的页面模板。默认情况下,这些系统的页面模板或用户自定义的页面模板,会显示在新建页面的底部区域,便于用户从中选取适用的模板。

使用页面模板,可以简化用户创建报表的任务,并使用户在多个报表中保持报表对象和布局样式的一致。

10. 更多统计分析模型与机器学习模型的衔接

已获得 SAS Visual Statistics 软件许可的用户,可以根据 SAS Visual Analytics 探索数据时发现的模式,来创建、测试、比较及导出模型。这将加快分析计算和建模调优的速度,以帮助企业从海量数据中发现有价值信息、快速有效地解决难题、提高业务绩效、预测未来绩效并降低风险。

已经获得 SAS Visual Data Mining and Machine Learning 软件许可的用户,可以进一步使用因子分解机、梯度提升、神经网络、支持向量机和 Bayesian 网络等,以可视化的方式使用这些数据挖掘和机器学习算法,进行数据分析和可视化结果呈现,解决复杂的数据和业务问题。

11. Web 浏览器与移动设备的应用支持

支持主流 Web 浏览器(包括 Edge、Chrome、Firefox、Safari 等),或在 Windows 系统上以渐进式 Web 应用(Progressive Web Application, PWA)的形式,使用 SAS Visual Analytics 应用程序,通过各种表格、图形或其他对象,创建、查看数据和报表等。

通过基于 iOS 和 Android 原生系统的移动应用程序(SAS Visual Analytics Apps),用户可以使用平板电脑、智能手机等移动设备,随时随处查看动态报表、仪表板及 SAS Visual Analytics 中的所有图形及内容,并与他人分享评论和观点。

12. 多种 SDK 为企业的定制应用提供支持

这些 SDK 均可以通过网址 http://developer. sas. com 获取。

1) SAS Visual Analytics SDK

一组免费的 JavaScript 库,可用于将 SAS Visual Analytics 报表及对象嵌入企业 Web 应用程序中。通过 SAS Visual Analytics SDK,可以执行的主要操作包括:

（1）嵌入整个 SAS Visual Analytics 报表。

（2）嵌入一个或多个报表中的单个 SAS Visual Analytics 对象。

（3）在多个 SAS Visual Analytics 对象之间执行交互操作。

（4）在 SAS Visual Analytics 对象和 JavaScript 控件之间共享数据和操作（使用 SAS Visual Analytics 的数据驱动内容对象）。

2）Mobile SDK for iOS/Android

一组免费的软件开发工具包，可用于企业自己的移动应用程序去访问 SAS Visual Analytics 报表对象。通过为 iOS 和 Android 系统提供的 SDK，可以实现以下功能：

（1）为基于 iOS 和 Android 原生系统的移动应用程序（SAS Visual Analytics Apps），提供定制的公司主题和公司 logo 的功能，以及预载入 SAS Visual Analytics 报表的功能。

（2）在企业自己的移动应用程序中嵌入 SAS Visual Analytics 报表或对象。

3）SAS Content SDK

一组免费的 JavaScript 库，使 Web 开发人员可以在企业的 Web 网页或 Web 应用程序中嵌入 HTML 元素，从而允许最终用户可以直接预览和打开 SAS Viya 系统的资源内容。包括：

（1）浏览 SAS Viya 文件夹中的内容项；选择特定或整个文件夹中的内容项；按类型筛选内容项；控制选择或打开内容项时的状态等。

（2）与 SAS Visual Analytics SDK 集成，在企业的 Web 网页或 Web 应用程序中显示 SAS Visual Analytics 报表或对象。

6.4　SAS Visual Analytics 界面简介

6.4.1　初始界面

首次成功登录 SAS Visual Analytics 后，将显示欢迎信息窗口，单击"即刻开始！"按钮，可以进行个人偏好的简单设置，如头像图片、应用主题等。然后，就进入如图 6.4 所示的"探索和可视化"选择窗口。

在"探索和可视化"窗口，可以单击左侧列表，找到要编辑的报表后双击打开进行编辑。或在该窗口中，通过以下方式创建一个新的报表：

（1）单击"新建报表"按钮，可以在空白绘制区中开始创建新的报表。对于首次登录的用户，系统将提示出"使用导航"框，帮助用户了解 SAS Visual Analytics 产品的使用方法。包括从数据开始、选定绘制图形、图形选项设置、数据分配、动态交互、数据过滤等。

（2）单击"以数据开始"按钮，可以从选择数据开始，来创建一个新的报表。

6.4.2　主界面

图 6.5 为 SAS Visual Analytics 新建报表的主界面，图中用数字标注了界面的一些主要功能区。

主页面可以大致划分为上部信息显示与提示区域、左右两侧的操作选择区域，以及中间的报表绘制区域、下部的页面模板区域。下面对每个区域的具体内容做一个简单介绍：

（1）⬚所在的蓝色区域为应用程序栏，单击左侧图标 ☰，可以访问其他 SAS 应用程

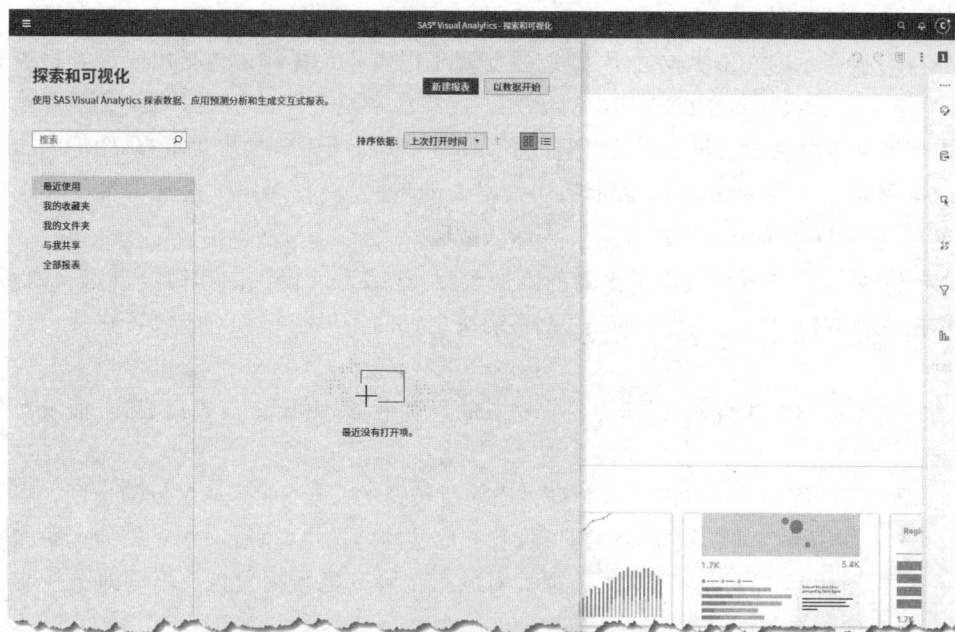

图 6.4　成功登录 SAS Visual Analytics 后的窗口

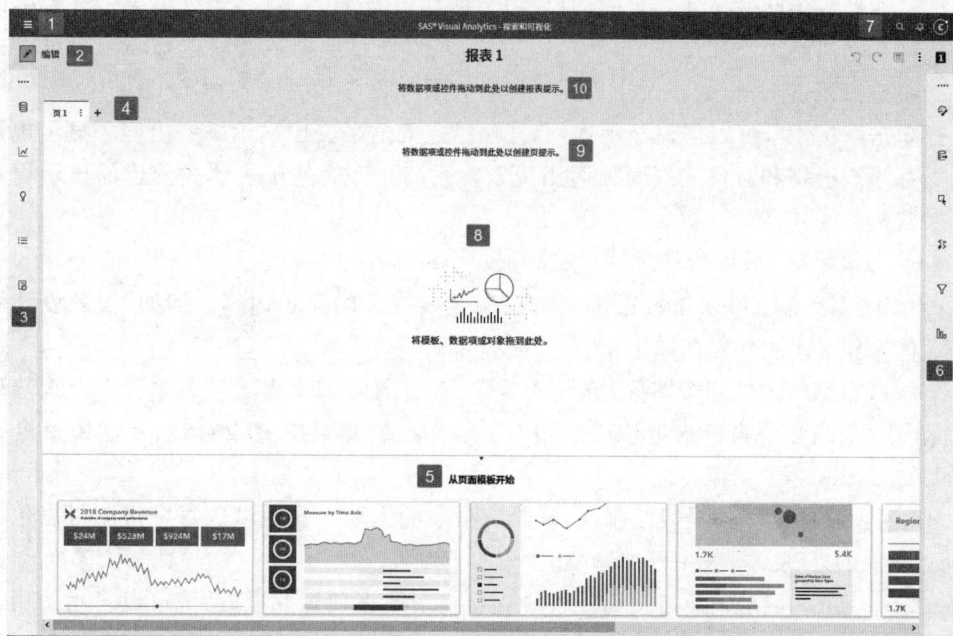

图 6.5　SAS Visual Analytics 新建报表的主界面

序，如 SAS Studio、SAS Environment Manager 等。

（2）2所在的浅灰色区域为报表工具栏。单击工具栏左侧的图标 ✎，可以在编辑和查看报表之间进行切换。工具栏的中间区域显示的是当前的报表名称。工具栏最右侧的图标 1 显示的是当前打开的报表数量。它左边的图标 ⋮提供的下拉菜单（具体菜单项见后），就是 SAS Visual Analytics 的主菜单。工具栏右侧的其他三个图标 ↩、↪ 和 ▤，分别提供了三种对报表的操作：撤销最近对报表的操作、恢复对报表操作的撤销，以及保存报表。

（3）③所指示的左侧纵向边栏区域，主要用于报表相关操作。包括用于设置报表数据（图标为 ▤）、进行报表对象的选择（图标为 ⌖）、添加系统建议的报表对象（图标为 ♀）、使用报表概要来组织页面及报表对象（图标为 ☰）和分析报表性能的报表审查（图标为 ▣）。

（4）④所指示的区域，可以指示和切换报表的不同页面。另外，通常也将一些报表控件放置在 ② 和 ④ 之间的区域，即 ⑩ 所指示的区域。

（5）⑤所指示的区域提供了报表的页面模板，包括系统提供的和用户自定义的两种。直接单击所列的任一模板上的图标 ⊕，就自动按模板的布局把报表对象放置在报表绘制区域 ⑧ 中。

（6）⑥所示的右侧边栏区域，为报表对象的设置区域，可用于设置报表、页面及对象的更多选项。

- 单击选项图标 ⚙，可以显示并设置当前所选择的报表、页面或对象的选项。可用的选项及其内容，取决于所选的对象，有一些共同的选项，也有一些对象特定的选项。
- 单击图标 ▤，可以为当前所选择的对象指定和分配数据角色。不同对象所支持或要求的数据角色，可能各不相同。
- 单击图标 ⌕，可以创建和设置页面上各个对象之间的操作，包括对象链接（可以是过滤器或关联选择项）、页面链接、报表链接以及 URL 链接等。报表设计者可以选择自动向对象添加操作（包括单向过滤器、双向过滤器或关联选择项），也可以通过单击窗格右上角的"查看流程图"链接，查看和设置相关的各种操作。
- 单击图标 ⚡，可以创建显示规则，按照指定的值来突出显示一些内容。显示规则包括报表级别和对象级别两种适用级别。系统允许为基于表达式创建的显示规则创建提醒通知。
- 单击图标 ▽，可以为选定的对象添加一个或多个过滤器。
- 单击图标 ▥，可以按数据排名来控制报表对象的显示内容。例如，报表设计者可能希望显示去年销售排名前 10 位的产品。

（7）⑦右侧所示的三个图标，分别为搜索、查看通知和个人选项菜单。在个人选项菜单中，提供了查看用户自己最近使用的报表、系统帮助、更新偏好设置，以及注销退出 SAS Visual Analytics 等菜单项。

（8）⑧所示的区域为报表绘制区，是绘制报表的主要工作区域。每个报表可以包含多个页面，报表的外观受报表主题的影响。

（9）⑨所示区域用来放置页面控件。直接拖动数据项到此处，系统可以自动选用适合的控件作为页面控件；也可以直接拖动需要的控件到此处。注意：该区域需要在单击 ② 所示报表工具栏的系统主菜单图标 ⋮ 后，选择"展开报表控件和所有页面控件"菜单项才能看到。如果不想显示该区域主菜单，可以在主菜单中选择"隐藏报表控件和所有页面控件"菜单项即可。系统默认为隐藏该区域。

（10）⑩所示区域用来放置报表控件。直接拖动数据项到此处，系统可以自动选用适合的控件作为报表控件；也可以直接拖动需要的控件到此处。注意：该区域需要在单击 ② 所示报表工具栏的系统主菜单图标 ⋮ 后，选择"展开报表控件"或"展开报表控件和所有页面控件"菜单项才能看到。如果不想显示该区域系统主菜单,可以在主菜单中选择"隐藏报表控件"或"隐藏报表控件和所有页面控件"菜单项即可。系统默认为隐藏该区域。

6.4.3　SAS Visual Analytics 样例报表

学习使用 SAS Visual Analytics 应用软件,一个简便的入门方法,就是使用系统提供的样例报表。

部署好的 SAS Visual Analytics 系统,默认会创建 3 个样例报表(位于/SAS Content/Products/SAS Visual Analytics/Samples/目录下),使用的数据表,是在名为 cas-shared-default 的 CAS 服务器(或部署时设定的其他默认 CAS 服务器名称)下,一个名为 Samples 的 CASLIB 库中的 6 个样例数据集。

系统提供的 3 个样例报表分别如下:

1) Retail Insights

该报表提供对不同零售商的市场营销与销售情况的分析。包括三个页面:零售商销售仪表板、地理有效性、促销效果。零售商销售仪表板页面比较了三个不同零售商:FAST、GRAND 和 MODA 的市场表现;地理有效性页面以地图显示不同地理区域的销售表现;促销效果页面可以帮助营销人员了解市场促销与预测和基线相比较的效果。

该样例报表使用的数据集包括:

* RAND_RETAILDEMO. sashdat:该数据集包含了多个零售商的销售相关数据。
* PROMO_EFFECTIVENESS_X_EFFECTS_2. sashdat:这是一个有关 25% 折扣对狗粮销售量影响的数据集。

2) Warranty Analysis

该报表是对汽车维修保修和索赔的分析报表,包括成本概览、成本详情分析、劳务成本详情、劳务成本分组分析与预测等页面。

该样例报表使用的数据集包括:

* COSTCHANGE. sashdat:提供的是车辆维护的历史数据,包含车辆的成本变化数据。
* WARRANTY_CLAIMS_0117. sashdat:这是一个有关汽车维修保修和索赔的数据集。

3) Water Consumption and Monitoring

该报表是对家庭用水情况的一个分析报表,包括客户消费情况、消费排名、水质监测仪表板、溶解氧详情、水温详情、pH 值详情、浊度详情、具体传导细节、测度相关分析等。

该样例报表使用的数据集包括:

* SW_LAKE_RT_SENSOR_WATERQUALITY. sashdat:该数据集中有大量的湖水水质指标数据。
* WATER_CLUSTER. sashdat:该数据集包含的是家庭用水的相关数据。

6.5　SAS Visual Analytics 的分析方法论

SAS Visual Analytics 所遵循的分析方法论,秉持探索式数据分析的理念,是一个循序渐进和循环迭代的过程。该方法论包含了五个阶段:数据访问、数据调查、数据准备、探索分析和创建报表。

（1）数据访问阶段：确定将在可视化分析中使用的数据表，并将这些表加载到内存中。

（2）数据调查阶段：检查数据表的情况，识别数据不一致等数据质量问题，评估现有数据项是否需要修改。另外，在数据调查阶段，还可以确定是否需要创建新的数据项。

（3）数据准备阶段：更正任何数据质量问题，并根据探索和分析阶段的需求创建新的数据项。

（4）探索分析阶段：探索数据以识别数据的模式、关系和趋势，分析可能存在的问题或潜在的假设。

（5）创建报表阶段：创建可以通过网络或移动设备访问的报表，可以是静态报表或交互式的动态报表。

使用 SAS Visual Analytics 软件进行可视化分析，一般会在上述各阶段间循序渐进，必要时在一些阶段进行循环和迭代。当然，也可能跳过某些阶段或同时进行某些阶段，或者打乱某几个阶段的执行顺序。总之，按照数据分析的需要、数据集的质量等诸多因素，我们可以在 SAS Visual Analytics 所支持的这一系列过程中，找到适当的功能和方法，便捷地完成数据分析的多项任务。

6.6　习题

（1）SAS Viya 提供的与其他应用程序进行交互的接口有哪些？

（2）云分析服务 CAS 会话中所创建的 CASLIB 逻辑库、内存表等，其适用范围有哪些？

（3）SAS Visual Analytics 可视化分析软件提供的主要功能有哪些？

（4）SAS Visual Analytics 的分析方法论包含了哪几个阶段？

6.7　本章小结

从这一章开始我们进入 SAS Viya 可视化分析系统的基础篇内容。本章主要是对 SAS Visual Analytics 的总览，概括介绍了这一可视化分析工具的主要特点、所遵循的数据分析方法论等，并对其主要功能及主界面有了初步的认识。

本章还简要介绍了 SAS Visual Analytics 所依存的 SAS Viya 平台及 CAS 云分析服务，并对 SAS Viya 提供的一些其他相关应用及其访问途径做了概要说明。

第7章

数据访问

通过第 6 章介绍的 SAS Visual Analytics 分析方法论,我们知道,数据访问是我们开始数据分析的第一个阶段。在这个阶段,我们选定将要使用的数据表,确保这些数据表已经成功加载到 CAS 中,并且已经获得足够的权限对该数据表进行常规访问。

当我们明确数据分析的目标及数据表的预期用途后,需要在软件工具中选择要使用的数据表。SAS Viya 支持通过多种不同方式,将数据表加载到 CAS 中。图 7.1 给出了将数据表加载到 CAS 中的多种方式。

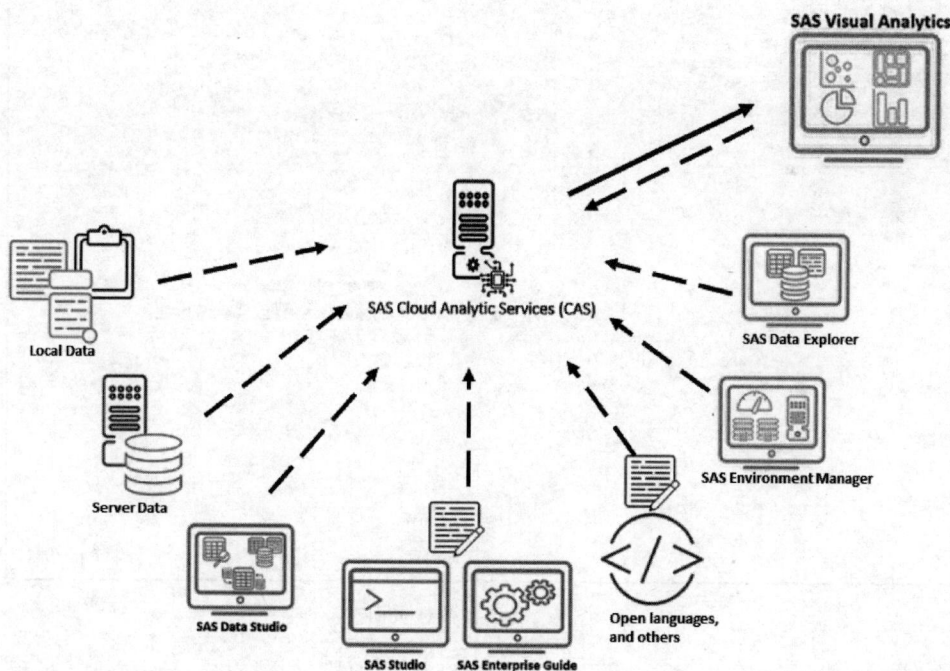

图 7.1 将数据表加载到 CAS 中的多种方式

具体采用哪种方式将数据表加载到 CAS 中,取决于用户所具有的权限、数据加载后的适用范围,以及在加载表之前是否需要对其进行更改等诸多因素。默认情况下,只有具有系统管理员权限的用户,可以将数据表通过 SAS Environment Manager 等应用程序导入及加载到全局范围 CASLIB 中供所有用户使用。非管理员权限的用户无法对这类数据表进行更改,但是,使用 SAS Studio 等应用程序通过编码加载到会话范围 CASLIB 中的数据表则不受此限制。另外，用户可以使用 SAS Visual Analytics 提供的自助界面，以更灵活便捷的数据访问方式导入、加载及访问数据。

本章主要介绍 SAS Visual Analytics 用户采用自助方式，导入本地数据、服务器数据及其他数据的方法，以及自助式加载与访问数据的方法。

7.1　自助式数据导入

在 SAS Visual Analytics 应用程序主界面的左侧，单击"数据"窗格，通过"添加数据…"菜单项，或直接打开 SAS Data Explorer 应用程序，都可以通过自助方式，将数据导入并加载到 CAS 中。下面的说明以前者为例。

登录 SAS Visual Analytics 后，在主界面左侧边栏，单击"数据"窗格，将出现"选择数据"页面，单击"导入"选项卡，进入选择数据页面，如图 7.2 所示。也可以在已经选择了某个数据表的情况下，通过单击"数据"窗格右上角的 圖 图标，再单击"添加数据…"菜单项，进入"选择数据"页面，进行数据导入。

图 7.2　选择数据页面

在"导入"选项卡中，提供了"目录""文件夹""本地文件"三个链接，分别用来从远程文件系统、SAS Viya 服务器或本地文件系统中，导入多种类型的数据。

(1) 远程文件系统：默认支持 DNFS(Distributed Network File System)和 PATH (CAS 可以访问的服务器目录)两种文件系统。如果在"数据源"选项卡中已经配置了其他类型的数据库链接或文件系统链接(需要相关的软件许可)，还可以看到更多类型的数据源，包括但不限于 CSV 文件、文本文件、ESP 文件、图像文件、ORC 文件等。用户可以通过 CASLIB 访问并导入这些远程文件系统上的数据文件。

（2）SAS Viya 服务器：安装 SAS Viya 后，系统默认会创建一些 SAS 文件夹，如图 7.3 所示。用户可以导入保存在这类文件夹中的数据文件。

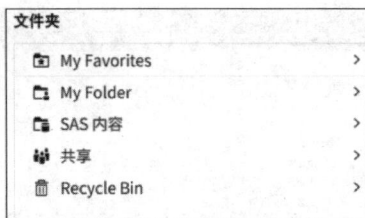

图 7.3　SAS Viya 系统的默认文件夹结构

（3）本地文件系统：可以导入用户保存在客户端的数据文件，包括带分隔符的文本文件、SAS 数据集（.sashdat 或 .sas7bdat）文件和 EXCEL（.xlsx 或 .xls）文件等。

下面分别介绍如何导入本地数据、导入服务器数据及导入其他数据。

7.1.1　导入本地数据

这是最常用、最方便的一种数据导入方式。本节以导入一个带分隔符的文本文件为例，说明如何导入本地数据到 CAS 中。

假设我们在本地目录 temp 下保存了一个带分隔符的数据文本文件 data1.csv，其数据内容如下：

```
Date,Sales,Profits
Jan-21,10,4
Feb-21,12,8
Mar-21,5,2
Apr-21,6,5
May-21,15,7
Jun-21,13,5
Jul-21,10,7
Aug-21,9,6
Sep-21,11,8
Oct-21,15,7
Nov-21,16,8
Dec-21,18,9
```

导入本地数据的具体操作步骤如下：

（1）在"选择数据"页面的"导入"选项卡中，单击">> 本地文件"链接，选择"本地文件"，如图 7.4 所示，并从弹出的文件资源管理器（File Explorer）窗口中，选择要导入的具体文本文件，本例选择 temp 目录下的 data1.csv 文件。也可以直接从本地的文件资源管理器中找到该文件，拖曳到"导入"选项卡右边的区域。

（2）单击文件资源管理器的"打开"按钮，选定的文件将被添加到"导入"选项卡中的左侧区域，如图 7.5 所示。如果用户单击"导入"选项卡左侧的 ✚ 图标，还可以加入更多要导入的文本文件。

（3）在导入该文本文件之前，用户需要确认右边区域所列的以下相关信息。

- 目标表的名称：默认为要导入的本地文件名（不带后缀）。
- 导入目标表的位置：默认为当前系统 CAS 服务器上设定的 CASLIB（可以单击 🖻 图标选择目标表导入到其他 CASLIB 中）。

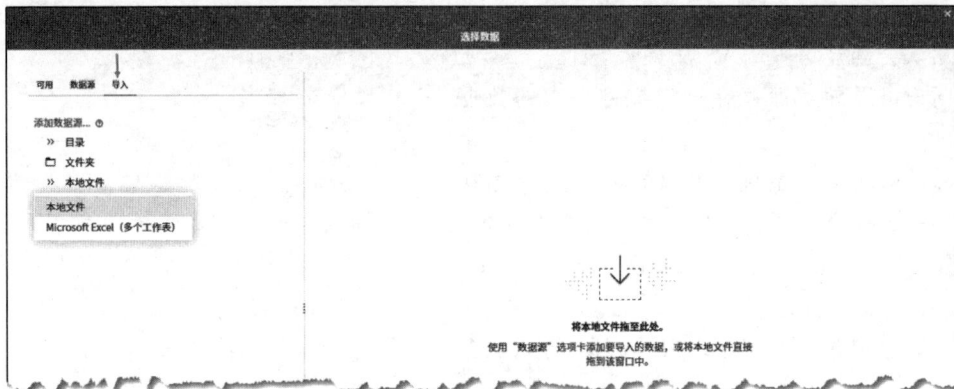

图 7.4　选择数据页面的导入选项卡

图 7.5　选择数据页面的导入设置

- 是否替换已存在的同名目标表。
- 与文件格式相关的一些设置(分隔符、语言区域、源编码、列名、扫描行数、将字符列转换为可变大小字符列等)。
- 可以在"高级"子选项卡下,设置是否为目标表创建唯一 ID 列、是否创建新的字段等。

(4) 确认好右边区域的相关设置后,单击右上角的"导入项"按钮,将开始导入选定的数据文件。简单起见,本例接受默认设置进行导入。无论导入成功或失败,在该页面的目标表名称上方都会显示提示信息。

(5) 如果想要导入多个文件,单击左边区域上方的 ✚ 图标,可以加入其他本地文件;如果想删除选中的文件,单击本地文件名右侧的 🗑 图标,可以删除该文件。选好要导入的多个文件后,可以分别选中每个文件,在右边区域确认所列示的相关信息后,单击右上角的"全部导入"按钮,将逐一导入左侧列出的所有要导入的文件。

至此,我们已经成功完成导入本地文本文件的操作。导入其他类型的本地数据文件,可以按照类似步骤进行操作。完成导入后,可以单击"选择数据"页面下方的"确定"按钮,系统将自动加载刚导入到 CASLIB 中的数据表,并将它作为选定的 CAS 内存表添加到 SAS Visual Analytics 界面左侧的"数据"窗格中。在本例中,单击"确定"按钮,就可以在"数据"窗格中看到已导入并加载的数据表 DATA1,表明该数据表已经是访问就绪状态了,如图 7.6 所示。注意,SAS Visual Analytics 会自动为所有加载的数据表创建两个数据列:测度列"频数",聚合测度列"频数的百分比"。

如果在"导入"选项卡中完成导入后,用户单击了图 7.5 所示"选择数据"页面下方的"取消"按钮,则不会将刚导入的 CAS 数据表加载为访问就绪状态。即该数据表不会列示在当前报表的"数据"窗格中,不过,此时该数据表已经可以在"选择数据"页面的"可用"选项卡中列示出来。

图 7.6　导入数据后的数据窗格

7.1.2　导入服务器数据

如果 SAS Viya 服务器的文件夹中保存了一些数据文件,用户可以通过导入服务器数据功能,将要使用的数据表导入并加载到 CASLIB 中。SAS Viya 服务器文件夹中的数据文件,可以是由 SAS Viya 系统管理员保存的,也可能是由授权用户通过 SAS Drive 保存到服务器的文件夹。

假设我们在 SAS Viya 服务器的文件夹 My Folder 中有一个带分隔符的数据文本文件 data1.csv,其数据内容与前述的导入本地数据的文件内容相同。导入服务器数据的操作步骤如下:

(1) 在图 7.4 所示的"选择数据"页面的"导入"选项卡中,单击"文件夹"链接,从弹出的页面中选择 My Folder,然后再选择 data1.csv,单击右下角的"确定"按钮,如图 7.7 所示。

(2) 和导入本地数据文件类似,选定的文件将被添加到"导入"选项卡中的左侧区域,如图 7.5 所示。如果用户单击"导入"选项卡左侧的 ✚ 图标,还可以加入更多要导入的文件。

(3) 类似地,在导入该选定的文件之前,用户需要确认右边区域所列的以下相关信息。

- 目标表的名称:默认为选定的文件名(不带后缀)。
- 导入目标表的位置:默认为当前系统 CAS 服务器上设定的 CASLIB(可以单击 ▣ 图标选择目标表导入到其他 CASLIB 中)。
- 是否替换已存在的同名目标表。
- 与文件格式相关的一些设置(分隔符、语言区域、源编码、列名、扫描行数、将字符列转换为可变大小字符列等)。
- 可以在"高级"子选项卡下,设置是否为目标表创建唯一 ID 列、是否创建新的字段等。

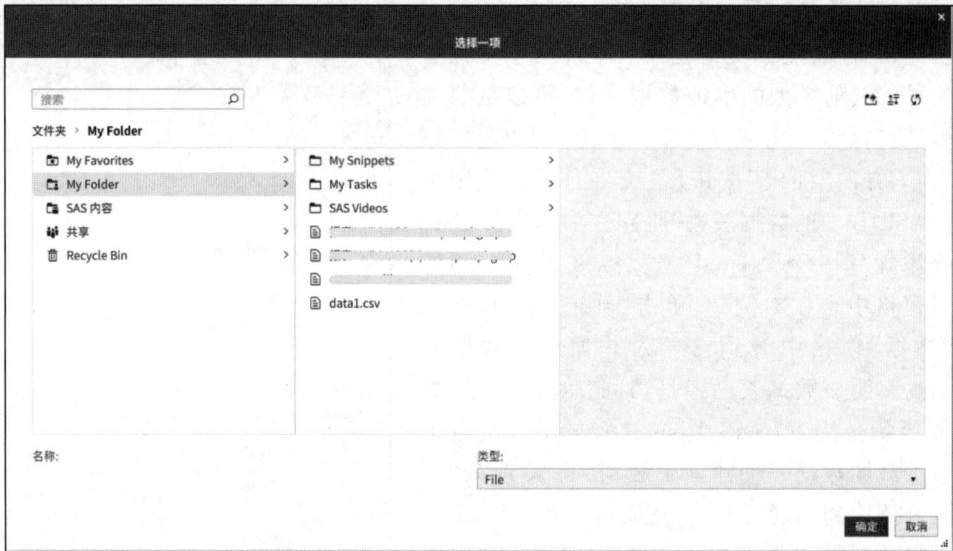

图 7.7　导入服务器数据时的选择页面

（4）确认好右边区域的相关信息后，单击右上角的"导入项"按钮，将开始导入当前的文件。这里，我们使用默认设置。无论导入成功或失败，在该页面的目标表名称上方都会显示提示信息。

（5）如果想要导入多个文件，单击左边区域上方的 ✚ 图标，可以加入服务器文件夹中的其他文件；如果想删除选中的文件，单击文件名右侧的 🗑 图标，可以删除该文件。选好要导入的多个文件后，可以分别选中每个文件，在右边区域确认所列示的相关信息后，单击右上角的"全部导入"按钮，将逐一导入左侧列出的所有要导入的文件。

至此，我们选择的服务器数据文件已经成功完成导入操作。同样地，完成导入后可以单击"选择数据"页面下方的"确定"按钮，系统将自动选择使用刚才导入并加载到 CAS 的内存表。这样，在 SAS Visual Analytics 界面左侧的"数据"窗格，就可以看到导入并已加载的数据表 DATA1，如图 7.6 所示。类似地，SAS Visual Analytics 会自动为所有加载的数据表创建两个数据项：测度项"频数"，聚合测度项"频数的百分比"。

7.1.3　导入其他数据

SAS Visual Analytics 还提供了导入其他数据源的功能，这些数据源包括：

（1）来自 Apache Hadoop 的 ORC 文件。

（2）已加载到 CASLIB 中的数据源表、分隔文件、多种格式的文档。

（3）图像文件（需 SAS Visual Data Mining and Machine Learning 软件许可）。

在图 7.4 所示的"选择数据"页面的"导入"选项卡中，单击"目录"链接，可以选择具体的文件类型、CASLIB 及具体文件，开始导入。具体操作方法与导入服务器数据类似，这里不再重复。值得一提的是，要从其他数据源导入并加载数据表，需要系统管理员首先做好相应的配置，相关内容可以参考联机帮助文档。

7.2　自助式数据加载

导入 CAS 的数据表,需要进行加载操作,才能在当前的可视化探索或分析报表中使用。进行数据加载,可以通过以下两种自助方式:

(1) 自动加载:常用的、比较便捷的数据加载方式,是在完成数据导入后,直接单击"选择数据"页面下方的"确定"按钮,系统将自动加载已经导入的 CAS 数据表。

(2) 手动加载:导入数据后如果没有自动加载,或者需要加载其他 CAS 数据表,也可以使用自助方式进行手动加载。

我们已经知道在完成自助式数据导入后,可以直接进行数据的自动加载。下面说明如何进行数据的手动加载。

7.2.1　手动加载

下面是手动加载一个 CAS 数据表的具体步骤:

(1) 登录 SAS Visual Analytics 后,在图 7.4 所示的主界面,单击界面左侧的"数据"窗格,再单击其右上角的 █ 图标,选择"添加数据…"菜单项,进入"选择数据"页面。单击"数据源"选项卡,在这里用户可以查看已经导入 CAS 且用户有权限访问的数据源,并对数据表进行加载、卸载等操作。"数据源"选项卡的操作界面如图 7.8 所示。

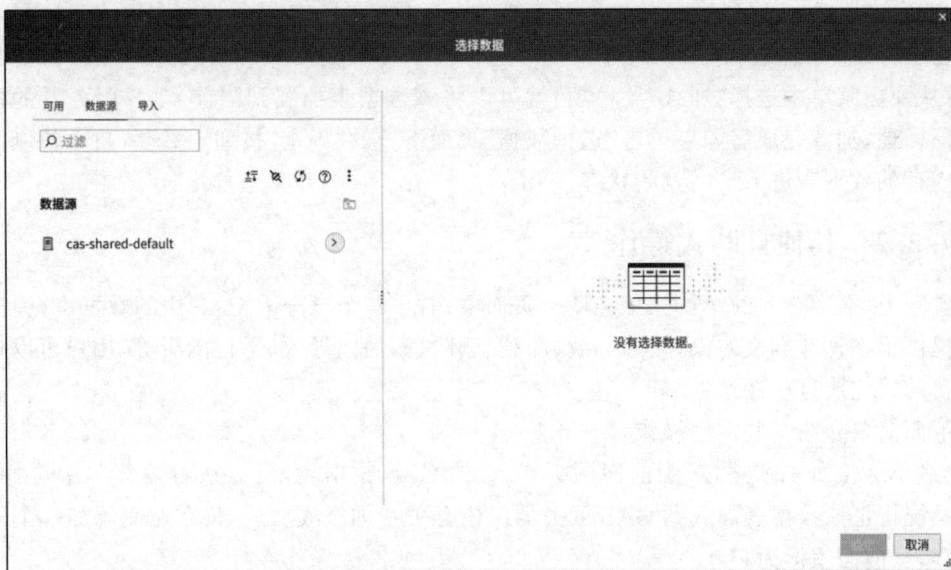

图 7.8　选择数据页面的数据源选项卡

(2) 在"数据源"选项卡中,左侧的数据源下列出了当前 SAS Viya 系统中该用户具有访问权限的 CAS 服务器,如图 7.8 中的 cas-shared-default。单击其名称右边的 ⊙ 图标,将进一步列示出在该 CAS 服务器上所定义的 CASLIB,如 CASUSER(userid)。再单击其名称右边的 ⊙ 图标,会进一步列示出在该 CASLIB 中的数据表,并在右侧区域显示该 CASLIB 的元数据信息,如图 7.9 所示。

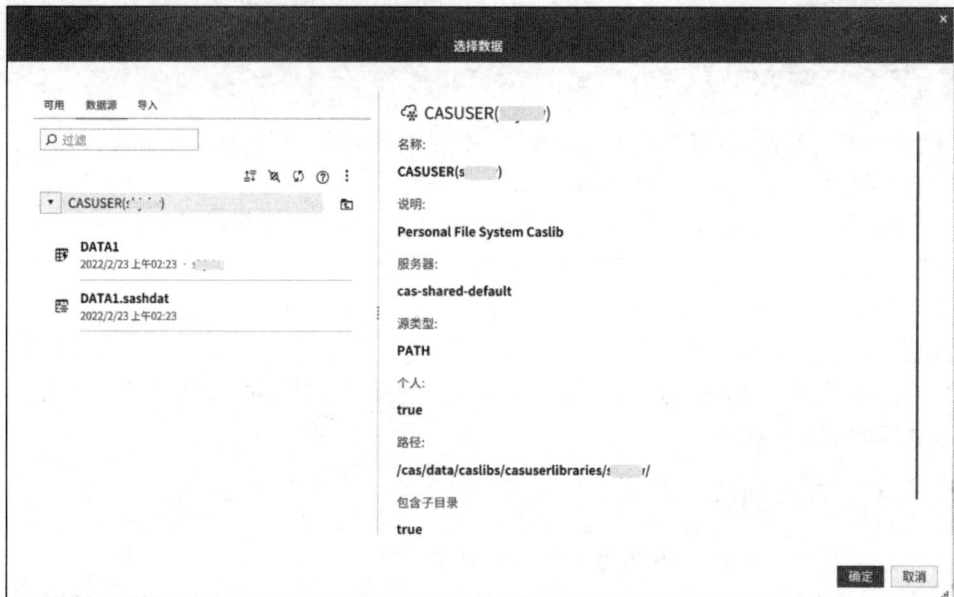

图 7.9 选择数据页面的数据源信息

（3）在图 7.9 的左侧区域，我们看到两个数据表项目：DATA1 和 DATA1.sashdat，它们前面的图标并不相同。一般地，数据表名称前面的图标，表示该数据表的不同状态。如图标 ⊞ 表示该数据表已经加载到 CAS 服务器的内存中；图标 ⊞ 表示这只是一个已经导入的 CAS 数据表，尚未加载到 CAS 内存中。对这种尚未加载到 CAS 内存的数据表，右击其名称，并从弹出菜单中选择"加载"菜单项，就可以将该数据表加载到当前 CAS 服务器的内存中。同样地，加载完成后如果单击"选择数据"页面下方的"确定"按钮，系统将自动使刚才加载到内存的数据表进入访问就绪状态。

7.2.2 其他自助式操作

实际上，在图 7.9 的"数据源"选项卡页面中，右击某个已导入 CAS 中的数据表，弹出菜单中提供了多种数据表的操作，如加载、卸载、删除、添加以导入、运行剖析等，用户可以根据需要自助式完成这些操作。

下面简要介绍一些常用操作。

（1）加载：如前所述，对于前面图标是 ⊞ 的 CAS 数据表，可以从右键菜单中选择"加载"，系统将把该数据表加载到 CAS 服务器的内存中。加载成功后，将在左侧添加一个同名的内存表（前面图标为 ⊞ ）。

（2）卸载：对于前面图标是 ⊞ 的 CAS 内存表，可以从右键菜单中选择"卸载"，系统将从当前 CAS 服务器的内存中卸载该内存表。卸载成功后，该内存表将不再处于访问就绪状态，不会列示在左侧的数据窗格中。

（3）删除：与卸载操作不同，删除操作是对物理表进行的操作，即从 CASLIB 中删除该 CAS 数据表。如果是对 CAS 内存表进行删除操作，系统将给出提示信息，即将卸载内存表、并从 CASLIB 中删除与之关联的物理表。用户确认后，删除操作除了卸载内存表外，还会删除 CASLIB 中与之关联的物理表。

（4）添加以导入：该操作会将当前的 CAS 数据表或 CAS 内存表添加到"导入"选项卡中，并在用户确认相关设置后，将其导入指定的 CASLIB 中。该操作可以方便地将一个 CASLIB 中的数据表加载到另一个 CASLIB 中。

（5）运行剖析：运行剖析操作将生成一个关于选定数据表的分析结果，给出有关该数据表中每一列数据的基本统计信息。如果进一步单击某数据列的链接，可以显示有关该列的描述性统计量、模式分布和频数分布等信息。其中：

- 描述性统计量：包括测度数据的均值、中位数、标准差、最大值、最小值等；类别数据的众数、最大值、最小值等。
- 模式分布：显示的信息包括类别数据的模式（以 A 或 a 表示大、小写字符，以 9 代表数字，如 Aaa-99 表示数据的模式为 3 个字符、连字符及 2 个数字）、计数及百分比等。
- 频数分布：以直方图或条形图的形式，显示数据频数的分布情况。

图 7.10 所示是一个对 CAS 数据表 DATA1 运行剖析的结果示例，上半部分显示的是各个数据列的剖析结果，下半部分显示的是该表的 Profits 列的描述性统计量信息。

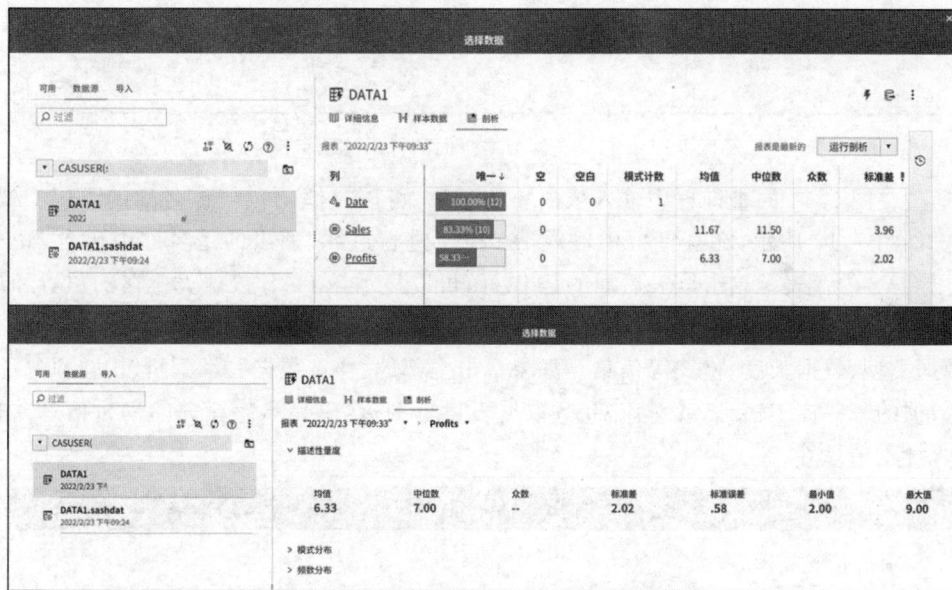

图 7.10 选择数据页面的数据剖析示例

7.3 访问可用的 CAS 内存表

通过数据的导入及加载操作，就可以在当前的可视化探索或分析报表中使用处于访问就绪状态的数据表了。另外，由系统管理员或其他用户加载的数据表，如果具有访问权限，也可以在当前的可视化探索或分析报表中进行访问。

7.3.1 可用内存表

登录 SAS Visual Analytics 后，在图 7.4 所示的主界面，单击左侧的"数据"窗格，再单

击其右上角的 🖳 图标,选择"添加数据…"菜单项,进入"选择数据"页面。出现"选择数据"页面,单击"可用"选项卡,系统将在左侧区域列出当前用户的所有可用的 CAS 内存表,如图 7.11 所示。

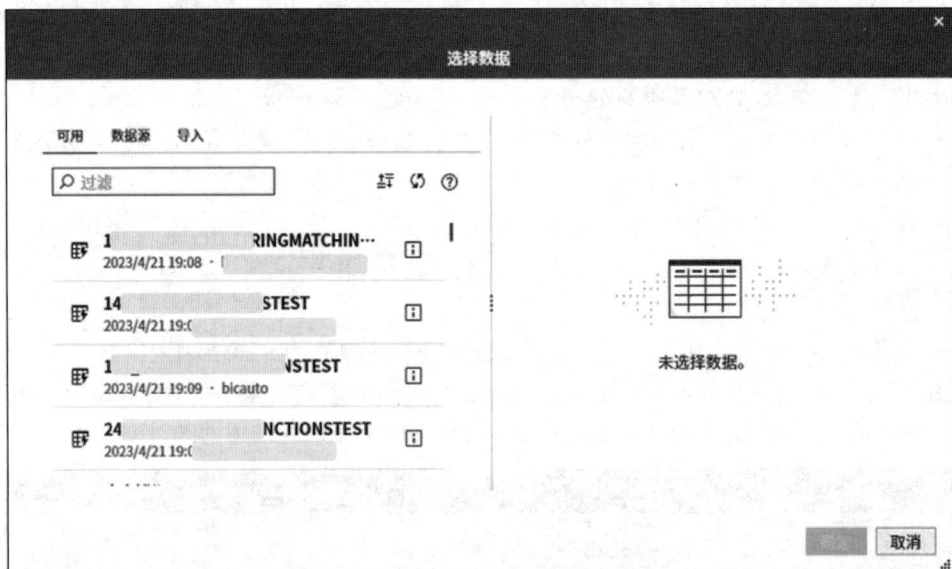

图 7.11　选择数据页面的可用选项卡

通过在图 7.11 的查询框中输入数据表的名称,可以过滤出包含该名称的可用 CAS 内存表。如图 7.12 所示,在查询框中输入 DATA1 进行过滤,列出的是名称中包含 DATA1 的可用 CAS 内存表。单击该表后面的 ⊞ 图标,可以显示该 CAS 数据表所在的位置和最后修改时间等信息。当选中该数据表后,在页面的右侧可以看到这个数据表的详细信息,如列名、数据类型、数据长度、格式等信息。如果单击上部的"样本数据"或"剖析"链接,可以分别显示数据的一些样本信息,或对该 CAS 数据表运行剖析,以显示出相关的剖析信息及相关列的统计量信息等。

图 7.12　选择数据页面的可用数据表过滤示例

7.3.2 访问内存表

要在当前的可视化探索或分析报表中,访问已加载到 CAS 的内存表,需要首先将它添加到 SAS Visual Analytics 的"数据"窗格中。

这通常只需要在图 7.11 所示的"可用"选项卡中,单击要访问的内存表名称,并单击右下角的"确定"按钮;也可以在图 7.12 的过滤页面中,单击"确定"按钮,该表就会显示在 SAS Visual Analytics 左侧的"数据"窗格中,表明当前的可视化对象或报表可以访问及使用该表,进行探索分析等操作。

当然,如果在前述的自助式数据导入或数据加载时,在"选择数据"页面下方单击了"确定"按钮,导入或加载的数据会自动显示在左侧的"数据"窗格中,也表明已经可以访问该数据表了。

至此,对 SAS Visual Analytics 分析方法论中的第一个阶段——数据访问阶段的简要介绍告一段落。在数据访问阶段,我们选定将在可视化分析中使用的数据表,并将这些表加载到 CAS 中,供 SAS Visual Analytics 访问。

7.4 习题

(1) SAS Viya 支持通过哪些方式将数据表加载到 CAS 中?

(2) SAS Visual Analytics 的自助式数据导入,可以导入哪些数据源?

(3) 导入 CAS 的数据表,如何才能在 SAS Visual Analytics 的可视化报表中使用?

7.5 本章小结

作为 SAS Visual Analytics 分析方法论的第一阶段,在数据访问阶段我们选定将在可视化分析中使用的数据表,并将这些表加载到 CAS 内存中备用。SAS Visual Analytics 工具为用户提供以自助方式进行数据导入、加载和访问的操作方式,也可以通过直接使用 SAS Viya 提供的 Data Explorer 等应用程序,完成数据导入、加载操作。

SAS Visual Analytics 提供从本地文件系统中的数据文件、SAS Viya 服务器或其他数据文件,导入为 CASLIB 数据表文件,并进一步加载为可供使用的 CAS 内存表。数据表添加到"数据"窗格后,表明已将它加入 SAS Visual Analytics 工作区,可以开启数据探索与分析之旅了。

第**8**章

数 据 调 查

电子资源

在数据访问阶段,我们已经在 Visual Analytics 中选定了要使用的 CAS 内存表,并将它添加到"数据"窗格中用于当前的可视化探索或分析报表。接下来将进入数据调查阶段。

数据调查的主要任务,包括检视数据表的情况、检查是否存在数据不一致等数据质量问题、确定是否需要对数据项进行更改、是否需要创建新的数据项等。本章介绍查看数据表中的数值范围、具体数据、相关测度、离群值及修改数据项属性等。

8.1 检视数据表的结构

检视数据表的结构,可以帮助我们了解数据表的形状(是宽表还是窄表)、表的大小(行数和列数)和表的组成(数据列是字符型还是数值型)。

在 SAS Visual Analytics 中,可以通过以下两种方式,检视数据表的结构。

(1) 在数据访问阶段,选择 CAS 内存表时,如第 7 章的图 7.12 所示,在"选择数据"页面的右侧,可以查看该数据表结构的详细信息。这些信息包括列名、列标签、数据类型、数据长度、格式等,还包括数据表的列数、行数、创建日期、修改日期、上次访问日期等信息。

(2) 在"数据"窗格中,也可以查看该数据表的基本结构信息,包括表中有多少个分类数据项、多少个测度数据项、聚合测度项及其他数据项。

具体来说,在 SAS Visual Analytics 的"数据"窗格中,选择一个可用的数据表,该窗格中将显示该表中数据项的相关信息:所有数值型的测度数据项,均列示在">测度"链接下,单击该链接可以进行折叠;所有类别数据项,均列示在">类别"链接下,单击该链接可以进行折叠;另外,在"数据"窗格中,默认还有一个">聚合测度"链接,列示所有的聚合测度项。

1) 单击"数据"窗格中的">类别"链接

其下面显示的是所有分类数据项,其名称后面的数字表示的是该类别项的非重复值数量;其名称前面的图标 🏠,表示该数据项为字符型的类别项;名称前面的图标 📅,表示该数据项为时间日期类型的数据项。

当鼠标悬浮于某个分类数据项上时,提示信息显示该数据项的列名、格式、非重复值数量等。如果单击某个分类数据项后面的 ⌄ 图标,展开区域将列出"名称"文本框和"分类"下拉列表,分别可以修改这个分类数据项的"名称"和"分类",如图 8.1(a)所示。其中,"分类"下拉列表有"类别"和"地理位置"两个选项。

2）单击"数据"窗格中的"> 测度"链接

其下面显示的是所有测度数据项，其名称前面的图标 ◈ ，表示该数据项为数值型的测度数据项。SAS Visual Analytics 系统的自动分析功能，会对测度项进行分析，如果发现了影响该测度项聚合值的离群值，则在数据项名称后面显示 ⁝⁝ 图标；如果发现某个测度数据项与其他测度数据项之间存在相关关系，则在该数据项名称后面显示 ✎ 图标。

当鼠标悬浮于某个测度数据项上时，系统的提示信息将显示该数据项的列名、格式、聚合方式及离群值数量等。如果单击该测度数据项后面的 ⌄ 图标，展开区域将列出"名称"文本框、"分类"下拉列表、"格式"选择框和"聚合"下拉列表。在这个区域，可以修改这个测度数据项的名称、设置其分类、格式及聚合方式，如图 8.1(b)所示。其中，"分类"下拉列表包括"测度""类别""地理位置"三个选项；"格式"选择框将弹出一个页面供用户选择要使用的数据格式；"聚合"下拉列表中包含了多种数据聚合方式（如总和、平均值、标准差、方差、最大值、变异系数等十多种聚合方式）。

3）单击"数据"窗格中的"> 聚合测度"链接

其下面显示的是所有聚合测度数据项。当鼠标悬浮于某个聚合测度数据项上时，提示信息显示该数据项的列名、说明、格式等；如果单击该聚合测度数据项后面的 ⌄ 图标，展开区域将列出"名称"文本框及"格式"选择框。在这个区域，可以修改这个数据项的"名称"，设置"格式"，如图 8.1(c)所示。其中，"格式"选择框将弹出一个页面供用户选择要使用的数据格式。

| (a) 类别项 | (b) 测度项 | (c) 聚合测度项 |

图 8.1 数据项的类别及格式

8.2 浏览可用的数据项

显示在 SAS Visual Analytics 左侧的"数据"窗格中的可用数据项，通常包括以下几类：

（1）来自 CAS 数据表中的数据项。

（2）系统自动添加的 2 个数据项：频数、频数的百分比。

（3）用户自定义的数据项。

（4）如果为该数据源表设置了默认的数据视图（可参考"数据准备"一章的相关内容），还将列示出该数据视图中包含的所有数据项。

在"数据"窗格中列示的用户自定义数据项,一般包括:自定义类别项、层次项、计算项(含聚合测度项)、地理位置项、参数项,以及分区变量、交互效应变量、样条效应变量等。后面3种变量需要 SAS Visual Statistics 的软件许可,不属于本书的讨论范围,本书主要介绍前面5种常用的用户自定义数据项,其具体创建及使用方法,将在第9章进行介绍;有关地理位置项的创建与使用方法,可以参考第19章的相关内容。

表 8.1 给出的是"数据"窗格中数据项的来源、类别及相关说明。表 8.2 给出的是"数据"窗格中数据项的组成、显示图标及数据相关说明。

表 8.1 "数据"窗格中数据项的来源、类别及相关说明

数据项来源	"数据"窗格显示的数据项类别	说 明
CAS 数据表	类别	① 默认名称与数据表中字段的标签同名;标签为空时使用字段名称 ② 数据表中的字符型字段,归为类别项
	测度	③ 数据表中的数值型字段,若格式为日期、时间格式,归为类别项;其他格式归为测度项
系统定义	测度	默认名称:频数 不能更改其分类,但可以更改名称和格式
	聚合测度	默认名称:频数的百分比 不能更改其分类,但可以更改名称和格式
用户定义	类别	① 用户创建的自定义类别项,归为类别项 ② 用户创建的"结果类型"为字符、日期、日期时间的计算项
	测度	用户创建的"结果类型"为自动、数值的计算项
	参数	用户创建的参数项
	层次	用户创建的层次项
	地理位置	用户创建的地理位置项
	聚合测度	用户创建的"结果类型"为聚合测度的计算项

表 8.2 "数据"窗格中数据项的组成、显示图标及数据相关说明

"数据"窗格显示的数据项类别	组 成	"数据"窗格显示的图标	数据说明
类别	字母数字、数值	类别项-字符	① 字母数字类别,按字典顺序排序 ② 日期、时间、日期时间和数值类别,按其基本数值排序 ③ 非计算项的类别,可以"自定义排序" ④ 日期、时间、日期时间和数值类别,可基于基本数值设置相关的数据格式
	日期、时间、日期时间	类别项-日期	
	自定义类别	自定义类别	
	计算项(返回:字符)	计算项-结果类型为字符	
	计算项(返回:日期、时间、日期时间)	计算项-结果类型为日期	

续表

"数据"窗格显示的数据项类别	组 成	"数据"窗格显示的图标	数据说明
测度	数值	◈ 测度项	① 每个测度都分配一个默认的聚合方法("总和"方法) ② 可以更改测度的聚合方法 ③ 测度可以更改为具有非重复值的类别项。这些非重复值,由数值格式中的小数位数控制
	计算项(返回:数值)	◈ 计算项-结果类型为数值	
	频数(系统定义)	◈ 频数	
聚合测度	计算项(返回:聚合测度)	◈ 计算项-结果类型为聚合测度	① 聚合测度只能在某些对象中使用,不能在迷你折线图或模型中使用 ② 占小计的百分比项(包括行合计、行小计、列合计和列小计)只能在交叉表中使用
	频数的百分比(系统定义)	◈ 频数的百分比	
参数	字符、数值、日期、日期时间	𝕏 参数项	① 包括单值参数、多值参数 ② 可以在计算、显示规则、过滤器和排名中使用参数
地理位置	地理名称、代码、地图ID、邮编、经纬度	⊕ 地理位置项	其值映射为地理位置的类别项
层次	类别项	⛀ 层次项-基于类别项	按层次排列的数据项,在上层放置更概括的类别,下层放置更细节的类别
	地理位置项	⛀ 层次项-基于地理位置项	

8.3 更改数据项的属性

在 SAS Visual Analytics 中可以根据需要,对数据项的一些属性进行更改,如名称、分类、格式、聚合等。这些数据项,包括:类别项、测度项、地理位置项、参数项、计算项、层次项、自定义类别项等。更改属性的方法,是在"数据"窗格中,单击数据项名称右侧的 ⌄ 图标,就可以进行更改了。需要注意的是,对数据项属性的更改,可能影响使用该数据项的所有对象。

对数据项的名称更改,非常简单,将结合其他属性的更改一并介绍。下面先从如何更改数据项的分类属性开始。

8.3.1 分类属性

通过更改数据项的分类属性,可以便捷地实现对数据项的类型转换。例如,将一个测度项的分类属性,从"测度"更改为"类别",就将该测度项转换为类别项。但是,对数据项进行这种类型转换,也有一定的限制,具体如下:

(1)测度项——可以转换为类别项或地理位置项。

(2)类别项——字符型的类别项,可以转换为地理位置项;日期、日期时间型的类别项,不能进行类型转换;数值型的类别项(如由测度项转换而成的类别项),可以转换为测度项或地理位置项。

（3）地理位置项——基于类别项创建的地理位置项,可以转换为类别项;基于测度项创建的地理位置项,可以转换为测度项。

（4）参数项、计算项、层次项——不能通过修改分类属性实现类型转换。

要修改数据项的分类属性,可以单击"数据"窗格中数据项名称右侧的 ≫ 图标,然后,单击"分类"标签下的下拉列表,选择要转换为的数据项类型。例如,图 8.2 是样例数据表 RAND_RETAILDEMO 中的 State 项,单击它右侧的 ≫ 图标,可以直接修改其名称及分类(将它从类别项转换为地理位置项)。当鼠标悬停在该 State 项时,可以看到提示信息浮窗中显示其格式为 $。需要注意的是,不能将字符型类别项的格式设置为其他格式。

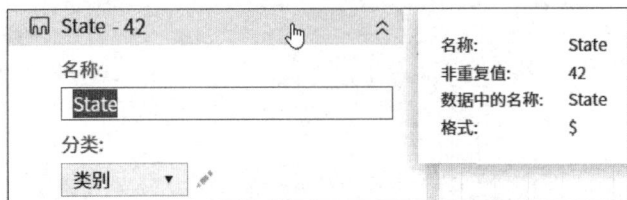

图 8.2 字符型类别项的属性及提示浮窗示例

8.3.2 格式属性

如果是测度项、日期或日期时间型的类别项、非字符型的参数项及聚合测度项,除了可以更改分类属性外,还可以更改其格式属性。

更改数据项的格式属性,将转换该数据项的显示格式。图 8.3 所示是样例数据表 RAND_RETAILDEMO 中的 Date 项,单击它右侧的 ≫ 图标,可以修改其名称及格式。鼠标悬停在该数据项上,可以看到提示信息浮窗中显示其格式为 MMDDYYY。

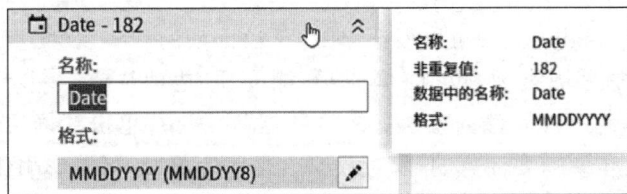

图 8.3 日期型类别项的属性及提示浮窗示例

如果要更改 Date 项的格式属性,单击图 8.3 中"格式"标签下面的 ✎ 图标,将弹出如图 8.4 所示的格式设置窗口。在该窗口中选择要使用的新格式,如"年,月,日"格式,单击"确定"按钮即可。

测度项、参数项和聚合测度项等的格式设置窗口,与图 8.4 类似。从提供的可选格式列表中,选择恰当的格式即可完成格式属性的更改。

8.3.3 聚合属性

除了更改名称、分类、格式等数据项的属性外,还可以更改测度项的聚合属性,将默认的"总和"方式改为其他聚合方式。图 8.5 所示是样例数据表 RAND_RETAILDEMO 中的

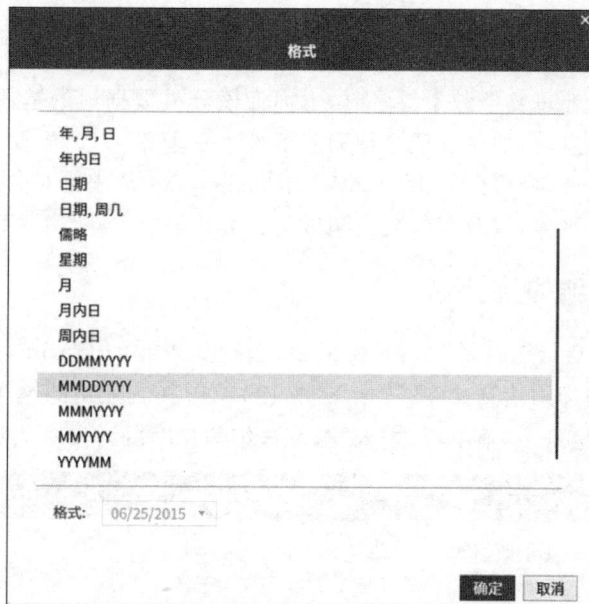

图 8.4 日期型类别项的格式设置窗口示例

Margin 项。单击它右侧的 ⌄ 图标，可以修改其名称、分类、格式及聚合。鼠标悬停在该数据项上，可以看到提示信息浮窗中显示其聚合方式为"总和"。

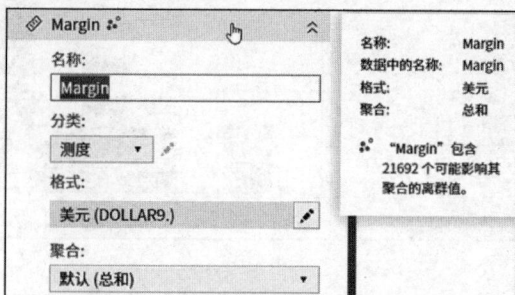

图 8.5 测度项的属性及提示浮窗示例

单击"聚合"标签下的下拉列表，可以看到其他聚合方式的列表，从中选择要使用的聚合方式，例如"平均值"，即可将 Margin 项的聚合方式从"总和"改为"平均值"。

8.4 查看数据特性

当我们对数据表的结构、可用数据项及其属性有了大致的认识后，接下来开始查看数据表中的具体数据，了解数据项的数值范围，逐行查看每个数据项的数据值，数据项的相关性，并关注数据值中明显存在的质量问题及离群值等。

8.4.1 类别项的事件水平

在"数据"窗格中的"＞ 类别"链接下，列出了所有的类别项，并在名称后面显示一个数值，表示该分类数据项所包含的唯一值（也叫作事件水平）的数量。如我们在"数据访问"一章所导入的数据表 DATA1,有一个类别项名为 Date,其后面的数值 12,表示 Date 项的唯一值(非重复值)有 12 个。

当一个类别项的非重复值数量较多时,也称为该分类数据项的基数较大或事件水平数较大。查看类别项信息时,如果发现与预期的事件水平值不一致,需要进一步检查原因,并进行必要的修正。另外,也可以使用 SAS Visual Analytics 的表格对象或自动图,逐一查看类别项的具体事件水平值,以及其频数或频数的百分比等。

8.4.2　测度项的统计量

在 SAS Visual Analytics 的"数据"窗格中,选择要查看的 CAS 内存表,可以查看该数据表中各个测度项的详细信息。在"数据"窗格中,单击其右上角的 图标,从弹出菜单中选择"查看测度详细信息…"菜单项,进入"测度详细信息"页面,如图 8.6 所示。

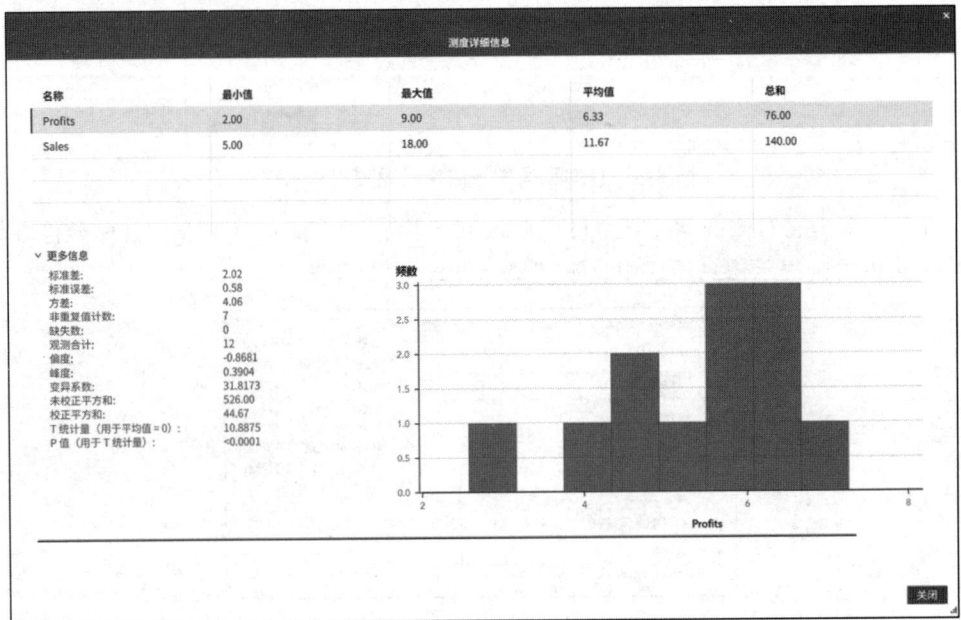

图 8.6　测度详细信息页面示例

在该页面中,我们可以在上半部分选择不同的测度项,下半部分就会显示出该测度项的各个描述性统计量及频数的直方图,以便我们了解该测度项的数据分布情况。如图 8.6 所示,我们选择了 Profits 项,页面下半部分显示出 Profits 项的缺失值情况、最大值、最小值、非重复值的数量、p 值、t 统计量等,这些信息可以帮助我们对该测度数据项的数值范围、数据质量有一个初步的认识。

另外,还可以使用 SAS Visual Analytics 的表格对象、自动图或其他图形对象,进一步探索该测度项的具体数值、分布、离群值、相关测度等。

8.4.3　测度项的相关性

在"数据"窗格中,当选中的某个测度项与其他测度项之间存在较强相关性(相关系数为 0.6 或更高)时,这些相关测度项的名称旁边,会显示一个蓝色 图标。例如,在样例数据表 RAND_RETAILDEMO 中,选中 Margin 项,则会在 Margin 项及与它具有较强相关性的 Sales 项后,显示 ✍ 图标。如果将鼠标悬停在 Margin 项,就可以看到提示信息浮窗,其中提供了两个测度项之间的相关程度等信息,如图 8.7 所示。

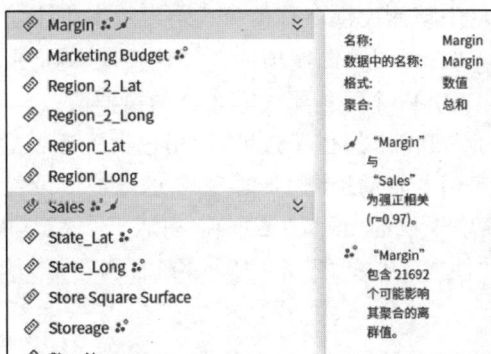

图 8.7 测度项的相关测度及提示浮窗示例

如果当前的数据表记录数少于 56 行,则 SAS Visual Analytics 会自动加大相关性的阈值。以便在非常小的数据表中,也可以准确检测到测度项之间的相关性。以下是关于相关性自动检测的一些默认设置:

(1) 若数据表中有超过 150 个测度项(该阈值可以由管理员在 SAS Environment Manager 中更改),基于性能考虑会禁用"数据"窗格中测度项的相关性检测。此时,系统不会在测度项后面显示蓝色 ✍ 图标。

(2) 若测度项与一个或多个数据项具有相关性,则所有相关数据项的名称后面都会显示蓝色 ✍ 图标。

SAS Visual Analytics 的"应用程序选项"菜单,提供了是否启用测度项相关性自动检测的设置选项。默认情况下,自动检测"数据"窗格的相关性设置是启用的。如果要禁用此功能,可以通过"应用程序选项"提供的"设置"菜单项,进入"设置"页面;然后,在左边的"SAS Visual Analytics"下单击"性能"项,并在右侧选择"禁用数据窗格的相关性自动检测"项即可,如图 8.8 所示。

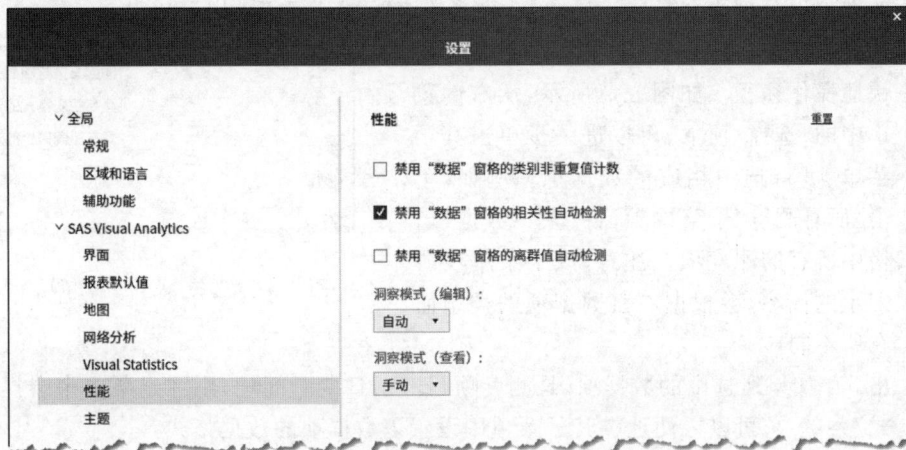

图 8.8 禁用数据窗格的相关性自动检测

8.4.4　测度项的离群值

默认情况下,SAS Visual Analytics 会自动检测测度项的离群值。如果发现某个测度项包含离群值,在"数据"窗格中该测度项名称的旁边会显示 ⁑ 图标。将鼠标悬停在该测度项上,就可以看到提示信息浮窗,说明该测度项的离群值情况。如图8.7所示,提示信息浮窗中显示:Margin 项中包含 21692 个可能影响其聚合的离群值。

同样地,SAS Visual Analytics 提供了选项,让用户设置是否启用测度项离群值的自动检测。默认情况下,系统启用了自动检测"数据"窗格的离群值设置。如果要禁用此功能,可以通过"应用程序选项"菜单提供的"设置"菜单项,进入"设置"页面;然后,在左边的"SAS Visual Analytics"下单击"性能"项,如图8.8所示,在右侧选择"禁用数据窗格的离群值自动检测"项即可。

8.5　数据项的右键菜单操作

选中"数据"窗格中的任何数据项,都可以通过其右键菜单,完成多种操作。以下是一些常用菜单项的操作说明:

- 复制数据项:选择弹出菜单中的"复制"菜单项,可以复制选中的数据项。所复制的数据项名称,以源数据项的名称为前缀,后面自动附加上数字以示区分。
- 删除数据项:选择弹出菜单中的"删除"菜单项,可以删除选中的数据项。注意,系统定义的数据项(频数、频数的百分比),不能删除。
- 隐藏数据项:选择弹出菜单中的"隐藏"菜单项,可以隐藏选中的数据项。注意,隐藏的数据项,不显示在"数据"窗格中,也不会显示在"数据角色"窗格中添加备选数据项的浮窗中。另外,单击"数据"窗格右上角的 ⁝ 图标,选择"显示或隐藏数据项",将打开"显示或隐藏数据项"页面。在该页面中,左边区域列出的是在"数据"窗格中隐藏的数据项,右边区域列出的是在"数据"窗格中显示的数据项。选中左边的数据项,单击中间的 ➡ 图标,或选中右边的数据项,单击中间的 ⬅ 图标,就可以将选中的数据项分别移至隐藏或显示列表中,单击"确定"按钮可以完成设置。
- 选择数据项:提供一个选择多个数据项的快捷操作途径。如图8.9所示,从右键菜单中的"选择"项下,可以进一步单击其子菜单项,将选中相应的数据项。例如,单击"所有测度"子菜单项,将选中"数据"窗格中所有的测度项。注意,该子菜单项所列示的内容,会根据右键数据项的类型而有所不同。

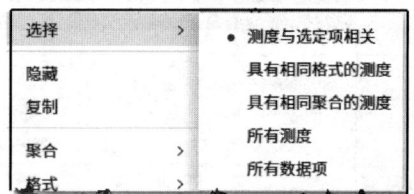

图8.9　"选择"及其子菜单项示例

- 格式:如果所选中的数据项,是测度项、日期、日期时间项,则弹出菜单中会提供"格式"菜单项,可以方便地在其子菜单中设置该数据项的数据格式。
- 聚合:如果所选中的数据项是测度项,则弹出菜单中会提供"聚合"菜单项,可以方便地在其子菜单中设置该测度项的聚合方式。

- 转换为类别：如果所选中的数据项是测度项，则弹出菜单中会提供"转换为类别"菜单项，可以方便地将该测度项转换为类别项。
- 如果选定的数据项不是聚合测度项，在数据项右键菜单中，提供了将选定的数据项"添加"到绘制区或提示区的菜单项；对选定的数据项进行"解释""预测"的菜单项（分别打开自动解释和自动预测对象，并将选定的数据项分配给"响应"角色）；基于选定数据项"新建聚合数据"的菜单项（创建包含选定数据项的聚合数据源）。
- 如果选定的数据项是用户自定义的数据项（含自定义类别项、层次项、计算项、地理位置项、参数项等），右键菜单还提供了"编辑"数据项的功能。选择"编辑"菜单项，将打开相应的数据项编辑窗口，供用户进行编辑。

SAS Visual Analytics 新版本中，如果选定的数据项是源自 CAS 数据表的测度项，右键菜单提供了"查看离群值详细信息"菜单项。单击该菜单项，在打开的显示离群值的页面中，以盒形图显示该测度项的数据分布情况、其离群值的详细信息表，以及离群值对该测度项的影响情况等。如果选定的测度项没有离群值，将在页面中提示：不存在 xx 项的离群值。图 8.10 是测度项的离群值页面示例。

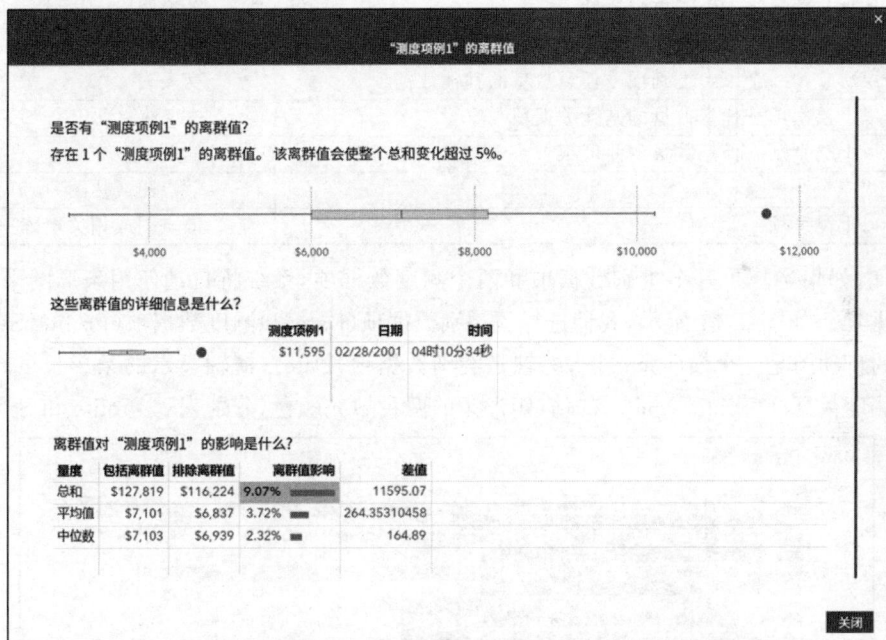

图 8.10 测度项的离群值页面示例

另外，在"数据"窗格底部提供的工具栏，可以进行数据项的选择、复制、删除及清除选择等快捷操作。

8.6 SAS Visual Analytics 自动图

要查看数据表中的具体数据，需要使用 SAS Visual Analytics 提供的一些图表对象。本章主要介绍的是自动图及两种表格对象。

SAS Visual Analytics 使用内置算法，提供了一种快速查看数据的途径——自动图。自动图根据所选定的一个或多个数据项的类型,自动选择一种图表来显示所选择的数据项。例如,选择一个类别项并拖动到工作区,将自动生成一个条形图显示该类别项的频数。这是SAS Visual Analytics 特有的一个自动进行数据探索的功能。

在 SAS Visual Analytics 左侧的"数据"窗格中选择数据表,然后用鼠标选中一个或多个数据项,将它们拖至工作区,就会看到"＋自动图"的提示信息;放开鼠标后,系统自动根据所选择的数据项的类型,显示不同类型的图表。表 8.3 列出了选择不同数据项及其组合时,SAS Visual Analytics 所使用的自动图表类型。

表 8.3 自动图的类型对照说明

数 据 项	自动图表的类型
一个测度项	直方图
一个类别项＋任意数量的测度项	条形图
一个日期时间类别项＋任意数量的测度项	时间序列图
一个日期或日期时间类别项＋一个以上类别项	简单表
一个地理位置项＋最多两个测度项	地图
一个地理位置项＋三个或更多测度项	条形图
一个层次项＋任意数量的测度项	条形图
一个层次项＋一个以上类别项＋任意数量的其他数据项	交叉表
两个以上层次项＋任意数量的其他数据项	交叉表
两个以上类别项＋任意数量的测度项	简单表
两个或三个测度项	散点图或热图
四个以上测度项	散点图或相关矩阵

例如,如果选择了一个类别数据项和两个测度数据项,系统将自动使用条形图来显示这三个数据项。如图 8.11 所示,我们选择了类别数据项(Date)和测度数据项(Profits,Sales),系统生成的自动图是一个横向条形图,纵轴是类别数据项(Date),横轴显示的条形长度,分别代表的是测度数据项(Profits,Sales)的值(矩形条的两种填充颜色,分别表示 Profits 和 Sales 项)。

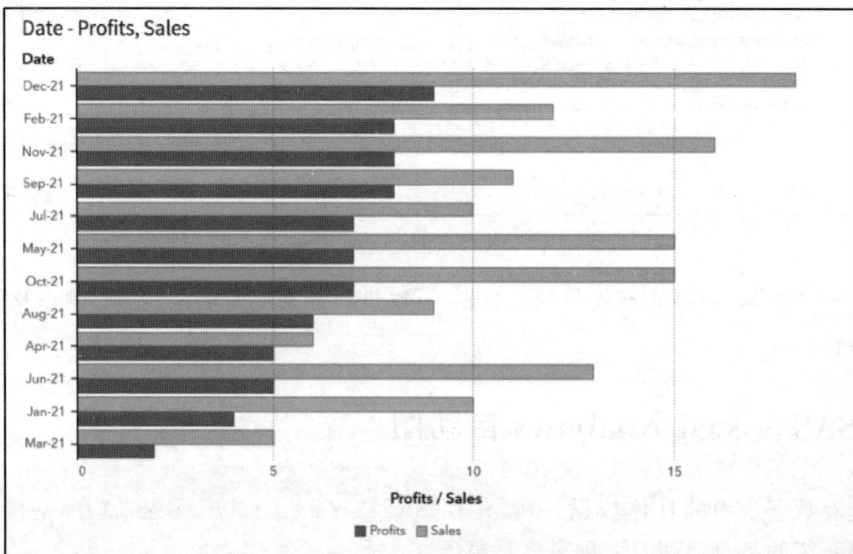

图 8.11 自动生成的条形图示例

一般地,自动图不一定是最符合用户需要的图表类型,但它可以帮助我们对数据有一个快速的认识,对业务人员进行可视化操作非常友好。当我们对数据不太熟悉时,这也是一个较好、较便捷的方法。有关自动图所选用的每个图形的创建及操作方法等,请参考各个图表对象相关章节的内容。

8.7 SAS Visual Analytics 表格对象

8.7.1 简单表

简单表是以一维表格的形式显示数据,每个数据项为一列,数据项名称显示在表格第一行,数据项的值显示在表格的列方向。简单表至少需要一个数据项,该数据项可以是类别项,也可以是测度项。

表 8.4 是包含类别项 X、测度项 Y 及其他数据项的简单表的一个示例。其中,测度 $Y_1 \sim Y_n$ 的值分别对应于类别 $X_1 \sim X_n$ 的值。

表 8.4　包含类别项及测度项的简单表

类别 X	...	测度 Y	...
类别 X_1	...	测度 Y_1	...
类别 X_2	...	测度 Y_2	...
...	...	...	...
类别 X_n	...	测度 Y_n	...

默认情况下,SAS Visual Analytics 中简单表的显示,是按类别项的每个非重复类别值的组合为一行,显示测度项的聚合值。如果希望显示测度项的具体数值(而不是默认的聚合值),可以在简单表右侧的"选项"窗格中勾选"详细数据"选项。

具体来说,简单表的每一列可以是类别项、地理项、测度项、聚合测度项等。默认情况下,表格的每一行显示的是类别项、地理项的唯一组合值,以及对应测度项、聚合测度项的聚合值(聚合测度项显示的是按指定的聚合方式得到的值,如"频数的百分比"项)。

例如,如果使用简单表显示数据表 DATA1 中的数据,则表格内容如表 8.5 所示。这里,系统自动按第一个类别数据项的类别值做升序排列后显示。SAS Visual Analytics 提供了按不同列进行升序、降序排列的操作,单击列名即可在升序和降序排列之间切换。如果需要按一个以上列的内容进行排序,可以按住 Ctrl 键时单击新的列名。

表 8.5　显示 DATA1 数据的简单表

Date▲	频　数	Profits	Sales	频数的百分比
Apr-21	1	5	6	8.33%
Aug-21	1	6	9	8.33%
Dec-21	1	9	18	8.33%
Feb-21	1	8	12	8.33%
Jan-21	1	4	10	8.33%
Jul-21	1	7	10	8.33%
Jun-21	1	5	13	8.33%

续表

Date▲	频 数	Profits	Sales	频数的百分比
Mar-21	1	2	5	8.33％
May-21	1	7	15	8.33％
Nov-21	1	8	16	8.33％
Oct-21	1	7	15	8.33％
Sep-21	1	8	11	8.33％

有时候,通过简单表显示聚合数据可能无法满足需求,我们需要查看数据集中每条数据的详细信息。此时,可以在简单表的选项中勾选"详细数据"选项,就可以显示每条数据的详细信息。由于本例使用的数据集结构比较简单,Date 数据项的类别值均为唯一值,因此,测度项显示的数值与勾选"详细数据"选项后的数值相同。

1. 创建

要创建一个简单表,在 SAS Visual Analytics 主界面中:

(1) 单击左侧边栏的 ⊾ 图标,可以看到">表"链接。

(2) 单击该链接,展开后选择"简单表",双击或按住鼠标拖曳将这个简单表对象添加到工作区。

2. 分配数据角色

要为简单表分配数据角色,单击工作区的"分配数据"图标,或单击主界面中右侧边栏区域的 ⊟ 图标,为简单表对象指定和分配数据角色。

如图 8.12 所示,简单表的基本数据角色是"列"。基本数据角色的意思,就是必须进行数据分配的角色;否则,简单表的内容为空。简单表的"列"角色,可以接受一个或多个类别项、地理项、测度项或聚合测度项。

简单表的其他数据角色,包含一个"隐藏"角色,这是一个非必需的(可选)角色。分配给"隐藏"角色的数据项,不会显示在简单表中。但是,分配给"隐藏"角色的数据项,可用于设置显示规则、外部链接及映射数据源。简单表的"隐藏"角色,可以接受一个或多个数据项,可以是类别项、地理项、测度项或聚合测度项。

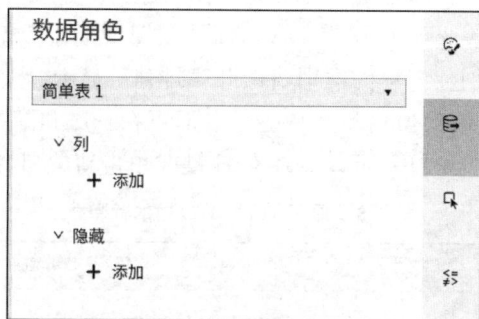

图 8.12 简单表的数据角色

下面以"列"角色为例,说明分配数据角色的具体操作:

(1) 首先确认该简单表对象所使用的数据表。工作区中选中简单表对象,单击主界面中左侧边栏区域的 ⊟ 图标,确认"数据"窗格中列示的当前数据表,本例是 DATA1。

(2) 接着分配数据角色。单击工作区简单表对象上的"分配数据"图标,或单击主界面

中右侧边栏区域的 ▤ 图标,然后如图 8.12 所示,单击"V 列"链接下的"＋ 添加"链接,并从弹出区域中选择要使用的数据项。弹出的"添加数据项"浮窗中,还提供了"过滤"文本框和"全选"复选框,可以分别对数据项按名称过滤或全部选择。图 8.13 显示的是以 DATA1 为例的"添加数据项"浮窗,其中选定了 3 列数据项。

(3) 最后,单击"确定"按钮,就将选定的数据项分配给该简单表对象的"列"角色。此时,工作区中的简单表对象将显示数据表中选定项之值,同时在"数据角色"窗格中,可以看到选定的数据项也显示在"V 列"链接下面。

简单表对象分配"隐藏"等角色的操作方法,与分配"列"角色的操作方法类似。同样地,SAS Visual Analytics 中,所有图表对象和分析对象的数据角色的分配方法,其操作与分配简单表的"列"角色的操作方法类似,后面不再重复叙述。

3. 设置选项

分配好必需的数据角色,接着可以根据需要,为简单表设置相关的选项:单击主界面中右侧边栏单击 ◈ 图标,进入"选项"窗格,可以显示并设置当前所选择的报表、页面或对象的选项。具体的选项内容,取决于所选的对象而有所不同。

简单表的"选项"窗格,包括"对象""样式""布局""表""单元格""单元格可视化视图""合计"等七段。与简单表有关的特定选项,都在"表""单元格""单元格可视化视图""合计"四段中。

4. 动态交互操作

右击简单表对象,弹出的菜单项提供了一些动态交互操作,主要包括:排序、替换数据、移除数据、解释数据、管理列、隐藏列、从选择项新建过滤器、从选择项新建分组、显示合计、添加单元格可视化视图、显示标题、显示行号、文本换行、缩写数值、显示对象标题、最大化视图;将当前的简单表对象删除、移至、复制为其他 SAS Visual Analytics 对象,或为其添加链接、复制链接,保存到"对象"窗格,将其更改为其他 SAS Visual Analytics 对象,导出当前简单表对象为 PDF、图像、Excel 工作簿或 CSV 文件等。

这些右键菜单项提供的操作,大部分操作的含义都非常简单明确;还有一部分提供了与设置选项等操作类似的功能。受篇幅所限,有关简单表特定的一些交互操作,如添加单元格可视化视图、迷你折线图、导出数据操作,以及简单表特定的选项说明与设置等具体内容,请扫描本章二维码查看。

5. 使用要点

以下是使用简单表的一些要点:

(1) 默认情况下,简单表按所添加的第一个数据项的升序排序,显示所有的数据行。可以通过单击列标题,对列进行排序或切换现有排序。如果想要在已有排序的基础上,再按某列进行排序,可以按住 Ctrl 键的同时,单击该列标题。已排序的列,再次单击该列标题,将切换现有排序(升序▲和降序▼)。也可以右击简单表,通过弹出的菜单项进行排序。

图 8.13 为简单表分配数据角色示例

（2）右击简单表的标题，弹出的菜单项提供"冻结左侧所有列""取消冻结所有列""管理列""隐藏列"等功能。"冻结左侧所有列"将在表宽受限时固定显示所单击的简单表标题左侧所有列，右侧列使用滚动条进行浏览；"取消冻结所有列"取消对左侧所有列的固定显示；"管理列"可以设置当前简单表显示哪些列，"隐藏列"将不显示右击的简单表标题列。

（3）简单表默认显示的最大数据量为40000行。若查询返回的数据量太大，则简单表只显示不超过这一限制的数据行。如果确实需要列示在简单表中的数据量太大，需要在"选项"窗格的"对象"段中，选中"覆盖系统数据限值"选项，并指导该限值，默认值为40000行。SAS Visual Analytics对象的默认数据限值，可以参考附录相关内容。

（4）简单表可以作为"操作"或"链接"的源表，但是，如果简单表启用了"详细数据"选项，就不能作为"操作"或"链接"的源表了。

（5）默认情况下，简单表勾选了"列适合宽度"复选框，系统自动根据表的宽度调整列宽。如果清除"列适合宽度"复选框，就可以看到空列，方便在设计报表时通过拖动列分隔线，对列宽进行调整。

（6）默认情况下，简单表没有设置标题。可以在"选项"窗格的"对象"段中，指定自定义标题。

8.7.2　交叉表

交叉表是以二维表格的形式，显示和比较变量的不同分组或其组合的频数或其他统计量的分布情况，从而去寻找和发现变量之间可能存在的关系。交叉表的行与列，分别显示类别项的非重复值（或组合）；行与列的交叉点，则显示针对非重复类别值（或组合）的测度项之聚合值。当数据中包含多个类别项时，使用交叉表可以提高表格的可读性，便于查询、计算、显示不同类别项的数量关系，或重新组织数据结构以便对测度项进行不同的聚合与分析操作，从而去寻找和发现变量之间可能存在的关系。

表8.6以变量"频数"为例，进一步说明了交叉表如何同时显示和比较两个类别数据项X、Y的不同分组或其组合间的频数分布情况。

表 8.6　包含两个类别项及一个测度项的交叉表

	类别 X_1	类别 X_2	…	类别 X_n	类别 X 的合计
类别 Y_1	$[X_1,Y_1]$的频数	$[X_2,Y_1]$的频数	…	$[X_n,Y_1]$的频数	$[Y_1]$的频数
类别 Y_2	$[X_1,Y_2]$的频数	$[X_2,Y_2]$的频数	…	$[X_n,Y_2]$的频数	$[Y_2]$的频数
…	…	…	…	…	…
类别 Y_n	$[X_1,Y_n]$的频数	$[X_2,Y_n]$的频数	…	$[X_n,Y_n]$的频数	$[Y_n]$的频数
类别 Y 的合计	$[X_1]$的频数	$[X_2]$的频数	…	$[X_n]$的频数	总计的频数

交叉表中的类别项及测度项的名称，一般显示在行或列上；类别项的值显示在行或列上；测度项的聚合值则显示在行与列交叉的单元格中。SAS Visual Analytics中，交叉表每一行或列的数据项，可以是类别项、地理位置项、层次项、测度项或聚合测度项。如果交叉表只包含一个数据项，则必须是测度项。如果交叉表没有设置测度项，则在交叉表行与列的交叉点单元格，系统显示类别项所包含非重复类别值的"频数"。

与简单表相比，交叉表的优势在于，可以更好地显示两个或多个类别项、地理位置项、层次项之间，不同测度项或聚合测度项所体现的关系。交叉表还可以根据行和列，分别显示行合计、列合计、类别小计或整个度量的总计等。

类别项放置在交叉表的行或列的位置,没有一定要求,可以按照查看与分析的需要或个人习惯,进行灵活放置。一般地,建议在列上放置具有较少非重复值的类别项,而在行上放置具有较多非重复值的类别项。另外,交叉表中的测度项可以有多个,并且可以分别对每个测度项的聚合方式,设置为求和、平均值、标准差等多种统计量。

由于我们之前使用的数据表 DATA1 中只有一个类别数据项,使用交叉表与简单表进行显示时区别不大。因此,这里给出的交叉表示例,使用的是样例数据表 RAND_RETAILDEMO 中的数据,包含 2 个类别数据项(ChannelType,Brand Name)和 1 个测度数据项(Margin)。表 8.7 中将 2 个类别项分别显示在行和列上,并按照类别值升序显示;测度项 Margin 则显示在列上。

表 8.7 交叉表的示例 1

Brand Name▲	Maple	Oak	Pine	合计
ChannelType▲	Margin	Margin	Margin	Margin
Internet	799948.37	8333248.4	14795846	23929043
Resale	154503.23	378996.82	768412.56	1301912.6
Store	44970.69	137214.17	975393.22	1157578.1
合计	999422.29	8849459.4	16539652	26388534

表 8.8 给出的交叉表示例,是将 2 个类别数据项(ChannelType,Storechain)显示在行上、1 个类别数据项(Brand Name)显示在列上。注意:当交叉表中的单元格显示为句点(•)时,表示行和列交叉点上的类别项组合所对应的测度项值为缺失值;当显示为水平线(——)时,表示在数据集中没有行和列交叉点所对应的类别项组合。

表 8.8 交叉表的示例 2

ChannelType▲	Brand Name▲ Storechain▲	Maple Margin	Oak Margin	Pine Margin	合计 Margin
Internet	FAST	——	8333248.4	——	8333248.4
	GRAND	173.67		14788637	14788811
	MODA	799774.7		7209.41	806984.11
小计:Internet		799948.37	8333248.4	14795846	23929043
Resale	FAST		378996.82		378996.82
	GRAND	154503.23	——	768412.56	922915.79
小计:Resale		154503.23	378996.82	768412.56	1301912.6
Store	FAST	——	137214.17	——	137214.17
	GRAND	35837.84		975363.22	1011201.1
	MODA	9132.85		30	9162.85
小计:Store		44970.69	137214.17	975393.22	1157578.1
合计		999422.29	8849459.4	16539652	26388534

1. 创建

要创建一个交叉表,在 SAS Visual Analytics 主界面中:

(1)单击左侧边栏的 ⊯ 图标,可以看到"＞表"链接。

(2)单击该链接,展开后选择"交叉表",双击或按住鼠标拖曳将这个交叉表对象添加到工作区。

2．分配数据角色

要为交叉表分配数据角色，单击工作区的"分配数据"图标，或单击主界面中右侧边栏区域的 ⑤ 图标，为交叉表对象指定和分配数据角色。

图 8.14　交叉表的数据角色

如图 8.14 所示，交叉表的基本数据角色是"测度"。"测度"角色后面的 * 号，表明它是一个基本数据角色，必须至少为它分配一个数据项。交叉表的"测度"角色，只能被分配一个或以上的测度项（包括由测度项创建的计算项等）。

交叉表的其他数据角色，包含"行"和"列"角色，它们是非必需分配的（可选）角色，两者都只接受基于类别的数据项（包括由类别项创建的层次项、自定义类别项、计算项、地理位置项等），并且都可以接受多个这样的类别项。当为交叉表的"行"和"列"角色分配了数据项，而没有为"测度"角色分配数据项，则系统自动将"频数"项分配给"测度"角色。

3．设置选项

交叉表的"选项"窗格，包括"对象""样式""布局""交叉表""单元格""单元格可视化视图""合计和小计"等七段。交叉表特定的选项，主要在"交叉表""单元格可视化视图""合计和小计"三段中。

4．动态交互操作

右击交叉表对象，弹出的菜单项提供了一些动态交互操作，主要包括：排序、替换数据、移除数据、解释数据、管理列、隐藏列、从选择项新建过滤器、从选择项新建分组、显示合计、显示小计、添加单元格可视化视图、显示标题、显示行号、缩写数值、显示对象标题、最大化视图；将当前的交叉表对象删除、移至、复制为其他 SAS Visual Analytics 对象，或为其添加链接、复制链接，保存到"对象"窗格，将其更改为其他 SAS Visual Analytics 对象，导出当前交叉表对象为 PDF、图像、Excel 工作簿或 CSV 文件等。

这些右键菜单项提供的操作，大部分操作的含义都非常简单明确；还有一部分提供了与选项设置等操作类似的功能或与简单表的交互操作类似。受篇幅所限，有关交叉表特定的一些交互操作，包括快捷创建聚合计算项（如占列合计百分比、占列小计百分比、占行合计百分比、占行小计百分比）、创建并将层次添加到行/列、合计与小计、显示/隐藏行号等交互操作，以及交叉表特定的选项说明与设置等具体内容，请扫描本章二维码查看。

5．使用要点

以下是交叉表的一些使用要点：

（1）交叉表中的"合计"和"小计"项支持关联选择项。即为交叉表创建的对象链接是"关联选择项"时，支持根据"合计"和"小计"对应行的值去选择链接对象的内容。关于关联选择项的使用，请参考第 15 章的内容。

（2）交叉表默认显示的最大数据量为 40000 行。若查询返回的数据量太大，则交叉表不显示数据。如果确实需要在交叉表中列示大量数据，需要在"选项"窗格的"对象"段中，指定"覆盖系统数据限值"选项，默认值为 40000 行。

（3）默认情况下，交叉表没有设置标题。可以在"选项"窗格的"对象"段中，指定自定义标题。

（4）在交叉表中，使用句点（·）表示缺失值，水平线（——）表示稀疏值。

8.7.3　简单表与交叉表对比

SAS Visual Analytics 提供的两种表格对象，分别针对不同特征的数据和使用场景。表 8.9 是 SAS Visual Analytics 中简单表与交叉表所支持主要操作的对比，供读者在实践中参考。

表 8.9　SAS Visual Analytics 简单表与交叉表的对比

表格类型	详细数据列示	层次支持	缩写数值	迷你折线图	单元格可视化	显示行号	行合计	列合计	列冻结	列排序
简单表	√	×	√	√	√	√	×		√	√
交叉表	×	√	√	×	√	√	√	√	×	√

8.8　习题

（1）SAS Visual Analytics 中如何查看和修改数据项的属性？测度项、类别项与地理位置项可以互相转换吗？

（2）在"数据"窗格中，选择了 1 个地理位置项及 3 个测度项，拖动到工作区生成的自动图是什么图形？

（3）在查看数据方面，简单表与交叉表各有什么优势？

8.9　本章小结

至此，我们已经讨论了 SAS Visual Analytics 分析方法论中的两个阶段——数据访问阶段和数据调查阶段。在数据访问阶段，我们确定将在 SAS Visual Analytics 中使用的数据表，并将这些数据表加载到 CAS 中。在数据调查阶段，我们检视数据表的结构，了解数据项的数值范围、相关测度、离群值等，通过自动图和表格对象查看每个数据项的数据值，并关注数据值中是否存在明显的质量问题。

本章还介绍了 SAS Visual Analytics 提供的简单表和交叉表对象的创建方法、如何为其分配数据角色，并总结了这两种表格对象的使用要点。受到篇幅限制，表格对象提供的选项说明及动态交互操作方法的说明，可以扫描本章二维码进行阅读。

第 **9** 章

数 据 准 备

经过数据调查阶段,我们可能会注意到数据中的一些问题,需要在数据准备阶段,去修正这些数据问题,并创建进行探索和分析时可能需要的新数据项。

一般地,修正数据问题,包括对数据进行标准化、大小写转换、字段内容提取、删除重复项、标识分析、匹配和聚类、重命名、去除空格、删除、类型或格式转换、过滤和转置等,也可以通过编写代码来进行修正,完成数据转换。

创建探索和分析时需要的新数据项,可以通过创建表达式生成计算项,或通过数据表的拆分、合并(连接和追加)等得到新的数据项。

本章以之前导入的数据表 DATA1 为例,简要介绍使用 SAS Data Studio 和 SAS Visual Analytics 应用程序进行数据转换与创建新数据项的过程。另外,也将介绍 SAS Visual Analytics 中提供的数据表相关操作。

9.1 创建数据项

通过数据调查一章,我们对 SAS Visual Analytics 中的数据项,有了一个初步的认识。显示在 SAS Visual Analytics 左侧的"数据"窗格中的可用数据项,除了来自 CAS 数据表中的数据项、系统自动添加的 2 个测度项外,还包括一些用户定义的数据项:自定义类别项、层次项、计算项、地理位置项、参数项等。

本节将介绍如何创建基本的自定义数据项:自定义类别项、层次项、参数项及计算项。由于计算项使用的运算符内容较多,本章通过一个示例说明含简单运算符计算项的创建过程,更多运算符(含聚合运算符)的使用方法,将在第 16 章进行介绍。有关地理位置项的创建方法,将在进阶篇的第 19 章进行介绍。

9.1.1 自定义类别项

自定义类别项本质上属于一种类别数据项,用图标 ▦ 进行标识。在 SAS Visual Analytics 中,可以分别基于类别项或测度项,创建一个自定义类别项。

1) 基于类别项

可以是普通的类别项(字符型、日期、日期时间型)、地理位置项或计算项。自定义类别项的创建,不能基于另一个自定义类别项、聚合测度项、层次项,也不能基于参数项。基于类别项创建的自定义类别项,采用非重复值分组的方法构建不同的类别值。

2）基于测度项

系统将使用测度项的区间或特定值，对数据分组后形成不同的类别值来创建自定义类别项。此时，需要先确定测度项的分组依据：

（1）按非重复值分组：是分别指定一些值，由它们构成各个分组；分组的名称构成该自定义类别项的类别值。

（2）按间隔分组：是指定数值的范围来进行分组，分组的名称构成该自定义类别项的类别值。

1. 创建自定义类别项

下面以 SASHELP. PRDSALE 为例，介绍分别基于类别项和测度项，创建一个自定义类别项。

1）基于类别项创建

（1）在 SAS Visual Analytics 主界面中，单击左侧边栏的 图标，打开"数据"窗格，单击"＋新建数据项"链接。从弹出的浮窗中，单击"自定义类别"链接；或者，在"数据"窗格中，选择自定义类别项所基于的类别项（本例以"国家"项为例说明），右击并从弹出菜单中选择"新建自定义类别…"菜单项。

（2）如图 9.1 所示，在弹出的"新建自定义类别"页面中，选择自定义类别项所基于的类别项（本例是"国家"）。基于类别项的自定义类别项，"分组依据"是非重复值。页面左边区域列出了所基于数据项"国家"的非重复值，右边区域是新的"值分组"区域。可以单击页面中的 ＋ 图标，增加新的值分组。鼠标单击分组名称（如"组 1"），可以修改分组名称。

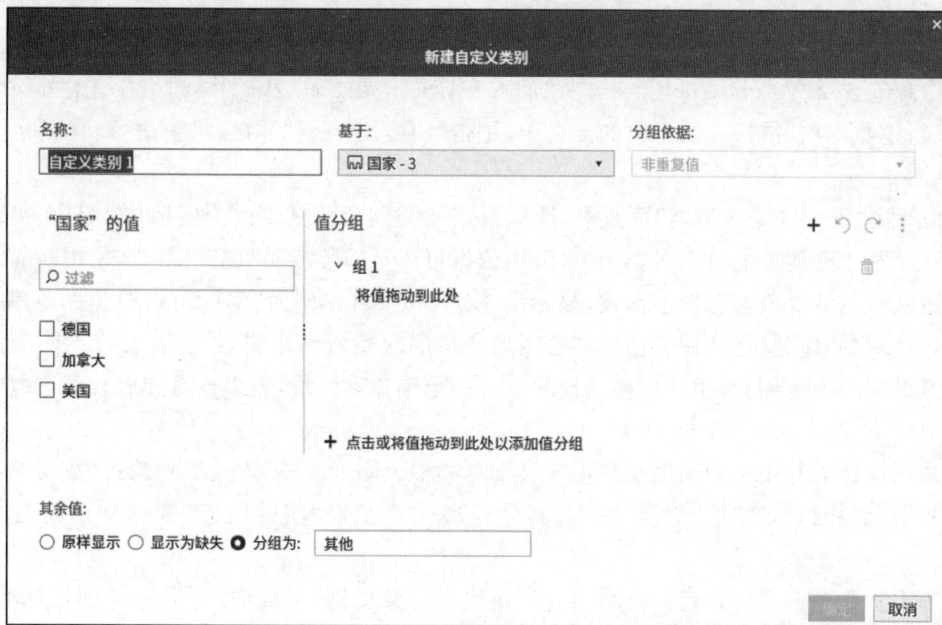

图 9.1　新建自定义类别项的页面示例

（3）将左边区域的值拖曳到右边适当的值分组。例如，将"美国"拖曳到右边的组 1。对那些没有分配到右边分组的类别值，系统在页面下部提供了"原样显示""显示为缺失值""分组为"三个选项。默认为将这些值归入名为"其他"的值分组中。当完成选项后，单击"确定"

按钮,该自定义类别项创建完毕。

图 9.2 所示是基于"国家"项创建的"自定义类别 1",它由 2 个值分组构成:"美国""其他国家"。

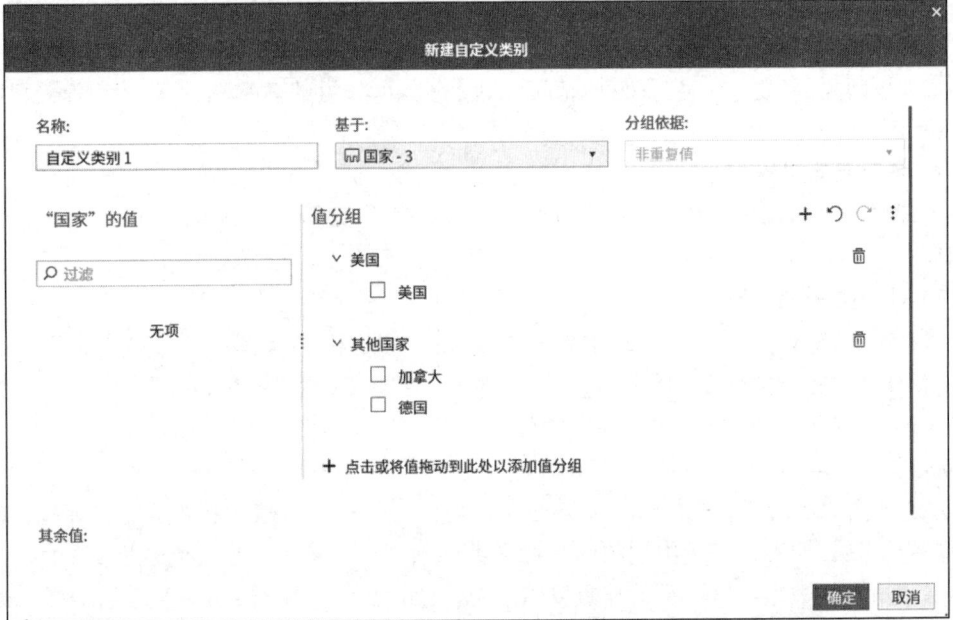

图 9.2　基于类别项新建自定义类别的示例

2)基于测度项创建

(1)在 SAS Visual Analytics 主界面中,单击左侧边栏的 图标,打开"数据"窗格,单击"＋新建数据项"链接。从弹出的浮窗中,单击"自定义类别"链接,将弹出"新建自定义类别"页面。

(2)在"新建自定义类别"页面中,选择自定义类别项所基于的测度项(本例是"实际销售")。对基于测度项的自定义类别项,分组依据可以是间隔或非重复值,默认使用间隔。页面左边区域以滑块或直方图的形式,显示所基于数据项(本例为"实际销售")值的范围;右边区域是新的"值分组"区域。拖动左边区域滑块的起始或终止锚点,可以设置不同的值范围。当设定一个范围后,用鼠标拖动滑块上方的范围显示区块,就可以将它放置到右边的值分组中。

其他操作与基于类别项创建自定义类别项类似。图 9.3 是基于"实际销售"数据项所建立的两个"值分组",单击"确定"按钮,就创建出一个基于"实际销售"数据项的自定义类别项。

基于测度项创建的自定义类别项,在"新建自定义类别"页面中,还提供了进行自动"值分组"的功能。在图 9.3 所示的页面中,单击右边区域的"生成组"链接,并在弹出的"计算新的自定义类别"页面中,设置自定义类别项的组数及值分组的前缀,单击"确定"按钮,就可以快速地创建基于测度项的自定义类别项。

基于测度项的自定义类别项,如果选择使用非重复值作为分组依据,则在"新建自定义类别"页面的左边区域,将以列表形式,显示所基于测度数据项(本例为"实际销售")的值,如

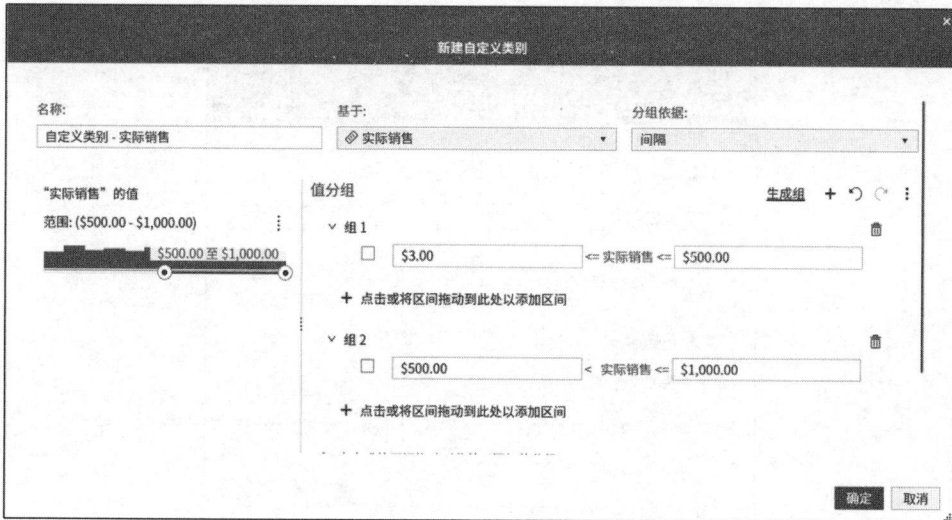

图 9.3 基于测度项新建自定义类别的间隔分组示例

图 9.4 所示。如果基于测度数据项的非重复值很多，将提示"仅显示部分数据"，并可以通过其上方的滑块控件，拖动两段的锚点，进行分段显示，以便从下面的列表中选取非重复值并拖曳到右边的"值分组"区域。完成新的"值分组"后，单击"确定"按钮，就创建出基于"实际销售"数据项的自定义类别项。

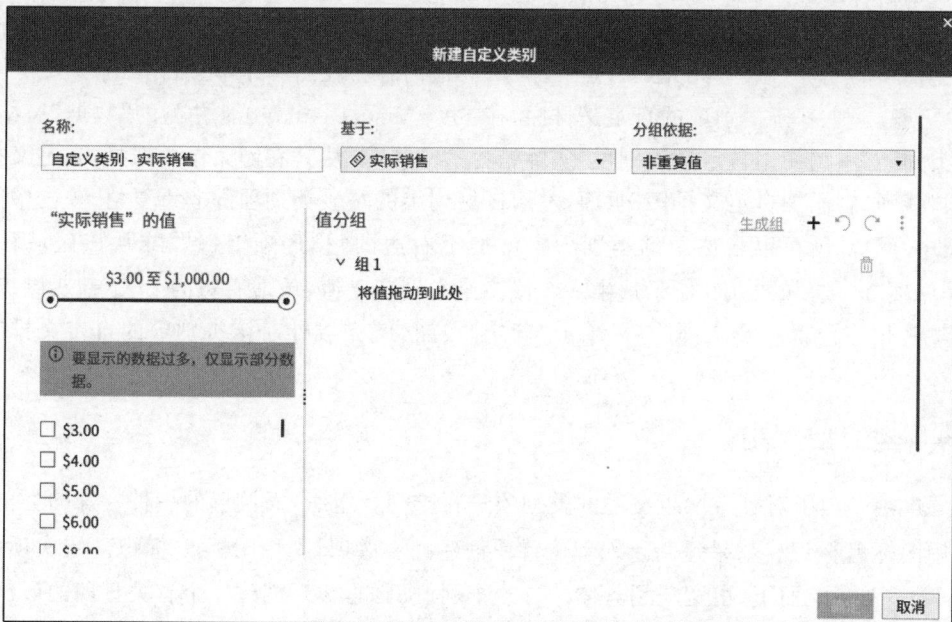

图 9.4 基于测度项新建自定义类别的非重复值分组示例

另外，在"数据"窗格中选择自定义类别项所基于的测度项（本例为"实际销售"），右击并从弹出菜单中选择"新建自定义类别…"菜单项，也可以快速地创建基于所选测度项的自定义类别项。此时，系统将打开图 9.5 所示的"计算新的自定义类别"页面，并自动使用"间隔"作为测度项的分组依据。在该页面中，可以设置自定义类别项的名称、组数及值分组的名称前缀。单击"确定"按钮,就快速创建好一个基于测度项"实际销售"的自定义类别项。

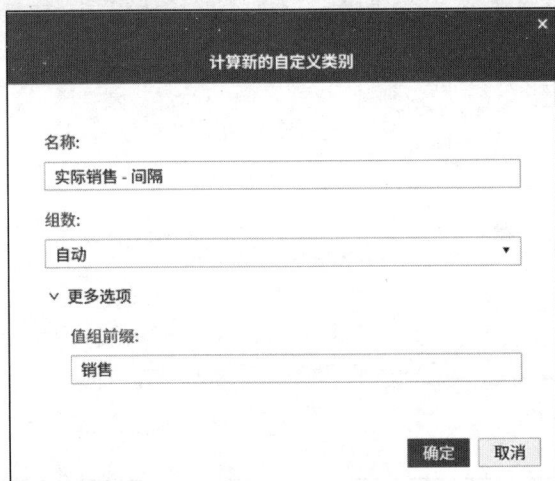

图 9.5 快速创建基于测度项的自定义类别项

2. 使用自定义类别项

在 SAS Visual Analytics 中,自定义类别项作为一种类别项,可用于任何支持类别项的内容对象、分析对象及控件对象。

在"数据"窗格,右击自定义类别项,通过右键菜单项,可以对自定义类别项进行解释、预测,创建聚合数据、自定义排序、计算项、参数项、地理位置项,也可以将自定义类别项分配给支持类别项的控件。这里先介绍自定义排序,其他内容将在后续章节进行介绍。

要创建一个基于类别项的自定义排序,在 SAS Visual Analytics 左侧的"数据"窗格,选定该类别项(本例使用自定义类别项"实际销售－间隔"),从其右键菜单中选择"自定义排序…"项,将弹出"添加自定义排序"页面,左边区域列出的是该类别项的非重复值,单击中间的 → 或 ← 图标,就可以将选中的类别项值添加至右边的"排序项"区域,或从该区域移除。在"排序项"区域,如图 9.6 所示选中一个或几个类别项之值,单击右边的上、下箭头图标,可以调整其排序位置。确认排序后,单击"确定"按钮,就完成针对该类别项的自定义排序的创建。

9.1.2 层次项

层次项是为了对具有层级关系的类别项进行排列及组织,而设置的一种特殊的类别项,一般用图标 ⛗ 标识。如果是基于地理位置项创建的层次项,则用图标 ⛑ 标识。层次项的级别,一般按照自上而下、由宽泛到具体的方式排列。例如,如果创建一个有关日期的层次项,可以将 Year 作为顶级,将 Month 作为下一级,将 Day 作为最低一级;或者一个有关地域的层次项,可以将 Region 作为顶级,将 State 作为下一级,将 City 作为再下一级。

在 SAS Visual Analytics 中,层次项可以方便地进行上钻、下钻等操作,以便对不同范围或层级的类别项进行探索分析。

层次项必须基于类别项来创建。这些类别项可以是常见的字符型、日期或时间型类别项,也可以是自定义类别项、地理位置项,或返回结果为字符串、日期或时间的计算项。层次

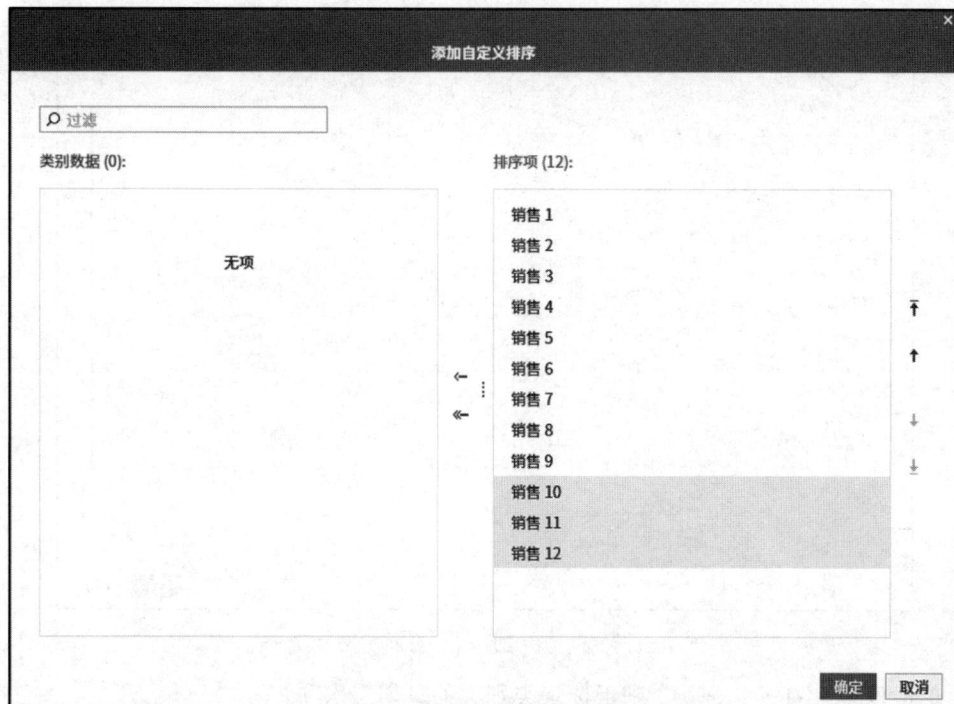

图 9.6　添加自定义排序页面示例

项不能基于测度项、聚合测度项、层次项或参数项进行创建。

1. 创建层次项

SAS Visual Analytics 提供了两种创建层次项的方法：常规创建和快捷创建。

1）常规创建

下面以 SASHELP.PRDSALE 为例，说明创建一个层次项的基本步骤：

（1）在 SAS Visual Analytics 主界面中，单击左侧边栏的 📄 图标，打开"数据"窗格，单击"＋新建数据项"链接。从弹出的浮窗中，单击"层次"菜单项，系统将弹出"新建层次"页面。

（2）在该页面中，从左边的"可用项"列表中，依次选择要使用的类别项，单击中间的 ⤳ 图标，就可以将选定的类别项移至右边的"选定项"区域。选择"选定项"区域的某个类别项，单击右边的上、下箭头图标，可以调整其在层次项中的位置顺序。SAS Visual Analytics 自动为层次项生成一个名称，用户可以修改该名称。自动生成的名称，基于所选的类别项及其选择顺序。图 9.7 所示的"新建层次"页面中，我们选定的类别项为"分类""产品类型""产品"，按顺序添加这些类别项后，创建的层次项自动名称为"分类-产品类型-产品"。

（3）单击"确定"按钮，就可以完成该层次项的创建。

2）快捷创建

快捷创建一个层次项的方法很简单，在"数据"窗格中，选择两个或以上的类别项；右击并从弹出菜单中选择"新建层次"菜单项，就可以快速创建出一个由所选类别项组成的层次项。

如果所选定的层次项是日期、日期时间型类别项，右键菜单项显示为"新建日期层次"菜

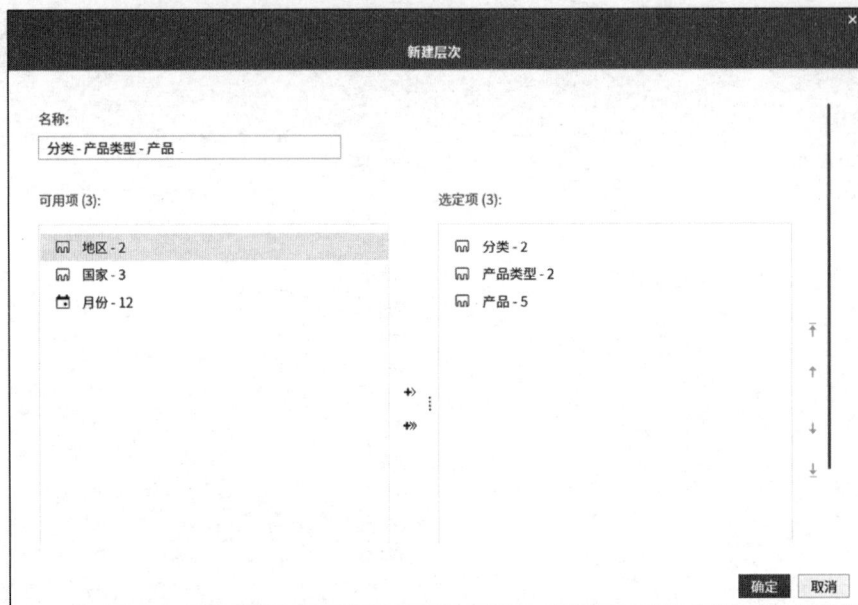

图 9.7　新建层次项页面示例

单项,单击该菜单项将创建一个基于选定类别项的日期层次项。

2. 使用层次项

层次项作为一种特定的类别项,可用于大部分能分配类别项的对象中。在使用层次项时,需要注意以下几点:

(1) 层次项不能在简单表、量具、键值图和分析对象(包括路径分析、网络分析、文本主题、预测、自动解释、自动预测等)中使用。

(2) 层次项用于交叉表时,只能在行或列上有一个层次项,不能同时在行和列上包含层次项。

(3) 时间序列图对象,仅允许包含日期时间数据项的层次项。但是,可以向"组"角色添加层次项。

(4) 地理坐标图对象,允许使用仅包含地理位置项的层次项。此时,层次项的图标为 &。

(5) 将层次项拖到报表提示区或页面提示区,则会自动为层次项的每个级别创建一个控件,并将这些控件关联起来。

(6) 如果内容对象中"隐藏"角色使用了带掩蔽的数据项(含 Suppress 运算符),应避免将层次项分配给该内容对象。原因是通过在层次项中的上钻、下钻操作,可能推测出被掩蔽数据的值。

9.1.3　参数项

SAS Visual Analytics 提供的参数项,在报表中类似一个全局变量的角色,是一个可以被其他对象引用的、其值能够被改变的数据项。

参数项的类型,可以是字符型、数值型、日期型或日期时间型。SAS Visual Analytics 支持单值参数与多值参数。需要注意的是,目前版本中每个参数项只能用于一个对象;参数项一旦被引用后,其类型及单值多值设置就不能改变了。

1. 创建参数项

SAS Visual Analytics 提供了多个入口,可以创建参数:

(1) 主界面左侧边栏的"数据"窗格中,单击"＋ 新建数据项",从菜单中选择"参数";或者右击类别项或测度项,从弹出菜单中选择"新建参数…"。

(2) 在"新建计算项"页面中,单击右侧的 ⊡ 图标。

(3) 在"编辑过滤器表达式"页面或"高级过滤器"页面中,单击右侧的 ⊡ 图标。

(4) 在"显示规则"窗格中,单击"＋ 新建规则",选择"任意测度",在"新建显示规则"页面中,单击"值:"对应的下拉列表,从中选择"新建参数…"。

(5) 在"排名"窗格中,单击"＋ 新建排名",从菜单中选择任意项,然后在窗格中单击"计数:"对应的下拉列表,从中选择"新建参数…"。

2. 使用参数项

SAS Visual Analytics 中的以下对象及功能,支持使用参数项:

(1) 计算项:计算项(含聚合测度项)的表达式,允许使用参数项。凡是可以使用数值型或字符型数据的位置,都可以使用对应类型的参数项。注意,多值参数仅可以与 In、NotIn 和 IsSet 等运算符一起使用。

(2) 显示规则:基于数值型测度项创建的显示规则,可以在其表达式中使用数值型参数。

(3) 过滤器:凡是可以使用数值型、字符型数据的位置,都可以使用对应类型的参数项。注意,多值参数仅可以与 In、NotIn 和 IsSet 等运算符一起使用。

(4) 排名:在排名条件的设置中,可以使用数值型参数,作为排名的 n 值。

(5) 复制链接:在"复制链接"窗口中,可以在报表指定链接 URL 中使用参数项。

(6) 文本对象:可以在文本对象中显示某个参数项的当前值。

(7) 控件对象:可以在控件对象中使用参数项。不同的控件,所支持的参数类型可能不同。表 9.1 列出了不同类型的控件对象支持的参数类型。

表 9.1 不同类型的控件对象支持的参数类型

参数类型	控件类型				
	按钮栏	滑块	文本输入	下拉列表	列表
字符型	√	×	√	√	√
数值型	×	√	√	×	×
日期型	√	√	√	√	√
日期时间型	√	√	√	√	√
备注	按钮栏控件仅支持单值参数	滑块控件仅支持单值参数	文本输入控件仅支持单值参数	下拉列表控件支持的参数须为单值参数	列表控件支持的参数须为多值参数

关于参数项与控件、过滤器等结合起来,提供动态交互性的更多内容,将在第15章做进一步介绍。

9.1.4 计算项

所谓计算项,是指基于当前数据源表的可用数据项、使用运算表达式计算得到的新数据

项。这里的可用数据项,包含以下三种类型:

(1) CAS 数据表中的数据项(含类别项、测度项)。

(2) 计算项(含聚合测度项)。

(3) 参数项。

计算项表达式中使用的很多运算符,默认均针对未聚合的数据执行。我们也称这种计算项为"普通计算项",它对数据源表中的每一行进行表达式的计算求值。如果计算项表达式中使用聚合运算符执行计算,我们称这种计算项为"聚合测度项"。

普通计算项除了能够对测度项执行数学运算外,也可以对类别项执行文本运算,或使用测度项来创建日期和时间值。如果普通计算项的运算表达式结果为数值型数据,使用图标 <img> 进行标识;如果计算项的运算表达式结果为字符型数据,使用图标 <img> 进行标识;如果计算项的运算表达式结果为日期、时间型数据,使用图标 <img> 进行标识。

1. 创建计算项

SAS Visual Analytics 提供两种方式创建计算项:编辑表达式方式与快捷方式。其中,通过快捷方式创建的快速计算项,仅适用于一些使用聚合运算符的计算,我们将在第 16 章进行介绍。这里介绍通过编辑运算表达式来创建计算项。

要创建一个计算项,在 SAS Visual Analytics 主界面中,单击左侧边栏的 <img> 图标打开"数据"窗格,单击"+新建数据项"链接。从弹出的浮窗中,单击"计算项"链接,将打开"新建计算项"页面,如图 9.8 所示。

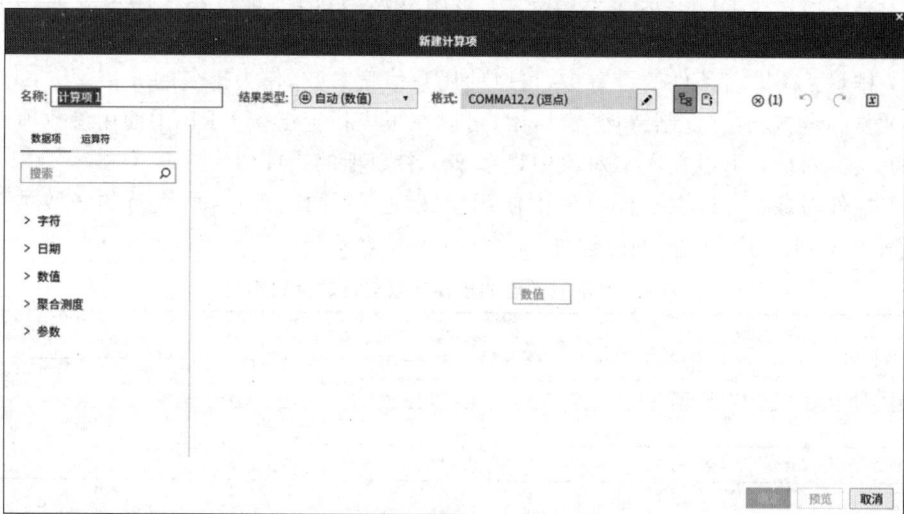

图 9.8　新建计算项页面

在"新建计算项"页中,可以设置新建计算项的名称、结果类型、格式等。在页面左边区域,包括"数据项"选项卡和"运算符"选项卡。

1)"数据项"选项卡

列示出数据源表中的可用数据项(不含层次项)。这些数据项按类别显示,如图 9.8 所示,包括:

(1) 字符(包括字符型类别项、自定义类别项、地理位置项)。

(2) 日期(含日期型类别项、日期时间型类别项)。

（3）数值（即数值测度项）。

（4）聚合测度（即聚合测度项）。

（5）参数（即参数项）。

2）"运算符"选项卡

列出 SAS Visual Analytics 提供的所有运算符。这些运算符按类别显示，如图 9.9 所示。

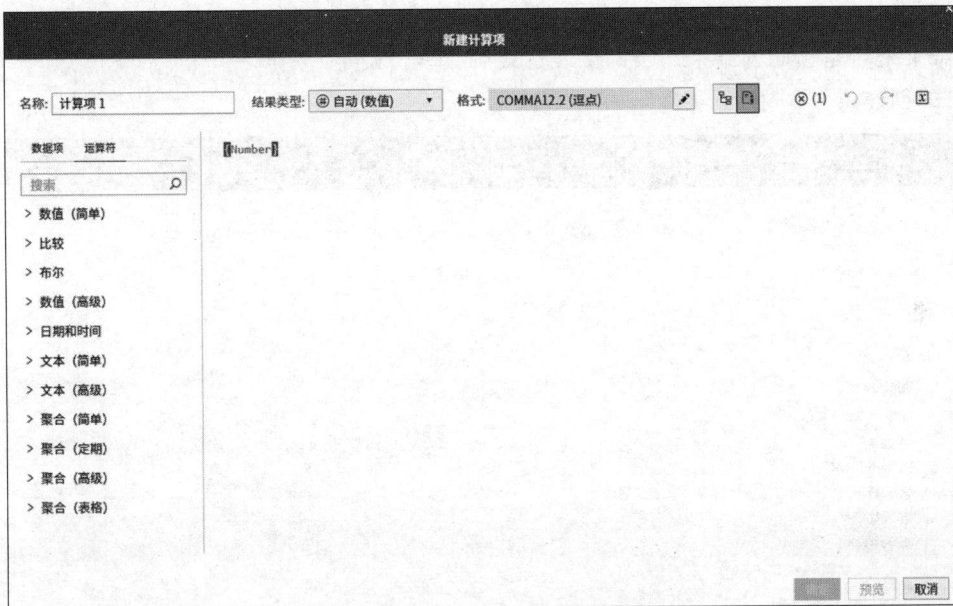

图 9.9 新建计算项页面的运算符选项卡

"新建计算项"页面右边的区域，是表达式的构建区域。提供两种表达式的编辑模式："可视"与"文本"，默认为"可视"编辑模式。单击页面上部的 ⬚ 或 ⬚ 图标，可以在"可视"与"文本"编辑模式间进行切换。

（1）可视编辑模式：用户可以从左边区域，分别选择数据项和运算符，通过双击鼠标或按住鼠标拖曳的方式，将它们放置到表达式构建区域。在表达式构建区域（参看图 9.8 的右边区域），还可以在不同对象上，通过右键菜单所提供的菜单项，完成表达式的编辑。

（2）文本编辑模式：用户直接在表达式构建区域（参看图 9.9 的右边区域），以文本形式直接编辑计算项的表达式。在文本模式下，也可以通过右键菜单，使用一些简单的编辑选项，如显示行号、转至行号及键盘快捷方式的帮助等。

3）可视模式创建计算项

下面以 SASHELP.PRDSALE 为例，说明如何在可视模式下创建一个简单的计算项。该计算项将计算实际销售额与预计销售额的差值，创建的主要步骤如下：

（1）在"数据"窗格中，单击"＋新建数据项"链接。在弹出的浮窗中，单击"计算项"链接，打开"新建计算项"页面。

（2）在该页面的名称文本框中，输入"计算项-销售差值"，保留"结果类型"为"自动（数值）"及默认"格式"为 COMMA12.2。

（3）单击页面左边区域的"运算符"选项卡，展开"数值（简单）"链接，从中找到"x-y"项，双击将它添加到表达式构建区域。接着,在第一个文本框中,右击并选择"替换为"菜单项,然后选择"实际销售"数据项;在第二个文本框中,右击并选择"替换为"菜单项,然后选择"预计销售"。图9.10是在可视模式下新建计算项表达式的界面,如果单击 图标将切换到文本编辑模式。在编辑表达式的过程中,如果表达式有错误,页面右上角会出现错误提示图标 ⊗ ,如图9.8所示,后面有一个数值,指示表达式中的错误数量。单击该错误提示图标,可以查看具体的错误描述信息。

(4)在"新建计算项"页面中完成表达式的编辑后,可以单击"预览"按钮,查看表达式的计算结果是否是预期的结果。当确认表达式后,单击"确定"按钮,就可以完成"计算项-销售差值"的创建。

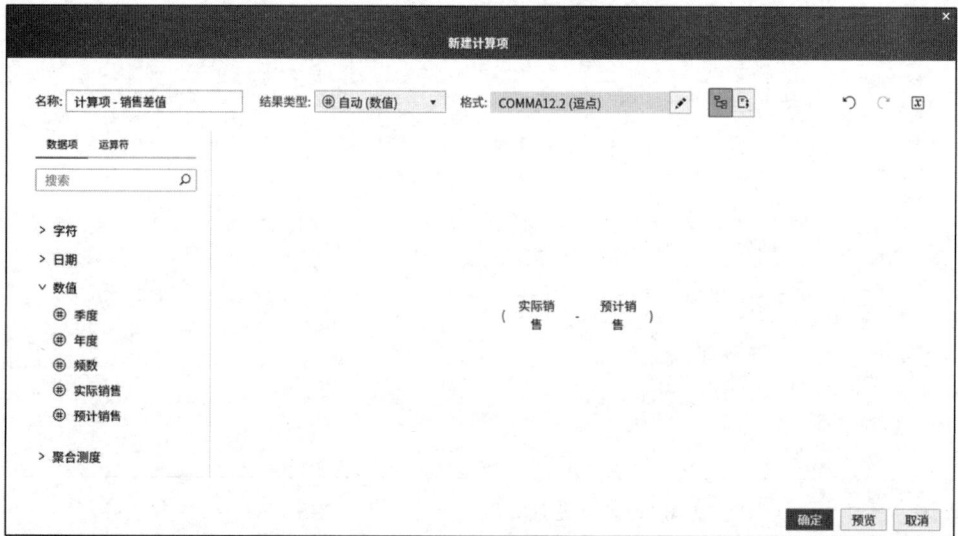

图9.10　新建计算项-销售差值

4)文本模式创建计算项

使用文本编辑模式,构建一个计算项的表达式,有如下两种方式。

(1)直接在表达式构建区域输入文本字串,编辑表达式。

(2)在"数据项"或"运算符"选项卡中,双击构成表达式的数据项和运算符,将它们添加到表达式构建区域,然后进一步进行编辑。

具体的创建步骤与可视模式下的操作类似,这里不再重复说明。前面例子要创建的计算项"计算项-销售差值",进入文本编辑模式下,在表达式构建区直接输入文本'实际销售'n-'预计销售'n,单击"确定"即可完成创建。

文本编辑模式下,数据项、常量值及参数项的书写方式,与SAS编程时的书写格式一致。这里对表达式文本的构成,做一个简要说明:

(1)数据项:表达式文本中的数据项,由单引号中的数据项名称与字母n组成,名称不区分大小写。数据项的格式通常为 'data-item-name'n 格式。在数据项右侧可以添加 [raw](以使用未格式化的值)或 [formatted](以使用格式化值)。默认情况下,类别项、日期与时间项,其值均为格式化值;连续测度项为未格式化的值。例如,'ABC'n[formatted]指定将测度项ABC按格式化值处理。

（2）常量值：表达式中使用常量时，需根据常量的类型按一定格式输入文本。

① 如果是数值，直接输入数字；如果是缺失值，需要用句点（.）表示。

② 如果是字符串，需要在单引号或双引号之间输入字符串。若字符串中包含引号，则使用\字符对引号转义；若字符串中包含换行符，需使用\r 或\n 来指定换行符；如果是字符串的缺失值，需要用两个单引号 ' 之间的单个空格表示。

③ 如果是日期或日期时间值，需要在单引号中指定格式化值，后跟字母 d 表示日期值或者 dt 表示日期时间值。日期值的格式通常为 'date-value'd 格式；日期时间值的格式通常为 'datetime-value'dt 格式。例如，'q32022'd 表示的日期值为 2022 年第 3 季度；'18JUN2022_15:16'dt 表示的日期时间值为 2022 年 6 月 18 日 15 点 16 分。如果是缺失值，需要用句点（.）表示。

（3）参数项：由单引号中的参数项名称与字母 p 组成。即 'parameter-name'p 格式。

（4）非聚合运算符：添加的非聚合运算符所使用的数据项，一般都显示在花括号{ }中。例如，添加 x-y 运算符，则表达式显示为 {number}-{number}。当编辑表达式时，应替换花括号及其之间的整个字符串。

（5）聚合运算符：其形式多为 aggregation-type［context］（value），特别之处在于需要指定聚合运算的上下文［context］，其格式可以是 _ByGroup_，或 _ForAll_；而（value）可以是数据项、常量值或参数项。有关更多聚合运算符及其在计算项中的使用方法与说明，我们将在第 16 章给出具体示例。

2. 使用计算项

在 SAS Visual Analytics 中，允许使用测度项的内容对象、分析对象及控件对象，都可以使用普通计算项。同时，可以根据需要更改普通计算项的名称、分类、格式、聚合等属性。

大部分允许使用测度项的内容对象，可以使用聚合测度项，但有一些例外。例如，带有迷你折线图的简单表，不能使用聚合测度项。另外，聚合测度项不适用于一些分析对象，如路径分析、网络分析、文本主题、自动解释、自动预测等。控件对象中除滑块控件不能使用聚合测度项外，其他控件对象都可以使用聚合测度项。值得注意的是，聚合测度项只能更改其名称及格式属性，无法更改其分类属性及聚合属性。

9.2　数据转换

SAS Viya 提供了多种方法和途径，来进行数据的类型转换，例如，第 8 章我们介绍的修改数据项的"分类"属性，就可以进行部分数据项的类型转换。这里介绍两种常用的自助式数据类型转换的方法：使用 SAS Data Studio 进行转换、使用 SAS Visual Analytics 进行转换。

9.2.1　使用 SAS Data Studio 进行转换

与 SAS Visual Analytics 类似，SAS Data Studio 也是 SAS Viya 提供的一个应用程序，它提供了更简便的自助式数据准备的途径。

SAS Data Studio 可以执行的主要任务，包括执行数据转换及创建数据"计划"。

执行数据转换，包括列转换、自定义转换、数据质量转换、多输入转换及行转换等五类。

其中：

（1）列转换——提供数据表中针对数据列的转换，包括对"列"的拆分、大小写转换、重命名、去除空格、删除、类型或格式的转换等。

（2）自定义转换——由用户创建 SAS DATA 步、CASL 代码，来执行转换。另外，还提供了创建表达式生成计算列，以执行转换的功能。

（3）数据质量转换——有 SAS Data Preparation 使用许可的用户，可以访问数据质量转换。这些转换包括数据的标准化、大小写、解析、标识分析、匹配和聚类、性别分析、删除重复项、字段提取等。

（4）多输入转换——提供数据表的合并功能，包括数据列方向及数据行方向的合并（分别称为连接和追加）。

（5）行转换——提供数据表中针对数据行的转换，包括对数据表中"行"的分区、过滤、转置，以及创建唯一标识符等。

而 SAS Data Studio 提供的创建数据"计划"，为准备数据提供了便利，并且当数据表发生改变时可以方便地重复运行这些"计划"。通过创建一个数据"计划"，可以保存对数据表执行的所有操作或转换的集合。SAS Data Studio 应用程序提供对"计划"的创建、修改、保存及运行等功能，还可以为"计划"生成 SAS 代码。

下面简要介绍使用 SAS Data Studio 对数据进行转换的方法。

1）数据转换入口

单击 SAS Visual Analytics 左上角的 ▤ 图标，从弹出菜单中选择"准备数据"菜单项，就可以进入 SAS Data Studio 应用程序。首次进入时的界面如图 9.11 所示。

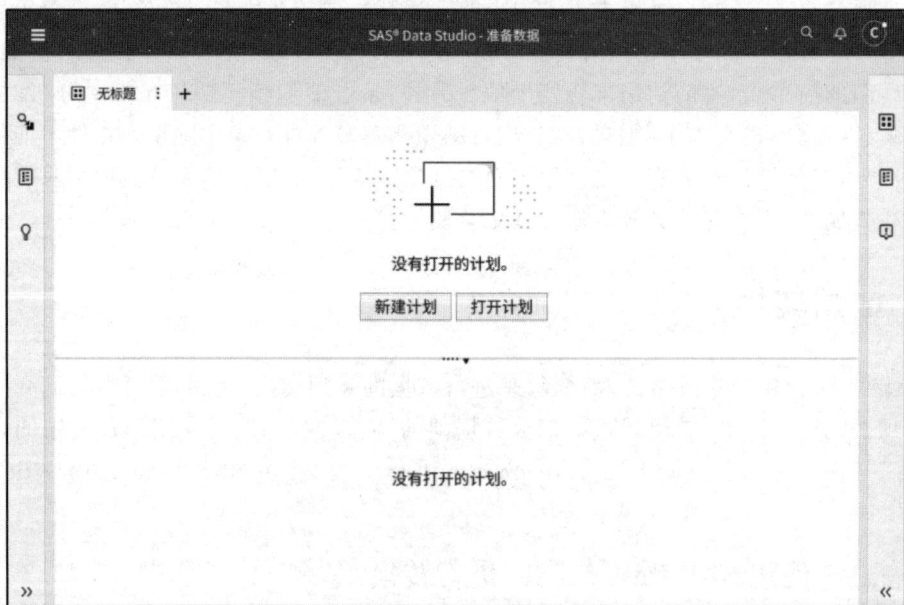

图 9.11　SAS Data Studio 界面

单击"新建计划"按钮，系统将打开"选择数据"窗口，在"可用"选项卡下的搜索框中输入要进行转换的 CAS 内存表。这里使用前面导入的数据表 DATA1 为例，单击"确定"按钮后,进入数据计划编辑界面,如图 9.12 所示。

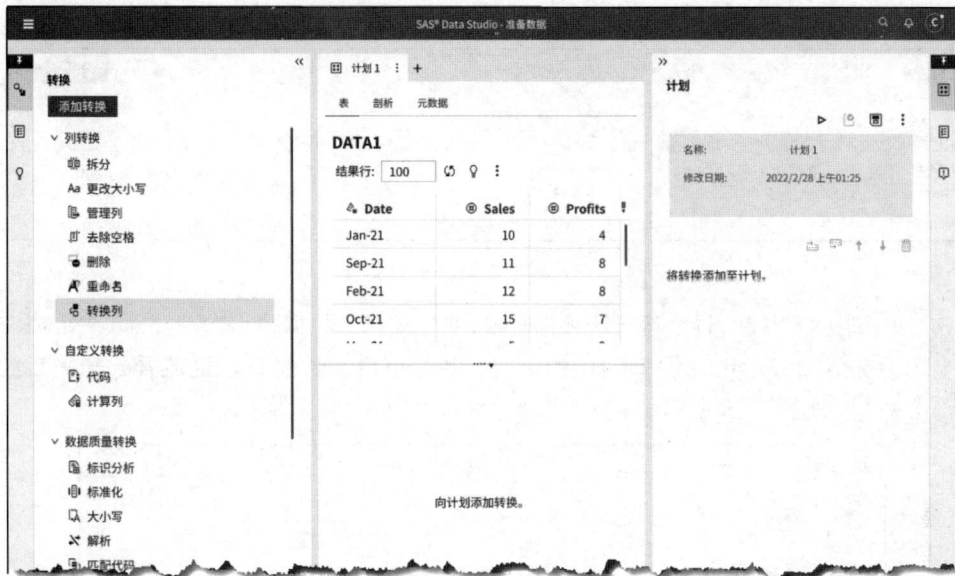

图 9.12 SAS Data Studio 数据计划编辑界面

该界面划分为三个纵向区域,左侧列示的是系统提供的各种转换,中间为数据显示和计划编辑区域(分别在中间区域的上部和下部),右侧为该数据计划包含的转换显示区域。

2)数据转换示例

正如在数据调查阶段我们看到的,数据表 DATA1 包括了一个字符型数据项 Date,其值是字符型表示的"月-年"串(如 Jan-21)。本例将使用 SAS Data Studio,把字符型数据项 Date 转换为日期类型数据项 Date_CONVERTED。具体操作步骤如下:

(1)添加第一个转换:"标准化"。由于原数据项 Date 的值是字符型表示的"月-年"串(如 Jan-21),其中"月"使用英文字母缩写 Jan。我们首先将该数据项进行标准化,使其按照通用的日期格式表示。从左侧转换列表中选择"数据质量转换"下面的"标准化",双击该项将这个转换添加到计划编辑区域。在"源列"下拉列表中选择 Date 项,在"定义"下拉列表中选择"Date(DMY)",再选择"创建新列"选项,如图 9.13 所示。

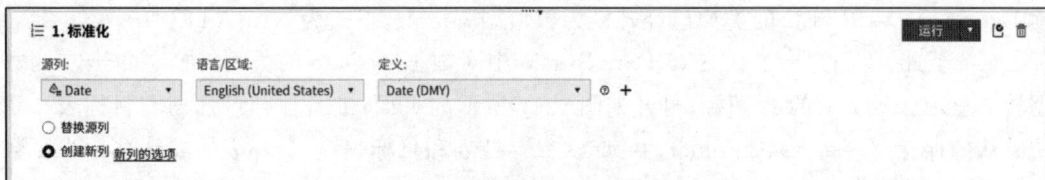

图 9.13 数据质量转换之标准化

(2)单击"运行"按钮,将会执行该数据转换,并生成新的数据列(名为 Date_STND),其值显示为类似 01/2021 的格式。我们可以在数据显示区域看到转换后的列及部分数据。

(3)添加第二个转换:"转换列"。这个转换可以生成日期类型数据项 Date_CONVERTED。从左侧转换列表中选择"列转换"下面的"转换列",双击该项将这个转换添加到计划编辑区域。在"源列"下拉列表中选择 Date_STND 项,在"转换"下拉列表中选择 Date,保持"输入格式或输出格式”的选项 ANYDTDTE9.，在“新列”文本框中输入 Date_CONVERTED，保持其他默认设置，如图 9.14 所示。

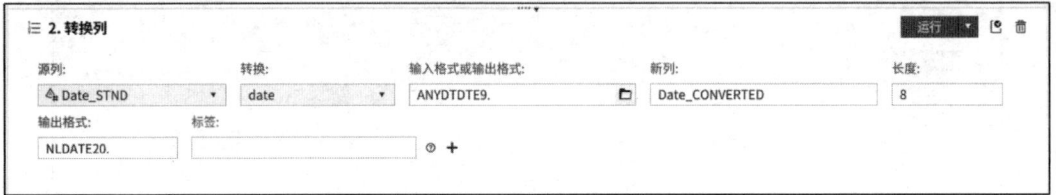

图 9.14 数据质量转换之转换列

（4）单击“运行”按钮，将会运行该数据转换，并生成新的数据列，名为 Date_CONVERTED，其值显示为类似“2021 年 01 月 01 日”的格式。我们可以在数据显示区域看到转换后的列，以及部分数据，如图 9.15 所示。

Date_STND	Date_CONVERTED	Date	Sal···	Profit
01/2021	2021年01月01日	Jan-21	10	4
02/2021	2021年02月01日	Feb-21	12	8
03/2021	2021年03月01日	Mar-21	5	2
04/2021	2021年04月01日	Apr-21	6	5
05/2021	2021年05月01日	May-21	15	7
06/2021	2021年06月01日	Jun-21	13	5
07/2021	2021年07月01日	Jul-21	10	7

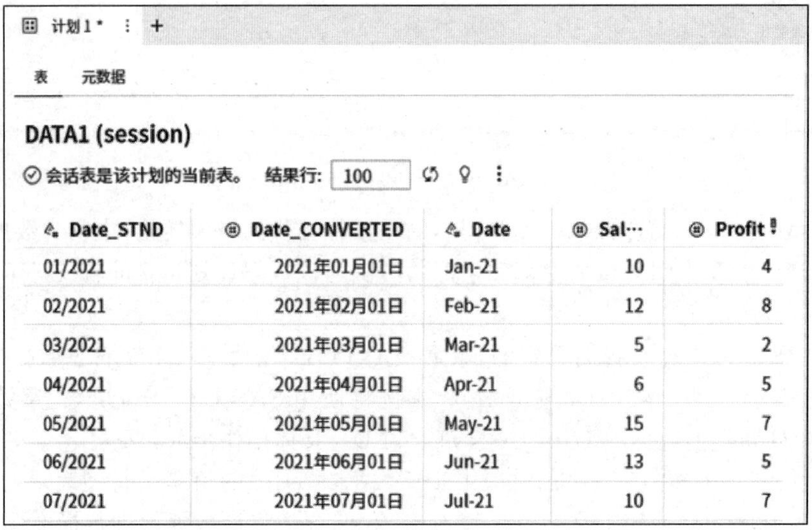

图 9.15 Data1 数据转换后的部分数据

（5）在数据显示区域，单击“元数据”选项卡，我们可以看到各个数据项的名称、类型、格式等元数据信息。如图 9.16 所示，可以看到数据项 Date 的类型为字符型 varchar，而数据项 Date_CONVERTED 的类型已经转换为数值型 double，格式为 NLDATE。

（6）至此，我们完成了在 SAS Data Studio 中对数据项 Date 的类型转换。单击右侧数据转换显示区域上面的图标，打开如图 9.17 所示的页面，准备保存该计划和目标表。系统默认的保存路径是 /My Folder，并默认“保存计划和目标表”。目标表的默认名称为原数据表名后加序号后缀。图 9.17 所示的页面中，我们使用默认选项即可，单击“保存”按钮，就会生成转换后的 CAS 内存表 DATA1_1。

（7）单击应用程序左上角的图标，切换到 SAS Visual Analytics，在“数据”窗格中，单击“＋ 添加数据源 …”链接，在“选择数据”窗口的“可用”选项卡下，搜索框中输入 DATA1，就可以看到转换后的 CAS 内存表 DATA1_1 也列示出来。选定 DATA1_1，在“数据”窗格中，单击类别数据项 Date_CONVERTED 后面的图标，然后单击“格式”选择框后面的图标，将弹出图 8.4 所示的“格式”选择页面，选择 YYYYMM 格式，单击“确定”按钮。

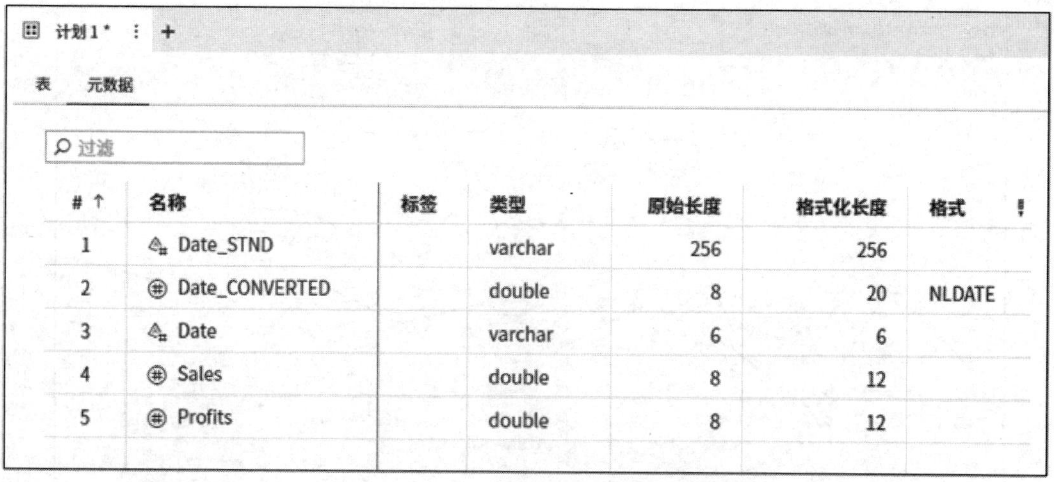

图 9.16 Data1 数据转换后的元数据

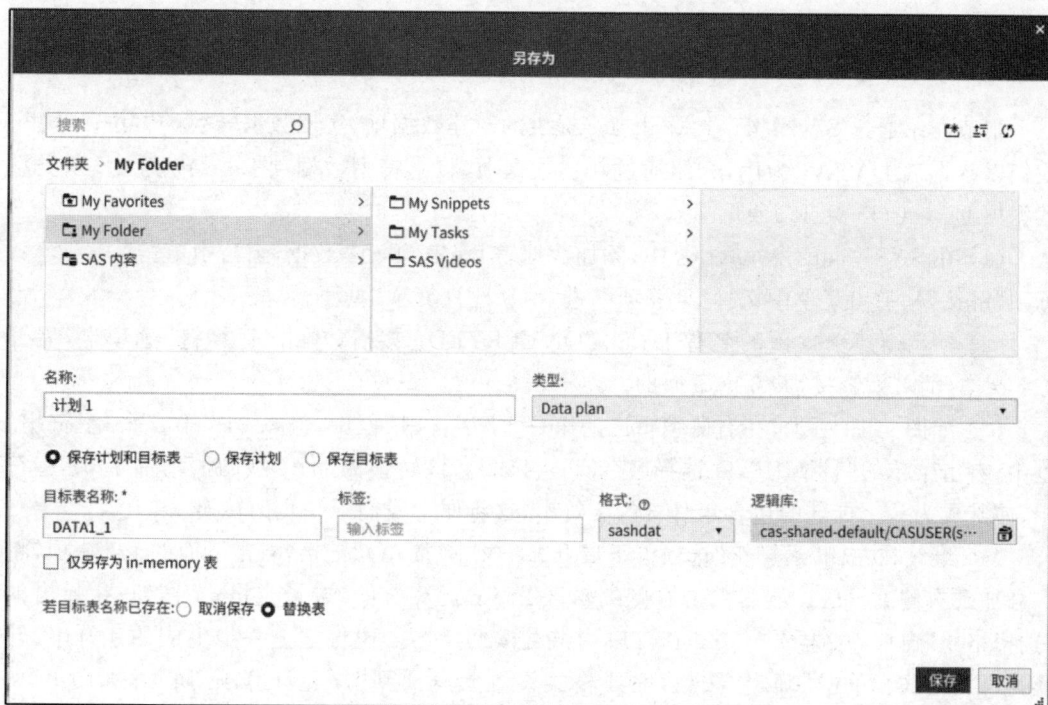

图 9.17 保存数据计划的页面示例

（8）接着，在"数据"窗格中，选中数据项 Date_CONVERTED，Profits，Sales，并将它们拖曳到报表工作区，系统的自动图功能将生成一个时间序列图，显示的是按日期项 Date_CONVERTED 绘制的利润和销售额曲线，如图 9.18 所示。

至此，我们完成了通过 SAS Data Studio，对数据表 DATA1 进行数据转换的任务，字符型数据项 Date 已经成功转换为日期类型数据项 Date_CONVERTED。数据转换通常可以有多种途径去实现，作为练习，读者也可以尝试使用 SAS Data Studio 提供的其他转换，来完成将字符型数据项转换为日期类型数据项。

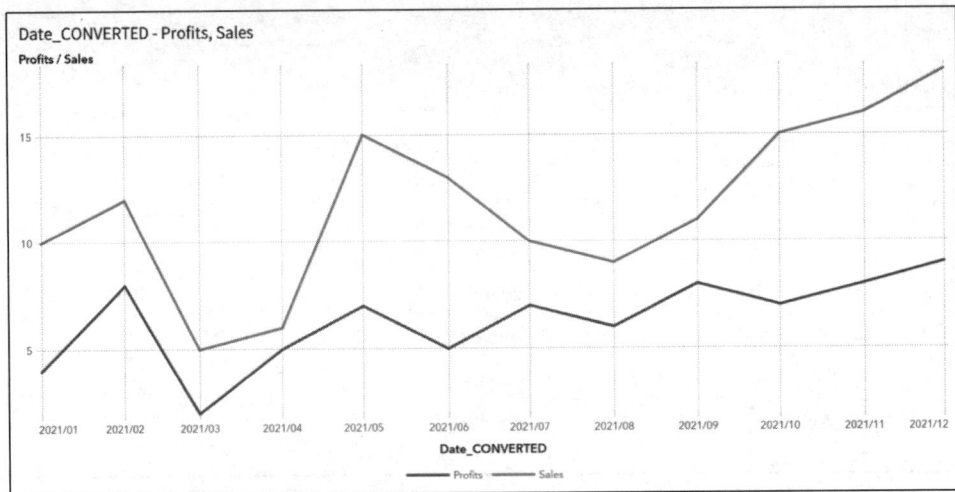

图 9.18　数据列转换后的自动图示例

9.2.2　使用 SAS Visual Analytics 进行转换

本节介绍通过 SAS Visual Analytics 提供的新建数据项,实现数据转换的方法。这里,我们以数据表 DATA1 为例,介绍通过新建数据项,将字符型数据项 Date 转换为日期类型数据项 Date_CONVERTED。

(1) 在 SAS Visual Analytics 中,添加数据表 DATA1,在"数据"窗格中单击"＋ 新建数据项"链接,从弹出菜单中选择"计算项",进入"新建计算项"页面。

(2) 给出新建数据项的名称 Date_CONVERTED;接着,单击"运算符"选项卡,展开"＞ 文本(简单)"链接,并双击下面的 Concatenate 项。

(3) 如图 9.19 所示,在右侧编辑区的第一个"字符串"框中,输入 01-,第二个"字符串"框中,右击菜单的"替换为",并选择"字符"＞ Date。该转换为 Date 项的值增加了 01-字符串,使其成为一个标准的包含年月日的字符串,这将便于我们下一步的转换。

(4) 继续在左侧"运算符"选项卡下展开"＞ 文本(简单)"链接,双击下面的 Parse 项,将它添加到右侧编辑区。然后单击右侧编辑区 Parse 运算符的"未指定格式"按钮,在弹出的"选择格式"窗口中,选择 ANYDTDTE,并指定宽度为 9。这将把上一步生成的字符串,转换为日期格式。单击"确定"按钮,完成格式设置并返回到"新建计算项"页面,如图 9.19 所示。

(5) 如果为文本编辑模式,该计算项的表达式为 Parse(Concatenate('01-','Date'n), 'ANYDT DTE9.')。单击"新建计算项"页面右下角的"预览"按钮,可以查看新建的数据项预览,如图 9.20 所示。

(6) 单击"关闭"按钮,关闭该预览窗口。在计算项窗口的上部,单击 Date_CONVERTED 后面的"格式"选择框的图标,将弹出"格式"选择页面,选择 YYYYMM 格式,单击"确定"按钮,"格式"选择框的内容变为 YYMM8 (YYYYMM)。此时,计算项 Date_CONVERTED 的显示格式转换回原来的"年/月"格式。

(7) 再次单击"确定"按钮,就完成了计算项 Date_CONVERTED 的创建工作。

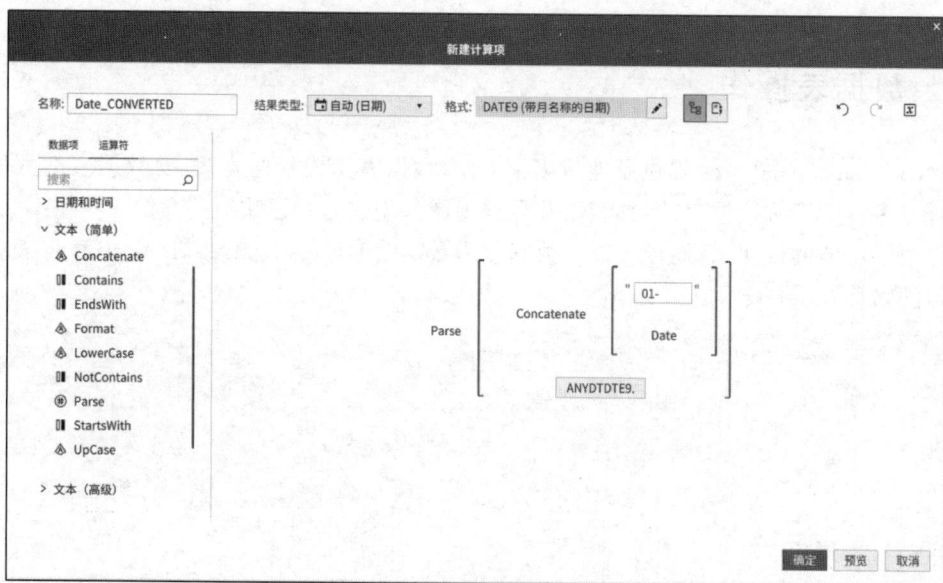

图 9.19 新建计算项页面示例

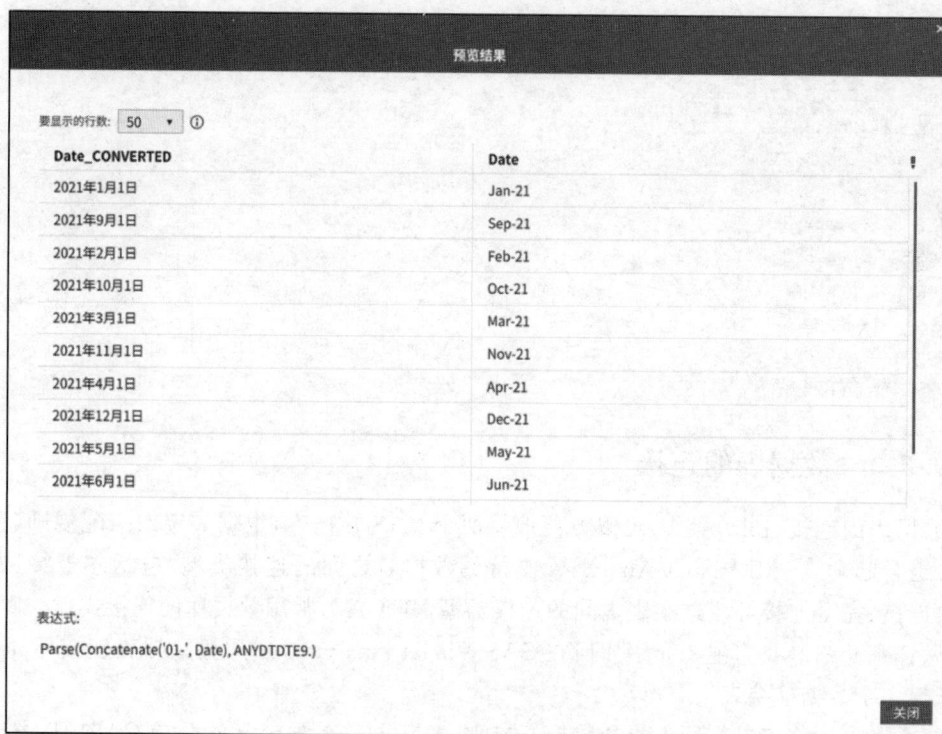

图 9.20 新建数据项预览页面示例

　　创建好的计算项 Date_CONVERTED 将列示在"数据"窗格中。选中数据项 Date_
CONVER TED,Profits,Sales,并将它们拖曳到报表工作区,系统的自动图功能将生成时间
序列图,显示出按月份绘制的利润和销售额曲线,可以参考图 9.18 所示的自动图。至此,我
们成功完成了在 SAS Visual Analytics 中,对数据表 DATA1 的字符型数据项 Date 进行转
换的任务,对应的日期类型数据项为 Date_CONVERTED。

9.3　数据表操作

SAS Visual Analytics 提供了连接多个 CAS 数据表生成新的宽表、对数据表的数值进行聚合产生一个聚合数据表的功能,以及数据视图的创建与数据映射等操作。

为便于本节的说明,我们导入以下数据作为数据表 DATA2。其中,Department 表示销售部门的名称,Cost 表示成本支出。

```
Date,Department,Cost
Jan - 21,DeptA,2
Mar - 21,DeptA,3
Apr - 21,DeptA,1
May - 21,DeptA,2
Jun - 21,DeptA,2
Jul - 21,DeptA,3
Aug - 21,DeptA,2
Oct - 21,DeptA,3
Nov - 21,DeptA,1
Dec - 21,DeptA,2
Jan - 21,DeptB,3
Feb - 21,DeptB,1
Mar - 21,DeptB,2
May - 21,DeptB,2
Jun - 21,DeptB,2
Jul - 21,DeptB,3
Aug - 21,DeptB,3
Sep - 21,DeptB,2
Oct - 21,DeptB,2
Nov - 21,DeptB,1
Dec - 21,DeptB,2
```

9.3.1　数据表的连接

数据表的连接(Join)操作,可以方便地将两个 CAS 数据表,根据一定的匹配规则(连接类型)组合起来。SAS Visual Analytics 支持的数据表之间的连接类型,包括左连接、右连接、内连接、完全连接等。这些表之间的连接类型,其含义与常用数据库的连接类型一致,这里不做详细介绍。我们主要介绍如何在 SAS Visual Analytics 中通过数据表连接(Join)操作,新建一个数据连接表。

两个表进行连接操作所生成的数据连接表,实际上是在预定义的全局 CASLIB 逻辑库 CASUSER(user-ID)中创建的临时内存表。该表中包含来自两个原始数据表中的数据。在创建数据连接表时指定的连接条件,用来确定原始数据表中的哪些数据行被视为匹配;指定的连接类型,用来确定输出的数据连接表中包含哪些匹配或不匹配的数据行。

以数据表 DATA1 和 DATA2 为例进行说明,创建数据连接表的途径有两种如下:

(1) 在 SAS Visual Analytics 左侧的"数据"窗格中,选择已经加载到内存的数据表 DATA1,然后单击其名称右侧的 ▦ 图标,从弹出菜单中选择"通过连接新建数据…"菜单项,进入"新建数据连接"页面,如图 9.21 所示。在该页面中,单击"连接类型"下拉列表,可以设置进行表连接的连接类型,默认为"左连接"。单击"连接条件"右侧的"＋ 添加"链接,可以增加新的连接条件。单击页面下方的"选择列…"按钮,可以设置要包含在连接表里的数据列。

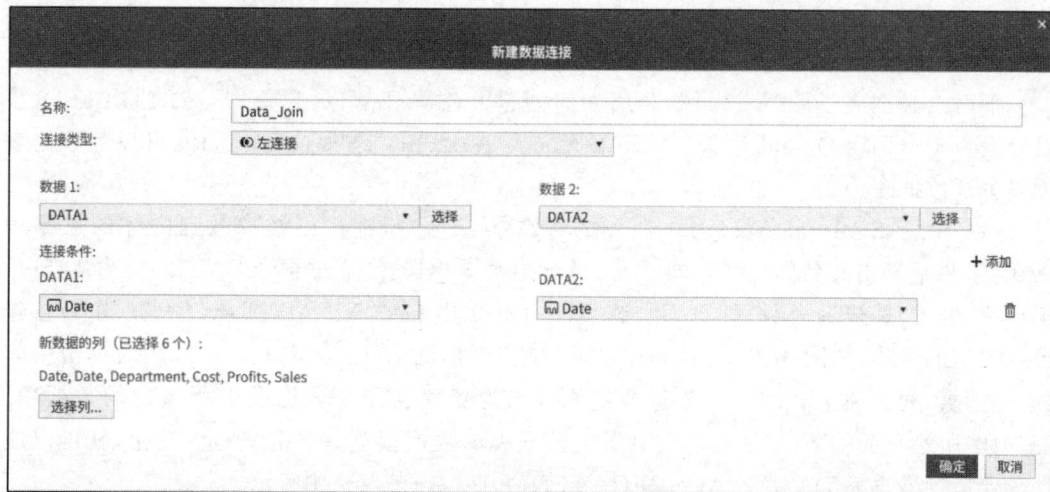

图 9.21　新建数据连接页面示例

本例中,从"数据 2"的下拉列表中选择 DATA2,系统将自动寻找匹配类型、名称的数据列;其他部分接受默认内容。单击"确定"按钮,系统将自动创建名为 Data_Join 的数据连接表。

(2) 在 SAS Visual Analytics 左侧的"数据"窗格中,选择已经加载到内存的数据表 DATA1,然后单击其名称右侧的 🔣 图标,从弹出菜单中选择"通过与 DATA1 的连接新建数据"菜单项,进入"选择数据"页面,从"可用"选项卡下搜索 DATA2,选中并单击"确定"按钮。系统将自动创建名为 Data_Join 的数据连接表。

这种方式,实际是一种快速创建数据连接的方式,它使用左连接类型,并自动设置连接条件。如果两个数据表中具有匹配的标签或名称的类别项,将首选为连接条件;如果没有这样的类别项,则具有匹配标签或名称的测度项将用于连接条件;如果类别项和测度项都没有匹配的标签或名称,则会提示错误消息。

上述两种方式创建好的数据连接表 Data_Join,将显示在"数据"窗格中。本例中,除系统项"频数""频数的百分比"外,该数据连接表包含分别来自 DATA1 和 DATA2 的 3 个类别项(Date,Date (DATA2),Department)和 3 个测度项(Profits,Sales,Cost)。如果单击数据连接表 Data_Join 名称右侧的 🔣 图标,从弹出菜单中选择"编辑数据连接…"菜单项,就打开"编辑数据连接"页面,该页面内容与"新建数据连接"页面内容类似,我们可以在该页面中编辑修改数据连接的类型、条件、所要包含的数据列等。

9.3.2　聚合数据表

聚合数据表是基于一个原始数据表的选定类别,进行聚合后创建的一个临时内存数据表,该表同样创建于预定义的全局 CASLIB 逻辑库 CASUSER(user-ID) 中。聚合数据表所基于的原始数据表,既可以是一个 CAS 数据表,也可以是一个经过数据连接(Join)后的内存数据表,或是一个聚合数据表。

与原始数据表相比,聚合数据表可能有更少的数据列,并且通常也会有更少的数据行,这是由于省略某些类别值,且测度项的值会根据所选的类别项之值进行聚合,从而减少了数据表的行数。因此,在执行数据探索时,使用聚合数据表可以简化可视化并缩短查询时间。

下面以数据表 DATA2 为例,介绍如何创建聚合数据表 DATA2_AGGREGATED,该聚合表基于类别项 Date 进行聚合。SAS Visual Analytics 提供了两种途径,可以为数据表创建聚合数据表:

(1) 在 SAS Visual Analytics 左侧的"数据"窗格中,选择已经加载到内存的数据表 DATA 2,然后单击其名称右侧的 图标,从弹出菜单中选择"通过聚合 DATA 2 新建数据…"菜单项,进入"新建聚合数据"页面。该页面自动使用 DATA2_AGGREGATED 作为新建聚合数据的名称,如图 9.22 所示,单击"可用项"下面的 Date-12 和 Cost 项,然后单击中间的 图标,可以将它们加入"选定项"下面,作为新建的聚合数据表中所选定的数据项。图 9.22 所示页面的下部,还可以看到聚合数据表的数据预览。单击"确定"按钮,就可以成功创建聚合数据表 DATA2_AGGREGATED,并在"数据"窗格中显示。

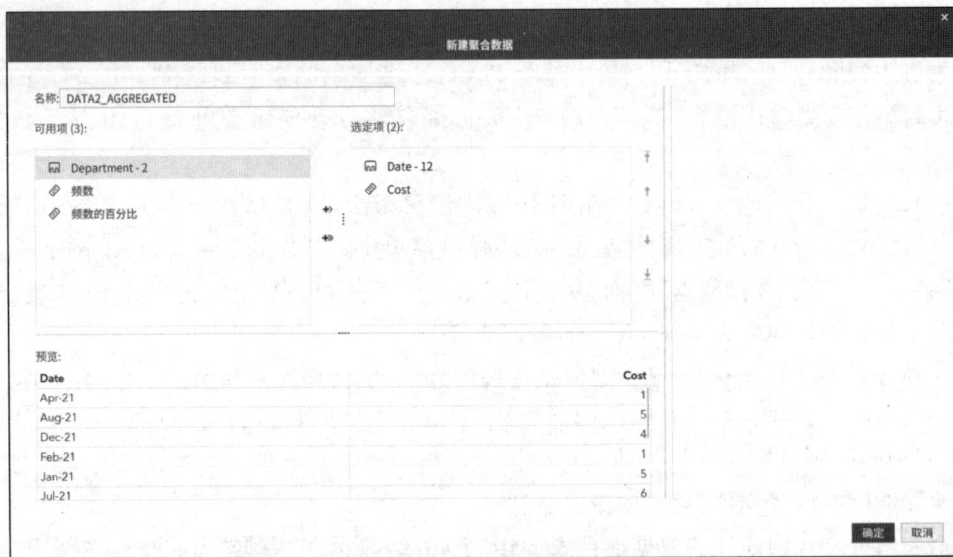

图 9.22　新建聚合数据页面示例

(2) 另外一种更快捷的办法,是在"数据"窗格的"V 类别"标签下,选择 Date-12 数据项,并在"V 测度"标签下选择 Cost 数据项,然后右击并从弹出菜单中选择"新建聚合数据"菜单项,就会自动创建出基于所选择的这两个数据项的聚合数据表 DATA 2_A GGREGATED,并显示在"数据"窗格中。

我们可以看到,"数据"窗格中除系统项"频数"及"频数的百分比"外,该聚合数据表包含了我们所选择的 Date-12 和 Cost 数据项。如果单击聚合数据表 DATA2_AGGREGATED 名称右侧的 图标,从弹出菜单中选择"编辑聚合数据…"菜单项,就打开"编辑聚合数据"页面。该页面内容与"新建聚合数据"页面的内容类似,我们可以在这个页面中编辑修改聚合的数据项,或为其添加过滤器等。

需要注意的是,所创建的聚合数据表中,选定测度项的聚合方式,是由源数据表中对应数据项的聚合方式决定的(这里使用源数据表一词,是为了强调其所基于的数据表,后面的描述类似)。例如,系统默认的测度项聚合方式为"总和",生成的聚合表中该数据项的聚合方式默认就是"总和"。如果将源数据表中对应数据项的聚合方式设为"平均值",则生成的聚合表中该数据项的聚合方式也变为"平均值"。因此,要改变聚合数据表中选定测度数据项的聚合方式,需要去修改其源数据表中对应数据项的聚合方式。

另外,聚合数据表实际上是系统在用户的个人逻辑库中创建的临时内存表,因此,当使用了聚合数据表的报表被大量用户访问时,可能会影响到响应性能。这种情况下,建议在数据准备过程中使用代码等方式创建永久性的数据聚合表。

9.3.3　数据视图

数据视图,通俗地理解,就是从某个视角所看到的数据表。SAS Visual Analytics 使用数据视图,来存储和应用一些与某个源数据表相关的设置。

数据视图中可以保存的设置,包括:

(1) 为源数据表设置的数据源过滤器。

(2) 源数据表中数据项的相关属性设置(如名称、格式、分类和聚合等设置)。

(3) 为源数据表所创建或复制的层次项、计算项、自定义类别、地理项等。

(4) 源数据表中所设置的数据项的显示或隐藏状态。

(5) 为源数据表所选择的唯一行标识符。

(6) 源数据表依赖的参数项(如计算项表达式中使用的参数项)。

1. 创建数据视图

在 SAS Visual Analytics 中,为一个数据表创建一个数据视图,是通过"保存数据视图"操作来完成的。

保存某个数据视图时,可以将它设置为"默认数据视图"。如果一个数据表设置了默认数据视图,每当将该数据表加载到内存时,都会自动启用所设置的默认数据视图。一般地,非管理员权限的用户所设置的默认数据视图,仅能自己使用。具有系统管理员权限的用户,所设置的默认数据视图,所有用户在访问该数据表时均会自动启用。另外,保存某个数据视图时,有权限的用户还可以发布某个数据视图,以便其他用户可以使用该数据视图。

需要说明的是,SAS Visual Analytics 中数据视图与报表是分开保存的,因此,在一个报表中创建并保存的数据视图,可以应用于基于相同源数据表的其他报表。

下面是一个创建数据视图的简单示例,使用的源数据表是 DATA1。我们首先为该数据表创建一个计算项 Expense(Expense=Sales-Profits),然后,保存一个数据视图 DATA1_View_1,包含这个计算项 Expense。具体操作步骤如下:

(1) 在"数据"窗格中,选中源数据表 DATA1,单击"＋ 新建数据项"链接,从弹出菜单中选择"计算项"即可打开"新建计算项"页面。给出名称 Expense,设置右边的"格式"为 COMMA12.,然后,在"运算符"选项卡下,展开"＞ 数值(简单)"链接,并双击下面的 x-y 项,在右侧的编辑区分别选择 Sales 和 Profits(即 Expense=Sales-Profits),如图 9.23 所示。单击"确定"按钮,就创建好了计算项 Expense。

图 9.23　新建计算项 Expense

（2）此时，在"数据"窗格中我们可以看到数据表 DATA1 下面，已经在"V 测度"下列出了新建的 Expense 计算项。单击"数据"窗格的 DATA1 名称右侧的 ⊞ 图标，从弹出菜单中选择"保存数据视图…"菜单项，进入"保存数据视图"页面。如图 9.24 所示，我们在说明框中输入"包含计算项 Expense"，单击"保存"按钮，就保存了数据视图 DATA1_View_1。

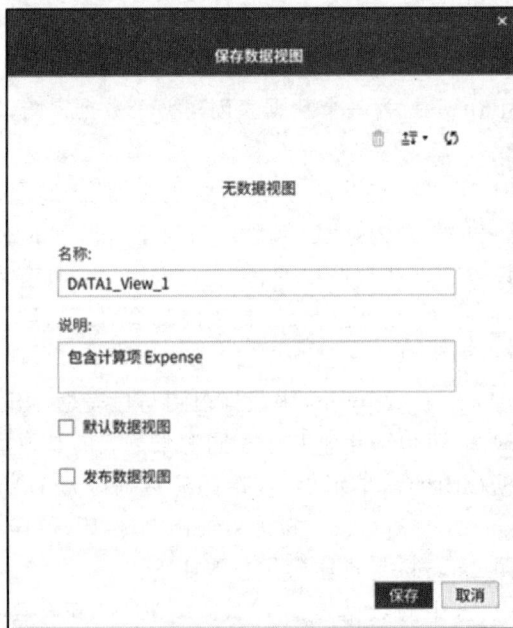

图 9.24　保存数据视图 DATA1_View_1

2. 应用数据视图

一个数据表可以创建多个数据视图，每个数据视图是从不同视角或需要所进行的设置。

用户可以根据数据分析或创建报表的需要,选择应用不同的数据视图。

由于每个数据视图都是特定于一个源数据表的,因此,无法将数据视图应用到其他源数据表,即使同名、同数据结构的数据表也不行。当然,如果基于该源数据表创建了连接数据表或聚合数据表,再为该连接数据表或聚合数据表创建一个数据视图,这个数据视图则可以应用于原始的源数据表,以及基于该源数据表所创建的数据连接表或数据聚合表。但是,基于该源数据表创建的数据视图,无法应用到基于该源数据表所创建的数据连接表或数据聚合表。

下面是应用数据视图的一个简单例子。我们使用前面保存的数据视图 DATA 1_View_1。具体操作步骤如下:

(1)新建一个报表,在"数据"窗格中,选择数据表 DATA1,我们可以看到它有 3 个测度项(频数,Profits,Sales)。单击 DATA1 名称右侧的 🖳 图标,从弹出菜单中选择"管理数据视图…"菜单项,进入"管理数据视图"页面。如图 9.25 所示,其列出了我们为 DATA1 创建的数据视图 DATA1_View_1。

一般地,所有基于该源数据表,以及基于它所创建的数据连接表或数据聚合表,所创建的数据视图,都会列示在"管理数据视图"页面中。

图 9.25 管理数据视图示例

(2)选中数据视图 DATA1_View_1,单击"应用"按钮,系统将检查当前报表,根据报表中是否存在与要应用的数据视图冲突的数据项,给出相关应用提示。如图 9.26 所示,系统提示"该报表没有与数据视图 DATA1_View_1 冲突的数据项"。选择"继续应用数据视图"后单击"应用"按钮,将该数据视图应用到当前报表。这里,为便于后续内容的介绍,我们选择"让我决定如何应用每个数据项",单击"应用"按钮。

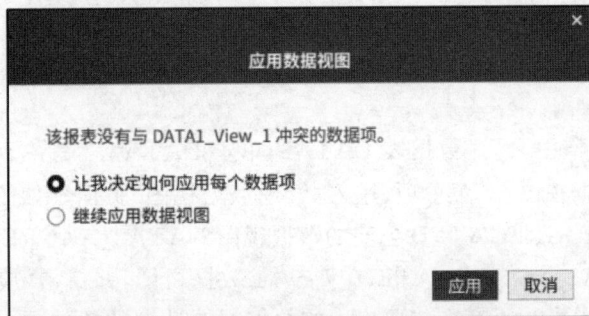

图 9.26 应用数据视图 DATA1_View_1 的冲突提示

(3)在弹出的"应用数据视图"页面,左侧列出了数据视图 DATA1_View_1 的所有数据项,右侧给出对应的应用方式,如图9.27所示。我们看到 Expense 项对应的应用方式为"＋添加",其他数据项的应用方式均为"忽略"。如果想要添加某个数据项,可以单击其右边对应的应用方式下的"忽略"链接,在弹出浮窗中单击"＋添加"链接即可。

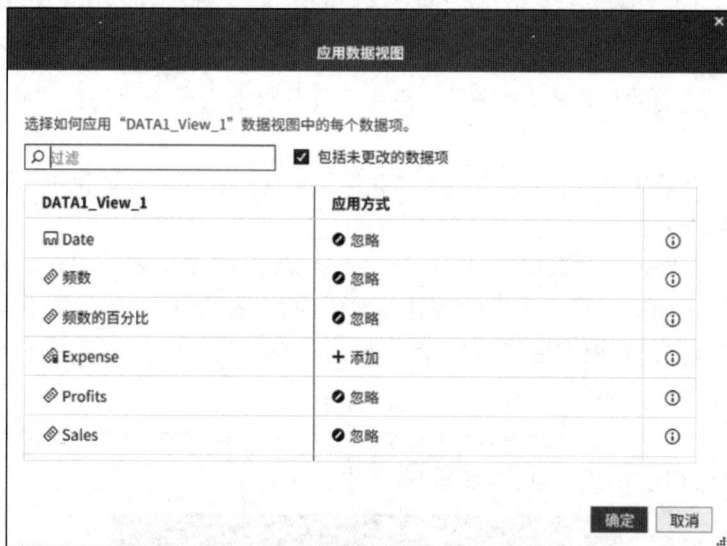

图 9.27　应用数据视图 DATA1_View_1

（4）本例中图9.27提供的应用方式符合我们的期望,直接单击"确定"按钮,系统将包含计算项 Expense 的数据视图 DATA1_View_1,应用到当前报表的数据表 DATA1 上。此时,在"数据"窗格中,DATA1 下面的数据项已经包含了计算项 Expense。

下面是另一个应用数据视图的例子。本例中,我们将为一个聚合数据表创建数据视图,接着把该数据视图应用到源数据表和聚合数据表上。

首先,为源数据表 DATA2 创建一个聚合数据表 DATA2_AGGREGATED,并保存为 DATA2_ AGGREGATED_View_1 数据视图。

（1）在"数据"窗格中,选择"类别"下的 Department-2 项,从右键菜单中,单击"新建聚合数据",系统自动创建聚合数据表 DATA2_AGGREGATED,并显示在"数据"窗格中。

（2）单击"数据"窗格的 DATA2_AGGREGATED 名称右侧的 🔳 图标,从弹出菜单中选择"保存数据视图…"菜单项,进入"保存数据视图"页面。直接单击"保存"按钮,就保存了数据视图 DATA2_AGGREGATED_View_1。

然后,将刚才保存的数据视图 DATA2_AGGREGATED_View_1 应用到源数据表 DATA2。

（3）在"数据"窗格中,选择数据表 DATA2,单击 DATA2 名称右侧的 🔳 图标,从弹出菜单中选择"管理数据视图…"菜单项,进入"管理数据视图"页面。如图9.28所示,列出的是我们为 DATA2_AGGREGATED 创建的数据视图 DATA2_AGGREGATED_View_1。

（4）选中 DATA2_AGGREGATED_View_1 数据视图,并单击"应用"按钮,系统将检查当前报表,根据报表中是否存在与要应用的数据视图冲突的数据项,给出相关应用提示。如图9.29所示,系统提示"该报表有 2 个与 DATA2_AGGREGATED_View_1 冲突的数据项"。

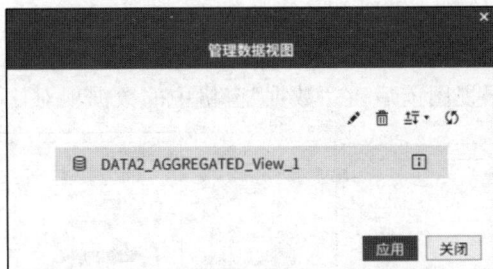

图 9.28　管理数据视图 DATA2_AGGREGATED_View_1

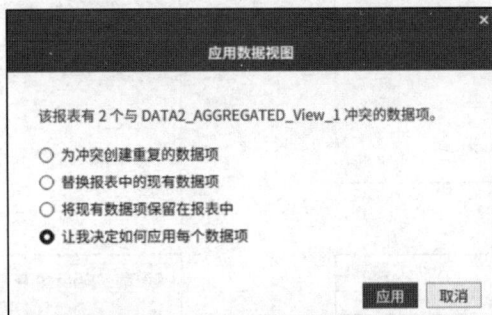

图 9.29　应用数据视图 DATA2_AGGREGATED_View_1 的冲突提示

（5）图 9.29 中,可以选择如何应对冲突的数据项。各个选项的含义十分明确,这里不再逐一说明。为便于后续内容的介绍,本例中选择"让我决定如何应用每个数据项",单击"应用"按钮。

（6）在弹出的"应用数据视图"页面,我们可以设置如何应用数据视图 DATA2_AGGREGATED_View_1 中的每个数据项,如图 9.30 所示。由于数据视图 DATA2_AGGREGATED_View_1 是基于源数据表 DATA2 的聚合数据表所创建的,因此,我们看到,该数据视图可以应用到源数据表 DATA2 上,也可以从下拉列表中选择 DATA2_AGGREGATED,将其应用到 DATA2 的聚合数据表上。

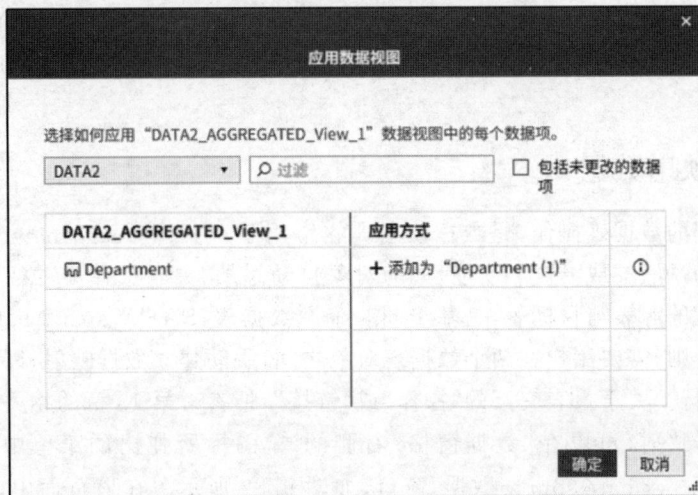

图 9.30　应用数据视图 DATA2_AGGREGATED_View_1

这里,我们使用系统的默认设置,即"添加为 Department(1)"。单击"确定"按钮,该数据视图将被应用到源数据表 DATA2 及其聚合数据表 DATA2_AGGREGATED 上。如图 9.31 所示,是应用数据视图前后,在"数据"窗格中的数据项对比。

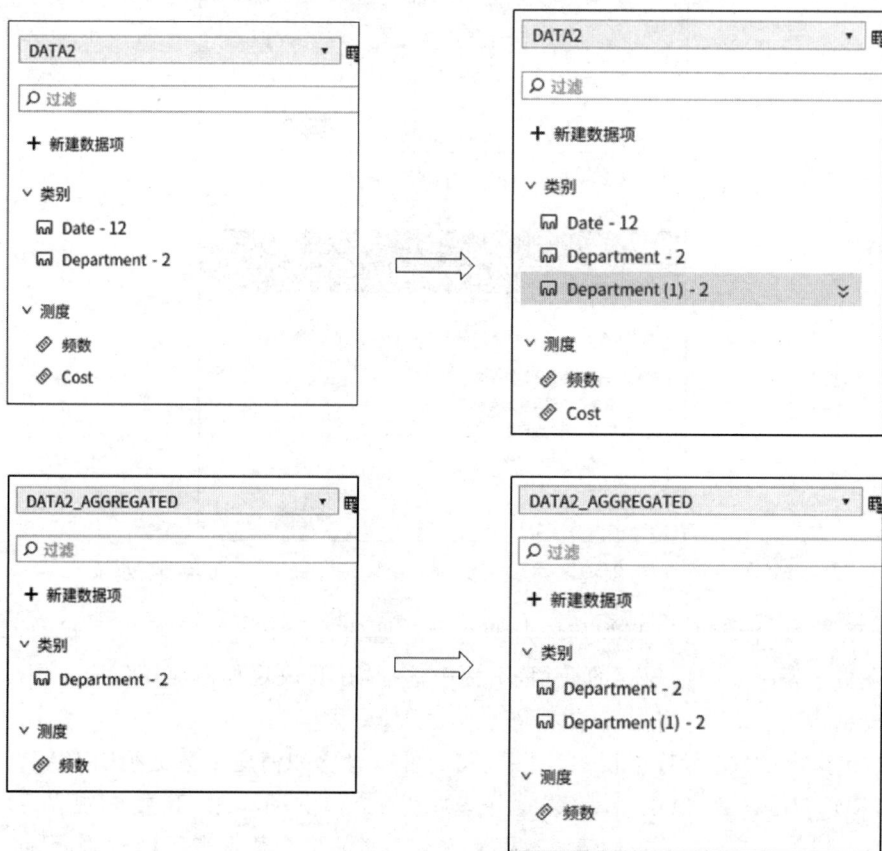

图 9.31 应用数据视图前后对比

值得注意的是,如果为源数据表 DATA2 创建一个数据视图 DATA2_View_1,是无法将其应用到基于该源数据表 DATA2 所创建的聚合数据表 DATA2_AGGREGATED 上。同样地,也无法将数据视图 DATA2_View_1 应用到基于数据表 DATA2 所创建的连接数据表上。

9.3.4 映射数据

另一种常用的数据表操作,是数据映射。它常用于 SAS Visual Analytics 提供的用于报表交互的自动"操作"或"链接"功能,如为对象自动添加"关联选择项"或"过滤器"。如果"操作"或"链接"的源表与目标表,是基于同一个源数据表,SAS Visual Analytics 会自动建立数据映射。否则,需要用户在两个数据表对象之间,手动建立数据映射,以便"操作"或"链接"能够正常进行。关于报表交互的"操作"或"链接",请参考第 15 章的相关内容。

要建立数据映射,可以在"数据窗格"右侧的 ▤ 图标所弹出的菜单中,单击"映射数据…",进入"映射 xx data-source 数据"窗口,如图 9.32 所示。在该页面中,可以在"源"与"目标"下选择要映射的数据列;如果单击右上部的 ＋ 图标,可以增加一对要映射的数据列。

设置完成后,单击"确定"按钮,就创建好了该映射。

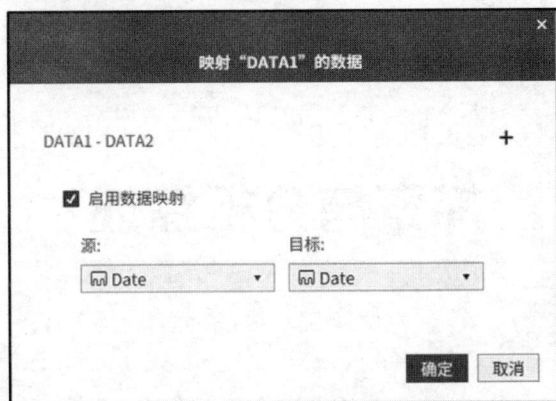

图 9.32 建立数据映射页面示例

需要注意的是,在映射数据时:

(1) 某个数据表中的一个数据列,映射到另一个数据表时,只能映射一次。如果需要将某列映射多次,需要先复制该列,再使用复制后的列进行映射。

(2) 相互进行映射的数据列,必须具有相同的格式,才能确保使用该映射的过滤器正常工作。假如源列的格式为 MMDDYYYY,而目标列的格式为 DDMMYYYY,则过滤器将无法正常工作。

(3) 分配给内容对象的"隐藏数据"角色的数据项,也可用于创建映射数据。

9.4 习题

(1) 如何使用 SAS Data Studio 进行数据转换?

(2) SAS Visual Analytics 中如何创建一个自定义类别项、层次项、计算项?

(3) 参数项的使用需要注意什么?

(4) SAS Visual Analytics 提供的数据表操作主要有哪些?分别如何操作?

9.5 本章小结

通过前面的数据访问阶段、数据调查阶段,我们已经对数据有了较为充分的认识。在 SAS Visual Analytics 分析方法论的数据准备阶段,我们可以修正数据中存在的问题、进行数据转换,并根据需要去创建数据项、使用数据连接表、聚合数据表,以及创建和使用数据视图、进行数据映射等,为后续的数据探索与分析做好准备。

本章着重介绍了如何在 SAS Visual Analytics 中创建一个自定义类别项、层次项、参数项和计算项,以及这些数据项的使用要点,并给出了通过创建一个数据项实现数据转换的示例;使用 SAS Viya 的 Data Studio 应用程序进行数据转换的另一个示例;最后是在数据准备过程中,SAS Visual Analytics 提供的数据表连接、聚合、映射等相关操作。

第 **10** 章

探索与分析综述

　　本章介绍 SAS Visual Analytics 分析方法论的探索分析阶段,这是进行数据探查与思索、寻找问题答案的一个过程。通过对数据进行探索,使用各种图形来帮助我们识别数据中任何潜在的模式、关系及趋势,分析可能存在的问题或假设,理解事件发生的原因,以及预测未来可能发生的情况,以此来指导用户选择或为用户推荐最佳行动方案。

　　前面的章节已经介绍过,数据分析可以分为描述性分析、诊断性分析、预测性分析和指导性分析等。描述性分析中会使用各种图表,诊断性分析涉及交互式的探索分析,预测性分析可以对未来做预测,而指导性分析为用户提供行动指导。图 10.1 的示意图,描绘的是企业中不同角色的用户,主要使用及可能使用的数据分析类别。

- 管理人员:大部分情况下,他们主要使用 SAS Visual Analytics 提供的描述性分析(各种数据图表)对象,了解过去发生的情况;另外,指导性分析的结果也会为管理人员的决策提供参考和支持。
- 数据分析人员:他们在日常工作中主要使用 SAS Visual Analytics 提供的诊断性分析对象,进行业务数据的探索和分析;同时,也会使用描述性分析去了解过去发生的情况,并通过预测性分析对未来情况进行预测。
- 业务人员:他们主要使用描述性分析与诊断性分析,也会用到预测性分析和指导性分析。SAS Visual Analytics 提供的描述性分析(各种数据图表)对象,可以帮助他们了解过去发生的情况;可以使用诊断性分析,对数据进行探索和分析。必要时,他们也需要使用预测性分析与指导性分析的结果,来帮助他们对未来进行预测、为决策提供依据和支撑。

　　SAS Visual Analytics 提供的用于探索分析的图表对象与分析对象,都会或多或少地在上述数据分析类别中用到。一般企业中,不同角色的人员,主要使用或涉及的数据分析类别也有所不同。本章归纳整理 SAS Visual Analytics 中所提供的图形对象及分析对象,简要说明各种对象的组成及主要用途。需要说明的是,这种归纳只是为了便于读者理解这些图形与分析对象,不对应用这些图形与分析对象设限。归纳为描述性分析对象的那些图形与分析对象,也可用于诊断性分析或其他分析。以此类推,归纳为诊断性分析对象的那些图形与分析对象,也可用于其他分析等。

图 10.1　不同用户角色常用数据分析类别示意图

10.1　描述性分析对象

描述性分析,顾名思义,就是用数据对已经发生的事情进行描述。一个简单的描述性分析示例:A 企业本月销售额比上月增加了 50 万元,截至 2024 年 10 月总销售额已达到 1800 万元。但是,利润率却从上月的 28% 下降到了本月的 25%。

SAS Visual Analytics 提供的可用于描述性分析的对象,主要有两类:

1) 通用图形对象

通用图形对象包括直方图、盒形图、条形图、线图等。这些图形对象常用来描述数据,帮助我们更好地理解数据表中的各个数据项,如数据值的范围、分布、特定组或子组的合计值、区间值等。

2) 仪表盘对象

仪表盘对象包括饼图、键值、量具等。这类描述数据的对象,常用于创建报表仪表盘。

本节的各个图形示例的数据,均使用的是 SAS Visual Analytics 的样例数据集 RAND_RE TAILDEMO。有关如何在 SAS Visual Analytics 中创建及使用这些描述性分析对象的详细内容,我们将在后面的第 11 章中做进一步介绍。

10.1.1　通用描述性图形对象之一

表 10.1 是 SAS Visual Analytics 提供的可用于单个测度项描述的图形对象——直方图与盒形图的组成说明及其主要用途。

表 10.1　可用于单个测度项描述的图形对象

图形名称	图形说明	图形示例
直方图	由一系列矩形条组成：测度项的最小值与最大值间的范围，在 X 轴方向被划分为多个等宽的矩形条，每个矩形条的高度是该测度项之值位于对应范围内的频数或频数的百分比。 直方图显示单个测度数据项的数值在一定范围内的分布情况；帮助确定测度项数值的分布形态	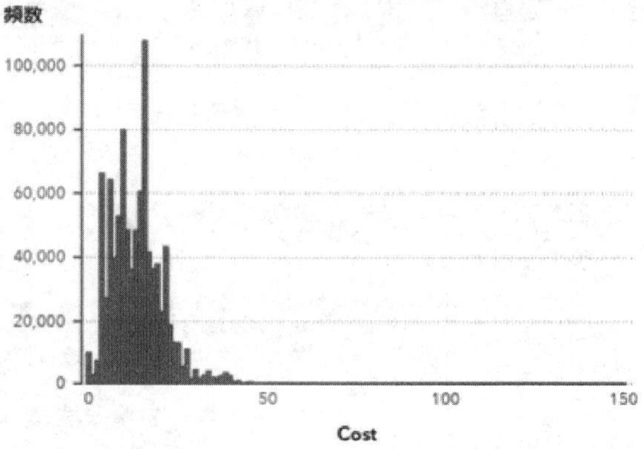
盒形图	由矩形框及称为上须线和下须线的线条组成。矩形框的上下边沿之间的间距，表示测度数据项的四分位间距(IQR)；上须线和下须线显示出测度项之值在四分位间距之外的分布范围。 盒形图显示单个测度数据项的数值分布情况，及一些统计量(极差、四分位、最大值、最小值、均值、中位数等)；帮助确定测度项的离群值情况	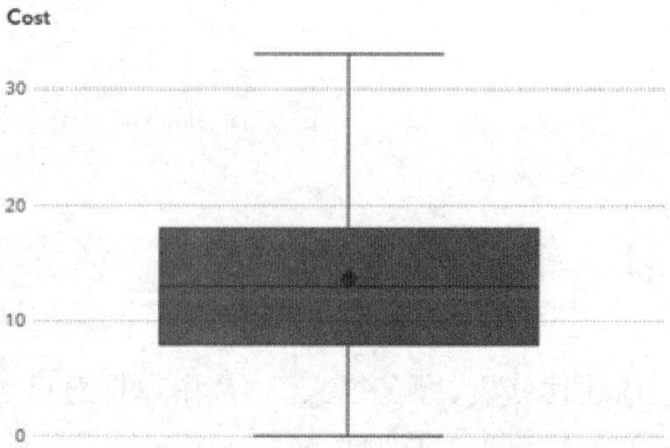

10.1.2　通用描述性图形对象之二

表 10.2 是 SAS Visual Analytics 提供的针状图、散点图和数值序列图等图形对象，它们也可用于描述两个及以上数据项。其中，针状图既可用于按类别项之值显示测度项之聚合值，也可用于按两个测度项的取值显示数据点；而散点图和数值序列图均是按两个测度项的取值显示数据点。

表 10.2　描述测度项之值的图形对象

图形名称	图形说明	图形示例
针状图	由一些圆点及延伸到基线的垂直线组成。圆点的位置，由某个类别项之值与另一个测度项之聚合值共同决定；或由某个测度项之值与另一个测度项之值共同决定。延伸的垂直线是从某个数据点的位置开始，向水平方向的基线延伸。默认情况下，该基线值为 0(与 X 轴重合)。	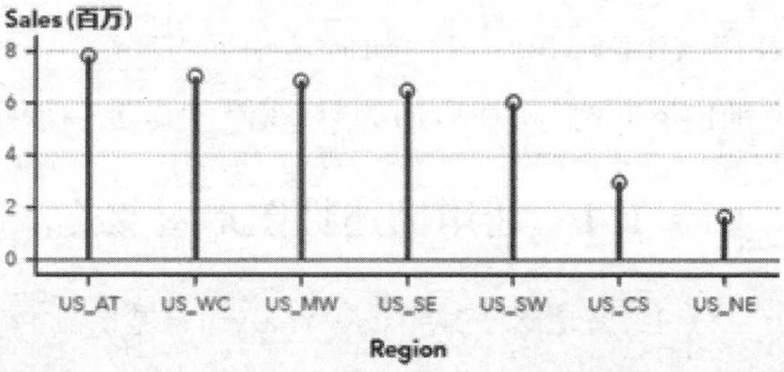

续表

图形名称	图 形 说 明	图 形 示 例
针状图	针状图常用于按某个类别项的各个值,针对某个测度项之聚合值进行对比;或用于按某个测度项的各个值,针对另一个测度项的取值之间进行对比。前者的用法与点图类似,是从点图的圆点位置处有一条延伸到基线的垂直线;后者的用法与散点图类似,是从散点图的圆点位置处有一条延伸到基线的垂直线(示例的两个针状图,分别显示了这两种用法)	
散点图	由一系列圆点组成,每个圆点的位置,由位于 X 轴的测度项之值及位于 Y 轴的测度项之值决定。散点图用于显示两个测度项的取值在二维平面的分布情况。 散点图与点图的区别主要在于:点图是按 X 轴的类别项之值及 Y 轴的测度项之聚合值确定圆点的位置。散点图是由 X 轴的测度项之值及 Y 轴的测度项之值决定圆点的位置	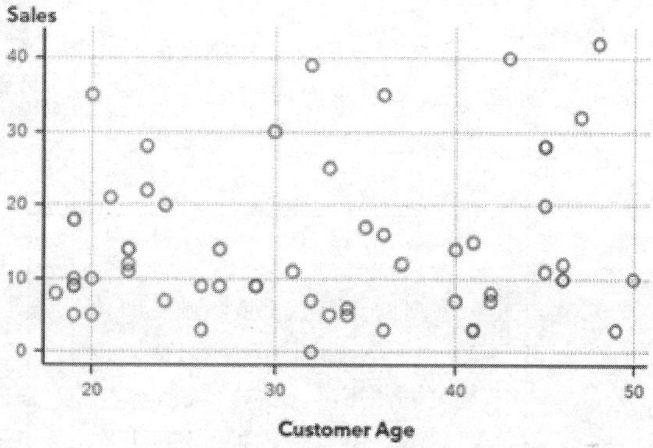
数值序列图	由一系列圆点及连接它们的线条组成。每个圆点的位置,由位于 X 轴及 Y 轴的测度项之值确定;连线是沿 X 轴方向将相邻的两个点连接起来。数值序列图用于显示两个测度项的取值,沿 X 轴方向升序排列的分布变化情况。 数值序列图与散点图类似,不同之处在于数值序列图沿 X 轴方向升序绘制出线条,以突出数据的变化趋势。 数值序列图与线图的不同之处在于:线图的圆点位置,由位于 X 轴的类别项之值及位于 Y 轴的测度项之聚合值决定。而数值序列图中确定圆点位置时,使用的是两个测度项之值	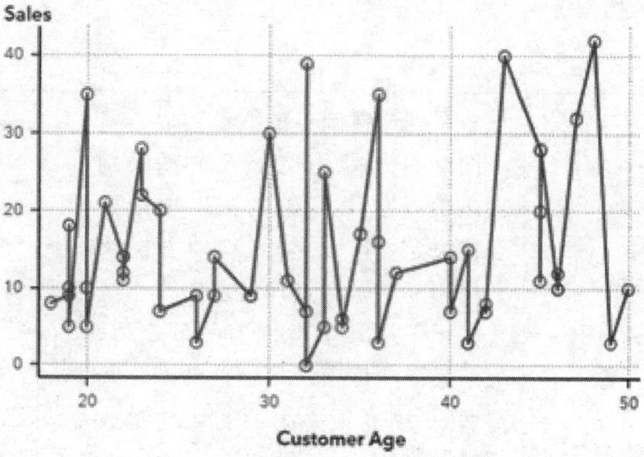

10.1.3 通用描述性图形对象之三

表 10.3 是 SAS Visual Analytics 提供的可用于描述两个及以上数据项的图形对象,包括条形图、点图、线图和阶梯图的组成说明及其主要用途。这些图形对象中的测度项值,显示的是其类别项之值所对应的聚合值。

表 10.3 描述测度项聚合值的部分图形对象 1

图形名称	图 形 说 明	图 形 示 例
条形图	由一系列相同宽度的矩形条组成,每个矩形条代表类别项的不同值,矩形条的长度或高度代表某个测度项的聚合值(横向条形图中矩形条的长度,纵向条形图中矩形条的高度)。 条形图常用于按某个类别项的各个值,针对某个测度项的聚合值进行对比	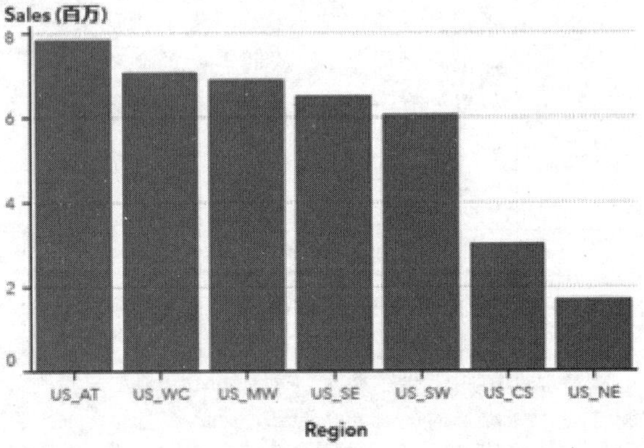
点图	由一系列圆点组成,每个圆点的位置,由位于 X 轴的类别项之值及位于 Y 轴的测度项之聚合值决定。 点图与条形图类似,常用于按某个类别项的各个值,针对某个测度项的聚合值进行对比。 点图与条形图的区别,在于使用的视觉标记不同	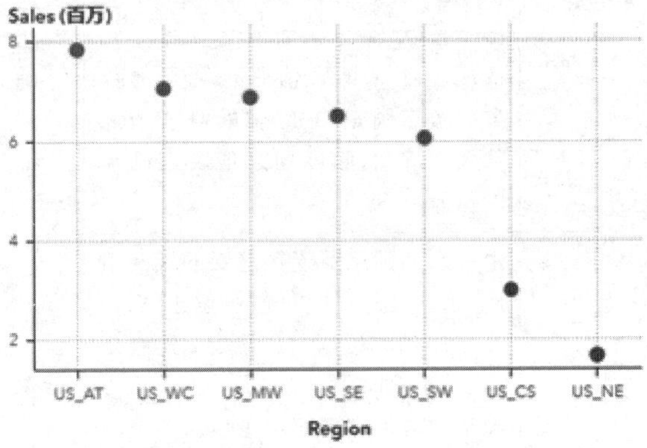
线图	由一系列连接圆点的线条组成。每个圆点的位置,由位于 X 轴的类别项之值及位于 Y 轴的测度项之聚合值决定;连线是沿 X 轴方向将直接相邻的两个点连接起来。 线图用于按某个类别项的各个值,显示某个测度项之聚合值的变化趋势、几个测度项之间的变化趋势或关联性。 线图从某种程度上,可以认为是在点图上添加了连线	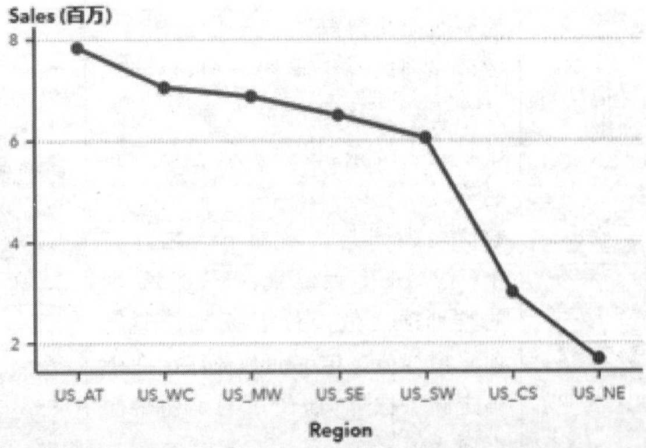

图形名称	图形说明	图形示例
阶梯图	由一系列连接圆点的线条组成。每个圆点的位置,由位于 X 轴的类别项之值及位于 Y 轴的测度项之聚合值决定;连线采用类似阶梯状的相互垂直线条,沿 X 轴方向将相邻的两个点连接起来。阶梯图与线图的主要不同,就在于连线方式。 阶梯图用于按某个类别项的各个值,显示某个测度项之聚合值的变化趋势、两个测度项间的变化趋势或关联性。与线图不同的是,阶梯图可以更好地显示出沿水平和垂直方向上,测度项聚合值的阶段性跳跃的特性	

10.1.4　通用描述性图形对象之四

表 10.4 是 SAS Visual Analytics 提供的时间序列图、瀑布图和词云等图形对象,它们也可用于描述两个及以上数据项,其中的测度项值显示的是类别项值所对应的聚合值。

表 10.4　描述测度项聚合值的部分图形对象 2

图形名称	图形说明	图形示例
时间序列图	时间序列图可以看作一种特殊的线图,其类别项只能为日期或时间类型	

续表

图 形 名 称	图 形 说 明	图 形 示 例
瀑布图	由一系列矩形条组成,矩形条在 X 轴方向按类别项所表示的操作期间或事务期间展开,矩形条在 Y 轴方向的排布不同于条形图:第一个矩形条的底边从一个初始值开始,随后的每个矩形条都以其前一个矩形条的顶边为起始,矩形条的高度表示操作或事务处理的量值,矩形条的方向(顶边大于底边或底边大于顶边),表示量值变化的方向。 瀑布图用于按某个类别项的各个值,针对某个测度项的聚合值显示其增量式的变化并到达最终值。 与条形图不同,瀑布图中每个矩形条的顶边在 Y 轴方向的对应值,表示的是该期间之前的所有操作或事务的聚合值,而矩形条的相对高度值(顶边减去底边之值)表示的是操作期间或事务期间实际的发生值	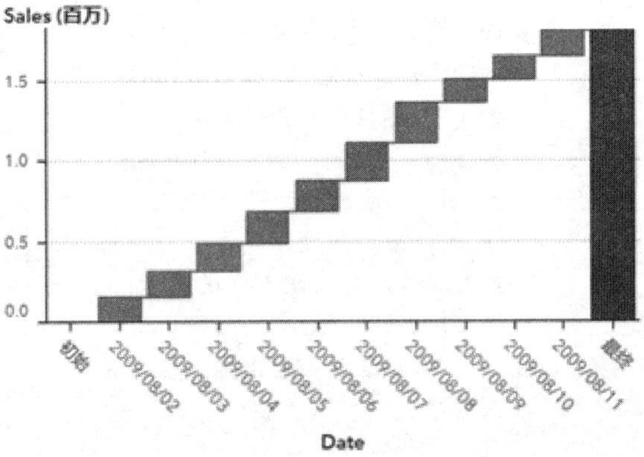
词云	对类别项中的文本词语,采用类似云的视觉呈现方式:通过显示词语的位置及字体的大小或颜色,来体现文本词语出现的频数或与该词语关联的某个测度项之聚合值。 词云用来形象地显示某个类别数据项中的文本词语,按某个测度项之聚合值的大小对比	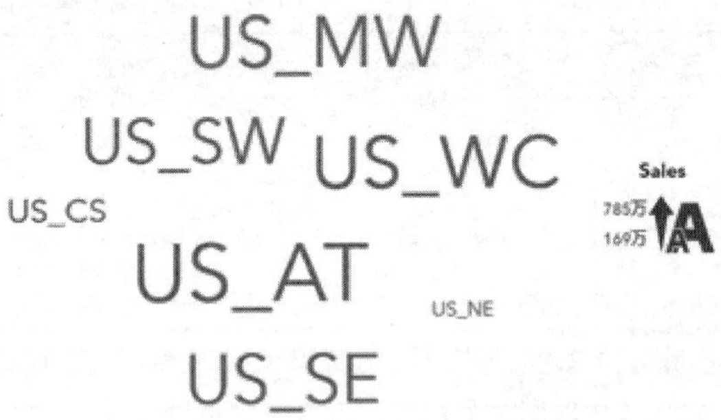

10.1.5 仪表盘对象

SAS Visual Analytics 提供了一些描述数据的仪表盘对象,包括:键值图、量具图及饼图等。与前面的通用描述性图形对象不同,仪表盘对象有自己的特点及适用性,主要用于在报表中展示那些最重要的信息,以便报表阅读者能够一目了然、快速获取关键信息、呈现数据偏差、显示当前资源及其状态。

表 10.5 是 SAS Visual Analytics 提供的可用于仪表盘的图形对象,包括键值、量具和饼图。它们描述数据时,使用的都是测度项的聚合值。

表 10.5 描述测度项聚合值的仪表盘对象

图形名称	图形说明	图形示例
键值	SAS Visual Analytics 提供了 2 种样式的键值：文本样式和信息图样式，前者直接以文本形式显示键值，后者在彩色圆环内以文本形式显示键值。所谓"键值"，是指测度项名称及其聚合值。 键值以更醒目的方式，突出显示某个测度数据项及其聚合值	Sales 785万 Region: US_AT
量具	SAS Visual Analytics 提供了 6 种形式的量具：圆弧、刻度盘、半刻度盘、全刻度盘、水平直线、垂直直线。这些类似仪表盘指示器的图形，通常以不同颜色显示两个以上的数据区间，并使用指针或线条，来指示某个测度项的聚合值在哪个区间内。量具用于直观地显示某个测度项的当前聚合值，并可以比较其与目标聚合值之间的差距	Sales US_AT 785万
饼图	饼图将一个圆形或圆环，划分为几个扇形区域，用整个圆形或圆环代表整体、每个扇区代表其中的各个部分对整体的相对贡献度。饼图分为多少个扇区，由类别项的非重复值数量决定；每个扇区的大小，则根据该类别项值所对应的测度项之聚合值与该测度项之总聚合值的占比决定。 饼图通常用来显示部分与整体的关系及占比	Sales Region US_AT US_WC US_MW US_SE US_SW US_CS US_NE

10.2 诊断性分析对象

描述性分析可以让我们知道已经发生了什么，接下来更重要的是，我们希望能够追溯事件发生的原因，这是诊断性分析主要的工作内容。例如，通过描述性分析对象，我们发现本月销售额上升而利润率下降；追溯原因后发现产品的成本上升了，进一步分析导致产品成本增加的原因，是产品的部分原材料因疫情造成运输成本增加，同时供应商搭车涨价。

SAS Visual Analytics 提供的可用于诊断性分析的图形对象，能够帮助我们分析事件发生的原因，包括进行观察对比的图形对象、展现相互关系或变化的图形对象等。当然，除了图形对象外，使用交互方式（数据过滤、排名、交互操作等）进行探索，也是诊断性分析中非常有效和常用的手段。本节主要归纳的是可用于诊断性分析的图形对象,其中各个图形示例的数据,除个别对数据结构有特定要求的对象外,大多使用的是 SAS Visual Analytics 的样例数据集 RAND_RETAILDEMO。

有关如何在 SAS Visual Analytics 中创建及使用这些诊断性分析对象的详细内容,我们将在后面的第 12 章中做进一步介绍。

10.2.1 进行对比的对象

诊断性分析常用的办法之一,就是进行数据对比和观察。SAS Visual Analytics 提供了两种类型的对比图形对象:单 Y 轴图形与双 Y 轴图形,它们可以方便地将两个测度项的数值变化趋势及相互关系,放在一起进行对比。

1. 单 Y 轴对比图

表 10.6 是 SAS Visual Analytics 提供的蝴蝶图、目标条形图及比较时间序列图,它们通过使用一个共享的 Y 轴,对两个独立的测度项之值进行对比。

表 10.6   用于数据对比的单 Y 轴图形对象

图形名称	图形说明	图形示例
蝴蝶图	蝴蝶图是条形图的一种变形,是把两个条形图背靠背地贴在一起,看起来像是展开双翅的蝴蝶 蝴蝶图的一个特殊之处,是横向轴线上刻度值的分布。一般图形,横向轴线上刻度值的分布,从左向右是从 0 开始递增的(假设展示的数据为正值)。而蝴蝶图的横向轴线上刻度值的分布,是从中间位置的 0 开始,分别向左、右递增的。 蝴蝶图可以很直观地对两组数据进行比较,很容易根据对应矩形条的长短对比值的大小和差别	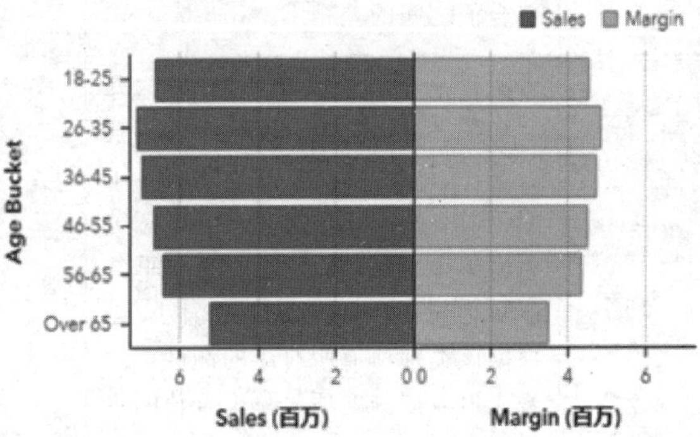
目标条形图	目标条形图显示的是带有目标值的条形图,目标值以一条线段表示。与条形图类似,目标条形图可以纵向显示,也可横向显示。每个矩形条的高度或长度表示测度项的值,与每个矩形条对应的箭头线,表示每个矩形条所对应的目标测度项的值。这样就可以方便地对两个不同测度项之间的值进行对比	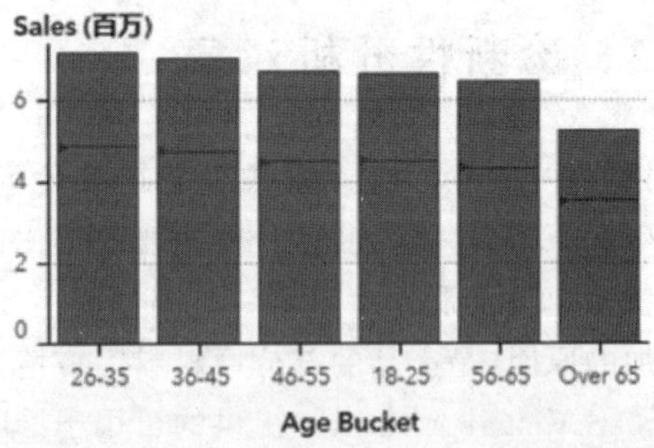

续表

图 形 名 称	图 形 说 明	图 形 示 例
比较时间序列图	比较时间序列图是时间序列图的一种衍生图形,只显示两个测度数据项随日期、时间变化的时间序列图。 比较时间序列图的类别项必须是日期或时间类型,两个测度数据项的显示,则使用一个共享的 Y 轴(位于图形左侧,分为上、下两部分)	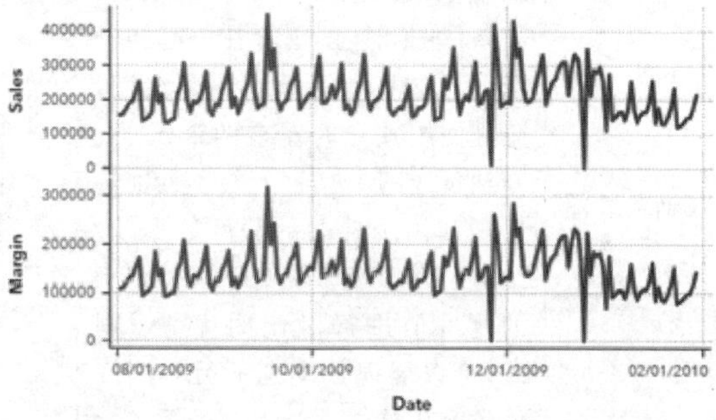

2. 双 Y 轴对比图

表 10.7 是 SAS Visual Analytics 提供的双轴条形图、双轴线图、双轴条线图及双轴时间序列图,它们通过使用两个独立的 Y 轴,对两个独立的测度项之值进行对比。

表 10.7 用于数据对比的双 Y 轴图形对象

图 形 名 称	图 形 说 明	图 形 示 例
双轴条形图	双轴条形图是条形图的一个变形,是一个具有共享类别项和两个独立测度项的条形图。其中,共享类别项显示在 X 轴,两个独立的测度项分别显示在左右两个 Y 轴。 SAS Visual Analytics 中,默认情况下,双轴条形图是按照第一个测度项之值降序排列的	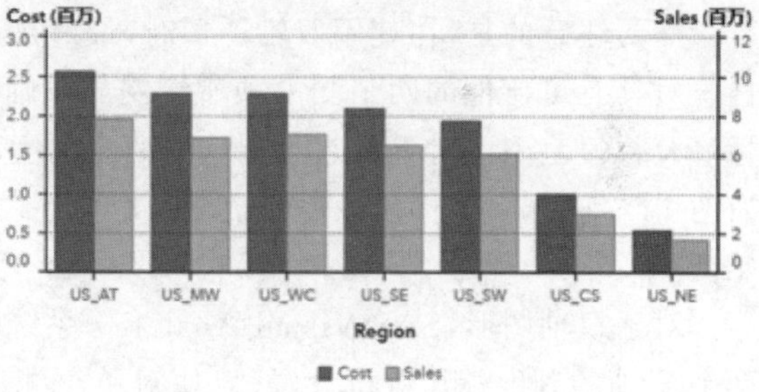
双轴线图	双轴线图是线图的一个变形,是一个具有共享类别项和两个独立测度项的线图。其中,共享的类别项显示在 X 轴,两个独立的测度数据项显示在左右两个 Y 轴。如果只比较两个测度数据项的变化趋势和相互关系,双轴线图是一个比较适合的、简单直观的图形	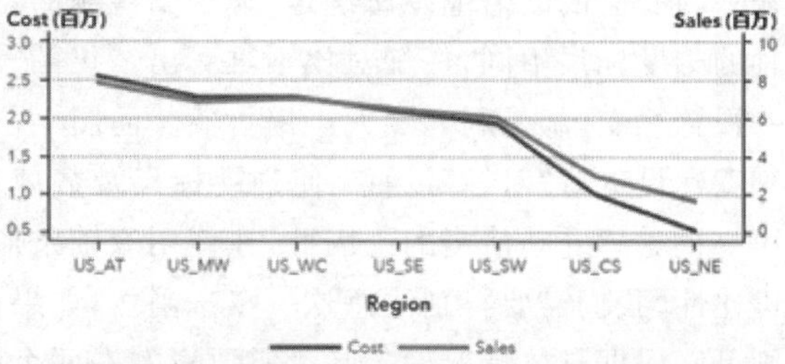

图 形 名 称	图 形 说 明	图 形 示 例
双轴条线图	双轴条线图是在共享类别轴上,将条形图和线图组合在一起的一个图形。其中的条形图和线图,分别使用独立的左右两个 Y 轴。双轴条线图具有一个共享类别数据项和两个独立的测度数据项。结合了条形图便于对不同类别下的测度值进行对比的优势。同时,可以展现该类别下另一测度值的变化趋势	
双轴时间序列图	双轴时间序列图是时间序列图的一种衍生图形,只显示两个测度数据项随日期、时间变化的时间序列图。其类别项必须是日期或时间类型。两个测度数据项的显示,则使用一个共享时间轴和两个单独 Y 轴(分别位于图形的左、右两侧)	

　　需要注意的是,在使用双轴图形时,最好是进行比较的两个测度项的数值范围具有可比性。对具有可比性的两个测度项所绘制的双轴图形,我们应仔细查看左右两个 Y 轴的刻度标尺及数值范围。对不具有可比性的两个测度项所绘制的双轴图形,我们也应仔细查看左右两个 Y 轴的刻度标尺及数值范围,尤其是线图部分所显示的趋势可能造成的不当视觉感受。

　　对于双轴图形,SAS Visual Analytics 系统会自动按照两个测度项的数值范围,对左右两个 Y 轴的刻度标尺进行设置,以便对单个测度项的显示达到最佳视觉效果。但是,这样容易因图形带给我们的视觉差异,导致对数据的误解。例如,图 10.2 中的两个双轴条形图,使用的是 SAS Visual Analytics 的样例数据集 RAND_RETAILDEMO,按客户年龄段显示的销售额和利润额的情况。图 10.2(a)中左右两个 Y 轴的刻度标尺,由系统自动根据销售额和利润额的数值范围所确定,显示销售额的左侧 Y 轴的刻度标尺与显示利润额的右侧 Y 轴的刻度标尺不同,仔细对比不难看出销售额大于利润额,但深色和浅色矩形条给我们的第一视觉感受,却是利润额大于销售额。而图 10.2(b),我们在其"选项"中对左右两个 Y 轴的刻度标尺进行"对标"设置:使刻度标尺及数值范围保持一致,这样才能确保图形给我们的第一视觉感受是恰当的。因此,在使用双轴条形图时,如果两个测度数据项的数值范围具有可比性,我们需要特别注意这一点。当然,如果两个测度数据项的数值范围不具有可比性,则可以根据具体情况确定是否需要对左右两个 Y 轴的刻度标尺进行"对标"设置。

　　我们再看另一个例子。图 10.3 的两个双轴条线图,使用的是 SAS Visual Analytics 的样例数据集 RAND_RETAILDEMO,按客户年龄段显示的销售额和利润率的情况。这里,数据集 RAND_RETAILDEMO 中没有利润率 Margin Rate 这个数据项,它是我们创建的

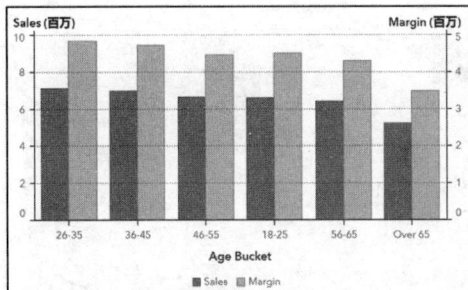

(a) 双轴条形图1　　　　　　　　　　　　　(b) 双轴条形图2

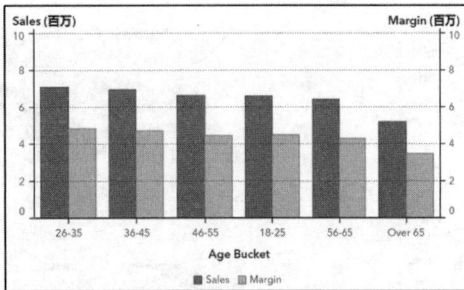

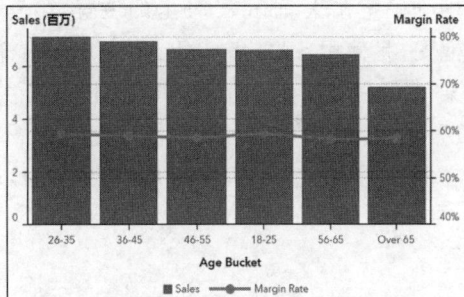

图 10.2　双轴条形图示例

一个计算项,其计算公式为 Margin/Sales,格式为 Percent12.2,聚合类型为"平均值"。图 10.3(a)中,左右两个 Y 轴的刻度标尺,由系统自动根据销售额和利润率的数值范围所确定,显示销售额的左侧 Y 轴的刻度标尺与显示利润率的右侧 Y 轴的刻度标尺明显不同。而线图所显示出来的趋势变化,给我们的视觉感受是,利润率的起伏变化很大,如果仔细查看,就会发现右侧表示利润率的 Y 轴,其标尺范围和刻度都非常小,造成了对我们视觉感受的误导。而图 10.3(b),我们在其"选项"中对右侧 Y 轴的刻度标尺进行了小幅调整,该线图带给我们的视觉感受就没有被夸大,这样才能确保图形给我们的第一视觉感受是恰当的。因此,在使用双轴图形时,我们也需要特别注意这一点。

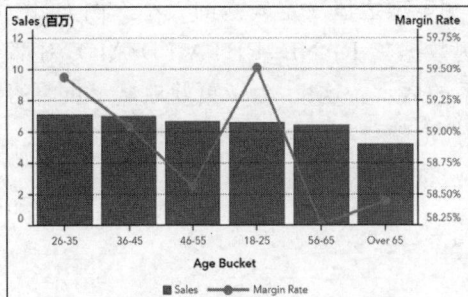

(a) 双轴条线图1　　　　　　　　　　　　　(b) 双轴条线图2

图 10.3　双轴条线图示例

10.2.2　展示关系的对象

诊断性分析追溯事件发生原因的另一种常用方法,就是查看数据项之间的相互关系。这种相互关系,可以是两个或多个测度项之间、测度项与类别项之间的潜在关系。

1. 散点图与气泡图

在前面的描述性分析图形中,已经介绍了散点图,它显示的是两个测度项之间的数值关系。在 SAS Visual Analytics 中,散点图也常用于诊断两个或多个测度项之间的关系,通过结合散点图中其他数据角色,如设置"颜色""网格行""网格列"等角色,或添加拟合线的方式,帮助我们对数据间的相互关系有更进一步的认识。例如,图 10.4 是使用 SAS Visual Analytics 的样例数据集 RAND_RETAILDEMO,对部分地区的销售、成本及利润值所作的一个散点矩阵图(添加了散点图拟合线)。从图中不难发现,销售 Sales 与利润值 Margin 之间呈正相关。

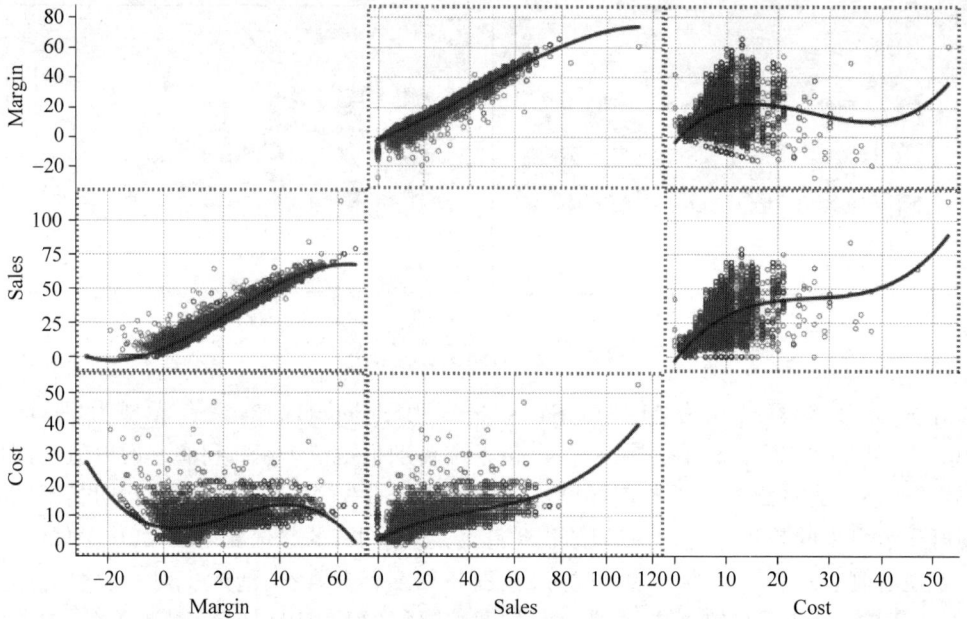

图 10.4 散点矩阵图示例

气泡图是散点图的一种扩展,可以显示至少三个测度项的相互关系。其中两个测度项之值用于确定在 X 轴和 Y 轴上的位置,第三个测度项之值决定气泡的大小。例如,图 10.5 的气泡图,是使用 SAS Visual Analytics 的样例数据集 RAND_RETAILDEMO,对部分地区在某一天的销售、成本及利润值之间相互关系的展示。这里,为了更好地显示重叠的数据点,设置了气泡图的"透明度",使我们通过图中气泡颜色的深浅感知到数据的密集度。这一设置在散点图、气泡图中,特别是当数据点比较密集时非常有用。

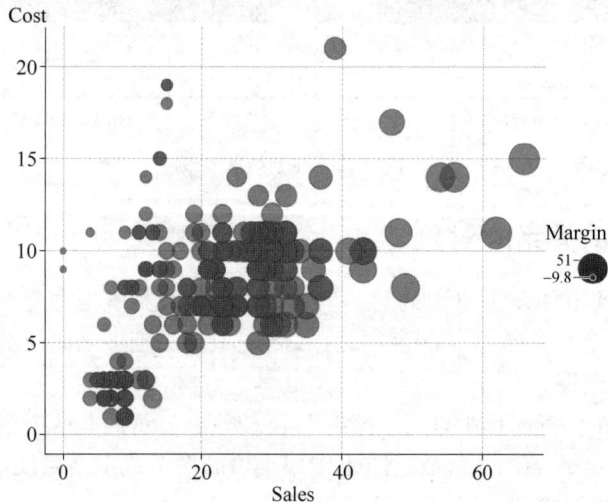

图 10.5 气泡图示例

2. 矩形树图与相关矩阵

表 10.8 是 SAS Visual Analytics 提供的用于表现数据关系的两个图形对象:矩形树图与相关矩阵。

表 10.8 用于表现数据关系的图形对象 1

图形名称	关 系 展 现	图 形 示 例
矩形树图	矩形树图善于表现类别项的层次结构及权重关系,当类别项为层次项时,还可以很好地展现数据之间的相互嵌套关系。并且,根据矩形拼块面积的相对大小,可以了解某个类别值或层次节点的占比	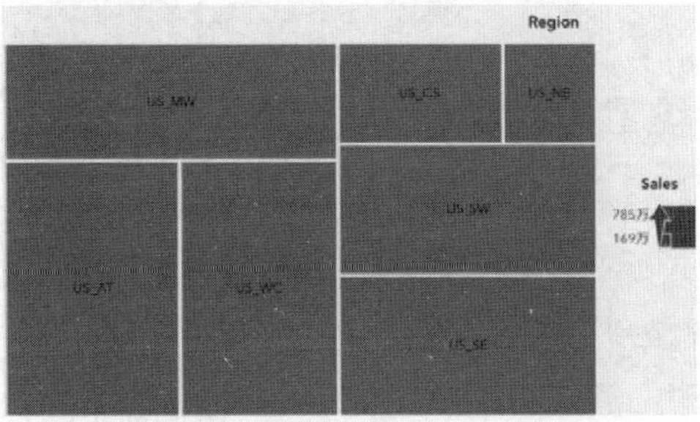
相关矩阵	相关矩阵自动对两个测度项之间进行相关性分析,并以矩形块的颜色深浅展示两者之间的相关程度(即相关系数的大小)	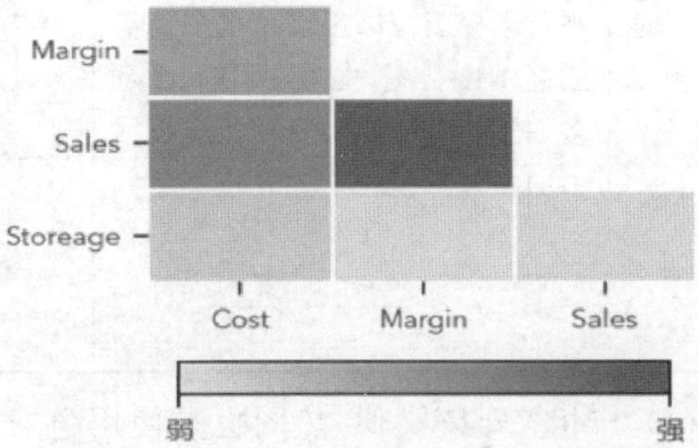

(1) 矩形树图是以一组矩形拼块的形态,来直观地呈现数据的层级关系、体现同级之间的比较,当类别项为层次项时,还可以很好地展现相互间的嵌套关系。矩形树图不显示 X 轴和 Y 轴,其中的每个拼块表示一个类别项的类别值或层次项的节点;每个拼块的面积大小由测度项的聚合值确定,并且,根据矩形拼块面积的相对大小,可以了解某个类别值或层次节点的占比,矩形面积越大,表示其在整体中的占比越大。需要注意的是,矩形树图无法显示负值或零值。

(2) 相关矩阵则是以类似矩阵的形式,显示多个测度数据项在两两之间的相关程度。SAS Visual Analytics 中的相关矩阵,会自动对两个测度项进行相关性分析,并以矩形块的颜色深浅展示两者之间的相关程度。相关矩阵不显示 X 轴和 Y 轴,它将多个测度项分别排列在矩阵的行和列上,分别计算出某行与某列上两个测度项的相关系数,然后以不同深浅的色块标识两者相关系数的大小,使得查看者能够快速地了解两个测度项间的相关性大小。

3. 热图与平行坐标图

表 10.9 是 SAS Visual Analytics 提供的用于表现数据关系的两个图形对象:热图与平行坐标图。

表 10.9　用于表现数据关系的图形对象 2

图形名称	关系展现	图形示例
热图	热图适用于显示多个变量之间在某方面的差异,以帮助人们更直观地了解彼此间是否存在某种模式或关联性	
平行坐标图	平行坐标图可以用来呈现多变量或高维度数据,尤其适用于涉及多属性、多类别情况下显示数据中的关系和模式	

（1）与相关矩阵类似,热图也是使用色彩变化来显示数据特征的一种可视化图表。它通过一系列着色的单元格,来显示所对应数据项值的分布情况。热图适用于显示多个变量之间在某方面的差异,以帮助我们了解变量间是否存在某种模式或关联性。由于热图是依赖颜色来表达数值的,它比较适合用来显示处于某个范围的数值,并不适用于需要精确地显示特定数值的场景。SAS Visual Analytics 中的热图,使用 X 轴和 Y 轴分别显示两个数据项的不同类别值,用交叉单元格的颜色来表示其对应的某个测度项的值(鼠标悬停于某个单元格时可以显示对应的测度项值)。交叉单元格的颜色深浅,由对应测度项的值的大小决定：较大的数值用较深颜色呈现,较小的数值用较浅颜色呈现。热图支持添加拟合线。

（2）平行坐标图用来呈现多变量或高维度数据。它将多类别或多属性数据通过多条平行的纵轴,映射到二维平面上,每一条轴代表一个维度或属性。平行坐标图不显示 X 轴和 Y 轴。数据表中的每一行数据,都对应到一条跨越平行纵轴的折线或曲线。这样,就可以直观地展示高维度或多属性的数据了。SAS Visual Analytics 中,平行坐标图的平行纵轴,用来显示代表维度及属性的类别项或经过分箱处理的测度项;跨越平行纵轴的折线或曲线,可以显示出数据的变化情况。连接平行坐标图各个纵轴的线段粗细,表示该分箱中观测的相对数量(聚合值)。在平行坐标图上,可以选中一个或多个类别或分箱进行高亮显示,以便交互式查看所关注和感兴趣的数据。

10.2.3　呈现变化的对象

诊断性分析追溯事件发生原因的另一种常用方法,就是查看数据项在空间或时间维度的变化情况。在空间维度,主要是开始点与结束点之间的变化。在时间维度上,则可以查看多个不同时间点的变化情况。

1. 向量图与气泡变化图

表 10.10 是 SAS Visual Analytics 提供的用于表现数据项在空间维度变化的两个图形对象:向量图与气泡变化图。它们显示的是起始点和结束点之间在空间纬度的变化,向量图表现的是 X 轴、Y 轴位置的变化,以及两者叠加的方向与距离变化;气泡变化图表现的是 X 轴、Y 轴位置与大小的变化,以及两者叠加的方向与距离的变化。

表 10.10　用于表现数据项在空间维度变化的图形对象

图 形 名 称	图 形 说 明	图 形 示 例
向量图	向量图使用一个带箭头的线段表示一个向量,线段的长短代表了向量的大小,而箭头的方向代表了向量的方向。 SAS Visual Analytics 的向量图,使用有向线段显示数据在开始点与结束点之间,在方向和数量上的变化情况;当使用无向线段时,仅显示开始点与结束点之间的数量变化。向量图默认启用箭头,用箭头来指示结束点,以更好地区分开始和结束的相对位置	
气泡变化图	SAS Visual Analytics 的气泡变化图可以看作由线条连接的两个气泡图,用来显示两组测度项之间的差异或变化。每组测度项分别由 2 个测度项的值决定其在 X 轴和 Y 轴上的位置,由 1 个测度项的值决定气泡的大小。气泡变化图默认启用箭头,以更好地表示开始和结束的相对位置	

(1)向量图形象地使用一个带箭头的线段表示一个向量,线段的长短代表了向量的大小,而箭头的方向代表了向量的方向。SAS Visual Analytics 的向量图,使用有向线段显示开始点与结束点之间在方向和数量上的变化情况;也可以使用无向线段,仅显示开始点与结束点之间的数量变化。开始点和结束点都是通过 X 轴和 Y 轴上的位置来表示。向量图默认启用箭头,用箭头来指示结束点,以更好地区分开始和结束的相对位置。

(2)气泡变化图可以简单地看成由线条连接的两个气泡图,用来显示两组测度项之间的差异或变化。每组测度项分别由 2 个测度项的值决定其在 X 轴和 Y 轴上的位置,由 1 个测度项的值决定气泡的大小。与向量图类似,气泡变化图也是使用 X 轴和 Y 轴的位置,表示数据在方向和量值上的变化,同时,气泡变化图比向量图多出一个维度,用来表示起始位置与结束位置测度项的大小。

2. 进度图与时间序列图

表 10.11 是 SAS Visual Analytics 提供的用于表现数据项在时间维度变化的两个图形对象：进度图与时间序列图。它们所显示两点之间（起始点和结束点）的变化，侧重于时间维度。

表 10.11　用于表现数据项在时间维度变化的图形对象

图 形 名 称	图 形 说 明	图 形 示 例
进度图	进度图是一种用于展示任务、事件或项目的进展、持续及完成情况的可视化图形。SAS Visual Analytics 中提供的进度图，是一种进度条图，用于展示任务、事件或项目随时间的进展及持续情况。进度图的横轴表示时间，纵轴表示任务、事件或项目，矩形条的长短表示该任务或项目所安排的时间跨度。进度图可以直观地表明任务在什么时候开始、什么时候结束，以及任务之际的相互关联等	
时间序列图	时间序列图可以直观地表现测度项值随时间的变化情况。SAS Visual Analytics 的时间序列图可以看作一种特殊的线图，其 X 轴所分配的类别项，只能是日期或时间型数据项。SAS Visual Analytics 中，除了普通的时间序列图外，还提供双轴时间序列图、比较时间序列图等衍生图形	

（1）SAS Visual Analytics 的进度图，是一种进度条图，用于展示任务、事件或项目随时间的进展及持续情况，以便帮助团队成员了解任务的安排和进度；展示项目不同阶段的完成情况；比较不同团队或项目的进展情况；根据进度图调整项目资源分配，简洁清晰地向利益相关者传达任务、事件或项目的进展及完成情况等。进度图的横轴表示时间，纵轴表示任务、事件或项目，矩形条的长短表示该任务或项目所安排的时间跨度。进度图可以直观地表明任务在什么时候开始、什么时候结束，以及任务之际的相互关联等。

（2）时间序列图适用于显示测度项值在时间维度的变化趋势，使用的是连接测度项之聚合值的线条。时间序列图是线图的一种衍生图，其 X 轴所分配的类别项，只能是日期或时间型数据项。SAS Visual Analytics 中，除了普通的时间序列图外，还提供了双轴时间序列图、比较时间序列图等衍生图形。

10.2.4　组合对象

SAS Visual Analytics 根据探索分析的需要,创建了一些组合对象,帮助我们更高效地探索和分析事件发生的原因。所谓组合对象,就是将几种基本图形对象组合在一起,以便更好地服务于数据分析。

这里简要说明两种常用于诊断性分析的组合对象——自动解释对象及文本主题对象。

1. 自动解释对象

自动解释对象是 SAS Visual Analytics 特有的一种分析对象,它使用机器学习和自然语言解释算法,由系统自动查找、呈现和叙述数据中的事实,找出发生问题的原因,检查所有选项并发现隐藏在数据中的机会;它可以自动突出显示数据中的关键关系、异常值、聚类等重要洞察。自动解释对象将图形对象与自然语言描述相结合,更有助于帮助用户快速了解数据集的特征。

自动解释对象能够为选定的响应变量,找出最重要的底层因子,并提供以下主要功能:

(1)快速地检测出数据(包括地理数据)中的模式和异常值,并使用易于理解的自然语言进行解释,且用恰当的图形进行呈现。

(2)自动解释算法可以对数据进行统计分析,并说明观测值的分布情况及相关因子等特征。

(3)自动筛选底层因子,确定最重要的相关因子;进一步分析响应变量与相关因子之间的关系,并根据该相关因子的统计特征,用自然语言进行解释和说明。

(4)当响应变量为类别数据项时,自动解释对象提供了区分事件水平的选项,可以根据不同的事件水平做出自动解释。

(5)提供了依据响应变量、对基于某个相关因子进行分组的选项,并提供对高、低两个分组中前三项的关键区别和自然语言解释。

自动解释对象是一个组合对象,由多个基础可视化视图组成,包括:特征描述视图、因子视图、关系视图、关系说明视图、事件水平、高低分组视图等。图 10.6 是一个自动解释对象的输出示例。

2. 文本主题对象

在互联网时代,有大量非结构化与半结构化数据,它们主要是以文本形式保存的数据。从这些文本数据出发,分析出其中所包含的潜在信息,将有助于个体或企业做出正确的决策。例如,在互联网的新闻、博客、论坛或视频等页面,有大量用户参与的关于人物、事件、产品等的评论信息。这些评论信息表达了人们的不同情感倾向和情绪诉求,可能是喜、怒、哀、乐,也可能是批评、赞扬等。通过对这些文本进行信息挖掘和情感分析,可以找到有代表性或重复出现的问题,企业的市场和研发团队就可以据此采取相应的对策。再如,通过探索那些负面情绪的主题(那些使用不满意,不开心等词条的主题),文本主题分析可以帮助确定负面情绪的起因,是由产品质量问题造成的、产品投放问题或其他因素引起的,从而更好地关注未来产品在相关方面的改进。

SAS Visual Analytics 的文本主题对象,用来对包含非结构化文本的数据项进行文本分析,提取文本主题、文本情绪及主题相关性等。文本主题对象中包含非结构化文本的数据被称为文档,文本主题由那些在某个文档中同时出现的高频词条组成。识别为文本主题的词

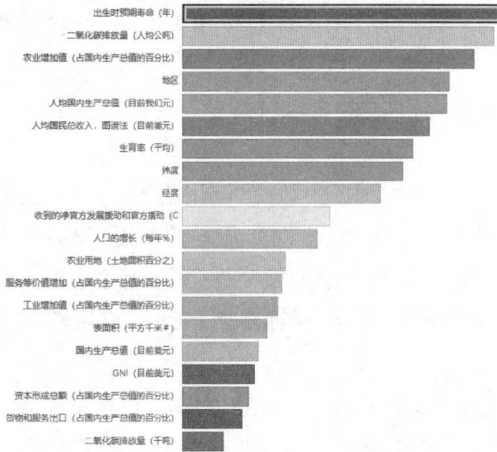
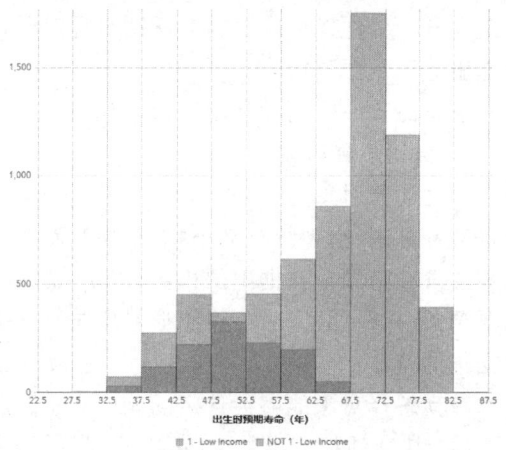

图 10.6　自动解释对象的输出示例

汇,将显示在条形图中。主题词汇的权重,表明这些词汇在该主题中的重要性。

　　此外,如果启用文档的情感分析,文本主题对象还可以将文档归类为正面、中立或负面情绪文档。SAS Visual Analytics 系统对每个文档的所有相关词条进行评分(Score),给表示积极情绪的词条(如快乐,满意,美妙等)的评分为 1;对表示中立情绪的词条(如顺序,事物等)的评分为 0.5;对表示消极情绪的词条(如不满意,冒险,生气等)的评分为 0。然后,根据每个文档的平均评分确定该文档的总体情绪。总体情绪的评分高于 0.5,表示该文档更多体现的是正向积极的情绪;等于 0.5 表示其所体现的是中立情绪;评分低于 0.5,则表示该文档更倾向于负面消极的情绪。

　　如图 10.7 所示,SAS Visual Analytics 文本主题对象的分析结果显示,文本主题由 warehouse,business,information 等偏正向或中性的词汇构成,出现频次最高的词条包括 sas,data,use 等,文档表中给出的主题相关性分析,给出的情绪评分多高于 0.5。

　　SAS Visual Analytics 的文本主题对象,还可以产生派生数据项,以便进一步对派生主题进行分析和挖掘,或将此派生主题与数据源表中的其他数据项一起进行分析,以更好地理解该主题的子组。例如,可以从风险、供应商、不满意等主题创建一些派生主题项,以分析属于该主题的客户的供应商情况。或者,使用派生项来分析具有负面反馈的订单,其所对应的产品、制造批次等情况。这些派生主题和关联项,可以帮助我们查明客户不满意的原因,是来自产品本身,还是产品运输环境,或其他因素。

　　另外,SAS Visual Analytics 的文本主题对象,提供了导出模型的功能。模型评分是指为可能包含感兴趣的响应数据项的数据集生成预测值的过程。模型使用的所有数据项都包含在评分代码中,并且评分代码可以导出为 SAS 程序,然后在 SAS 编程环境中的新数据集上运行。

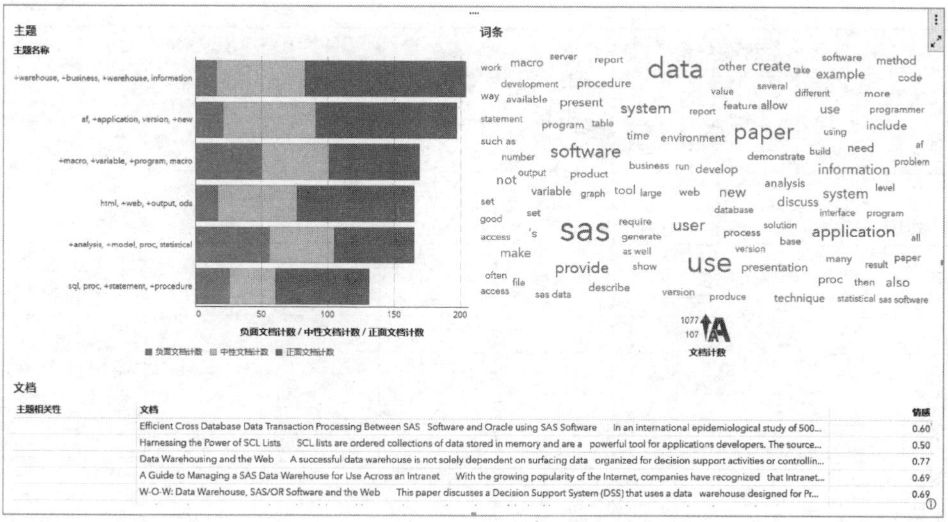

图 10.7　文本主题对象示例

10.2.5　非组合对象

至此，前面介绍的 SAS Visual Analytics 中用于探索分析的图形对象，除自动解释对象及文本对象外，大多为非组合的图形对象，多用于描述性分析和诊断性分析。表 10.12 所示是 SAS Visual Analytics 中各种非组合图形对象的特性对比。

根据这些非组合图形对象所适用的类别项数量、测度项的数量，以及是否支持分组、动画和格状图等特性，进行了对比汇总，方便读者参照。例如，要探索的是 1 个类别项与 1 个测度项的关系，可以尝试使用的非组合图形对象，包括条形图、线图、饼图（环状图）、点图、瀑布图、盒形图、散点图、阶梯图、针状图、时间序列图、词云、矩形树图、键值图、量具图及平行坐标图等。

表 10.12　非组合图形对象的特性对比

图形名称	类别项数量		测度项数量	支持格状图与否	支持动画与否	支持分组与否	备注
	非时间日期型类别项	时间日期型类别项					
目标条形图	1		2	√	√	×	
双轴条形图	1		2	√	√	×	
双轴条线图	1		2	√	√	×	
双轴线图	1		2	√	√	×	
条形图	1,2		1～n	√	√	√	
线图	1,2		1～n	√	√	√	
饼图（环状图）	1,2		1～n	√	√	√	
气泡图	0,1,2		3,4	√	√	√	
点图	1		1	√	×	×	
瀑布图	1		1	√	×	×	
盒形图	0,1		1～n	√	×	√	

续表

图形名称	类别项数量		测度项数量	支持格状图与否	支持动画与否	支持分组与否	备注
	非时间日期型类别项	时间日期型类别项					
散点图	0,1		1～n	√	×	√	
数值序列图	0,1		2～n	√	×	√	
阶梯图	0,1,2		1,2	√	×	√	类别项与测度项数量之和≥2
向量图	0,1,2		4	√	×	√	
针状图	0,1,2		1,2	√	×	√	类别项与测度项数量之和≥2
进度图	1,2	2	0	√	×	√	
直方图	0		1	×	×	×	
相关矩阵	0		2～n	×	×	×	
比较时间序列图	0	1	2	×	×	×	
双轴时间序列图	0	1	2	×	×	×	
时间序列图	0,1	1	1-n	×	×	√	
词云	1		1,2	×	×	×	
矩形树图	1		1,2	×	×	×	
蝴蝶图	1		2	×	×	×	
气泡变化图	1		6	×	×	√	
键值图	0,1		1	×	×	√	
量具图	0,1		1,2	×	×	√	
平行坐标图	0～n		0～n	×	×	×	类别项与测度项数量之和≥2
热图	0～n		0～n	×	×	×	类别项与测度项数量之和≥3

10.3 预测性分析对象

通过前面介绍的描述性分析和诊断性分析,我们已经了解了事件的历史及现状、可能导致事件发生的原因或因素。接下来要做的分析,就是预测事件在未来发生的可能性、可能的量化数值及可能发生的时间点等。这些就是预测性分析的目的。

预测性分析,顾名思义是用统计分析、数据挖掘及机器学习算法,根据历史数据对未来结果进行预测的分析方法。通过预测性分析,可以帮助我们了解影响未来结果的多种因子及相关事件,识别未来的趋势、结果、风险和商机。

预测性分析的一般原理,是先根据历史数据进行建模,然后训练模型来对未来数据进行预测。历史数据可能包括多种多样与预测事件有关的数据。如年龄越大的人,心脏病发作的可能性就越高,年龄与心脏病发作风险呈现相关关系,进行心脏病发作风险预测时,应该包括年龄等各种相关信息的历史数据。

预测性分析常用的建模技术,包括线性、非线性回归、决策树、随机森林、神经网络、支持向量机、梯度提升、因子分解机、Bayesian 网络等。SAS Visual Analytics 及其组合分析工具 SAS Visual Statistics、SAS Visual Data Mining and Machine Learning 所提供的预测性分析功能,底层就分别使用了这些不同的建模技术。这些建模技术的具体内容,属于机器学习的范畴,有兴趣的读者可以查阅相关资料。在可视化分析中,我们仅介绍如何使用 SAS Visual Analytics 提供的预测性分析对象,包括预测对象、自动预测对象。

有关如何在 SAS Visual Analytics 中创建及使用这些预测性分析对象的更多内容,我们将在后面的第 17 章进行讨论。

10.3.1 预测对象

SAS Visual Analytics 的预测对象,可以根据数据源中的测度项在时间维度上的变化趋势,来预测该测度项在未来某个时间段(点)的预测数值。例如,根据既往的历史数据,预测未来 3 年的降水量;或者预测某个城市的用电高峰期,从而可以根据需要制定不同时段的费率或将电力输送到特定的区域等。当然,预测对象也可以用来预测企业想要达到某个目标,需要在哪些方面做好控制和管理,如确保销售额或库存量达到某个指标等。

SAS Visual Analytics 系统根据要预测的测度数据项的数值特性,自动评估多个预测模型,然后选择最佳模型供用户进行预测。在预测对象中,系统将自动运行以下几种预测模型,来测试并选择适用的最佳预测模型:ARIMA(整合移动平均自回归模型)、衰减趋势指数平滑模型、线性指数平滑模型、季节指数平滑模型、简单指数平滑模型、Winters 加法模型、Winters 乘法模型。

如果想要查看预测对象所使用的预测模型,可以通过该预测对象的最大化视图,查看详细信息表中的相关说明。

在 SAS Visual Analytics 中使用预测对象,要求其数据集中包含至少一个日期时间类型的数据项。图 10.8 所示的是一个预测对象,使用的数据集是在第 7 章中导入的数据表 DATA1。我们已经按照第 9 章的介绍,在 SAS Visual Analytics 中创建了一个日期类型的计算项 Date_CONVERTED。这样,该数据表 DATA1 才可以被用于预测对象。

预测对象产生的预测结果,以一条带预测值的线和一条代表置信区间的彩色带来显示。其中:

(1) 预测模型的历史值仅显示为标记,标记之间没有连线。

(2) 预测模型生成的一些历史预测值,将显示为预测线的一部分。根据所选的最佳预测模型,历史预测线可能不会从 X 轴起始处开始。

(3) 预测模型生成的一些未来预测值,显示为一条贯穿置信区间彩色带的连线(如 95% 的置信区间带,表示预测模型认为未来预测值有 95% 的可能性会落入该区间带中)。

(4) 预测模型生成的一些历史预测值与未来预测值之间,有一条黑色的参考线进行区分。

(5) 如果添加的底层因子对预测准确性有贡献,则会在预测趋势图下面,显示出底层因子的趋势线。每个有贡献度的底层因子会显示为单独的一条线。

10.3.2 自动预测对象

自动预测对象是 SAS Visual Analytics 特有的一种分析对象,它是由系统对指定的响

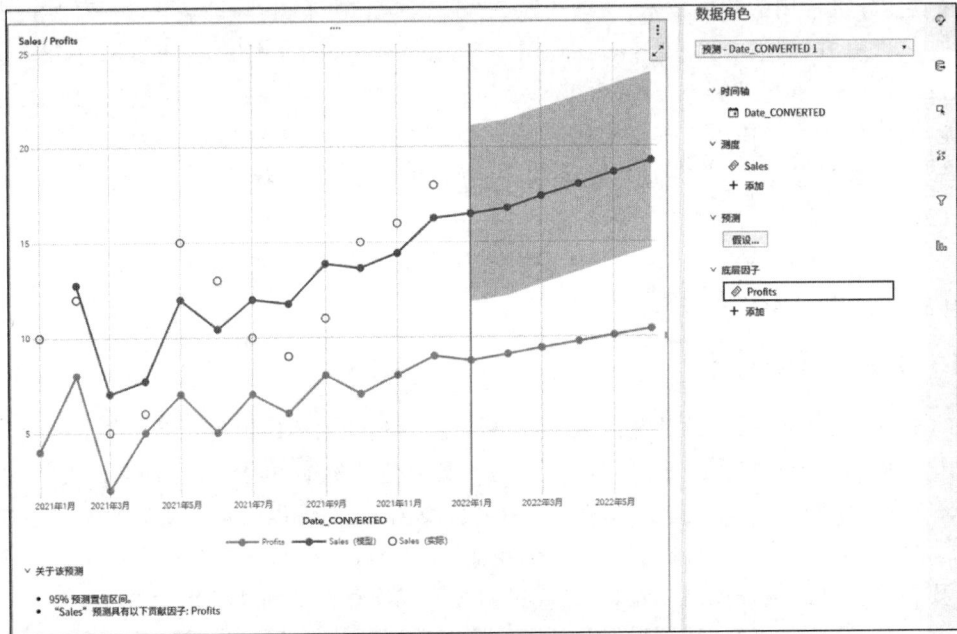

图 10.8　预测对象示例(彩色图片可扫描附录二维码查看)

应变量自动运行多个分析模型,并自动比较和选择冠军模型进行预测,然后以简单的自然语言来描述预测结果。自动预测对象也是一种组合对象,由几个基础的可视化视图组成:因子视图、预测值视图及预测说明视图。

通常,在指定响应变量之后,系统自动将数据集中剩余的大多数数据项,添加为底层因子去运行模型。如果需要指定底层因子,系统也支持自选底层因子。在冠军模型中使用的所有底层因子,都将显示在左侧的底层因子输入表单中,系统依据其相对重要性值的大小,按从高到低的顺序进行排列。

根据不同响应变量的类型,自动预测对象将自动选用不同的候选模型,参加冠军模型的比较和选择。选择方式如下:

(1) 当响应变量为类别项时,运行的候选模型包括 logistic 回归(仅二值型响应变量)、梯度提升及决策树。冠军模型的选取,是依据最高准确度(误分类率)选择的。准确度衡量模型的预测值与数据值的匹配频率。

(2) 当响应变量为测度项时,运行的候选模型包括线性回归、梯度提升及决策树。冠军模型的选取,是依据最低平均平方误差(ASE)确定的。

与前面介绍的预测对象不同,自动预测对象对数据表的结构没有特殊要求。无论是测度项,还是类别项,都可以作为响应变量和底层因子;同时,不要求必须包含代表某个时间段(如日期、时间或日期时间)的数据项。因此,自动预测对象比预测对象更加灵活、适用范围更广。

图 10.9 为自动预测对象的一个简单示例。使用的数据集是在第 7 章中导入的数据表 DATA1。响应变量和底层因子分别为 Profits 和 Sales 项。自动预测对象的输出,包括因子、预测值和预测说明三部分(分别为图 10.9 虚线所示的左边区域、右上和右下区域)。

图 10.9　自动预测对象示例

10.4　指导性分析对象

指导性分析可以根据对以往发生事件的理解、事件发生原因的诊断,以及对各种"可能"发生情况的预测分析,来指导用户确定可能的最佳行动方案或提供推荐方案。例如,去往某地的多条路径中,考虑每条线路的距离、行驶速度、路况等因素,以及时间因素等,提供距离最短路径或用时最短的路径方案等。

SAS Visual Analytics 的一些分析对象,提供了一定的指导性分析功能,可以作为指导下一步行动的决策参考。这些分析对象,包括路径分析对象、网络分析对象和地理分析对象。同样地,虽然归为指导性分析对象,它们也可用于描述和诊断性分析。本节对这些对象做简要概括及梳理,更多的使用方法与示例将在第18、19章中做进一步介绍。

10.4.1　路径分析

有时候,我们可能需要对一些对象的流转路径进行分析,例如,在一个流程的各个步骤之间流转、不同级别对象之间的流转,或所访问网站的不同页面之间流转等。此时,我们希望通过分析,查看通向某个目标的路径(如获得最后结果所经历的流程中的节点,或访问网页后购买产品所经历的环节等)。路径分析可以执行与路径流转有关的分析。这里所说的路径,由一系列不同的事件组成,这些事件与特定的事务相关联并按照一定的演变顺序进行排列。

为了更形象地显示出这些事件在不同路径的演变,路径分析对象多使用桑基图来呈现事件的演变路径。桑基图(Sankey Diagram),是以英国工程师马修·桑基(Matthew Sankey)的名字命名的。Sankey 于 1898 年使用这种图形,对蒸汽机的运行效率进行可视化,并获得了广泛的认可。之后,桑基图渐渐在科学和工程领域得到大量使用,多用于绘制能源、天然气、热力或水的分配及流量,进而推广到金融现金流、资金的成本预算流等。在互联网时代,桑基图多用来显示网络流量、客户访问行为分析等。

SAS Visual Analytics 的路径分析对象,使用的是一种定制桑基图,来绘制事件路径,并提供交互式的路径分析操作。图 10.10 是这种定制桑基图的一个示例。

其组成部分包括:

(1)标记①指示的黑色矩形框,表示一个节点,其中包含了 3 个不同的事件。节点前、后的路径宽度,表示进入及退出该节点的每个分支的宽度。任一中间节点上,其始、末端的分支宽度总和应该相等。

(2)标记②所指的矩形条,表示一个事件。相同的事件可以出现在图形的多个节点上。

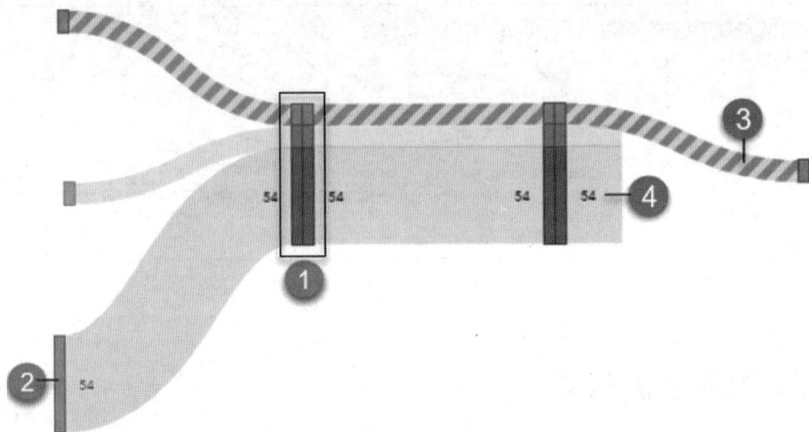

图 10.10　定制桑基图

（3）标记③所指示的条形带，是一条连接了 4 个节点（确切说是节点中的某类事件）的路径。路径是从一个事件（值）到另一个事件（值）的数据流，路径的宽度由该事件流转的频率或其他权重项决定。

（4）标记④所指的矩形条，表示当前路径到达一个"中断"链接。只有从当前节点继续流转的路径，包含有通向其他节点的路径时，才会显示这种"中断"链接。如果从当前节点继续流转的路径，没有通向其他节点的路径时，就直接显示为最后一个事件（如标记 ③ 路径上的最后一个节点）。

图 10.11 是 SAS Visual Analytics 中生成的一个虚拟网站的路径分析图。

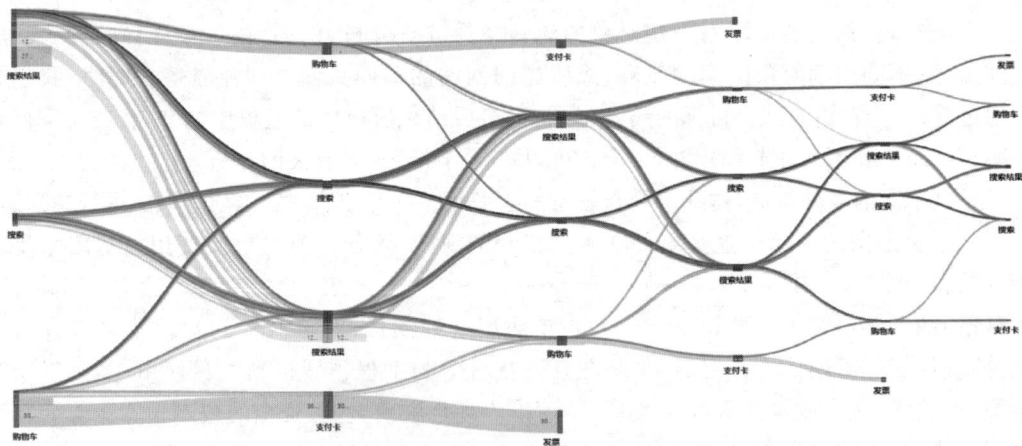

图 10.11　路径分析图示例（彩色图片可扫描附录二维码查看）

SAS Visual Analytics 提供了根据节点和事件对路径进行过滤的操作，可以从某个节点开始创建新的路径过滤器或创建新的图形对象。通过这些交互分析，可以挖掘出对下一步行动具有指导意义的信息，如通过对购物网站访问日志生成的网络图进行分析，可以帮助我们找到有效市场推广的目标客户，然后针对他们开展相应的市场推广活动。

使用 SAS Visual Analytics 的路径分析对象，对数据表的结构有一定要求。相关内容及创建、使用该对象的方法，我们将在后面的第 18 章进行介绍。

10.4.2 网络分析

可以说,现实世界中的一切都是相互联系的:人与人之间、人与地点、交易、设备、想法,以及它们相互之间,都可能存在着某种联系。现实世界中最常见的网络分析的一个例子,是社交网络的分析。社交网络显示了人与人之间的互动,社交网络图可用于识别社群之间的模式,确定网络中的广播者或社交领袖,并能更好地了解网络动态。通常,社交网络分析更多侧重于社交媒体上(如微信等)人与人之间的关系,现在也可以用来分析亲属关系、疾病传播渠道等。查看这些联系或事物之间关系的一种常用方法,就是使用网络分析。

SAS Visual Analytics 的网络分析对象,通过对数据项的值所代表的一组实体进行分析,使用节点及连接线构成的网络图,来显示实体之间的联系。网络图中的节点(通常画成一个小圆圈),代表的是实体;网络图中的连线(可以带箭头或不带箭头),代表的是实体之间的联系。在网络图中,并非所有节点及其连接都有相同的属性。因此,可以通过节点的大小、颜色,或通过连线的粗细、颜色,表示其数值之间的比例和区别。

另外,网络图还可以根据实体之间连接是否具有方向性,分为有向网络图和无向网络图。无向网络只显示实体之间的联系,即实体之间的关系没有方向性:节点 A 与节点 B 相关,意味着节点 B 与节点 A 同样相关。例如,脸书上的朋友关系是无向关系,也就是说,友谊是相互的。而有向网络使用箭头表示实体之间的关系具有方向性:节点 A 与节点 B 有某种关系,但节点 B 不一定与节点 A 有这种关系。如微博上的关注关系是一种有向关系:张三可能关注了李四,但这并不意味着李四也关注了张三。

SAS Visual Analytics 的网络分析对象,支持创建两种结构的网络:

1) 层次结构网络

使用层次结构来创建网络图。网络图的呈现,按照最高层级的节点连接到其对应的次级节点绘制,而这些最高层级节点及其次级节点形成的网络,再以平铺方式进行排列。通常,层次结构的网络图显示为断开的节点群集,其中的每个小网络由父节点链接到其子节点的有向网络,如图 10.12 所示。

2) 未分组网络

通过使用源数据项和目标数据项来创建网络结构。为源数据项的每个值创建一个节点,并且从每个节点到与目标数据项值所对应的节点间,使用连线显示它们的互连关系。未分组网络图,有助于表示实体之间的联系。未分组网络由源节点和目标节点分别定义,节点之间的链接可以是无向的,也可以是有向的。图 10.13 是一个未分组有向网络图的示例,箭头指向的是目标节点。

SAS Visual Analytics 提供了在网络图中查找两个节点之间最短路径的功能。所采用的最短路径算法,是基于 Dijkstra 最短路径算法思想、求解 K-最短路径问题的 Yen 算法。算法的主要思想是,每次选择距离源节点最短距离上的待扩展节点,逐一求解前 K 条最短路径并进行扩展,最后生成源节点到所有节点的最短路径。如果算法返回的最短路径有结值,SAS Visual Analytics 将返回所有的最短路径。这里,"结值"是一个统计分析中用到的术语,与数值的排名顺序有关。如果两个观测在排名中具有相同的排名,就说它们具有结值。对具有结值的两个或多个观测,没有办法给它们分配唯一的排名序号。结值可以简单理解为体育比赛名次中的"并列",如并列第二。具体实现这里不做详细讨论,有兴趣的读者

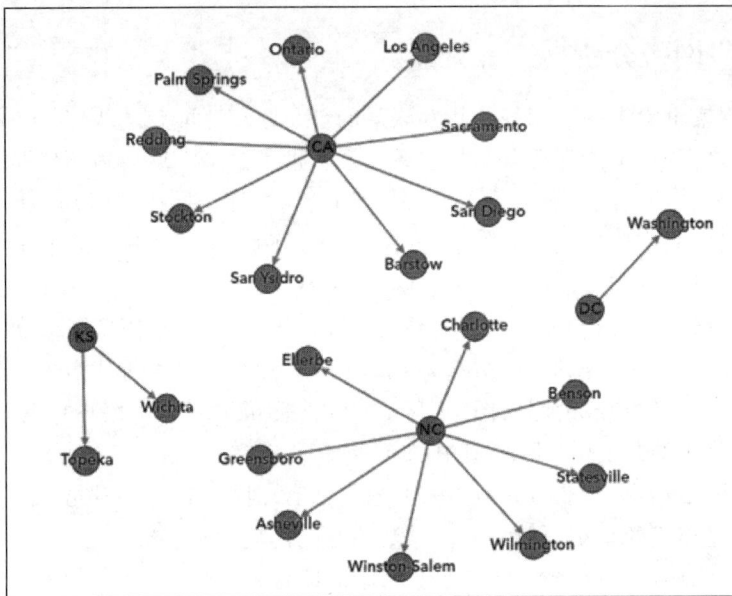

图 10.12　层次结构网络分析对象示例

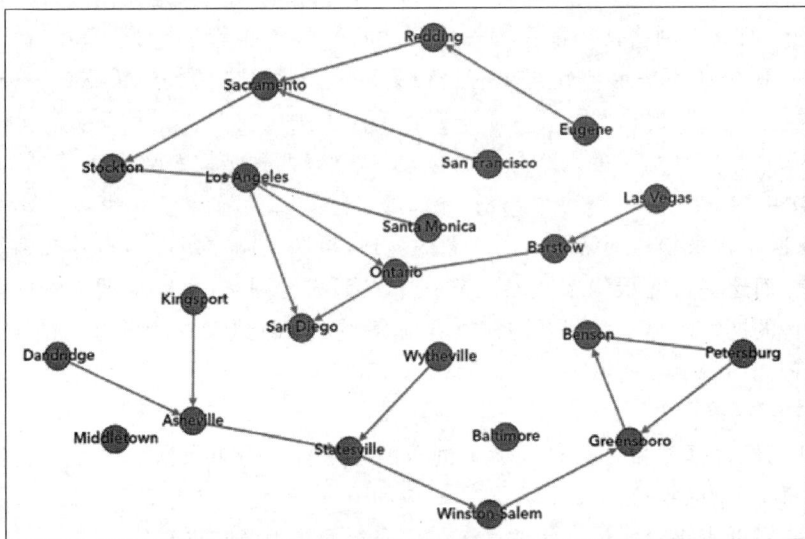

图 10.13　未分组网络分析对象示例

可以自行查阅算法相关资料。

　　SAS Visual Analytics 还提供了在网络图中进行最小聚类和最大聚类的操作。所谓"聚类"是指网络图中存在连通分量，也就是存在一些相互之间通过连线链接在一起的一系列节点。最小聚类是指网络图的所有连通子图中，连通节点数量最少的连通子图。最大聚类是指在网络图的所有连通子图中，连通节点数量最多的连通子图。更多有关网络分析对象的创建及使用方法，我们将在后面的第 18 章进行介绍。

10.4.3　地理分析

　　地理空间数据是现实世界中一种常见的数据类型，一般由描述地理空间的方位数据与描述对象属性的数据组成。描述地理空间的方位数据,通常采用地图投影的方法,将地理空间的方位数据投影到一个二维曲面(地球表面)进行记录。而描述空间对象属性的数据,则采用离散值或连续值直接进行记录。例如,全球气候数据中包含的地理空间数据,记录了全球各个国家或地区的经、纬度数据(地理空间的方位数据),以及气温、降水量等信息(空间对象的属性数据)。

描述地理空间的方位数据所采用的地图投影方法,可以通过映射将球面位置与曲面位置建立起对应关系。如墨卡托投影,将地球的经纬线投影到与地轴方向一致的圆柱表面,然后将圆柱面展开,获得墨卡托投影后的地图。这样,就可以将经线均匀地映射为一组平行的垂直线,将纬线均匀地映射为一组平行的水平线。

将描述空间对象的属性数据,与地理空间的方位数据相结合,可以在地图上通过点、线、面等视觉标记,以及位置、颜色、形状和大小等视觉通道,更形象直观地进行展示说明,这就是地理分析对象(也称为地理位置分析对象,简称地图对象)。

SAS Visual Analytics 最新版本提供 10 种地理分析对象,我们可以简单地划分为两类:基础地理分析对象、组合地理分析对象。

1. 基础地理分析对象

SAS Visual Analytics 的基础地理分析对象,包括:地理坐标、地理气泡、地理区域、地理等值线、地理聚类、地理饼图、地理网络及地理线。

1)地理坐标

在地图上根据地理位置数据项所确定的方位显示数据点。这些数据点(显示为散点或气泡)可以显示空间对象的属性数据。地理坐标图可以不必与空间对象的属性数据关联,单纯表示地理位置,此时数据点仅显示为散点;当与属性数据关联时,则数据点显示为气泡,气泡大小与该属性数据值的大小相关。通常,地理坐标图中的每个数据点,会显示在地理位置项所确定的坐标处或某一地理区域中心位置的坐标处。

2)地理气泡

在地图上根据地理位置项所确定的方位,显示由空间对象的属性数据所决定的数据点。地理气泡图中每个数据点将位于地理位置数据项所确定的某一地理位置的坐标或某一地理区域中心位置的坐标处。

地理气泡图可以看作地理坐标对象的一种特定形式,两者的区别仅在于数据点的大小是否与空间对象的属性数据相关联。

3)地理区域

在地图上根据地理位置项所确定的方位,绘制完整的区域轮廓,并根据空间对象的属性数据为各个区域着色。这是最常见的显示对象空间位置范围及属性的一种地理图对象。地理区域图对"地理位置"角色能使用的地理位置数据项有一定要求,只能接受可以标识区域的地理位置项,无法为它分配基于经纬度或基于邮政编码等位置点的地理数据项或基于地理几何点或几何折线的"地理数据提供程序"所创建的地理位置项。

4)地理等值线

在地图上根据地理位置项所确定的方位,显示由具有相同属性数据值所决定的数据点连接而成的阴影区域或折线。地理等值线本质上是一种二维密度图,分别用地理数据的经纬度作为二维密度图的两个维度,而在这两个维度上的数据频数(或具体的测度值),用来确定地理数据密度(或测度值分布情况)。地理等值线对象多用于在地图上显示数据密度或测度值分布情况。

请扫描左侧二维码查看前面 4 个地理分析对象的示例,使用的均是 SAS Visual Analytics 的样例数据集 RAND_RETAILDEMO。其中,地理坐标图的圆点标识了各州的中心位置;地理气泡图中的气泡位于各州的中心,气泡大小由各州利润的合计值决定;地理区域图绘制出了各州的区域轮廓,区域的颜色由位于该州的店面数量(StoreNum 项)决定;地理等值线图的等值线位于各州的中心位置,其等值线由位于该州的店面数量(StoreNum 项)决定(图中设置的等值线分为 6 个级别、以最小值作为基准等值线)。

5)地理聚类

在地图上根据地理位置项所确定的方位,将彼此位置邻近的空间对象聚类成单个标记,并使用每个聚类标记上的数字来指示该标记所聚类的数据点的数量。地图中彼此位置邻近的空间对象,系统将自动聚类成单个标记。当对地图进行缩放或平移操作时,系统将自动重新进行聚类。另外,地理聚类图可以使用不同的标识来显示未聚类的数据点,且支持为未聚类的数据点指定一个测度项来对应其标记显示的大小。

6)地理饼图

在地图上根据地理位置项所确定的方位,显示由空间对象的属性数据所生成的饼图。地理饼图中,空间对象的属性数据包括一个或两个测度项,以及一个类别项,它们共同决定饼图的显示。地图中每个饼图将绘制在地理位置数据项所确定的某一地理区域的中心或位于某个位置的坐标上。

扫描左侧二维码可以查看地理聚类对象和地理饼图的示例,使用的是 SAS Visual Analytics 的样例数据集 RAND_RETAILDEMO。其中,地理聚类对象中的星形标记表示未被聚类的数据点,圆形标记中的数字表示该标记是对几个地理位置邻近的数据项的聚合,而该圆形的大小表示了其测度项聚合值的大小(本例的测度项是 Margin);地理饼图中各个"饼"的地理坐标位于各州的中心位置,饼图是按照品牌类别计算店面数量(StoreNum 项)所占份额的大小。

7)地理网络

简单来说就是在地图上显示网络图,而网络图可以是层次结构网络图或未分组网络图。地理网络图中每个节点的位置,由地理位置项决定其在地图上的方位;而空间对象的属性数据决定了网络图中节点的大小及相互间的连线。

8)地理线

在地图上根据地理位置项所确定的方位,绘制地理路线,如公交路线,铁路、高速、电线线路、水管线路等。需要注意的是,地理线图的"地理位置"角色能接受的地理位置项,只能是使用基于地理几何折线的"地理数据提供程序"所创建的地理位置项。

2. 组合地理分析对象

组合地理分析对象,可以理解为将基础地理分析对象与其他图形又进行了一次图层的叠加。目前版本中,组合地理分析对象包括:地理区域坐标及地理线坐标。其中,地理区域坐标对象可以看作地理区域图上叠加地理坐标对象;地理线坐标对象可以看作在地理线图上叠加地理坐标对象。

1）地理区域坐标

在地图上根据一个地理位置项所确定的方位,绘制完整的区域轮廓;根据另一个地理位置项绘制由空间对象的属性数据所决定的数据点,就可以构成地理区域坐标图。需要注意的是,地理区域坐标对象中用于着色区域轮廓的"地理位置"角色,与地理区域图的要求类似,只能接受可以标识区域的地理位置数据项;而地理坐标对象的"地理位置"角色,则不受此限制。

扫描右侧二维码可以查看地理网络图和地理区域坐标图的示例。使用的是 SAS Visual Analytics 的样例数据集 RAND_RETAILDEMO。其中,地理网络图显示的是一个层次结构网络(Region-State),即各大区及其下属州的利润贡献情况;地理区域坐标图中的区域轮廓是各州的地理位置,其颜色由位于该州的店面数量(StoreNum 项)决定;而地图中的圆点标识了各州的中心位置。

2）地理线坐标

在地图上根据一个地理位置项所确定的方位,显示出地理路线;根据另一个地理位置项绘制由空间对象的属性数据所决定的数据点,就可以构成地理线坐标图。如公交路线及各个站点,水管线路及各个维护口等。地理线坐标图中用于绘制地理路线的"地理位置"角色,与地理线图的要求类似,只能接受基于地理几何折线的"地理数据提供程序"所创建的地理数据项;而地理坐标对象的"地理位置"角色,则不受此限制。

扫描右侧二维码可以查看地理线图和地理线坐标图的示例。由于这两种地图,只能使用基于地理几何折线的"地理数据提供程序"所创建的地理数据项,因此,无法使用 SAS Visual Analytics 的样例数据集 RAND_RETAILDEMO。例子中使用的是伦敦公交线路的部分数据。左边的地理线图显示的是 1,2,C1 三条线路的路线(见图中所示的线路标签),每条线路采用了不同的线条格式以便区分。右边的地理线坐标图显示的是 1,2 两条线路及每一个车站的位置,两条线路也采用了不同的线条格式进行区分,线路上的每个标记点就是一个车站。

SAS Visual Analytics 提供在各种地理分析对象上创建位置图钉,并基于位置图钉执行进一步分析的功能。例如,创建位置图钉后,标识从该位置出发或到达该位置的路线;或者根据不同的出行方式(步行、驾车)计算路线距离等;也可以创建基于半径的地理选择,如果启用了 Esri Premium 服务,还可以查看地理选择范围内的人口统计数据,如显示距离某景点 1 小时车程范围内的总人口、平均收入等。如果是地理网络对象,还可以执行网络图所提供的查找最短路径、最小或最大聚类等功能。

10.5　交互分析操作概述

我们需要认识到,在进行数据探索分析的过程中,仅依靠各种图形分析对象是不够的。必须通过更多地交互操作及探索尝试,才能有更多发现。SAS Visual Analytics 提供了多种交互分析功能,帮助我们通过图形对象自身或对象之间的一些交互操作,去探索、追溯并发现事件的过去、现状及未来。这类交互式操作主要包括:

1）过滤

数据过滤在交互分析与动态报表中是非常重要和常用的操作。它通过一组规则或条件,在分析过程或报表生成时限制图表对象的数据,是最常用的交互式分析手段。SAS Visual Analytics 提供的过滤操作,大多是由过滤表达式构建的过滤器实现的。系统选取过滤表达式运算结果为 True 的数据进行显示或使用，去掉那些运算结果为 False 的数据。

在 SAS Visual Analytics 中，根据过滤器的使用范围，可以分为"数据源过滤器""报表对象过滤器"两种。如果同时使用了这两种过滤器，报表对象所显示的数据，首先会通过"数据源过滤器"进行过滤，然后再通过"报表对象过滤器"进行过滤。

（1）数据源过滤器：用来对报表所使用的数据源进行过滤，因此，数据源过滤器的作用范围是整个报表。当启用了它，所有使用该数据源的报表对象，都会受到影响。

（2）报表对象过滤器：是在报表对象上创建的过滤器。因此，报表对象过滤器的作用范围是对象级的。"报表对象过滤器"又根据是否可以在报表中的各对象之间共享，分为"公共过滤器"和"对象特定过滤器"，两者可以相互转换。

2）排名

对报表对象中的数据进行排名，也是交互式分析的一种常用方法。排名的本质是只选取部分数据。排名操作可以显著减少可见的类别，从而有助于将探索分析的侧重点，放在用户所关注的几个最大值或最小值上。

在 SAS Visual Analytics 中，排名只能针对类别项进行，依据的是某个测度项在该类别的聚合值，如靠前（最大）计数或百分比或靠后（最小）计数或百分比。这里，类别项可以是数据表中的字符型类别项、日期或时间型类别项及地理项。依据的测度项可以是数据表中的任何测度项或结果为数值型的计算项。

3）操作

SAS Visual Analytics 提供了自动和手动两种对象间的交互操作方式。自动交互操作将对当前页面的所有对象自动生效，也就是说，系统将自动为这些对象添加适用的交互操作（默认为单项过滤器，可以选择双向过滤器或关联选择项）。手动交互操作，可以在"操作示意图"页面中创建对象间的过滤器、关联选择项或页面链接。需要注意的是，无论是自动操作还是手动操作，其生效的前提是这些对象使用同一数据源或已建立了所需的数据源映射。

链接操作也是一种非常灵活有效的交互操作方式，可以创建对象链接、页面链接、报表链接及 URL 链接等，进行动态数据过滤或调控目标对象的数据范围。

关联选择项与过滤器一样，是一种交互操作方式，提供从当前图形对象"同步"显示所关联的报表对象的数据。关联选择项操作与过滤器的区别在于，关联选择项在对目标对象进行过滤的同时，在目标对象中高亮显示满足过滤条件的数据，同时正常显示不满足过滤条件的数据。

有关这些交互分析操作的更多内容，将在第 15 章中做进一步讨论。

10.6　习题

（1）SAS Visual Analytics 提供的用于描述性分析的图形对象有哪些？它们可用于诊断性分析吗？

（2）SAS Visual Analytics 提供的诊断性分析的图形对象可以从哪些角度帮助我们追溯事件发生的原因？

（3）SAS Visual Analytics 提供的预测性分析和指导性分析的对象有哪些？

10.7　本章小结

本章对 SAS Visual Analytics 提供的各种可用于描述性分析、诊断性分析、预测性分析和指导性分析的图形分析对象,进行了归纳整理及概括说明。这些图形和分析对象,可以帮助我们从数据中了解以前的情况,追溯事件的原因,对未来进行预测和指导。另外,SAS Visual Analytics 为这些分析对象提供了丰富的交互分析操作,实现对象自身或对象之间的一些交互探索。

至此,我们已经介绍了 SAS Visual Analytics 分析方法论前四个阶段——数据访问阶段、数据调查阶段、数据准备阶段和探索分析阶段。经过数据访问、数据调查、数据准备阶段,我们获得对数据较为充分的认识,并更正数据中存在的问题、创建及准备探索分析阶段所需要的数据项。在探索分析阶段,我们可以使用 SAS Visual Analytics 提供的一系列图形和分析对象,了解历史和现状,追溯事件原因,并对未来进行预测和指导。

第 **11** 章

描述性分析对象

电子资源

本章主要介绍如何在 SAS Visual Analytics 中创建及使用描述性分析对象及一些相关操作。这些描述性分析对象主要包括一些常用的图形对象：直方图、盒形图、条形图、点图、线图、阶梯图、时间序列图、瀑布图、词云、针状图、散点图、数值序列图等，以及一些多用于报表的图形对象，如饼图、键值图、量具图等。本章还简要介绍一些衍生的图形对象，包括双轴条形图、目标条形图、蝴蝶图、双轴线图、双轴条线图、双轴时间序列图、比较时间序列图等。另外，前面章节介绍过的简单表和交叉表对象，也用于描述性分析。这些描述性分析对象可以帮助我们更好地了解要分析的数据集，如数据项值的范围、分布、子组的区间值等，有助于我们描述数据所体现的事件的历史及现状。

一般地，在 SAS Visual Analytics 中创建及使用一个图表或分析对象，需要经历以下几个基本步骤：

（1）**图表对象创建**：将某个图表或分析对象添加到 SAS Visual Analytics 主界面的工作区。

（2）**分配数据角色**：为该对象分配恰当的数据角色。通常根据数据分析的需要及图表对象的特点，将恰当的适用数据项添加到对象的数据角色中。分配好数据角色后，系统会在工作区直接绘制或呈现该对象。

（3）**设置选项**：SAS Visual Analytics 为各种对象提供了一些可以进行灵活定制的选项。默认情况下系统会自动对一些选项进行设置，用户也可以根据数据的特征、对象特点及分析要求，调整这些选项设置。大多数选项在设置后，系统将自动刷新呈现在工作区中的该对象。至此，创建对象的"基础三步"已完成，接下来可以根据需要，继续进行交互探索与分析的操作，或后续的报表设计等。

（4）**动态交互操作**：SAS Visual Analytics 为各种图形对象提供了必要的动态交互操作（过滤、排名），包括图表自身内容的动态操作、与其他图表间的交互操作等，以及一些其他的报表交互操作。

限于篇幅，本章仅给出各个描述性分析对象的简要说明，有关各个对象的"基础三步"操作（图表对象创建、数据角色分配、选项设置），以及其所支持的动态交互操作、衍生图形等详细内容，请扫描本章二维码查看。

11.1　直方图

上一章我们已经对 SAS Visual Analytics 提供的直方图对象，有了一个简要的认识。它由一系列矩形条组成，每个矩形条的高度是该测度项之值位于对应范围内的频数或频数的百分比。

直方图显示单个测度项的数值在一定范围内的分布情况;帮助确定测度项数值的分布形态。在绘制直方图时,系统首先自动对测度项的数值范围(最小值到最大值)进行分箱,即将连续值划分为少量连续区间,然后由落在特定区间内的观测数量决定矩形条的高度。如果使用系统默认的分箱数,则直方图轴上的最小值和最大值,可能与数据值的实际范围有少许差异。如果指定直方图的分箱数,则其范围可能与数据值的实际范围完全匹配。

直方图支持横向和纵向布局。图 11.1 为一个纵向直方图的例子,显示的是"胆固醇"数据项的值按频数分布的情况。

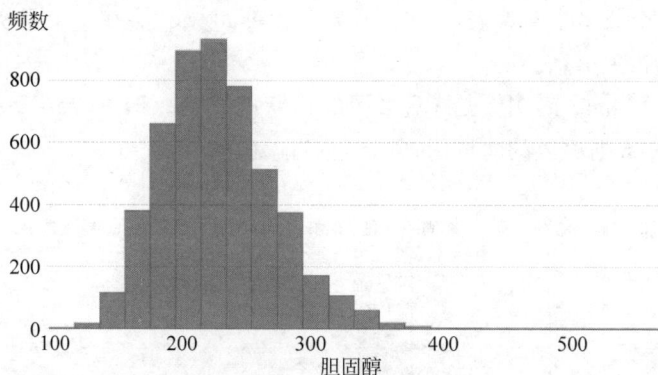

图 11.1 直方图示例

11.2 盒形图

盒形图又称为盒须图、盒型图或箱线图。它通过使用矩形框及称为"须"的线条,来显示单个测度项的值分布情况。矩形框的上下边沿之间的间距,表示该数据项的四分位间距(IQR),也就是第一个和第三个四分位之间的值范围。"须"是从矩形框的上、下边伸出的线条,表示在四分位间距之外的值范围,分为上须线和下须线。

图 11.2 为纵向盒形示意图,图中的棱形标记表示的是均值,盒内的线表示的是中位数的位置。

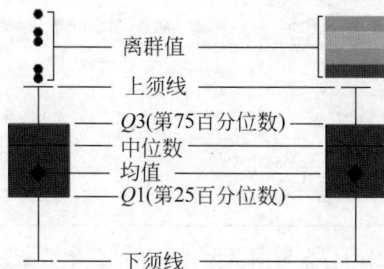

图 11.2 纵向盒形示意图(彩色图片可扫描附录二维码查看)

当数据中存在与其四分位间距的距离大于 1.5 倍的四分位间距的数据点时,SAS Visual Analytics 认为这些数据点是离群值。如图 11.3 所示,对离群值的处理方式不同,绘制出的盒形图也会不同。

（1）默认情况下，SAS Visual Analytics 在显示盒形图时会"隐藏离群值"，即离群值已经包含在上、下须线范围内，不再单独显示离群值。

（2）如果盒形图的选项设置为"忽略离群值"，则显示盒形图时会排除离群值，即上须线和下须线分别延伸至除离群值以外的最大值和最小值的位置。

（3）如果选项设置为"显示离群值"，则显示盒形图时离群值会单独显示，不会包含在上、下须线范围内。如果离群值的个数较少，SAS Visual Analytics 会将每个离群值显示为一个点；如果离群值的个数较多，则在一定区间内的那些离群值，会被显示为一个条块，多个离群值可能由一个或多个条块表示。SAS Visual Analytics 会在每个条块的数据提示中，显示有关离群值的相关信息。

在 SAS Visual Analytics 中，支持盒形图的格状图排列。即可以结合不同的类别数据项，绘制对应的测度数据项值的盒形图，并将它们排列在一起。

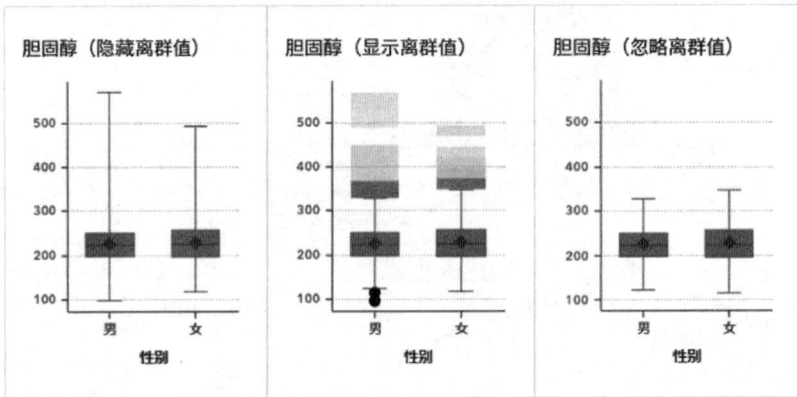

图 11.3　不同离群值设置的盒形图对比示例

另外，值得一提的是盒形图的最大化视图。它下方的二维表所列出的数据项，除了所选择的类别项外，还包括了对应测度项的最大值、最小值、四分位值、平均值、中位数、顶、底部须线、标准差等统计量，如图 11.4 所示。通过盒形图的最大化视图，我们可以清楚地查看所选测度项的相关统计量。

状态 ▲	性别 ▲	测度	最小值	底部须线	第一四分位数	平均值	中位数	第三四分位数	顶部须线	最大值	标准差	计数
活着	男	收缩压	94	94	120	131.2747784	130	140	204	204	15.080464306	1,241
活着	男	舒张压	54	54	76	83.758259468	84	90	130	130	10.657326642	1,241
活着	女	收缩压	86	86	118	131.12847749	128	140	250	250	20.50102899	1,977
活着	女	舒张压	50	50	74	82.164896308	80	90	145	145	11.681897216	1,977
死	男	收缩压	90	90	126	143.35707763	140	156	276	276	23.980441883	1,095
死	男	舒张压	50	50	80	89.04109589	88	98	160	160	13.693669746	1,095
死	女	收缩压	82	82	128	149.59040179	142	168	300	300	31.682303494	896
死	女	舒张压	54	54	80	90.121651786	90	98	155	155	15.036407955	896

图 11.4　盒形图最大化视图的二维数据表

11.3　条形图

有人认为，通过简单的数据转换，任何数据都可以用条形图来展示，该图形的使用之广可见一斑。

条形图使用相同宽度的矩形条,来显示不同类别的测度项之聚合值。每一个矩形条代表不同的类别值,矩形条的长度或高度代表测度项之聚合值。

横向条形图与纵向条形图是最常用的条形图,用来对不同类别值的测度项之聚合值进行对比。横向条形图中由矩形条的长度表示该聚合值;纵向条形图中由矩形条的高度表示该聚合值。如果希望按测度项聚合值进行排序,横向条形图是首选。除了常见的横向与纵向条形图外,SAS Visual Analytics 还提供了几个衍生的条形图,如双轴条形图、目标条形图、蝴蝶图等。

条形图可以做格状图排列。条形图还支持使用分组,对类别项的不同值,在条形图中使用不同颜色的矩形条分别显示对应的测度项聚合值。带有分组的条形图,默认使用簇状条形图,也可以设置为使用堆叠条形图。另外,如果数据表中有日期或时间类型的数据项,还可以为条形图添加"动画"效果。

一般来说,使用条形图时,Y 轴应该从 0 开始,但常常会根据数据特性及呈现需要而有所改变。同时,考虑到视觉关注的效率,一般建议条形图的矩形条数目不超过 7 个。

默认情况下,SAS Visual Analytics 中的条形图,是按照第一个测度项进行降序排列的。例如,我们要查看按产品分类的销售量,绘制一个条形图,在"类别"角色中分配"产品","测度"角色中分配"销售量",则条形图的默认排序是按照测度项"销售量"的大小,降序显示代表不同类别"产品"的矩形条。此时,如果再为条形图的"组"角色分配一个类别项"国家",那么,条形图的默认排序,仍然按照测度项"销售量"的分组聚合值,降序显示代表不同"产品"的矩形条。

图 11.5(a)为纵向条形图示例,矩形条的高度分别代表每个月的销售额,该图是按类别项"月份"升序排列的;图 11.5(b)为横向条形图示例,矩形条的长度分别代表每个月的销售额,该图是按测度项"销售额"降序排列的。

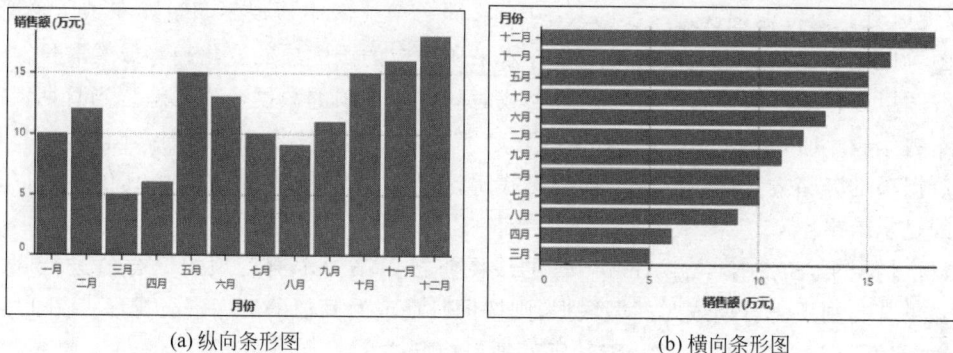

(a) 纵向条形图　　(b) 横向条形图

图 11.5　条形图示例

11.4　点图

点图是一种比较简单直观的数据展现图形,通过使用圆点,来显示类别数据项所对应的测度项的聚合值。每个圆点的位置,分别对应横轴的类别项的值、纵轴的测度项的聚合值。如果读者已阅读前面的章节,很容易理解,点图实际与条形图非常类似,都使用"位置"视觉通道,只是两者使用的视觉标记不同:点图的视觉标记是点(不计大小),条形图的是线(不计粗细)。图 11.6 中的点图示例,其横轴为月份、纵轴代表销售额,读者可以与图 11.5(a)进行对比。

与条形图类似,默认情况下,SAS Visual Analytics 会根据测度项的数值范围,自动调整 Y 轴的数值范围,如图 11.6(a)所示。同时,系统也为用户提供设置 Y 轴数值范围的选项,图 11.6(b)为 Y 轴起始值设为 0 的图形,更方便与纵向条形图的对比。

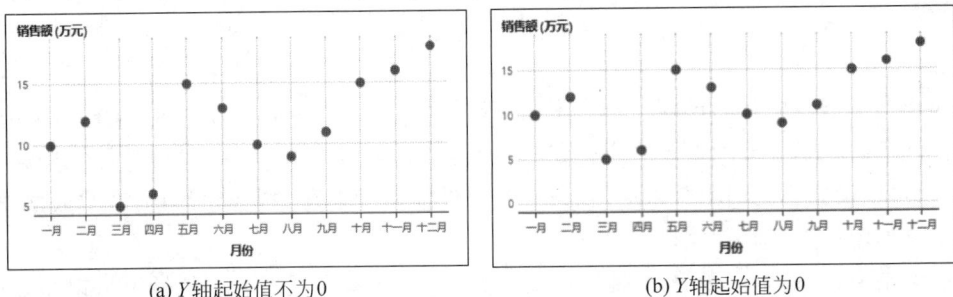

(a) Y 轴起始值不为 0   (b) Y 轴起始值为 0

图 11.6   点图示例

11.5   线图

线图经常被称为折线图,善于反映不同类别的测度值的变化趋势或关联性。线图中的数据点位置,由类别项值及其对应的测度项的聚合值来确定;然后通过连线直接将相邻的两个数据点连接起来构成线图。

线图中类别项的值一般沿横轴均匀分布,而对应测度项的聚合值沿纵轴方向分布。线图中可以显示或不显示代表数据值的圆点,如果不显示圆点,则其折线的转折点被看作数值点。线图通常使用实线作为连接线,如果图中包含多组连接线,则会使用不同样式的连接线,以便区分。但考虑到视觉关注的效率因素,同一个线图中建议不超过 4 条线。通常,这种线图可以用来比较分组变量的不同事件水平所对应的测度项的变化趋势或关联性。

线图可以较好地显示在一段特定日期或时间内测度项的数据变化动态。当日期或时间的分箱数量较小时,线图所反映的数据变化趋势效果可能不够直观。此时,建议改变日期或时间数据项的分箱方法如调整数据项的格式属性来增加分箱数量,或使用其他图形以获得更好的显示效果。

默认情况下,SAS Visual Analytics 的线图将按照第一个测度项的聚合值进行降序排列。如果其类别项为日期或时间型数据,则按照日期或时间值的升序进行排序。图 11.7 为一个线图的示例,它与图 11.6(a)能够很好地对应起来。

当展示两个测度项之间的关联性或变化关系时,使用单轴线图时需要谨慎考量两个测度数据项的标度(单位或量级),两者之间的差距越大,单轴线图所显示的关系对视觉感知所产生的影响越大。此时,可以选用 SAS Visual Analytics 提供的线图衍生图形。

双轴线图是由线图衍生出来的带有两个纵轴的线图,它可以在两个测度项的标度存在较大差异时,更好地显示同一个类别项所对应的两个不同测度项的值变化趋势。

SAS Visual Analytics 还提供了线图与条形图结合的衍生图:双轴条线图。它的两个纵轴分别用作条形图与线图的纵轴。同样地,双轴条线图也适用于两个测度项的标度有较

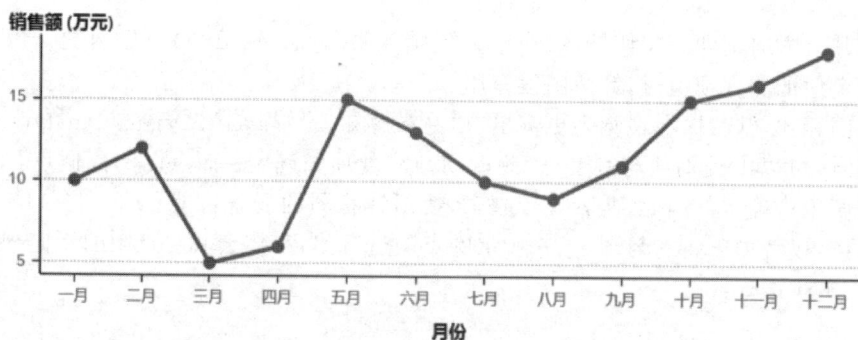

图 11.7 线图示例

大差异时,显示同一个类别项所对应的两个不同测度项值的变化或关系。

线图衍生的另一种图形是时间序列图。它与线图的不同之处主要在于:线图中的类别项既可以是日期或时间型数据,也可以是等间隔的类别值(如第一期、第二期、第三期等);而时间序列图的类别项不能使用等间隔的类别值,只能是日期或时间型数据。

11.6 阶梯图

阶梯图的数据点位置,由类别项及其所对应的测度项之聚合值,然后通过相互垂直的线条将相邻的两个数据点连接起来。与线图采用折线连接数据点以显示数值变化有所不同,阶梯图采用的是类似阶梯状的相互垂直线条,来显示数值的变化。即线图是直接在多个数据点之间两两(如两个点 A 与 B)直接连线而成;阶梯图则先从 A 点保持 Y 值不变,沿 X 轴方向画一条连线到 B 点的 X 坐标;再保持 X 值不变,沿 Y 轴方向到 B 点的 Y 坐标画一条连线。这样两点间通过两条相互垂直的线连接起来构成阶梯图。

因此,阶梯图可以更直观地显示出测度值沿水平及垂直方向的阶段性跳跃特性。图 11.8 所示的阶梯图,读者可以比较和体会其与如图 11.7 所示线图的不同效果。

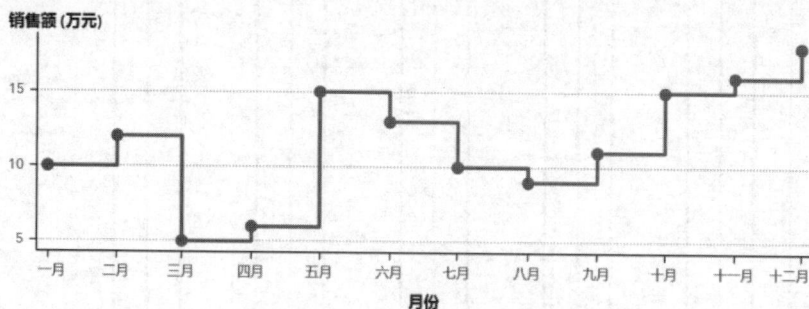

图 11.8 阶梯图示例

默认情况下,SAS Visual Analytics 的阶梯图按 X 轴所分配数据项的升序绘制。对于带有“组”角色的阶梯图,数据按“组”角色所分配的“类别”值的升序排序。

11.7 针状图

针状图是由数据点及其延伸至横轴的垂直线组成。其中数据点的位置,由某个类别项或测度项的值与另一个测度项的值决定;延伸至横轴的垂直线,从每个数据点的位置开始,向水平的基线方向延伸。默认情况下,该基线值为0(与 X 轴重合)。显然,当要显示高于和低于给定值的测度项值时,针状图很有用。

与点图相比,针状图在视觉上更突出、更易被感知。另外,SAS Visual Analytics 中针状图的数据点,可以由类别项与测度项、测度项与测度项来确定;而点图的数据点,只能由类别项与测度项来确定。因此,两者比较起来,使用针状图的场景可能更多。图 11.9 为一个针状图示例,读者可以将它与图 11.6 所示的点图进行比较,体会其与点图的不同视觉效果。

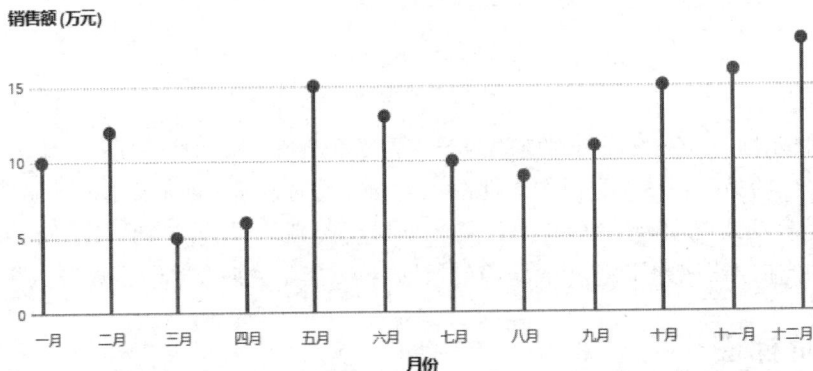

图 11.9　针状图示例

默认情况下,SAS Visual Analytics 中针状图按"X 轴"角色所分配数据项值的升序排列显示。对于带有分组的针状图,分组按类别项的值以不同颜色显示,并按类别项值的升序排列。图 11.10 为一个分组针状图的示例。

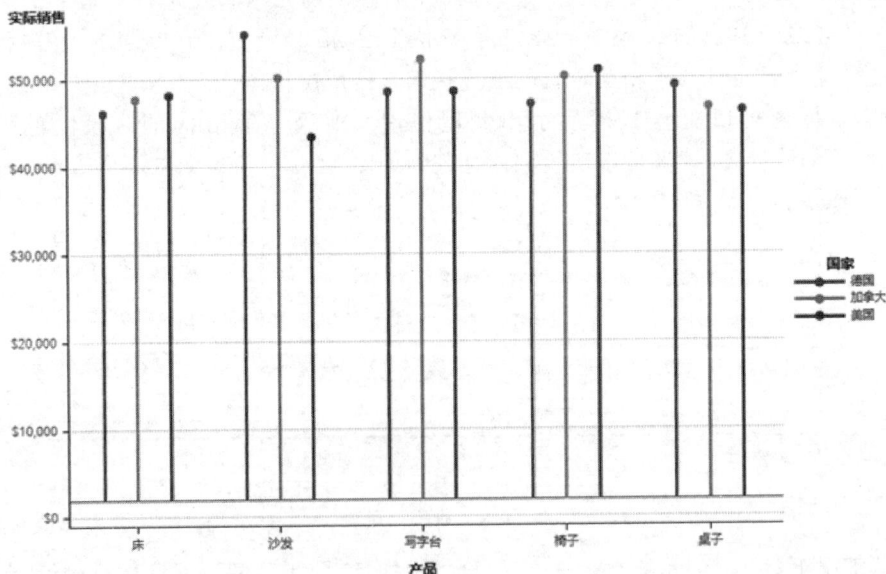

图 11.10　分组针状图的示例

11.8　散点图

散点图是由一系列数据点组成的图形,每个数据点的位置是由两个测度项的值分别在横轴和纵轴的位置确定。散点图是一种能够直观地展现两个测度项值的分布关系的常用图形,有助于我们认识两个测度项之间的相互关系,尤其是两者之间的相关性及其离群值情况。

需要注意的是,与前面介绍的点图、线图等不同,散点图中显示的是测度项的具体数值,而不是测度项的聚合值。

一般地,我们还可以在散点图上添加测度项之间相关性的拟合线。SAS Visual Analytics 为散点图提供线性拟合、二次拟合、三次拟合、P 样条拟合,以及通过自动算法筛选的最佳拟合线。考虑到视觉关注的效率,拟合线数量不宜过多。另外,SAS Visual Analytics 中的散点图,其数据点除了默认使用的圆点外,还支持使用其他的标记(如十字等)进行标识。

图 11.11 是数据表 DATA1 中有关销售额与利润关系的散点图。该图使我们看到销售额与利润之间大致是一种正相关的关系。需要注意的是,散点图与点图是不同的,点图显示的是类别项与测度项值之间的联系,而散点图显示的是两个测度项之间的数值关系。

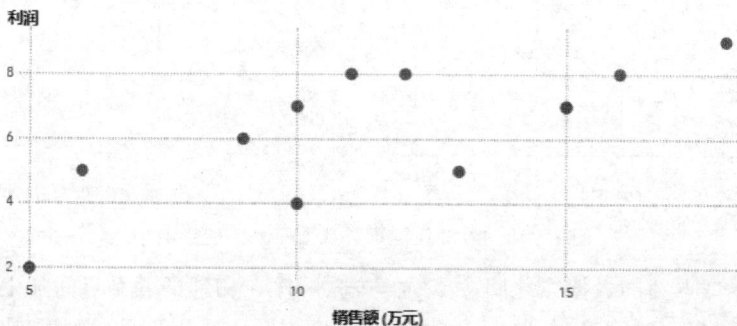

图 11.11　散点图示例

从散点图衍生出的图,常见的有气泡图及气泡变化图。气泡图可以显示至少三个测度项的值;气泡变化图显示两个测度项之间在位置及大小维度上的差异或变化。这两种图我们将在第 12 章进一步讨论。

11.9　数值序列图

数值序列图是将两个测度项的值,分别对应 X 轴和 Y 轴值绘制数据点,用直线连接 X 轴方向相邻的两个点所形成的图形。数值序列图只能为 X 轴分配一个测度项,但可以为 Y 轴分配多个测度项。图 11.12 为一个数值序列图示例。

在 SAS Visual Analytics 中,数值序列图中的数据点,是按照分配给 X 轴的测度项升序排列并相互连接的(这种顺序不能改变)。因此,在数值序列图中把两个测度项中的哪一个分配给 X 轴或 Y 轴,对展现或了解数据特征十分关键。如图 11.13 所示两个数值序列图,同样是使用"年龄"和"身高"两个测度项,只是分配给 X 轴或 Y 轴的角色不同。两个数值序列图带来的视觉感受,其差异是显而易见的,却可以让我们以不同视角来了解"身高"随"年龄"的变化趋势,以及两者之间的相互关系。读者在可视化实践中,应该多尝试不同的可视化元素,有助于从不同视角获得对数据特征的认识和理解。

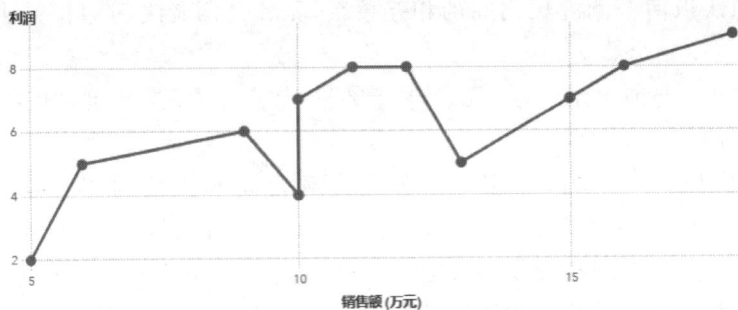

图 11.12　数值序列图示例

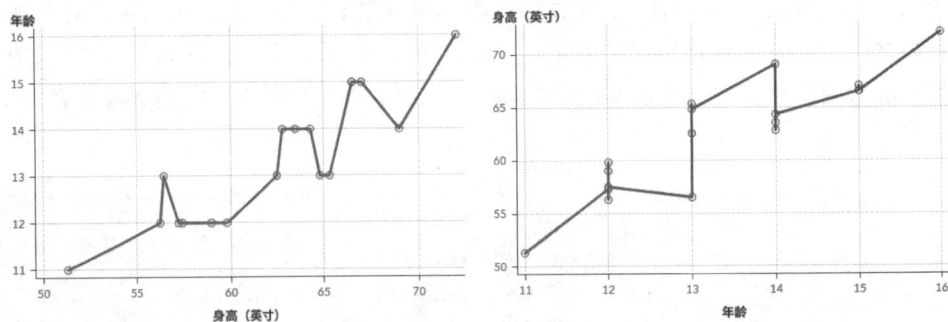

图 11.13　测度项位置对数值序列图的影响

实际上,在散点图的数据点之间按 X 轴方向、顺序在相邻的两个点间加上连线,就可以构成一个数值序列图。可见,与散点图一样,数值序列图不适用于显示测度项的聚合值。同时,读者也可以比较数值序列图与线图的差异,加深对两者的认识。

图 11.14 为使用 SAS Visual Analytics 的数值序列图,绘制的曼德博集合图(Mandelbrot Set)。有兴趣的读者,可以访问作者在 blogs.sas.com 上关于 how to draw a mandelbrot set 的相关博文,查阅如何创建 SAS 数据集 Mandelbrot 及创建可视化图形的具体步骤。

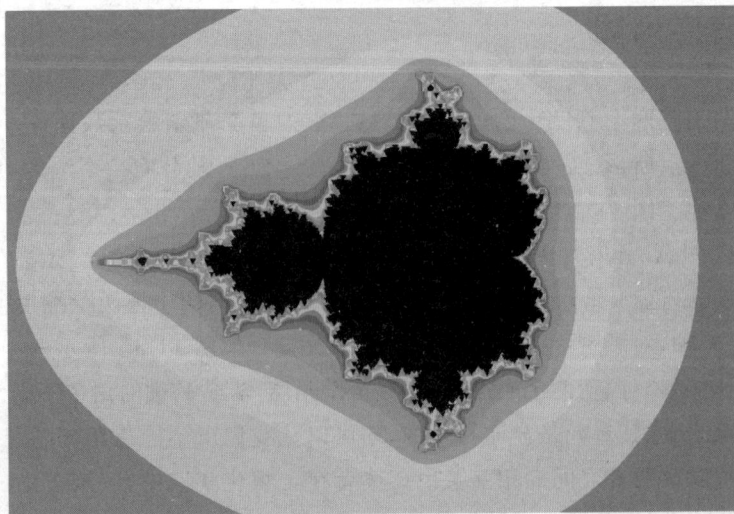

图 11.14　曼德博集合图示例(彩色图片可扫描附录二维码查看)

11.10 时间序列图

时间序列图显示测度项的聚合值随日期或时间的变化趋势。可以将时间序列图看作一种特殊的线图或线图的衍生图形,其"类别"角色只能使用日期或时间类型的数据项,展现的是测度项聚合值在时间维度的变化。

SAS Visual Analytics 的时间序列图支持分配多个测度项。此时,系统会自动根据每个测度项的数值范围,使用单独或共享的 Y 轴来绘制时间序列图。图 11.15 所示的时间序列图,使用的是 SAS Visual Analytics 的样例数据集 RAND_RETAILDEMO,显示的分别是销售、成本与利润随时间变化的情况。

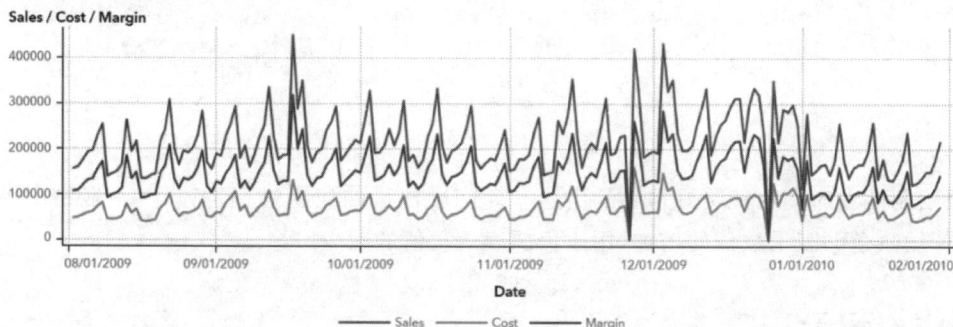

图 11.15　时间序列图示例

SAS Visual Analytics 中时间序列图的衍生图形,包括双轴时间序列图、比较时间序列图等。

11.11 瀑布图

瀑布图,因外观像水流瀑布而得名,它适合于展示起始点与结束点之间,测度值如何经过一系列操作或事务的演变过程,以及每个期间的变化汇总。瀑布图显示的是数值如何从初始值经过中间的增减到达最终值;也可以用来揭示最终的汇总值是由哪些数值汇总而成,如某公司的年度总营收,由每个月的营收汇总而成。

瀑布图中的第一个矩形条从初始值开始,随后的每个矩形条在纵轴方向都以其前一个矩形条的结束处为起始,横轴方向按操作或事务期间推进。矩形条的高度和方向表明操作或事务处理的量值和类型。最终生成一个阶段式条形图,显示测度项的增量式变化,并到达最终值。需要特别注意的是:每个矩形条的上沿在纵轴方向的对应值,表示的是该期间之前的所有操作或事务的聚合值,而矩形条的相对高度值(填充区域的高度)表示的是操作或事务处理期间实际的发生值。SAS Visual Analytics 自动在瀑布图中,添加了一个值为"最终"的类别,其对应的矩形条的高度,是对期间所有变化的汇总值。

默认情况下,瀑布图按"类别"角色所分配的数据项值升序排列显示。图 11.16 是一个瀑布图的示例。

从瀑布图的适用场景来看,一般将表示操作或事务处理期间的数据项分配给"类别"角

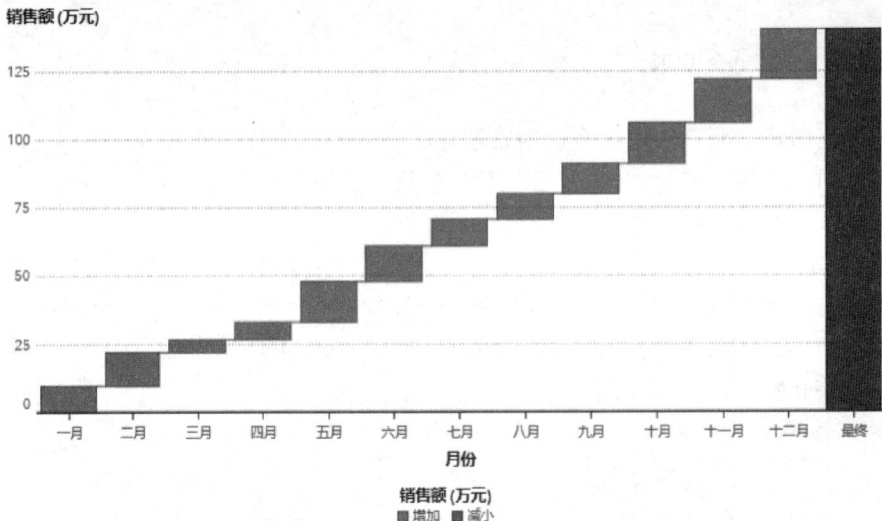

图 11.16　瀑布图示例

色,所绘制的瀑布图才能更好地显示出这一期间中数量的演变过程。另外,一般情况下,瀑布图使用暖色调表示数值的增加,用冷色调表示数值的减少。

11.12　词云

词云对类别项中的词语,采用类似"云"的视觉呈现方式,用字体的大小或颜色表现该词语出现的频次或在某个测度项上的重要性。词云有时也用作报表的仪表盘对象。与使用直方图显示单个测度项的数值分布情况相对应,词云用来形象地显示单个类别项的值分布情况。

SAS Visual Analytics 的词云是将类别项中的每个值(文本字符串)进行分析,并对出现频率较高或具有较大测度项值的文本串,在视觉上进行形象地突出显示。词云中每个文本串的相对大小,表示其出现的频数或对应相关测度值的大小;而每个文本串的颜色,可以由指定的测度项值来决定。

图 11.17 为一个词云的示例,其右侧的两个图例,分别表示字词出现的频数标尺及其与测度项值所对应的颜色标尺。

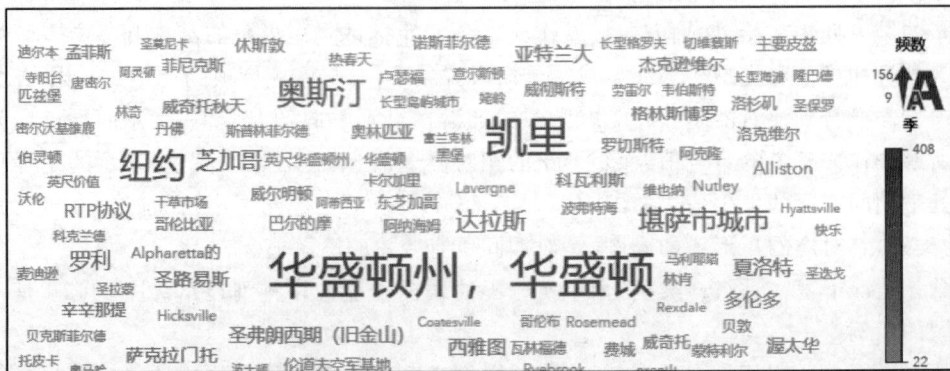

图 11.17　词云示例

11.13　键值

键值是以更醒目的方式,显示某个类别项值及其测度项的聚合值。一般键值图多用作构建报表的仪表盘,通常突出显示的是测度项的聚合值。SAS Visual Analytics 提供了 2 种样式的键值对象:文本样式和信息图样式,前者直接以文本形式显示键值,后者在彩色圆环内以文本形式显示键值。图 11.18(a)为文本样式的键值对象,图 11.18(b)为信息图样式的键值对象。

(a) 文本样式的键值对象　　　　(b) 信息图样式的键值对象

图 11.18　键值对象示例

SAS Visual Analytics 的键值对象支持"网格类别"角色,此时将显示该测度项在某个"网格类别"值下的聚合值。例如,为"测度"角色分配了名为"舒张压"的测度项,其聚合类型设置为平均值。如果不分配"网格类别"角色,则键值显示的是数据中所有"舒张压"的均值。如果为"网格类别"角色分配了"性别"数据项,则系统分别计算数据中所有同一性别的"舒张压"的均值,然后,键值以网格形式分别显示两种性别的"舒张压"的均值。图 11.19(a)为没有分配"网格类别"角色的键值,图 11.19(b)的键值是分配了"性别"数据项后的结果。

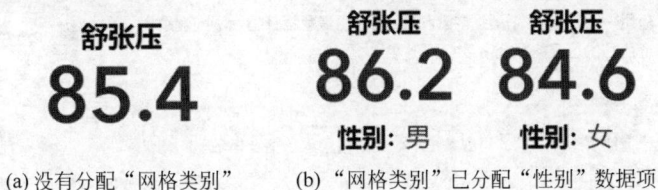

(a) 没有分配"网格类别"　　　(b) "网格类别"已分配"性别"数据项

图 11.19　键值对象及其网格类别示例

另外,键值对象可以结合"自定义标题"通用选项来设置独特的字体大小、颜色、背景色等的标签。图 11.20(a)为一个显示"测度标签"的文本样式键值图,图 11.20(b)为使用"自定义标题"通用选项设置了标题的字体的大小、粗体、下画线和颜色的键值。双击自定义的标题,就可以看到上面的设置工具栏。

(a) 无标题、显示测度标签　　　　(b) 自定义标题、不显示测度标签

图 11.20　键值与自定义标题选项的示例

11.14 量具图

量具图是一种用于比较当前值与目标值的仪表盘指示器图形,用来显示一个目标的达成情况,以提供对绩效或比率的快速概览。量具图通常作为仪表板的组成部分,使用颜色视觉通道,快速吸引对相关信息的关注。

量具图一般在最小值和最大值之间,显示两个或三个区间(通常以不同颜色显示),并使用指针或线条,来指示当前值在哪个区间内。因此,量具图可以让报表阅读者快速地了解数据的最小值、最大值和当前值,以及当前值与目标值之间的差距。

量具图的数据区间,是由量具上定义的显示规则控制的。当在 SAS Visual Analytics 中创建好一个量具图后,系统会自动根据测度项的数据特征,创建好相应的显示规则。默认情况下,系统自动将数据划分为三个区间,用显示规则定义的颜色来标识一个定性范围或等级,例如,一般用红色、黄色、绿色分别表示欠佳、平均、良好等。要对量具的数据区间进行更改,可以编辑该量具的显示规则,或重新计算区间、设定区间的上下限。

目前版本的 SAS Visual Analytics 中提供了六种形状的量具,分别是:圆弧、刻度盘、半刻度盘、全刻度盘、水平直线、垂直直线。同时,提供了六种图形样式,分别是:弹道图、速度计、温度计、进度指示器、仅活动范围、自定义等。不同形状的量具可以与不同的样式进行组合。图 11.21 以速度计为例,给出了六种形状的量具样式及说明。

量具形状(以速度计为例)	量具示例(以速度计为例)
圆弧:目标值用一个带箭头的短线条指示,当前值用黑色指针指示,内测扇区颜色与当前值所在的区间的颜色一致。	
刻度盘:目标值用一个带箭头的短线条指示,当前值用黑色指针指示,内测扇区颜色与当前值所在的区间的颜色一致。	
半刻度盘:目标值用一个带箭头的短线条指示,当前值用黑色指针指示,内测扇区颜色与当前值所在的区间的颜色一致。	
全刻度盘:形成一个封闭环形。目标值用一个带箭头的短线条指示,当前值用黑色指针指示,内测扇区颜色与当前值所在的区间的颜色一致。	
水平直线:是一个矩形量具,目标值用一个带箭头的短线条指示,当前值用黑色指针指示,内测扇区颜色与当前值所在的区间的颜色一致。	
垂直直线:目标值用一个带箭头的短线条指示,当前值用黑色指针指示,内测扇区颜色与当前值所在的区间的颜色一致。	

图 11.21　SAS Visual Analytics 提供的量具样式

11.15 饼图

饼图通常用来显示部分与整体的关系,也可以在报表中用作仪表盘对象。饼图将一个圆形区域划分为几个扇形,用整个圆形代表整体、每个扇区代表某一部分对整体的相对贡献程度。其中,每个扇区的大小,由当前扇区对应测度项的聚合值占该测度项总聚合值的比例决定。为清晰起见,饼图不应分割成太多扇形块(建议少于 7 块),并最好以顺时针或逆时针方向,按各个扇形数值大小升序或降序排列。

饼图中的数值通常应该为百分比,且所有扇区的百分比之和应该恰好等于 100%;有时,根据需要也直接显示对应的具体数值。需要注意的是,饼图不能显示负值,也不显示具有缺失或零值的扇区,因此,仅适用于非负值的测度数据项。

饼图支持的图表样式,包括实心饼图与圆环图。两者相比,业界更多人喜欢用圆环图。因为对实心饼图中每个扇区的视觉区分度,主要由"倾角"视觉通道支持。通过前面数据可视化的相关理念,我们知道人们的视觉感知系统对角度的感知精度,不如对长度的感知精度高,而圆环图更有助于人们的视觉专注在弧线的长度。

SAS Visual Analytics 中,默认的饼图样式是圆环图,其环形孔标签显示出各个扇区测度项的总聚合值。通过改变饼图的相关选项,可以定制出不同的饼图样式。默认情况下,第一个扇区起始于第一和第二坐标象限交界处,各个扇区按测度项的降序、逆时针排列。图 11.22 是 SAS Visual Analytics 生成的实心饼图与圆环图的示例。

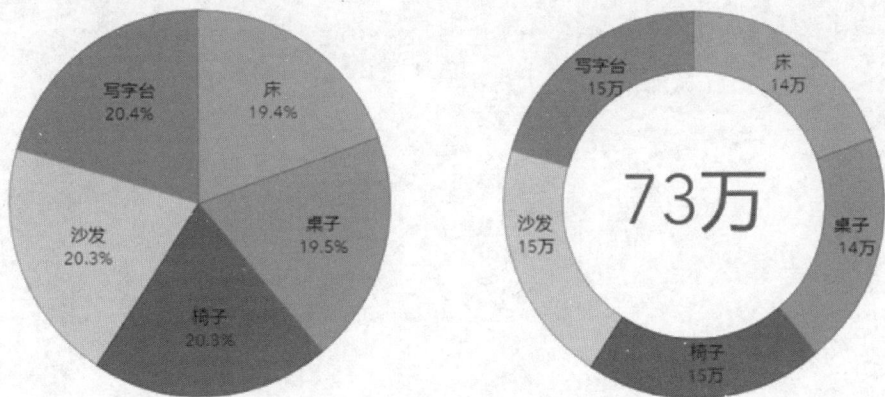

图 11.22　饼图示例

11.16　习题

(1) SAS Visual Analytics 中可用于对单个测度项进行描述的图形对象有哪些? 分别有哪些交互操作?

(2) 可用于对两个及以上测度项进行描述的图形对象有哪些? 分别有哪些交互操作?

(3) SAS Visual Analytics 提供了哪几种描述性图形对象可以对类别项进行分析?

(4) SAS Visual Analytics 中多用于仪表盘的图形对象有哪些?

11. 17　本章小结

　　本章主要介绍 SAS Visual Analytics 中常用于描述性分析的十几种图形对象。这些描述性分析对象包括：善于对单个测度项进行描述型分析的直方图、盒形图；善于对两个及以上数据项进行描述型分析的条形图、点图、线图、阶梯图、针状图、散点图、数值序列图、时间序列图、瀑布图、词云等；一些常用于报表仪表盘的描述性图形对象，如键值、量具图、饼图等。受到篇幅限制，这些图形对象的创建方法、角色分配、选项设置及相关交互操作等内容，可以扫描本章二维码进行阅读。

　　本章还简要介绍一些图形对象的衍生图形，包括：双轴条形图、目标条形图、蝴蝶图、双轴线图、双轴条线图、双轴时间序列图、比较时间序列图等。需要说明的是，本章介绍的描述性分析形对象，并不仅用于进行数据描述，它们也会被用于诊断性分析等其他类型的数据分析中。

第 12 章

诊断性分析对象

电子资源

本章开始介绍 SAS Visual Analytics 中常用于诊断性分析的一些图形对象。这些对象有助于我们更加高效地追溯和探索事件发生的原因，更好地认识数据中包含的信息。SAS Visual Analytics 中的这些图形对象主要包括以下三类：

（1）侧重对比的图形对象——双轴线图、双轴条形图、双轴条线图、目标条形图、蝴蝶图。

（2）展现关系的图形对象——散点图、气泡图、矩形树图、相关矩阵、热图、平行坐标图。

（3）揭示变化的图形对象——向量图、气泡变化图、时间序列图、进度图。

这里所列的图形对象，也用于认识和了解数据的描述性分析，部分已经在上一章做了介绍，如双轴线图、双轴条形图、双轴条线图、目标条形图、蝴蝶图、时间序列图及散点图。本章将讨论的是气泡图、矩形树图、相关矩阵、热图、平行坐标图、向量图、气泡变化图、进度图等。最后，还将介绍两种组合对象：自动解释对象和文本主题对象。所谓组合对象，就是将几种基本图形对象组合在一起，使用 SAS Visual Analytics 独有的基于机器学习和自然语言解释算法，帮助更便捷地进行数据分析。

限于篇幅，本章介绍的各个诊断性分析对象的创建、数据角色分配、选项设置的详细操作，所支持的动态交互操作、衍生图形等，以及为气泡变化图和文本主题对象准备数据等相关内容，请扫描本章二维码查看。

12.1 气泡图

气泡图可以看作对"散点图"的一种衍生和拓展。它通过使用大小不同的圆（称为"气泡"），显示至少三个测度项之间的相互关系。其中两个测度项的值，决定了"气泡"在 X 轴和 Y 轴的位置，第三个测度项的值决定了"气泡"的面积大小。

气泡图可以通过气泡的位置和大小，来显示、观察和比较测度数据项之间存在的模式或相互关系。气泡图使用气泡的面积来表示值的大小，而不是气泡的直径大小。并且，气泡图只能使用圆作为标记，不能像散点图一样使用其他形状的标记。如果添加了"动画"角色，还可以查看这些数据项随时间的变化情况。另外，SAS Visual Analytics 的气泡图，还支持按类别数据项进行"分组"，显示各个分组所对应的测度项之聚合值；或按类别数据项进行着色，使类别项的不同值显示不同"颜色"的气泡。如果为气泡图设置了"网格行""网格列"等角色（仅能分配类别数据项），则按各个类别项的组合，分别使用其对应测度项的聚合值显示气泡的大小。

图 12.1 是设置了"网格行""网格列"等角色后生成的一个格状气泡图矩阵。

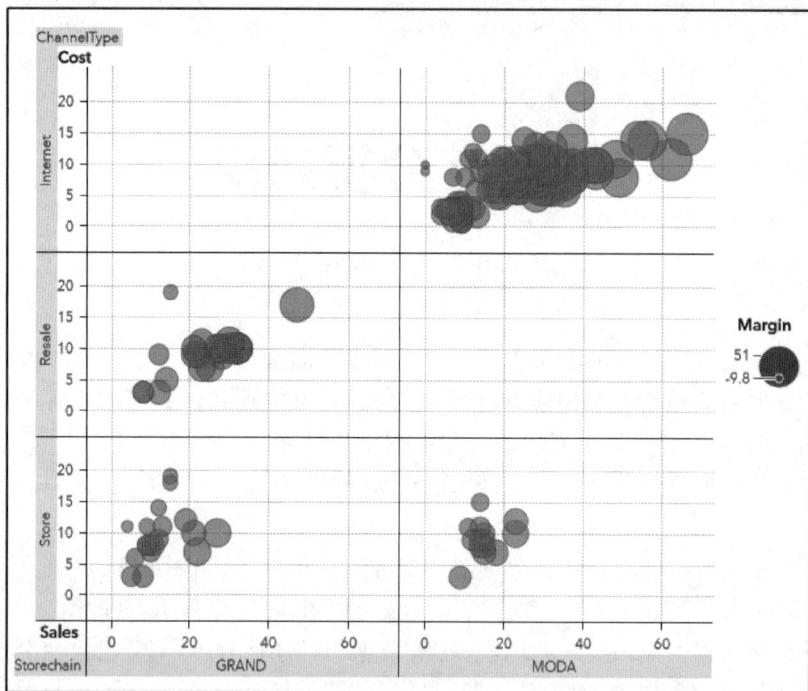

图 12.1　格状气泡图矩阵示例(彩色图片可扫描附录二维码查看)

12.2　矩形树图

矩形树图是以一组矩形拼块的形态,来直观体现同级类别之间的结构及权重关系;如果类别项使用的是层次项,可以很好地表现类别之间的相互嵌套关系,并通过上钻、下钻等操作,查看不同层级间的关系。矩形树图中的每个拼块,表示类别项的类别值或层次项的节点;每个拼块的面积大小,由对应测度项的频数或其聚合值确定。根据每个矩形拼块的面积相对大小,可以了解类别值或层次节点间的占比情况,矩形面积越大表示其在整体中的占比越大。

矩形树图主要使用面积作为视觉通道,因此,它无法显示负值或零值。SAS Visual Analytics 中矩形树图没有 X 轴和 Y 轴,所有矩形的面积之和,代表该类别项中所有类别值对应的测度项聚合值,或某一层次节点所对应测度项的聚合值;而其中的每个矩形拼块的面积,表示每个类别值或层次节点按测度项进行聚合的数值。如果为矩形树图的"颜色"角色分配了测度项,则每个拼块的颜色深浅代表该测度项的聚合值。

图 12.2 的矩形树图,是使用 SAS Visual Analytics 的样例数据集 RAND_RETAILDEMO,建立了一个 Region-State-City 的层次数据项,并显示在各个地区、州及城市的销售额的层级关系。图 12.2(a)为地区层级的销售结构对比,图 12.2(b)为按层级下钻到加州(CA)的各个城市后,其销售额的结构对比。图 12.2(a)和(b)中右侧的图例,表明树图使用的测度数据项是销售额 Sales。

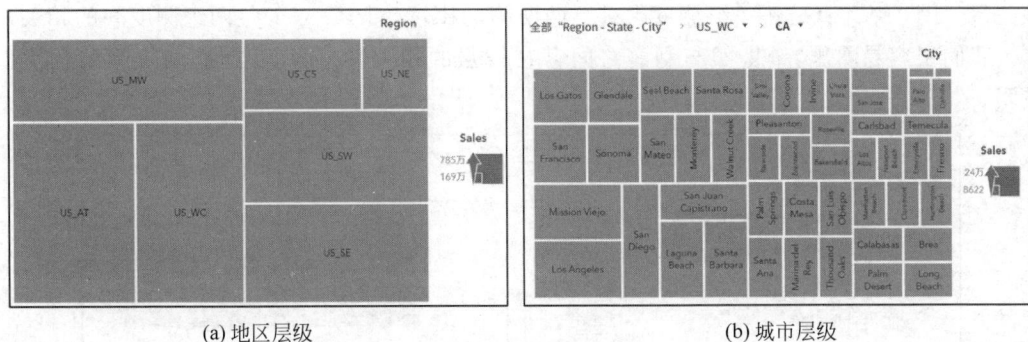

(a) 地区层级　　　　　　　　　(b) 城市层级

图 12.2　矩形树图示例

12.3　相关矩阵

相关矩阵是以类似矩阵的形式,显示多个测度项两两之间的相关程度。系统首先自动计算多个测度项两两之间的相关系数,然后用矩阵中每个单元块的颜色深浅标识两个测度项之间相关系数的大小。可见,相关矩阵主要使用颜色作为视觉通道,来呈现行和列交叉点所对应的两个测度项之间的相关关系。

相关矩阵用不同深浅的色块进行展示,使得报表阅读者能够快速地了解两个测度之间的相关程度。SAS Visual Analytics 在相关矩阵中,计算的是 Pearson 相关系数,并按照以下标准,对相关性的弱、中、强进行划分:

- 弱——相关系数的绝对值为 0.3 或更低。
- 中——相关系数的绝对值大于 0.3 且小于或等于 0.6。
- 强——相关系数的绝对值大于 0.6。

SAS Visual Analytics 的相关矩阵,虽然不显示 X 轴和 Y 轴,但是多个测度项是排列在一个类似矩阵的行和列上(即 X 轴和 Y 轴方向),所提供的相关系数实际上就是在其行与列上的两个测度项之间的相关系数。SAS Visual Analytics 相关矩阵的排列,既可以显示为一组测度项中两两之间的"大三角形",也可以显示为两组测度项中两两之间的"正方形"。读者可以比较这两种相关矩阵呈现方式的异同,根据需要选用。其中:

(1) 在一组测度项两两之间的相关矩阵,将分配的所有测度项分别绘制在 X 轴和 Y 轴方向上来比较两两之间的相关性,只显示沿着左上角到右下角的对角线下方的部分(左下三角部分)。该对角线上的两个测度实际为同一个测度,故相关系数均为 1;而对角线的右上三角部分,实际是沿对角线与左下三角部分对称的,对称位置的两组测度项的相关系数大小一样;这两部分从可视化的简洁性要求出发,都没有在相关矩阵中进行呈现。

(2) 在两组测度项两两之间生成的相关矩阵,使用"X 轴"和"Y 轴"角色,分别代表矩阵的行和列。此时,需要分别为"X 轴"和"Y 轴"角色分配测度项,并比较"X 轴"和"Y 轴"角色中所有测度项之间的相关性(不能将分配给"X 轴"角色的测度项再分配给"Y 轴"角色)。因此,相关矩阵显示的是所有"X 轴"的测度项与所有"Y 轴"的测度项之间的相关关系。

如图 12.3 所示的两个相关矩阵,展示的都是使用 SAS Visual Analytics 的样例数据集 RAND_RETAILDEMO,其销售额 Sales、成本 Cost、利润 Margin 和库存 Storeage 之间的相互关系。图 12.3(a)是在一组测度内进行两两间的比较,图 12.3(b)是两组测度间的相关矩阵。我们很容易看出,销售额与利润之间存在较强的相关性,而库存与利润之间的相关性最弱。

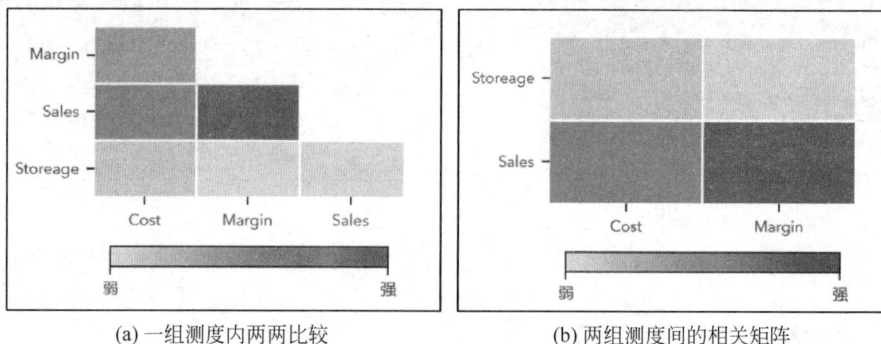

(a) 一组测度内两两比较　　　　　　　　(b) 两组测度间的相关矩阵

图 12.3　相关矩阵图示例

12.4　热图

热图也是以颜色作为主要视觉通道,显示数据项之间的相互关系。热图中一般使用同一颜色的不同饱和度,来显示其测度项值的变化。

SAS Visual Analytics 中的热图使用 X 轴和 Y 轴,分别显示两个数据项的不同“类别”值,并用分配给“颜色”角色的测度项值对应的颜色,填充在交叉位置的单元格中。一般地,系统会使用一个颜色标尺(从一种低明度/低饱和度的颜色转到高明度/高饱和度的颜色)作为图例,来显示数值大小的差异。测度项值越大,对应单元格的颜色越深;测度项值越小,对应单元格的颜色越浅。

在 SAS Visual Analytics 中,分配给热图 X 轴和 Y 轴的数据项,既可以是类别项,也可以是测度项。如果分配的是类别项,则直接显示其类别值;如果分配的是测度项,则系统自动对该测度项进行分箱处理,显示的是分箱后的“类别”值(按系统自动划分的上限、下限值)。

如果分配给 X 轴和 Y 轴的数据项多于 2 个,则系统将自动启用热图矩阵进行显示。即当分配了 n 个数据项时,分别把 $n-1$ 个数据项排列在一个类似“矩阵”的行和列上(X 轴和 Y 轴方向);然后,根据行与列交叉位置的测度项值确定颜色深浅并进行展示,并通过交互操作(鼠标悬停于某个单元格),可以查看更多该单元格的详细信息。注意:出于对可视化的简洁性考虑,SAS Visual Analytics 只显示热图矩阵沿着左上角到右下角的对角线下方的部分(左下三角部分)。

图 12.4 给出的是热图与热图矩阵示例,使用的是 SAS Visual Analytics 的样例数据集 RAND_RETAILDEMO。如图 12.4(a)所示的热图是根据品牌 Brand Name、成本 Cost 呈现的利润 Margin 情况,我们很容易看出,Pine 品牌在某个成本区间的利润最高;而通过如图 12.4(b)所示的热图矩阵,我们进一步可以知道 GRAND 连锁店在 Pine 品牌的销售中创造了最大的利润。

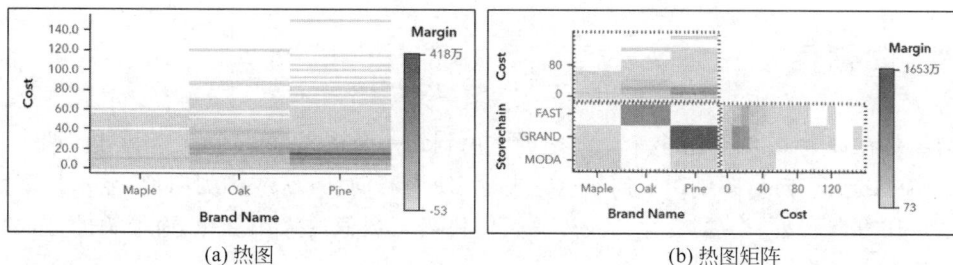

(a) 热图　　　　　　　　　　　　　　　(b) 热图矩阵

图 12.4　热图与热图矩阵示例

12.5　平行坐标图

平行坐标图可以用来呈现多变量或高维度的数据。它将多维或多属性数据,通过多条平行的纵轴,映射到二维平面上。SAS Visual Analytics 中平行坐标图的平行纵轴,既可以显示代表维度及属性的类别项值,也可以显示经过自动分箱处理的测度项。跨越平行轴的折线或曲线,用来显示测度数据的变化情况,其连线的粗细表示进出该分箱的观测频数(聚合值)。平行坐标图提供的交互操作,可以选中一个或多个类别或分箱进行高亮显示,以便更好地查看所关注和感兴趣的数据。

SAS Visual Analytics 的平行坐标图没有 X 轴和 Y 轴。分配给平行坐标图的数据项,如果是类别项,则直接在平行纵轴上纵向显示其各个类别值,其中代表每个类别值的矩形条的高度,与该类别值的频数成正比;如果是测度项,则系统自动对该测度项进行均匀分箱处理(按该测度项的最大值和最小值,确定每个分箱的上、下限),而代表每个分箱的矩形条的高度相同。两个平行纵轴上分箱之间的连线粗细,与这两个分箱的类别值所对应频数有关。

图 12.5 的平行坐标图,使用的是 SAS Visual Analytics 的样例数据集 RAND_RETAILDEMO。显示的是品牌 Brand Name、渠道 Channel Type、客户年龄组 Age Bucket 与利润 Margin 的关系。其中,系统为测度项 Margin 进行了分箱处理(均匀地分为 5 个分箱)。我们很容易看出,Internet 渠道和 Pine 品牌对利润的贡献最多,而客户的不同年龄段对利润的贡献差别不大。

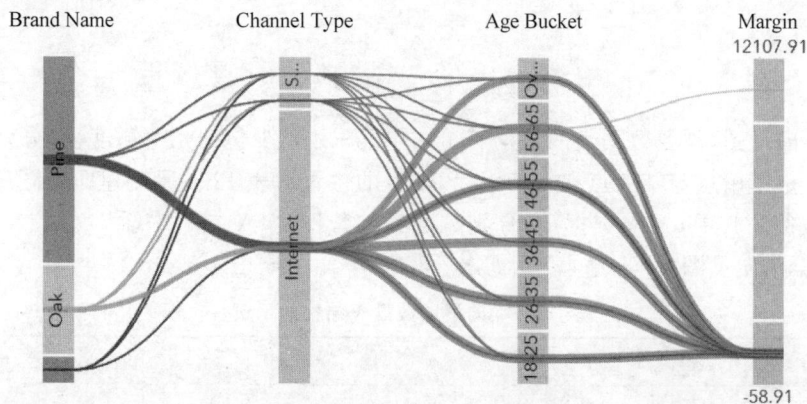

图 12.5　平行坐标图示例

12.6 向量图

向量是在数学、物理学等多个学科中经常用到的一个概念，可以从大小和方向两个视角描述空间中的点。向量图借用了向量这一概念，使用有向线段（或称为向量）显示代表数据的两个点在方向和数值上的变化。线段的长短代表了数值的大小变化，而箭头的方向代表了数值的方向变化。

SAS Visual Analytics 向量图可以使我们在空间维度上查看开始点与结束点之间的变化。用带箭头的连线连接开始点和结束点，生成的是一个有向向量图；不带箭头的连线生成的就是一个无向向量图。使用带箭头的线段，可以更好地表示开始和结束的相对位置和方向。如果向量图未启用箭头，则只能显示空间的变化，无法明确区分开始点与结束点。图 12.6 是一个有向向量图的示例，我们可以观察两个变量 x、y 在方向及数量上的变化。

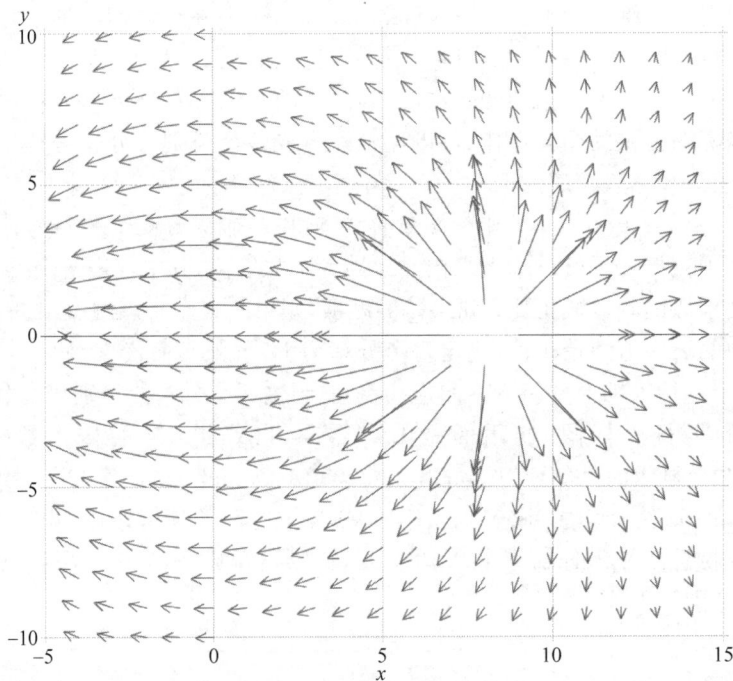

图 12.6　向量图示例

要创建向量图，需要数据表的结构满足一定要求：至少包括 4 个测度项，分别由两对测度项的值决定开始点与结束点在 X 轴及 Y 轴上的位置。表 12.1 是创建向量图所需要的数据表结构示例。其中，x、y 数据项，分别分配给向量图的"X 轴""Y 轴"角色；$x0$、$y0$ 数据项，分别分配给向量图的"X 原点""Y 原点"角色。

表 12.1　向量图数据表结构的示例

x	y	x0	y0
−5.430769231	−9.753846154	−5	−10
−5.480947096	−8.722530522	−5	−9

续表

x	y	x0	y0
−5.540414447	−7.688970102	−5	−8
−5.611560466	−6.654764253	−5	−7
−5.697192387	−5.62313925	−5	−6

12.7　气泡变化图

与向量图类似,气泡变化图也是通过数据点的位置变化来显示开始点与结束点在方向和数值上的变化,且气泡变化图比向量图多提供了一个维度来表示大小的变化。也可以将气泡变化图理解为由线段连接的两组气泡,用来显示开始与结束位置的测度项的差异或变化。

SAS Visual Analytics 中气泡变化图默认启用箭头,以更好地表示开始与结束的相对位置和方向。图 12.7 的气泡变化图,使用的是 SAS Visual Analytics 的样例数据集 RAND_RETAILDEMO。我们根据气泡变化图的数据角色需要,对数据表进行转换,显示的是从 2009 年 8 月开始,截至 2010 年 1 月时,三个品牌利润的变化情况,其中,X 轴显示成本 Cost,Y 轴显示销售额 Sales,气泡大小代表利润额 Margin。从图中我们能够清晰地看出,三个品牌的利润额变化不大,但是,Oak 品牌成本变化很小而销售额增长明显,Maple 品牌成本减少较大而销售额增加很小,Pine 品牌成本和销售额都增加较多。

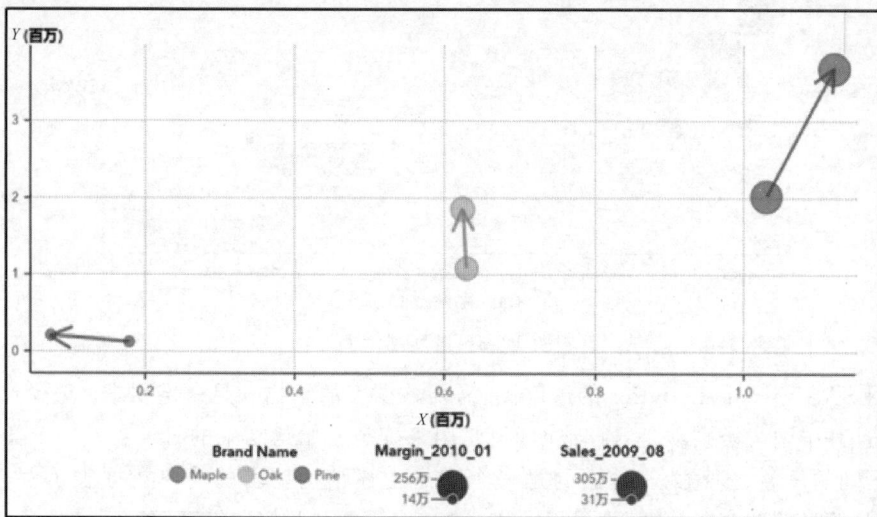

图 12.7　气泡变化图示例

要创建气泡变化图,需要数据表的结构满足一定要求:至少需要 7 个数据项。表 12.2 是一个可用于创建气泡变化图的数据表结构示例,其中,2 个测度项的值决定其开始点的位置,2 个测度项的值决定其结束点的位置,2 个测度项的值分别决定气泡在开始点与结束点的大小;1 个类别项用来对气泡进行分组及计算测度聚合值。

表 12.2　气泡变化图的数据表结构示例

组	*X* 开始	*Y* 开始	*X* 结束	*Y* 结束	开始大小	结束大小
Oak	624456	1235536	1857462	629903	1084851.5	1712244
Pine	1122607	2564577	3680213	178463	129601.3	307552
Maple	74309	142372	217247	1030378	2022754.9	3050098

12.8　进度图

进度图是一种用于展示任务、事件或项目的进展、持续及完成情况的可视化图形。在项目管理中,进度图可用于设定目标并跟踪任务的完成情况;展示项目不同阶段的完成情况;比较不同团队或项目的进展情况等。进展图可以简洁清晰地向利益相关者传达任务、事件或项目的进展及完成情况。常见的进度图有甘特图、进度条图等。SAS Visual Analytics 提供的是一个进度条图。

SAS Visual Analytics 中的进度图,使用横向矩形条来显示事件的持续时间及其变化,每个矩形条的两边分别表示事件的开始和结束时间;进度图的纵轴表示任务的名称或标识符。这些名称可以是任务的描述性名称,也可以是任务的编号或代码;进度图矩形条的颜色表示任务的类型、进展状态或完成程度等。进度图提供的动态交互操作,可以对图中的进度条执行合并操作。图 12.8 是一个进度图的示例。

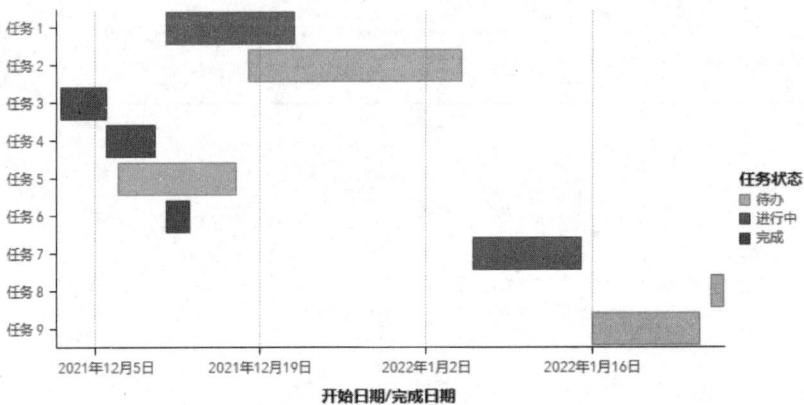

图 12.8　进度图示例

使用 SAS Visual Analytics 的进度图,需要数据表的结构满足一定要求:至少包括 3 个类别项,且其中两个类别项是日期或时间型,用来确定开始与结束的日期;另一个类别项用来区分不同的任务。表 12.3 给出的是一个满足上述结构要求的简单数据表示例,其中的"任务""开始日期""完成日期"列可以分别分配给"任务""开始""结束"角色;"任务状态"列可以分配给"组"角色。

表 12.3　进度图所需的数据表结构的示例

任　　务	开 始 日 期	完 成 日 期	任 务 状 态
任务 1	2021 年 12 月 11 日	2021 年 12 月 22 日	进行中
任务 2	2021 年 12 月 18 日	2022 年 1 月 5 日	待办
任务 3	2021 年 12 月 2 日	2021 年 12 月 6 日	完成

续表

任　　务	开 始 日 期	完 成 日 期	任 务 状 态
任务 4	2021 年 12 月 6 日	2021 年 12 月 10 日	完成
任务 5	2021 年 12 月 7 日	2021 年 12 月 17 日	待办
任务 6	2021 年 12 月 11 日	2021 年 12 月 13 日	完成
任务 7	2022 年 1 月 6 日	2022 年 1 月 15 日	进行中
任务 8	2022 年 1 月 26 日	2022 年 1 月 27 日	待办
任务 9	2022 年 1 月 16 日	2022 年 1 月 25 日	待办

12.9　自动解释对象

SAS Visual Analytics 的自动解释对象,使用机器学习和自然语言解释算法,由系统自动查找、呈现并叙述数据中的事实,找出发生问题的原因,检查所有选项及发现隐藏在数据中的机会,并自动突出显示数据中的关键关系、异常值、聚类等,以揭示激发行动的重要洞察。自动解释对象的示例可以参照图 10.6。

自动解释对象能够为选定的响应变量,自动找出最重要的底层因子,并进一步分析响应变量与相关因子之间的关系,然后根据该相关因子的统计特征,用自然语言进行解释和说明;自动解释对象还能够快速地检测出数据(包括地理数据)中的模式和异常值,并使用易于理解的自然语言进行解释,结合恰当的图形进行呈现;自动解释对象还将依据选定的响应变量、对基于某个相关因子进行分组的选项,给出对高、低两个分组中前几个项的主要区别及自然语言解释。

SAS Visual Analytics 的自动解释对象,是由多个基础图表对象组合而成,并且这些图表对象可以通过对应的视图进行设置。这些视图包括:特征、事件水平、因子、高和低分组、关系、关系说明。可以在自动解释对象的"解释显示"选项中,设置要显示的视图。

自动解释对象支持在其高、低分组选项卡中生成一个派生组项,并使用派生组项创建新的图形对象进行更多数据探索。另外,SAS Visual Analytics 系统会根据响应变量与底层因子的不同类型,在关系视图中选用适宜的图形对象,并在关系说明视图中使用自然语言给出相应的文字说明,表 12.4 给出了响应变量为类别项、测度项时,根据所选不同类型的底层因子而选用的关系图及说明。

表 12.4　不同类型响应变量与底层因子的关系图及说明

响 应 变 量	所选底层因子	
	类 别 项	测 度 项
类别项	关系图——堆叠条形图 关系说明包括: ① 使响应变量的当前事件水平值为总数最高时,所选底层因子的值 ② 使响应变量的当前事件水平值为总数最低时,所选底层因子的值 ③ 所选底层因子中最常见的值(占比最多的分类)	关系图——直方图 关系说明包括: ① 当响应变量为当前事件水平时,所选底层因子的均值、最大值、最小值 ② 当响应变量为非当前事件水平时,所选底层因子的均值、最大值、最小值

续表

响应变量	所选底层因子	
	类 别 项	测 度 项
测度项	关系图——条形图 关系说明包括： ① 使响应变量具有最大"平均值"的所选底层因子的事件水平值 ② 使响应变量具有最小"平均值"的所选底层因子的事件水平值 ③ 所选底层因子中最常见的值（占比最多的分类）	关系图——散点图、热图 关系说明包括： ① 响应变量与所选底层因子的相关关系及描述 ② 所选底层因子的均值及取值范围

12.10 文本主题对象

SAS Visual Analytics 的文本主题对象，用来对包含非结构化文本的数据项（使用 UTF-8 编码）进行文本分析。

文本主题对象首先把非结构化文本解析为单独的词条，并且与系统的停用词表（Stop List）进行比较，以确定文本的主题。停用词表由那些常用的、应该被忽略的词条组成。在文本分析中如果在停用词表中找到了某个词条，则将其从分析中去掉。系统的停用词表，有助于去除或过滤无用的噪声词汇，只对那些非噪声词条进行分析。

SAS Visual Analytics 系统中使用的停用词表（Stop List），可以由系统管理员使用 SAS Environment Manager 进行管理、加载等操作。停用词表一般放在名为 ReferenceData 的 CAS 逻辑库中，由两个数据列构成：TERM 和 ROLE。针对不同语言的文本主题，需要使用其对应语言特定的停用词表。例如，EN_STOPLIST 和 ZH_STOPLIST 分别是英文和中文的停用词表。

图 12.9 显示的是英文和中文停用词表的部分样例数据。

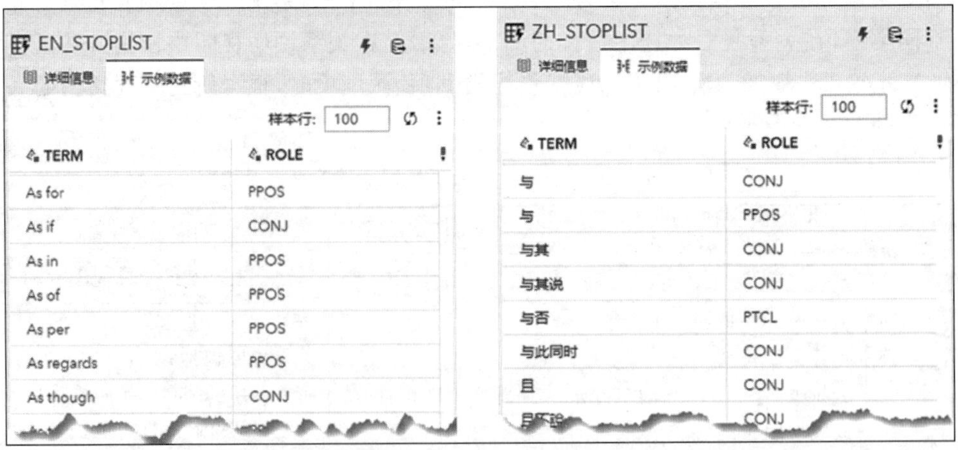

图 12.9 停用词表的部分样例

SAS Visual Analytics 文本主题对象中，包含非结构化文本的数据列又被称为文档集合，其中的每一行也被称为文档。文本的主题，则是由那些在某个文档中同时出现频次较高的词条组成。识别为文本主题的那些词汇,将显示在条形图中(词条前有一个"╋"号的,表示该词是以词干统计的)。文本主题对象显示的是权重最大的那些词条。词条权重用来表明这些词在该主题中的重要性,默认使用"熵"加权算法计算词条权重,这种加权算法可以更好地突出在整个文档集合中频数较低的词条。

另外,文本主题对象还提供文本的情感分析功能。对非结构化文本进行情感分析,首先需要对每个文档的所有相关词条进行评分(Score)。SAS Visual Analytics 系统的评分规则如下:

- 表示积极情绪的词条(如快乐、满意、美妙等词汇),其评分为 1。
- 表示中立情绪的词条(如顺序、事物等词汇),其评分为 0.5。
- 表示消极情绪的词条(如不满意、冒险、生气等词汇),其评分为 0。

SAS Visual Analytics 文本主题对象会对每个文档的评分求平均值,以确定该文档的总体情绪。总体情绪的评分高于 0.5,表示该文档所体现的更多是正向积极的情绪,记为正面文档;评分等于 0.5,表示其所体现的中立情绪,记为中性文档;评分低于 0.5,则表示该文档所体现的是负面消极的情绪,记为负面文档。

SAS Visual Analytics 文本主题对象,是由多个基础图表对象组合而成的。文本主题对象的分析结果,主要包括以下三部分:

1)"文本主题"视图

该视图以条形图显示文档集合中主题词汇的权重,按从大到小的排序来显示主题词汇的重要性。如果在条形图上选中某个主题词汇对应的矩形条,词云将刷新为所选主题词汇中所包含的词条。

2)"文本词条"视图

该视图以词云形式呈现文档集合中的词条(所有的非噪声词条)。词云中所显示的每个词条的字体大小,由该词条在文本主题中所占的权重决定,权重越大表示该词条在文本主题中越重要,其显示的字体越大。当鼠标悬停在某个词条上,可以在数据提示中看到包含该词条的文档计数、该词条的角色性质(即词性,如名词、动词、形容词等)等。如果在词云对象中选定某个词条,则下面的文档表视图中,将列出包含该词条的所有文档及其与主题的相关度。

3)"文档表"视图

该视图显示包含所选词条的各个文档及其主题相关性(需要在文本主题的条形图中,选中某个主题词汇条)。对于每个文档,主题相关性值表示文档与选定主题的相关程度。在"文档表"上选中某个或多个文档,右击并从弹出菜单中选择"查看完整文档",将弹出新的窗口显示完整的文档文本。如果从弹出菜单中选择"从选定文档创建简单表",则在一个新的报表页面上创建一个简单表,并在表中列示选中的文档。

图 12.10 是一个文本主题对象的分析结果示例,其中标注了各个视图所在的区域。

要在 SAS Visual Analytics 中创建文本主题对象,进行文本主题分析,要求数据表必须符合一些特定的要求。这些要求包括:

(1)数据表必须至少包含一个类别项,其值是非结构化的文本串,也被称为"文档集合";该数据项的每一个值,也被称为"文档"。

(2)要使用文本主题对象,文档集合中至少需要 2 个非空文档及 2 个保留词条才能提

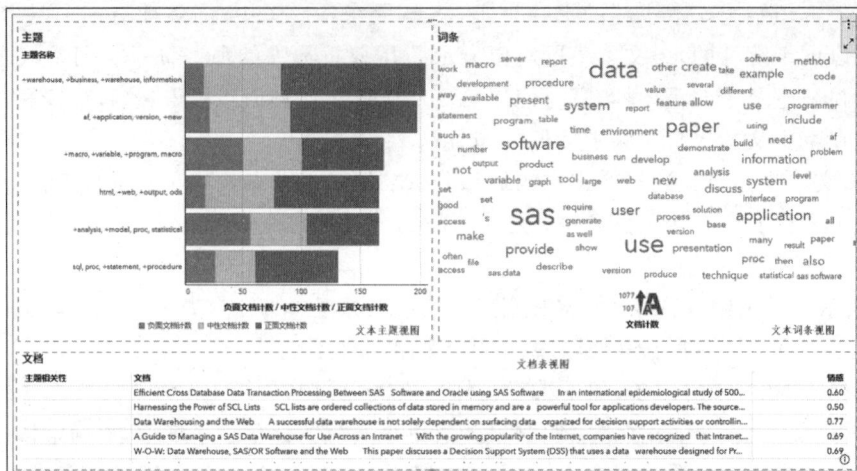

图 12.10　文本主题对象的分析结果示例

供足够的数据给文本分析算法。保留词条是指那些能够为下游分析节点(主题节点)增加价值的词条,因此,如果系统提示类似"文本分析至少需要 2 个非空文档和 2 个保留词条"的信息时,通常表示需要更多的非空文档才能正常执行文本主题分析。

(3) 数据表必须至少有一列,可以作为唯一的行标识符。如果数据表中,已经有适合作为"唯一行标识符"的列,文本主题对象会自动将该列分配给文本主题对象的"唯一 ID"角色。如果数据表中不包含或没有适合作为"唯一行标识符"的列,需要为该数据表创建一个唯一的行标识符列。

12.11　交互探索

SAS Visual Analytics 系统提供了多种交互式的操作方式,帮助我们去做更多的探索和分析,从而追溯和发现事件发生的原因。动态交互探索是提升数据分析效果的关键因素,因此,是可视化分析中非常重要的环节。SAS Visual Analytics 系统提供的交互式操作,主要包括过滤、排名、链接和关联选择项等。有关这些交互操作的使用方法,将在第 15 章中详细介绍。

12.12　习题

(1) 气泡图与散点图有什么异同吗? 相关矩阵与热图有什么异同吗?
(2) 可以为平行坐标图的数据角色分配测度数据项吗? 如何为它设置反向轴?
(3) 如何为自动解释对象创建派生项?
(4) 创建文本主题对象对数据表的结构有什么要求?

12.13　本章小结

本章主要介绍了 SAS Visual Analytics 中常用于诊断性分析的一些图形对象。这些对象包括:善于展现数据间相互关系的气泡图、矩形树图、相关矩阵、热图、平行坐标图;善于揭示空间或时间维度变化的向量图、气泡变化图、时间序列图、进度图；使用机器学习和自然语言解释算法的 SAS Visual Analytics 独有的自动解释对象、文本主题对象等。受到篇幅限制,这些图形对象的创建方法、角色分配、选项设置及相关交互操作,以及气泡变化图和文本主题对象的数据准备等内容,可以扫描本章二维码进行阅读。

　　需要说明的是,本章介绍的诊断性分析对象,多用于但并不局限于诊断性分析,也可用于描述性分析或其他类型的数据分析中。

　　至此,我们从数据分析的探索视角,对 SAS Visual Analytics 中常用的分析对象进行了讨论。接下来我们将讨论 SAS Visual Analytics 提供的数据报表功能。

第 13 章

报表设计综述

电子资源

创建报表对于数据分析结果的展示具有非常重要的意义。数据分析为我们提供了对数据的理解与洞察,而报表能够将数据及分析结果以直观、清晰、易懂的形式呈现给相关人员,传达数据分析的发现、洞见及建议,帮助他们做出更明智的决策。同时,报表也是与决策者、管理层及团队成员沟通数据分析结果的主要工具,方便进行信息共享、促进团队合作;报表中的数据、指标等可以帮助决策者发现问题、识别机会,并及时调整策略和行动计划;帮助管理人员监控业务运营及项目执行情况,跟踪关键指标的变化趋势,及时发现问题、采取纠正措施,并评估绩效及成果,调整项目计划和资源分配等。

可见,创建报表与数据分析相辅相成,也是数据分析中至关重要的一环。从报表设计、内容组织到报表动态交互等,都会影响目标受众对数据分析结果的充分认识和恰当运用,从而影响到数据驱动式决策及业务优化等。

接下来的几个章节,我们将从报表设计相关的理论与实践出发,介绍 SAS Visual Analytics 提供的报表设计、报表内容支持及报表交互支持等方面的功能。本章主要讨论报表设计相关内容。

13.1 报表设计相关理论

报表设计是将数据中所蕴含的信息进行整合,并以清晰的层级与结构进行呈现。良好的报表设计,会帮助报表阅读者快速获得有用的信息,并在必要时获取动态更新的报表数据、便捷地探索报表信息。为了实现这一目标,报表设计者需要遵循一些有用的设计理念,提升报表的阅读体验。本节简要介绍几个与报表设计相关的定律及理论。

13.1.1 希克定律

希克定律是指"做出决策所花费的时间,随着需要做选择的数量及复杂性的增加而增加"。这意味着过多、过于复杂的信息,会增加人们的认知负荷和处理时间。因此,在报表布局设计时,应该将冗长复杂的信息,分解为内容相对简洁和独立的单元,再将它们分配到不同的页面上。也就是说,借助"分页"来逐步引导报表读者,从而分散高复杂度信息带给读者的认知负荷。

进一步地,在每个页面的布局中,可以使用"组块",帮助用户理解信息的结构及层级关系。如果满屏都充满图形或全是单调的文字,会使报表阅读者感到困扰和压迫。组块可以划分页面区域,合理区分图片和文字。如果能够恰当地处理标题、句子和内容的长度,这些组块就可以让报表阅读者在密集的信息中,快速理出头绪、方便理解和记忆。

另外,在组块内应尽量将某一次选择行为所涉及的候选项,控制在比较合理的范围内。一个最佳实践是尽可能提供较少的选项,太多选择就等于没有选择。当然,也不要走向另一个极端,只提供一个候选项、让用户觉得"没得选"。如果不得不提供较多选项时,可以对选项进行分组或过滤。对选项进行分组,可以按使用频率、权重等,做出位置或视觉上的区分。如果一次分组不够,可以进行二次、三次分组,但建议最多不超过三次。

最后,把不可用的选项置灰、锁定或隐藏,也可以在视觉上帮助用户区分无须选择或不可选择的项目,从而排除不必要的干扰。

13.1.2 奥卡姆剃刀原则

现实世界中,奥卡姆剃刀原则的使用比比皆是。简单地说,它就是"如无必要,勿增实体"的精简原则。在报表设计与页面布局时,奥卡姆剃刀原则的指导意义,在于提示我们考虑页面中每一个对象的必要性。要知道,在页面中每增加一个图形或其他对象,就意味着报表阅读者需要花费额外的时间去理解该对象。针对要表达的内容,如果报表中某个对象没有任何实质性的贡献或意义,它就是非必要的,可以略去。

报表设计实践中应用奥卡姆剃刀原则,应注意我们的目的不是追求至简,而是去除累赘,在保证精确性、可靠性的前提下,追求恰如其分的精简。

13.1.3 菲茨定律

菲茨定律是由心理学家保罗•菲茨(Paul Fitts)提出的一个基于人机交互的预测模型。该模型揭示的是,屏幕上的光标从界面上任意一点,移动到目标对象的中心点所需的时间,与光标到目标对象的距离和大小有关。该模型的数学公式如下,其中 T 是移动所需的时长,a,b 是经验常量,D 是光标与目标对象之间的距离,W 是目标对象的大小。

$$T = a + b\log_2\left(1 + \frac{D}{W}\right)$$

在报表设计中,菲茨定律的指导意义在于,指导我们设计提供更好用户体验的报表。

(1) 将关键对象的可点击区域放大(即增大 W)。这样用户可以快速将光标定位到目标对象所在的区域。例如,在链接文字周围提供扩展的可单击区域,这样用户单击文本链接时会更容易。再如,有意把页面中最希望被单击的按钮或链接区域等进行放大。需要注意的是,W 也不能太大,太大的目标区域会浪费空间,破坏与其他元素的平衡感,且无法进一步提升用户体验。因此,应该综合考虑为关键对象的目标区域设定合理的大小。

(2) 相互关联的元素应放置在靠近的区域(即缩小 D)。例如,需要连续操作的控件尽可能彼此靠近,也可以缩短移动时长 T,同时,也在视觉上增加了其相关性的提示。注意,D 不能太小,太小的间距会造成视觉压力,降低用户体验。

(3) 利用边缘区域放置操作按钮或链接。因为边缘区域的 W 趋于无限大,移动到这些区域所需时间 T 趋近于一个常量。例如,通常将一些控件放置在页面顶部或侧面的边缘区域,更便于用户的操作。

13.1.4　雅各布定律

雅各布定律说的是,进行设计时应尽可能地依据用户既有经验与使用模式,来降低学习成本、减少使用和操作的阻力。所以,在报表及页面的设计中,应该尽可能遵循相对一致的使用模式。没有足够的依据,不要轻易尝试标新立异。相关的最佳实践主要包括:

(1)一致的示能:"示能"是借鉴设计心理学的一个概念,表示一个操作对象与人的可交互关系。报表中所使用的元素、控件、组件,都应该符合互联网应用中类似对象的示能。例如,置灰的按钮一般表示它不能被单击;能单击的文本链接的样式,一般都不同于不可单击的文本。经过各种互联网应用的熏陶,我们应该顺应用户的习得经验和意识,进行报表设计,减小用户操作的阻力。

(2)一致的符号映射:报表中相同功能或用途的元素,应尽可能采用相同或类似的符号、图标、标识等,这样可以给用户相同的功能提示。例如,三个圆点的图标通常代表单击它可以查看更多内容。对于常见的、已被大范围应用的符号映射,不要轻易去创造一些新符号来映射对应的操作。这有助于降低学习成本,提高操作效率。

不像之前的希克定律或者菲茨定律有具体的使用场景及明显的适用边界,雅各布定律在报表设计中的适用场景随处都是。

13.1.5　尼尔森F型视觉模型

研究发现,人们在浏览页面时的视线移动,有一定的规律性。例如,有人在浏览页面或布局时,视线一般下意识地从左上角移动到右下角;更多情况下,视线是从左到右、从上而下移动的。尼尔森F型视觉模型,就是对人们这种浏览方式的总结。该模型指出,人们在第一次观看页面时,视线会呈F的形状在页面中移动,如图13.1所示。图中1表示视线先从顶部开始从左到右水平移动,2表示目光下移开始从左到右观察,但是长度会相对短些,3表示以较短的长度向下扫视,形成一个F形状。1、3的宽度表明这两个方向获得的视觉关注也更多。

在优化报表页面结构及布局方面,尼尔森F型视觉模型也为我们提供了一些参考:

(1)页面刚开始的内容,会受到大多数人的关注,因此可以把重要的内容放在页面最上面的位置。

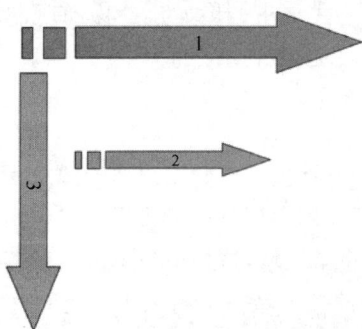

图13.1　尼尔森F型视觉模型示意图

(2)标题和副标题容易受到关注,应该包含那些关键信息;文字不宜过长,简短的文字更好一些。

(3)页面高度不宜过高,因为随着视线向下移动,关注度在降低,应该削减不必要的内容。

13.1.6　首因效应与近因效应

首因效应的理论基础是,主体信息出现的次序,对形成印象或记忆产生重要的影响。研究发现,在所展现的一系列信息中,最先呈现的那一项,能够更有效、更长久地存储在人们的长期记忆之中,也更容易被快速地回忆起来。

近因效应,也是有关主体信息的出现次序,对形成印象或记忆所产生的影响。在所展现的一系列信息中,最后出现的一项(或最后几项),更容易存储在人们的短期记忆中。

首因效应与近因效应给我们的启示,简单说就是在进行报表布局设计时,应该把希望人们记住的内容(如结论性的图片、文字等重要信息),放在最前面(首因效应)或最后面(近因效应)。这通常是在页面的左上部及右下部区域。

需要注意的是:当进行快速浏览时,首因效应的影响相对有限,而近因效应的记忆时限又很短,所以,如果报表页面需要被快速浏览,那么就需要添加其他额外的因素以强化视觉吸引,例如为标题设置不同颜色、加大加粗字体等。

13.1.7 冯·雷斯托夫效应

冯·雷斯托夫效应,是说当存在多个相似的物体时,与众不同的那一个更容易被记住。例如,通过色彩、尺寸、留白等使某个对象不同于周围的其他对象,这种特殊化的处理会使该对象更引人注目。

这种差异化所带来的识别度与记忆度的提升,是一种有效吸引用户注意力的手段。例如,页面中使用 Call-to-Action 按钮(又称为 CTA 按钮,或行为召唤按钮),利用的就是冯·雷斯托夫效应。

但是,要注意的是在一个页面中只能有少数几个这种特异点。如果整个页面的所有元素都追求独特性,不仅没法突出这种特异点,反而造成页面的整体视觉效果杂乱无章。另外,当用户被特异点吸引时,对其他内容的注意力会相应下降。因此,需要牢记只在最关键的地方应用差异化,以避免冯·雷斯托夫效应的这种"先天"副作用。

13.1.8 蔡格尼克记忆效应

心理学家蔡格尼克(Bluma Zeigarnik)发现,人类天生有一种驱动力,对尚未完成的任务念念不忘,内心希望有始有终。这种驱动力使得人们对已经做完的任务印象不深,反而对未完成的任务更"牵挂",这就是蔡格尼克记忆效应。

在报表设计中,可以利用蔡格尼克记忆效应帮助我们进行页面布局。在页面大小受到限制、不能完全显示某些信息时,可以使用…符号(或"全部""展开"等链接),来强化"未完成"这一特征,从而可以引导和提示用户,去查看完整的信息。

同样地,对已完成的任务,最好也能给予用户相应的提示。否则,用户会困惑到底有没有完成某件事,反而影响到用户体验。

13.2 报表设计相关实践

精心设计的报表,可以帮助报表阅读者快速获得信息内容、洞察数据信息中可能存在的趋势或模式,让报表产生最大效益。因此,在开始着手创建报表前,应该进行报表设计,通常包括主题设计、布局设计、内容设计、交互设计、报表模板设计等。

这里给出一些报表设计的最佳实践,供读者参考。

（1）确定报表要求：确定目标受众，一般可能包括企业的部门经理、高管、数据分析师等。了解他们目前使用哪些报表，为什么需要这份报表，这份报表是否需要包含什么特别的内容或信息，多久需要访问一次这份报表，以及其他可能需求等。

（2）确定报表内容及重要指标：了解业务工作或流程要监控的指标，重点是分析目前使用的报表正在跟踪的内容及指标，并确定需要改进的部分。然后，结合数据源的情况，确定每个指标的数据源是什么，可用的数据是否足够，指标是否需要动态计算。时刻记住奥卡姆剃刀原则，有时候少即多。

（3）组织报表内容：不要将所有内容堆砌在一个报表页面上。遵循希克定律，采用分页引导模式组织报表。在每一个页面中，采用"组块"的形式组织相关内容对象。

（4）设计报表的页面布局：报表的页面布局，应该尽可能遵循人们的阅读和浏览习惯。例如，根据尼尔森F型视觉模型的研究，人眼阅读或浏览时的视线，是从左到右、从上而下移动的。因此，我们在呈现信息时，报表的左上部通常应该是最重要、最紧急的信息，而低优先级、变化缓慢的信息可以放置在报表的下半部分。应避免布局拥挤、保持简洁。

（5）选用恰当的可视化对象：为每个指标选择恰当的可视化展现形式，对于更好地传递数据中的信息非常重要。

（6）突出关键信息：数据分析报表通常包含大量信息，容易导致视觉注意力的分散。应根据视觉通道特性，选择恰当的视觉标识和视觉通道，引导读者找到正确的数字和趋势；合理组织并突出显示关键信息。例如，仪表盘就是突出显示关键信息的有效方法。

（7）应遵循格式塔原则，充分考虑视觉认知的规律，结合邻近律、相似律、连续律及闭合律等，帮助阅读者尽可能形成一个知觉上易于处理、便于比较相关信息的整体认知，从而帮助人们更好地理解某一事物或对象。

（8）及时获取目标受众对报表小样的反馈：这样可以确保目标受众对报表设计的及时反馈，确认报表设计满足阅读者的需求。对包含交互设计的报表，还可以通过目标受众的反馈，确认交互性是否满足日常操作的需求。

（9）考虑报表使用场景：根据分析报表的受众，创建可通过网络或移动设备共享的、可以动态交互的报表。

13.2.1 主题设计

主题用来定义报表的整体外观，包括报表的组件或对象所使用的颜色、样式、格式、界面组件等设置。通过使用报表主题，可以便捷地统一企业各种报表的界面外观。一个精心设计的主题，可以为报表创建一个良好的视觉体验。

进行主题设计时，应该遵循视觉认知理论，充分利用人类视觉的"前注意属性"（如色彩、位置、形状、大小等），去引导阅读者快速定位到兴趣点，并营造出视觉上的层次感，来指引信息的处理顺序和思路。

SAS Viya 提供了进行主题设计的应用程序 SAS Theme Designer。使用 Theme Designer 创建的主题，可以应用于 SAS Visual Analytics 报表，从而控制报表中各个组件或对象所使用的颜色、样式、界面元素等。关于 SAS Theme Designer 的使用方法示例，请扫描本章二维码查看相关内容。

13.2.2　报表结构设计

SAS Visual Analytics 中的任何报表,都由一个或多个页面组成;每个页面又可以包含一个或多个对象或容器。这些对象可以直接放置在页面中或放置在页面的一个或多个容器中。图 13.2 是一个报表结构示意图。

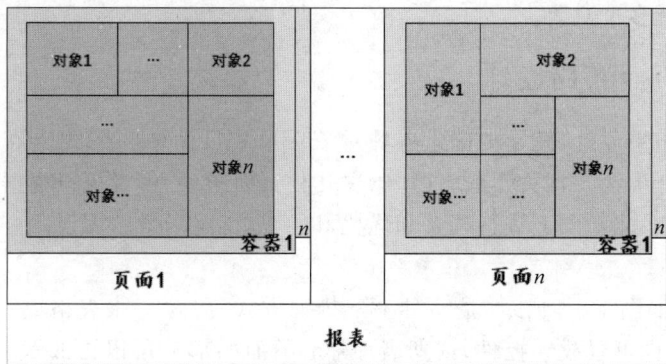

图 13.2　报表结构示意图

从图 13.2 的示意图中,我们可以看到,SAS Visual Analytics 报表可以根据需要,组织为多个页面,每个页面提供基于语义的内容分隔。报表设计者与查看者一次只能看到一个页面的内容,并能够在多个页面之间轻松切换。每个页面可以分别提供对容器、图表对象及控件对象的组织、排布和容纳。

SAS Visual Analytics 报表通常由以下三种类型的对象构成:

(1) 页面及容器对象:提供容纳和布局功能,如图 13.2 中的页面 1～页面 n 及容器 1～容器 n。

(2) 图表对象:显示数据内容的各种表格、图形、地图、内容对象及分析对象等,如图 13.2 中的对象 1～对象 n。

(3) 控件对象:使查看者能够与报表进行交互操作的控件对象;它们可以放置在报表或页面的提示区域,也可以是图 13.2 中的对象 1～对象 n。

13.2.3　页面类型

SAS Visual Analytics 提供了三种类型的页面,供我们在设计报表时根据需要选用。

1) 基本页面

这是报表的默认页面类型。一个报表必须至少有一个基本页面。通常,一个基本页面可以更改为隐藏页面或弹出页面,但不能同时改为两者。

2) 隐藏页面

这种页面类型,使报表设计者始终可以看到其页面及选项卡,而报表查看者无法直接看到其页面。报表设计者必须通过链接方式指向隐藏页面,才能使报表查看者看到隐藏页面的内容。对于报表设计者,隐藏页面由页面选项卡上的阴影背景来标识。一个报表可包含一个或多个隐藏页面。隐藏页面中可以包含一个或者多个对象。

3）弹出页面

这是报表查看者无法看到页面选项卡的一种弹出型页面类型。弹出页面常常用来作为一个信息窗口。报表设计者始终可以看到弹出页面及其选项卡,且必须通过链接方式指向弹出页面,才能使报表查看者看到弹出的新窗口中所显示的信息。对于报表设计者,弹出页面由页面选项卡上的阴影背景来标识。一个报表可包含一个或多个弹出页面。弹出页面中可以包含一个或者多个对象。

13.2.4　页面布局设计

报表的页面布局设计,就是要确定各种对象在报表页面中的摆放位置及排列方式。结合前面的报表设计理论及相关实践,这里给出几种页面布局,读者可以根据实际报表设计的需要进行选择,或在此基础上进行调整和优化,以满足特定场景的需要。

1. 简约布局 A

简约布局 A 如图 13.3 所示,是一种上下排列方式,包含一张表格或一个图形对象,顶部为标题与说明,也可以放置控件,或两者兼有;下面的部分可以再放置一个图形或表格,也可以是文字说明等内容。简约布局 A 中突出显示的部分是图表1。

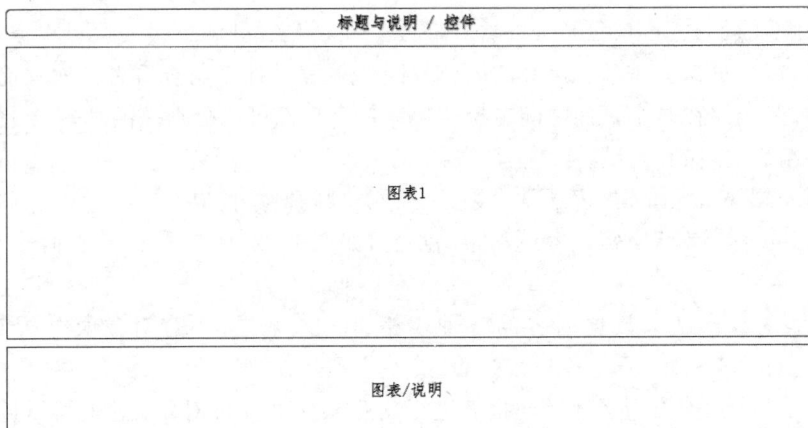

图 13.3　简约布局 A

2. 简约布局 B

简约布局 B 如图 13.4 所示,是一种左右排列方式,包含两个表格或图形对象。顶部为标题与说明,或放置控件,也可以两者兼有。简约布局 B 中默认突出显示的是图表1。如果必要,也可以调整图表1与图表2的大小,突出显示图表2;此时,如果使用的控件比较多,也可以将它们排列在左侧图表1的位置。

3. 学院布局 A

学院布局 A 如图 13.5 所示,可以包含最多三张表格或图形。左上部为标题与说明部分,也可以放置控件。学院布局 A 中,左下部可以根据需要,放置图表或控件对象。如果为控件,可以适当将左侧区域的宽度调小,从而突出显示右侧的图表;如果左下部放置图表对象,也可以根据需要将左侧区域的宽度调大或调小,从而突出显示某张图表。学院布局 A 中默认突出显示的部分是图表1。如果必要,也可以调整图表1、图表2、图表3的大小,来突出显示图表2或图表3。

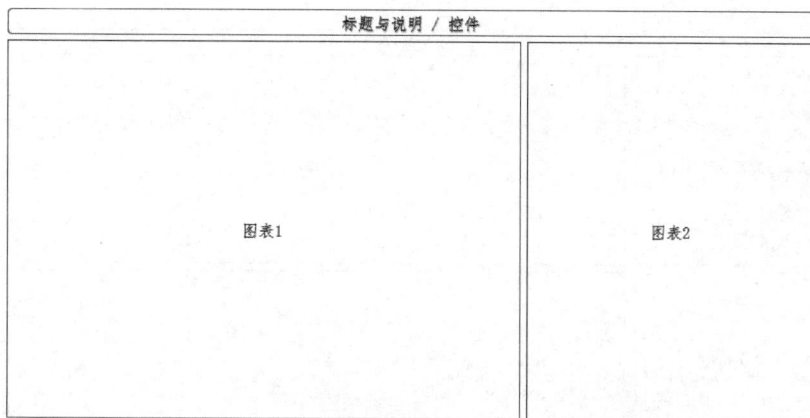

图 13.4 简约布局 B

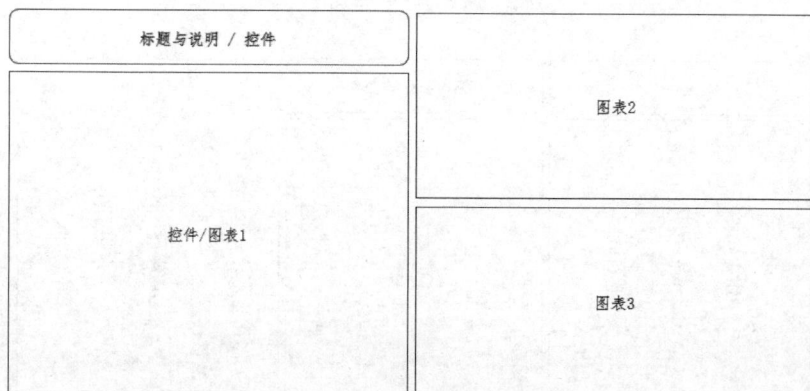

图 13.5 学院布局 A

4. 学院布局 B

学院布局 B 如图 13.6 所示,可以包含 2～4 个表格或图形对象。顶部为标题与说明部分,也可以放置控件。学院布局 B 中,左侧可以根据需要,放置图表或控件,这样最多可以有 4 种组合。另外,左侧可以分别放置控件 1、控件 2,并分别与右侧的图表 1、图表 2 相对应;或者合并左侧区域为一个控件区域,同时联动右侧的图表 1、图表 2。学院布局 B 中默认突出显示的部分是右侧的图表 1 和图表 2。如果必要,也可以调整图表 1 和图表 2 的大小,突出显示图表 1 或图表 2。

5. 现代布局 A

现代布局 A 如图 13.7 所示,可以包含最多 3 个表格或图形对象。左上部为控件,中上部为标题与说明部分,也可以放置控件。3 个图表占据布局的绝大部分空间。现代布局 A 中默认突出显示的是图表 3,也可以根据需要,调整左、中、右三部分的宽度,从而突出显示某一部分的图表;或将左、中两部分的图表合并为一个图表对象。

6. 现代布局 B

现代布局 B 如图 13.8 所示,可以包含最多 5 个表格或图形对象。顶部为标题与说明部分,也可以放置控件,或两者兼有。5 个图表对象排列为上、下两部分。现代布局 B 中默认突出显示的是图表 4 和图表 5,也可以根据需要,互换上、下两部分的位置;或合并其中的几个部分,从而扩大其区域,以达到突出显示某一部分的目的。

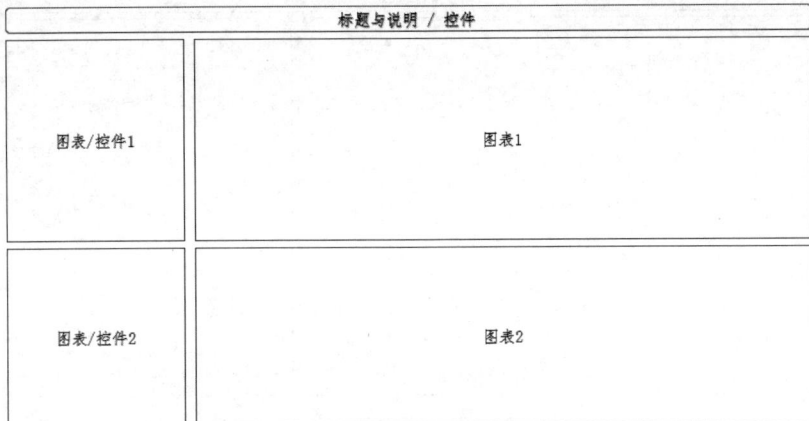

图 13.6　学院布局 B

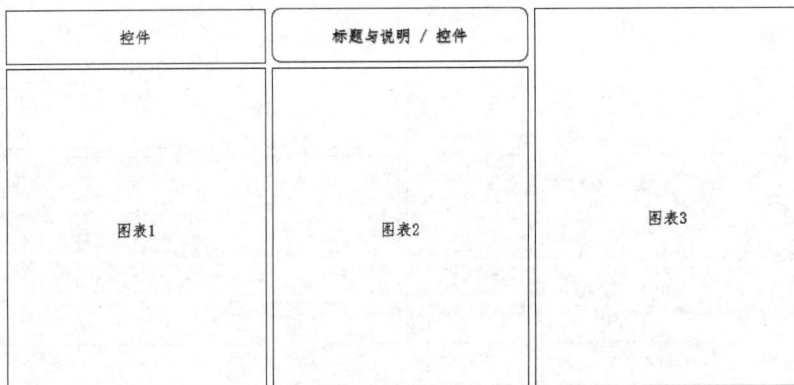

图 13.7　现代布局 A

图 13.8　现代布局 B

　　另外，SAS Visual Analytics 提供了一些页面模板，这些模板的页面布局方式，有助于规范报表的页面布局，具体内容将在 13.5 节进行介绍。

13.2.5 内容设计

报表的内容设计,应该充分考虑业务分析的要求、业务流程要监控的指标,以及对目前报表内容或指标要改进的部分等。同时,根据呈现内容的特点,选用恰当的可视化展现形式,以便更好地传递数据中的信息。

1. 常规内容

报表内容的设计,应避免堆砌大量表格或图形对象,造成视觉注意力的分散。要尽可能选择恰当的视觉标识和视觉通道,合理组织并突出显示关键信息,引导和帮助报表受众形成对信息的一个整体认知。

报表的页面提供对容器、图形对象、内容对象及控件对象的容纳、组织、排布。页面可以分隔报表内容,而页面中的容器可以容纳超出屏幕大小的内容,便于对页面中的各种对象进行合理布局和安排。

组成页面内容的图形对象、内容对象及控件对象,提供对报表具体内容的呈现。一般建议采用引导式风格组织页面内容,即以页面导航的方式,潜移默化地引导查看者的注意力和关注点。一般地,导航应提供从概要指标出发,到支持该概要指标的具体细分指标或数值,再引导或过渡到详细信息(如果需要)。有关报表具体内容的设计示例,读者可以参考 SAS Visual Analytics 提供的样例报表。

2. 仪表盘

在报表内容设计时,有一类特殊内容需要特别处理,这就是"仪表盘"。主要用于在报表中展示那些最重要的信息,以便报表阅读者能够一目了然、快速获取关键信息、呈现数据偏差、显示当前资源及其状态。

SAS Visual Analytics 提供了键值图、量具图及饼图等多用于仪表盘的图形对象,它们有自己的特点及适用性,在报表中添加这类对象应注意以下要点。

(1)根据要添加的仪表盘对象的不同用途,谨慎选择关键指标,确定仪表盘的设计。一般来说,仪表盘主要用途有两种:

① 运营仪表盘:向阅读者快速传递时间敏感的关键信息。因此,运营仪表盘的目标是帮助阅读者更快速、主动、高效地获得关键信息,传递运营任务的差距和状态,以便可以立即采取行动、确保运营任务的顺利完成。

② 分析仪表盘:为阅读者提供用于分析和决策的一目了然的信息。分析仪表盘对时间没有那么敏感,也不立足于立即采取行动。因此,分析仪表盘的主要目标是帮助阅读者充分了解数据、分析趋势并推动决策制定。

(2)合理布局仪表盘对象。根据运营的业务流程或分析决策过程,系统地组织各个仪表盘对象,突出最关键信息,巧妙使用"不可见"元素,合理构图、留白,最大限度地以无缝方式组织大量信息。

(3)使用仪表盘对象,应避免隐藏信息或过度依赖交互操作。仪表盘的主要目标之一,是一目了然地显示信息,因此,依靠滚动或其他交互操作会弱化这个初衷。不要使用需要滚动操作的、过长或过高的仪表盘布局。

(4)限制仪表盘对象的数量。前面介绍的视觉认知相关理论告诉我们,人类不擅长同时跟踪多个事物。不要期望大脑能同时关注太多信息,一般建议使用 3~4 个、最多不超过

7个仪表盘对象。否则,用户将很难集中注意力并获得清晰的概览。

（5）延后设计仪表盘。仪表盘通常在视觉上最具冲击力,因此,很多报表设计者会首先设计它。我们的建议刚好相反,仪表盘是报表其他所有内容的摘要视图,显示的是来自报表各个部分的最关键信息,因此,在报表设计的实践中,延后仪表盘的设计是更高效的一种设计实践,这样可以避免因其他报表内容的不断更新而反复修改仪表盘设计。

3. 动态交互内容

根据报表目标受众的要求或业务工作的需要,SAS Visual Analytics支持使用控件、参数、过滤器、显示规则等,对数据进行动态过滤、排名、链接及关联选择项展示等。

（1）SAS Visual Analytics使用过滤器表达式,来创建过滤器。系统将根据过滤器表达式的运算结果,选用那些结果为True的数据、过滤掉那些运算结果为False的数据。

（2）使用参数对报表对象中的数据进行排名,也可以满足对数据动态性的部分要求。

（3）对象链接、页面链接、报表链接、URL链接等,都提供了从当前报表对象"一步式"访问相关的报表对象、页面、其他报表、第三方数据的功能。

（4）显示规则、关联选择项等提供了对部分数据的动态渲染和突出显示。

13.2.6　模板设计

报表设计中使用页面模板,是一个广泛推荐的最佳实践。页面模板有利于保持报表设计的一致性,另外也可以节省制作类似报表的时间,提高工作效率。

页面模板的设计,应遵循布局设计、内容设计与交互的实践指导。在设计页面模板时,可以关注以下几点:

（1）突出显示页面标题,吸引注意力、便于阅读。

（2）加入简短文字描述,说明当前页面的主要内容和想要传达的主要信息。

（3）提供便捷、清晰的导航信息,帮助阅读者找到他们感兴趣或应关注的内容。

（4）一致化的设计,有助于阅读者快速获取相互关联的信息。如使用相同位置提供导航链接、交互操作提示等。

SAS Visual Analytics系统提供了一些样例页面模板,可以用来创建报表页面。同时,支持设计者将自己的报表页面保存为页面模板,并用于创建其他报表页面。

13.3　SAS Visual Analytics 的主题

SAS Visual Analytics使用"主题"来管理和定义应用程序及报表的整个外观。系统提供了应用程序和报表两个层级的主题,前者用来设置SAS Visual Analytics应用程序的外观样式,后者将直接影响所设计的报表的样式。

13.3.1　应用程序主题

应用程序主题,定义的是SAS Visual Analytics应用程序的整体外观和样式,包括应用程序中出现的色彩、图形与字体的集合。

SAS Visual Analytics提供了默认的应用程序主题,也提供了应用程序主题的定制功能,方便用户根据企业需要,定制符合企业特质的应用程序主题,以确保其与企业其他软件环境保持一致。

默认地,SAS Visual Analytics 提供以下应用程序主题,供用户选择。

- 浅色(Light):该应用程序主题提供的是一个简洁易用的调色板。这是系统默认的应用程序主题。
- 高对比度(High Contrast):该应用程序主题所呈现的,是具有高对比度前景元素的深色背景,以满足低视力用户的需求。
- 深色(Dark):该应用程序主题提供的是一个全暗调色板,具有深蓝色背景和白色文本。

报表设计者可以通过"应用程序选项"菜单,选择"设置"菜单项,打开如图 13.9 所示的设置页面,在左侧选项卡中展开"全局"项并选择"常规"项,然后在右侧区域,单击"选择主题"按钮,从下拉列表中选定要使用的应用程序主题。

图 13.9 设置应用程序的主题选项

13.3.2 报表主题

报表主题用来为报表中的所有对象(包括表格、图形、消息、内容区域等),提供一致的外观和样式,如颜色和字体等的设置。

SAS Visual Analytics 系统默认的报表主题是 Opal。管理员可以更改所有用户在新建报表时的默认报表主题。

报表设计者可以通过"应用程序选项"菜单,选择"设置"菜单项,打开设置页面,在左侧选项卡中展开"SAS Visual Analytics"并选择"报表默认值"项,然后,在右侧的"新报表的报表主题"下,单击"选择主题"按钮,从下拉列表中选定自己要使用的报表主题,如图 13.10 所示。这样,每当新建报表时,默认都将使用所选定的报表主题。

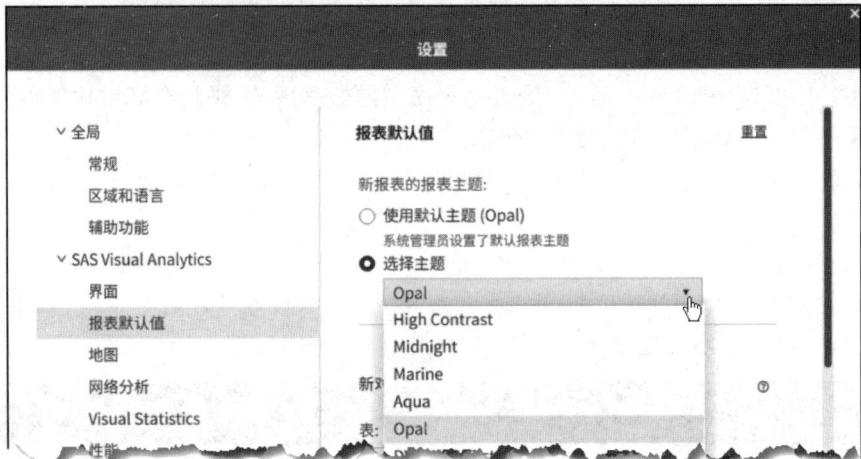

图 13.10　系统提供的报表主题及设置

如果报表设计者只想更改当前报表的主题,可以在报表右侧的"选项"窗格中的下拉列表中选择当前报表,并展开其下面的"样式"选项,从"主题"下拉列表中选定当前要使用的报表主题,如图 13.11 所示。

默认地,SAS Visual Analytics 系统提供了以下报表主题。

图 13.11　当前报表的主题设置

- Aqua:呈现白色背景与鲜艳的调色板和图形元素上的微妙渐变。
- High Contrast:呈现具有高对比度前景元素的深色背景,以满足低视力用户的需求。
- Marine:呈现白色背景与墨绿色、橙色和绿色前景元素。
- Midnight:呈现深蓝色背景,明亮的调色板和使图形元素发光的硬朗轮廓。
- Opal:呈现白色背景,明亮的调色板和清晰分明的硬朗轮廓。这是系统默认的报表主题。

13.3.3　定制主题

企业可以根据需要,使用 SAS Theme Designer 应用程序,定制自己的应用程序主题或报表主题。定制的应用程序主题或报表主题,经过发布以后,就可以被设置为默认的应用程序主题或报表主题。

受篇幅所限,有关如何创建一个定制的应用程序主题或报表主题,请扫描本章二维码查看相关示例。

13.4 SAS Visual Analytics 的页面布局

13.4.1 默认的页面布局方式

SAS Visual Analytics 中报表的默认页面布局方式,是纵向无滚动条的页面布局(已选中"避免滚动条"选项),如图 13.12 所示。在默认的页面布局下,双击左侧"对象"窗格中的图表对象,系统自动将该图表对象放置在绘制区中已有对象的下方,并且系统会自动调整页面中各个对象的高度,使整个绘制区被完全使用。如果添加到绘制区中的对象过多(超过 5个),系统会自动启用页面纵向滚动条,以确保每个图表对象的可视效果。为获得良好的视觉关注,我们一般建议绘制区中的图表对象不超过 5 个。

如果在图 13.12 的"布局"选项中,将页面布局"方向"设置为横向,则系统会自动将新添加的图表对象,放置在绘制区已有对象的右侧,并自动调整页面中各个对象的宽度,使整个绘制区被完全使用。不同于纵向页面布局,当添加到报表绘制区中的对象过多(超过 5 个),系统不会启用页面横向滚动条。当添加到报表绘制区中的对象数量超过 10 个后,系统会自动将页面布局进行调整,前面的 10 个对象横向排布、后续的对象将放置到前面 10 个对象的下方并横向延续。

如果报表设计者不想使用系统自动放置的位置,可以将鼠标移动到图表对象中央的 ⁙ 图标处,当鼠标处的光标变为 ✥ 图标时,按住鼠标左键将图表对象拖曳到期望的位置。当图表对象被拖动到可用的区域时,该区域显示为浅蓝色高亮区,可以继续拖动该对象,直到高亮区位于想放置的位置时放开鼠标即可。用户也可以在任意时刻,通过拖动对象(拖动上面的 ⁙ 图标)来调整其位置;或选中该对象后,用鼠标拖动其左、右侧或上、下侧的边框,来调整对象的大小。

另一种布局设置方式,是在该对象的"选项"窗格中,找到"布局"选项,在下面选择"指定宽度"和"指定高度"选项,按照所占页面高度或宽度的百分比,指定该对象的高度或宽度,如图 13.13 所示。

图 13.12 报表的默认页面布局

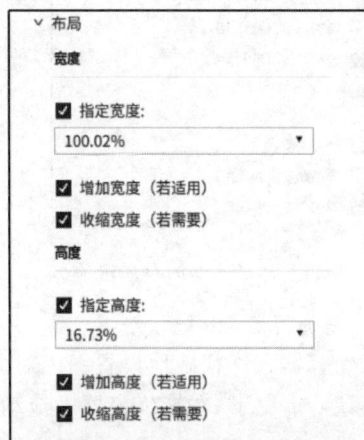

图 13.13 布局选项的设置示例

13.4.2 使用容器的页面布局

除了使用默认页面布局方式,SAS Visual Analytics 还提供了多种容器对象,来支持图表对象的灵活布局。通常,可以在页面中先添加容器对象,然后向容器中添加图表对象,来进行布局。

在 SAS Visual Analytics 主界面中,单击左侧边栏的 图标,可以找到"＞容器"链接。单击该链接,展开后可以看到系统提供的容器对象,包括标准容器、滚动容器、堆叠容器、精确容器和提示容器。前四种可用作图表对象和控件对象的页面布局,最后一种提示容器只适用于控件对象的布局。

1. 标准容器

在标准容器中进行布局,允许将图表对象和控件对象以瓦片状的形式进行排列。这些对象在标准容器中可以被灵活拖动,且系统可根据容器空间自动调整对象的大小,唯一的限制是对象不能重叠放置。拖曳对象进行布局的操作方式,与在默认页面布局中拖动对象进行布局的操作类似。容器中所有对象会自动调整为适应屏幕尺寸和分辨率的大小。如果手动调整其中某个对象的大小,则其他对象的大小会进行自适应调整,以确保所有对象能够填满整个工作区。

在标准容器选项的"布局"一栏下,可以切换为不同的容器类型。如图 13.14 所示,"容器类型"提供的选项中,"流式"对应的是滚动容器、"堆叠"对应的是堆叠容器、"精确"对应的是精确容器。需要注意的是,在切换容器类型后,其他一些相关选项可能需要重新设定。

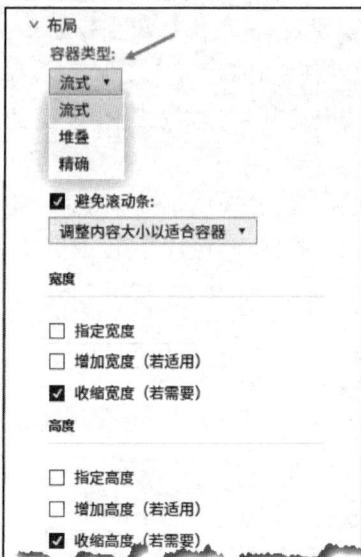

2. 滚动容器

滚动容器的使用及选项设定,与标准容器类似,这里不再赘述。两者的主要区别在于,标准容器默认已选中"避免滚动条"选项,可以进一步设置为"调整内容大小以适合容器"或"调整容器大小以适合内容";而滚动容器默认未选中"避免滚动条"选项。滚动容器与标准容器之间可以相互切换,通过是否启用"避免滚动条"选项,即可完成切换。

3. 堆叠容器

在堆叠容器中,对象的布局像是堆叠在一起的样子,一次只能显示一个对象。容器中多个对象之间,使用堆叠容器的控制栏就可以方便地进行切换。堆叠容器控制栏的按钮类型,可以设置为按钮、点、链接、选项卡或数字。如图 13.15 所示,从下拉列表中选择不同的按钮类型,并设定控制栏在页面的位置(选中代表 12 个不同位置的某个 **O** 即可)。

图 13.14 标准容器的布局选项

4. 精确容器

精确容器允许精确地设置图表对象的位置、对齐或调整对象的大小,并允许对象的重叠放置。默认情况下,在精确容器中拖动对象(拖动上面的 图标)或调整对象大小(在边框处拖动鼠标)时,工作区会显示布局参考线(默认网格为 4×8)。当按住 Ctrl 键并拖动对象时,将显示更精细的布局参考线网格(10×10)来帮助对齐,如图 13.16 所示。如果不想使用

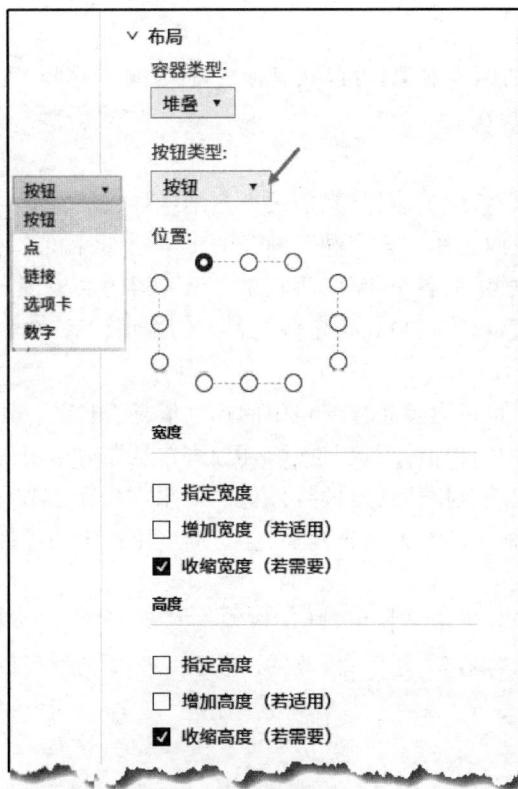

图 13.15 堆叠容器的按钮类型

布局参考线,在拖动对象时按住 X 键将不显示参考线。

按住Ctrl键的
同时拖动鼠标

图 13.16 精确容器的布局参考线

　　精确容器还提供了一些操作,帮助我们更好地进行布局设计。

　　(1)要对齐精确容器中的对象,可以选中两个或多个对象(按住 Ctrl 键并单击每个对象上面的 图标),从报表绘制区右上角的工具栏中,单击 图标,并选择对齐方式。系统提供的对齐方式如图 13.17 所示。

　　(2)要将对象移入或移出嵌套在精确容器内的容器,可以在拖动对象时按住 Alt 键。例如,若精确容器内部有堆叠容器和条形图,则可以按住 Alt 键并同时拖动条形图,就可以将它移到堆叠

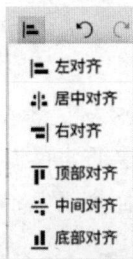

图 13.17 精确容器的
对象对齐

容器外。

（3）对于重叠放置的图表对象，可以从鼠标右键菜单中，选择"置于底层"或"置于上层"来确定叠放对象的位置层次。

5．提示容器

提示容器是一类比较特殊的容器，只能用来容纳各种控件对象（报表控件和页面控件）。一般地，当页面的布局空间无法完全容纳平铺开的多个控件时，可以使用提示容器来容纳这些控件。在这个容器中放置的各个控件，将在单击该容器的"提示"下拉框后，以悬浮窗格的形式显示，如图13.18所示，当用户在选定各个控件的选项值后，单击"应用"或"取消"按钮，该悬浮窗格将被关闭。

提示容器提供选项，可以设置悬浮窗格中的控件值是否自动应用。如图13.19所示，默认情况下提示容器未选中"自动应用值"选项。因此，在悬浮窗格中的控件值被选中后，会出现"应用"按钮，需要显式地应用所选定的控件值。如果在提示容器的选项中，启用"自动应用值"选项，则在悬浮窗格中的控件值选定后，会自动应用选定的控件值，窗格中也不会出现"应用"按钮。

另外，提示容器显示的提示下拉框，默认情况下其文本显示为"提示"二字，如图13.19所示。用户可以在"提示容器"一栏下，修改"按钮文本"框中的值可以设置为其他显示文本。

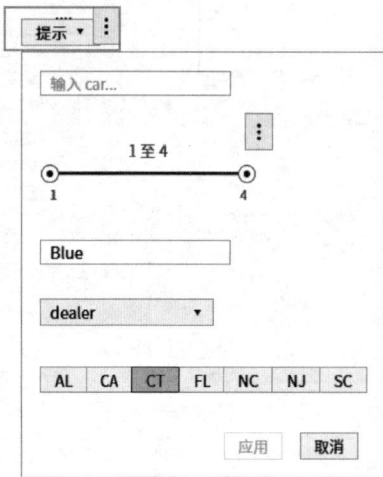

图13.18　提示容器及其浮窗示例

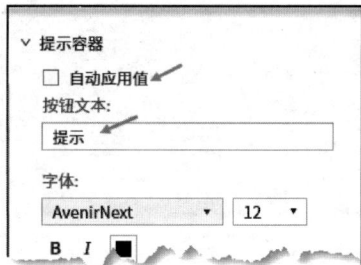

图13.19　提示容器的提示设置

13.5　SAS Visual Analytics 的页面模板

SAS Visual Analytics 提供了一些 SAS 页面模板，供报表设计者选用。同时，也提供报表设计者将自己设计的页面保存为页面模板的功能。另外，系统管理员还可以将这种自定义的页面模板发布出来，供系统中的其他用户使用。

13.5.1　SAS 页面模板

SAS Visual Analytics 系统提供了 6 个页面模板，方便用户快速创建新的报表页面，如

图 13.20 所示。这 6 个模板采用了不同的报表主题,分别包含了控件、文本、图片、时间序列图、数据列表、条形图、线图、饼图、地理坐标图、地理区域图等一些常用图形对象,组成了不同风格和布局的报表页面。报表设计者只需要为页面中的对象分配数据角色,就可以快速生成一些实用的分析报表。

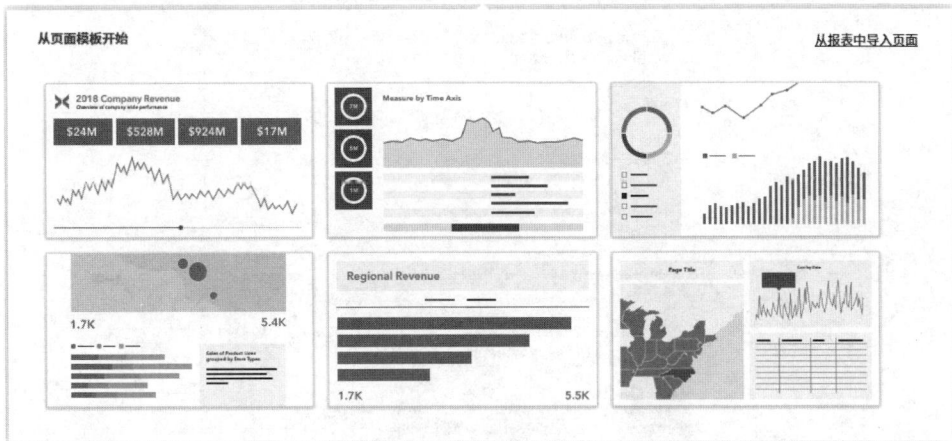

图 13.20　系统提供的页面模板

　　默认情况下,SAS 页面模板显示在绘制区底部,供设计者选用。也可以在报表的最后一个页面选项卡后,在 ✚ 图标处长按鼠标打开页面模板浮窗,来选择要使用的页面模板或管理页面模板。注意:由于页面模板中包含的图形对象一般都较多,信息量较大,不建议将其用于隐藏页面或弹出页面。

13.5.2　自定义页面模板

　　SAS Visual Analytics 提供了保存和使用自定义页面模板的功能。报表设计者可以将自己设计的页面,保存为一个页面模板。系统管理员可以将用户的自定义页面模板发布出来,供其他用户使用。

　　要将当前页面保存为一个页面模板,可以单击页面选项卡的 ⋮ 图标,然后从菜单项中选择"另存为页面模板",就进入"保存页面模板"窗口。图 13.21 所示是将 SAS Visual Analytics 系统提供的样例报表 Retail Insights 的 Geographic Effectiveness 页面,保存为一个自定义页面模板的窗口。

　　在保存页面模板的窗口中,提供了一些保存模板的选项:

- 如果选中"包含数据",则在保存自定义页面模板时,将任何与数据相关的项(如角色分配、显示规则、过滤器、排名和排序),与该页面模板一同保存下来。启用"包含数据"的自定义页面模板,模板图库显示其名称时,会在后边显示一个数据图标(🗄)。
- 如果选中"锁定报表主题",则在保存自定义页面模板时,将当前报表的主题和该页面模板一同保存下来。注意,启用"锁定报表主题"的自定义页面模板,页面模板窗口中的缩略图会改为彩色的;否则,其缩略图为黑白的。
- 如果选中"发布",则将自定义页面模板发布出来,使得系统的其他用户也可以使用该自定义页面模板。注意,"发布"选项只有系统管理员可用。

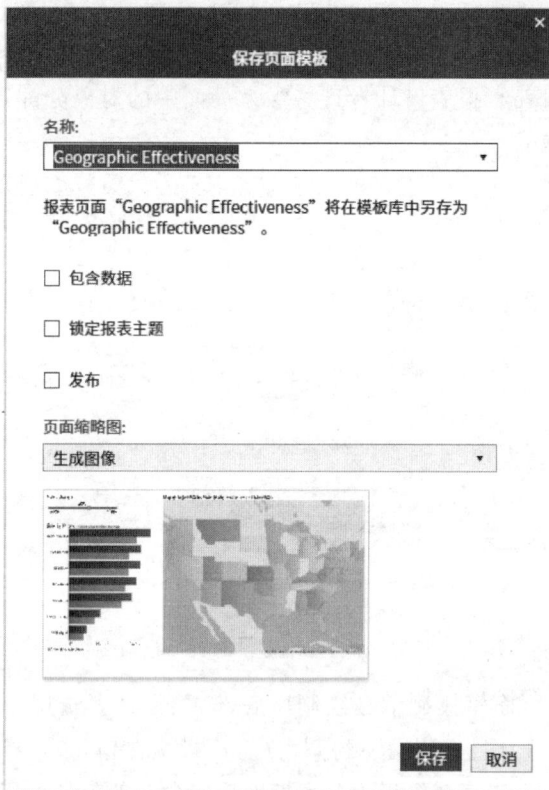

图 13.21　保存自定义页面模板示例

- 在"页面缩略图"的下拉列表中，可以选择"生成图像"或"上载本地图像"作为页面模板的缩略图。

当报表设计者保存了自定义页面模板后（本例的页面模板名为 Geographic Effectiveness Template），或者系统管理员发布了自定义页面模板后，每当设计者新建一个页面时，就会在报表绘制区域下方，"自定义模板"选项卡下，看到可用的所有自定义页面模板的缩略图。单击右侧的"管理模板"链接，可以过滤、删除、排列、查看可用的自定义页面模板，如图 13.22 所示。

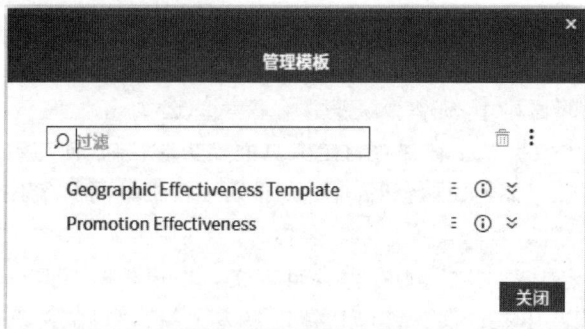

图 13.22　自定义页面模板的管理页面示例

13.6　SAS Visual Analytics 报表与页面

13.6.1　报表相关操作

SAS Visual Analytics 提供的报表操作,包括创建报表、打开报表、保存报表、查看报表等一系列操作。

- 创建报表:新建一个报表。一般地,创建报表包括从数据选择、主题和布局设定,到选择图形对象、定制对象属性,再到对象交互等过程。
- 打开报表:对已经创建好的报表进行再编辑。
- 保存报表:将报表保存到系统中。
- 查看报表:可以通过 SAS Visual Analytics,直接使用浏览器界面查看报表;也可以通过 VA SDK 在企业应用程序中查看报表,还可以使用手机、平板电脑等移动设备上的应用程序进行查看和交互操作。查看报表功能提供对报表内容的查看、导出报表包、编辑回放、添加评论、查看报表过滤器等。
- 播放报表:提供以幻灯片形式播放报表的功能,这对于自助服务终端显示以及受众无法以交互方式浏览报表的其他场景非常有用。用户可以编辑播放选项,如每个页面的播放时长;是否隐藏报表控件区、页面选项卡和页面控件区;是否显示每页转换的倒计时;是否显示报表播放的导航控件等。注意,播放报表不会播放报表中的隐藏页面和弹出页面。
- 从报表中导入页面:从保存的报表中选择报表页面,导入当前报表中。默认情况下,报表中的所有页面都将被选定并导入。
- 删除报表:打开应用程序栏中的"共享与协作"应用后,可以删除报表。删除后的报表被移至系统的回收站中。可以将回收站报表还原到以前的位置,或进行永久删除操作。
- 共享报表:SAS Visual Analytics 提供了两种共享方式,通过复制报表链接或图表对象链接,与其他用户共享;直接通过界面与其他用户共享报表。
- 分发报表:分发报表功能可以自动地向用户交付报表内容的更新。用于报表分发的电子邮件可以包含指向报表的链接、附加的 PDF 和汇总信息。可以选择单次分发,也可以定期分发,如按日、每日多次、按周、按月或按年。可以将报表分发给一个用户、一组用户或同时分发给两者。默认情况下,应用程序管理员或分配了权限的用户才能分发报表。
- 报表的订阅提醒:当报表中的一组数据条件被触发时,通过电子邮件或应用程序栏的通知图标,提醒相关的订阅者。例如,可以将条件设置为某个测度值等于 0 时发出提醒。
- 本地化报表:SAS Visual Analytics 提供了能够本地化(或翻译)报表中的标签、提示及其他说明文本的功能。可以直接通过交互界面为当前报表做多个语言的翻译,也可以使用 REST API 或 SAS Viya CLI 工具把报表中导出成文本文件进行翻译。
- 导出报表:SAS Visual Analytics 支持两种方式的报表导出,导出为 PDF 静态文件或导出为报表包。导出的 PDF 静态文件可以用来打印或转发,默认情况下,若报表、页面或者对象有说明、过滤器、警告、错误或显示规则图例时,PDF 文档将包含一个附录。而导出的报表包可以用来重新导入其他的 SAS Visual Analytics 运行环境中或嵌入企业自定义的网页中。

- 关闭报表:将当前打开的报表(编辑状态或浏览状态)从工作区中关闭。

有关导出报表和本地化报表等将在下一章进一步讨论,而查看报表、播放报表以及共享报表、分发报表等具体操作方法,受篇幅所限,请扫描本章二维码查看。

13.6.2 页面相关操作

SAS Visual Analytics 提供的页面创建操作,包括:
- 单击页面区域的+图标,可以添加一个页面。默认类型为基本页面。
- 右击页面区域的+图标,可以从页面模板开始创建页面。可用的页面模板包括 SAS 页面模板和自定义模板。
- 单击主菜单,选择"从报表中导入页面…"项,可以导入其他报表的页面。

当页面创建后,可以在页面名称选项卡处按住鼠标,将该页面拖曳到其他页面名称前后,即可更改页面的显示顺序。另外,单击页面名称右边的 ⋮ 图标,从弹出菜单中选择对应菜单项,即可执行如下操作(某些版本只支持部分操作)。

(1)更改现有页面的类型(基本页面、隐藏页面或弹出页面)。

(2)重命名页面。

(3)复制页面。

(4)删除页面。

(5)复制页面链接。

(6)导出 PDF。

(7)展开页面控件。

(8)另存为页面模板。

(9)管理页面模板。

13.6.3 内容对象建议

SAS Visual Analytics 系统通过独特的算法,能够自动根据当前数据表的数据特征,提供一些相关数据内容对象的建议,便于报表设计者从更多不同视角去观察和展现数据。

要使用内容对象的建议功能,在 SAS Visual Analytics 主界面中单击左侧区域的 💡 图标,打开"建议"窗格,如图 13.23 所示,是对样例数据表 RAND_RETAILDEDMO 生成的部分建议对象。

如果报表设计者想在报表中使用某个建议对象,则可以直接双击该建议对象,或拖动该建议对象上方的 ⋯ 图标,拖放到报表工作区。

一旦某个建议对象被选取到绘制区后,系统将从"建议"窗格中删除它,并且将不再为该数据项提供建议对象。如果没有看到满意的建议对象,可以在报表"建议"窗格中,单击"更多"或"刷新"按钮,系统将提供另一批建议的报表对象。

需要注意的是,系统不会为派生数据项、分区项、行标识符及聚合测度项等数据项提供

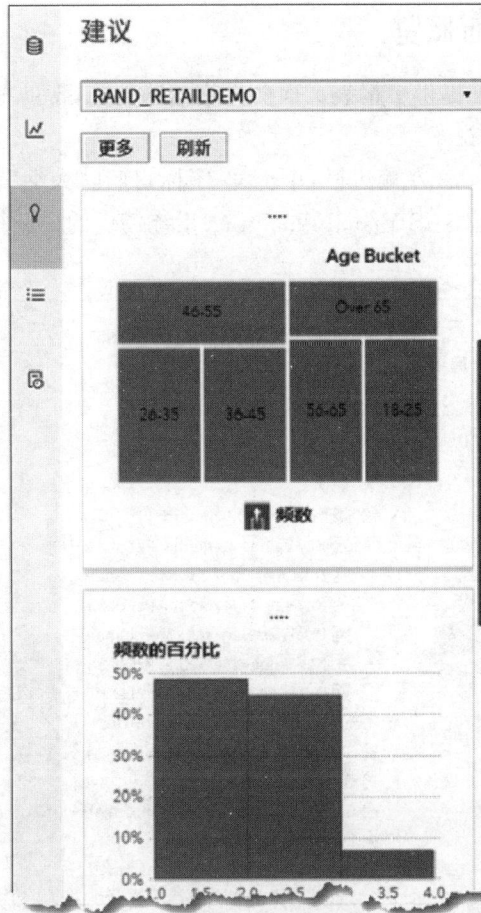

图 13.23 建议窗格示例

建议对象。一般地,对非重复值小于 6 的类别项,系统也不会生成报表建议对象;当数据表的测度项太多(超过 1000 个)时,出于性能考虑也不会生成建议对象。

SAS Visual Analytics 生成的建议对象,遵循以下规则:

(1) 对数据表中相关的测度项,一般会挑选表中最相关的两个测度项,生成建议对象。可能的建议对象包括双轴条形图、双轴条线图或蝴蝶图。

(2) 单个测度项,生成的建议对象一般为直方图或键值图。

(3) 具有最低基数的类别项(基数至少为 6),可能的建议对象包括条形图、点图、线图、饼图、针状图、矩形树图或词云。

(4) 自定义数据项可能的建议对象包括条形图、点图、线图、饼图、针状图、矩形树图或词云等。每个自定义数据项,系统按照层次项到自定义类别项再到计算项的顺序,检测自定义项并给出建议对象。

(5) 从数据表中随机选取一个类别项和一个测度项,生成条形图、点图、线图、饼图、针状图、矩形树图或词云等。

(6) 若当前数据表中存在日期或时间数据项,则会随机选择一个测度项,两者共同生成建议的报表对象(通常是时间序列图)。

13.6.4　报表页面概览

SAS Visual Analytics 提供了报表页面的大纲概览功能,帮助报表设计者快速地对设计复杂的报表获得一个全局视角。

在 SAS Visual Analytics 左侧边栏,单击 ☰ 图标,打开"大纲"窗格,就可以看到页面概览。如图 13.24 所示,这是 SAS Visual Analytics 系统提供的样例报表 Retail Insights 的页面结构的大纲概览。

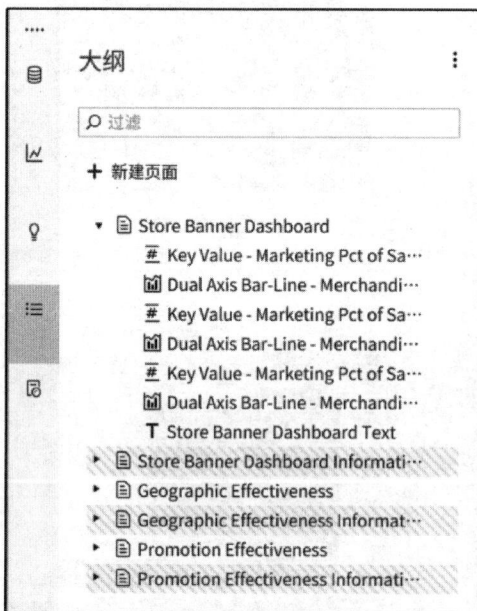

图 13.24　大纲窗格的页面示例

页面概览显示,样例报表 Retail Insights 由 6 个页面组成,其中带有灰色条纹背景的 3 个页面为"弹出页面",其他 3 个为"基本页面"。单击页面名称前面的小三角图标,可以展开该页面查看其中的图表对象。例如,展开图中的 Store Banner Dashboard 页面,可以查看其包含的图表对象:3 个键值图、3 个双轴条线图、1 个文本对象等。

实际上,在"大纲"窗格中,我们也可以执行一些报表页面的相关操作,包括:

- 新建页面:单击"＋ 新建页面"链接。
- 重命名页面和图表对象:双击页面名称或其中的图表对象,即可进行名称的编辑。
- 组织或调整页面、图表对象的层次结构:可以通过拖动某个页面或图表对象名称右边的 ☰ 图标,可以调整页面或图表对象的层次结构。
- 设置页面类型:在页面名称上右击,从弹出菜单中选择"页面类型",然后选择"基本""隐藏"或"弹出页面",可以将当前页面的类型设置为其中之一。

另外,在"大纲"窗格中,右击某个图表对象,从弹出菜单中可以选择执行以下操作:

- 将对象从一个页面移动到另一个页面。
- 显示或隐藏对象标题。
- 显示对象的最大化视图。

- 删除对象。
- 复制对象,包括直接复制和复制为其他图表对象。
- 移动对象。
- 为对象添加链接。
- 将对象导出为数据、图像、PDF。
- 更改对象类型,将当前图表对象更改为其他类型的图表对象。
- 复制对象链接。
- 将选中的图表对象保存至"对象"窗格,可以按提示选择是否包括图表对象中的选项和数据。

13.6.5 报表提示与页面提示

SAS Visual Analytics 中的"提示",是指通过使用各种控件对象,实现过滤或缩小报表及页面中内容对象的数据范围。"提示"分为两级:报表提示和页面提示。

如图 13.25 所示,就是我们所说的"报表提示"和"页面提示"区域。在 SAS Visual Analytics 的主菜单中,选择"展开报表控件和所有页面控件"菜单项,就可以在报表绘制区上部的特定区域,看到放置报表级控件和页面级控件的提示区域。

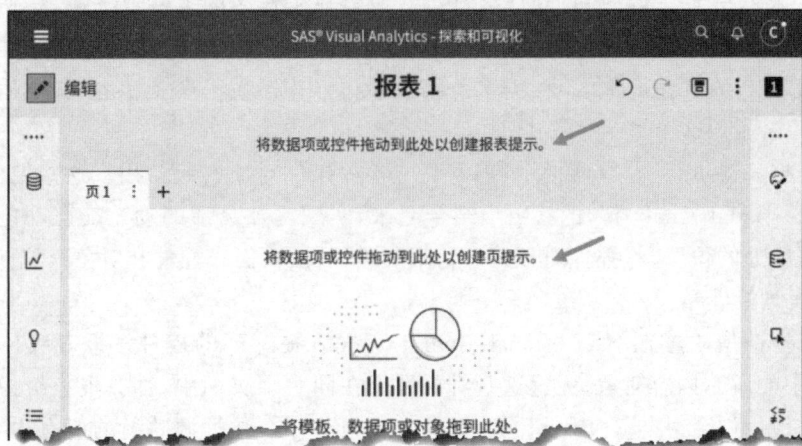

图 13.25 报表提示区域与页面提示区域

1. 报表提示

报表提示由位于报表绘制区特定区域的控件构成。这里的特定区域,默认是位于报表绘制区上方。可以在"选项"窗格中选择"报表",然后在下面的"报表控件"一栏的上下左右四个位置中选择一个,如图 13.26(a)所示,单击对应位置的 **O** 图标即可。

报表提示在满足以下条件之一时,会自动过滤报表中的对象:

- 报表中的对象使用的数据源,与报表提示区域的控件使用相同的数据源。
- 报表提示区域控件使用的数据源,与报表中的对象之间存在数据源映射。

2. 页面提示

页面提示由位于报表绘制区特定区域内的控件构成。这里的特定区域,默认位于报表页面的顶部区域。可以在"选项"窗格中选择"页面",然后在下面的"页面控件"选项的上下左右四个位置中选择一个,如图 13.26(b)所示,选择对应位置的 **O** 图标即可。

页面提示在满足以下条件之一时,会自动过滤当前页面中的对象:

- 当前页面中的对象使用的数据源,与页面提示区域的控件使用相同的数据源。
- 页面提示区域控件使用的数据源,与当前页面中的对象之间存在数据源映射。

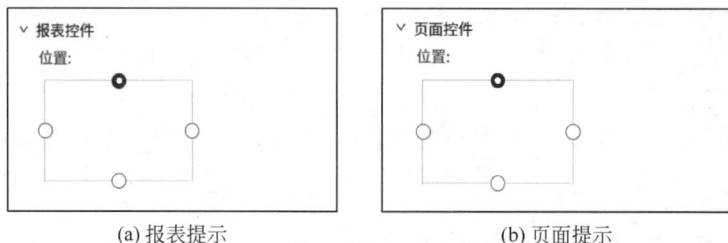

(a) 报表提示   (b) 页面提示

图 13.26 报表提示区与页面提示区的位置设置

SAS Visual Analytics 提供的 5 种控件对象:按钮栏、滑块、文本输入、下拉列表、列表,都可以放置到报表提示及页面提示区域。需要注意:

- 如果将报表提示区域和页面提示区域,设置在工作区的左侧或右侧,按钮栏、滑块、文本输入、下拉列表、列表等 5 种控件,都可以直接放置在提示区域。
- 如果将报表提示区域和页面提示区域,设置在工作区的上侧或下侧,按钮栏、滑块、文本输入、下拉列表等 4 种控件,可以直接放置在提示区域。而列表控件只能以间接的方式放置在提示区域:需要先在提示区域中放置一个提示容器,然后再将列表控件添加到这个提示容器中。

无论是报表提示,还是页面提示,都需要与各种控件对象一起使用。这些控件对象,还可以与 SAS Visual Analytics 的参数项结合起来,实现更加灵活的动态交互功能。我们有时候会根据所处的位置,将控件对象区分为报表级控件、页面级控件和对象级控件。

1) 报表级控件

报表级控件是放置在 SAS Visual Analytics 报表提示区的控件。报表级控件的作用域,是报表中的所有内容对象,无论这些对象是否在同一个页面中,都在报表级控件的作用范围。报表级控件会对与其使用相同数据源表或与其存在数据源映射的所有内容对象,自动进行数据过滤。如果还有页面控件,则通过级联的方式,先根据报表控件的选择值,自动过滤级联的页面级控件,再通过该页面级控件的选择值,来过滤当前页面中所有对象显示的数据。

在设计报表时,如果要过滤当前报表中的所有数据,可以使用报表级控件。添加一个报表控件,直接拖曳该控件到主界面的报表提示区;或在主界面左侧边栏的“对象”窗格中,右击某个控件的,选择“添加为报表控件”即可。

2) 页面级控件

页面级控件是放置在 SAS Visual Analytics 页面提示区的控件。页面级控件的作用域,是该控件所在的报表页面中的所有内容对象。只要与该页面级控件在同一个页面中的所有对象,都在该页面级控件的作用范围。页面级控件会对与其使用相同数据源表或与其存在数据源映射的所有内容对象,自动进行数据过滤。

在设计报表时,如果只过滤同一页面上使用某数据源的所有对象的数据,即可使用页面控件。要添加一个页面控件,直接拖曳控件到当前页面提示区;或在主界面左侧边栏的"对象"窗格中某个控件上右击,选择"添加为页面控件"即可。

3)对象级控件

对象级控件是放置在 SAS Visual Analytics 页面绘制区任意位置的控件。与报表级控件和页面级控件不同,对象级控件的作用域,只是当前页面上与该控件存在显式"操作"定义的目标对象,且该目标对象应与该控件使用相同数据源表或与其存在数据源映射。要为对象级控件显示地定义"操作",可以选中该控件,并单击右侧边栏区域的图标▯,在"操作"窗格中创建和设置与图表对象之间的过滤操作。

对象级控件可直接用于动态交互操作。此时,"操作"的源对象是控件,目标对象是可以与其进行交互的一个或多个目标对象。实际上,SAS Visual Analytics 的页面、容器及各种控件对象、内容对象都支持动态的交互"操作"。这些"操作"包括:过滤器、排名、链接和关联选择项等。

总之,无论是报表级控件、页面级控件,还是对象级控件,提供的均是动态调控数据范围的一种途径。它们都可以使用 SAS Visual Analytics 提供的按钮栏、滑块、文本输入、下拉列表、列表。这些控件可以接受的数据项类型,包括类别项、测度项、地理位置项、计算项、参数项等。有关这些控件的具体使用方法,将在第15章进一步讨论。

13.7 习题

(1)奥卡姆剃刀原则对报表设计有什么指导意义?

(2)SAS Visual Analytics 的报表结构是怎样的? 报表可以由哪几种类型的对象组成?

(3)SAS Visual Analytics 提供了哪几种容器? 分别有什么特点?

(4)如何自定义一个页面模板?

(5)报表提示与页面提示有什么用途? 它们与控件有什么关系?

13.8 本章小结

本章首先简单介绍了一些与报表设计相关的理论,这些理论可以指导我们设计出提供更好阅读体验的报表。接着介绍了报表设计的相关实践,包括主题设计、布局设计、内容设计、交互设计、模板设计等。

本章还对 SAS Visual Analytics 中提供的应用程序主题、报表主题等进行了介绍,并讨论了页面布局与页面模板、报表与页面的相关操作、报表提示与页面提示等内容。受到篇幅限制,有关报表主题定制的示例、报表共享与分发,以及查看报表评论和过滤器等内容,请扫描本章二维码进行阅读。

第 14 章

报表内容支持

电子资源

前面章节介绍的各种图表对象、分析对象都可以用于创建报表。本章介绍两个常用于创建报表的内容对象：图像对象和文本对象。同时，将进一步讨论 SAS Visual Analytics 对内容对象的一些支持功能，包括用于创建和支持报表内容呈现的报表显示规则、动态报表信息、报表视图状态、性能审查，以及报表翻译、报表导出与 MS Office 集成等支持功能。

14.1 两个内容对象

SAS Visual Analytics 提供了两个多用于报表的内容对象：图像和文本。这两个对象可以用于报表中展示公司徽标等具有标识性或象征性的图像，以及呈现重要说明信息或用于注解的文本。

14.1.1 图像

SAS Visual Analytics 所提供的图像对象，允许在报表中包含图像文件，来显示公司徽标或其他图片等。其图像文件可以来自报表设计者的本地机器、SAS 内容服务器或 Web 网站。图像对象所支持的图像文件格式包括：.gif、.jpg、.png、.bmp 等。

注：可以通过 SAS Drive 的共享与协作功能，将图像文件添加到 SAS 内容服务器中。

1. 创建

要创建一个图像对象，在 SAS Visual Analytics 主界面中：

（1）单击左侧边栏的 图标，可以看到" > 内容"链接。

（2）单击该链接，展开后选择"图像"，双击或按住鼠标拖曳将这个图像对象添到工作区。

不同于其他图形对象，图像对象无须分配数据角色，只需选择图像文件或设置 URL 即可。另外，图像对象不支持最大化视图。

2. 设置图像源

有两种方式可以为图像对象设置图像文件或 URL：单击工作区中间的"选择图像"按钮，在弹出的提示窗中（如图 14.1(a)所示）；或在 SAS Visual Analytics 右侧的"选项"窗格中（如图 14.1(b)所示）。具体操作是：

（1）单击"上载本地图像"按钮，将打开操作系统的文件选择窗口，从中选择保存在本地机器上的图像文件。

（2）单击"从 SAS 内容中选择"按钮，将打开 SAS 内容服务器的文件选择窗口，从中选择保存在 SAS 内容服务器上的图像文件。

（3）如果要使用 Web 网站上的图像文件，可以直接将图像文件的 URL 路径复制到"输入 URL"文本框中。

设置好图像源后，文件或 URL 中的图像将显示在报表工作区中。

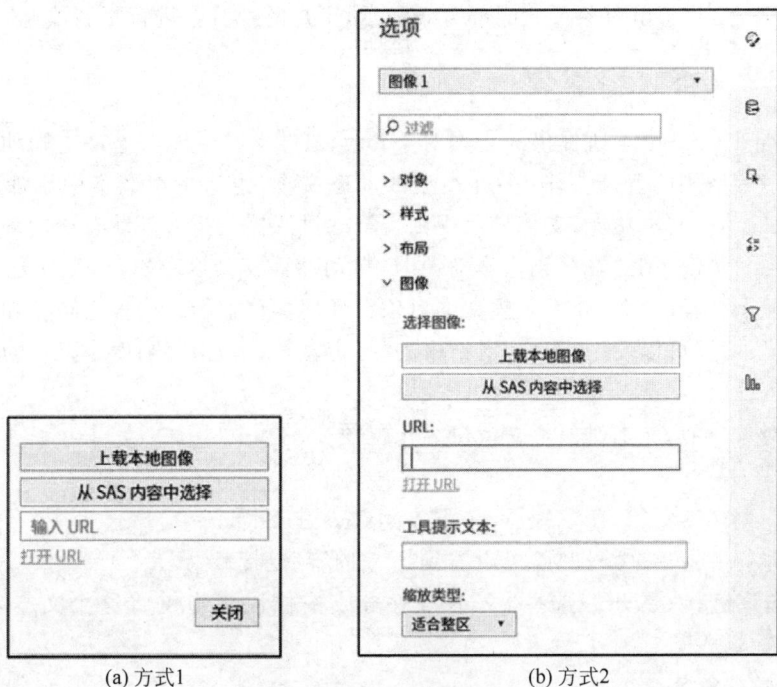

(a) 方式1   (b) 方式2

图 14.1　图像对象的选项

3. 设置选项

当设置好图像源后，可根据需要为图像对象设置相关的选项。单击主界面中右侧边栏区域的 ⚙ 图标，进入"选项"窗格，就可以进行设置了。

图像对象"选项"窗格中的通用选项，分别在"对象""样式""布局"等几个区段中。除了一些通用的选项外，在"图像"段中有一些图像对象特定的选项，如图 14.1(b)所示。

这些特定选项中，需要说明的是"工具提示文本"和"缩放类型"。前者用来指定当鼠标移至图像上时所显示的文本，后者用来指定如何按对象的大小，对源图像进行缩放和显示。图像对象的缩放选项包括：

- 无：保持图像的实际尺寸不变进行显示。该选项可能造成图像无法填充对象的整个区域，或当图像实际尺寸比对象尺寸大时，显示滚动条。
- 适合宽度：按对象的宽度确定图像的显示宽度；按图像的高宽比及所确定的显示宽度，自动调整图像的显示高度。当图像的显示高度大于对象的高度时，显示纵向滚动条。
- 适合高度：按对象的高度确定图像的显示高度；按图像的高宽比及所确定的显示高度，自动调整图像的显示宽度。当图像的显示宽度大于对象的宽度时，显示横向滚动条。

- 适合整区：这是默认设置。在保持图像的原始高宽比不变的前提下，调整图像的宽度和高度，来最大限度地适应对象的大小。
- 拉伸：根据对象的高度和宽度，调整图像的高度和宽度。该选项无法保留图像的原始宽高比。
- 平铺：按对象的高度和宽度，将图像平铺在其中。图像按原始大小进行显示，没有滚动条，因此超出对象尺寸的部分不显示，不足的部分会进行复制填充。

14.1.2 文本

SAS Visual Analytics 所提供的文本对象，允许在报表中显示静态文本和动态文本。文本对象支持带有格式的普通文本、多种类型的动态文本，也支持在文本中添加超链接。其中，文本对象的动态文本功能，支持显示规则、操作、过滤器及排名等动态功能。

SAS Visual Analytics 在呈现文本对象时，自动计算其高度和宽度，以便适应各种屏幕尺寸下正常显示文本内容。如果希望文本对象在任何屏幕上始终按报表高度和宽度的固定百分比进行显示，则可以使用"选项"窗格中的"指定宽度"和"指定高度"选项，为其指定百分比宽度和高度。

与图像对象类似，文本对象不支持最大化视图。

1. 创建

要创建一个文本对象，在 SAS Visual Analytics 主界面中：

（1）单击左侧边栏的 ⊠ 图标，可以看到"＞ 内容"链接。

（2）单击该链接，展开后选择"文本"，双击或按住鼠标拖曳将这个文本对象添到工作区。

2. 分配数据角色

如果只需要在报表中显示静态文本，文本对象不需要分配数据角色；如果要显示动态文本，则需要为文本对象分配数据角色。

要为文本对象分配数据角色，单击主界面中右侧边栏区域的 ⊠ 图标。文本对象提供了两个数据角色：

- "测度"角色：可以分配一个或多个测度项，也可以不分配。当"测度"角色分配了测度项，在文本对象中显示的是所分配测度项的聚合值。
- "参数"角色：可以分配一个或多个参数项，也可以不分配。当"参数"角色分配了参数项，在文本对象中显示的是所分配参数项的值。当没有可用参数项时，分配时将自动弹出"新建参数"窗口，可以创建一个新的参数项。

3. 设置选项

要为文本对象设置相关的选项。单击主界面中右侧边栏区域的 ⊙ 图标，进入"选项"窗格，就可以进行设置了。

文本对象"选项"窗格中的通用选项，分别在"对象""样式""布局"等几个区段中。这些通用选项，与其他对象类型，请扫描第 11 章二维码查看，这里不再赘述。

4. 动态交互操作

文本对象的动态交互操作，除通用交互操作两种外，还有一些其特定的交互操作。这里主要介绍文本对象特定的三种交互操作：静态文本的编辑、动态数据的编辑及超链接的编辑等。

1）静态文本的编辑

在 SAS Visual Analytics 工作区，双击文本对象就可以打开编辑浮窗，如图 14.2 所示。

图 14.2　文本对象的编辑窗格

在该浮窗中，可以直接输入静态文本，并结合浮动工具栏来更改文本的样式（包括：段落格式、字体样式、大小，对齐方式等）。将鼠标悬停在浮动工具栏的各个图标上，可以看到对应图标的说明信息。

在编辑浮窗中，还可以使用鼠标右键菜单，对文本进行剪切、复制、粘贴和删除操作。

2）动态数据的编辑

文本对象中可以显示的动态数据，包括：测度项聚合值、参数项值、当前数据表的最后更新时间戳，以及当前生效的交互式过滤器等。

- 测度项聚合值、参数项值：在文本对象右侧的"数据角色"窗格中，添加测度项或参数项即可。
- 当前数据表的最后更新时间戳：双击文本对象，在编辑浮窗的工具栏中单击 ⊙ 图标即可。此时，在编辑浮窗中显示出{表修改时间}字符串。需要注意的是，只有在为文本对象添加了"测度"角色的情况下，才能添加当前数据表的最后更新时间戳。如果还没有为文本对象分配"测度"角色，则系统将自动使用"频数"项。
- 当前生效的交互式过滤器：双击文本对象，在编辑浮窗的工具栏中单击 ⵟ 图标，即可显示当前对该文本对象生效的交互式过滤器。此时，在编辑浮窗中显示出{交互式过滤器}字符串。如果文本对象没有指定交互式过滤器，系统会显示为""。

3）超链接的编辑

可以在文本对象中，添加从文本对象指向 URL 的链接、指向另一页面的链接，或指向另一报表的链接。具体方法是：

（1）指向 URL 的链接：单击浮动工具栏中的 🌐 图标，将弹出添加 URL 链接的窗口，如图 14.3 所示。在"名称"后的文本框中给出链接名称，将外部链接（可以是任意一个 HTTP 或 HTTPS 链接）复制到窗口的"URL"文本框中，单击"确定"按钮即可。注：目前版本不支持为文本对象的 URL 链接添加参数。

（2）指向另一页面的链接：单击浮动工具栏中的 🔗 图标，将弹出添加页面链接的窗口，如图 14.4 所示。系统自动列出当前报表的所有页面，从中选择一个要链接的页面即可。如果需要将当前页面提示栏的控件值传递给目标页面，可以选中"设置目标页的提示栏值"选项。

（3）指向另一报表的链接：单击浮动工具栏中的 ⵕ 图标，将弹出添加报表链接的窗口，

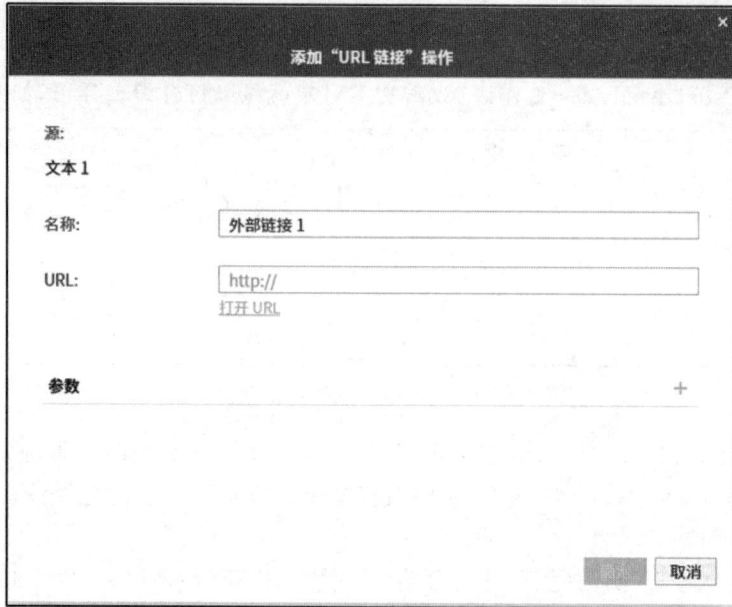

图 14.3　文本对象添加 URL 链接

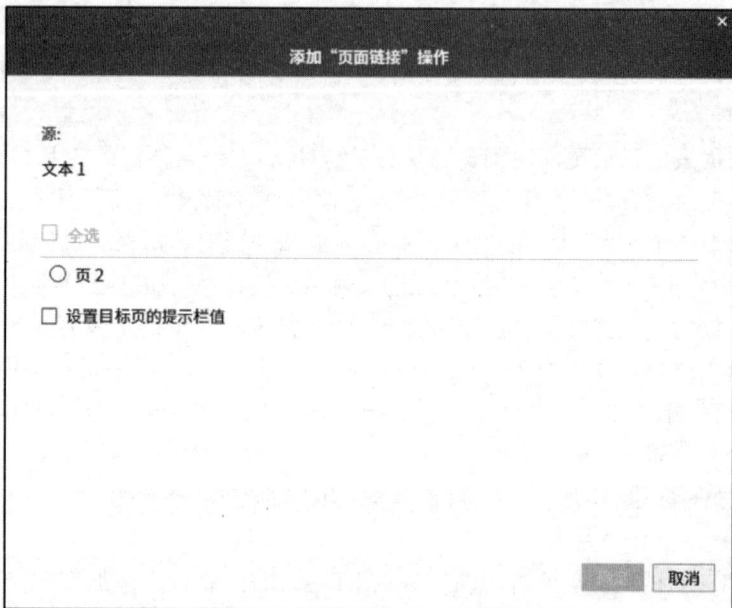

图 14.4　文本对象添加页面链接

如图 14.5 所示。单击"浏览"按钮,可以查找、选择要链接的目标报表。选定目标报表后,系统在"打开页"后的下拉列表中自动列出目标报表的所有页面,从中选择一个要链接的页面即可。如果需要将当前报表提示栏的控件值传递给目标报表,可以选中"设置目标报表的提示栏值"选项。

　　单击文本对象编辑窗格以外的任意区域,或按下 ESC 键,即可退出文本对象的编辑模式,进入文本对象的查看模式。此时,添加的动态文本将显示其所获得的实际值;添加的超

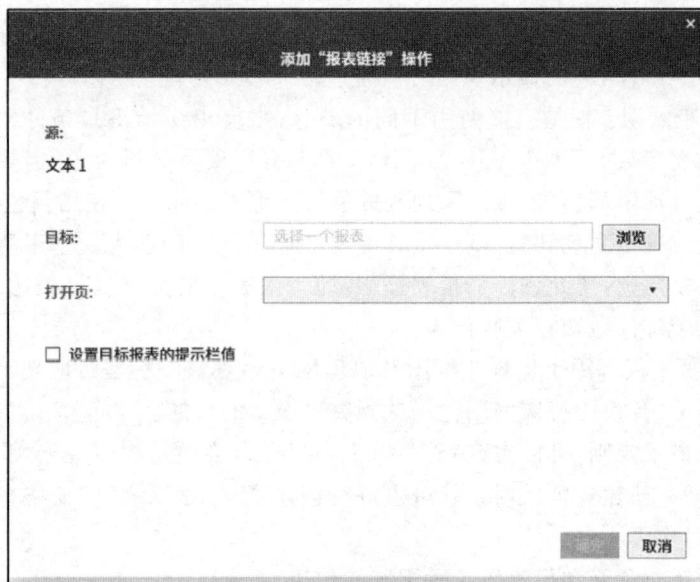

图 14.5 文本对象添加报表链接

链接将显示其名称或目标页面名称；单击文本对象中的任一链接，将在新的一页中打开该链接所指向的网页。

图 14.6(a)和图 14.6(b)是文本对象的编辑模式和查看模式的对比。

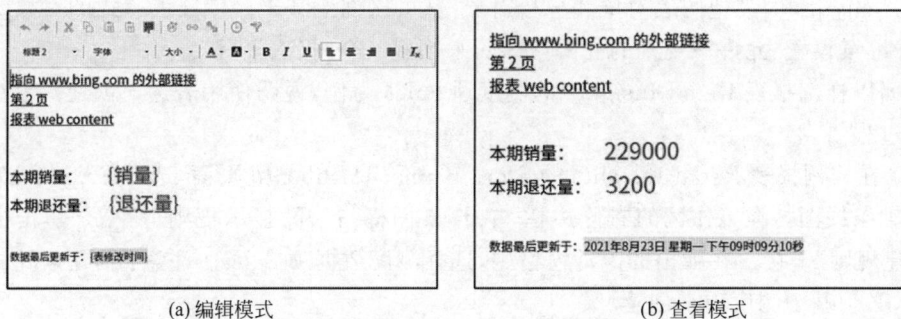

(a)编辑模式   (b)查看模式

图 14.6 文本对象的编辑模式和查看模式的对比

14.2 报表内容的支持功能

本节介绍 SAS Visual Analytics 在报表内容支持方面提供的更多功能，主要包括显示规则、报表动态汇总信息、报表视图状态、报表性能审查、报表辅助功能、报表诊断、报表翻译、报表导出、与 MS Office 集成。

14.2.1 显示规则

通过为各种报表、页面或内容对象创建显示规则，可以使用特别的显示样式，突出显示满足指定条件的内容，吸引更多关注。SAS Visual Analytics 支持两个不同层级的显示规则：报表级和报表对象级。报表级显示规则只能使用类别项创建，并只对图形对象中的类别项生效；对象级显示规则无此限制。对象级显示规则可以转换为报表级显示规则。

SAS Visual Analytics 的显示规则可以通过两种形式突出显示内容：

（1）使用颜色映射：就是直接使用不同的颜色，来突出显示满足条件的报表内容。这种方式可用于绝大多数 SAS Visual Analytics 的图表对象及分析对象，但热图、路径分析、文本主题、预测、自动解释、自动预测及地理等值线图等对象除外。使用颜色映射方式，又可以分为基于表达式确定颜色映射、基于量具确定颜色填充区间两种。基于测度项表达式确定颜色映射的显示规则，还允许添加报表提醒，即当报表中的数据满足表达式条件时，设置的提醒会发送电子邮件通知相关收件人。

（2）使用图标：仅可用于地理坐标图及地理网络图对象。它是将地理坐标图或地理网络图上的图形标记，替换为特殊的图标以达到突出显示的目的。

要创建一条显示规则，可以在 SAS Visual Analytics 右侧边栏，单击 ⚑ 图标，打开"显示规则"窗格，单击"＋新建规则"链接，就可以进行创建了。"显示规则"窗格也提供了显示规则的编辑、删除操作等。

下面分别介绍对象级和报表级显示规则的创建。

1. 创建对象级显示规则

SAS Visual Analytics 支持使用表达式、量具及图标，创建对象级显示规则。

1）使用表达式创建对象级显示规则

除热图、路径分析、文本主题、预测、自动解释、自动预测及地理等值线图等对象外，SAS Visual Analytics 的其他图表对象和分析对象，都可以创建基于测度项表达式的对象级显示规则，并继续设置"允许该规则的提醒"选项，来创建一个"报表提醒"。

下面以样例报表 Retail Insights 的测度项 Sales 为例，说明使用表达式创建对象级显示规则的过程。

（1）在样例报表 Retail Insights 的 Store Banner Dashboard 页面，选中 FAST 键值图下面的双轴条线图。在工作区的右侧边栏，单击 ⚑ 图标，打开"显示规则"窗格。单击下面的"＋ 新建规则"链接。在弹出的浮动窗格中，选择测度数据项 Sales。注意：使用表达式的显示规则，必须基于测度项来创建。

（2）选中测度项 Sales 后，系统打开"新建显示规则"窗口，并将数据项名称 Sales 显示在最上面，如图 14.7 所示。我们可以在该窗口中设置一个显示规则表达式：

① 从"运算符"下拉列表中，选择要使用的运算符（包括常用的比较运算符，如＞、＝、＜＞等）。本例选择的运算符为＞。

② 在"值："下面的文本框中，输入要比较的数值。本例输入的数值为 5000000。

③ 单击"指定交叉点"按钮，可以在弹出的"指定交叉点"窗口中，指定应用显示规则的级别。只有当图形对象中使用了层次项时，才能看到"指定交叉点"按钮。本例不予指定。

④ 在"样式区域"下拉列表中，选择"图形"；单击"样式"下面的 ☑ 图标，在弹出的浮窗中，单击要使用的颜色图标，如图 14.8（a）所示。如果要使用其他颜色，单击"自定义"按钮，可以通过十六进制数值选择颜色。本例选择的红色。如图 14.8（b）所示，选定后单击"确定"按钮关闭颜色浮窗。

（3）完成上述设置后，返回"新建显示规则"窗口，如图 14.7 所示。单击"确定"按钮，即完成基于表达式的显示规则的创建。

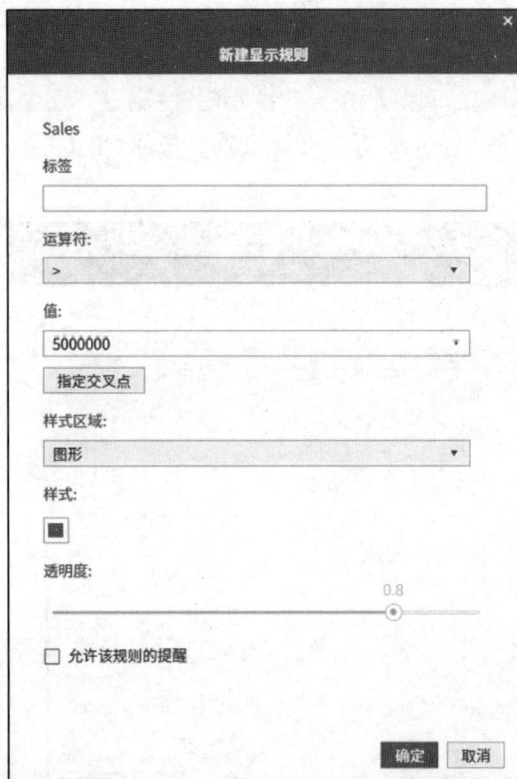

图 14.7 基于表达式的显示规则创建

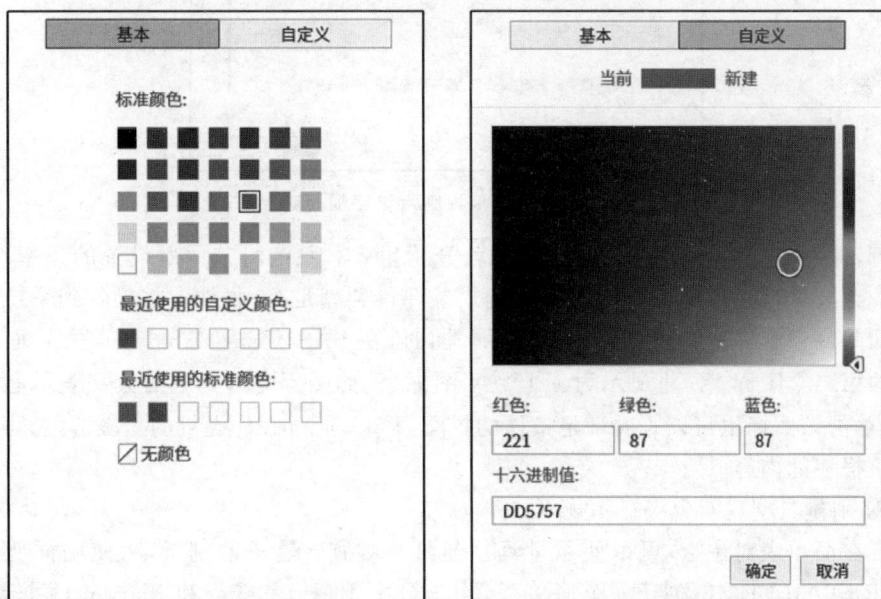

(a) 标准颜色选择   (b) 自定义颜色选择

图 14.8 显示规则的颜色选择

2) 基于表达式显示规则的报表提醒

使用测度项表达式创建的对象级显示规则,可以继续设置"允许该规则的提醒"选项,来创建一个"报表提醒"。在图 14.7 的页面中选择"允许该规则的提醒"选项,将在该选项下列出用于设置发送提醒电子邮件的相关设置,如图 14.9 所示,包括收件人、通知频率、查询频率及时间间隔等。其中,频率可以是"按天""按小时""按分钟"设置,收件人可以直接在文本框中输入,或单击文本框后面的 👤 图标进行设置。最后,单击"确定"按钮,完成报表提醒的创建。

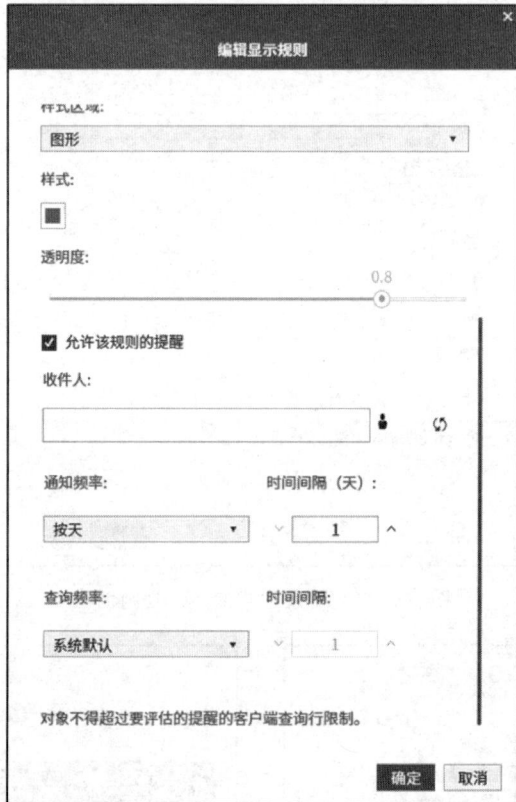

图 14.9　编辑显示规则窗口添加规则提醒

接着,保存该报表,刚创建的报表提醒就开始生效。系统将按照所设置的频率,查询报表数据;当报表对象中定义的测度项表达式条件得到满足时,收件人将接收到系统发送的提醒通知邮件。邮件内容如图 14.10 所示。同时,在 SAS Visual Analytics 主界面中右上角区域的第二个图标 🔔 ,将显示为一个数字图标(例如图标 🔔 ,其中的数字表示有多少个提醒)。单击该图标也可以查看满足条件的提醒通知。通过邮件提供的报表链接,可以进一步查看该报表的内容。

3)使用量具创建对象级显示规则

只有在简单表对象上,可以使用量具创建显示规则。这里的例子,将使用样例数据集 RAND_RETAILDEMO 创建一个简单表,为其分配 Brand Name 和 Margin 两个数据项。基于该简单表,使用量具创建对象级显示规则的步骤如下:

(1)选中创建好的简单表,在工作区的右侧边栏,单击 ↹ 图标,打开"显示规则"窗格,单击下面的"＋ 新建规则"链接。在弹出的浮窗中选择 Margin,如图 14.11 所示,系统将打开"新建显示规则"窗口,并将数据项名称 Margin 显示在最上面。

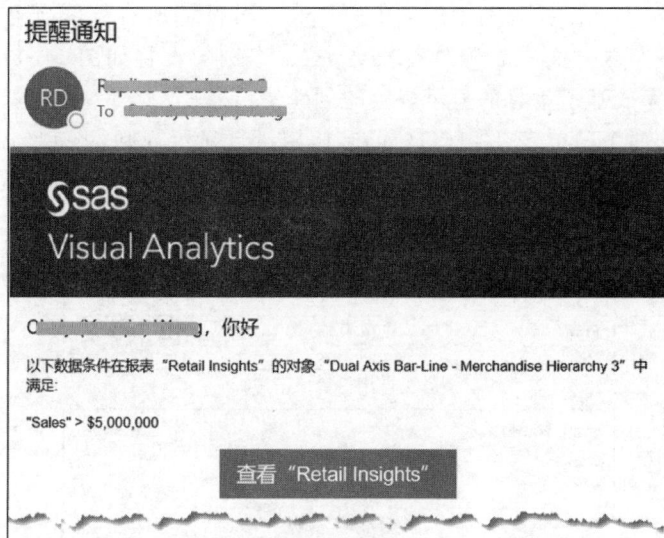

图 14.10　规则提醒通知邮件内容的示例

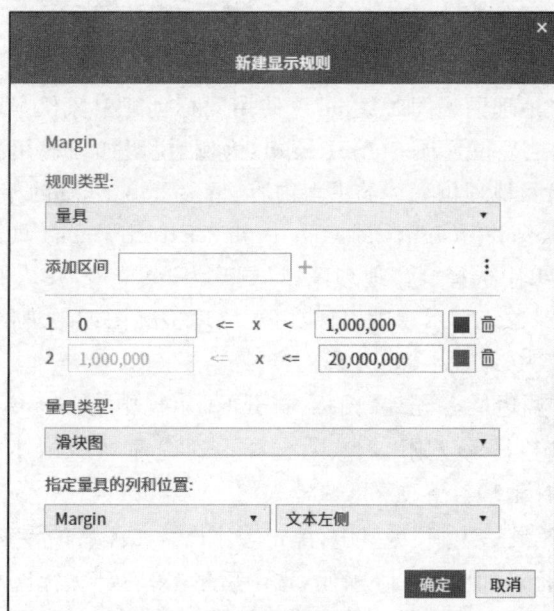

图 14.11　创建显示规则的量具区间及位置示例

　　（2）在"新建显示规则"窗口的"规则类型"下拉列表中，选择"量具"，可以开始设置量具的各个区间。

　　（3）在"添加区间"下方的区域，系统自动生成了 3 个区间。可以在区间 1 后面的第一个"值"文本框中，输入该区间的下边界值；可以在区间 1 后面的第二个"值"文本框中，输入该区间的上边界值；单击第二个"值"文本框后面的颜色图标，可以设置要使用的颜色；其后面的 🗑 图标，可以删除区间。为简单起见，本例设置了 2 个量具区间。

　　（4）接下来，可以从"量具类型"下拉列表中，选择要使用的量具类型。系统提供的量具包括图标、弹道图、滑块图、温度计等。然后，指定量具显示的列和位置。量具显示的列，可以从下拉列表中选择,而下拉列表中的项由简单表中分配的所有数据项组成。量具显示的位置,可以是"文本左侧""文本右侧""替换文本"。本例的设置如图 14.11 所示,然后单击"确定"按钮,即可完成基于量具的显示规则的创建。

图 14.12 中的两个简单表,图 14.12(a)未使用量具显示规则,图 14.12(b)使用了量具显示规则。两者对比来看,很明显后者更具有视觉冲击力。

Brand Name ▲	Margin
Maple	$999,422
Oak	$8,849,459
Pine	$16,539,652

(a) 未使用量具显示规则

Brand Name ▲		Margin
Maple		$999,422
Oak		$8,849,459
Pine		$16,539,652

(b) 使用了量具显示规则

图 14.12　使用量具显示规则与否的对比

4) 使用图标创建对象级显示规则

只有地理坐标图或地理网络图对象,可以使用图标创建对象级显示规则。这里以样例报表 Retail Insights 的地理位置项 State-Region 为例,说明如何使用图标创建对象级显示规则。有关地理图对象及地理位置项的更多内容,请参看第 19 章的相关介绍。

(1) 在样例报表 Retail Insights 的 Geographic Effectiveness 页面,选中 ROI Region Map 对象,从工具栏菜单中选择"将'地理区域'更改为"菜单项,并从子菜单中选择"地理坐标"。由于使用图标的对象级显示规则,只能用于地理坐标图或地理网络图对象,需要将样例中的"地理区域"更改为"地理坐标"对象。

(2) 在工作区的右侧边栏,单击 🔳 图标,打开"显示规则"窗格,单击下面的"＋ 新建规则"链接。在弹出的"新建显示规则"窗口中,选择地理位置项 State-Region。注意:使用图标的显示规则,必须选择地理位置项。

(3) 在弹出的"新建显示规则"窗口中,单击 ☑ 图标,在弹出的浮窗上部,单击"图标"选项卡,选择要使用的图标。如图 14.13 所示,选中后单击"确定"按钮,即可完成图标选择,返回到"新建显示规则"窗口。

(4) 如果需要使用定制的图标,单击"自定义"按钮,可以根据图标文件的来源,单击"上载本地图像"按钮、"从 SAS 内容中选择"按钮,或在"输入 URL"文本框中输入图标的 Web 路径,然后单击"确定"按钮,即可完成图标选择,返回到"新建显示规则"窗口。

(5) 继续在"新建显示规则"窗口中输入要显示图标的地理位置项值。如图 14.14 所示,我们还可以单击 ＋ 图标,为其他位置创建图标显示规则。这里为 KS、OK 两个州分别添加了 ⬆ 和 ⬇ 图标,然后单击"确定"按钮,即可完成该显示规则的创建。

至此,可以在地理坐标图中看到 KS、OK 两个州的图标分别显示为 ⬆ 和 ⬇,其他州的图标依然显示为圆点,如图 14.15 所示。

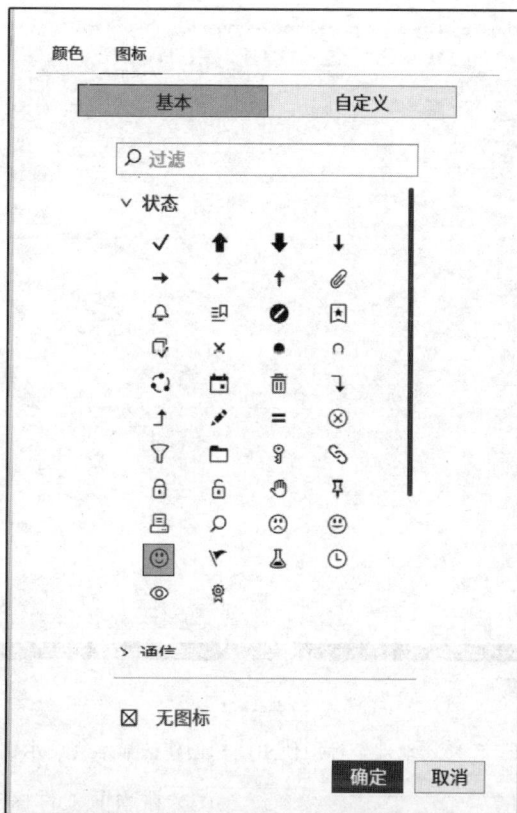

图 14.13　显示规则的图标选项卡

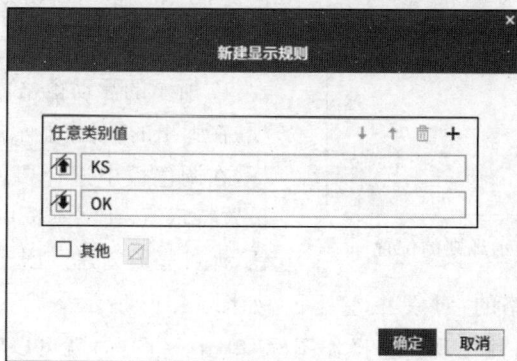

图 14.14　使用图标的显示规则创建

2. 创建报表级显示规则

有以下两种方式可以创建报表级显示规则。

（1）在报表页面没有添加任何报表对象时，或者直接在"显示规则"窗格的下拉列表中选择当前的报表名称或报表页面名称，然后单击下面的"＋ 新建规则"链接。在弹出的"新建显示规则"窗口中单击 ☑ 图标，在调色板中选择要使用的颜色。在文本框中输入值，单击"确定"按钮，即可完成报表级显示规则的创建。在这里，文本框中输入的值必须为某个类别项值或不输入，不输入时表示类别项值为空时该显示规则生效。创建好的报表级显示规则会列示在"显示规则"窗格的"报表"标签下面，如图 14.16 所示。

Map of Adjust ROI by State (darker color means higher ROI)

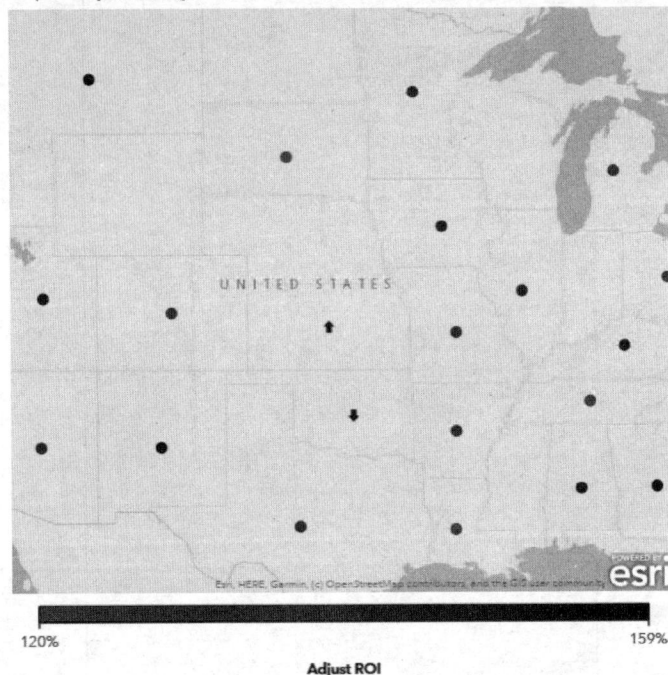

图 14.15　地理坐标图使用图标创建的显示规则示例

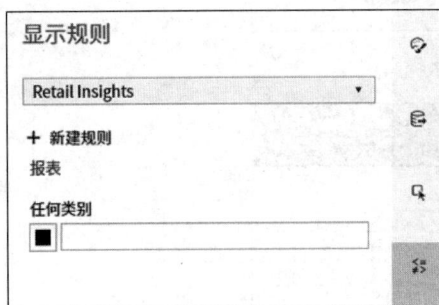

图 14.16　报表级显示规则的位置

（2）在当前工作区选中某个报表对象的情况下，或者直接在"显示规则"窗格的下拉列表中，选择某个报表对象名称，单击"显示规则"窗格中的"＋ 新建规则"链接。此时，会出现如图14.17所示的浮动窗格。此时，单击"任何类别"项，在弹出的"新建显示规则"窗口中，单击 ☑ 图标，在调色板中选择要使用的颜色。如果需要设置特定值，在文本框中输入值，单击"确定"按钮，即可完成创建。创建好的对象级显示规则，会列示在"显示规则"窗格的"对象"标签下面，如图 14.18 所示。然后，将鼠标移至该对象级的显示规则，可以看到右侧出现一些操作图标，单击 ⬅ 图标，就可以将对象级的显示规则转换为报表级显示规则了，此时，该显示规则就会列示在"显示规则"窗格的"报表"标签下面。

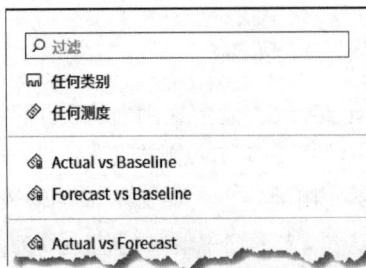

图 14.17　新建显示规则的浮窗

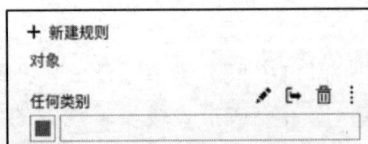

图 14.18　对象级显示规则的转换菜单

值得注意的是,在图 14.17 所示的浮动窗格中,如果单击"任何测度"项所创建的对象级显示规则,无法转换为报表级显示规则。

14.2.2 报表动态汇总信息

报表汇总功能是一个可以快速突出报表中任何最新变化或关键发现的有效方法,它由报表创建者添加一些有见地的摘要文字。这些汇总信息可以在阅读报表时显示或发送报表链接时一起发送。报表汇总信息可以通过 SAS Drive、报表分发邮件或直接使用 SAS Visual Analytics Apps 应用程序等方式看到。

SAS Visual Analytics 目前版本提供的报表汇总功能,支持使用静态文本创建的汇总信息,以及使用 Apache Velocity 模板语法创建的动态报表汇总信息。Apache Velocity 是一个基于 Java 的模板引擎,允许 Web 页面引用 Java 代码中的预定义方法。Velocity 引擎将 Java 代码从 Web 页面中分离出来,它可以作为一个单独用来生成报表的程序,也可以与其他系统集成,从而根据所提供的模板产生 Web 页面、SQL、PostScript 以及其他输出。

静态文本汇总信息的创建很简单,只要输入相关文字即可。为报表创建动态汇总信息,需要使用 Velocity 表达式来获取报表中的动态数据指标。图 14.19 是一个报表动态汇总数据指标的示例,其创建操作相对复杂一些,但在报表中还是比较有用的。有兴趣的读者,可以扫描本章二维码查看使用 Velocity 表达式创建动态汇总信息的示例。

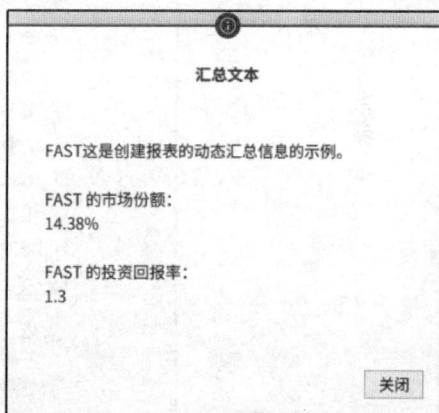

图 14.19 报表汇总中动态数据指标的示例

14.2.3 报表视图状态

当我们查看报表内容时,SAS Visual Analytics 会为当前用户保存该报表的状态(如正在查看的页面、提示值等),下次再打开报表时可以自动进入该状态,也称为报表的视图状态。

默认情况下,SAS Visual Analytics 会定期自动保存报表的视图状态,并在关闭报表时也保存其状态。如果在某个用户查看期间,报表被另一用户更改并进行了保存操作,则该用户的报表视图状态将会被自动改为默认状态(即保存后的状态)。此时:

- 若该用户没有重新打开该报表,则其查看状态不受影响;如果该用户想要保存当前的报表状态或与其他用户共享该状态时,可以通过保存报表副本的方式。
- 若该用户重新打开该报表,则其之前的查看状态将被重置为修改后被保存的状态。

14.2.4 报表性能审查

SAS Visual Analytics 提供了对报表内容的性能分析功能,并在"报表审查"窗格中给出有助于提高报表性能的建议信息,包括潜在的性能问题及说明、对报表或报表所用数据的改进建议等。

　　"报表审查"窗格根据性能问题的严重性,将审核后发现的问题分为三类:高优先级(图标为 ⓘ)、中优先级(图标为 ◎)、低优先级(图标为 ⓘ),并以不同颜色进行突出显示,如图 14.20 所示。

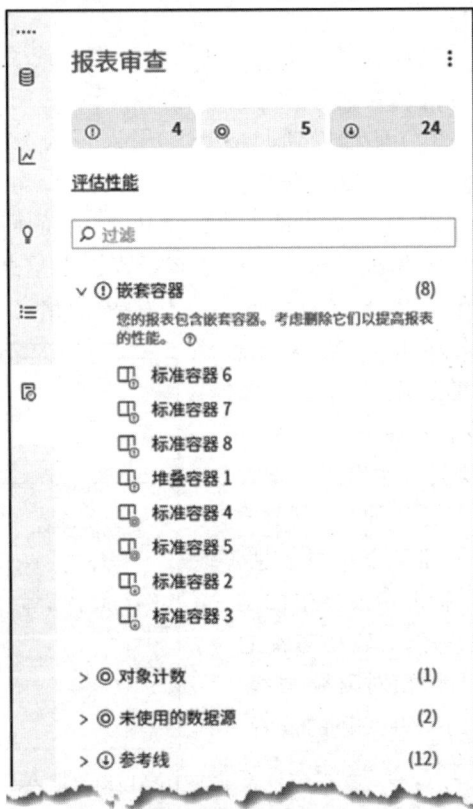

图 14.20　报表审查窗格

　　对于在报表性能审查中发现的性能问题,可以打印出审查结果的 PDF。在"报表审查"窗格中,单击右上角的 ⁝ 图标,然后选择"导出 PDF"菜单项,就可以下载和打印"报表审查"的评估结果。图 14.21 是样例报表 Retail Insights 的性能审查结果的示例,右上角显示生成时间和用户名,下面为性能问题的概述和具体说明。

　　SAS Visual Analytics 系统提供的对报表性能问题进行审核和改进的建议,主要包括以下几种:

　　1) 聚合数据源

　　报表如果使用了聚合数据源,可能会影响到报表性能。改进建议是,考虑在数据准备阶段进行报表的聚合数据源构建。注:SAS Visual Analytics 可以使用聚合数据源执行数据探索,但是,该功能可能会影响报表性能。

　　2) 计算项的个数

　　报表如果使用了包含过多计算项的数据表,可能会影响到报表性能。为提高性能,改进建议是考虑删除一些计算项。例如,要消除低优先级问题,请将报表中的计算项数量减少到14 个或更少。

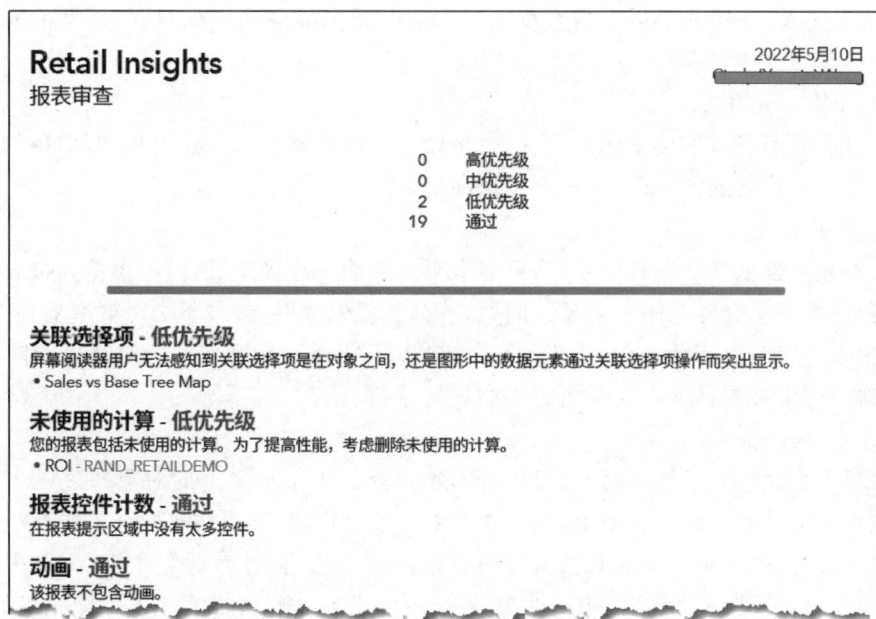

图 14.21 审查结果示例

3）自定义类别项中的值组

报表中的自定义类别项，如果定义了过多的值组，可能会影响性能。考虑减少自定义类别项中定义的值组。例如，要消除低优先级问题，请将报表中自定义类别项的值组数量减少到 25 个或更少。

4）自定义排序值的数量

如果报表中的自定义排序选择了过多的值，可能会影响性能。改进建议是，考虑减少自定义排序中选定值的个数。例如，要消除低优先级问题，请将自定义排序中选定值的数量减少到 25 个或更少。

5）数据加载时间

报表中某些对象需要很长时间才能加载完数据。一般地，数据 3 秒钟没有完成加载，就可能让看报表的人感觉很慢。如果加载时间超过 7 秒，可能会让看报表的人认为报表无法正常工作。改进建议是，考虑删除加载时间过长的对象，来改善报表的性能。例如，加载时间相关问题分为低优先级（所用时间≥3 秒）；中等优先级（所用时间≥7 秒）；高优先级（所用时间≥20 秒）。要消除高优先级问题，请删除报表中加载时间超过 19 秒的对象。注：可能有很多原因造成数据加载时间较长，实践中应注意甄别。例如，未正确配置 SAS Cloud Analytic Services（CAS）服务器，或者查询中可能包含复杂的计算项等，均可能导致加载时间较长。

6）数据源表的数量

如果报表使用的数据表多于 9 个，可能会影响性能。一般来说，使用 3 个或更少数据表的报表，既可避免涵盖过多主题，又可避免对性能产生较大影响。改进建议是，考虑将该报表分割为多个子报表，每个子报表使用数量较少的数据表，使每个子报表的主题更加专注。数据表数量问题，分为低优先级（使用 3 个以上的数据表）；中等优先级（使用 6 个以上的数据表）;高优先级（使用 9 个以上的数据表）。例如,要消除高优先级问题,请将报表的数据源数量减少到 9 个或更少。

7）带连接的数据表

如果报表使用了有连接操作的数据表,可能会影响性能。改进建议是,考虑将数据表的连接操作前移到数据准备阶段,这样可以提高报表的运行性能。

8）嵌套的容器

如果报表包含了多个嵌套的容器,可能会影响性能。改进建议是,考虑调整报表的布局设计,避免使用嵌套容器。嵌套容器的问题,分为低优先级（包含多于 2 个嵌套容器）;中优先级（包含多于 4 个嵌套容器）;高优先级（包含多于 6 个嵌套容器）。例如,要消除高优先级问题,请确保报表布局中有 6 个或更少的嵌套容器。

9）对象的数量

如果报表页面包含了过多对象,可能会影响性能。单个页面上的对象超过 12 个时,可能会出现报表的性能问题。一般地,少于 7 个对象的页面更易于用户理解。改进建议是,考虑改进报表设计、删减页面中的对象。页面对象数量的问题,分为低优先级（页面中的对象数多于 7 个）;中等优先级（页面中的对象数多于 12 个）。例如,要消除中等优先级的问题,请将报表中的对象数减少到 12 个或更少。

10）页面控件的数量

如果报表的页面提示区域包含了大量控件,可能会影响性能。一般少于 10 个控件不会影响报表的性能。改进建议是,考虑删除一些控件以提高报表的性能。例如,中等优先级页面提示区中包含的对象数多于 10 个。要消除中等优先级的问题,请将页面提示区域中的控件数减少到 10 个或更少。

11）页面的数量

如果报表包含了过多页面,可能会影响性能。超过 12 页的报表,可能就会出现性能问题。保留少于 6 页的页面,可避免报表涵盖过多主题。页面数量的问题,分为低优先级（报表中包含的页数大于 6）;中等优先级（报表中包含的页数大于 12）。例如,要消除中等优先级的问题,请将报表中的页数减少到 12 个或更少。

12）使用列的占比

报表所用的数据表包含了过多未使用的列,也容易造成对性能的影响。这种情况,一般发生在数据表包含了很多列（如 >100 列的宽表）,但在报表中仅使用了很少的列（如 <10%）。此时,会报告低优先级问题:仅使用了 ≤10% 的列（当数据源中有 100 列或更多列时）。改进建议是,考虑删除或过滤掉数据表中那些未使用的列,或在报表中使用更多的列（大于该数据源所有列的 10%）,以提高报表的性能。

13）缺少查询缓存

报表中某些对象所包含的查询并没有使用查询缓存,这也可能会影响性能。为改善报表的性能,请考虑不用或删除这类对象。注:未使用缓存的查询,可能包含阻止其使用缓存的计算项,此时并不一定意味着存在问题。例如,使用日期 now() 函数的计算项,必须在运行时去查询当前的时间值,因此它始终都不会使用缓存。

14）报表控件的数量

如果报表提示区包含了大量控件,可能会影响性能。改进建议是,使用少于 10 个控件来提高报表的性能。例如,中等优先级报表提示区中包含的对象数多于 10 个。要消除中等优先级的问题,请将报表提示区域中的控件数减少到 10 个或更少。

15)报表的加载时间

如果报表需要很长时间才能加载和呈现第一个页面,说明报表存在性能问题。一般地,5 秒的加载时间可能就会让看报表的人感觉很慢。报表加载的时间问题,包括低优先级(所用时间≥5 秒);中等优先级(所用时间≥10 秒);高优先级(所用时间≥25 秒)。如果除了报表加载缓慢以外,报表性能审查中还报告了其他性能问题,请首先解决那些问题。如果没有报告其他性能问题,则需要联系系统管理员帮助确定是否有其他因素影响到报表的加载时间,例如,低网速造成的报表加载缓慢。

16)未使用的计算项

报表中包含未使用的计算项,可能会影响性能。为了提高性能,应尽可能删除未使用的计算项。

17)未使用的数据表

报表中包含未使用的数据表,也会影响报表性能。改进建议是,尽可能删除未使用的数据表。

18)用户自定义格式

报表中的数据项使用了用户自定义格式,这可能会影响性能。改进建议是,考虑使用标准格式去替换用户自定义格式。该操作需要在数据准备阶段进行,更改后必须重新加载数据源才能生效。

14.2.5 报表辅助功能

SAS Visual Analytics 系统符合"网页内容无障碍指南"(Web Content Accessibility Guidelines,WCAG) 2.0 版 AA 级,所有的软件操作、文档和支持资料,都提供了内部辅助功能,无法使用鼠标的用户可以仅使用键盘创建报表、编辑报表并浏览数据。

为便于键盘操作,SAS Visual Analytics 为常用操作提供了快捷操作键。可以按 Ctrl+F9 键或单击主菜单的"键盘快捷键"菜单项,在弹出页面中查看这些快捷键,也可以参考附录中键盘快捷键说明。

同时,SAS Visual Analytics 还为报表阅读者提供了以下报表辅助功能。

(1)使用屏幕阅读器:视觉障碍人士可以浏览报表的内容并访问各个数据元素。SAS Visual Analytics 和 SAS Graphics Accelerator 连接,可以使用高级的交互式发声功能来探索数据。

(2)仅使用键盘访问:无须使用鼠标。SAS Visual Analytics 支持可选的辅助功能设置,可以自定义键盘焦点指示符的外观和通过键盘访问工具提示。

(3)提供高对比度主题:SAS Visual Analytics 支持基于浏览器的缩放,使视力低下的人士能够将屏幕上的文本和图形增大高达 200%。而系统提供的高对比度主题,更有助于有视力困难的人士识别报表的文本和图形。

另外,每个用户都可以通过"应用程序选项"菜单,为使用 SAS Visual Analytics 设置辅助功能。具体方法是,单击"应用程序选项"菜单并选择"设置"菜单项,打开"设置"页面。单击该页面左侧窗格中的"辅助功能"项,可以在右侧设置操作的辅助功能,如图 14.22 所示。

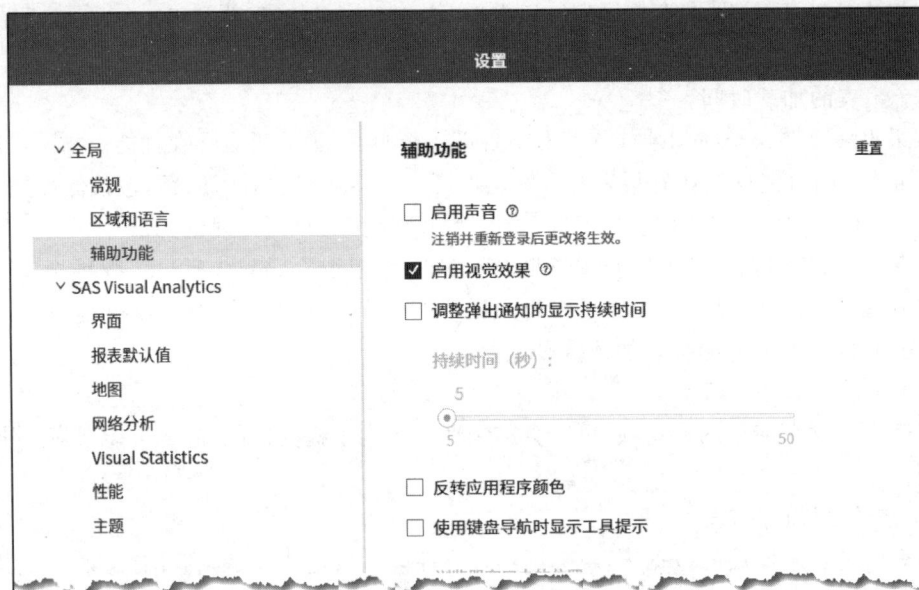

图 14.22　SAS Visual Analytics 选项设置窗口

可以设置的辅助功能,主要包括:

(1) 启用声音:选中该选项后,用户界面中的操作或事件将会有语音提示。这可以大大方便视障人士的使用。

(2) 启用视觉效果:选中该选项后,用户界面中的操作将会有更改的视觉效果。例如,更改选项后,界面上能看到微小的移动效果。

(3) 调整弹出通知的显示持续时间:选中该选项后,可以指定临时弹出的通知消息,显示时的持续时间。增加通知的显示持续时间,可以帮助用户发现和读取自动消失的消息。

(4) 反转应用程序颜色:选中该选项后,将使那些对特定亮色敏感的用户观看用户界面时更舒适。也可以使用 Ctrl+'(Ctrl+后引号)键盘快捷方式反转应用程序颜色。

(5) 使用键盘导航时显示工具提示:选中该选项后,可以通过键盘访问工具提示。当键盘焦点在某个对象上时,会在屏幕上显示工具提示。还可以选择工具提示在浏览器窗口中的显示位置。默认情况下,工具提示在浏览器窗口的右下角显示。

(6) 定制焦点指示符设置:启用该选项后,用户可以调整界面中指示操作焦点的提示框的颜色、框线的粗细、透明度等。

14.2.6　报表诊断

在报表编辑页面,同时按下 Ctrl+Alt+B 快捷键,能够打开 SAS Visual Analytics 诊断页面。如图 14.23 所示,单击右下角的"关闭"按钮,可以退出诊断页面。

下面是诊断页面所提供选项卡的简要说明。

(1) "BIRD"选项卡,提供了当前报表的 XML 定义文件,可以进行查看、复制、解析、保存等操作,也可以使用 JSON、VA XML 等格式进行查看。单击诊断页面的"加载"按钮,可以将编辑区中的定义文件加载到 SAS Visual Analytics 的报表工作区中。

(2) "性能"选项卡,可以查看和保存数据、报表和应用程序的调试信息和日志,当需要

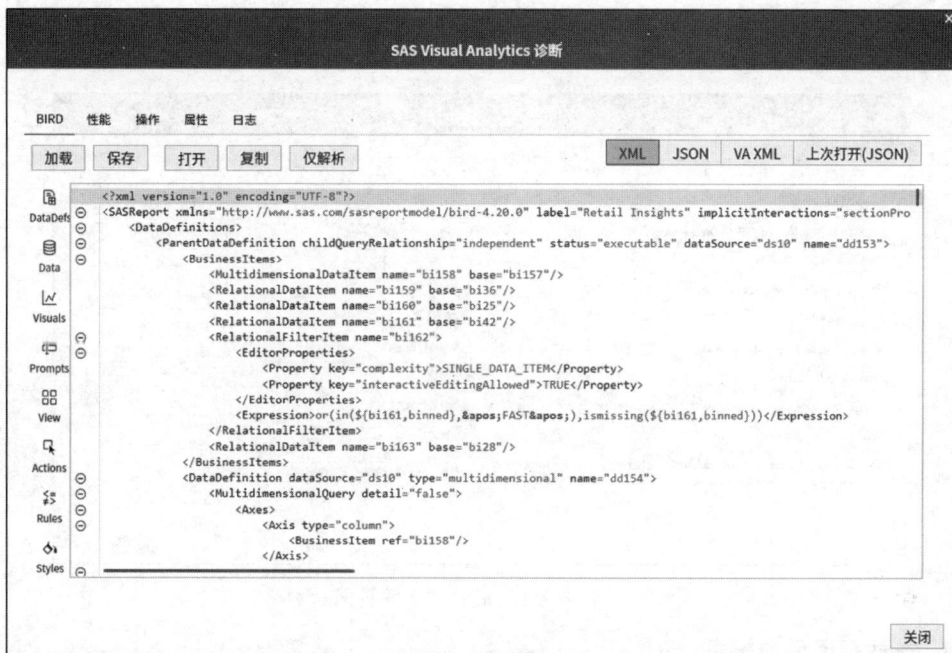

图 14.23 SAS Visual Analytics 诊断页面

调试一些问题时,可以将这些信息提供给 SAS 产品的技术支持人员。

(3)"操作"选项卡中,可以查看、保存和回放在当前报表中所执行过的操作。

(4)"属性"选项卡显示当前报表的一些属性。

(5)"日志"选项卡可以查看当前报表的日志信息,日志分为 4 级:ERROR、WARNING、INFO 和 DEBUG,日志的详细程度为依次递增的,并可以将日志保存以提供给 SAS 产品的技术支持人员。

14.2.7 报表翻译

SAS Visual Analytics 提供了对报表中所显示文本标签进行本地化翻译的功能。允许用户按照不同国家的地域语言(locale),对报表中显示的文本标签进行本地化翻译,并进行保存及加载等。

报表翻译功能支持将一种原始语言的报表,翻译为多种语言的报表,从而为跨国企业的本地化报表提供了便利。当然,这里提供的报表翻译功能,只是对报表中显示的文本标签进行的本地化翻译,不包含对数据本身的翻译。

1. 报表文本标签的本地化翻译

这里以 Retail Insights 样例报表为例进行说明,它位于/SAS 内容/Products/SAS Visual Analytics/Samples/目录下。

(1)打开要进行本地化翻译的报表,本例使用 Retail Insights 样例报表。

(2)从主菜单中选择"本地化报表…"菜单项,将打开"本地化报表文本"页面。页面中列出了本报表的原始语言为"英语(美国)",我们在"翻译:"后面的列表中,选择要翻译为哪种语言。本例以翻译为中文为例,如图 14.24 所示,选择"中文(中国)"菜单项,并对每条文本标签进行翻译。

（3）完成后单击"确定"按钮，系统将提示已修改了报表的本地化值，需要保存并重新加载报表才能应用这些本地化翻译。

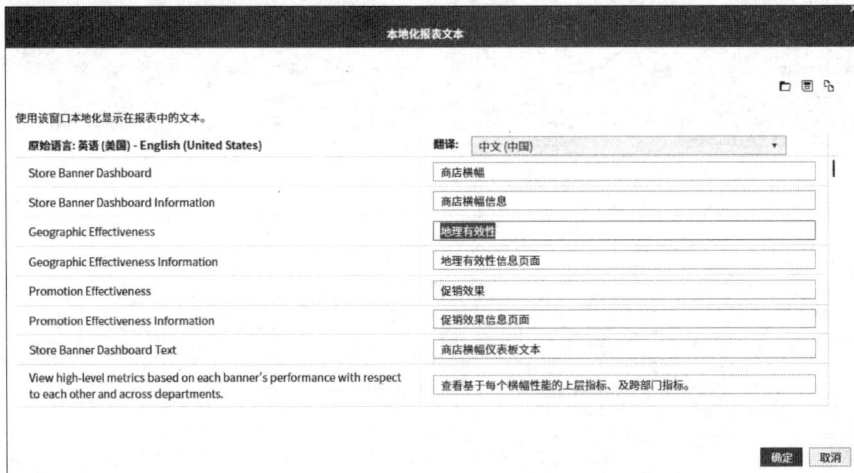

图 14.24　本地化报表文本的页面示例

2. 加载翻译后的报表

修改浏览器的语言地域（locale）设置，这里我们改为中文（中国），然后重新登录 SAS Visual Analytics，再次打开 Retail Insights 样例报表，将看到报表已经被翻译为中文，如图 14.25 所示。

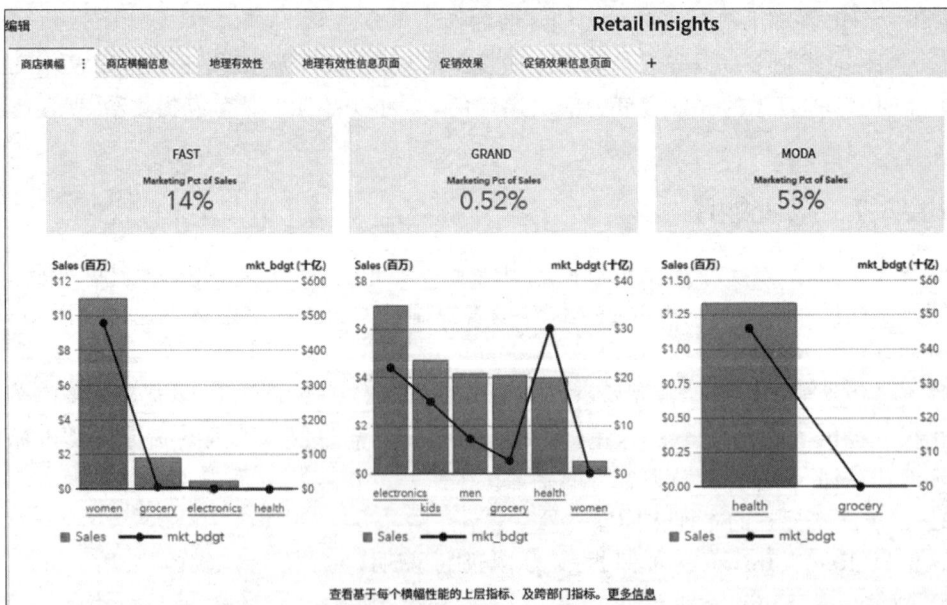

图 14.25　加载中文翻译的样例报表

14.2.8　报表导出

SAS Visual Analytics 中创建的报表，可以导出为 PDF 文件或报表包。

1. 导出 PDF

SAS Visual Analytics 支持将报表、报表页面或其中的报表对象导出到 PDF 文件中供打印。默认情况下,如果报表、页面或对象包含报表汇总信息、过滤器、警告、错误或显示规则图例时,导出的 PDF 文档将生成相关附录。

这里简单说明使用 SAS Visual Analytics 导出 PDF 的步骤:

(1) 打开要导出的报表。这里以 Retail Insights 样例报表为例进行说明,它位于/SAS Content/Products/SAS Visual Analytics/Samples/目录下。

(2) 单击主菜单的"导出"菜单项,选择"PDF"子菜单项,将弹出"导出 PDF"页面,可以在该页面进行 PDF 文档设置。如图 14.26 所示,在"文档设置"选项卡下,可以设置 PDF 页面大小、方向、边距等,以及是否显示页码、是否包括附录、是否包括评论等选项。

图 14.26 导出 PDF 页面之文档设置选项卡

(3) 在"导出 PDF"页面的"选择对象"选项卡,可以选择全部或一部分要导出到 PDF 文件中的报表对象,如图 14.27 所示。

(4) 导出设置确定后,单击页面下部的"导出"按钮,等待 PDF 文件的生成及下载,完成下载就可以打开保存在本地目录的 PDF 文件进行打印。

为报表导出 PDF 文件时需要注意:导出的 PDF 文件中,不会导出数据驱动内容对象和 Web 内容对象;导出的 PDF 文件中不会包含隐藏页面、报表提示、页面提示及提示容器;有滚动栏的表格只打印 PDF 页面能容纳的内容。

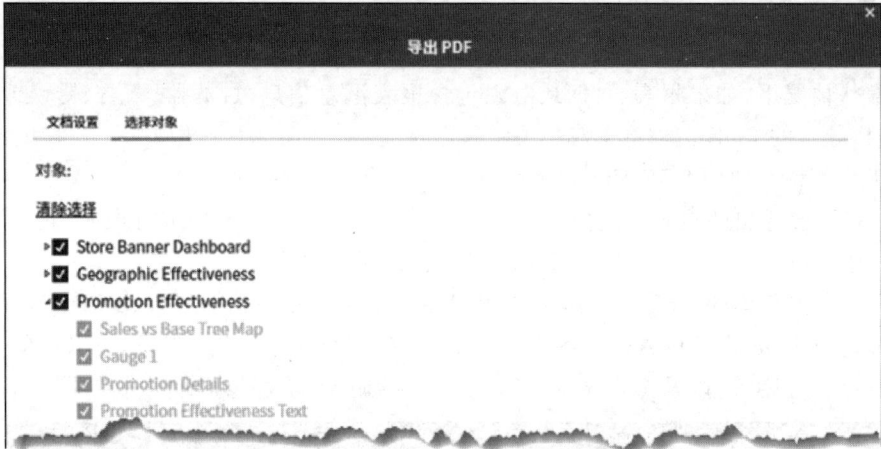

图 14.27　导出 PDF 页面之选择对象选项卡示例

2. 导出报表包

报表包是一个默认命名为< report-package-name >.sasreportpkg.zip 的压缩文件,其中包含了当前报表的快照、样式表,以及一组指定报表对象的数据(包括呈现选定对象所需的所有数据,以及支持在对象之间所定义操作的相关数据)。

可以使用 SAS Visual Analytics 提供的导出功能,导出报表包;也可以使用 SAS Viya 命令行界面(CLI)的报表插件 reports-cli,通过生成报表包的 build-package 命令导出报表包。

导出的报表包文件被发布后,其中的数据便成为一组可读的 CSV 文件,不再受 SAS 身份验证机制的保护。

要访问已导出到报表包的对象,可以通过 SAS Visual Analytics SDK,使用标准 Web 技术(HTML、CSS 和 JavaScript)将对象、容器、页面或整个报表嵌入自定义网页中。

这里简单说明使用 SAS Visual Analytics 导出报表包的步骤:

(1) 打开要导出的报表。这里以 Retail Insights 样例报表为例进行说明,它位于/SAS 内容/Products/SAS Visual Analytics/Samples/目录下。

(2) 单击主菜单的"导出"菜单项,选择"报表包"子菜单项,将弹出"导出报表包"页面,可以在该页面进行导出设置。如图 14.28 所示,可以选择要导出的页面及页面中的报表对象、持久化保存的位置及文件名称等。

(3) 然后,单击"确定"按钮,等待报表包压缩文件的下载,完成下载即结束导出。

需要注意的是,导出的报表包不支持访问报表链接,也无法访问需要身份验证的 ESRI 高级服务;有些报表中的对象通过导出的报表包与第三方应用集成,可能报表中一些对象操作的支持需要由第三方应用提供。因此,如果需要在第三方应用中使用导出的报表包,建议尽可能在报表中不要使用功能过于繁杂的报表对象及报表操作。

14.2.9　与 MS Office 集成

在 MS Office 桌面版和 Web 版本的 Excel、Outlook、PowerPoint、Word 中,加载 Add-In for SAS for Microsoft 365,就可以直接在 MS Office 中访问和使用 SAS Visual Analytics 报表。当然,要使 Add-In for SAS for Microsoft 365 可用作 Excel、Word、PowerPoint 和 Outlook 加载项,

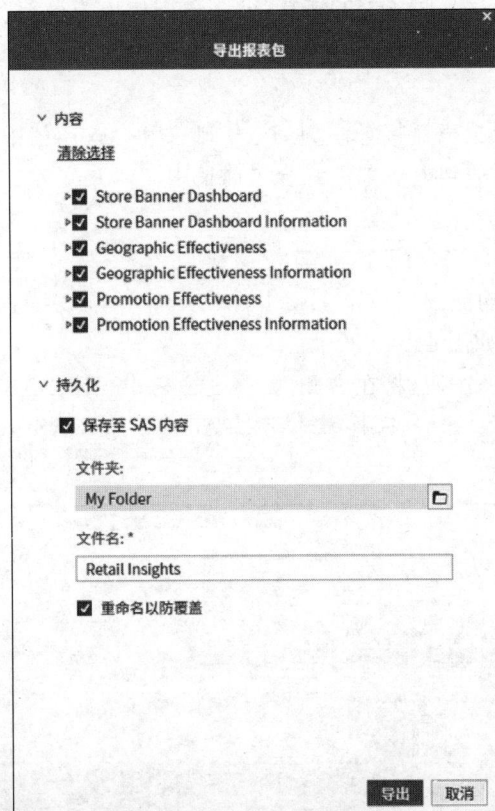

图 14.28　导出报表包页面示例

SAS 管理员需要定制相应的清单文件。例如，SASforMicrosoft365.xml 用于 Excel，SASforPowerPoint365.xml 用于 PowerPoint 等。在系统管理员获取这些定制清单文件，并在 Office 365 中部署这些清单文件后，就可以使用 Add-In for SAS for Microsoft 365 查看访问 SAS Visual Analytics 中创建的各类报表，并且能够支持动态交互功能，包括指定报表提示和页面提示的值，支持报表中显示规则的设置，以及报表中定义的排序选项等。

1. 集成的主要报表功能

Add-In for SAS for Microsoft 365 根据 Excel、Word、PowerPoint 和 Outlook 的主要用途，分别与 SAS Visual Analytics 报表集成了以下功能：

1）MS Excel

- 在 Excel 工作簿中插入、移除、更新 SAS Visual Analytics 报表对象。
- 打开 SAS Viya 数据表，并将数据表插入 Excel 工作簿中。
- 取消报表对象与 SAS 服务器的链接，使报表图像成为静态图。

2）MS Word

- 在 Word 文档中插入、移除、更新 SAS Visual Analytics 报表对象。
- 打开 SAS Viya 数据表，并将数据表插入 Word 工作簿中。
- 取消报表对象与 SAS 服务器的链接，使报表图像成为静态图。

3）MS PowerPoint

- 在 PowerPoint 页面中插入、移除、更新 SAS Visual Analytics 报表对象。

- 取消报表对象与 SAS 服务器的链接,使报表图像成为静态图。
- 使用 PowerPoint 功能定制报表对象演示。

4) MS Outlook

- 将报表对象链接、报表链接等添加到电子邮件和会议邀请中。
- 将报表的 PDF 附加到电子邮件和会议邀请中。

2. SAS 功能区简介

下面以 MS Excel 为例(Word、PowerPoint 和 Outlook 等类似),简单介绍加载 SAS 插件后所显示的 SAS 相关功能区。单击 Excel 的 SAS 菜单项,我们看到五个功能区:SAS、选择、导航、预览和帮助,如图 14.29 所示。

单击 SAS 功能区任一按钮,将在右侧的 SAS 窗格中显示 SAS Viya 服务器登录页面,如图 14.29 右侧区域所示。SAS 窗格基本上是 Add-In for SAS for Microsoft 365 的工作区,所有操作都在这里进行。

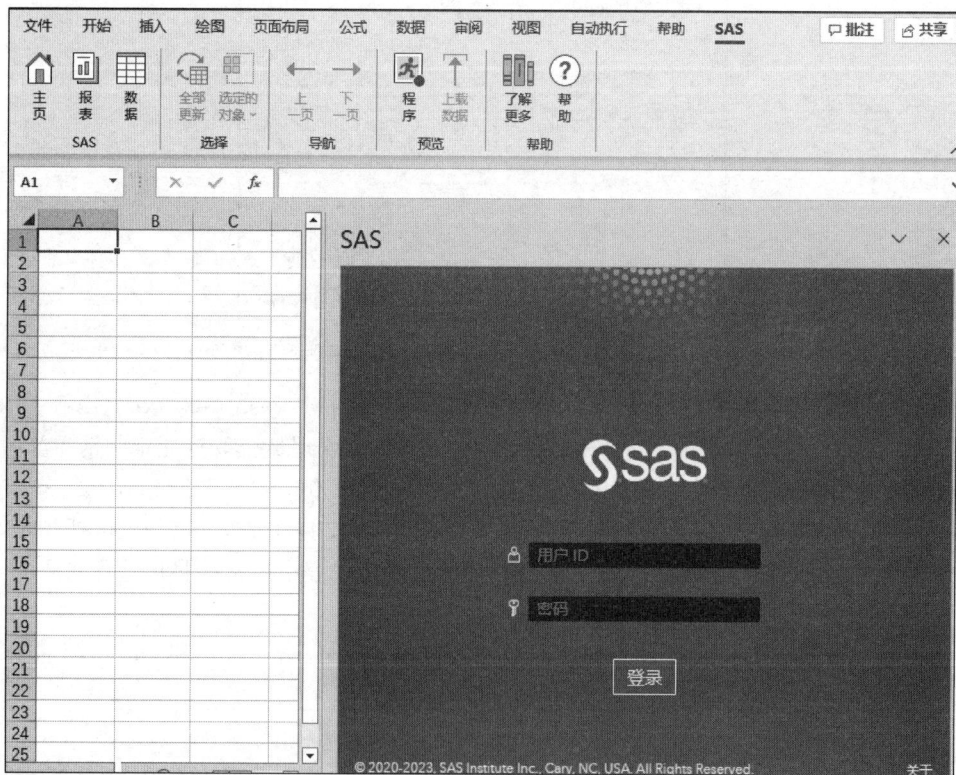

图 14.29　Excel 中 SAS 菜单项及功能区示例

1) SAS 功能区

登录到 SAS Viya 服务器后,SAS 窗格中可以看到四个选项卡,单击任一选项卡将导航到相应的选项卡。

(1) 单击"主页"选项卡,将在 Excel 界面右侧打开 SAS Viya 的"主页"选项卡,如图 14.30(a)所示。"主页"选项卡中可以执行的操作,包括搜索最近使用或收藏的报表、设置报表内容首选项(如插入图形时的默认大小、是否显示过滤器、与 Excel 的集成选项等)、访问 SAS Viya 服务器、注销当前登录等。

（2）单击"报表"选项卡，将在 Excel 界面右侧打开"报表"选项卡，显示 SAS Visual Analytic 报表目录页面，如图 14.30（b）所示。可以使用"报表"选项卡浏览并访问 SAS Visual Analytics 中的各类报表，报表内容将显示在右侧的"结果"选项卡中。

（3）单击"数据"选项卡，将在 Excel 界面右侧打开"数据"选项卡，显示 SAS Viya 编入目录的数据表，如图 14.30（c）所示。可以使用"数据"选项卡浏览并访问 CAS 逻辑库及其中的数据表，数据表相关信息将显示在右侧的"结果"选项卡中。

（4）单击"结果"选项卡，可以查看之前打开的 SAS Visual Analytics 报表或 CAS 数据表，图 14.31（a）为报表结果页面的示例，图 14.31（b）为数据结果页面的示例。

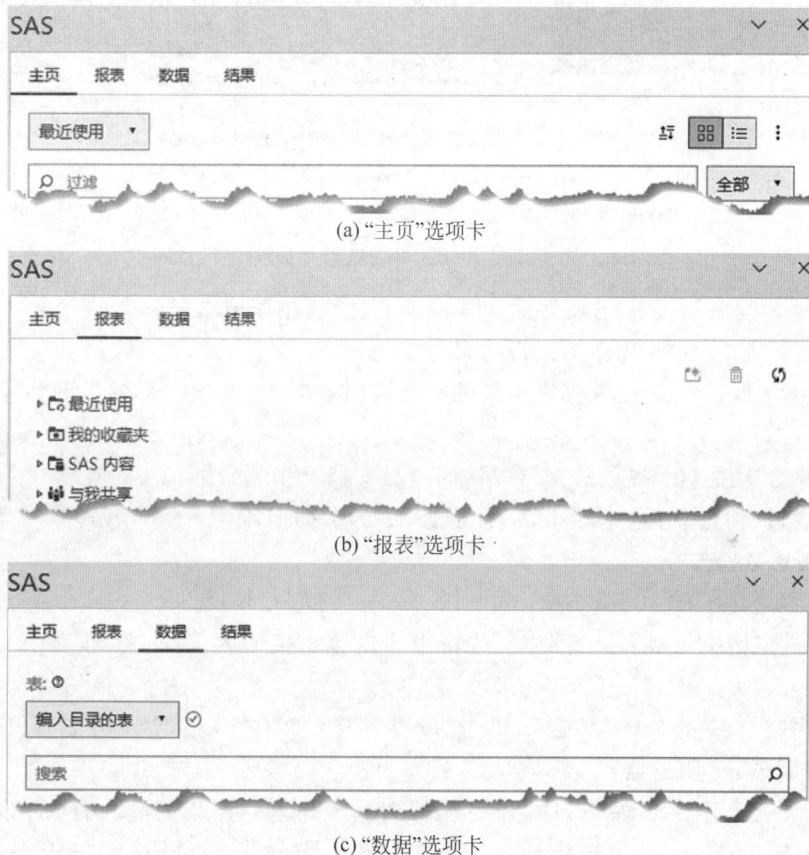

（a）"主页"选项卡

（b）"报表"选项卡

（c）"数据"选项卡

图 14.30　SAS 功能区的主页、报表及数据选项卡示例

2）"选择"功能区

如图 14.29 所示，上部的"选择"功能区提供对选定的对象执行更新、移除、查找等操作。例如，从工作表中删除选定的对象、更新选定的对象、取消该对象与 SAS 的链接等。

3）"导航"功能区

图 14.29 上部的"导航"功能区提供快捷的操作方式，可以翻阅已插入工作表中的数据。

4）"预览"功能区

图 14.29 上部的"预览"功能区主要提供在右侧 SAS 窗格中打开一个"程序"选项卡的功能。"程序"选项卡中包含以下子选项卡：

（1）代码：显示或编辑 SAS 程序代码。

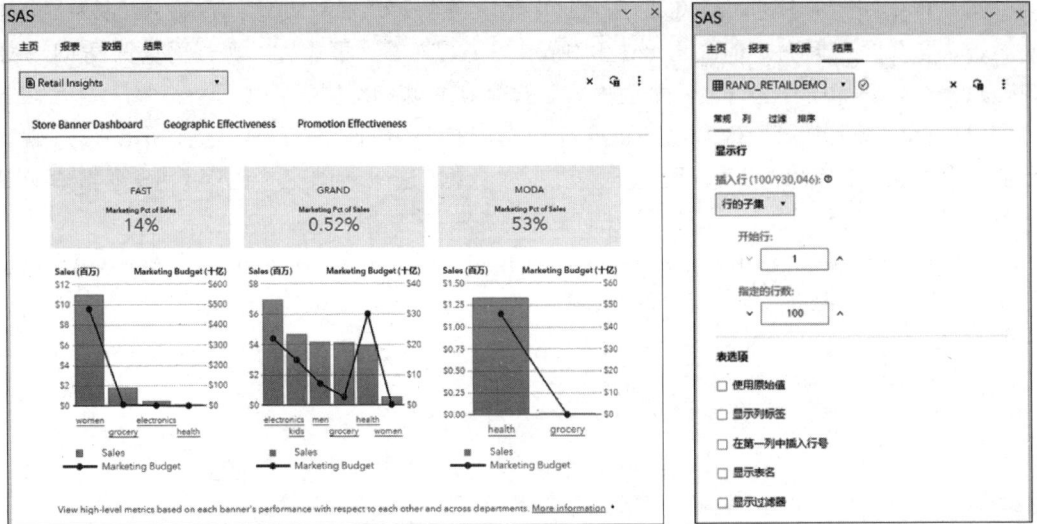

(a) 报表结果页面   (b) 数据结果页面

图 14.31　SAS 功能区的报表结果与数据结果示例

（2）日志：列出运行 SAS 程序时生成的所有注意、错误或警告。

（3）结果：显示 SAS 程序的运行结果。

（4）输出数据：显示 SAS 程序生成的所有输出数据表，选项卡标签中的数字表示生成表的数量。

（5）"帮助"功能区：提供链接可以访问产品文档及相关帮助。

另外，通过"预览"功能区，还可以将 Excel 中的数据上传到 SAS Viya。

3. 报表对象操作

我们可以通过 Add-In for SAS for Microsoft 365 轻松访问 SAS Visual Analytics 中的报表，在 SAS 窗格中与报表进行交互，或将报表内容直接嵌入 Excel 工作表中。具体操作步骤如下：

（1）在图 14.29 的 SAS 功能区，单击"报表"按钮，并在 Excel 界面右侧打开的 SAS 窗格中登录 SAS Viya 服务器。

（2）登录成功后 SAS 窗格将打开"报表"选项卡，我们可以选择要访问的 SAS Visual Analytics 报表。这里，以 Retail Insights 样例报表为例进行说明，它位于 /SAS 内容/Products/SAS Visual Analytics/Samples/ 目录下。双击 Retail Insights 报表，将在"结果"选项卡中显示该报表，如图 14.31（a）所示。

（3）可以根据需要，在 SAS 窗格中对报表执行交互操作。例如，指定报表提示和页面提示的值、进行过滤或控件等交互操作、支持排序、解释数据等。

（4）也可以在 SAS 窗格中单击右上角的 图标，整个报表将被添加到新的 Excel 工作表中（非当前活动工作表中），报表的每一页都作为一个新的工作表被加入进来。如果只想添加报表的某一页到 Excel 工作表中，可以单击该报表页面名称使其成为活动页面，然后从右键菜单中选择"在文档中插入活动页面"项即可。如果只想添加报表的某个对象到 Excel 工作表中，可以单击要添加的报表对象，然后从右键菜单中选择"在文档中插入活动页面"项即可。

需要注意的是,任何已添加到 Excel 工作表的报表、页面或对象,都不会自动更新或再次被添加。要对已添加到 Excel 工作表的报表、页面或对象进行更新,需要单击右键菜单的"在文档中更新"项。要再次添加之前已添加到 Excel 工作表的报表、页面或对象,需要先选择右键菜单的"从文档中移除"项进行移除后,才能再次添加。另外,要将添加到 Excel 工作表的对象,作为静态 Excel 对象,需要取消该对象与 SAS 服务器的链接,这也需要使用右键菜单的"取消与 SAS 的链接"项完成。图 14.32(a)所示为报表页面的右键菜单项,图 14.32(b)所示为报表对象的右键菜单项。

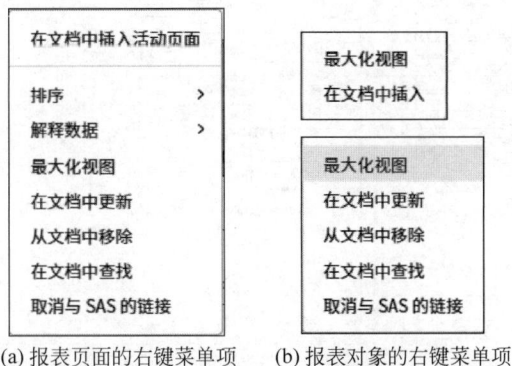

(a) 报表页面的右键菜单项 (b) 报表对象的右键菜单项

图 14.32 报表页面与报表对象的右键菜单项

当取消了报表对象与 SAS 的链接,它们将成为静态 Excel 对象:图形作为静态图片、表格作为 Excel 表格、过滤条件作为单元格内容。因此,最佳实践是在 SAS 窗格中执行报表对象的交互操作后,将图形添加到 Excel 工作表中;或将报表中的表格对象,添加到 Excel 工作表中后使用 Excel 内置功能进行格式化等后续处理。

与 Excel 类似,Word、PowerPoint 及 Outlook 在加载 SAS 插件后,同样可以执行报表对象的交互操作、插入、移除、更新 SAS Visual Analytics 报表对象等操作。

4. 数据表操作

使用 Add-In for SAS for Microsoft 365,通过 MS Excel 可以轻松访问 SAS Viya 数据表或其子集,对数据表执行过滤、选取、排序等操作,或将数据表直接嵌入 Excel 工作表中。具体操作步骤如下:

(1)在图 14.29 的 SAS 功能区,单击"数据"按钮,并在 Excel 界面右侧打开的 SAS 窗格中登录 SAS Viya 服务器。

(2)登录成功后 SAS 窗格将打开"数据"选项卡,我们可以选择要访问的 SAS Viya 数据表。这里,以 RAND_RETAILDEMO 样例数据表为例进行说明,它位于"所有服务器"→"cas-shared-default"→"Samples"逻辑库下。单击 RAND_RETAILDEMO 数据表,就可以在"结果"选项卡中查看该数据表,如图 14.31(b)所示。其中,在数据表名的下面,列出以下四个页面。

① 常规:该页可以设置要添加到 Excel 工作表中的数据表的起始行、行数、是否显示表名及列标签、是否显示过滤器等。

② 列:该页可以设置要添加到 Excel 工作表中的数据列,默认为全部列。

③ 过滤:该页可以为要添加到 Excel 工作表中的数据表设置过滤器。可以直接编辑表

达式或使用图形界面来生成过滤器。

④ 排序：该页可以对要添加到 Excel 工作表中的数据表设置排序列及其排序方式。

这里，我们设置数据表中显示所有行、表名、列标签、行号、过滤器；只选择 Brand Name、Sales、Margin 三列；过滤条件为 Sales >= 1000；排序方式为 Sales 降序排列。单击右上角的 图标，整个报表将被添加到 Excel 当前活动的工作表中，如图 14.33 所示。

图 14.33　SAS 功能区的数据表操作结果示例

此时，被添加到 Excel 工作表中的数据表子集，就可以作为普通的 Excel 表格、使用 Excel 内置功能进行格式化等后续处理。

与 Excel 不同，Word、PowerPoint 和 Outlook 的 SAS 插件，目前版本尚不支持对数据表或其子集的过滤、选取、排序等操作。

14.3　习题

（1）文本对象支持哪些动态文本？如何在文本对象中添加动态文本？

（2）SAS Visual Analytics 中可以创建基于哪几种形式的对象级显示规则？它们都可以发送报表提醒吗？

（3）SAS Visual Analytics 如何导出一个报表包？

14.4　本章小结

本章主要介绍 SAS Visual Analytics 提供的报表内容支持功能，这些支持功能可以更好地帮助我们呈现报表内容（使用显示规则）、审查报表性能，进行报表汇总、诊断、报表翻译、导出，以及与 MS Office 的集成等。本章还讨论了两个常用于报表的内容对象（图像与文本）的创建、使用方法，及选项设置和交互操作等。

受到篇幅限制，有关报表动态汇总信息的说明、创建报表动态汇总信息和设置动态汇总信息格式的示例等内容，可以扫描本章二维码进行阅读。

第 **15** 章

报表交互支持

电子资源

除了前面章节介绍的各个图形对象及分析对象的交互操作外，SAS Visual Analytics 提供更丰富的报表内容动态交互的支持功能。本章主要讨论以下动态交互功能：

(1) 控件：是一些用于进行报表内容动态交互和数据范围动态调控的报表交互对象。控件可以放置于"提示"区域，也可以直接作为报表对象放置于报表工作区。控件通过其值或范围的改变，实现对报表、页面中相关对象的数据范围的动态调控。

(2) 操作：是一种用于进行动态交互和数据范围动态调控的功能模块，它通过使用对象链接、页面链接、报表链接及 URL 链接，或自动创建的单向过滤器、双向过滤器、关联选择项等，实现目标内容对象的数据范围的动态调控。

(3) 过滤器：是一种用于滤取数据的功能模块，它使用"过滤器表达式"实现调控对象数据范围的功能。"过滤器"通常可以被应用于报表、页面，或各种内容对象、控件对象等，用来对被应用对象自身的数据范围进行调控。

15.1 控件

我们知道，当控件位于 SAS Visual Analytics 的报表提示及页面提示区时，可以自动地过滤报表及页面中的对象内容；而位于非提示区的对象级控件，则须由设计者指定"操作"方式，才能实现过滤对象内容的效果。控件可以接受的数据项，包括类别项、测度项、地理位置项、层次项、计算项、参数项等。当数据项被分配给控件时，控件将显示该数据项的数据值，并根据用户在控件中所选择的值，自动过滤报表中目标对象的数据，从而调控其当前显示数据的范围。例如，某公司销售的产品可能有多个种类，我们将产品种类数据项分配给按钮栏控件后，用户单击控件的某个按钮来选择某一类产品，报表就可以过滤出这类产品的销售情况进行显示。

在报表中添加控件时，SAS Visual Analytics 系统会自动计算所使用控件的高度和宽度，以便能够使控件在任何屏幕上比较恰当地进行显示。如果设计者希望控件在任何屏幕上，始终显示为报表高度和宽度的一个固定百分比，则可以使用控件的"选项"窗格，在其中指定宽度和指定高度选项。值得注意的是，SAS Visual Analytics 的所有控件，都不支持显示规则功能。

本节对 SAS Visual Analytics 提供的各种控件进行简要说明。这些控件包括按钮栏、滑块、文本输入、下拉列表、列表等 5 种控件，为进一步方便报表设计，系统提供了独特的自动控件功能。我们首先对自动控件适用的数据项类型及特征进行总结,然后分别介绍 5 种控件。有关这些控件对象的创建、数据角色分配、选项设置、其所支持的动态交互操作等详细内容,请扫描本章二维码查看。

15.1.1 自动控件

SAS Visual Analytics 提供了根据数据项的类型和特征,自动选用控件的独特功能。将选定的数据项拖放到报表提示区、页面提示区,或通过"数据"窗格中的弹出式菜单添加到提示区,都可以十分方便地使用由系统自动选用的适当控件,并已将选定的数据项分配给该控件。表 15.1 给出了不同类型及特征的数据项,系统所选用的自动控件类型。

表 15.1 按数据项类型及特征选用的自动控件类型

数据项类型	数据项特征及说明		自动控件的类型
类别项 地理位置项	非重复值数量:1～4 个		按钮栏
	非重复值数量:5～40 个		下拉列表
	非重复值数量:≥41 个		文本输入
测度项			滑块
日期项 日期时间项	受数据的显示格式影响	单值参数	文本输入(若格式为 month2. day9., downame11.) 滑块(除上述格式)
		多值参数	列表
参数项	类别型参数项	单值参数	按钮栏、下拉列表或文本输入(按非重复值数量)
		多值参数	列表
	测度型参数项	单值参数	滑块
		多值参数	列表
	日期、日期时间型参数项	单值参数	文本输入或滑块
		多值参数	列表
层次项	根据构成层次项的数据项类型及特征; 每一层的数据项单独使用一个控件		按钮栏、下拉列表、文本输入或滑块

15.1.2 按钮栏

按钮栏控件使用一系列按钮显示类别项的值,通过单击某个按钮来选择或过滤关联对象的数据范围。按钮栏的布局方式分为水平布局和垂直布局,图 15.1 是按钮栏控件使用水平布局和垂直布局的示例。

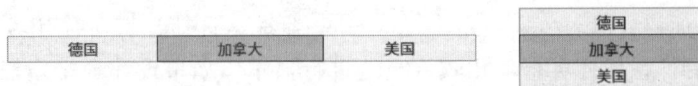

图 15.1 按钮栏控件的示例

按钮栏控件只适用于根据类别型数据项调控数据范围的场景,包括字符类别项、自定义类别项、地理位置项、日期时间项、单值类别项参数项等。

15.1.3 滑块

滑块控件是使用一条带有锚点的线段,通过滑动上面的锚点来选择一个数值或数据范围的。如果供选择的是单个数值,滑块控件有一个锚点,该锚点的值即为所选定的数值;如果供选择的是一个数据范围,滑块控件有两个锚点,水平滑块控件上左边的锚点为最小值,右边的锚点为最大值;垂直滑块控件上面的锚点为最大值,下面的锚点为最小值。滑块控件适用于根据测度项调控数据范围的场景。

图 15.2 是选择数据范围的水平和垂直滑块控件的示例。

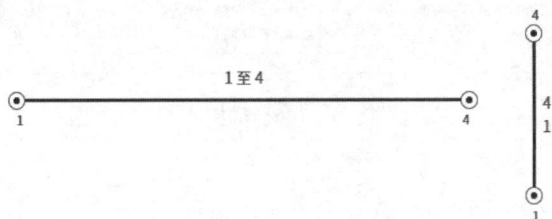

图 15.2 滑块的示例

15.1.4 文本输入

文本输入控件使用一个输入文本框,以便报表用户可以在其中输入文本,从而过滤或缩小类别值的范围。文本输入控件只有水平方向的布局,图 15.3 是一个分配了数据角色的文本输入控件示例。文本输入控件只适用于根据类别数据项调控数据范围的场景。

输入 产品...

图 15.3 文本输入控件的示例

15.1.5 下拉列表

下拉列表控件使用一个下拉框、以一个可展开的列表形式呈现,以便报表用户可以选择其中一项的值,来过滤或缩小类别值的范围。下拉列表控件一般适用于根据类别数据项调控数据范围的场景。

SAS Visual Analytics 的下拉列表控件只支持横向布局,不能改变其布局方向。图 15.4 是一个下拉列表控件的示例。

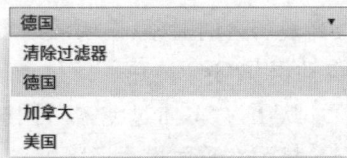

德国
清除过滤器
德国
加拿大
美国

图 15.4 下拉列表控件的示例

15.1.6 列表

与下拉列表类似,列表用来在界面中显示多个选项。但列表的所有选项通常都是全部显示的,以便报表用户可以选择其中的一个或多个类别值,来实现对数据范围的过滤或缩小。列表控件可以设置为单选或多选列表,默认为多选列表。图15.5是列表控件的示例,左边为多选列表,右边为单选列表。

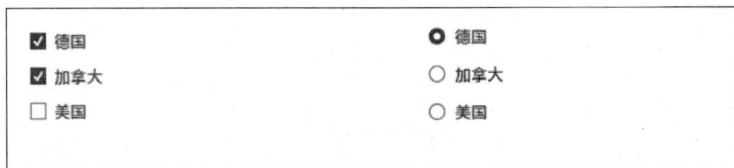

图15.5　列表控件的示例

15.2　操作

操作提供的动态调控功能,需要通过源内容对象与目标内容对象协同。一般地,一个源内容对象可以对应一个或多个目标内容对象。

SAS Visual Analytics 系统提供了以下操作方式:

(1) 自动操作:对当前页面的所有对象自动生效,可以创建单向过滤器、双向过滤器或关联选择项,实现对当前页面中所有对象的数据范围进行调控。

(2) 链接操作:对当前页面的选定对象自动生效,可以创建对象链接、页面链接、报表链接及 URL 链接等,实现动态过滤或调控目标内容对象的数据范围。

(3) 手动操作:提供图形化界面,可以创建单向过滤器、关联选择项、页面链接等,实现动态过滤或调控目标内容对象的数据范围。

值得注意的是,使用详细信息数据的简单表、散点图或气泡图不能作为操作的源对象。

15.2.1 自动操作

SAS Visual Analytics 系统提供的自动操作,默认对当前页面的所有对象都生效。也就是说,一旦为页面中的一个对象创建了"单向过滤器"自动操作,实质上该页面的所有对象都被创建了"单向过滤器"自动操作。"双向过滤器"或"关联选择项"自动操作也是同样。

如果要为一个对象创建自动操作,可以参考以下步骤:

(1) 选择该对象,单击主界面中右侧边栏区域的 🗗 图标,进入"操作"窗格,如图15.6所示。确认"操作"标签下的下拉列表所列的对象,作为源内容对象。

(2) 勾选"对所有对象执行自动操作"选项,并从下拉列表中选择一个自动操作:单向过滤器、双向过滤器、关联选择项。默认为"单向过滤器",同时,系统默认启用"显示过滤器导航路径"选项,即过滤器的标记会显示在页面提示区下方。值得注意的是,这里的"对所有对象执行自动操作"选项,实际上是指那些使用同一数据源的所有对象或具有适当数据源映射的所有对象。如果启用了"对所有对象执行自动操作"选项,就无法使用手动交互操作(过滤、关联选择项)。该选项的下拉列表中提供的自动操作包括:

图 15.6 自动操作窗格示例

① 单向过滤器：按源对象的选择值，对该页面上所有其他对象进行数据过滤。因此，受到当前"单向过滤器"影响的对象，是那些尚未被选择的对象；而之前已经被选中的源对象，不会受到当前"单向过滤器"的影响。

② 双向过滤器：按源对象的选择值，对该页面上所有对象进行数据过滤。因此，当前"双向过滤器"的选择，将影响该页面中所有的对象，无论之前是否已被选中作为源对象。

③ 关联选择项：按源对象的选择值，对该页面上所有对象都"同步"显示关联的选择项。所谓的"同步"显示，是被关联的选择项在目标对象上以双边框或其他特殊形式显示，同时保留并正常显示其他未关联的数据项。关联选择项与单向过滤器的区别在于，前者只是对选定值做特殊显示处理，并未对其数据进行滤除。另外，如果选择"关联选择项"，则无法启用"显示过滤器导航路径"选项。

图 15.7 是一个地理分析对象分别设置了过滤操作与关联选择项操作的效果对比图。

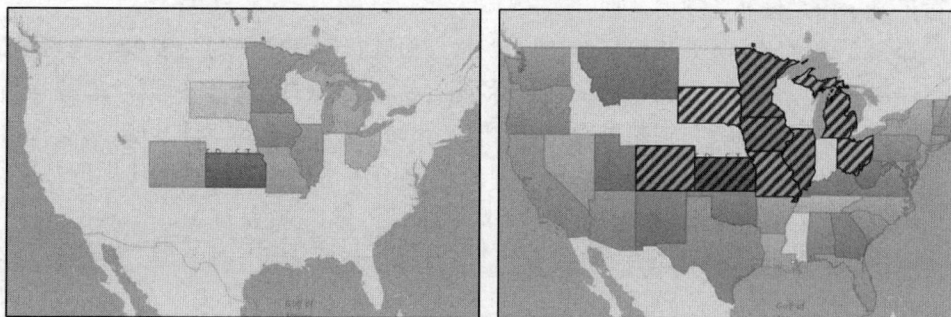

(a) 过滤操作效果   (b) 关联选择项操作效果

图 15.7 对象链接的过滤与关联选择项操作的效果对比

15.2.2 链接操作

链接操作是 SAS Visual Analytics 系统提供的另一类操作,可以从当前内容对象访问所链接的其他内容对象、其他页面、其他报表或第三方链接。链接操作便于我们从当前内容对象,一步式访问所链接的其他对象。例如,我们正在查看一个显示汽车在各州销售的条形图。如果双击 CA 州对应的矩形条,则为其所设置的页面链接会打开一个目标页面,其中提供 CA 州销售分公司的员工信息。我们在目标报表的过滤器导航路径,可以查看传入的过滤器表达式、链接类型,并可单击该导航路径返回之前的源对象。

链接操作实际上包含了一个数据过滤器:按发起链接操作的源对象中的某个值,过滤目标对象的数据范围。图 15.6 中我们可以看到三种链接操作。一般地,SAS Visual Analytics 提供的链接操作包含以下几种:

(1)对象链接:以当前内容对象为源,链接到同一报表的另一个内容对象。值得注意的是,只有未启用自动操作时,才可以为内容对象创建对象链接操作;内容对象上已创建的对象链接操作,将在启用自动操作时被移除。

(2)页面链接:以当前内容对象为源,链接到同一报表的另一个页面。

(3)报表链接:以当前内容对象为源,链接到另一个报表;若目标报表包含多个页面,需要进一步选择要打开的初始页面。

(4) URL 链接:以当前内容对象为源,链接到 SAS Visual Analytics 系统之外的 URL。

如果要为一个内容对象创建一个链接操作,可以首先选择该内容对象,单击主界面中右侧边栏区域的 ⌅ 图标,进入"操作"窗格,如图 15.8 所示。然后,根据要创建链接操作的类型,分别执行以下步骤。

图 15.8 内容对象的操作窗格示例

- 如果要创建的是对象链接操作,单击"> 对象链接",从下面的列表中勾选可用的内容对象,并设置使用过滤或关联选择项即可。选中要创建对象链接的对象,则在其名称后面显示 ▽ 图标,表示设置的是对象链接的过滤操作。对象链接的过滤操作,会按照链接操作的源图形对象所选择的值,对目标对象进行过滤,在目标对象中仅显示满足过滤条件的数据。

- 如果要创建的是页面链接操作,单击"> 页面链接",从下面的列表中勾选可用的页面对象即可。选中要创建链接的目标页面,系统将根据源和目标页面的数据情况,提示是否需要进行数据映射操作,如图 15.9(a)所示。单击"映射"链接,将弹出"添加数据映射"页面,自动列出源图形对象使用的数据表和目标页面使用的数据表中的数据列,如图 15.9(b)所示。根据数据情况,进行映射即可。

- 如果要创建的是报表链接操作,单击"> 报表链接",从下面单击"+ 新建报表链接",并进一步选择要链接的报表。如果目标报表包含多个页面,可以进一步选择要打开的初始页面,并在该页面中设置打开目标报表的页面、查看数据映射等,然后确定完成创建操作。

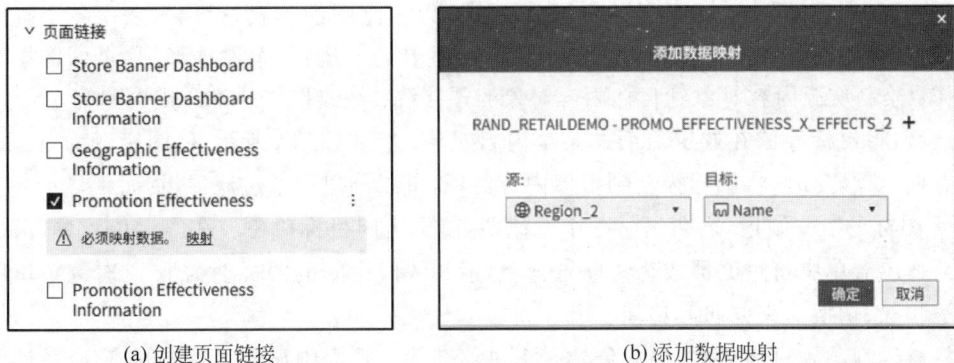

(a) 创建页面链接 (b) 添加数据映射

图 15.9　创建页面链接及添加数据映射

- 如果要创建的是 URL 链接操作,单击">页面链接",从下面单击"＋ 新建 URL 链接",在弹出页面中输入外部链接 URL 的名称及地址,如图 15.10 所示,然后单击"确定"按钮,即可完成创建操作。如果要在 URL 地址后添加参数,单击右边的 ＋ 图标,就可以按页面提示添加参数了。URL 链接支持添加参数映射,即源对象的数据项与 URL 链接支持的参数名之间的映射。

图 15.10　创建 URL 链接

15.2.3　手动操作

手动操作通过一个图形化界面,提供手动创建一个操作的功能。同时,该图形化界面也可以用来查看报表中各个页面或其内容对象所定义的手动操作,如过滤器、关联选择项、页面链接等。

如果要为一个内容对象手动创建一个操作,可以首先选择该内容对象,单击主界面中右侧边栏区域的 图标,进入"操作"窗格,如图 15.6 所示。接着,单击右上角的"查看示意图"链接,可以打开图 15.11 所示的页面。该页面以示意图的形式,提供报表中各个页面的内容对象及其操作,在该页面可以手动定义各种对象的过滤器、关联选择项、页面链接等各种操作;绘制从源内容对象到目标内容对象的连接线;修改操作的方向或类型等。

　　然后,将鼠标停留在选定页面的某个内容对象,如图 15.11 所示,待图标变为 ✐,并出现焦点提示框,此时,将鼠标拖动到目标内容对象,可以创建一个过滤器,页面中显示一条中间有 ▽ 图标的箭头线段,表明这是一个过滤器,箭头指向目标对象。在图标位置单击鼠标,可以从弹出菜单中将过滤器改为关联选择项,箭头线段中间的图标变为 ◌。右键菜单项还提供了删除、切换箭头方向等功能。

　　将鼠标拖动到目标页面,可以创建一个页面链接。页面中显示一条中间有 ✎ 图标的箭头线段,表明这是一个页面链接。在图标位置单击鼠标,可以对该页面链接进行编辑或删除。

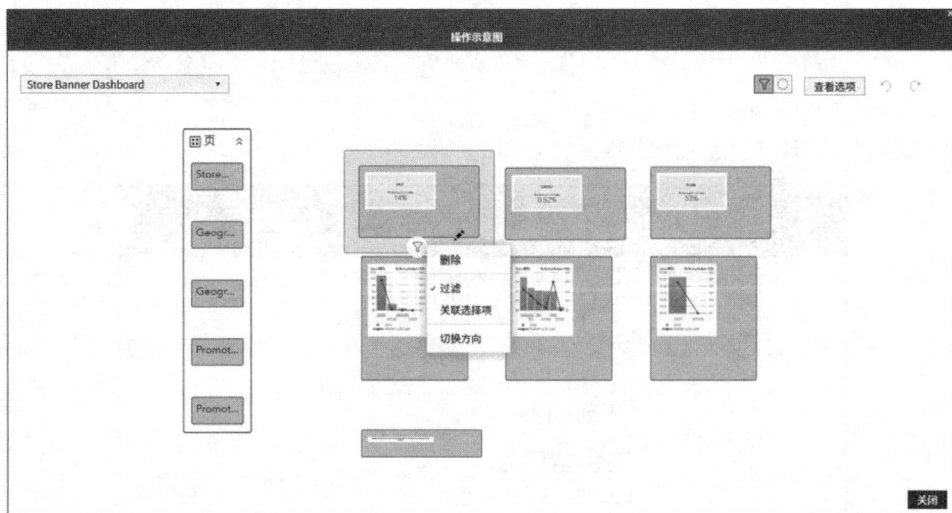

图 15.11　操作示意图页面示例

　　创建各种手动操作时,需要注意以下几点:

　　(1) 如果某个页面已经创建了手动操作(过滤器或关联选择项),再去创建自动操作时,将会移除该手动操作。

　　(2) 已创建自动操作的页面,要创建手动操作(过滤器或关联选择项),需要先禁用已定义的自动操作。

　　(3) 使用详细数据的内容对象只能是操作的目标对象。因此,使用详细数据的简单表、散点图、气泡图等,不能是操作的源对象。气泡图只有在分配了组角色时,才可作为操作的源对象。

15.3　过滤器

　　数据过滤操作,相当于对数据取子集的操作,是交互式分析的一种重要手段。通过由一组规则或条件构成的各种过滤器,可以实现对数据的部分滤取。SAS Visual Analytics 提供的过滤器,通常使用过滤器表达式,将运算结果为 True 的数据进行显示或使用,同时过滤掉那些运算结果为 False 的数据。另外,SAS Visual Analytics 还支持通过排名进行的过滤、通过动态交互进行的过滤等。

在 SAS Visual Analytics 中,根据过滤器使用的范围,可以分为数据源过滤器、数据过滤器两种。如果报表中同时使用这两种过滤器,报表对象所显示的数据,首先经数据源过滤器过滤,然后由数据过滤器进行过滤。前者的作用范围,是整个报表的所有对象;后者的作用范围,只是启用了该过滤器的对象自身。

15.3.1 数据源过滤器

顾名思义,数据源过滤器用来对报表所使用的数据源表进行过滤。因此,数据源过滤器的作用范围是整个报表的所有对象。如果报表启用了数据源过滤器,所有使用该数据源表的报表对象,都会受到影响。如果一个报表使用多个数据源表,可以分别为它们启用数据源过滤器。

这里以数据集 PRDSALE 为例,说明启用数据源过滤器的步骤:

(1) 在主菜单中,选择"新建"项以创建一个新报表。然后单击左侧边栏的 📇 图标打开"选择数据"窗口,单击"可用"选项卡,并选择 PRDSALE 作为数据源表,单击"确定"按钮完成数据选择。

(2) 此时,在左侧的"数据"窗格中,单击右上部的 🔲 图标,从弹出菜单中选择"应用数据过滤器…"项,进入"应用数据过滤器"窗口,如图 15.12 所示。

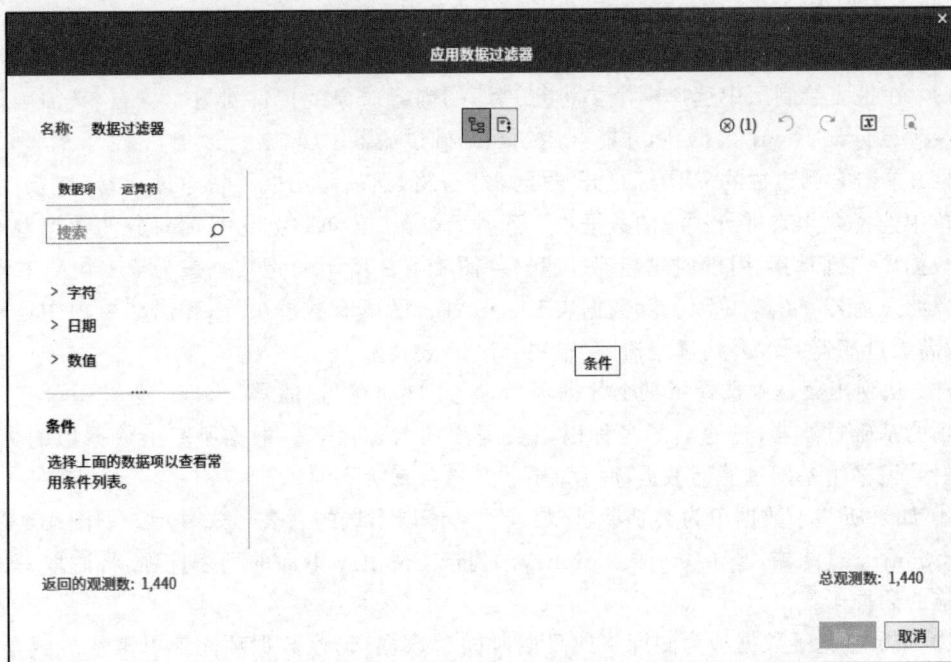

图 15.12 "应用数据过滤器"窗口

(3) 在"应用数据过滤器"窗口中,可以使用可视模式、文本模式或两者结合,来添加过滤条件。具体添加过滤条件的方法,将在后面的"过滤器表达式"部分具体介绍。添加好过滤条件后,单击"确定"按钮即完成了对数据源过滤器的启用。

值得注意的是,已启用的数据源过滤器,可以对其进行编辑、删除操作。具体做法是,在"数据"窗格中单击右上部的 ▤ 图标,从弹出菜单中选择"编辑数据过滤器…"项或"删除数据过滤器"项。另外,数据源过滤器并不会显示在主界面右侧的"过滤器"窗格中。在查看报表模式下,该数据源过滤器将显示在"永久过滤器"栏下。

15.3.2　数据过滤器

与数据源过滤器不同,数据过滤器仅对应用该过滤器的内容对象或控件对象生效。

数据过滤器按照其适用范围,又可以分为对象特定过滤器及公共过滤器,两者可以相互转换。

1. 对象特定过滤器

对象特定过滤器,主要是指仅应用于内容对象或控件对象的过滤器。其作用范围仅限于内容对象或控件对象自身。

SAS Visual Analytics 提供了 2 种创建对象特定过滤器的途径:基础过滤器、高级过滤器。这里所谓的基础与高级,只是对过滤器生成方式的一个简单区分,通常基础过滤器的运算相对更简单一些。基础过滤器大多仅基于单个数据项,高级过滤器可能涉及多个数据项。基础过滤器和高级过滤器,都可以从"对象特定过滤器"转换为"公共过滤器"。

1) 基础过滤器

基础过滤器使用单个数据项对数据进行过滤。基础过滤器,可以基于数据源表中的数据项,或由它们创建的自定义类别项、计算项、地理位置项等。

这里以数据集 PRDSALE 为例,说明创建基础过滤器的步骤:

(1) 在报表绘制区中选择一个要进行过滤的内容对象或控件对象。注意,必须确保该对象至少已分配了一个数据项,才能开始创建基础过滤器。

(2) 单击右侧边栏的 ▽ 图标打开"过滤器"窗格,然后单击"＋ 新建过滤器"链接,从弹出菜单中选择要用来进行过滤的数据项。通常,该弹出菜单将列出当前对象的数据源表的所有数据项,它们均可用于创建基础过滤器。图 15.13 所示的是数据表为 PRDSALE 的报表对象的过滤器弹出菜单项。除数据表 PRDSALE 的所有数据项外,弹出菜单项中还可以看到"高级过滤器"及"公共过滤器"菜单项。

(3) 从弹出菜单中选择了某个数据项后,系统自动在"过滤器"窗格中创建一个基于该数据项的基础过滤器,过滤器的名称以该数据项的名称命名。根据所基于数据项的类型,"过滤器"窗格中基础过滤器数据项值的显示方式会有所不同。

① 如果所基于数据项为类别项,该数据项之值以多选的列表形式显示。如图 15.14 所示的 Country 过滤器,基于类别项 Country。勾选 Country 下面的列表选项,将滤取其类别值对应的数据子集。

② 如果所基于数据项为测度项或日期时间型数据项,该数据项之值以滑块方式显示。如图 15.14 所示的 Actual Sales 过滤器,拖动 Actual Sales 项下滑块的两个锚点,或单击滑块的某个锚点并在文本框中输入数值,就可以根据两个锚点之间的数值范围,滤取对应的数据子集。

图 15.13 新建过滤器弹出菜单

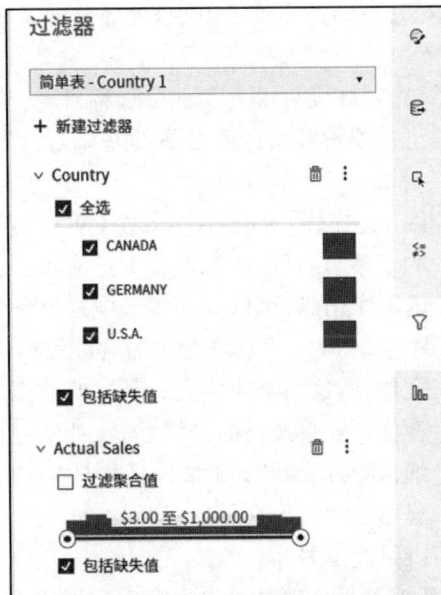

图 15.14 过滤器窗格示例

创建好的基础过滤器，单击其名称右侧的 ⋮ 图标，将弹出菜单，每个菜单项为该过滤器可以执行的操作。依据基础过滤器创建时所基于的数据项类型，右键菜单项的内容略有差异。图 15.15(a)是基于类别项所创建基础过滤器的右键菜单项，图 15.15(b)是基于测度项或日期时间数据项所创建基础过滤器的右键菜单项，其中的"条件类型"菜单项，还提供一些子菜单项，用来便捷地选择测度项或日期时间项的一些过滤条件。

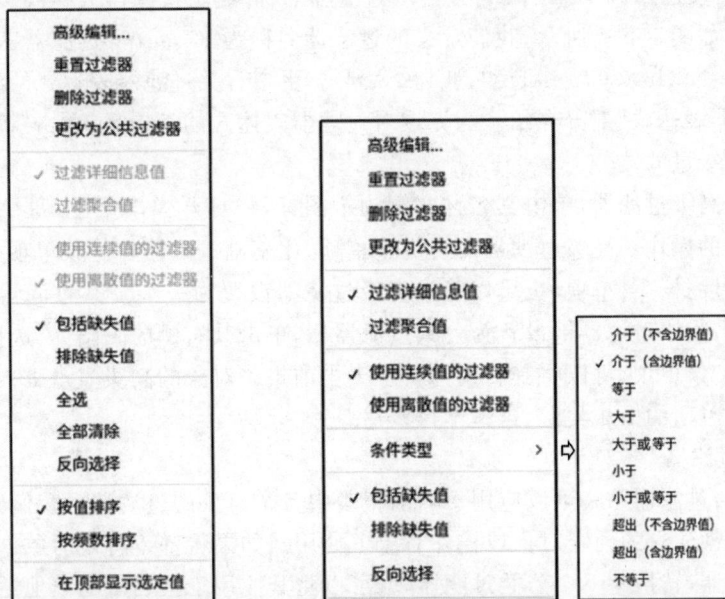

(a) 类别项过滤器右键菜单项

(b) 测度项过滤器右键菜单项

图 15.15 过滤器右键菜单项

基础过滤器的右键菜单项,大部分含义比较直接,这里不逐一介绍。需要说明的有以下几点:

- 单击"高级编辑…"菜单项,将打开"编辑过滤器表达式"页面。在这个页面中,将以可视编辑模式打开当前的基础过滤器,可以进一步对该过滤器对应的表达式进行编辑。
- 图 15.15(b)所示测度项或日期时间数据项的右键菜单项中,"条件类型"菜单项下的子菜单,可以快捷地设置过滤条件。有关"条件类型"的子菜单项所提供过滤条件的更多信息,可以查阅附录中过滤条件运算符说明。
- 图 15.15(b)所示测度项的右键菜单项中,还可以选择"过滤详细信息值"或"过滤聚合值"。这两个选项决定了过滤数据子集时,使用的是测度项的数值本身还是其聚合值。如果选择的是"过滤详细信息值"(默认选项),则这种基础过滤器也称为"详细信息过滤器";如果选择的是"过滤聚合值",则这种基础过滤器也称"聚合信息过滤器"或"后聚合过滤器"。

2) 高级过滤器

高级过滤器一般是指包含多个数据项,并使用运算符(如 OR 和 AND 等)来构建过滤器表达式的数据过滤器。

这里以数据集 PRDSALE 为例,说明创建高级过滤器的步骤:

(1) 在报表绘制区中选择一个要进行过滤的内容对象或控件对象。注意,必须确保该对象至少已分配了一个数据项,才能开始创建过滤器。

(2) 单击右侧边栏的 ▽ 图标打开"过滤器"窗格,然后单击"＋ 新建过滤器"链接,从弹出菜单中选择"高级过滤器",将打开"高级过滤器"编辑页面。

(3) 在"高级过滤器"页面中,可以定义过滤器名称、编辑过滤器表达式、预览过滤结果、添加参数等。如图 15.16 所示,我们定义的过滤器名称为"Country 过滤器",过滤器表达式为 'Country'n NotIn ('CANADA', 'U. S. A. ')。更多有关过滤器表达式的编辑方法,将在后面的"过滤器表达式"部分介绍。当完成对过滤器表达式的编辑后,单击"确定"按钮,就可以生成这个高级过滤器。

创建好的高级过滤器,单击其名称右侧的 ⋮ 图标,将打开弹出菜单,每个菜单项为该过滤器可以执行的操作。高级过滤器的右键菜单项,比基础过滤器右键菜单项少一些。其中,"更改为公共过滤器"菜单项,也可以将该高级过滤器设置为一个公共过滤器。与基础过滤器的操作类似,高级过滤器被设置为公共过滤器后,单击其右侧的 ⋮ 图标,选择"复制到对象特定的过滤器"菜单项,可以将其转换为特定于当前报表对象的高级过滤器;其他菜单项与基础过滤器菜单项的操作类似,这里不再赘述。

2. 公共过滤器

所谓"公共过滤器",是可以应用于当前报表中各个对象的过滤器。我们知道,对象特定过滤器仅能在创建它的内容对象或控件对象上使用。如果将基于特定对象创建的基础过滤器和高级过滤器,转换为一个公共过滤器,就可以将其应用于报表中的其他适用对象。转换为公共过滤器的优点在于,改变该过滤器选取值引起的数据范围变化将统一地体现在所有应用该公共过滤器的对象。

公共过滤器仅能由对象特定过滤器转换而来,无法单独创建。将一个对象特定过滤器,

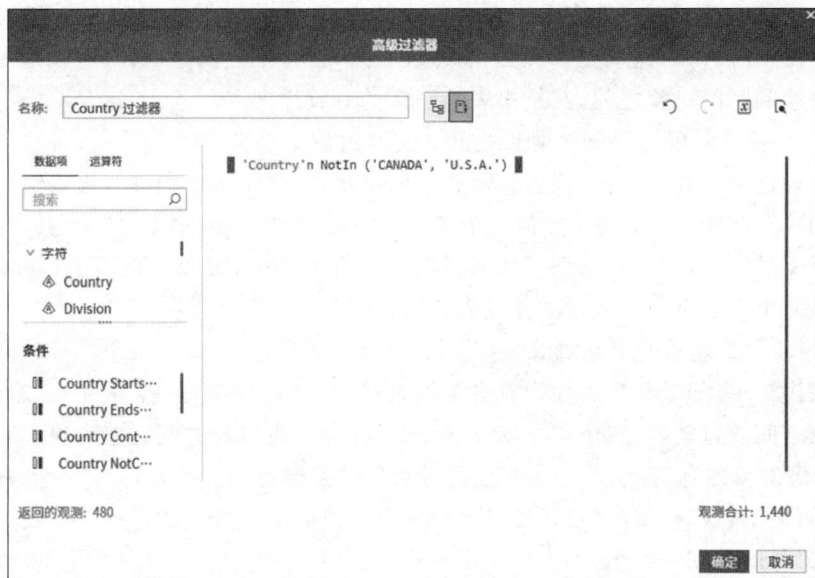

图 15.16　高级过滤器编辑页面示例

转换为一个公共过滤器的步骤非常简单。下面以 Country 过滤器为例说明：在"过滤器"窗
格中，找到"Country 过滤器"，单击其名称右侧的⋮图标，从弹出菜单中选择"更改为公共过
滤器"，就可以将该过滤器转换为一个公共过滤
器。转换后的公共过滤器，其名称也自动改为
公共"Country"过滤器 1，并被添加到图 15.13 所
示的弹出菜单项中，以便其他对象选用。同时，
在主界面左侧边栏的"数据"窗格中，公共
"Country"过滤器 1 也将被列在"公共过滤器"
一栏下，如图 15.17 所示。

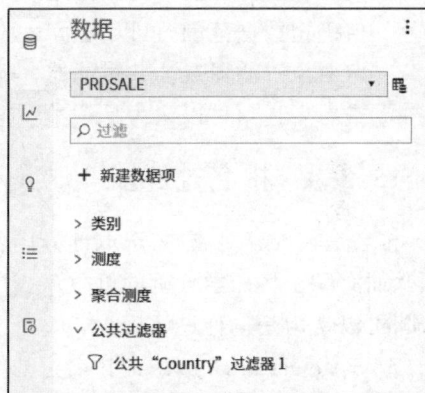

要在报表的内容对象或控件对象上使用该
公共过滤器，在图 15.13 所示"过滤器"窗格的
弹出菜单项中，选择该公共过滤器名称的菜单
项即可。值得注意的是，公共过滤器被应用于

图 15.17　数据窗格显示的公共过滤器示例

多个内容对象或控件对象上时，如果改变其中任意一个对象上的选取范围，则其他被应用该
公共过滤器的内容对象或控件对象的数据范围也发生同样的改变。

公共过滤器无法直接转换为对象特定过滤器，但可以被复制为一个对象特定过滤器。
操作非常简单，只要在过滤器名称右侧，单击⋮图标，从弹出菜单中选择"复制到对象特定的
过滤器"菜单项，就可以将该过滤器转换为一个对象特定过滤器。公共过滤器复制为一个对
象特定过滤器后，公共过滤器仍然继续对其他对象有效，而被复制的对象特定过滤器只对当
前对象生效。

15.3.3　交互式过滤器

本节我们从交互的视角，进一步介绍 SAS Visual Analytics 提供的过滤器功能。

当报表的某个页面中包含多个内容对象或控件对象时,这些对象相互之间根据选定值进行数据过滤,我们认为这就是一种交互式过滤器。这种交互式过滤器,可以是提示区控件对象与报表绘制区的对象之间,或是报表绘制区的对象之间。

1）提示区控件对象与绘制区对象之间的交互过滤

在报表设计中,如果使用了报表提示或页面提示,在提示区的控件与报表绘制区的对象之间就自动建立起交互式过滤:类似一个单向过滤器,按提示区控件的选定值,对报表或页面上所有对象进行数据过滤。此时,如果在报表查看模式下,报表或页面上目标对象的"过滤器"窗格中,可以查看交互式过滤器的表达式。

2）绘制区对象之间的交互过滤

在报表设计中,如果某个页面中有多个报表对象(含内容对象、控件对象),通过设置报表所有对象之间的自动操作(单向过滤器、双向过滤器),可以建立起这些对象之间的交互式过滤:根据源对象的选定值,动态地调控目标对象的数据范围。此时,如果在报表查看模式下,报表或页面上目标对象的"过滤器"窗格中,可以查看交互式过滤器的表达式。值得注意的是,自动操作的关联选择项,不会生成交互式过滤器。

交互式过滤器可以在报表查看模式下显示目标对象的过滤表达式,它的主要特点有:

- 交互式过滤器不需要设计者显式地创建过滤器表达式,系统自动为单向过滤器或双向过滤器设定过滤条件。
- 交互式过滤器可以更灵活地动态调控数据范围。它根据用户在交互操作中的选定值确定数据范围,可以认为是一种有限定的交互式动态过滤;而数据源过滤器、特定对象过滤器及公共过滤器,一般都是在设计报表时就已确定了数据范围,从报表查看者视角可以认为是一种预置的静态过滤。

15.3.4 排名过滤器

排名是在内容对象中,选取部分排名靠前或靠后的数据。排名可以显著减少可见的类别,从而有助于将探索分析的侧重点,放在用户所关注的最大或最小的一些数据上。排名的本质,可以认为是一种过滤器。

SAS Visual Analytics 的排名过滤器,针对分类数据项进行设置:按某个测度项在该类别项的聚合值,选取计数或百分比靠前(最大)或靠后(最小)的部分数据。默认情况下,排名依据为分配给内容对象的一个测度项,过滤器的排名方式为"排名靠前计数",计数值为 10。可以根据需要调整这些设置,排名的计数值也支持使用数值型参数。

SAS Visual Analytics 的所有报表对象(含内容对象、控件对象),都支持创建排名过滤器。需要注意的是,对于时间序列图及其衍生图形,不能对分配给时间轴角色的数据项进行排名;如果已经使用日期、时间数据项创建了排名,则无法将该数据项分配给时间轴角色。另外,由于滑块控件具有确定的范围,因此,不能为使用参数项的滑块控件创建排名。

下面以 SAS Visual Analytics 的样例报表 Retail Insights 为例,说明如何为某个对象创建排名过滤器。

(1)打开样例报表 Retail Insights,进入 Promotion Effectiveness 页面,选中第一个树图（Sales vs Base Tree Map),单击右侧边栏的 ⯐ 图标,展开"排名"窗格。

(2)在"排名"窗格中单击"＋ 新建排名"链接,从弹出菜单中,选择菜单项"Name-14"分类变量，系统自动在"排名"窗格创建一个名为 Name 的排名过滤器，如图 15.18 所示。该排名过滤器基于 Revenue（$）Actual 测度项的值，返回排名前 10 的产品名称。

　　一般地，可以根据需要，设置排名过滤器的以下选项：

- 排名方式：对类别项的排名方式有排名靠前计数、排名靠后计数、排名靠前百分比、排名靠后百分比。
- 计数：用来指定排名个数，可以设置为一个数值（如 10）或一个数值型参数项。
- 依据：其下拉列表中给出的是可用的测度项，计算排名的依据是该测度项的聚合值。

图 15.18　排名过滤器示例

- 结值：该选项用来确定返回数据是否考虑结值。若选中"结值"选项，则排名会根据数据的情况，返回包括所有结值的尽可能多的结果值。若未选中"结值"选项，则排名仅选择排名参数所指定的值个数，不考虑结值。例如，若排名定义要选择前三个值，但最大值有五个结值，则排名所选择的值个数取决于结值选项。选中"结值"选项则排名将包括全部五个结值；未选中"结值"选项则排名仅包括三个结值。
- 所有其他：选中该选项会将所有不符合排名设置的类别值显示为"所有其他"。如果对象仅显示详细信息值，或者对象为控件及地理图，则该选项不可用。若选定此选项，则无法设置在内容对象中把被排除项合并为"所有其他"值。例如，可以在饼图的排名中启用该选项，来减少饼图中的扇区数，但此时，将在饼图"选项"窗格中禁用"其他"扇区选项。

比较特别的是，简单表对象的排名过滤器，可以按依据下拉列表所设置的测度项聚合值，也可以依据下拉列表所设置的测度项详细值进行排序。设置的方法是在"排名"窗格中，单击"+ 新建排名"链接，从弹出菜单中选择菜单项"详细信息排名"。此时，简单表对象实际是使用"依据"所设置测度项的详细数据（"选项"窗格中"表"下面的"详细数据"选项被选中）进行排名的，"排名"窗格中的排名过滤器名称自动设置为"详细信息排名"。

图 15.19 所示的两个简单表对象，都是使用样例数据 RAND_RETAILDEMO 的类别项 City 和测度项 Margin 所创建的，均依据 Margin 排名靠前 10 的过滤器。两个简单表的区别是，左边是按测度项 Margin 的聚合值排名前 10 的数据，右边是按测度项 Margin 的详细信息进行的排名。

15.3.5　过滤器表达式

基础过滤器与高级过滤器的创建，实际都是通过过滤器表达式实现的。一个过滤器表达式的编辑操作，与计算项表达式的编辑操作类似。本节以高级过滤器为例，说明如何在 SAS Visual Analytics 中编辑过滤器表达式。

在"过滤器"窗格中，通过新建一个高级过滤器，或单击基础过滤器名称右侧的 ⁝ 图标，并单击弹出菜单项中的"高级编辑…"，就可以进入过滤器表达式的编辑界面。图 15.20 是

City	Margin ▾
Houston	$1,720,255
Baltimore	$853,711
Dallas	$725,020
Philadelphia	$707,259
Ann Arbor	$685,076
New York	$684,599
Orlando	$642,601
Pittsburgh	$490,387
Seattle	$441,116
Louisville	$436,804

City	Margin ▾
Monterey	$12,108
Vero Beach	$1,000
Santa Ana	$1,000
Philadelphia	$1,000
Philadelphia	$1,000
Orlando	$1,000
Dallas	$1,000
Austin	$1,000
Raleigh	$813
Wellesley	$750

图 15.19 简单表对象的排名过滤器对比示例

以编辑"Country 过滤器"为例,系统提供的两种过滤器表达式的编辑界面示例。

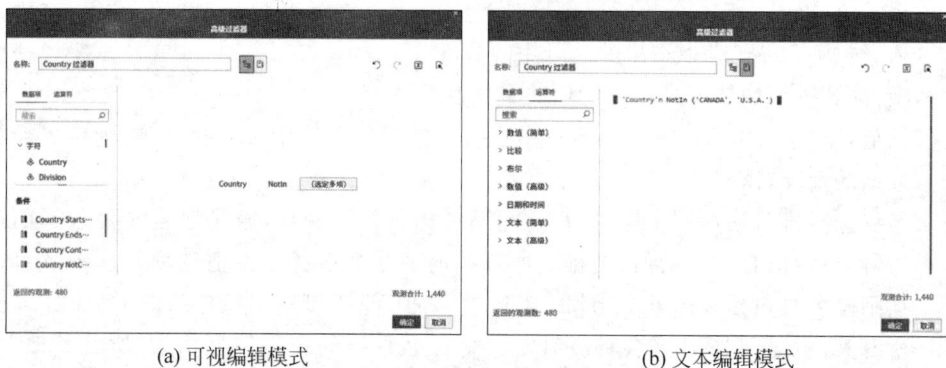

(a) 可视编辑模式   (b) 文本编辑模式

图 15.20 过滤器表达式的编辑界面

1. 可视与文本编辑模式

过滤器表达式的编辑与计算项表达式的编辑类似,编辑窗口分为两部分:左边为备选项区域,又分为"数据项"选项卡和"运算符"选项卡;右边为表达式构建区域,提供"可视"与"文本"两种编辑模式。

1)可视编辑模式

可以从左边的备选项区域,选择数据项和运算符,通过双击鼠标或鼠标拖曳的方式,将它们放置到表达式构建区域。在表达式构建区域,还可以在不同对象上,通过右键菜单所提供的选项,完成表达式的编辑。

2)文本编辑模式

可以直接在右侧的表达式构建区域,编写文本形式的过滤器表达式。在这个模式下,系统也通过右键菜单,提供了一些简单的编辑选项,如显示行号、转至行号及键盘快捷方式的帮助等。

在可视编辑模式及文本编辑模式下,对过滤器表达式的具体编辑操作,与创建计算项的编辑操作类似(可以参看第 9 章中创建计算项的示例),不同之处仅在于过滤器表达式编辑界面中的"数据项"及"运算符"选项卡。

2. "数据项"选项卡

位于左边备选项区域的"数据项"选项卡,按照数据项的类型,分别列出数据项及其常用的条件列表,界面如图 15.20 所示。

1) 数据项列表

按数据表中数据项的类型,分别列示为字符(即类别项)、日期(含日期时间项)、数值(即测度项)和参数项,用来从中选择表达式要使用的数据项。注意:计算项、地理项、层次、聚合测度等不会被列示在数据项下面。

2) 常用条件列表

当选定某个表达式要使用的数据项后(参数项除外),其下部列出备选的常用条件列表。该条件列表由系统根据所选择数据项的类型,给出一些常用的条件表达式。不同类型的数据项,其可用条件表达式也有所不同。"条件"下所列的条件表达式,实质上是系统提供的一些常用过滤器,便于用户直接选用。更多具体表达式的含义,可以查阅附录中过滤条件运算符说明。当然,用户也可以在这些条件表达式的基础上,进一步编辑后再使用。

下面仍然以数据集 PRDSALE 为例,进一步说明备选条件列表的使用:

(1) 在窗口的"数据项"选项卡下,单击">数值"链接,从中选择任意数值(即测度项)。这里以 Actual Sales 项为例,选中后,在"条件"栏下,显示出可用的过滤条件表达式列表,如图 15.21(a)所示。从中选择要使用的过滤条件,拖曳到右侧的"条件"框即可。

(2) 在窗口的"数据项"选项卡下,单击">字符"链接,从中选择任意字符(即类别项)。这里以 Country 项为例。选中后,在"条件"栏下,显示出可用的过滤条件表达式列表,如图 15.21(b)所示。从中选择要使用的过滤条件,拖曳到右侧的"条件"框即可。

(3) 在窗口的"数据项"选项卡下,单击">日期"链接,从中选择任意日期(含日期时间项)。这里以 Month 项为例。选中后,在"条件"栏下,显示出可用的过滤条件表达式列表,如图 15.21(c)所示。

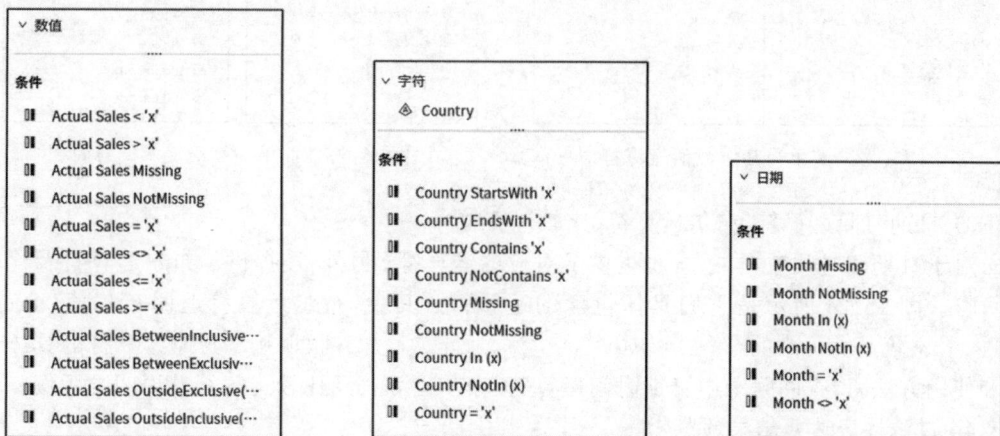

(a) 过滤器表达式的条件列表(测度项)　(b) 过滤器表达式的条件列表(类别项)　(c) 过滤器表达式的条件列表(日期项)

图 15.21　编辑过滤器表达式的条件列表示例

(4) 在过滤器表达式中,支持使用参数。如果报表中已经定义了参数,在"数据项"选项卡下,单击">参数"链接,就可以看到已定义的参数项。如果想要创建一个新的参数,可以直接单击窗口右上角的 圖 图标,进入"新建参数"页面进行创建。

(5) 确定了要使用的过滤条件表达式后,双击该表达式或拖曳到右侧表达式构建区域的"条件"框即可。

3. "运算符"选项卡

位于左边备选项区域的"运算符"选项卡,按照运算符的类别,分别列出相应的运算符,如图15.20(b)所示。

系统所提供的所有运算符,分成数值运算符、文本运算符、日期时间运算符、布尔运算符、比较运算符等几类。

1) 数值运算符

针对数值数据,提供了简单数值运算和高级数值运算。图15.22所示是具体的数值运算符,其中每个数值运算符的具体含义和使用方法,可以查阅附录中数值运算符说明与示例。

2) 文本运算符

针对文本数据,提供了简单文本操作符和高级文本操作符。图15.23所示为具体包含的运算符,其中每个文本运算符的具体含义和使用方法,可以查阅附录中文本运算符说明与示例。

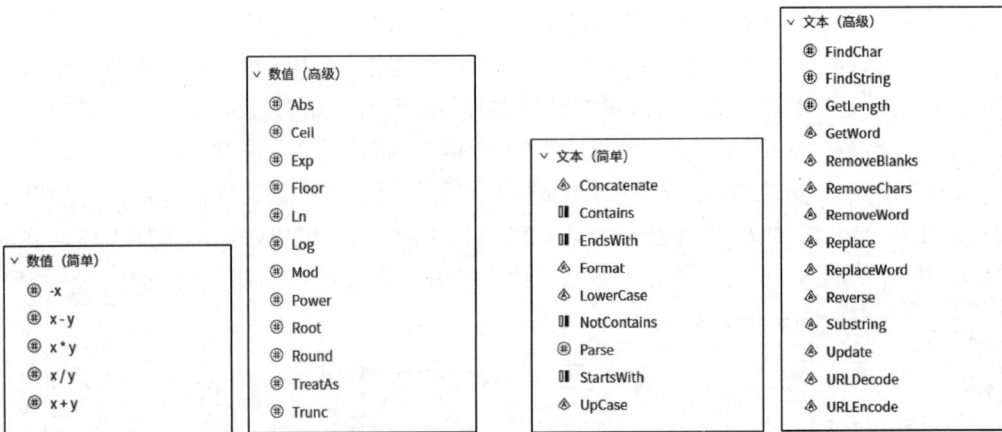

图 15.22　简单与高级数值运算符

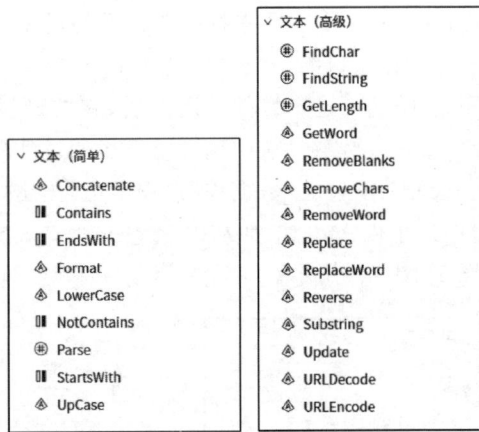

图 15.23　简单与高级文本运算符

3) 日期时间运算符、布尔运算符、比较运算符

对于日期和时间数据,系统也提供了对应的运算符;另外,还提供了布尔运算符及比较运算符。图15.24所示是它们具体包含的运算符。其中,布尔运算符返回布尔值(True,False);比较运算符中的$<,<=,<>,=,>,>=$等,含义很明确;其他运算符的具体含义和使用方法,请查阅附录中日期时间运算符、布尔运算符及比较运算符的说明与示例。

4. 过滤器表达式结果预览

在"编辑过滤器表达式"页面中,单击右上角的 图标,可以预览当前过滤器的过滤结果。同时,在过滤器表达式的编辑页面中,左下角也给出了文字提示(过滤条件所返回的观测数),便于与右下角中的总观测数比较,快速获得过滤器生效的信息。图15.25(a)是过滤器的表达式页面,图15.25(b)是对应的过滤结果预览页面。单击图15.25(a)中的"确定"按钮,Country过滤器结果为True的数据将被滤取,而结果为False的数据将被滤除。

15.3.6　过滤器的其他操作

"过滤器"窗格中,单击过滤器名称右侧的 图标,弹出菜单中提供了过滤器的一些快捷

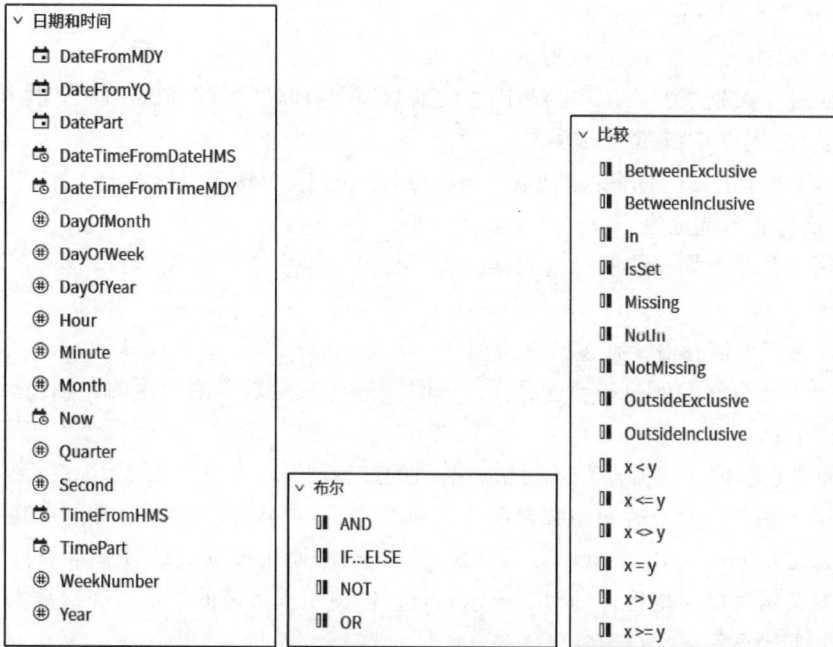

图 15.24　日期时间运算符、布尔运算符与比较运算符

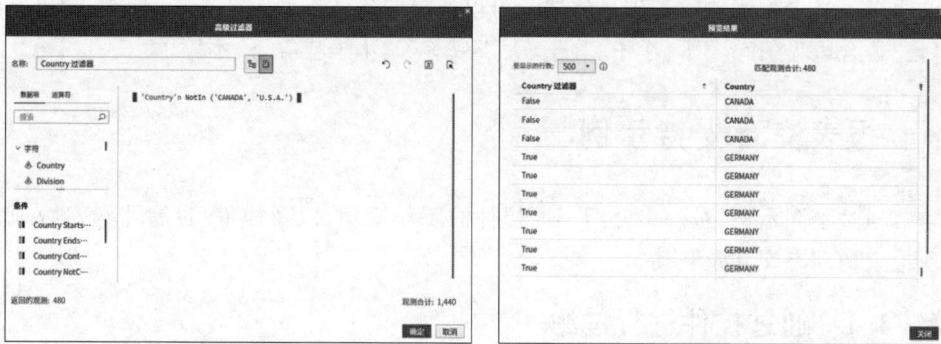

(a) 表达式页面　　　　　　　　　　　(b) 过滤结果预览页面

图 15.25　过滤器表达式的编辑与预览示例

操作,如图 15.15 所示。前面的内容已经介绍了一些操作,这里简要介绍其他部分。

1) 删除过滤器

在"过滤器"窗格中,单击任一过滤器名称右侧的 🗑 图标,或单击右侧的 ⋮ 图标并从弹出菜单中选择"删除过滤器",都可以删除该过滤器。

2) 重置过滤器

仅适用于基础过滤器。用来将"过滤器"窗格中显示备选项的控件,设置其选取值为所有值。

3) "包括缺失值"与"排除缺失值"

仅适用于基础过滤器。"包括缺失值"与"排除缺失值"操作,分别用来确定在过滤时,是否包含数据项中的缺失值。

4) "全选"与"全部清除"

"全选"与"全部清除"操作,仅适用于基于类别项的基础过滤器。分别用来选择类别项的所有值、清除类别项的所有值。

5）反向选择

适用于基于类别项及测度项的基础过滤器，是对当前过滤器取值做"取非"操作。

6）"按值排序"与"按频数排序"

仅适用于基于类别项的基础过滤器。表示列出的类别值是按其值排序，还是按其频数排序。

7）在顶部显示选定值

仅适用于基于类别项的基础过滤器。表示将过滤器中选定的类别值，显示在所有项的最前面。

8）"过滤详细信息值"与"过滤聚合值"

仅适用于基于测度项的基础过滤器。表明该过滤器是基于测度项的详细值，或是基于测度项的聚合值。

9）"使用连续值的过滤器"与"使用离散值的过滤器"

仅适用于基于日期或时间型数据项的基础过滤器，并且要求数据项的格式满足一定要求（非 month2.、day9.、downame11.等格式）。当选择"使用连续值的过滤器"时，"过滤器"窗格中数据备选项以滑块控件的形式显示，当选择"使用离散值的过滤器"时，数据备选项以列表控件的形式显示。

10）条件类型

仅适用于基于测度项的基础过滤器。可以选择的条件类型包括介于（是/否含边界值）、超出（是/否含边界值）、大于、小于、等于、大于或等于、小于或等于、不等于。

15.4 报表交互支持示例

本节通过不同示例，进一步介绍不同控件的工作原理，以及控件、过滤器与参数项相结合实现报表的动态交互及联动。

15.4.1 通过控件进行过滤

本节的三个示例，用来说明如何使用控件、操作及过滤器等报表交互功能，实现对报表内容数据范围的动态调控。受篇幅所限，请扫描本章二维码，查看各个示例的具体内容。

（1）独立使用报表提示区控件的示例：将在报表中创建一个位于报表提示区的列表控件及一个条形图，并通过该列表控件，来调控条形图中显示的数据。

（2）报表提示区控件与参数项结合使用的示例：使报表控件只控制一个报表对象的过滤，而不对另一个报表对象进行过滤。通过使用聚合数据源且不启用数据映射的方法，结合报表控件中使用参数及报表对象过滤器的方法，来实现仅对一个报表对象进行过滤。

（3）级联控件对报表对象的过滤示例：由报表提示控件先过滤一个控件对象，再通过该控件对象的排名过滤一部分数据；然后为该控件添加对象链接，当在控件中选定某个数据项值后，实现对最终内容对象的级联过滤。

15.4.2 通过参数项进行交互

本节的三个示例，将结合字符型、数值型、日期型参数项的创建及引用方法，说明如何通过参数项与控件、过滤器、报表显示规则等进行联动,实现报表的动态交互。受篇幅所限,请扫描本章二维码,查看各个示例的具体内容。

(1) 参数项与过滤器的联动:本例使用了一个文本输入控件,根据用户输入的文字,动态过滤出包含所输入文字的外卖评价。

(2) 参数项与显示规则的联动:本例使用了一个滑块控件,根据用户拖动滑块所设置的阈值,将没有达到阈值的报表对象内容显示为红色。

(3) 参数项与控件及过滤器的联动:本例使用了两个控件(列表和下拉列表),通过参数项和用户在下拉列表控件中所选择的日期,以及在列表控件中所选择的经销区域,在"过滤结果"表中列出符合条件的销售记录。

15.5 习题

(1) SAS Visual Analytics 中,如何将列表控件加入到页面提示中?

(2) SAS Visual Analytics 提供的自动操作,可以实现数据的动态交互,它与过滤器有什么联系?

(3) 过滤器可以分为哪几种?在报表查看模式下的交互式过滤器,与报表编辑模式下的哪几种过滤器对应?

(4) 如何使用级联控件实现从报表提示、页面提示及控件对象,对一个内容对象进行过滤?

15.6 本章小结

本章主要介绍了 SAS Visual Analytics 报表内容的交互支持功能,包括:控件、操作及过滤器。它们相互协作,共同为报表的动态性、交互性服务;同时,这些控件、操作及过滤器的适用性也各有不同,我们需要根据对报表交互性的要求、数据调控的范围大小等,选用恰当的方式来支持报表数据的过滤。

另外,本章还给出了使用控件、操作及过滤器等实现报表交互功能的示例,帮助读者进一步理解报表对象的动态交互方法。受到篇幅限制,有关这些控件对象的创建、数据角色分配、选项设置、其所支持的动态交互操作等详细内容,以及结合报表提示和参数项等进行报表动态交互的示例,可以扫描本章二维码进行阅读。

至此,我们对 SAS Visual Analytics 提供的常用对象与基础分析和报表功能都已有所认识。接下来将开启进阶篇的内容。

进 阶 篇

第 16 章

聚合运算符与快速计算项

通过基础篇的内容,我们已经了解计算项与过滤器表达式的创建及使用,本章将进一步讨论一些常用的聚合运算符,并结合几个快速计算项的示例探讨这些运算符的应用。

16.1 聚合运算符

16.1.1 表达式运算符

SAS Visual Analytics 中的表达式运算符,既可以用来创建计算项,也可以用来创建过滤器。这些表达式运算符,根据其所适用的数据类型或运算类型,分为数值运算符、比较运算符、布尔运算符、文本运算符、日期时间运算符及聚合运算符。其中,数值运算符、比较运算符、布尔运算符、文本运算符及日期时间运算符在上一章已经做了介绍,这里重点介绍聚合运算符。

目前版本的 SAS Visual Analytics,提供了 4 类聚合运算符,分别是聚合(简单)、聚合(高级)、聚合(定期)、聚合(表格)。

图 16.1 给出了聚合(简单)及聚合(高级)的具体运算符。将鼠标悬停在任意一个具体运算符上,系统会显示提示信息,帮助用户了解该运算符的含义及参数要求信息。

对于每个具体的简单或高级聚合运算符来说,与非聚合运算符的一个核心差异,是这些聚合运算符需要设置一个聚合运算的上下文,其取值为以下两者之一。

- _ByGroup_:按类别项的每一个非重复值,计算测度项的聚合值。例如,条形图若使用带有_ByGroup_上下文值的聚合测度,表示为图中每个矩形条计算单独的聚合值。

- _ForAll_:表示对整个类别项(在过滤之后),计算测度项的聚合值。例如,条形图若使用带有_ForAll_上下文值的聚合测度,表示图中每个条使用同一聚合值(针对整个类别项的聚合结果)。

默认情况下,由简单或高级聚合运算符所创建的计算项,使用的上下文值是_ByGroup_。要更改上下文值,可以在"编辑计算项"页面中,从聚合运算符的下拉列表中选择要使用的上下文值即可。

图 16.2 给出的是聚合(定期)及聚合(表格)的具体运算符。

对于每个具体的定期聚合运算符来说,聚合是针对一个时间段展开的。若聚合运算符

```
∨ 聚合（简单）
    ⊕ Avg
    ⊕ Count
    ⊕ Distinct
    ⊕ Max
    ⊕ Median
    ⊕ Min
    ⊕ NumMiss
    ⊕ Q1
    ⊕ Q3
    ⊕ StdDev
    ⊕ StdErr
    ⊕ Sum
    ⊕ Var
```

```
∨ 聚合（高级）
    ⊕ CoefVar
    ⊕ CSS
    ⊕ First
    ⊕ Kurtosis
    ⊕ Last
    ⊕ Percentile
    ⊕ PvalT
    ⊕ Skewness
    ⊕ Suppress
    ⊕ TStat
    ⊕ USS
```

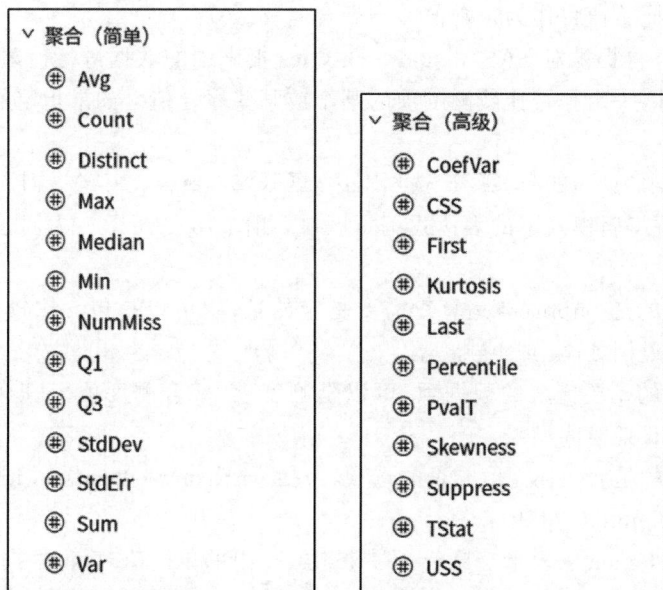

图 16.1 聚合运算符（简单及高级）

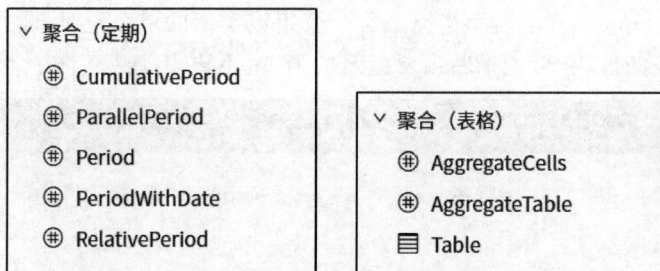

```
∨ 聚合（定期）
    ⊕ CumulativePeriod
    ⊕ ParallelPeriod
    ⊕ Period
    ⊕ PeriodWithDate
    ⊕ RelativePeriod
```

```
∨ 聚合（表格）
    ⊕ AggregateCells
    ⊕ AggregateTable
    ▤ Table
```

图 16.2 聚合运算符（定期及表格）

中可以指定日期选项,则聚合运算会为对象中的每个时间段计算聚合值;若聚合运算符中不需要指定日期选项,则聚合运算以当天的日期作为参照,为对象中的每个时间段计算聚合值。

对于每个具体的表格聚合运算符来说,聚合是以类似二维表格的方式执行聚合运算的。表格聚合运算符既可以对明细数据表中的特定单元格进行聚合运算,也可以对已聚合单元格进行再次聚合。

16.1.2 Suppress 运算符

图 16.1 中的聚合（简单）和聚合（高级）运算符,大多数执行的是一些相关统计量的计算,其含义及说明可以参考附录中聚合运算符说明与示例。这里我们主要讨论 SAS Visual Analytics 提供的一个特殊聚合运算符 Suppress。

有时我们创建的报表中需要掩蔽部分数据,尤其在某些交叉点稀疏的情况下,以便保护一些敏感信息。例如,一张报表中包含按学区统计的考试平均分,假如其中一个学区仅有一名考生,此时,掩蔽数据可以不显示该学区的平均分,从而可以保护这名考生的个人信息。这里所说的掩蔽,是指在交叉表或其他内容对象中,将其值显示为星号字符(*);而在计算合计及小计时，被掩蔽值将作为正常值参与聚合运算。

Suppress 运算符提供对 SAS Visual Analytics 报表中的数据进行掩蔽操作。Suppress 将根据指定的条件，决定是否掩蔽测度项的某个或某些聚合值。如果指定的条件为真，则掩蔽其聚合值。

在"新建计算项"页面的"运算符"选项卡中，展开"> 聚合（高级）"链接，双击 Suppress，就将其添加到可视编辑模式下的表达式编辑区域，如图 16.3 所示。为便于说明，图中添加了数字标记。

（1）1 所标识的是 Suppress 运算符需要指定的条件，可以是包含比较运算符或布尔运算符的表达式（能返回 True 或 False）。

（2）2 所标识的是要掩蔽的数据项，可以是测度项、聚合测度项、日期时间项或参数项（数值型、日期型、日期时间型）。

（3）3 所标识的是启用补充值与否的选项，包括 withComplement 和 withoutComplement。默认为 withComplement。其中：

① withComplement：表示当掩蔽了一个组或子组的单个值时，将根据需要掩蔽其他子组的值。如果使用合计、小计或其他单元格的值，有可能推断出要掩蔽的值，就需要再掩蔽一个或多个其他子组的值。这样才能确保要掩蔽的值能够安全地被掩蔽。

② withoutComplement：表示当掩蔽了一个组或子组的单个值时，即使通过使用合计、小计或其他单元格的值，有可能推断出要掩蔽的值，也不再多掩蔽其他子组的值。

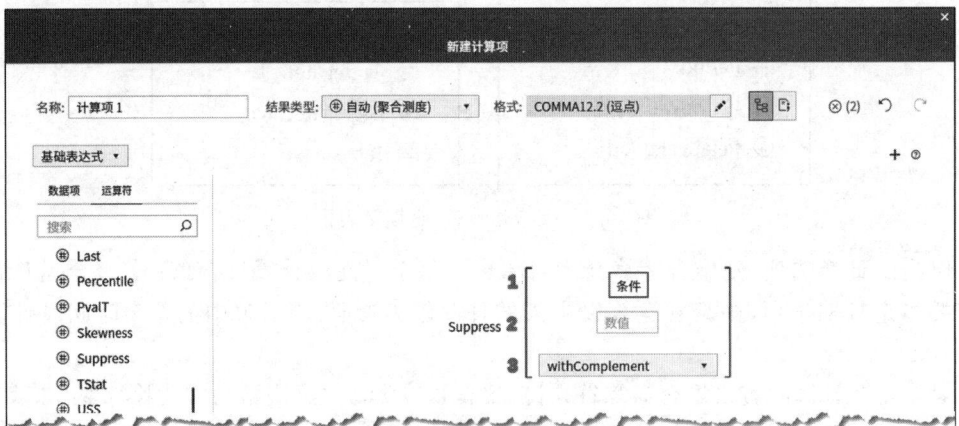

图 16.3　Suppress 运算符创建聚合计算项

当使用 Suppress 运算符进行数据掩蔽时，需要注意的是：

- 避免在报表中的其他地方（包括过滤器和排名），使用同一测度项的未掩蔽版本。使用 Suppress 运算符的一个最佳实践是，在"数据"窗格中选中该数据项，从右键菜单中，选择"隐藏"菜单项，隐藏该数据项。
- 避免将层次项分配给包含掩蔽测度项的对象。因为通过在层次项中进行上钻、下钻操作，有可能推测出测度项的掩蔽值。
- 避免在过滤器的源或目标对象上使用掩蔽运算符。因为通过过滤操作，有可能推测出测度项的掩蔽值。

下面以样例数据集 RAND_RETAILDEMO 的 Sales 数据项为例，说明使用 Suppress

运算符的计算结果。

假设我们创建了一个聚合计算项,其名称为"Sales 数据隐藏",如图 16.4 所示,其运算表达式的文本为 Suppress(('Sales'n≤=10 000),'Sales'n,withComplement)。"Sales 数据隐藏"项将在显示时掩蔽部分 Sales 项的值:如果 Sales 值满足图中 1 所指定的条件,则对图中 2 所指定的 Sales 值做掩蔽处理;3 所设置的选项为 withComplement,表示在可能推断出要掩蔽的值时,再掩蔽一个或多个其他子组的值。

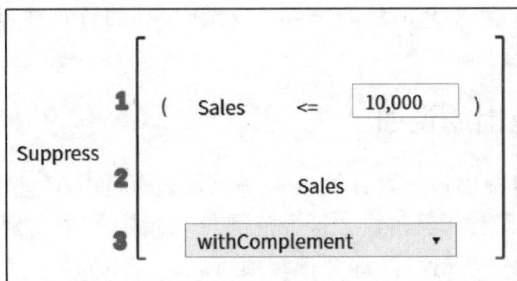

图 16.4　Suppress 运算符定义示意图

如图 16.5 所示,列出了交叉表中未显示"合计"项及显示"合计"项时,Sales 和"Sales 数据隐藏"列所显示的数据。为便于对比,用矩形框将"Sales 数据隐藏"列发生变化的行进行了标注。

| Brand Name ▲ | Maple | | Oak | | Pine | |
Region ▲	Sales	Sales 数据隐藏	Sales	Sales 数据隐藏	Sales	Sales 数据隐藏
US_AT	$328,806	328,806.00	$1,749,990	1,749,990.00	$5,771,564	5,771,564.00
US_CS	$232,118	232,118.00	$659,110	659,110.00	$2,111,564	2,111,564.00
US_MW	$723,294	723,294.00	$1,870,750	1,870,750.00	$4,284,625	4,284,625.00
US_NE	$121,336	121,336.00	$599,848	599,848.00	$965,482	965,482.00
US_SE	$168,694	168,694.00	$2,850,280	2,850,280.00	$3,484,698	3,484,698.00
US_SW	$8,034	*	$3,006,739	3,006,739.00	$3,041,999	3,041,999.00
US_WC	$92,198	92,198.00	$2,535,214	2,535,214.00	$4,433,142	4,433,142.00

(a) 未显示"合计"项的结果

| Brand Name ▲ | Maple | | Oak | | Pine | | 合计 | |
Region ▲	Sales	Sales 数据隐藏	Sales	Sales 数据隐藏	Sales	Sales 数据隐藏	Sales	Sales 数据隐藏
US_AT	$328,806	328,806.00	$1,749,990	1,749,990.00	$5,771,564	5,771,564.00	$7,850,360	7,850,360.00
US_CS	$232,118	232,118.00	$659,110	659,110.00	$2,111,564	2,111,564.00	$3,002,792	3,002,792.00
US_MW	$723,294	723,294.00	$1,870,750	1,870,750.00	$4,284,625	4,284,625.00	$6,878,669	6,878,669.00
US_NE	$121,336	121,336.00	$599,848	599,848.00	$965,482	965,482.00	$1,686,666	1,686,666.00
US_SE	$168,694	168,694.00	$2,850,280	2,850,280.00	$3,484,698	3,484,698.00	$6,503,672	6,503,672.00
US_SW	$8,034	*	$3,006,739	*	$3,041,999	3,041,999.00	$6,056,772	6,056,772.00
US_WC	$92,198	*	$2,535,214	*	$4,433,142	4,433,142.00	$7,060,554	7,060,554.00
合计	$1,674,480	1,674,480.00	$13,271,931	13,271,931.00	$24,093,074	24,093,074.00	$39,039,485	39,039,485.00

(b) 显示"合计"项的结果

图 16.5　Suppress 运算符启用 withComplement 前后的结果对比

① 如图 16.5(a)所示,只有类别项 Brand Name 的值为 Maple 的那列数据,其 US_SW 的 Sales 值为 8034,符合"Sales 数据隐藏"项所指定的条件(Sales≤=10 000),因此,只有该行的"Sales 数据隐藏"数据值进行了掩蔽。注意,此时交叉表未显示"合计"项。

② 如图 16.5(b)所示,尽管同样只有类别项 Brand Name 的值为 Maple 的那列数据,其 US_SW 的 Sales 值为 8034,符合"Sales 数据隐藏"项所指定的条件(Sales≤=10 000),但是,此时交叉表显示出"合计"值,就有可能倒推出 US_SW 的 Sales 值;而"Sales 数据隐藏"

项指定的 withComplement 选项,要求在可能推断出要掩蔽的值时,再掩蔽一个或多个其他子组的值。因此,必须有 2 行数据进行掩蔽(表中矩形框 1 所标注的 US_SW 和 US_WC 的 Sales 值),以此确保无法通过该列最下面的合计值倒推出 US_SW 的 Sales 掩蔽值。

③ 如图 16.5(b)所示,矩形框 2 所标注的类别项 Brand Name 的值为 Oak 的那列数据,其 US_SW 和 US_WC 的 Sales 值,同样进行了掩蔽,尽管它们的 Sales 值均不符合所指定的条件(Sales≤10 000)。进行掩蔽的原因,同样是由于交叉表显示出"合计"值,通过表中矩形框 3 所标注的 US_SW 和 US_WC 的"Sales 数据隐藏"的行合计值,可推断出 US_SW 区域 Maple 的 Sales 掩蔽值。

16.1.3　聚合范围的说明

与普通计算项不同,创建一个聚合计算项时,SAS Visual Analytics 支持为该聚合计算项设置不同的聚合范围及聚合表达式。每个范围可以指定一个类别交叉点,并为该类别交叉点定义特定的聚合表达式。这样,聚合计算项可以对应不同的类别交叉位置,使用相应聚合范围所对应的表达式来计算其聚合结果。

一般地,新建一个聚合计算项时,默认使用"基础表达式"范围。该范围不能被编辑或删除。使用"基础表达式"范围,将对所有未在其他自定义范围中指定的类别交叉点位置的数据,使用该表达式进行聚合。此外,还可以创建和使用自定义范围来拓展聚合计算。这个自定义范围,是由一组类别交叉点确定,只有在指定的类别交叉点位置时,才会使用该自定义范围及其聚合表达式。自定义范围是可以编辑和删除的。

在创建一个聚合计算项时,要新建一个自定义聚合范围,可以单击"新建计算项"页面右上部的＋图标(只有"结果类型"为"聚合测度"时可见),如图 16.3 所示。然后,在弹出的"新建范围"页面中,根据某个或某些类别项,创建该自定义范围的特定交叉点表达式。

图 16.6 是一个新建范围的例子,指定的类别交叉点为"国家 / 产品类型"。在"新建范围"页面中,"指定范围"下拉列表中提供"自定义交叉点"或"总计"(指当前聚合项与合计的交叉点);页面底部的"范围开始"下拉列表,用来设置当前定义范围的初始表达式,可以从"基础表达式""空白表达式""已定义的自定义范围表达式"等项中进行选择。

下面我们将使用数据集 SASHELP.PRDSALE,创建一个聚合计算项,名称为"聚合范围演示",该聚合计算项并不具有实际的业务意义,这里只是为了便于说明聚合表达式的不同范围。所创建的聚合范围有以下 3 个。

(1) 基础表达式范围:在所有未在自定义范围中指定的类别交叉点位置,显示 _ByGroup_ 计算的销售额平均值。该聚合计算项的"基础表达式"为 Avg [_ByGroup_]('销售额'n)。

(2) 自定义交叉点范围:在"国家/产品类型"交叉点位置,显示 _ByGroup_ 计算的销售额最大值;该聚合计算项"国家/产品类型"的表达式为 Max [_ByGroup_]('销售额'n)。

(3) 总计范围:在聚合计算项的合计位置,显示国家的个数;该聚合计算项"总计"的表达式为 Distinct [_ByGroup_]('国家'n)。

如图 16.7 所示,左边的交叉表用来说明"聚合范围演示"计算项在不同聚合范围返回的计算结果;右边的简单表用来使我们能够方便地与左边交叉表对应范围内的聚合值进行比较。

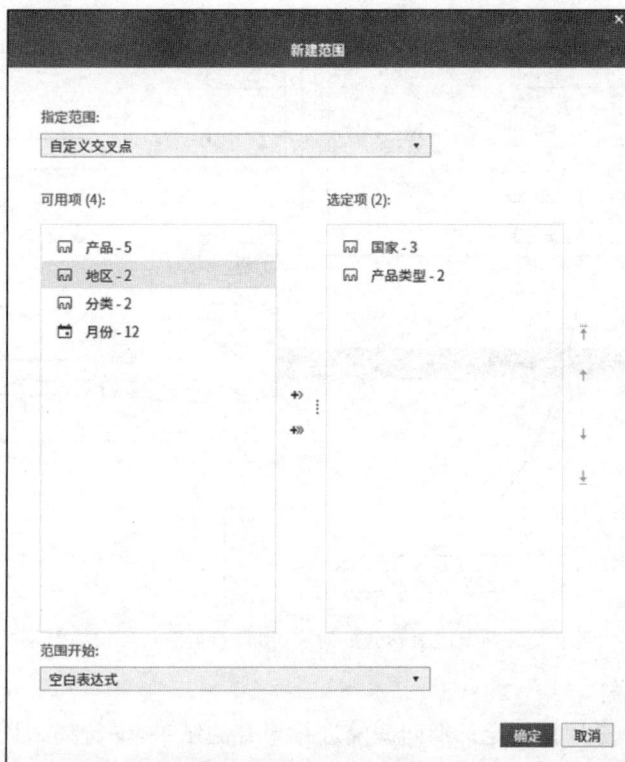

图 16.6 新建范围页面示例

图 16.7 聚合测度项的聚合范围示例

为便于读者更好地理解聚合范围的意义,图 16.8 中分别使用箭头连线,显示 3 个不同范围表达式与交叉表中类别位置及聚合结果的对应关系。

16.1.4 聚合(期间)运算符

图 16.2 所示的 5 个聚合(定期)运算符,可以对指定期间的数据进行聚合运算。

使用聚合(期间)运算符,要求数据表中包含带有年份信息的日期字段。本节各个运算符的示例中,使用的数据表是中国平安股票在 2016—2019 年的部分成交量数据,读者可以访问 https://github.com/sbjciw/VisualAnalytics/blob/master/601318.xlsx 进行下载。

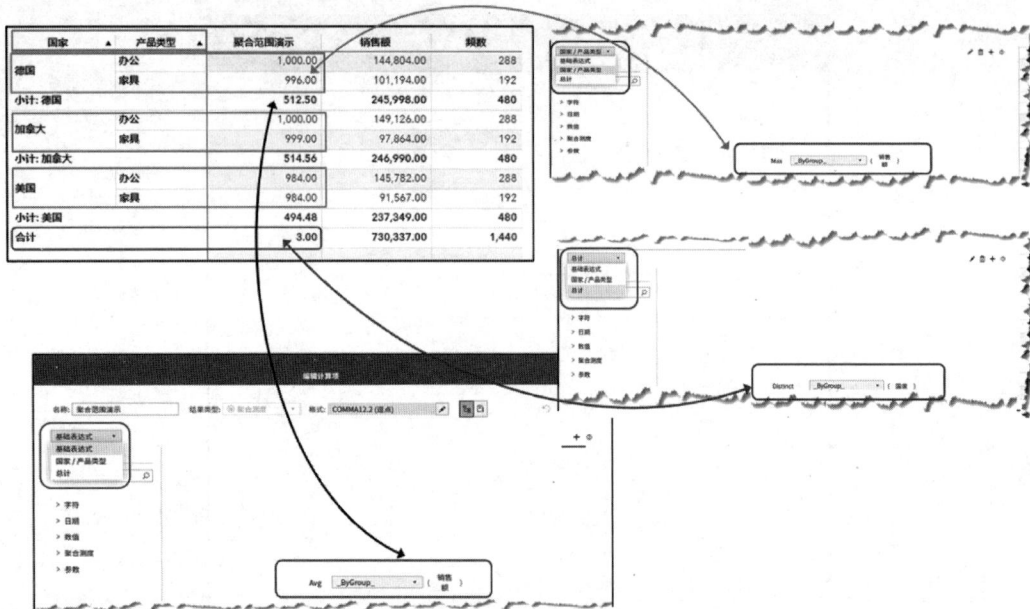

图 16.8　不同类别交叉与范围表达式的对应关系(彩色图片可扫描附录二维码查看)

1. Period 运算符

Period 运算符,返回按指定的期间间隔进行聚合的结果,支持周、月、季度、年等多种期间间隔。该运算符的返回结果,自动设置为"聚合测度"类型。

图 16.9 的示意图,是可视编辑模式下的 Period 运算符。其中:

图 16.9　Period 运算符定义示意图

(1) 1 所标识的选项,用来设置聚合类型。支持的类型有_Average_(均值)、_Count_(计数)、_DistinctCount_(非重复值计数)、_Max_(最大值)、_Min_(最小值)、_Sum_(总和)。默认为 _Sum_。

(2) 2 所标识的选项,用来指定要进行聚合的数据项,可以是测度项、日期时间项或参数项(数值型、日期型、日期时间型)。

(3) 3 所标识的选项,用来设置在进行聚合前,是否启用涉及日期项的过滤器。提供的选项包括:

① _ApplyAllFilters_:启用涉及 Period 运算符所指定日期项的所有过滤器,然后进行聚合。

② _IgnoreAllTimeFrameFilters_:忽略基于 Period 运算符所指定日期项的所有过滤器,直接进行聚合。

③ _IgnoreInteractiveTimeFrameFilters_：忽略基于 Period 运算符所指定日期项的所有交互式过滤器（来自提示和操作），直接进行聚合。

（4）4 所标识的选项，用来指定用于 Period 运算符的日期数据项。只有格式中包含年份的日期项才可用。

（5）5 所标识的选项，用来设置用于 Period 运算符的期间间隔选项。提供的选项包括：_ByDay_、_ByMonth_、_ByQuarter_、_ByWeek_、_ByYear_、_Inferred_。默认为 _Inferred_，表示由系统根据日期数据项的格式自动选定期间间隔。

下面的示例，显示的是中国平安期间成交量相关的两个计算项。这里，"日期"列使用默认的日期格式 YYYYMMDD，"成交量"为每日成交量的总和，所创建的聚合计算项包括"Period-按周"项和"Period-按月"项。

① "Period-按周"项的计算表达式为 Period(_Sum_,'成交量'n,_IgnoreAllTimeFrameFilters_,'日期'n,_ByWeek_)。

② "Period-按月"项的计算表达式为 Period(_Sum_,'成交量'n,_IgnoreAllTimeFrameFilters_,'日期'n,_ByMonth_)。

其中，"Period-按周"项是按周对成交量进行聚合运算（总和）；"Period-按月"项是按月对成交量进行聚合运算（总和）。如图 16.10 所示，矩形框所示分别是 2016 年 8 月的最后 2 周的成交量之和，以及 2016 年 8 月的成交量之和。读者可以比较这两个聚合计算项的结果，进行理解体会（注：所使用的数据集，只包含 2016/08/22 至 2019/02/19 之间的数据）。

日期 ▲	成交量	Period 计算项 - 按周	Period 计算项 - 按月
2016/08/22	32万	185万	258万
2016/08/23	56万	185万	258万
2016/08/24	37万	185万	258万
2016/08/25	39万	185万	258万
2016/08/26	21万	185万	258万
2016/08/29	24万	148万	258万
2016/08/30	30万	148万	258万
2016/08/31	19万	148万	258万
2016/09/01	24万	148万	776万
2016/09/02	51万	148万	776万
2016/09/05	40万	221万	776万
2016/09/06	56万	221万	776万
2016/09/07	47万	221万	776万
2016/09/08	34万	221万	776万

图 16.10 Period 运算符的计算示例

2. PeriodWithDate 运算符

PeriodWithDate 运算符，返回对所指定的日期数据项、按指定的特定日期及期间间隔进行聚合的结果。也就是说，对所指定的日期数据项，按特定日期所在的周、月、季度、年等期间间隔进行聚合。与前面的 Period 运算符相比，PeriodWithDate 运算符多了一个选项，用来指定一个特定的日期。PeriodWithDate 运算符的返回结果，自动设置为"聚合测度"。

图 16.11 的示意图，是可视编辑模式下的 PeriodWithDate 运算符。其中，1、2、3、4、5 所标识的选项，其含义与使用要求，与 Period 运算符的对应选项类似，这里不再重述。6 所标识的选项，用来指定一个特定的日期。在可视编辑模式下，单击该项的按钮就会弹出日期选择浮窗，可以进行特定日期的选择。

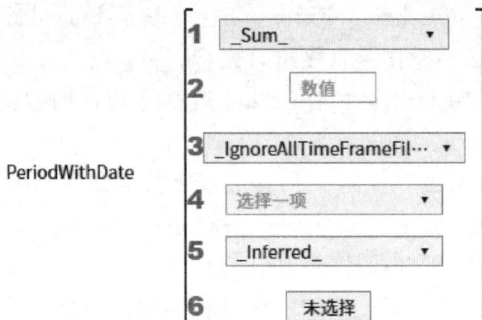

图 16.11　PeriodWithDate 运算符定义示意图

下面的示例,显示的是中国平安期间成交量的一个计算项。这里,"日期"列使用默认的日期格式 YYYYMMDD,"成交量"为每日成交量的总和,所创建的聚合计算项只有"PeriodWithDate-按周"项,其计算表达式为 PeriodWithDate（_ Sum _, ' 成交量 ' n,_IgnoreAllTimeFrameFilters_,'日期'n,_ByWeek_,'24AUG2016'd）。

"PeriodWithDate-按周"项返回的是特定日期（24AUG2016'd）所在周的成交量的聚合值（总和）,即图 16.12 中矩形框所示日期的成交量之和。这里,特定日期的所在周,通常指从周一开始至周日结束的期间。由于我们所使用的数据是股票成交数据,只有周一至周五有交易,因此,设置五天中的任意一天,都将返回相同的聚合值。若本例中指定的日期为25AUG2016'd,则计算项"PeriodWithDate-按周"所返回的聚合值,与指定日期为 24AUG2016'd 所返回的聚合值相同。

日期 ▲	成交量	PeriodWithDate - 按周
2016/08/22	32万	185万
2016/08/23	56万	185万
2016/08/24	37万	185万
2016/08/25	39万	185万
2016/08/26	21万	185万
2016/08/29	24万	185万
2016/08/30	30万	185万
2016/08/31	19万	185万
2016/09/01	24万	185万
2016/09/02	51万	185万
2016/09/05	40万	185万
2016/09/06	56万	185万
2016/09/07	47万	185万
2016/09/08	34万	185万
2016/09/09	44万	185万
2016/09/12	87万	185万
2016/09/13	32万	185万

图 16.12　PeriodWithDate 运算符的计算示例

3. RelativePeriod 运算符

RelativePeriod 运算符,返回相对于特定日期的一段期间、按指定的期间间隔进行聚合的结果。也就是说,按所在的周、月、季度、年等期间间隔,从起始日期开始到所指定的特定日期之间,进行聚合运算。与 Period 运算符相比,RelativePeriod 运算符多了两个选项,用来指定特定日期及相对期间。RelativePeriod 运算符的返回结果,自动设置为"聚合测度"。

图 16.13 的示意图,是可视编辑模式下的 RelativePeriod 运算符。其中,1、2、3、4、5 所

标识的选项,其含义与使用要求,与 Period 运算符的对应选项类似,这里不再重复。下面说明 6、7、8 所标识的选项。

RelativePeriod

图 16.13 RelativePeriod 运算符定义示意图

(1) 6 所标识的选项,用来指定 RelativePeriod 运算符的相对期间(与指定日期的间隔期数)。若设置其值为 0,表示相对期间为 0,即指定日期当天;负值表示指定日期之前的间隔期数;正值表示指定日期之后的间隔期数。例如,假设选项 5 的期间间隔为 _ByWeek_ (按周),则-1 表示上周。

(2) 7 所标识的选项,用来指定 RelativePeriod 运算符的期间范围,支持跨全部期间、截至指定日期或当天等期间范围。提供的选项包括:

① _Full_:指定聚合所有期间的值。

② _ToDate_:聚合范围为截至指定的特定日期。该选项可以与 8 所标识的选项结合使用。例如,若选项 8 设置为 08/08/2018,且选项 5 的期间间隔为 _ByYear_(按年),则聚合运算仅计算截至每年 8 月 8 日的值。

③ _ToToday_:聚合范围为截至当天的日期。例如,选项 5 的期间间隔是按 _ByMonth_ (月)且当天是 6 月 20 日,则仅使用截至每月 20 日以前的值。注意:_ToToday_是一个动态计算的日期,即查看该聚合项时当天的日期。

(3) 8 所标识的选项,用来指定当选项 7 选择 _ToDate_ 作为期间范围时,要使用的特定日期。单击该项的按钮,就可以弹出日期选择浮窗进行选择。

图 16.14 显示的是中国平安的期间成交量相关的两个计算项示例。这里,“日期”列是默认的日期格式 YYYYMMDD,“成交量”为每日成交量的总和,所创建的聚合计算项有 2 个:

① “RelativePeriod-0824”项的计算表达式为 RelativePeriod(_Sum_,'成交量'n, _IgnoreAllTimeFrameFilters_,'日期'n,_ByWeek_,0,_ToDate_,'24AUG2016'd)。

② “RelativePeriod-0831”项的计算表达式为 RelativePeriod(_Sum_,'成交量'n, _IgnoreAllTimeFrameFilters_,'日期'n,_ByWeek_,0,_ToDate_,'31AUG2016'd)。

这两个聚合计算项“RelativePeriod-0824”和“RelativePeriod-0831”,所计算的都是按周(期间)对所设置日期期间的成交量进行聚合(总和),即图 16.14 中矩形框所示日期的成交量之和。这里,按周(期间为 _ByWeek_)是指从周一开始至周日结束的期间;_ToDate_ 及 24AUG2016'd 选项,表示期间聚合是从每周的第 1 天开始、到所指定日期的周天数 (24AUG2016'd 为周三)。RelativePeriod 运算符将对该成交量数据项的所有值都按周进行聚合运算。而第二个聚合计算项"RelativePeriod-0831"所指定的日期 31AUG2016'd 也是周三,因此,我们看到这两个聚合计算项,将返回相同的聚合值,尽管选项 8 所指定的日期并不相同。

日期 ▲	成交量	RelativePeriod - 0824	RelativePeriod - 0831
2016/08/22	32万	125万	125万
2016/08/23	56万	125万	125万
2016/08/24	37万	125万	125万
2016/08/25	39万	125万	125万
2016/08/26	21万	125万	125万
2016/08/29	24万	73万	73万
2016/08/30	30万	73万	73万
2016/08/31	19万	73万	73万
2016/09/01	24万	73万	73万
2016/09/02	51万	73万	73万
2016/09/05	40万	144万	144万
2016/09/06	56万	144万	144万

图 16.14　RelativePeriod 运算符的计算示例

4. ParallelPeriod 运算符

ParallelPeriod 运算符,返回与指定日期所在期间并行的各个期间的聚合值。其中,各个期间是通过嵌套方式指定的:一个外部期间(较大时间颗粒度的期间)和一个内部期间(较小时间颗粒度的期间)。例如,外部期间指定为 _ByYear_(年),内部期间指定为 _ByMonth_(月),ParallelPeriod 运算符将返回不同年份按月对测度项进行聚合的结果。也就是说,按指定日期所在的周、月、季度、年等内部期间进行聚合,返回其并行期间的结果。并行期间的间隔期数,可以由 ParallelPeriod 运算符的一个选项设定。与前面的 RelativePeriod 运算符相比,ParallelPeriod 运算符多了一个选项,用来指定一个外部期间。ParallelPeriod 运算符的返回结果,自动设置为"聚合测度"。

一般地,ParallelPeriod 运算符多用于进行类似"同期值"的计算。如可以按月计算过去年份的同期销量等。

图 16.15 的示意图,是可视编辑模式下的 ParallelPeriod 运算符。其中,1、2、3、4 所标识的选项,其含义与使用要求,与 Period 运算符的对应选项类似,这里不再重复。下面说明 5~9 所标识的选项。

(1) 5 所标识的选项,用来设置用于 ParallelPeriod 运算符的内部期间选项。提供的选项包括:_ByDay_、_ByMonth_、_ByQuarter_、_ByWeek_、_ByYear_、_Inferred_。默认为 _Inferred_,表示由系统根据日期数据项的格式自动选定内部期间。

(2) 6 所标识的选项,用来设置用于 ParallelPeriod 运算符的外部期间选项。提供的选项包括:_ByDay_、_ByMonth_、_ByQuarter_、_ByWeek_、_ByYear_、_Inferred_。默认为 _Inferred_,表示由系统根据日期数据项的格式自动选定外部期间。应该注意:外部期间不能小于内部期间。即如果内部期间为 _ByMonth_,则外部期间只能为 _ByYear_、

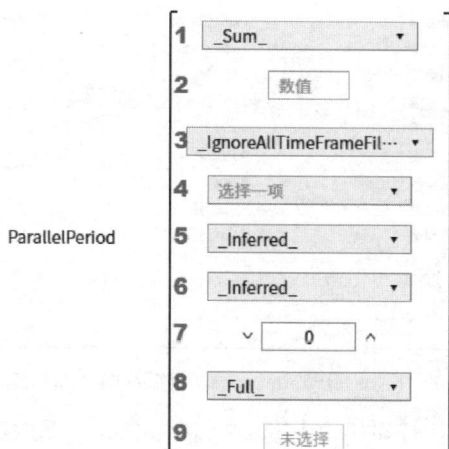

图 16.15 ParallelPeriod 运算符定义示意图

ByQuarter、_ByMonth_、不能为_ByWeek_、_ByDay_。

（3）7 所标识的选项，用来指定 ParallelPeriod 运算符的外部期间间隔期数。如果设置值为 0，表示相对于外部期间的间隔为 0；负值表示相对于外部期间之前的间隔期数。正值表示相对于外部期间之后的间隔期数。例如，若内部期间选项 5 指定为_ByMonth_（按月），外部期间选项 6 指定为_ByYear_（按年），则−1 表示从去年年初开始按月计算其聚合值。

（4）8 所标识的选项，用来指定 ParallelPeriod 运算符内部期间的期间范围，可以是跨全部期间、仅截至指定日期或当天的期间范围。提供的选项包括：

① _Full_：指定聚合所有内部期间的值。

② _ToDate_：内部期间范围为截至指定的特定日期。该选项可以与 9 所标识的选项结合使用。例如，若选项 5 设置为_ByMonth_（按月），选项 6 设置为_ByYear_（按年），而选项 9 设置为 08/08/2018，则仅对截至每年 8 月 8 日的值按月进行聚合。

③ _ToToday_：内部期间范围为截至当天的日期。例如，选项 5 的期间间隔是按_ByMonth_（月）且当天是 6 月 20 日，则仅使用截至每月 20 日以前的值。注意：_ToToday_ 是一个动态计算的日期，即查看该聚合项时当天的日期。

（5）9 所标识的选项，用来指定当 8 选项为_ToDate_作为期间范围时，要使用的特定日期。单击该项的按钮，就可以弹出日期选择浮窗进行选择。

图 16.16 显示的是中国平安的并行期间成交量相关的计算项示例。这里，"日期-按季度"列是将日期项的格式设置为 YYQC5，"成交量"为每日成交量的总和，所创建的聚合计算项是"ParallelPeriod-按季度"项，计算表达式为

ParallelPeriod(_Sum_,'成交量'n,_IgnoreAllTimeFrameFilters_,'日期'n,_ByQuarter_,_Inferred_,−1,_Full_)

该聚合计算项"ParallelPeriod-按季度"是按季度（内部期间）对成交量进行聚合（总和），并返回相对于外部期间（年）间隔的、与该季度并行期间的聚合值。这里所说的并行期间，如 2017 年 3 季度若按年度论，其前一个并行期间是 2016 年 3 季度。图 16.16 中虚线所示期间的成交量聚合项，返回的是相对于去年（−1）同期的、按季度（内部期间为 _ByQuarter_）计算的聚合值。

图 16.16　ParallelPeriod 运算符的计算示例

值得注意的是,本例的计算表达式中没有使用_ToDate_。如果用_ToDate_代替_Full_,还需进一步给出一个特定日期,此时,聚合计算的范围将截至该日期。例如,特定日期设置为'07JUN2022'd,则其二季度的聚合是从本季的第 1 天开始,到所指定日期之间(共计 68 天)的聚合值,而使用_Full_则是按第二季度的所有日期(共计 91 天)进行聚合计算的。

5. CumulativePeriod 运算符

CumulativePeriod 运算符,将根据指定的期间,返回基于测度项的聚合运算结果。与ParallelPeriod 运算符类似,其期间的指定也是通过嵌套方式进行的:一个外部期间(较大时间颗粒度的期间)和一个内部期间(较小时间颗粒度的期间)。例如,若外部期间指定为_ByYear_(年),内部期间指定为_ByMonth_(月),则默认情况下 CumulativePeriod 运算符将返回全年(1~12 月)对测度项逐月累计聚合的结果。该运算符的返回结果,自动设置为“聚合测度”。

CumulativePeriod 运算符也可以指定外部期间的起始点,以计算基于财政年和其他与标准日历偏移的时间间隔的年初至今值。

图 16.17 的示意图,是可视编辑模式下的 CumulativePeriod 运算符。其中,1、2、3、4、

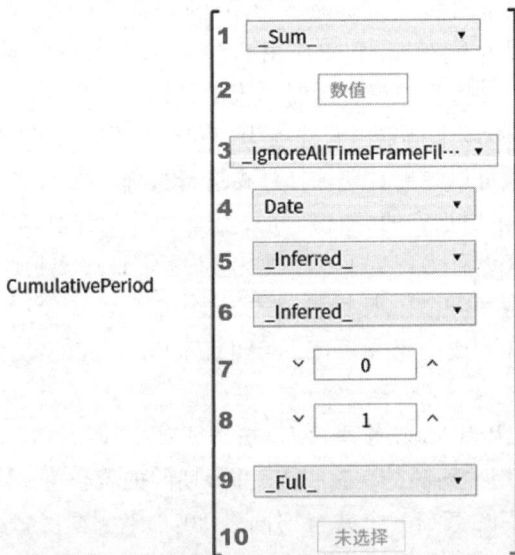

图 16.17　CumulativePeriod 运算符定义示意图

5、6 所标识的选项,其含义与使用要求,与 ParallelPeriod 运算符的对应选项类似,这里不再重复。下面说明 7~10 所标识的选项。

(1) 7 所标识的选项,用来指定 CumulativePeriod 运算符的期间间隔期数(该间隔期数是相对于内部期间的)。如果设置值为 0,表示相对于内部期间的间隔为 0;负值表示相对于内部期间之前的间隔期数。正值表示相对于内部期间之后的间隔期数。例如,若内部期间选项 5 指定为_ByMonth_(按月)、选项 9 设置为_ToToday_,则−1 指定上个月至今的按月计算的聚合值。

(2) 8 所标识的选项,用来指定 CumulativePeriod 运算符中每个新外部期间的起始点。该值必须为正值,且不能超过外部期间跨度的最大间隔期数。就是说,当 6 所标识的外部时间间隔为 _ByMonth_(按月),则该值不能大于 31。如果 6 所标识的外部期间选项是_ByYear_或_Inferred_,则该值必须是在 1~12 之间。如果 6 所标识的外部期间选项是_ByQuarter_(季度),则该值必须是在 1~4 之间。其他外部期间也是类似的。

(3) 9 所标识的选项,用来指定 CumulativePeriod 运算符外部期间的期间范围,是跨全部期间、还是仅截至指定的期间范围内。提供的选项包括:

① _Full_:指定聚合整个外部期间的值。

② _ToDate_:仅聚合截至外部期间特定日期的日期。该选项可以与 10 所标识的选项结合使用。例如,若选择 08/08/2018,且外部时间间隔为按年,则仅对截至每年 8 月 8 日的值进行聚合。

③ _ToToday_:仅聚合截至外部期间中相当于当天的日期。例如,若外部期间是按_ByMonth_(月)且当天是本月的第 20 天,则仅使用截至每月第 20 天以前的值。注意:这将是一个动态计算的日期,即查看该聚合项时当天的日期。

(4) 10 所标识的选项,用来指定当 9 选项选择 _ToDate_ 作为期间范围时,要使用的特定日期。

图 16.18 显示的是中国平安累计期间聚合相关的两个计算项的示例。这里,"日期-按月"列是将日期项的格式设置为 MMYYYY,"成交量"为每日成交量的总和,且聚合范围为全部期间。下面是所创建的 2 个聚合计算项:

① "期间聚合-按月 1"项计算表达式为 CumulativePeriod(_Sum_,'成交量'n,_IgnoreAllTimeFrameFilters_,'日期-按月'n,_Inferred_,_ByYear_,0,1,_Full_)。

② "期间聚合-按月 2"项计算表达式为 CumulativePeriod(_Sum_,'成交量'n,_IgnoreAllTimeFrameFilters_,'日期-按月'n,_Inferred_,_ByYear_,0,2,_Full_)。

两个聚合计算项表达式的唯一不同之处在于:CumulativePeriod 运算符的第 8 个选项所设置的外部期间的起始点:"期间聚合-按月 1"设置为 1,表示聚合从年度首月开始的连续 12 个月累计聚合;"期间聚合-按月 2"设置为 2,表示聚合从年度的第 2 个月开始连续 12 个月进行累计聚合。读者可以从 2017 年 1 月开始,比较两个聚合项的不同计算结果。

16.1.5 聚合(表格)运算符

图 16.2 所示的 3 个聚合(表格)运算符,可以按照类似二维表格的方式对数据执行特定的聚合运算。AggregateCells 运算符可用于聚合详细数据表中的一组特定单元格,AggregateTable 与 Table 运算符用于对已进行聚合的那些单元格再次执行聚合。

日期 - 按月 ▲	成交量	期间聚合 - 按月1	期间聚合 - 按月2
08/2016	258万	258万	258万
09/2016	776万	1,034万	1,034万
10/2016	456万	1,490万	1,490万
11/2016	1024万	2,514万	2,514万
12/2016	979万	3,493万	3,493万
01/2017	591万	591万	4,085万
02/2017	873万	1,465万	873万
03/2017	1173万	2,637万	2,046万
04/2017	1119万	3,756万	3,165万
05/2017	1667万	5,423万	4,832万
06/2017	1818万	7,241万	6,650万
07/2017	1656万	8,897万	8,306万
08/2017	1521万	1.0亿	9,827万
09/2017	1131万	1.2亿	1.1亿
10/2017	1223万	1.3亿	1.2亿
11/2017	2396万	1.5亿	1.5亿
12/2017	2180万	1.7亿	1.7亿
01/2018	2959万	2,959万	2.0亿
02/2018	1761万	4,721万	1,761万
03/2018	1879万	6,600万	3,641万

图 16.18　CumulativePeriod 运算符的计算示例

1. AggregateCells 运算符

AggregateCells 运算符,用来聚合详细数据表中的一组特定单元格的值。该运算符可以用来计算累计合计、移动平均等计算项。

图 16.19 的示意图,是可视编辑模式下的 AggregateCells 运算符。其中:

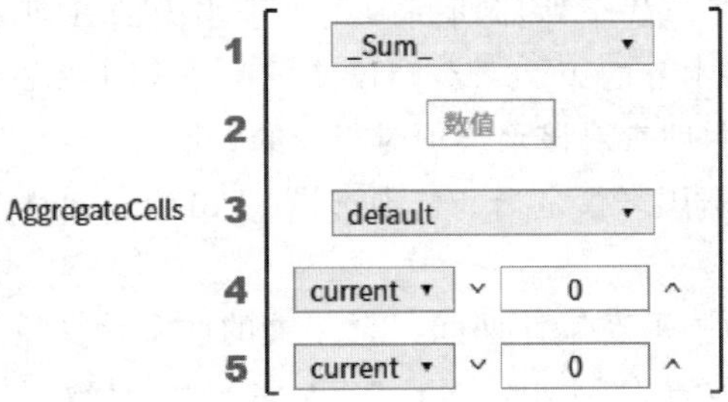

图 16.19　AggregateCells 运算符定义示意图

(1) 1 所标识的选项,用来设置聚合类型。支持的类型有:_Average_(均值)、_Count_(计数)、_Max_(最大值)、_Min_(最小值)、_Sum_(总和)。默认为 _Sum_。

(2) 2 所标识的选项,用来指定要进行聚合的数据项,可以是测度项、聚合测度项、日期时间项或参数项(数值型、日期型、日期时间型)。

(3) 3 所标识的选项,用来设置对哪些方向的单元格值进行聚合。提供的选项包括:

① _default_:该选项表示由系统根据使用的对象,自动选择进行聚合的单元格方向。如果是简单表对象,则聚合按列方向进行。如果是交叉表对象,则交叉表中设置了"测度作为行"选项,聚合就按行方向;设置的是"测度作为列",聚合就按列方向进行。

② _column_:指定对单元格按列方向进行聚合。

③ _row_:指定对单元格按行方向进行聚合。

(4) 4 所标识的选项,用来指定聚合的起始点。起始点后面的数值,用来设置与起始点的间隔。0 表示与起始点无间隔;负值表示其位于起始点之前的间隔数;正值表示其位于起始点之后的间隔数。该间隔值不支持使用参数项。起始点设置如下:

① start：表示起始点为行或列中的第一个值。

② current：表示起始点为行或列中当前单元格的值。

③ end：表示起始点为行或列中的最后一个值。

（5）5 所标识的选项，用来指定聚合的结束点。结束点后面的数值，用来设置与结束点的间隔。0 表示与结束点无间隔；负值表示其位于结束点之前的间隔数；正值表示其位于结束点之后的间隔数。该间隔值不支持使用参数项。结束点选项包括：

① start：表示结束点为行或列中的第一个值。

② current：表示结束点为行或列中当前单元格的值。

③ end：表示结束点为行或列中的最后一个值。

例如，我们使用 SASHELP. PRDSALE 数据集和 AggregateCells 运算符创建一个聚合计算项"累计销售额"，用来在简单表中计算截至当前行的销售额累计值，其计算表达式为 AggregateCells(_Sum_,'销售额'n,default,CellIndex(start,0),CellIndex(current,0))。下一节的快速计算项部分提供了 AggregateCells 运算符的其他示例。

2. AggregateTable 与 Table 运算符

AggregateTable 运算符，用来对一个聚合表格进行再次聚合运算。

图 16.20 的示意图，是可视编辑模式下的 AggregateTable 运算符。

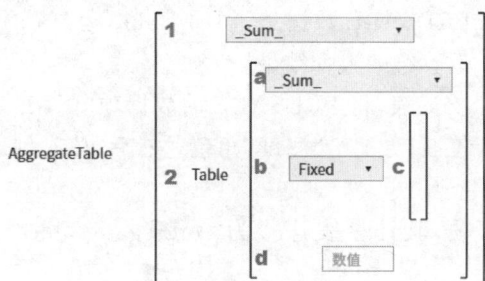

图 16.20 AggregateTable 运算符定义示意图

我们可以把它看作 2 个组成部分：

（1）1 所标识的选项，用来设置聚合类型。AggregateTable 运算符支持的聚合类型，比其他聚合运算符支持的类型更多，包括：_Avg_、_CoeffVar_、_Count_、_CountDistinct_、_CountMissing_、_CSS_、_Kurtosis_、_Max_、_Median_、_Min_、_PValT_、_Q1_、_Q3_、_Skew_、_StdDev_、_StdErr_、_Sum_、_TStat_、_USS_、_Var_。默认为_Sum_。

（2）2 所标识的选项，用来设置内层的 Table 聚合运算符，由 Table 运算符指定一个可供 AggregateTable 运算符进行聚合的表格。

Table 运算符是一个专门用来执行内层聚合的运算符。目前版本中，它必须与 AggregateTable 运算符配合使用或嵌套在另一个 Table 运算符中。Table 运算符的输出结果可视为一张数据表，其中的测度项按所指定的内层聚合方式进行组织。正如图 16.20 所示，Table 运算符由 3 部分组成，其中：

① a 所标识的选项，用来设置内层聚合的类型。与 AggregateTable 运算符类似，Table 运算符支持的聚合类型，比其他聚合运算符支持的类型更多，包括：_Avg_、_CoeffVar_、_Count_、_CountDistinct_、_CountMissing_、_CSS_、_Kurtosis_、_Max_、_Median_、_Min_

PValT、_Q1_、_Q3_、_Skew_、_StdDev_、_StdErr_、_Sum_、_TStat_、_USS_、_Var_。默认为_Sum_。

② b 和 c 所标识的选项,用来指定执行内层聚合的方式。其中,b 用来指定类别分组的交叉点,支持 Fixed、Add、Remove 三种;c 用来设置一组类别项,从而可以更改 b 选项所设置的聚合交叉点。

③ d 所标识的选项,用来设置内层聚合的测度数据项。它可以是一个普通的数值测度项、计算项,或另一个 Table 运算符(用于支持嵌套聚合)的返回结果。

值得一提的是,Table 运算符中 b 和 c 选项所指定的内层聚合方式,根据指定的类别项构建数据交叉点,来获得不同的聚合运算结果。

- Fixed:表示按 c 选项所指定的一组类别项进行聚合,其聚合结果不会随着报表对象中的数据交叉点不同而变化。
- Add:表示将 c 选项所指定的一组类别项,添加为报表对象中的数据交叉点,然后进行聚合运算。
- Remove:表示从报表对象中的数据交叉点中,移除 c 选项所指定的一组类别项,然后进行聚合运算。

3. AggregateTable 与 Table 运算符的示例

本例使用 SASHELP. PRDSALE 数据集,说明 Table 运算符不同的内层聚合方式,将如何影响 AggregateTable 运算符的聚合结果。

首先,我们将创建一个交叉表,将 PRDSALE 的数据项"国家""产品类型""分类",分配给"行"角色;将数据项"销售额"分配给"测度"角色。然后,依次创建以下 5 个聚合测度项,并把它们分配给"测度"角色。

① "AggregateTable"项,其计算表达式为 AggregateTable(_Sum_,Table(_Sum_,Fixed(),'销售额'n))。

② "AggregateTable-固定国家"项,其计算表达式为 AggregateTable(_Sum_,Table(_Sum_,Fixed('国家'n),'销售额'n))。

③ "AggregateTable-固定国家和产品类型"项,其计算表达式为 AggregateTable(_Sum_,Table(_Sum_,Fixed('国家'n,'产品类型'n),'销售额'n))。

④ "AggregateTable-添加国家"项,其计算表达式为 AggregateTable(_Sum_,Table(_Sum_,Add('国家'n),'销售额'n))。

⑤ "AggregateTable-移除国家"项,其计算表达式为 AggregateTable(_Sum_,Table(_Sum_,Remove('国家'n),'销售额'n))。

图 16.21 所示的交叉表,其构建数据交叉点的类别项有"国家""产品类型""分类"数据项。

下面以德国的数据为例,对上面创建的各个聚合测度项之值,进行说明。

1) "AggregateTable"项

其 Table 运算符的 b 选项设置的交叉点类型为 Fixed,但是,c 选项并未指定任何类别项。因此,该聚合计算项的结果并不会随着交叉表中的数据交叉点不同而变化。我们可以看到表中,"AggregateTable"列的值全都是 730 337.00(等于"销售额"列的合计值)。

国家	产品类型	分类	销售额	AggregateTable	AggregateTable -固定国家	AggregateTable -固定国家和产品类型	AggregateTable -添加国家	AggregateTable -移除国家
德国	家具	教育	48,210.00	730,337.00	245,998.00	101,194.00	48,210.00	141,846.00
		消费	52,984.00	730,337.00	245,998.00	101,194.00	52,984.00	148,779.00
	小计: 家具		101,194.00	730,337.00	245,998.00	101,194.00	101,194.00	290,625.00
	办公	消费	70,862.00	730,337.00	245,998.00	144,804.00	70,862.00	213,706.00
		教育	73,942.00	730,337.00	245,998.00	144,804.00	73,942.00	226,006.00
	小计: 办公		144,804.00	730,337.00	245,998.00	144,804.00	144,804.00	439,712.00
小计: 德国			245,998.00	730,337.00	245,998.00	245,998.00	245,998.00	730,337.00
加拿大	家具	教育	48,885.00	730,337.00	246,990.00	97,864.00	48,885.00	141,846.00
		消费	48,979.00	730,337.00	246,990.00	97,864.00	48,979.00	148,779.00
	小计: 家具		97,864.00	730,337.00	246,990.00	97,864.00	97,864.00	290,625.00
	办公	消费	69,005.00	730,337.00	246,990.00	149,126.00	69,005.00	213,706.00
		教育	80,121.00	730,337.00	246,990.00	149,126.00	80,121.00	226,006.00
	小计: 办公		149,126.00	730,337.00	246,990.00	149,126.00	149,126.00	439,712.00
小计: 加拿大			246,990.00	730,337.00	246,990.00	246,990.00	246,990.00	730,337.00
美国	家具	教育	44,751.00	730,337.00	237,349.00	91,567.00	44,751.00	141,846.00
		消费	46,816.00	730,337.00	237,349.00	91,567.00	46,816.00	148,779.00
	小计: 家具		91,567.00	730,337.00	237,349.00	91,567.00	91,567.00	290,625.00
	办公	消费	73,839.00	730,337.00	237,349.00	145,782.00	73,839.00	213,706.00
		教育	71,943.00	730,337.00	237,349.00	145,782.00	71,943.00	226,006.00
	小计: 办公		145,782.00	730,337.00	237,349.00	145,782.00	145,782.00	439,712.00
小计: 美国			237,349.00	730,337.00	237,349.00	237,349.00	237,349.00	730,337.00
合计			730,337.00	730,337.00	730,337.00	730,337.00	730,337.00	730,337.00

图 16.21 AggregateTable 运算符的计算示例

2) "AggregateTable-固定国家"项

其 Table 运算符的 b 选项设置的交叉点类型为 Fixed, 同时, c 选项指定的类别数据项为"国家"。因此, 该聚合计算项的结果将按照指定的类别项"国家"进行聚合, 其结果随着表中数据交叉点的不同国家而变化。我们可以看到图 16.22 所示的交叉表中,
"AggregateTable-固定国家"列的值, 德国为 245 998.00; 加拿大为 246 990.00, 美国为 237 349.00, 分别等于按国家对"销售额"进行聚合的合计值。

国家	产品类型	分类	销售额	AggregateTable	AggregateTable -固定国家
德国	家具	教育	48,210.00	730,337.00	245,998.00
		消费	52,984.00	730,337.00	245,998.00
	小计: 家具		101,194.00	730,337.00	245,998.00
	办公	消费	70,862.00	730,337.00	245,998.00
		教育	73,942.00	730,337.00	245,998.00
	小计: 办公		144,804.00	730,337.00	245,998.00
小计: 德国			245,998.00	730,337.00	245,998.00
加拿大	家具	教育	48,885.00	730,337.00	246,990.00
		消费	48,979.00	730,337.00	246,990.00
	小计: 家具		97,864.00	730,337.00	246,990.00
	办公	消费	69,005.00	730,337.00	246,990.00
		教育	80,121.00	730,337.00	246,990.00
	小计: 办公		149,126.00	730,337.00	246,990.00
小计: 加拿大			246,990.00	730,337.00	246,990.00
美国	家具	教育	44,751.00	730,337.00	237,349.00
		消费	46,816.00	730,337.00	237,349.00
	小计: 家具		91,567.00	730,337.00	237,349.00
	办公	消费	73,839.00	730,337.00	237,349.00
		教育	71,943.00	730,337.00	237,349.00
	小计: 办公		145,782.00	730,337.00	237,349.00
小计: 美国			237,349.00	730,337.00	237,349.00
合计			730,337.00	730,337.00	730,337.00

图 16.22 带一个固定项的 AggregateTable 运算符计算示例

3）"AggregateTable-固定国家和产品类型"项

其 Table 运算符的 b 选项设置的交叉点类型为 Fixed，同时，c 选项指定的类别数据项为"国家"和"产品类型"。因此，该聚合计算项的结果将按照指定的类别项"国家"和"产品类型"进行聚合，其结果随着表中数据交叉点的不同国家和产品类型而变化。我们可以看到图 16.23 所示的交叉表中，"AggregateTable-固定国家和产品类型"列的值，分别等于按"国家"和"产品类型"类别项值、对"销售额"项进行聚合的合计值。例如，德国与家具这一交叉点，其聚合值均为 101 194.00，该值等于"分类"项的两个值（教育和消费）的销售额之和（48 210.00＋82 984.00）。该列的其他聚合结果也是类似的。

国家	产品类型	分类	销售额	AggregateTable	AggregateTable -固定国家	AggregateTable -固定国家和产品类型
德国	家具	教育	48,210.00	730,337.00	245,998.00	101,194.00
		消费	82,984.00	730,337.00	245,998.00	101,194.00
	小计: 家具		101,194.00	730,337.00	245,998.00	101,194.00
	办公	消费	70,862.00	730,337.00	245,998.00	144,804.00
		教育	73,942.00	730,337.00	245,998.00	144,804.00
	小计: 办公		144,804.00	730,337.00	245,998.00	144,804.00
小计: 德国			245,998.00	730,337.00	245,998.00	245,998.00
加拿大	家具	教育	48,885.00	730,337.00	246,990.00	97,864.00
		消费	48,979.00	730,337.00	246,990.00	97,864.00
	小计: 家具		97,864.00	730,337.00	246,990.00	97,864.00
	办公	消费	69,005.00	730,337.00	246,990.00	149,126.00
		教育	80,121.00	730,337.00	246,990.00	149,126.00
	小计: 办公		149,126.00	730,337.00	246,990.00	149,126.00
小计: 加拿大			246,990.00	730,337.00	246,990.00	246,990.00
美国	家具	教育	44,751.00	730,337.00	237,349.00	91,567.00
		消费	46,816.00	730,337.00	237,349.00	91,567.00
	小计: 家具		91,567.00	730,337.00	237,349.00	91,567.00
	办公	消费	73,839.00	730,337.00	237,349.00	145,782.00
		教育	71,943.00	730,337.00	237,349.00	145,782.00
	小计: 办公		145,782.00	730,337.00	237,349.00	145,782.00
小计: 美国			237,349.00	730,337.00	237,349.00	237,349.00
合计			730,337.00	730,337.00	730,337.00	730,337.00

图 16.23　带两个固定项的 AggregateTable 运算符计算示例

4）"AggregateTable-添加国家"项

其 Table 运算符的 b 选项设置的交叉点类型为 Add，同时，c 选项指定的类别项为"国家"，即将指定的类别项"国家"添加到数据交叉点后进行聚合。本例中，由于交叉表中已经包含了类别交叉点"国家""产品类型""分类"，因此，"AggregateTable-添加国家"列的值，将与直接对"销售额"列的聚合值一样，都是按照表中这些不同的数据交叉点而变化。我们可以看到图 16.24 所示的交叉表中，该列与德国、家具和教育交叉点的值为 48 210.00；与德国、家具和消费交叉点的值为 52 984.00，其他类似。如果 b 选项设置的交叉点类型为 Add，而 c 选项指定的类别项没有包含在交叉表的类别交叉点或 c 选项未指定类别数据项，交叉表中的聚合结果不变，除非在交叉表中又加入 c 选项指定的类别项。

5）"AggregateTable-移除国家"项

其 Table 运算符的 b 选项设置的交叉点类型为 Remove，同时，c 选项指定的类别项为"国家"，就是要将指定的类别项"国家"从表的数据交叉点中移除，然后再进行聚合运算。由于交叉表中已经包含了类别交叉点"国家""产品类型""分类",因此,"AggregateTable-移除国家"列的结果,将按照表中"产品类型"与"分类"交叉点的不同数据而变化。我们可以看到图 16.24 的交叉表中,"AggregateTable-移除国家"列与家具和教育交叉点的值为 141 846.00;与家具和消费交叉点的值为 148 779.00。这些交叉点的值,不会随不同国家而变化(德国、加拿大和美国都一样)。为便于理解,图 16.24 以德国家具的不同分类(教育和消费)为例,配以带加号(＋)和等号(＝)的箭头连线,来帮助读者厘清移除国家交叉点的聚合计算思路。例如,德国家具和教育交叉点的"AggregateTable-移除国家"的值,将是各个国家的家具和教育交叉点的"销售额"聚合值的合计值,即 141 846.00＝482 100.00＋48 885.00＋44 751.00。其他两个国家(加拿大和美国)该项的聚合运算结果与德国一样。如果 b 选项设置的交叉点类型为 Remove,而 c 选项指定的类别项没有包含在交叉表的类别交叉点或 c 选项未指定类别数据项,交叉表中的聚合结果不变,除非在交叉表中又加入 c 选项指定的类别项。

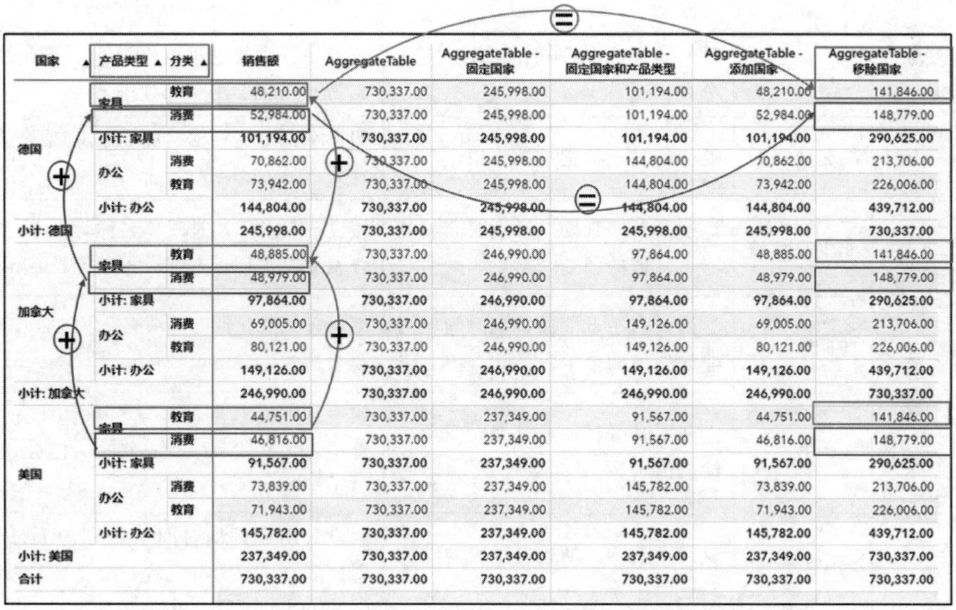

图 16.24　带移除项的 AggregateTable 运算符计算示例

16.2　快速计算项

快速计算项,是指在"数据"窗格中通过菜单项快捷创建出的聚合测度项,其聚合运算的表达式由系统自动生成。

创建快速计算项的方法,是在"数据"窗格中选中一个类别项或测度项,从右键菜单中选择"新建计算…"菜单项,然后在弹出的"创建计算"页面中,指定快速计算项的"名称"(系统将根据所选择的快速计算"类型"进行自动命名,也支持用户指定其名称),选择快速计算的"类型"并设置其他必要的选项,单击"确定"按钮后就可以完成创建操作。

根据快速计算项所基于的是类别项还是测度项,SAS Visual Analytics 提供的快速计算的"类型"有所不同。

(1)基于类别项:按字符型、日期/时间型,提供不同的聚合运算,包括计数、非重复计数、缺失数、最大值、最小值等。

(2)基于测度项:提供的聚合运算,包括累计合计、移动平均、与上一期间的差值、与上一期间的百分比差值、与上一并行期间的差值、与上一并行期间的百分比差值、年度增长、期初至今、年初至今、年初至今增长、数据隐藏、占合计的百分比-总和、占合计的百分比-计数等。

表 16.1 给出的是系统为字符型、日期/时间型类别项所提供的快速计算项及其表达式的说明。

表 16.1 基于字符型与日期/时间型类别项的快速计算项说明

数据项类型	快速计算类型	含 义	聚合表达式
字符型类别项	非重复计数	返回所基于类别的非重复值的个数	假设字符型类别项名称为 x,其聚合表达式为 Distinct[ByGroup]('x'n)
	计数	返回所基于类别的非缺失值的个数	假设字符型类别项名称为 x,其聚合表达式为 Count[ByGroup]('x'n)
	缺失数	返回所基于类别的缺失值个数	假设字符型类别项名称为 x,其聚合表达式为 NumMiss[ByGroup]('x'n)
日期/时间型类别项	非重复计数	返回所基于日期或日期时间项的非重复值的个数	假设日期或日期时间项名称为 Date,其聚合表达式为 Distinct[ByGroup]('Date'n)
	计数	返回所基于日期或日期时间项的非缺失值的个数	假设日期或日期时间项名称为 Date,其聚合表达式为 Count[ByGroup]('Date'n)
	缺失数	返回所基于日期或日期时间项的缺失值个数	假设日期或日期时间项名称为 Date,其聚合表达式为 NumMiss[ByGroup]('Date'n)
	最大值	返回所基于日期或日期时间项的最近值	假设日期或日期时间项名称为 Date,其聚合表达式为 Max[ByGroup](TreatAs(_Number_,'Date'n))
	最小值	返回所基于日期或日期时间项的最早值	假设日期或日期时间项名称为 Date,其聚合表达式为 Min[ByGroup](TreatAs(_Number_,'Date'n))

图 16.25 所示是基于测度项创建快速计算项时的页面,其中"类型"下拉列表显示的是系统所提供的一些计算类型。当数据表中没有含年份的日期数据项时,"类型"下拉列表中与期间有关的快速计算项不可用,此时可用的快速计算项有累计合计、数据隐藏、移动平均、占合计的百分比-总和等 4 种。

考虑到基于类别项的快速计算项,其聚合运算相对简单易懂,本节主要通过示例,说明基于测度项的快速计算项。由于样例数据集 RAND_RETAILDEMO 只包含了两年的数据,为便于说明这类快速计算项,需要使用包含更长时间周期的数据集,我们仍将使用中国平安股票在 2016—2019 年的部分成交量数据表。下面将根据快速计算项所使用的聚合运

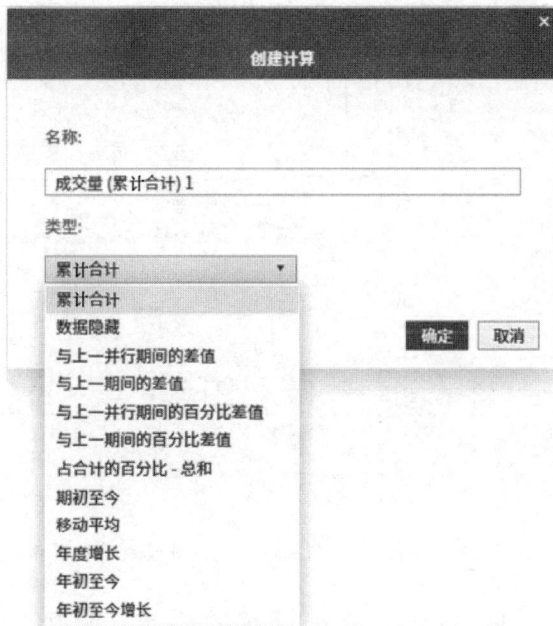

图 16.25 快速计算项的创建页面示例

算符,进行分组介绍。

16.2.1 使用 AggregateCells 运算符的快速计算项

SAS Visual Analytics 提供的"累计合计"和"移动平均"快速计算项,都使用了 AggregateCells 聚合运算符。

1. 累计合计

该快速计算项按所基于测度项的一定顺序,返回从开始行到当前行的累加和。例如,快速计算项"成交量(累计合计)1"的聚合表达式为 AggregateCells(_Sum_,'成交量'n, default,CellIndex(start,0),CellIndex(current,0))。

2. 移动平均

该快速计算项返回所基于测度项的移动平均值。移动平均值,是计算每个当前值与它们之前最多 n−1 行的平均值。因此,移动平均的计算结果依赖于测度项的排列顺序,如日期按升序或降序时的移动平均,计算结果是不同的。移动平均快速计算项的系统默认 n 值为 5,即当前值与它之前最多 4 行的值一起计算平均值。如果当前项为第 1 行,则其移动平均值就是当前行的值;如果当前行为第 2 项,则其移动平均值就是当前行与第 1 行值的和除以 2,其他以此类推。例如,创建快速计算项"成交量(移动平均)1"的聚合表达式为 AggregateCells(_Average_,'成交量'n,default,CellIndex(current,−4),CellIndex(current,0))。

通过图 16.26 给出的表格,读者可以比较"成交量(累计合计)1"与"成交量(移动平均)1"的计算结果。为便于比较,其中的"日期-按月"列已将日期项的格式设置为 MMYYYY,"成交量"列为每月成交量的总和,"成交量(累计合计)1"为按日期排序后截至当前月份的累计成交量总和,"成交量(移动平均)1"为过去 5 个月的移动平均成交量。

日期 - 按月 ▲	成交量	成交量 (累计合计) 1	成交量 (移动平均) 1
2016/08	258万	258万	258万
2016/09	776万	1034万	517万
2016/10	456万	1490万	497万
2016/11	1024万	2514万	629万
2016/12	979万	3493万	699万
2017/01	591万	4085万	765万
2017/02	873万	4958万	785万
2017/03	1173万	6131万	928万
2017/04	1119万	7249万	947万
2017/05	1667万	8917万	1085万
2017/06	1818万	1.1亿	1330万
2017/07	1656万	1.2亿	1487万
2017/08	1521万	1.4亿	1556万
2017/09	1131万	1.5亿	1559万
2017/10	1223万	1.6亿	1470万
2017/11	2396万	1.9亿	1585万
2017/12	2180万	2.1亿	1690万
2018/01	2959万	2.4亿	1978万

Sum

Avg

图 16.26 累计合计与移动平均的快速计算项示例

16.2.2 使用 RelativePeriod 运算符的快速计算项

SAS Visual Analytics 提供的"与上一期间的差值""与上一期间的百分比差值"快速计算项，都使用了 RelativePeriod 聚合运算符。

1. 与上一期间的差值

该快速计算项返回测度项在当前日期 / 时间期间的聚合值、与上一日期 / 时间期间的聚合值之间的差值。例如，当月成交量与上月成交量之间的差值，创建快速计算项"成交量（与上一期间的差值）1"，其表达式由两个 RelativePeriod 运算符的结果相减：第一个 RelativePeriod 运算返回的是成交量在当前日期期间的聚合值，第二个 RelativePeriod 运算返回的是成交量在上一个日期期间的聚合值。下面是这个示例计算项的聚合表达式：

```
RelativePeriod(_Sum_,'成交量'n,_IgnoreAllTimeFrameFilters_,'日期-按月'n,_Inferred_,0,_Full_)-
RelativePeriod(_Sum_,'成交量'n,_IgnoreAllTimeFrameFilters_,'日期-按月'n,_Inferred_,-1,_Full_)
```

2. 与上一期间的百分比差值

该快速计算项返回测度项在当前日期 / 时间期间的聚合值、与上一日期 / 时间期间的聚合值之间差值的百分比。例如，要计算当月成交量与上月成交量之间的差值，占上月成交量的百分比，可以创建快速计算项"成交量（与上一期间的百分比差值）1"，其表达式实际是两个 RelativePeriod 运算符的结果相减，再除以第二个 RelativePeriod 运算符的绝对值，得到的百分比值。其中，第一个 RelativePeriod 运算符返回的是成交量在当前日期期间的聚合值，第二个 RelativePeriod 运算符返回的是成交量在上一个日期期间的聚合值。下面是这个示例计算项的聚合表达式：

```
( RelativePeriod(_Sum_,'成交量'n,_IgnoreAllTimeFrameFilters_,'日期-按月'n,_Inferred_,0,_Full_)-
RelativePeriod(_Sum_,'成交量'n,_IgnoreAllTimeFrameFilters_,'日期-按月'n,_Inferred_,-1,_Full_) ) / Abs
(RelativePeriod(_Sum_,'成交量'n,_IgnoreAllTimeFrameFilters_,'日期-按月'n,_Inferred_,-1,_Full_))
```

通过图 16.27 给出的表格及算式，读者可以进一步体会"成交量（与上一期间的差值）1"与"成交量（与上一期间的百分比差值）1"的计算结果。其中，为便于比较，"日期-按月"

列是将日期项的格式设置为 MMYYYY，"成交量"为按月成交量的总和，"成交量（与上一期间的差值）1"为当前月份的成交量聚合值与上个月的成交量聚合值之间的差值，"成交量（与上一期间的百分比差值）1"为当前月份的成交量聚合值与上个月成交量聚合之间的差值，占上个月成交量聚合值的百分比。

日期 - 按月 ▲	成交量	成交量 （与上一期间的差值）1	成交量 （与上一期间的百分比差值）1
2016/08	258万	.	.
2016/09	776万	518万	201%
2016/10	456万	−320万	−41%
2016/11	1024万	568万	125%
2016/12	979万	45万	−4.4%
2017/01	591万	−388万	−40%
2017/02	873万	282万	48%
2017/03	1173万	299万	34%
2017/04	1119万	−54万	−4.6%
2017/05	1667万	549万	49%
2017/06	1818万	150万	9%
2017/07	1656万	−162万	−8.9%
2017/08	1521万	−135万	−8.2%
2017/09	1131万	−390万	−26%

$$1521 - 1656 = -135 \qquad \frac{1521 - 1656}{1656} = -0.082$$

图 16.27　与上一期间的差值及百分比差值的快速计算项示例

16.2.3　使用 ParallelPeriod 运算符的快速计算项

SAS Visual Analytics 提供的"与上一并行期间的差值""与上一并行期间的百分比差值""年度增长"快速计算项，都使用了 ParallelPeriod 聚合运算符。

1. 与上一并行期间的差值

该快速计算项返回测度项在当前日期／时间期间的聚合值、与上一个并行期间的聚合值之间的差值。这里所说的上一个并行期间，是指在上一个外部期间（较大颗粒度）内与当前期间对应的期间。即当月的上一个并行期间是去年同月，与上一并行期间的差值就是与去年同月的聚合值之差。例如，创建快速计算项"成交量（与上一并行期间的差值）1"，其表达式由两个 ParallelPeriod 运算符的结果相减，其第一个 ParallelPeriod 运算符返回的是成交量在当月的聚合值，第二个 ParallelPeriod 运算符返回的是成交量在去年同月的聚合值。下面是这个示例计算项的聚合表达式：

ParallelPeriod(_Sum_,'成交量'n,_IgnoreAllTimeFrameFilters_,'日期-按月'n,_Inferred_,_Inferred_,0,_Full_)-ParallelPeriod(_Sum_,'成交量'n,_IgnoreAllTimeFrameFilters_,'日期-按月'n,_Inferred_,_Inferred_,−1,_Full_)

2. 与上一并行期间的百分比差值

该快速计算项返回测度项在当前日期／时间期间的聚合值、与上一个并行期间的聚合值之间差值的百分比。例如，快速计算项"成交量（与上一并行期间的百分比差值）1"，计算的是当月成交量与去年同月成交量之间的差值、占去年同月成交量的百分比。其表达式由两个 ParallelPeriod 运算符的结果相减，再除以第二个 ParallelPeriod 运算符的绝对值，得到的百分比值。其中，第一个 ParallelPeriod 运算符返回的是成交量在当月的聚合值，第二个 ParallelPeriod 运算符返回的是成交量在去年同月的聚合值。下面是这个示例计算项的聚合表达式：

（ParallelPeriod（_Sum_, '成交量'n, _IgnoreAllTimeFrameFilters_, '日期-按月'n, _Inferred_, _Inferred_, 0, _Full_)-ParallelPeriod（_Sum_, '成交量'n, _IgnoreAllTimeFrameFilters_, '日期-按月'n, _Inferred_, _Inferred_, －1, _Full_）)/ Abs（ParallelPeriod（_Sum_, '成交量'n, _IgnoreAllTimeFrameFilters_, '日期-按月'n, _Inferred_, _Inferred_, －1, _Full_))

3. 年度增长

该快速计算项返回测度项在年初至当前日期的聚合值、与上一年度年初至同一日期的聚合值之间差值的百分比（注意：计算年度增长的日期项格式必须为年份）。例如，快速计算项"成交量（年度增长）1"，计算的是本年度截至当前日期的成交量聚合值、与上一年度截至当前日期的成交量聚合值之间的差值，占上一年度截至当前日期的成交量聚合值的百分比。下面是这个示例计算项的聚合表达式：

(ParallelPeriod(_Sum_, '成交量'n, _IgnoreAllTimeFrameFilters_, '日期-按月'n, _Inferred_, _ByYear_, 0, _ToToday_)-ParallelPeriod(_Sum_, '成交量'n, _IgnoreAllTimeFrameFilters_, '日期-按月'n, _Inferred_, _ByYear_, －1, _ToToday_）)/ Abs(ParallelPeriod(_Sum_, '成交量'n, _IgnoreAllTimeFrameFilters_, '日期-按月'n, _Inferred_, _ByYear_, －1, _ToToday_))

需要注意的是，"年度增长"快速计算项的表达式也是由两个 ParallelPeriod 运算符的结果相减，再除以第二个 ParallelPeriod 运算符的绝对值，得到的百分比值。但是，其聚合表达式不同于"与上一并行期间的百分比差值"表达式，主要在于：

（1）外部期间："年度增长"快速计算项中，其外部期间固定设为_ByYear_，而"与上一并行期间的百分比差值"则设置为_Inferred_。

（2）聚合范围："年度增长"快速计算项中，数据的聚合范围设为_ToToday_，这是一个根据聚合运算的当前日期而动态变化的范围；而"与上一并行期间的百分比差值"的聚合范围则设置为_Full_，表示其聚合范围是跨全部期间的。举例来说，假设运行聚合运算的日期为 6 月 23 日，则快速计算项"年度增长"的聚合会按年度只计算从 1 月 1 日到 6 月 23 日之间的成交量聚合值；而"与上一并行期间的百分比差值"的聚合，如果也用年度作为外部期间，则会计算从 1 月 1 日到 12 月 31 日之间的成交量累计值。以中国平安的案例数据集来说，"年度增长"快速计算项首先分别计算 2017 年度截至 6 月 23 日的成交量之和为 6863 万，及 2018 年度截至 6 月 23 日的成交量之和为 10361 万，然后得到 2018 年比 2017 年（截至 6 月 23 日）的"年度增长"为（10361－6863)/6863＝51％。而"与上一并行期间的百分比差值"快速计算项，则分别计算 2017 年的全年度成交量之和为 1.735 亿，2018 年的全年度成交量之和为 1.820 亿，然后得到 2018 年"与上一并行期间的百分比差值"结果为(1.82－1.735)/1.735＝4.9％。

结合上述计算，图 16.28 给出的表格及算式，可以帮助我们进一步体会"与上一并行期间的差值""与上一并行期间的百分比差值"及"年度增长"的计算结果。其中，为便于比较结果，表格中各列说明如下：

（1）"日期-按年"列是将日期项的格式设置为 YYYY。

（2）"成交量"为按年成交量的总和。

（3）"成交量（年初至今）1"计算项的值，可以方便读者核对截至该年度 6 月 23 日的成交量之和。

（4）"成交量（与上一并行期间的差值）1"为当前年度的成交量合计值与上年度的成交量之间的差值。

（5）"成交量（与上一并行期间的百分比差值）1"为当前年度的成交量合计值与上年度成交量之间的差值，占上年度成交量的百分比值。

（6）"成交量（年度增长）1"是按照当前日期（截至该年度 6 月 23 日）统计的年度成交量之和，与上年度（截至该年度 6 月 23 日）成交量之间的百分比差值。

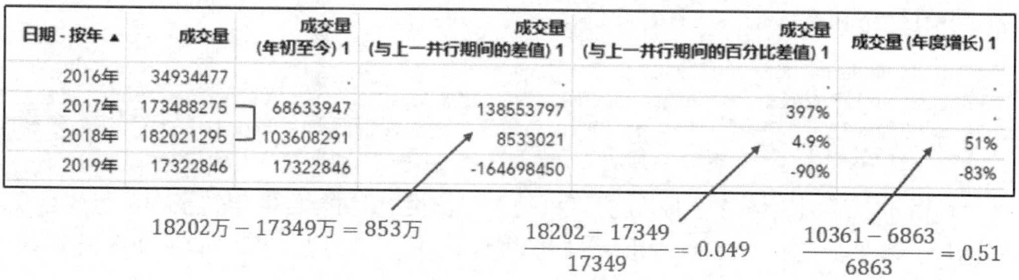

日期 - 按年 ▲	成交量	成交量（年初至今）1	成交量（与上一并行期间的差值）1	成交量（与上一并行期间的百分比差值）1	成交量（年度增长）1
2016年	34934477	.	.	.	.
2017年	173488275	68633947	138553797	397%	.
2018年	182021295	103608291	8533021	4.9%	51%
2019年	17322846	17322846	-164698450	-90%	-83%

$$18202万 - 17349万 = 853万 \qquad \frac{18202 - 17349}{17349} = 0.049 \qquad \frac{10361 - 6863}{6863} = 0.51$$

图 16.28　与上一并行期间的差值、百分比差值及年度增长的快速计算项示例

16.2.4　使用 CumulativePeriod 运算符的快速计算项

SAS Visual Analytics 提供的"期初至今""年初至今""年初至今增长"快速计算项，都使用了 CumulativePeriod 聚合运算符。

1. 期初至今

该快速计算项返回测度项按外部期间（较大颗粒度），计算从开始到当前内部期间（较小颗粒度）的所有期间的聚合值。其表达式由一个 CumulativePeriod 运算符组成。这里，我们以计算截至当月的年度累计成交量为例进行说明，快速计算项"成交量（期初至今）1"，按年度计算其成交量从年初开始截至当月的合计值。下面是这个快速计算项的聚合表达式：

CumulativePeriod (_Sum_ , '成交量 ' n, _IgnoreAllTimeFrameFilters_ , '日期-按月 ' n, _Inferred_ , _Inferred_, 0, 1, _Full_)

"期初至今"快速计算项的结果，不受数据项排序的影响。就是说按日期的升序或降序排列，"期初至今"的计算结果都相同。另外，当"期初至今"的外部期间（较大颗粒度）为年度时，计算结果与"年初至今"的结果相同。

2. 年初至今

该快速计算项返回测度项从年初开始到当天的期间聚合值。"年初至今"使用当天日期，对年度数据取动态子集（每次查看报表的日期作为聚合计算的当天日期）。其表达式由一个 CumulativePeriod 运算符组成。例如，快速计算项"成交量（年初至今）1"，按月度计算截至今日的成交量累计值，可以使用下面这个快速计算项的聚合表达式：

CumulativePeriod (_Sum_ , '成交量 ' n, _IgnoreAllTimeFrameFilters_ , '日期-按月 ' n, _Inferred_ , _ByYear_, 0, 1, _ToToday_)

3. 年初至今增长

该快速计算项返回测度项的"年初至今"聚合值、与上年度同一期间的"年初至今"聚合值之间差值的百分比。其表达式由两个 CumulativePeriod 运算符组成：第一个 CumulativePeriod 运算符返回成交量的年初至今聚合值，第二个 CumulativePeriod 运算符返回上年同期成交量的聚合值；两者的差值，再除以第二个 CumulativePeriod 运算符返回的结果，得到年初至今增长的百分比。注意，"年初至今增长"同样使用当天日期，对年度数据取动态子集并进行聚合运算。例如，快速计算项"成交量（年初至今增长）1"，计算年初至今的成交量聚合值、与上年度同期的年初至今成交量聚合值之间的差值，计算该差值占后者的百分比。下面是这个快速计算项的聚合表达式：

(CumulativePeriod(_Sum_,'成交量'n,_IgnoreAllTimeFrameFilters_,'日期-按月'n,_Inferred_,_ByYear_,0,1,_ToToday_)-CumulativePeriod(_Sum_,'成交量'n,_IgnoreAllTimeFrameFilters_,'日期-按月'n,_Inferred_,_ByYear_,-1,1,_ToToday_)) / Abs(CumulativePeriod(_Sum_,'成交量'n,_IgnoreAllTimeFrameFilters_,'日期-按月'n,_Inferred_,_ByYear_,-1,1,_ToToday_))

通过图 16.29 的表格及说明，读者可以进一步体会"期初至今""年初至今""年初至今增长"的计算结果。其中，为便于比较结果，"日期-按月"列是将日期项的格式设置为 MMYYYY，"成交量"为按月成交量的总和，其他 4 个快速计算项分别说明如下：

4. "成交量（期初至今）1"项

这里返回按年度从年初开始的月成交量聚合值，它是对全年度的数据进行聚合。中国平安成交量数据表中的数据，从 2016 年 8 月 22 日开始，因此，2016 年 8 月的"成交量（期初至今）1"值与其当月成交量合计值相等；而 2016 年 9 月的"成交量（期初至今）1"值等于 8 月及 9 月月成交量合计值相加；截至 2016 年 12 月都类似；而 2017 年 1 月的"成交量（期初至今）1"值，又重新开始与当月成交量合计值相等；2017 年后面每个月都是累加的。其他年份的计算与 2017 年类似。

5. "成交量（年初至今）1"项

这里返回按年度从年初开始的月成交量聚合值，截止日期为当天的日期（本例为 6 月 23 日）。同样地，数据集中的数据从 2016 年 8 月 22 日开始，因此，2016 年 8 月到 12 月的"成交量（年初至今）1"值为空值。而 2017 年 6 月前的"成交量（年初至今）1"值，分别为从 1 月开始截至当月的月成交量聚合值；但对于 2017 年 6 月，其值只累加到截至 6 月 23 日的成交量；并且 2017 年 7 月至 12 月的"成交量（年初至今）1"值，都返回与 2017 年 6 月的成交量相等的聚合值。其他年份的计算与 2017 年类似。

6. "成交量（年初至今增长）1"项

这里返回本年度与上年度的"年初至今"聚合值之差，占上年度的"年初至今"聚合值的百分比值。本例的截止日期为当天的日期（6 月 23 日）。由于中国平安数据集中的数据从 2016 年 8 月 22 日开始，因此，2016 年 8 月到 12 月的"成交量（年初至今）1"值为空值。因与空值的比值运算仍返回空值，故而 2017 年"成交量（年初至今增长）1"计算项的值均为空值。而 2018 年"成交量（年初至今增长）1"项均为非空值，它是基于 2017 年"成交量（年初至今）1"项的非空值计算出来的，且由于截至日期为 6 月 23 日，故而 7 月至 12 月的"成交量（年初至今增长）1"值，都与 2018 年 6 月的"成交量（年初至今增长）1"值相等。

7. "成交量（累计合计）1"项

本项是为便于与"成交量（期初至今）1"计算项的值进行对比所创建。这里，其聚合表达式为 AggregateCells(_Sum_,'成交量'n,default,CellIndex(start,0),CellIndex(current,0))。

日期 - 按月 ▲	成交量	成交量(累计合计)1	成交量(期初至今)1	成交量(年初至今)1	成交量(年初至今增长)1
2016/08	258万	258万	258万	.	
2016/09	776万	1034万	1034万	.	
2016/10	456万	1490万	1490万	.	
2016/11	1024万	2514万	2514万	.	
2016/12	979万	3493万	3493万	.	
2017/01	591万	4085万	591万	591万	
2017/02	873万	4958万	1465万	1465万	
2017/03	1173万	6131万	2637万	2637万	
2017/04	1119万	7249万	3756万	3756万	
2017/05	1667万	8917万	5423万	5423万	
2017/06	1818万	1.1亿	7241万	6863万	
2017/07	1656万	1.2亿	8897万	6863万	
2017/08	1521万	1.4亿	1亿	6863万	
2017/09	1131万	1.5亿	1.2亿	6863万	
2017/10	1223万	1.6亿	1.3亿	6863万	
2017/11	2396万	1.9亿	1.5亿	6863万	
2017/12	2180万	2.1亿	1.7亿	6863万	
2018/01	2959万	2.4亿	2959万	2959万	401%
2018/02	1761万	2.6亿	4721万	4721万	222%
2018/03	1879万	2.7亿	6600万	6600万	150%
2018/04	1455万	2.9亿	8055万	8055万	114%
2018/05	1279万	3.0亿	9335万	9335万	72%
2018/06	1366万	3.2亿	1.1亿	1亿	51%
2018/07	1306万	3.3亿	1.2亿	1亿	51%
2018/08	1189万	3.4亿	1.3亿	1亿	51%
2018/09	1046万	3.5亿	1.4亿	1亿	51%
2018/10	1615万	3.7亿	1.6亿	1亿	51%
2018/11	1122万	3.8亿	1.7亿	1亿	51%
2018/12	1222万	3.9亿	1.8亿	1亿	51%
2019/01	1294万	4.0亿	1294万	1294万	-56%
2019/02	438万	4.1亿	1732万	1732万	-63%

（标注：今天日期为 6月23日）

图 16.29 期初至今、年初至今及年初至今增长的快速计算项示例

16.2.5 其他快速计算项

SAS Visual Analytics 还为测度项提供了其他三个快速计算项："数据隐藏""占合计的百分比-总和""占合计的百分比-计数"。第一个使用了 Suppress 聚合运算符，后面两个实际为系统预定义的聚合测度项。

1. 数据隐藏

如果在"创建计算"页面中，指定快速计算项的"类型"为"数据隐藏"，将创建这样一个聚合计算项：当测度项的计数小于设定值（系统默认为5）时，则掩蔽其聚合值（显示为＊）。例如，创建快速计算项"成交量（数据隐藏）1"，若某个分组的成交量计数值满足所定义的条件（本例计数设定值为10），则对所定义的成交量聚合值做掩蔽处理。这个示例的聚合表达式为

Suppress((Count [_ByGroup_] ('成交量'n) BetweenExclusive(0,10)), Sum [_ByGroup_]('成交量'n), withComplement)

图 16.30 显示的是 2016 年的月度成交量数据。为便于读者理解，这里列出了"成交量"项的值，右边的表格给出了中国平安成交量数据集中 8 月份的日成交量值。由于数据集中 2016 年 8 月份成交量只有 8 天的数据（图 16.30(b)所示），则按月做分组时 8 月的成交量由这 8 天的数据聚合而成，其计数值为 8，满足快速计算项"成交量（数据隐藏）1"的聚合表达式所定义的数据掩蔽条件。因此，图 16.30(a)掩蔽了该行的"成交量（数据隐藏）1"聚合

值。而 2016 年 9 月份有 20 个交易日的数据，所以对 9 月份的聚合值不做掩蔽。同时，由于表达式中指定了 withComplement 选项，因此，系统将 2016 年 10 月的合计聚合值也做了掩蔽处理，这样可以确保即使在显示合计值的情况下，也无法直接推算出被掩蔽的 2016 年 8 月的成交量。

日期 - 按月 ▲	成交量	成交量 (数据隐藏) 1
2016/08	258万	*
2016/09	776万	776万
2016/10	456万	*
2016/11	1024万	1024万
2016/12	979万	979万
总和:	3493万	合计: 3493万

日期 ▲	成交量
2016/08/22	32万
2016/08/23	56万
2016/08/24	37万
2016/08/25	39万
2016/08/26	21万
2016/08/29	24万
2016/08/30	30万
2016/08/31	19万
2016/09/01	24万
2016/09/02	51万

(a) 月成交量数据隐藏示例　　　　　　　　　　(b) 部分日成交量数据

图 16.30　数据隐藏的快速计算项示例

需要特别注意的是，在使用"数据隐藏"聚合计算项时，应避免通过报表中其他项的数据推测出被掩蔽数据项值的情况。如图 16.31 所示，尽管已通过 withComplement 选项掩蔽了 2016 年 10 月成交量数据，以避免 2016 年 8 月的成交量被直接推算出来。但是，如果表格中列出了"成交量（占合计的百分比-总和）1"项，就可以推算出被掩蔽的 2016 年 8 月的成交量。因此，在数据报表中要避免设计出类似图 16.31 的表格。

日期 - 按月 ▲	成交量 (数据隐藏) 1	成交量 (占合计的百分比 - 总和) 1
2016/08	*	7.4%
2016/09	776万	22%
2016/10	*	13%
2016/11	1024万	29%
2016/12	979万	28%
合计:	3493万	合计: 100%

图 16.31　其他数据项推测数据隐藏项的示例

2. 占合计的百分比-总和

只有当测度项默认的聚合类型为"总和"时，才能基于该测度项创建"占合计的百分比-总和"的快速计算项。它返回的是该测度项在当前分组的合计值、占该测度项所有分组合计值的百分比值。"占合计的百分比-总和"可以被看作一个系统定义的聚合测度项，与系统定义的聚合测度项"频数的百分比"类似，两者前面的图标都是 ◈ ，这点有别于之前介绍的其他快速计算项前面的 ◈ 图标。

3. 占合计的百分比-计数

如果一个测度项默认的聚合类型不是"总和"时，在"创建计算"页面中，可以基于该测度项创建"类型"为"占合计的百分比-计数"的快速计算项。它返回的是该测度项在当前分组的计数值、占该测度项所有分组计数值的百分比值。同样,"占合计的百分比-计数"可以被看作一个系统定义的聚合测度项,与系统定义的聚合测度项"频数的百分比"类似,两者前面的图标都是 ◈ ,这点有别于之前介绍的其他快速计算项前面的 ◈ 图标。

为便于理解"占合计的百分比-总和"及"占合计的百分比-计数",我们用图 16.32 的表格及算式进一步说明。表格中使用的是中国平安 2016 年的月度成交量数据。其中的 3 个计算项分别说明如下:

4. "成交量-计数"项

这是"成交量"的复制项,并将其聚合类型改为"计数"。由于数据表中 2016 年 8 月的成交量只有 8 天的数据,因此,8 月的"成交量-计数"项值为 8。其他各月份对应的值,均为当月的交易天数。

5. "成交量(占合计的百分比-总和)1"项

这是月度成交量总和、占表格中成交量总和的百分比值。例如,2016 年 12 月的成交量总和为 979 万,表格中总成交量为 3493 万,因此,如图 16.32 所示,12 月份"成交量(占合计的百分比-总和)1"项的值,为两者相除后的百分比值 28%。

6. "成交量(占合计的百分比-计数)1"项

这是月度成交量的计数(即交易天数)占表格中总交易天数的百分比。例如,2016 年 12 月有 22 个交易日的数据,表格中总的交易天数为 88 天,因此,如图 16.32 所示,12 月份"成交量(占合计的百分比-计数)1"项的值,为两者相除后的百分比值 25%。

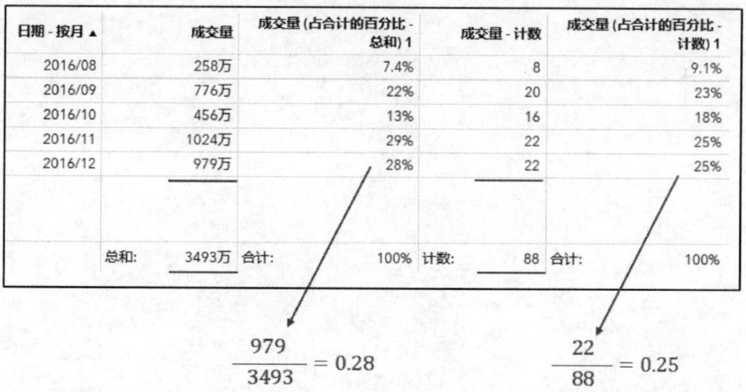

日期 - 按月 ▲	成交量	成交量(占合计的百分比-总和)1	成交量 - 计数	成交量(占合计的百分比-计数)1
2016/08	258万	7.4%	8	9.1%
2016/09	776万	22%	20	23%
2016/10	456万	13%	16	18%
2016/11	1024万	29%	22	25%
2016/12	979万	28%	22	25%
总和:	3493万	合计: 100%	计数: 88	合计: 100%

$$\frac{979}{3493} = 0.28 \qquad \frac{22}{88} = 0.25$$

图 16.32　占合计的百分比总和与占合计的百分比计数的快速计算项示例

16.3　习题

(1) Suppress 运算符有什么用途?使用时需要注意什么?

(2) SAS Visual Analytics 中有关期间的聚合运算符有哪些?

(3) 如何使用 AggregateTable 与 Table 运算符?

(4) SAS Visual Analytics 提供了哪些快速计算项?

16.4 本章小结

本章主要探讨的是 SAS Visual Analytics 中的聚合运算符的使用方法,以及系统提供的快速计算项功能,并结合一些示例进行说明,来帮助读者理解相对复杂的期间聚合运算符与表格聚合运算符等。在数据分析及创建报表的实践中,用户自定义数据项非常有用,尤其是计算项,非常灵活但同时相对比较复杂。因此,SAS Visual Analytics 提供的快速计算项创建功能,辅助用户便捷地创建一些常用的复杂计算项。

掌握用户自定义的计算项有一定难度,需要多练习多体会。更多有关计算项及运算符的详细说明,读者可以参考附录的相关内容。

第 17 章

预测与自动预测对象

电子资源

当我们通过描述性分析与诊断性分析，了解了事件的历史及现状、事件发生的原因或可能导致其发生的因素，就希望可以去预测未来事件发生的可能性、可能的量值及可能的时间点。

SAS Visual Analytics 提供的预测对象及自动预测对象，可以帮助我们执行一些预测性分析。如果有软件许可，可以使用 SAS Visual Statistics、SAS Visual Data Mining and Machine Learning 产品所提供的模型进行预测性分析。这些模型使用统计分析、数据挖掘技术和机器学习算法，根据历史数据对未来结果进行预测和分析，包括线性、非线性回归、决策树、随机森林、神经网络、支持向量机、梯度提升、因子分解机、Bayesian 网络等模型。有关这些建模技术的内容，不在本书的讨论范围，有兴趣的读者可以查阅相关资料。

本章主要介绍的是 SAS Visual Analytics 所提供的预测对象和自动预测对象。受篇幅所限，有关预测对象的数据转换方法、预测对象和自动预测对象的创建、数据角色分配、选项设置，以及其所支持的动态交互操作和预测分析功能等详细内容，可以扫描本章二维码进行查看。

17.1 预测对象

SAS Visual Analytics 的预测对象，可以根据数据源的测度项在时间维度上的变化趋势，来预测该测度项在未来某个时间段的数据值。也可以通过预测对象提供的动态交互操作，进行假设分析，例如，预测当未来要达到某个目标预测值时，底层因子必须达到的数值。

要创建及使用预测对象，必须确保数据源包含时间序列数据项。通俗地说，就是源表中的数据行必须包含代表某个时间段（如日期、时间或日期时间）的数据值。当然，多个数据行可以包含同一时间段的数据，在这种情况下，系统将自动按日期对用于预测的测度项进行聚合，然后再执行预测。在 SAS Visual Analytics 中，预测对象使用标准时间间隔（如一小时 60 分钟，一天 24 小时等）对数据值中存在的周期模式进行认定。如果数据中的时间间隔采用的是非标准时间间隔（例如，每天 48 个 30 分钟周期），则预测中不会使用周期模式。

图 17.1 是一个预测对象的示例，这里依然使用在第 9 章的数据表 Data1，日期项为 Date_CONVERTED，预测项为 Profits，底层因子项为 Sales。

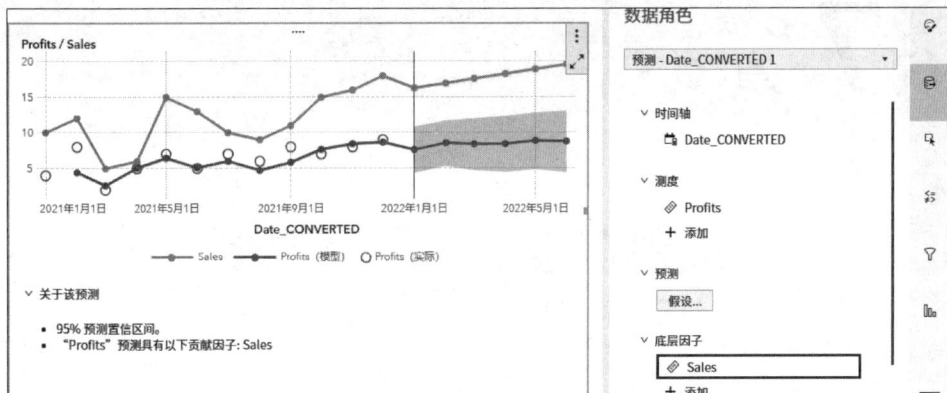

图 17.1　预测对象示例

17.1.1　数据表的结构要求

使用预测对象,需要数据表的结构满足一定要求:必须确保数据表中包含时间序列项,且必须至少包含一个可用于预测的测度项。如果数据集中包含多个测度项,并且这些测度项可能有助于预测时,可以将它们作为可能的底层因子添加到预测对象中。最终可以用来进行预测的数据表,其结构类似表 17.1 示意的窄表结构,包含一个日期项 Date、一个要预测的测度项 Forecast,以及若干底层因子的测度项 Underlying Factor 1,2,…,n。

表 17.1　预测对象的数据表结构示例

Date	Forecast	Underlying Factor 1	Underlying Factor…	Underlying Factor n
Jan2021	10	4	…	24
Feb2021	12	8	…	38
Mar2021	5	2	…	19
Apr2021	6	5	…	18
May2021	15	7	…	21
…	…	…	…	…
Dec2021	18	9	…	39

大多数情况下,数据表的结构可能并不适合直接用于预测对象。此时,需要使用 SAS Visual Analytics 或 SAS Data Studio,进行数据转换后才能用于预测对象。例如,我们可能有一个某段时间销售和利润的数据表,但是它是将日期值存为列、测度值存为行,如图 17.2 所示。在这种情况下,我们需要对数据表进行转置,以便每行显示单个时间段的数据,每列显示不同的测度值,然后才可以使用预测对象进行分析。这种数据转换,就是通常所说的,将宽表变为窄表。具体转换的方法与示例,可以扫描本章二维码查看。

17.1.2　假设分析

预测对象提供假设分析(What-If analysis)功能,可以执行两种高级预测任务:单变量求解及情景分析,它们可以在同一预测对象中一起使用。受篇幅所限,这里仅做简要说明,具体的交互分析方法示例,可以扫描本章二维码进行阅读。

(1) **单变量求解**:这一预测任务,有时也称为目标求解,可以通过交互方式,为测度项

Date	Jan2021	Feb2021	Mar2021	Apr2021	May2021	Jun2021	Jul2021	Aug2021	Sep2021	Oct2021	Nov2021	Dec2021
Sales	10	12	5	6	15	13	10	9	11	15	16	18
Profits	4	8	2	5	7	5	7	6	8	7	8	9

Date	Sales	Profits
Jan2021	10	4
Feb2021	12	8
Mar2021	5	2
Apr2021	6	5
May2021	15	7
Jun2021	13	5
Jul2021	10	7
Aug2021	9	6
Sep2021	11	8
Oct2021	15	7
Nov2021	16	8
Dec2021	18	9

图 17.2　预测对象的数据表结构转置示例

指定预测目标值,然后,由预测算法从要实现的目标值出发,反向确定所需的"底层因子"应该达到的值。简单说,就是从未来要达到的目标值出发,来分析"底层因子"未来应该具有的数值。例如,要预测公司未来的利润,所选的底层因子是物料开销,则可以通过单变量求解,来确定一年后为实现 100 万元利润这一目标,相应的物料开销应该达到的数值。注意,只有当"测度"角色只分配一个测度项时,单变量求解才可用。

(2) **情景分析**:这一预测任务,可以通过交互方式,指定一个或多个对预测有贡献的"底层因子"的未来值,来预测未来可能达到的目标值。简单说,就是改变"底层因子"的未来值,来分析对预测目标值的影响。例如,要预测的是公司未来的利润,所选的底层因子是物料开销,则可以通过情景分析,帮助我们了解如果一年后的物料开销增加到了 30 万元,相应的利润会如何变化。

17.2　自动预测对象

SAS Visual Analytics 的自动预测对象,可以在指定的响应变量上自动运行多个分析模型、并比较和选择冠军模型后进行预测。通常自动预测对象在添加"响应变量"和"底层因子"后,系统会自动运行相关模型,然后显示冠军模型的预测结果及所使用的底层因子值。因此,自动预测对象是一个非常易用的分析对象。根据响应变量的类型,系统自动运行的模型如下。

(1) 如果要预测的响应变量是类别项,SAS Visual Analytics 自动预测对象的候选模型包括 logistic 回归(仅二值型响应)、梯度提升、决策树,并根据最高准确度(误分类率)选择冠军模型。

(2) 如果要预测的响应变量是测度项,则自动预测对象的候选模型包括线性回归、梯度提升、决策树,根据最低平均平方误差(ASE)选择冠军模型。

自动预测对象显示为一个组合对象,通常由三部分组成:因子视图、预测值视图及说明视图,如图 17.3 所示。左侧的因子视图提供底层因子输入表单,显示冠军模型用到的所有底层因子,这些底层因子的显示依据其相对重要性值按从高到低排序;右侧的预测值视图和说明视图提供了预测结果及相应的简单文字描述。

图 17.3　自动预测对象的三个视图

　　因子视图中显示底层因子数据项的方式,将根据该底层因子数据项的类型而有所不同。一般地,当底层因子为测度项时,使用文本框或下拉列表显示测度值,默认显示该测度项的中位数值;当底层因子为类别项时,使用下拉列表显示类别值,默认显示该类别项频数最大的类别值。进行交互式预测时,报表设计者/阅读者可以根据需要,在左侧的因子视图中,调整"底层因子"测度项值或类别项值,然后系统会自动重新运行分析模型,并在右侧区域显示新的预测结果。

17.3　习题

　　(1) 要使用 SAS Visual Analytics 的预测对象进行预测,对数据表的结构有什么要求?

　　(2) 如何使用预测对象,进行单变量求解及情景分析?

　　(3) 为自动预测对象分配数据角色时,"响应"角色、"底层因子"角色对数据项有什么限制?

17.4　本章小结

　　本章主要介绍了 SAS Visual Analytics 中常用于预测性分析的两个对象:预测与自动预测对象。其中,使用预测对象可以按日期或时间进行预测,只有满足结构要求的数据表才可以应用于预测对象;SAS Visual Analytics 独有的自动预测对象则没有这个限制,使用更方便,适用范围也更广。受到篇幅限制,两个预测对象的具体创建方法、数据角色分配、选项设置、交互操作方法、预测方法及结果解读等内容,可以扫描本章二维码进行阅读。

　　如果需要更多的预测分析功能,可以使用 SAS Visual Statistics、SAS Visual Data Mining and Machine Learning 软件许可,它们提供了使用线性与非线性回归、决策树、随机森林、神经网络、支持向量机、梯度提升、因子分解机、Bayesian 网络等多种分析模型的预测功能。

第 **18** 章

路径分析与网络分析对象

电子资源

我们已经学习了 SAS Visual Analytics 在描述性分析、诊断性分析及预测性分析等方面提供的支持,接下来我们开始讨论一些能够通过分析提供下一步备选方案或行动方案的分析对象。本章主要介绍路径分析对象与网络分析对象,并通过示例说明它们如何为我们提供下一步行动方案。

受篇幅所限,有关路径分析对象与网络分析对象的创建、数据角色分配、选项设置,及其所支持的动态交互操作等详细内容,请扫描本章二维码查看。

18.1 路径分析对象

路径是从一个事件到另一个事件的数据流,路径的宽度由表示事件流转的频率或其他权重项决定。一条路径由一系列节点按一定的演变顺序排列,其中每个节点可能包含多个与特定事务相关联的事件。这样的路径能够十分直观地显示某个特定事务如何从一个事件过渡到另一个事件,我们就可以研究和分析通向某个目标事件的路径演变规律。

SAS Visual Analytics 提供的路径分析对象,使用了一种定制的桑基图来绘制路径。这种定制的桑基图只支持单向流动,也就是说在任一路径中,事件流只能沿一个方向向前移动或在当前节点停止,不能向反方向移动(回流)。因此,某个特定事件可能会重复出现在多个节点中;同时,某个事件在一个节点上仅显示一次,这样,来自多条路径的某个特定事件,可能会在同一节点中被合并显示。

SAS Visual Analytics 的路径分析对象,需要使用特定结构的数据表,并要求表中的数据满足一定的要求。另外,路径分析对象还支持交互式路径分析操作,以帮助挖掘对下一步行动具有指导意义的信息。这些交互操作包括:

(1)路径过滤器:可以根据每个路径中的节点或事件,对路径进行选择或排除;可以为选定节点创建一个路径过滤器。路径可以是以选定事件开始的路径、以选定事件结束的路径、包含选定事件序列的路径、包含任意选定节点的路径(OR)、包含全部选定节点的路径(AND)等。

(2)创建新对象:为选定的那些节点创建一个新的报表对象。系统所创建报表对象的类型,取决于分配给路径分析对象"序列顺序"角色的数据项类型,可以是条形图或简单表。

18.1.1　数据表的结构要求

要在 SAS Visual Analytics 中创建及使用路径分析对象,要求数据表满足一定的结构要求。

首先,该数据表应该是一个包含事务数据的数据集,而不是经过数据统计或聚合的非事务型数据集。

其次,数据表的结构要求包含以下数据列:

(1) 必须至少有一个记录"事务标识符"的列。在路径分析对象中,事务是由一系列与特定"事务标识符"相关联或标识的"事件"组成。"事务标识符"实质上是一个能标识或区分这类事务的值,该值可能代表一个学生、一个客户,或在网站购买某个商品的活动等。"事务标识符"列可以是类别项(含日期时间项)或测度项。

(2) 必须至少有一个记录"事件"的列。"事件"表示已执行的某种状态或动作。在某个特定的序列位置上的多个"事件",其实就是路径分析图中的节点。这些"事件"可能是学生要学习的不同课程、与客户的各种互动、网站的不同页面等。因此,"事件"列一般为类别项,如果要使用测度项作为"事件"列,则需要在使用前将其转换为类别项。

(3) 必须至少有一个记录"序列顺序"的列。所谓的"序列顺序",就是按某个特定的"事务标识符"对"事件"所做的排序。"序列顺序"列可以是一个日期时间项,也可以是一个测度项,如序数、单调递增的整数计数器等。使用"序列顺序"列,便于根据给定的"事务标识符"对"事件"按顺序排列,从而可以确定给定路径中"事件"的先后顺序。

(4) "权重"列,用来确定路径的链接宽度。它应该是一个测度项,且其值必须是正数。当路径的权重值小于或等于零时,将不会显示在路径分析对象中。如果没有指定"权重"列,SAS Visual Analytics 默认会使用数据表的频数项。

最后,除了对数据表结构的要求,创建路径分析对象还需要数据表中的数据,满足以下要求:

(1) 数据源表中的每一行数据,都必须包含"事务标识符—事件—序列顺序"项值的组合,并且其组合值在表中应该具有唯一性。

(2) 每个"事务标识符",应该至少出现在 2 行数据中,这样可以确保至少形成一条路径。

(3) 如果要使用一个测度项来确定路径的宽度,此测度项的所有值必须为正数。如果该测度项的值小于或等于 0,则在路径分析图中不显示。

(4) 如果某个数据行中的"事件""事务标识符""序列顺序"有缺失值,则在做路径分析时系统会自动排除这些数据行。

表 18.1 给出了可用于创建路径分析对象的一个数据源表样例。这是一个虚拟网站所有页面的访问活动的数据集,其中应该至少包含了所有访问的事务型数据,包括访客 id、访问序列编号及所访问的页面等数据项。其中,数据表的"访客 id"列可以分配给路径分析对象的"事务标识符"列,"访问页面"列可以分配给"事件"列,"序列编号"列可以分配给"序列顺序"列,"购买额"列可以分配给"权重"列。

表 18.1　路径分析对象的数据源表样例

访问页面	序列编号	时　　长	购买额	访客 id
搜索结果	1	0.202321	0	15000
购物车	2	0.41259	0	15000

续表

访问页面	序列编号	时　长	购　买　额	访客 id
支付卡	3	0.022395	0	15000
发票	4	0.72551	9.652293	15000
购物车	2	0.135388	0	14999
支付卡	4	0.034776	0	14999
发票	5	0.161124	5.662783	14999
搜索结果	1	0.571668	0	14998
搜索结果	2	0.593622	0	14998
搜索结果	2	0.50962	0	14997
搜索结果	3	0.396898	0	14996
购物车	4	0.74677	0	14996
...	...	...	...	...

18.1.2 路径分析对象的示例

下面通过一个例子，来说明如何使用路径分析对象提供的交互式分析操作，为业务工作提供"下一步该怎么做"的参考方案。

本例所用的数据表是一个虚拟购物网站的访问日志，数据项包括访问页面、访客 id、序列编号等。当数据表加载到 CAS 后，需要将"访客 id"数据列转换为类别项，方法是：在左侧"数据"窗格中，找到"访客 id"，单击名称右边的图标，在展开区域中单击"分类"下拉列表并选择"类别"即可。

将数据表中的访问页面、访客 id、序列编号等数据项，分别分配给路径分析对象的"事件""事务标识符""序列顺序"角色，将频数项分配给"权重"角色。此时，SAS Visual Analytics 将显示出该数据表的路径分析图，如图 18.1 所示。这里，为清晰起见，我们过滤掉了图中的一些路径（在"选项"窗格中，将"最小频数"设置为 2，不显示频数小于 2 的路径）。

从图 18.1 所示的路径分析图，我们看到有一些中断链接。下面以"购物车"节点的中断链接为例，来说明如何通过路径分析，来指导下一步"应该怎么做"。这里以第 1 组路径中第 2 步的"购物车"节点为例进行说明，第 2 组路径中第 1 步的"购物车"节点的中断链接，可以执行类似操作。

（1）首先，查看"购物车"节点的中断链接。单击工具栏的 ⊕ 图标放大路径分析图，进一步查看"购物车"节点前后的路径宽度，进入该节点的路径宽度为 8，在"购物车"节点有 5 个链接中断，有 3 个进入"支付卡"节点的链接。类似地，可以看到第 2 组路径中第 1 步的"购物车"节点有 6 个链接中断，有 25 个进入"支付卡"节点的链接。

（2）过滤出未同时包含"购物车"和"支付卡"节点的所有路径。从工具栏菜单或右键菜单中，选择"添加路径过滤器"。如图 18.2 所示，在弹出页面的"运算符"下拉列表中，选择"包含序列"项，在"类型"下拉列表中，选择"排除"项。

（3）然后单击"事件"下面的按钮，在"选择数据值"窗口中，从"可用项"下的列表中，选择"购物车"和"支付卡"节点，单击 ➜ 图标，添加到"选定项"列表下，然后单击"确定"按钮。

（4）此时，返回到"添加路径过滤器"窗口，再单击"确定"按钮，路径分析图自动进行刷

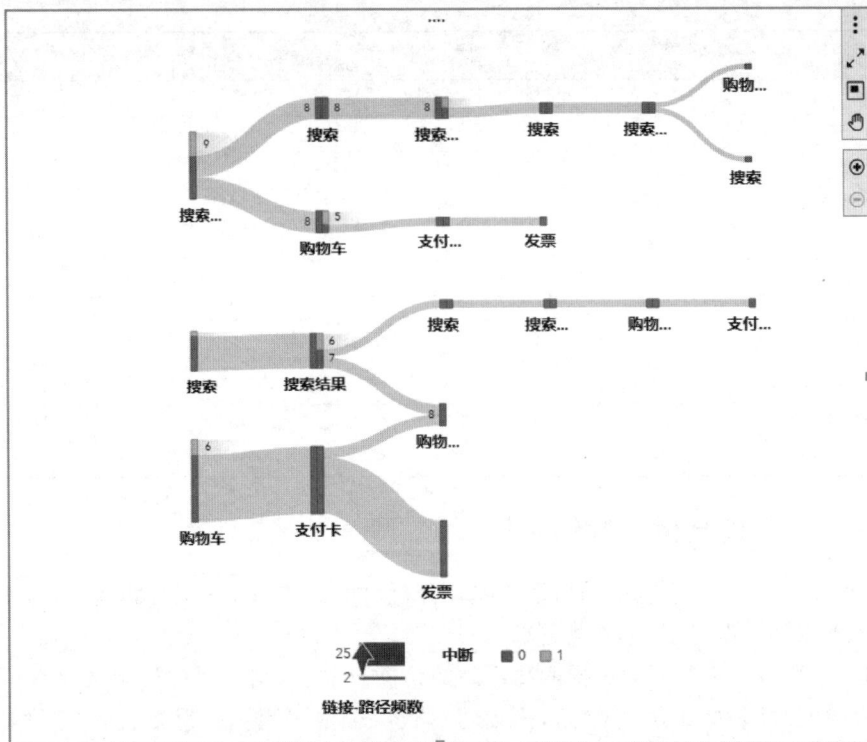

图 18.1　路径分析图示例

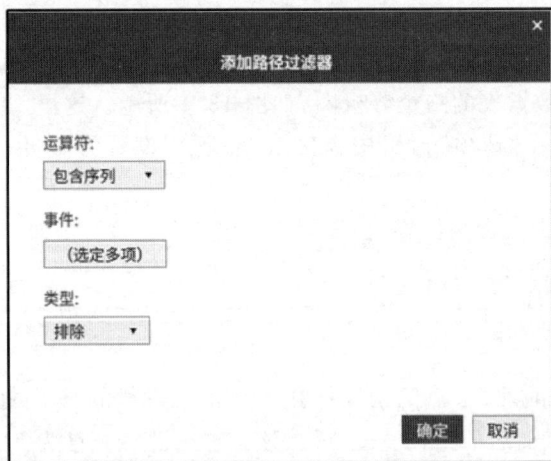

图 18.2　添加路径过滤器页面

新,显示的是排除了所有包含"购物车"和"支付卡"节点的路径,如图 18.3 所示。我们看到过滤后的路径分析图中,仍然有"购物车"节点,这是因为添加的路径过滤器使用的运算符是"包含序列"项,排除的是"购物车""支付卡"序列,而非单个节点。

(5)进一步分析以"购物车"节点终止的路径。在刷新后的路径分析图中,我们看到以"购物车"节点终止的路径一共有 17 条。表明这些网站的访问者,只是往购物车中添加了物品,没有实际的购买行为(未进入购物的支付环节)。这条路径中包含的访客,就是我们可以

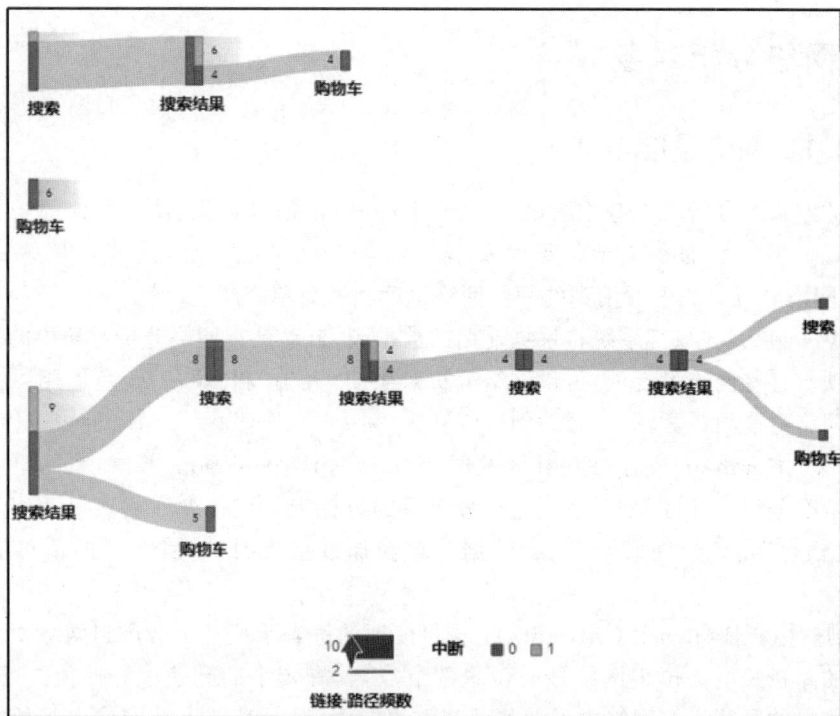

图 18.3 添加路径过滤器后的路径分析图

进一步进行市场推广的目标客户。

（6）生成目标客户表。在上一步过滤后的路径图中，选中所有的"购物车"节点（共4个），从右键菜单中选择"从选择项新建对象"→"仅包括"→"包含任意选定节点上的选定事件的路径"菜单项。此时，系统将在该页面创建一张简单表，包含"访问页面""序列""访客id""频数"等4个数据项，如图18.4所示。

访问页面	序列	访客 id ▲	频数
搜索结果	0	222	1
购物车	1	222	1
购物车	1	223	1
搜索结果	0	223	1
购物车	0	232	1
购物车	0	235	1
购物车	0	236	1
购物车	2	245	1
搜索结果	1	245	1
搜索	0	245	1
搜索结果	0	246	1

图 18.4 路径分析后生成的目标客户表

（7）导出目标客户表。选中图18.4所示的简单表，单击右侧边栏的 图标，在"数据角色"窗格中，在"列"角色下，仅保留"访客id"列，移除其他列。然后，单击工具栏的"导出"菜单项并选择"Excel工作簿"，按提示页面导出即可。将导出的目标客户表推送给营销团队，以进行下一步围绕这些目标客户的市场营销活动。

18.2　网络分析对象

18.2.1　网络量度项

现今的网络图分析大多基于图论(Graph Theory)的研究成果,使用图论的相关概念和量度,来刻画网络特征、节点重要性及节点影响力等重要指标。本节对 SAS Visual Analytics 网络分析对象中所用到的一些网络量度项做简单介绍。

SAS Visual Analytics 系统将根据使用的数据表,自动计算网络分析对象中的一些重要网络量度项。这些网络量度项,可供网络分析对象的"大小"和"颜色"角色使用。主要包括以下 5 个网络量度项。

(1) 社区(Community):使用社区发现(Community Detection)算法,将网络中的所有节点进行聚类分组,"社区"是对节点进行分组后的组标识。该量度数据项仅适用于网络分析对象的"颜色"角色。注意,在刷新数据或重新加载报表时,"社区"项的值可能会发生变化。

(2) 到达中心性(Reach Centrality):该量度项的值表示从某个节点到网络中所连通的最远节点的路径长度。位于网络核心位置的节点,具有较小的到达中心性值。"到达中心性"的值,衡量的是节点在网络中到达其他节点的能力,揭示某节点从网络中其他节点获得或向其他节点发送信息的难易程度。

(3) 紧密度中心性(Closeness Centrality):是表示某节点与网络中所有与它连接的节点有多紧密的一个量度。实际上,紧密度中心性计算的是一个节点到所有其他可达节点的最短距离之和的倒数,再进行归一化之后的值。"紧密度中心性"项可以用来衡量信息从该节点传输到其他节点的间距长短。节点的"紧密度中心性"越大,表示它在网络中的位置越接近与其连接的其他节点。

(4) 介数中心性(Betweenness Centrality):是基于网络图中最短路径去衡量中心性的一个量度。一般地,在连通图中的每一对节点间,至少存在一条最短路径。而介数中心性表示经过某节点的最短路径的数量,与图中每个节点对之间所有最短路径数量的比值。"介数中心性"项可以衡量某个节点与网络中其他节点的互动程度,某节点的介数中心性值越大,表示其中介作用越强,有更多机会通过该节点进行信息传递。

(5) 断开的网络 ID(Disconnected Network ID):用来标识一组相互连接的节点组的 ID。注意,不要因其名称引起误解,网络中所有互连的节点,具有相同的"断开的网络 ID"值。该量度项仅可以分配给"颜色"角色。

图 18.5 为使用 SASHELP. CARSSASHELP 创建的一个层次网络(网络选项中的级别设置为 2),其"大小"角色分配的是"紧密度中心性"网络量度项,其"级别"数据项使用的是基于"原产-制造商-型号"创建的层次项,其"颜色"角色使用的是"社区"量度项。篇幅所限,这里只显示了数据集中原产于欧洲的那些车型数据。

18.2.2　数据表的结构要求

要在 SAS Visual Analytics 中创建和使用网络分析对象,数据源表必须符合一些特定

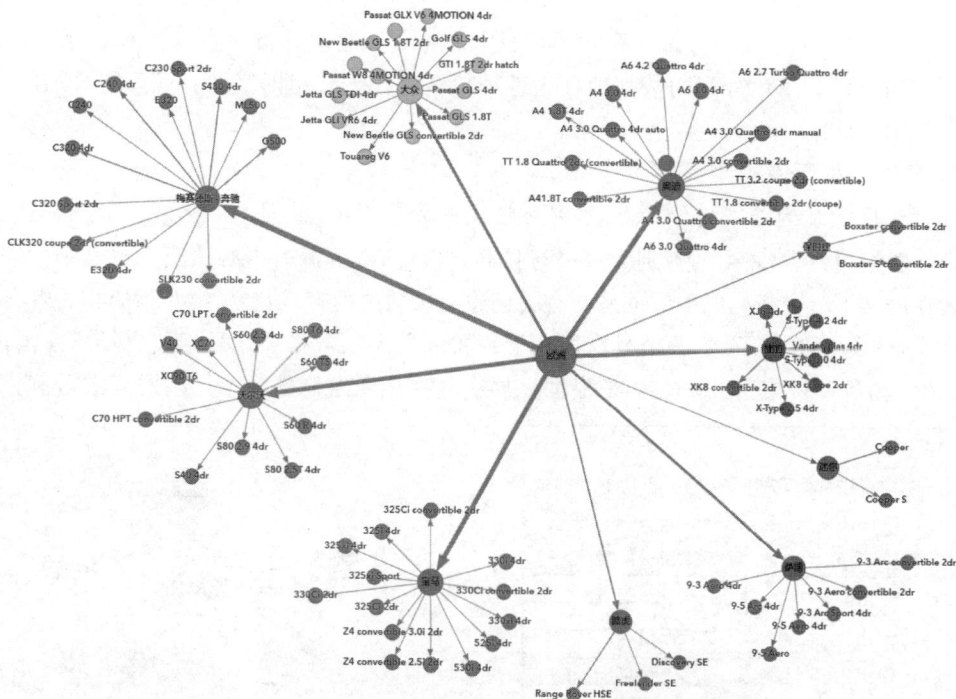

图 18.5　层次网络图示例(彩色图片可扫描附录二维码查看)

的要求。这些要求又随不同结构的网络图而有所不同。

1. 未分组网络

要创建未分组的网络分析对象,数据源表中必须包含至少 2 个层次项,分别作为"源"和"目标"对应的节点。同时,"目标"节点的数据项,其值集必须是"源"节点的数据项值集的子集。例如,记录家庭成员之间发送短信的数据表,在"源"列中,每个家庭成员至少应列出一次,而在"目标"列中则只需要是"源"列的家庭成员的子集。例如,祖母年纪大了,不会发送短信,但她仍然是家庭成员,可以接收短信,因此需要将她包括在"源"列中,即在"源"列中有一行的值为"祖母"。但是,她不会发送短信,在"目标"列中,这一行对应的值将是缺失值。

同时,未分组网络的数据表中,必须确保在"源"和"目标"对应的数据项,至少有一行不能同时为空,这样才能确保网络图中至少有一组节点之间有连线。

表 18.2 是一个简单的数据源表示例,用来说明未分组网络对数据表的特定要求。注意:即使某个节点只是作为"目标"数据项,也需要在"源"数据项中存在对应的值。例如,表中"源"数据项的值 C 和 D,即使其对应的"目标"数据项为空,也需要确保这两行数据是存在于数据表中的,否则网络图无法正确绘制对应的连线。

表 18.2　未分组网络分析对象的数据源表示例

"源"数据项	"目标"数据项
A	B
A	C
B	D
C	
D	

另外，SAS Visual Analytics 系统支持未分组网络与地理分析对象的叠加显示。此时，需要"源"和"目标"角色分配的数据项均为地理位置项。未分组网络图与地理图叠加的示例可以参考图 19.8。

2. 层次结构网络

要创建层次结构的网络分析对象，必须使用一个层次项（前面用图标 进行标识）。该层次项以层级关系，对其中的类别数据进行排列。因此，数据源表中必须至少有 2 个类别项，且两者在语义上存在或构成层级关系。有关创建层次项的内容，请参考第 9 章的相关内容。

图 18.6 给出的例子，是一个具有 2 层层级关系的层次数据项，父级为"机场所在国家"，子级为"机场所在城市"。图 18.7 是根据该层次数据项所绘制的一个层次网络图示例。

图 18.6 层次数据项示例

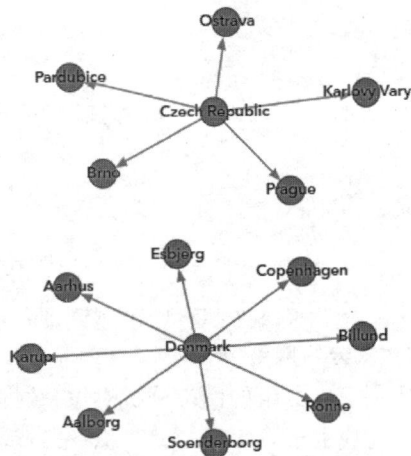

图 18.7 使用层次数据项的层次网络图示例

网络分析对象支持大多数图形对象的通用动态交互操作，且网络图工具栏提供的交互操作，也大多与路径分析对象的工具栏操作类似。网络分析对象特定的动态交互操作，包括：节点选择、从选择项新建过滤器、最大聚类与最小聚类、最短路径等。其中：

- 网络分析对象的聚类，是图论中的概念，指那些相互之间能够通过连线连接在一起的一系列节点。
- 网络分析对象的最短路径，使用的是基于 Dijkstra 最短路径算法思想、求解 K-最短路径问题的 Yen 算法。目前，SAS Visual Analytics 中提供的最短路径，只是选择两个节点之间连接经过的节点数最少的路径，没有计算权重或间距大小。

18.2.3 网络分析对象的示例

这里以一个网络分析的例子，来说明如何使用网络分析对象，为业务工作提供下一步行动的参考方案。本例所用数据集可以在 https://github.com/sbjciw/VisualAnalytics/blob/master/sample%20network.xlsx 下载。加载该数据集，并在 SAS Visual Analytics 中创建网络分析对象，产生的网络分析图如图 18.8 所示。

可以看到，所有数据明显分为 3 个簇，其中 2 个簇之间有链接，另外 1 个簇独立于其他

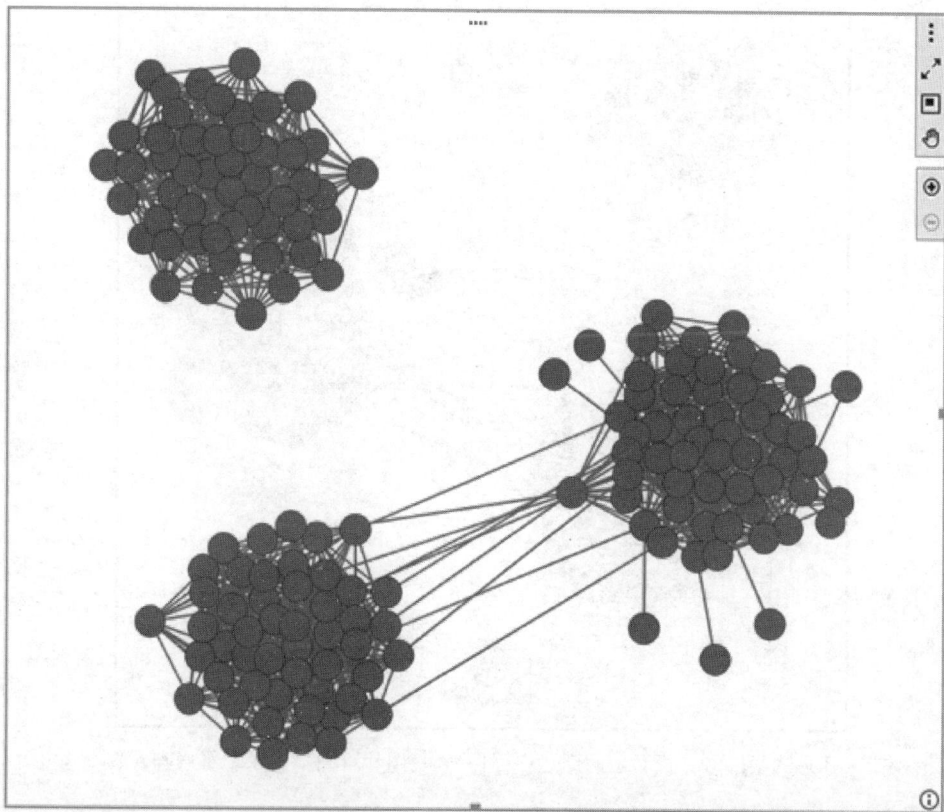

图 18.8　网络分析对象的示例(彩色图片可扫描附录二维码查看)

2 个簇。此时,如果单击工具栏菜单或右键菜单,单击"选择"→"最小聚类",则左上角独立的那个簇被选中,表明这些节点构成一个极小连通图(最小聚类);单击"选择"→"最大聚类",则那 2 个相互连接的簇被选中,表明这些节点构成一个极大连通图(最大聚类)。单击右下角的 ⓘ 图标,可以看到系统已自动移除的数据中自我引用的链接。

　　下面通过以下步骤,进一步介绍对该网络分析图的交互分析操作。

　　(1) 单击右侧边栏进入"数据角色"窗格,为"大小"角色分配"到达中心性"(Reach Centrality)网络量度项。"到达中心性"表示从某个节点到网络中所连接的最远节点的路径长度。如图 18.9 所示,可以看出相互链接的 2 个簇,比独立的簇具有更大的"到达中心性"量度值,说明相互链接的 2 个簇上的节点,与网络中其他节点连接的最远路径更大。而在相互链接的 2 个簇中,处于网络中更易于到达其他节点核心位置的节点,其"到达中心性"量度值较小,而在网络边缘处的节点,其"到达中心性"量度值较大。

　　(2) 如果为"颜色"角色分配"断开的网络 ID"(Disconnected network ID)网络量度项,可以明显看到左上角独立的那个簇为一个独立的网络,而两个有链接的簇构成另一个网络,如图 18.10(a)所示。单击图例处"断开的网络 ID"下面的 ■0 图标,则可以选中网络 ID 为 0 的所有节点;同样地,单击 ■1 图标,则可以选中网络 ID 为 1 的所有节点。

　　(3) 如果为"颜色"角色分配"社区"(Community)网络量度项,可以看到系统识别出 3 个独立的社区,如图 18.10(b)所示。单击图例处"社区"下面的 ■0 图标,则可以选中社区

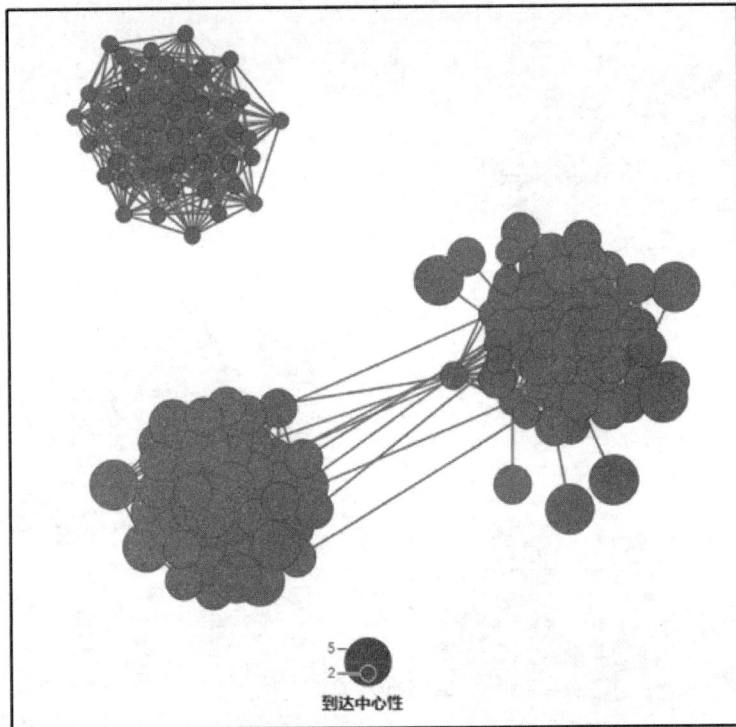

图 18.9　网络分析对象的到达中心性(彩色图片可扫描附录二维码查看)

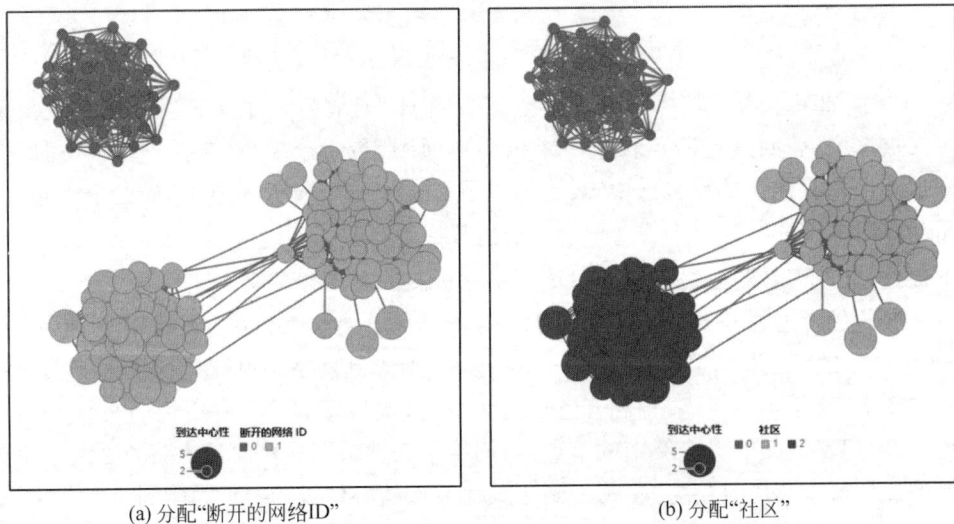

(a) 分配"断开的网络ID"

(b) 分配"社区"

图 18.10　网络分析对象的断开网络与社区分析

编号为 0 的所有节点;类似地,单击 ■1 图标,则可以选中社区编号为 1 的所有节点。这里,我们单击图例处"社区"下面的 ■0 图标,从工具栏菜单或右键菜单,单击"选择项新建过滤器"→"排除选择项",系统提示如果继续,节点位置会改变,单击"是"按钮,确认继续操作;在刷新数据后,"社区"项的值也随之刷新,但排除选择项后依然为 2 个社区。

(4) 单击右侧边栏进入"选项"窗格,选中"网络显示"→"网络示意图"→"数据标签",这样,我们就可以看到各个节点的数据标签了。我们从 2 个社区中各选择一个节点,可以查看两个节点之间的最短路径。

（5）本例选择社区编号为 0 的节点 2000 和社区编号为 1 的节点 627，从右键菜单中单击"选择"→"最短路径"，系统就会高亮显示两个节点之间的最短路径，如图 18.11(a)所示。

（6）由于目前版本中节点之间的最短路径还无法直接导出，我们将使用过滤器，先滤取这条最短路径包含的节点，然后做进一步分析。操作方法是：在高亮的最短路径的任一节点上，右击并从弹出菜单中选择"从选择中新建过滤器"→"仅包括选择项"，就滤取了这条最短路径的所有节点。为便于更清晰地显示这条最短路径，对各个节点位置做简单平移，如图 18.11(b)所示。查看这些节点的网络量度值，发现节点 1972 的"到达中心性"网络量度值为 2，表明该节点到网络中其他所有节点最多只需要经过 2 个节点。而节点 2000 和节点 627 的"到达中心性"网络量度值为 4，表明这两个节点到网络中其他所有节点，最多需要经过 4 个节点。

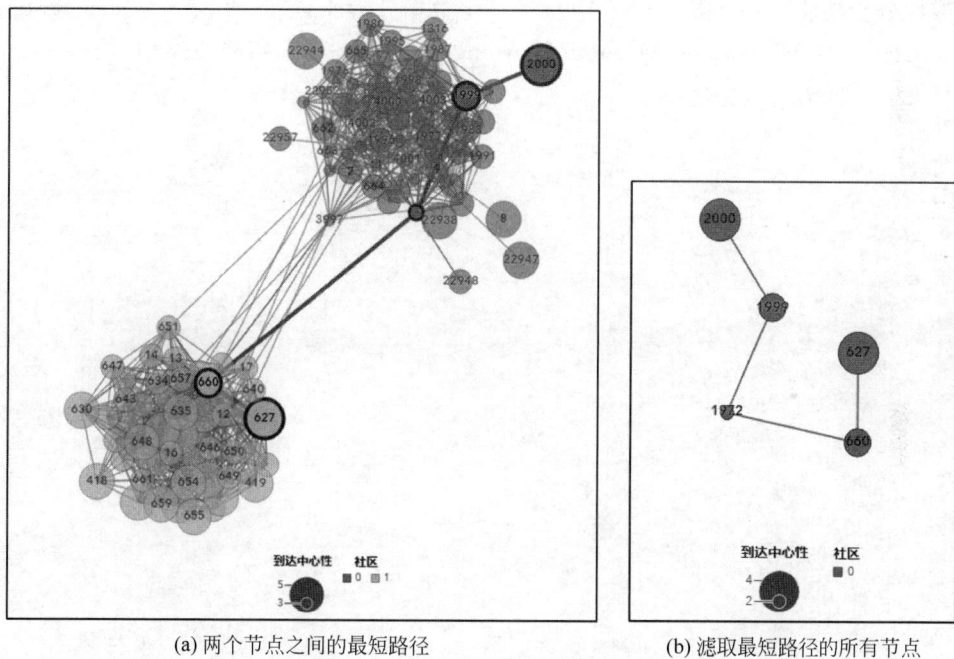

(a) 两个节点之间的最短路径　　　　　　(b) 滤取最短路径的所有节点

图 18.11　网络分析对象的最短路径

（7）在这条最短路径中，节点 1972 的"到达中心性"网络量度值最小，表明该节点相较其他 4 个节点来说，处于网络比较核心的位置，其到达该网络中其他节点的能力更强。如果我们再将"介数中心性"(Betweenness Centrality)网络量度项分配给"大小"角色，可以看到该节点对信息在网络中的桥接作用最大。我们知道，在社交网络中，"介数中心性"值最大的节点就是网络的影响者：无论是研究疾病的传播，还是信息的传播，节点 1972 的影响力都是最大的。因此，接下来的工作应该是针对节点 1972 展开进一步的业务推动工作。

18.3　习题

（1）路径分析对象对数据表的结果有什么要求？如何从选择项新建一个路径过滤器？

（2）网络分析对象提供了哪几个网络量度数据项？分别表示什么含义？

（3）网络分析对象支持哪两种网络结构？如何通过交互操作确定两个网络节点之间的最短路径？

18.4　本章小结

本章主要介绍 SAS Visual Analytics 的路径分析对象与网络分析对象。需要注意的是，使用这两种分析对象，均需要数据表结构满足一定的要求。受到篇幅限制，这两个分析对象的具体创建方法、数据角色分配、选项设置、动态交互操作等相关内容与说明，请扫描本章二维码进行阅读。

另外，本章通过两个示例来分别说明如何使用路径分析对象与网络分析对象，为业务工作提供下一步行动的指导或备选方案。SAS Visual Analytics 的产品定位，决定了其所包含的指导性分析功能相对有限。SAS Viya 的其他数据分析产品，包括 SAS Visual Statistics、SAS Visual Data Mining and Machine Learning 及 SAS 的行业解决方案中，提供了更高阶的指导性分析能力。

第 **19** 章

地理分析对象

电子资源

地理位置数据是现实世界中常见的一类数据。与人类社会活动密切相关的各种信息中,地理位置信息占据着重要地位。以当下正处于风口的自动驾驶为例,其运行就高度依赖并持续产生海量的地理位置数据。而在日常生活中,人们通过手机软件记录并分享运动轨迹已成为普遍现象。此外,无论是鸟类及动物的迁徙途径,还是飓风、台风等气团的移动轨迹及各种交通工具(飞机、轮船等)的行驶路径,都与地理位置信息密不可分。同样,现代企业的业务数据,也常常会包含位置信息,如销售区域、物流转运位置等。据统计,现在各种渠道获得的企业业务数据中,大约 70% 都带有位置信息。在可视分析中纳入地理位置及相关分析,可以为商业分析添加一个新的视角。这些位置数据经过分析、挖掘、与其他相关信息综合等,就可以为多个应用领域带来价值。因此,地理数据分析也成为可视化分析中很重要的一部分。

通过对地理数据的分析,可以在地图上可视化多种数据:以地理坐标的形式在地图上绘制位置的纬度/经度;以地理区域的形式,在地图上显示国家边界、销售区域、厂区平面、体育馆内部平面分布等;以聚类图或等值线的形式,显示数据的分布密度;以线图及网络图的形式,显示各个点、起点与终点之间的连接等。另外,地理分析的一些交互式操作,可以帮助人们探索和增强对地理相关属性或事物的认识。

SAS Visual Analytics 的地理分析对象,除了提供上述功能外,还与 ESRI 公司深度合作为用户提供更好的"位置智能"分析体验。通过地理信息编码、地理信息扩充,以及使用 Esri 人口统计数据,对现有数据进行增强分析;通过位置图钉探索兴趣点,执行行驶时间及行驶距离分析等。

19.1　地图与位置数据

地理空间数据包括地理空间的方位数据(如全球各个国家或地区的经纬度数据)及描述空间对象的属性数据(如气温、降水量等)。对于空间对象属性数据,可以选用前面章节讨论的各种对象及方法进行探索与分析;对于地理空间的方位数据,其记录方式与数据分析有一定的独特性。一般地,方位数据有两种常见的记录方式:

(1) 使用该位置的语义名称,如北京故宫、奥体中心等。

(2) 使用该位置在某种坐标系中的坐标,如北纬 39.9163°、东经 116.3972° 等。

前一种方式更便于人们理解和记忆,而后一种方式更利于直接的数据计算和分析。很多地理信息系统提供了两者之间的转换,在地理分析中也可以使用这两种方式所标识的地理位置数据,通过使用位置数据项进行地理分析。

对地理位置数据进行存储、处理、管理、分析及展现的地理信息系统(Geographic Information System,GIS)有很多,包括谷歌地图、开放街道地图(OpenStreetMap)、开源的 QGIS 系统,以及国内的百度地图、高德地图等很多开放给个人用户的 GIS,由美国环境系统研究所公司(Environmental Systems Research Institute,Inc. 简称 ESRI 公司)提供的 ArcGIS 商用系统。这些地理信息系统大多提供称为"地理编码(GeoCoding)"的功能,可以将语义名称形式的位置数据,转换为坐标形式的位置数据,如 ESRI 公司提供的地理编码服务(GeoCoding Service),可以将世界各地的地址文本,以一定精度转换为经纬度的数据形式。当然,这些 GIS 也提供通过位置坐标数据,查找对应的语义名称位置数据的服务。

19.1.1　位置数据

实际上,目前地理信息系统中用来记录地理位置数据的格式,常用的有两种:矢量地图数据和栅格地图数据。

- **矢量(Vector)地图数据**:是对空间图像进行矢量化处理(地图投影)而获得,一般采用坐标的方式来记录空间位置。矢量数据将地图的各组成部分,视为由曲线及顶点所定义的独立对象,或者说是广义上的点、线及多边形等几何形状。常用的保存矢量地图数据的文件格式,包括 Shapefile、KML、GeoJSON、SVG 等。
- **栅格(Raster)地图数据**:是通过将空间图像分割成一些细小的网格、每个网格作为一个单元,用相应的属性值来记录空间位置。也可以将栅格数据看成一个地图的图像文件,由存储地图的颜色数据组成像素网格。像素网格越细密,地图的分辨率越高,但栅格数据文件的大小也随之增大。一般地,栅格地图数据的文件格式,包括 JPEG、TIFF、PNG 等。

对于地理分析来说,矢量地图数据格式更常用,因为矢量数据对地图的缩放、转换或重新进行空间投影会更容易,适配不同分辨率进行渲染更轻松、数据更新操作也更容易,便于在单个矢量地图数据集及多个矢量地图数据集之间的复杂查询。而栅格地图数据的渲染,虽然在计算资源的消耗上更少,但整个地图数据集需要的存储空间更大,且栅格地图数据在对地图进行缩放、转换、分析及展现方面,受到的局限也是比较明显的。

矢量地图数据是空间图像经过矢量化处理而获得。对基于球体或椭球体的三维空间数据的矢量化处理,可以直观地理解为将其方位数据投影到一个二维曲面(地球表面)的过程。地图投影的原理,是将球面与曲面进行映射,从而将球面上的位置与曲面位置建立起对应关系。在二维曲面范围内,投影坐标系的长度、角度和面积恒定,其原点位于网格中心,通过网格上的 X、Y 坐标来标识位置。每个位置均具有两个值——相对于中心位置的坐标,一个指定其水平位置,另一个指定其垂直位置。如墨卡托投影,是将地球的经、纬线投影到与地轴方向一致的圆柱表面,然后将圆柱面展开。这样,就可以将地球的经线均匀地映射为一组平行的垂直线,纬线均匀地映射为一组平行的水平线,从而形成墨卡托投影后的位置坐标。

显而易见,不同的投影方式会形成不同的坐标空间。SAS Visual Analytics 目前支持的地图投影坐标空间有:世界测地系统(WGS84),Web 墨卡托,英国国家格网(OSGB36);除此之外用户还可以使用自定义的坐标空间。常用的坐标空间 WGS84(World Geodetic

System 1984),将格林尼治作为经度(0°)的起点,并以度(°)为单位进行坐标设置。例如,美国国防部的全球定位系统 GPS,使用的是 WGS84 坐标系。这个坐标系还有一个唯一的参考码 EPSG:4326。EPSG(European Petroleum Survey Group)是一个维护大地测量参数数据库的组织,该组织为每个空间地理对象(如坐标系、椭球体等)都分配了一个唯一编码。SAS Visual Analytics 中创建地理位置项时,默认使用的是 WGS84 坐标,坐标空间的默认值为 EPSG:4326。

19.1.2　地理分析使用的地图

SAS Visual Analytics 提供的地理分析对象,默认使用两种地图作为地图背景——OpenStreetMap、ESRI ArcGIS 地图,进行地理区域的渲染,也支持用户使用定制地图作为地图背景。SAS Visual Analytics 地理分析仅请求渲染所选地理区域需要的特定地图图块,突出显示的线图、气泡图等,均由 SAS Visual Analytics 应用程序创建,因此,企业的业务数据不会被泄露给第三方地图提供商。

- OpenStreetMap:开放街道地图(OSM)是一个开源项目,由所有用户共同维护地图中相关道路、边界等数据。用户可以按照共享许可,使用及分发 OSM 的地图资料,用于商业或非商业用途。SAS Visual Analytics 默认使用 SAS 托管的 OpenStreetMap 服务器作为默认地图配置的一部分。SAS Visual Analytics 的用户也可以配置和使用自己企业托管、维护的 OpenStreetMap 服务器。

- ESRI ArcGIS 地图:由目前全球最大的地理信息系统技术提供商——ESRI 公司提供地图数据。SAS 与 ESRI 公司建立了长期合作伙伴关系,通过与 ArcGIS 地图服务器的深度集成,使用高度交互的方式访问 ArcGIS 地图、检索地图切片,并提供增强的地理空间数据的可视化体验,从而可以将业务数据、地理空间数据、地图可视化及位置数据分析充分融合,实现"位置智能"(Location Intelligence),使用户能够以可视化方式,了解路线、模式、趋势与位置维度之间的关系。

截至目前版本,SAS Visual Analytics 地理分析对象对地图的使用,有以下几种方式:

(1) 使用 OpenStreetMap 作为背景地图,并提供从选定位置(图钉)计算径向距离,绘制地理选择区域,以及图钉之间的线性路由等功能。

(2) 与 ESRI ArcGIS 在线地图集成,除了提供多种背景地图,也增强了地理分析功能,支持地理搜索与地理识别,可以从选定位置(图钉)计算径向距离,绘制地理选择区域,以及图钉之间的线性路由等;另外,还支持将定制的地图图层(Shapefile 地图文件或地图提供程序 CAS 表),用作地理线图、地理区域图或地理区域坐标图的线或区域图层。用户只需要在"应用程序选项"菜单的"设置"菜单项中,启用"地图"下的"接受 Esri ArcGIS 在线服务条款和条件"选项,即可方便地使用 ESRI 提供的要素服务(ESRI Feature Service)。

(3) 与 ESRI 高级服务的集成(需要相关软件凭证),提供 ESRI 地理编码服务、获取 ESRI 相关人口统计信息功能的服务(Geo-enrichment Service)。要使用这些服务,用户需要在"应用程序选项"菜单的"设置"菜单项中,启用"地图"中的"接受 Esri ArcGIS 在线服务条款和条件"选项,并正确输入 ESRI 在线账号的用户名密码。同时,还需要在 SAS Environment Manager 应用中由管理员对用户权限进行相关设置。

(4) SAS 在 GitHub 站点提供了开放的地理 Web 地图项目 https://github.com/

sassoftware/sas-visualanalytics-geowebmap,允许报表设计人员将 Web 地图直接嵌入 SAS Visual Analytics 报表的数据驱动内容对象中,而报表数据将以一个单独的图层进行显示。也可以直接在数据驱动内容对象的 URL 中,按一定格式输入 URL 及参数,例如 https://cdn.developer.sas.com/geowebmap/1.5.2/?visualizationType＝bubbles&x＝Longitude&y＝Latitude&size＝GDP,调用 SAS Developer 网站托管的开放地理 Web 地图。扫描左侧二维码可以查看气泡图与该地理 Web 地图进行叠加显示的一个示例,其中的地图使用的就是 SAS Developer 网站托管的开放地理 Web 地图。

19.1.3　关于 Shapefile

SAS 通过与 ESRI 公司的深度合作,可以为客户提供更新更好的位置智能分析体验。Shapefile 是 ESRI 公司开发的一种空间数据开放格式,是目前最常见的一种矢量数据格式。该格式已经成为地理信息领域的一个开放的行业标准和重要的数据交互格式,几乎所有的商业及开源 GIS 软件都支持 Shapefile,并能够在 ESRI 公司的 ArcGIS 地图产品与其他地图产品之间进行数据互操作。

Shapefile 是一种存储地理要素的几何位置与属性数据的方法,它实际上由多个文件组成。

(1) 三个必不可少的文件,列举如下。

- 几何图形文件(.shp):存储地理要素的几何图形。
- 图形索引文件(.shx):记录几何体的位置索引,可以指向每个几何体在几何图形中的位置。
- 图形属性数据文件(.dbf):以 dBase Ⅳ 的数据表格式,存储每个几何形状的属性数据。

(2) 其他的可选文件,多与空间查询、空间关联等有关,下面仅列出常见的几种。

- 项目文件(.prj):用于存储地图投影的坐标空间信息,包括坐标空间名称、基准(Datum)、单位(Unit)、参数(Parameter)等。
- 元数据文件(.shp.xml):以 XML 格式保存的地理几何图形的元数据。
- 地理数据索引文件(.sbn、.sbx):二进制的空间索引文件。用于存储地物特征的索引,进行主题间空间关系查询、主题的空间连接时会用到。

我们可以结合业务需要、使用特定的 Shapefile 地图文件,定制满足特定需要的地图。各种 Shapefile 格式的地图文件,通常可以按其几何形状分为三种:点、线、多边形。访问 mapshaper.org 网站,将 Shapefile 地图文件(.shp、.shx、.dbf)拖放到网页上,可以预览该 Shapefile 文件所存储的地图,该工具还提供了简单的地图操作功能,如编辑、保存等。

19.1.4　导入 Shapefile

除了系统默认提供的 OpenStreetMap 和 ESRI ArcGIS 地图,SAS Visual Analytics 也支持使用 Shapefile 文件提供的定制地图。一般地,将 Shapefile 地图文件导入并加载到 CAS 中,就可以将其作为地理位置数据源,通过使用 SAS Visual Analytics 的"地理数据提供程序"创建相应的地理位置数据项。

要将 Shapefile 地图文件导入并加载到 CAS 中,可以通过以下两种方式:

（1）使用 SAS Viya 提供的宏函数。

（2）使用 SAS PROC MAPIMPORT 过程步。

受篇幅所限，有关使用上述两种方式导入 Shapefile 文件（北京市区县 Shapefile 地图文件）的示例、相关代码及说明，请扫描本章二维码查看。

19.1.5 地理位置数据源

目前，SAS Visual Analytics 支持通过以下三种方式，来指定地理位置数据源，以便在地图上查找和显示地理位置。

（1）系统预定义的地理名称或代码：包括预定义的国家/地区名称、ISO 双字母代码、ISO 3 字母代码、ISO 数值代码；美国地域（州、县）名称、州缩写、邮政区码；国家/地区 SAS 地图 ID 值等。附录给出了这些系统预定义的地理名称或代码的样例数据供读者参考。

（2）数据中的经纬度：即数据集中的经、纬度数值。

（3）地理数据提供程序：目前版本的 SAS Visual Analytics 支持两种类型的"地理数据提供程序"作为地理位置数据源——基于 ESRI 地图项服务和基于 CAS 表。

1. 系统预定义的地理名称或代码

SAS Visual Analytics 中提供了 10 种系统预定义的地理名称或代码，作为常用的地理位置的基准数据源，可以在系统提供的地图上查找和显示地理位置。

创建地理位置数据项时，可以选择基于"地理位置名称或代码查找"的方式，使用系统预定义的地理名称或代码，与系统提供的地图位置进行匹配。SAS Viya 系统附带的地图数据集 MAPSGFK，提供所有国家/地区及其下属州省的区域位置信息。表 19.1 列出的是系统预定义地理名称或代码，以及含义说明与示例。

2. 数据中的经纬度

SAS Visual Analytics 支持直接使用当前数据集中的经、纬度坐标值，作为一种地理位置数据源，在地图上查找和显示地理位置。例如，在 RAND_RETAILDEMO 样例数据集中，包含的以下字段，都是经、纬度坐标值，可以直接用来在地图上查找和现实对应的地理位置：

- City_Lat，City_Long；
- County_Lat，County_Long；
- Region_Lat，Region_Long；
- Region_2_Lat，Region_2_Long。

表 19.1 系统预定义地理名称或代码

编　号	预定义地理位置数据源的名称	含　义	备　注
1	国家/地区名称	按名称指定国家或地区	目前预定义的国家/地区名称只支持英文名称。例如：中国的名称是 China
2	国家/地区 ISO 双字母代码	使用 ISO 3166-1 标准中规定的双字母国家/地区代码指定国家或地区	例如：中国的 ISO 双字母代码是 CN

编　号	预定义地理位置数据源的名称	含　义	备　注
3	国家/地区 ISO 3字母代码	使用 ISO 3166-1 标准中规定的 3 字母国家/地区代码指定国家或地区	例如：中国的 ISO 3 字母代码是 CHN
4	国家/地区 ISO 数值代码	使用 ISO 3166-1 标准中规定的三位数字国家/地区代码指定国家或地区	例如：中国的 ISO 数值代码是 156
5	国家/地区 SAS 地图 ID 值	使用用于 SAS/GRAPH 附带的 MAPSGFK 逻辑库的双字母代码指定国家或地区	SAS 的 MAPSGFK 逻辑库的双字母地图 ID 值，与 ISO 3166-1 双字母国家/地区代码完全相同。例如：中国的 ISO 双字母代码是 CN
6	地域（州、省）名称	使用地域名称指定国家/地区下辖地域（例如，州和省）	预定义的州/省名称支持其所在国家/地区语言所显示的名称，例如：用于创建地理位置数据项的值既可以是 Beijing Shi，也可以是北京市
7	地域（州、省）SAS 地图 ID 值	使用用于 SAS/GRAPH 附带的 MAPSGFK 逻辑库的 ID 代码，指定国家/地区下辖区域（州、省等）。这些值具有用于标识子区域的两字母国家/地区前缀和代码	例如：北京市的 SAS 地图 ID 值是 CN-11
8	美国州名	使用州名的全称，指定美国的某个州	例如：美国北卡罗来纳州的州名为 North Carolina
9	美国州缩写	使用双字母的编码，指定美国的州	例如：美国北卡罗来纳州的缩写为 NC
10	美国邮政区码	使用美国的五位数邮政区码	例如：美国北卡罗来纳州的卡利 Cary，NC 地区，其邮政区码为 27513

3. 地理数据提供程序

SAS Visual Analytics 支持将"地理数据提供程序"作为一种地理位置数据源，用于创建地理位置项。此时，将使用所指定的"地理数据提供程序"来查找和显示地理位置。

目前版本的 SAS Visual Analytics，提供基于 ESRI 地图项服务所创建的"地理数据提供程序"，或基于 CAS 表的"地理数据提供程序"。

1）基于 ESRI 地图项服务

ESRI 公司的 ArcGIS 在线地图，是一种软件即服务（SaaS）产品，通过地图项服务为 Web 应用提供访问 ArcGIS 地图的支持。ESRI 公司及其用户定制的地图，可以作为地图项服务发布到 ArcGIS Server 站点上，第三方应用程序即可通过一定的方式来访问这些地图项服务，获取地图、多个图层或地图要素服务等。

SAS Visual Analytics 支持基于 ESRI 地图项服务创建一个"地理数据提供程序"，并将其作为一种地理位置数据源，来创建地理位置项。此时，仅需访问地图项服务 URL 列表（https://services2.arcgis.com/FiaPA4ga0iQKduv3/ArcGIS/rest/services）获取 ESRI 地图项服务的列表，然后指定对应的地图项服务层及其 ID 列等，即可创建对应的地理数据提

供程序。目前版本中,SAS Visual Analytics 支持以下三种几何形状的 ESRI 地图项服务:

(1) **点(esriGeometryPoint)**:通过访问 ArcGIS 地图项服务 URL 列表(ArcGIS Rest Services Directory 下的 FeatureServer),可以查询其所支持的点图层服务及其 ID 列等。例如,指定地图项服务的 URL 为 https://services2.arcgis.com/FiaPA4ga0iQKduv3/ArcGIS/rest/services/Geology_Points/FeatureServer,其地图项服务层为 Geology-Points,几何类型为"点",ID 列为 OBJECTID。

(2) **折线(esriGeometryPolyline)**:通过访问 ArcGIS 地图项服务 URL 列表(ArcGIS Rest Services Directory 下的 FeatureServer),可以查询其所支持的线图层服务及其 ID 列等。例如,指定地图项服务的 URL 为 https://services2.arcgis.com/FiaPA4ga0iQKduv3/ArcGIS/rest/services/Geology_Lines/FeatureServer,其地图项服务层为 Geology-Lines,几何类型为"折线",ID 列为 OBJECTID。

(3) **多边形(esriGeometryPolygon)**:通过访问 ArcGIS 地图项服务 URL 列表(ArcGIS Rest Services Directory 下的 FeatureServer),可以查询其所支持的多边形图层服务及其 ID 列等。例如,指定地图项服务的 URL 为 https://services2.arcgis.com/FiaPA4ga0iQKduv3/ArcGIS/rest/services/Alaska_Native_Village_Statistical_Areas_v1/FeatureServer,其地图项服务层为 Alaska_Native_Village_Statistical_Areas,几何类型为"多边形",ID 列为 OBJECTID。

使用上述任一种形状的 ESRI 地图项服务,均可以创建一个地理数据提供程序。

2) 基于 CAS 表

除了基于 ESRI 地图项服务,SAS Visual Analytics 还支持基于 CAS 表创建一个"地理数据提供程序",并将其作为一种地理位置数据源来创建地理位置数据项。此时,该 CAS 表至少应包含表 19.2 给出的数据列。

表 19.2　基于 CAS 表的地理数据提供程序应包含的数据列

数 据 列	含 义
ID	用于唯一标识的 ID 列
Segment	用于对几何线段分段进行标识的分段列
Sequence_number	用于在分段中标识几何线段的顺序列
X	经度列
Y	纬度列

用于创建"地理数据提供程序"的 CAS 表,可以来自 SAS Viya 系统提供的地图数据集合(如 MAPSGFK)、导入的 Shapefile 地图文件或其他格式地图文件。上一节已经介绍了如何导入一个 ESRI 的 Shapefile 地图文件,生成地理位置的 CAS 数据表。这里简要介绍如何使用 SAS Viya 系统提供的地图数据集合 MAPSGFK,生成 CAS 地图数据表。

如果对 SAS Viya 系统提供的地图数据集合有所了解,就知道其中的每个地图数据集都包含了表 19.2 所列的数据列(ID 列、分段列、经度列、纬度列)。因此,使用系统提供的地图数据集合,创建 CAS 地图数据表时,仅需要添加一个"顺序列"即可。当然,在抽取数据时可以根据需要设置读取数据的密度(density)等条件参数。

以下代码段示例,从 MAPSGFK.CHINA 地图数据集,读取密度小于 3 的数据记录,创建一个名为 CASUSER.BJCOUNTY 的地理位置数据源 CAS 表。

```
data CASUSER.BJCOUNTY;
  set MAPSGFK.CHINA;
  sequence = _n_;
  where(density<3);
run;
```

运行上面的代码,即可从 MAPSGFK. CHINA 地图数据集生成 CAS 地图数据表 BJCOUNTY。后续就可以使用这个 CAS 地图数据表,创建一个地理数据提供程序。

19.1.6 创建地理数据提供程序

本节分别介绍如何基于 ESRI 地图项服务或基于 CAS 表,创建一个“地理数据提供程序”。特别说明:本书创建或生成的地图只是单纯从技术上说明操作方式,不具备任何与现实地图边界参照的意义。

1. 基于 ESRI 地图项服务的创建

基于 ESRI 地图项服务,创建一个“地理数据提供程序”的具体步骤如下:

(1)打开“新建地理位置”窗口,在“地理位置数据源”下拉列表中,选择“地理数据提供程序”;界面将显示一个“地理数据提供程序”下拉列表,单击其右侧的 ⋮ 图标,单击弹出菜单中的“新建提供程序”项。

(2)在弹出的“新建地理数据提供程序”窗口中,分别给出该地理数据提供程序的名称、标签。如图 19.1 所示,本例中地理数据提供程序的名称、标签,设置为“Esri US States FIPS”;“类型”下拉列表中选择“ESRI 地图项服务”。

(3)接着,在 URL 框中输入要使用的 ESRI 地图项服务的链接,本例使用的 URL 为 https://services. arcgis. com/P3ePLMYs2RVChkJx/ArcGIS/rest/services/USA_States_Generalized_Boundaries/FeatureServer。然后,单击下面的“打开 URL”链接,可以进一步了解该地图服务的详细信息;也可以直接按回车键,由系统获取该地图项服务所提供的图层、并显示在“地图项服务层”下拉列表中。

(4)选定要使用的图层及其“几何类型”。本例直接采用系统返回的默认地图项服务层 states。

(5)在“ID 列”的下拉列表中,选择该地理数据提供程序要使用的 ID 列。当选中某一列后,还可以单击后面的 ⋮⋮ 图标,查看该列的一些样例数据。本例使用的是该地图项服务的 STATE_FIPS 字段,作为 ID 列。

(6)单击“确定”按钮,就成功创建了名为“Esri US States FIPS”的地理数据提供程序(注:单击图 19.1 中的“删除”按钮,可以删除当前的 ESRI 地图项服务所创建的“地理数据提供程序”)。

2. 基于 CAS 表的创建

本节的示例,将说明如何创建基于 CAS 表的“地理数据提供程序”。具体步骤如下:

(1)打开“新建地理位置”窗口,在“地理位置数据源”下拉列表中,选择“地理数据提供程序”。页面将显示一个“地理数据提供程序”下拉列表,单击其右侧的 ⋮ 图标,单击弹出菜单中的“新建提供程序”项,如图 19.2 所示。注:如果在“地理数据提供程序”下拉列表中选择了某个“地理数据提供程序”,可以使用弹出菜单的“编辑提供程序”项进行编辑操作。编

图 19.1　新建基于 ESRI 地图项服务的地理数据提供程序

辑一个地理数据提供程序的操作过程，与新建一个地理数据提供程序类似。

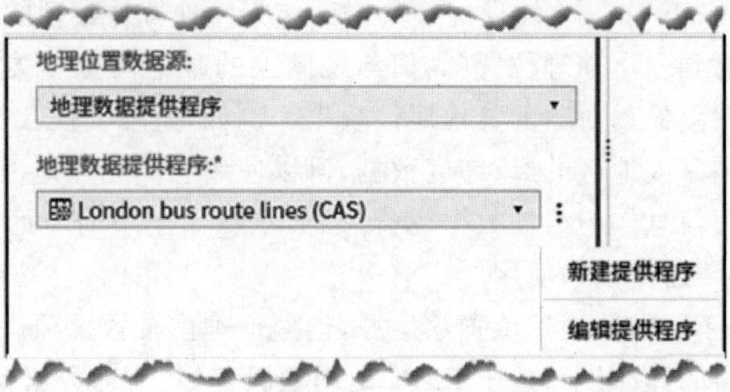

图 19.2　新建地理数据提供程序

（2）在弹出的"新建地理数据提供程序"窗口中，分别给出该地理数据提供程序的名称、标签，并在"类型"下拉列表中选择"CAS 表"，依次选择服务器、逻辑库、表名等，如图 19.3(a)所示。本例中地理数据提供程序的名称、标签设置为"BJ Country"，CAS 表为之前已导入的CASUSER.BJCOUNTY。

（3）接着，需要确认图 19.3(b)所示的相关信息，并在必要时进行调整。包括：几何类型、ID 列、顺序列、区段列、纬度(y)列、经度(x)列、坐标空间等。这些数据列均来自之前创建的 CAS 数据表，本例中使用默认值即可。

（4）单击"确定"按钮，就成功创建了名为 BJ County 的地理数据提供程序。

(a) 基于CAS表的"新建地理数据提供程序"窗口(上) 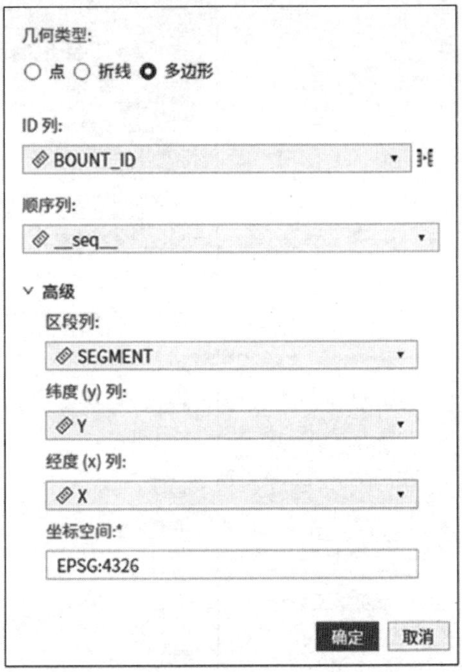　　(b) 基于CAS表的"新建地理数据提供程序"窗口(下)

图 19.3　新建基于 CAS 表的地理数据提供程序

19.2　创建地理位置数据项

在 SAS Visual Analytics 中,地理位置数据项作为一种特殊类型的数据项,实际上是将类别项或测度项,映射到一个地理位置(其值与地图上的某个位置相关联)。然后可以使用此地理位置项,在地图上显示对象的其他属性数据。例如,全球气候数据集中包含的地理数据,记录了全球各个国家或地区的经、纬度数据,可以使用它们创建地理位置数据项,而数据集中的气温、降水量等信息作为属性数据,就可以显示在地图中对应的位置。当然,地理位置数据项也可以作为普通类别项使用。

本节介绍如何基于不同的地理位置数据源,创建地理位置数据项。包括基于"地理名称或代码查找"、"数据中的经纬度"、基于 ESRI 地图项服务的"地理数据提供程序"、基于 CAS 表的"地理数据提供程序"等的创建方法。

SAS Visual Analytics 提供了两个入口,可以创建地理位置数据项,分别是:

(1) 在主界面左侧的"数据"窗格中,单击已加载的数据源下的"＋ 新建数据项"链接,从弹出的菜单中单击"地理位置项"开始创建操作。

(2) 在主界面左侧的"数据"窗格中,单击已加载的数据源下的某个类别或测度数据项右边的 ⌄ 图标,然后,从"分类"下拉列表中选择"地理位置项",将打开"编辑地理位置"窗口。该操作实际是将所选择的类别项或测度项,转换为一个地理位置数据项。

本节介绍以(1)为例,(2)的操作方法与(1)类似。

1. 使用"地理名称或代码查找"创建

这里使用样例数据集 RAND_RETAILDEMO,按其 State 项的值且基于系统提供的地理名称或代码,创建一个地理位置项来与地图上的位置对应。具体创建步骤如下:

（1）在主界面左侧的"数据"窗格中,单击已加载的数据源下的"＋ 新建数据项"链接,从弹出的菜单中单击"地理位置项",打开"新建地理位置"窗口。

（2）接着,在"新建地理位置"窗口中给出该地理位置数据项的名称,如图 19.4 中的"地理位置项 State"。

（3）单击"基于"下拉列表,从中选择该地理位置所基于的 State 字段;我们通过数据探索,可以知道 State 项的值是美国州名的缩写。

（4）在"地理位置数据源"下拉列表中,选择"地理名称和代码查找"。

（5）在"名称或代码上下文"下拉列表中,显示系统提供的预定义地理名称或代码的列表。每种系统预定义的地理名称或代码的样例数据,读者可以参考本书附录的相关样例表。本例选择"美国州缩写"。

（6）此时,在该窗口右侧将显示 State 项值与"美国州缩写"的匹配情况,并显示数据映射的百分比。对那些未被正确映射的值,会列出其中前五个值供用户参考。如图 19.4 所示,本例为 100% 的映射。

（7）单击"确定"按钮,成功完成"地理位置项 State"的创建。

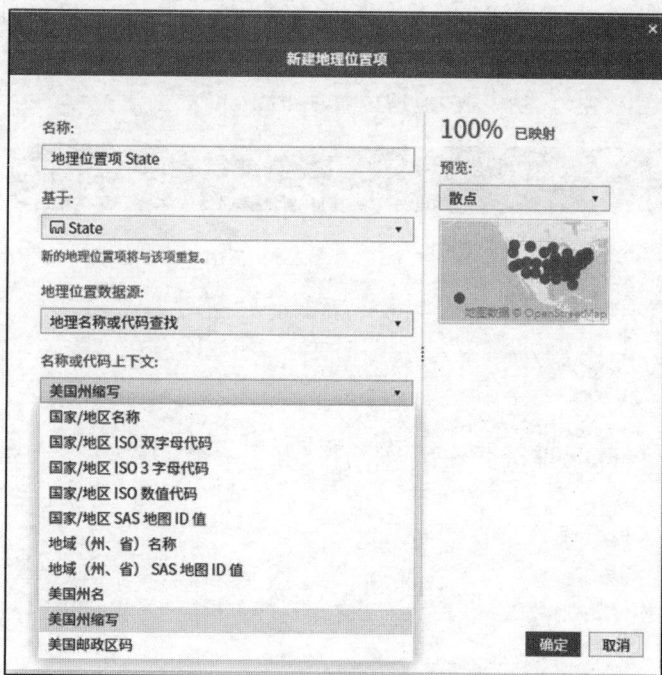

图 19.4 新建地理位置项——使用系统提供的地理名称或代码

2. 使用"数据中的经纬度"创建

这里使用的依然是 RAND_RETAILDEMO 样例数据集。我们将使用类别项 Region 且基于"数据中的经纬度",创建一个地理位置项来确定其在系统地图上的位置。该地理位置项的经纬度数据取自样例数据集中的 Region_Lat、Region_Long 字段值,具体创建步骤如下：

（1）在主界面左侧的"数据"窗格中，单击已加载的数据源下的"＋ 新建数据项"链接，从弹出的菜单中单击"地理位置项"，打开"新建地理位置"窗口。

（2）在"新建地理位置"窗口的"名称"框中，输入该地理位置数据项的名称，如图 19.5 中的"地理位置项 Region"。

（3）单击"基于"下拉列表，从中选择该地理位置所基于的类别项 Region；在"地理位置数据源"下拉列表中，选择"数据中的经纬度"。

（4）然后，在"纬度（y）"下拉列表中，选择 Region_Lat 项；在"经度（x）"下拉列表中，选择 Region_Long 项。

（5）接着可以在"坐标空间"下拉列表中，设置数据中的经纬度值对应的坐标空间。该下拉列表中给出 SAS Visual Analytics 支持的坐标空间，包括 Web 墨卡托、世界测度系统（WGS84）、英国国家格网（OSGB36）、新加坡横轴墨卡托投影及自定义坐标空间。如果要使用自定义坐标空间，则需要按 EPSG 空间引用编码或 PROJ 语法（请参考 https://spatialrefe rence.org 和 https://proj.org/）的要求，进一步输入坐标空间定义（例如，WGS84 坐标空间的定义为 ＋proj＝longlat＋ellps＝WGS84＋datum＝WGS84＋no_defs）。

（6）本例使用默认的坐标空间"世界测度系统（WGS84）"。此时，在该窗口右侧将显示 Region_Lat、Region_Long 项的值，与选定坐标空间的匹配情况并给出数据映射的百分比。对那些未被正确映射的值，会列出其中的前五个值供用户参考。可以看到本例为 100％的映射，如图 19.5 所示。

（7）单击"确定"按钮，成功完成"地理位置项 Region"的创建。

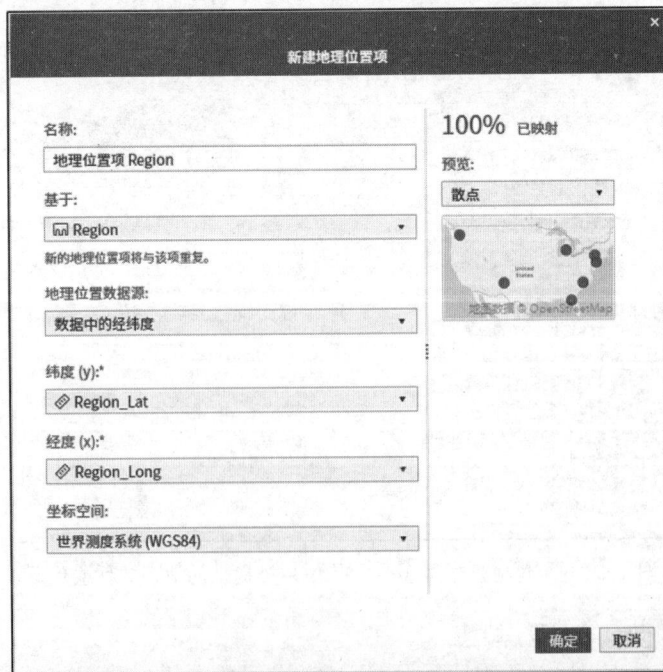

图 19.5　新建地理位置项——使用数据中的经纬度

3. 使用 ESRI 地图项服务的"地理数据提供程序"创建

这里使用基于 ESRI 地图项服务的"地理数据提供程序",给出创建一个地理位置数据项的示例。我们使用前面创建的"Esri US States FIPS"地理数据提供程序。

为简单起见,我们需要运行以下 SAS 代码,创建一个数据集 States_FIPS 作为样例数据集,其中包含的数据列为 StateFIPS、StateName、StatisticVal。加载该数据集后,使用其StateFIPS 列作为 ID 列,与 ESRI 地图项服务"地理数据提供程序"指定的 ID 列 STATE_FIPS 进行值匹配。

```
data States_FIPS;
    length StateFIPS $ 2;
    input StateFIPS $ 1 - 2 StateName $ 3 - 15 StatisticVal 16 - 20;
    format StatisticVal 8.0;
    datalines;
01 ALABAMA       8600
01 ALABAMA       8520
04 ARIZONA       9360
04 ARIZONA       8520
05 ARKANSAS      8360
06 CALIFORNIA    9270
06 CALIFORNIA    8120
06 CALIFORNIA    8780
06 CALIFORNIA    9340
06 CALIFORNIA    8720
06 CALIFORNIA    8735
09 CONNECTICUT   8780
09 CONNECTICUT   9270
09 CONNECTICUT   8780
;
run;
```

使用上面生成的数据表 States_FIPS 中的类别项 StateName,以及名为"Esri US States FIPS"的地理数据提供程序,创建一个地理位置项的具体步骤如下:

(1) 在主界面左侧的"数据"窗格中,单击已加载的数据源下的"＋ 新建数据项"链接,从弹出的菜单中单击"地理位置项",打开"新建地理位置"窗口。

(2) 在"新建地理位置"窗口,给出要创建的地理位置数据项的名称,如图 19.6 所示的"地理位置项 FIPS"。

(3) 单击"基于"下拉列表,选择要创建的地理位置项所基于的数据字段,该字段用于显示该地理位置项的标签。本例选择 STATENAME 字段。

(4) 在"地理位置数据源"下拉列表中,选择"地理数据提供程序",并在图 19.6 的"地理数据提供程序"下拉列表中,选择前面创建的名为"Esri US States FIPS"的地理数据提供程序。

(5) 设置数据源表中的 ID 列。一般情况下,该 ID 列的值应与地理数据提供程序中 ID 列的值相匹配。选定 ID 列后,该窗口右侧将显示数据源表中 ID 列与所选的"地理数据提供程序"中 ID 列的匹配情况。对那些未被正确映射的值,会列出其中的前五个值供用户参考。

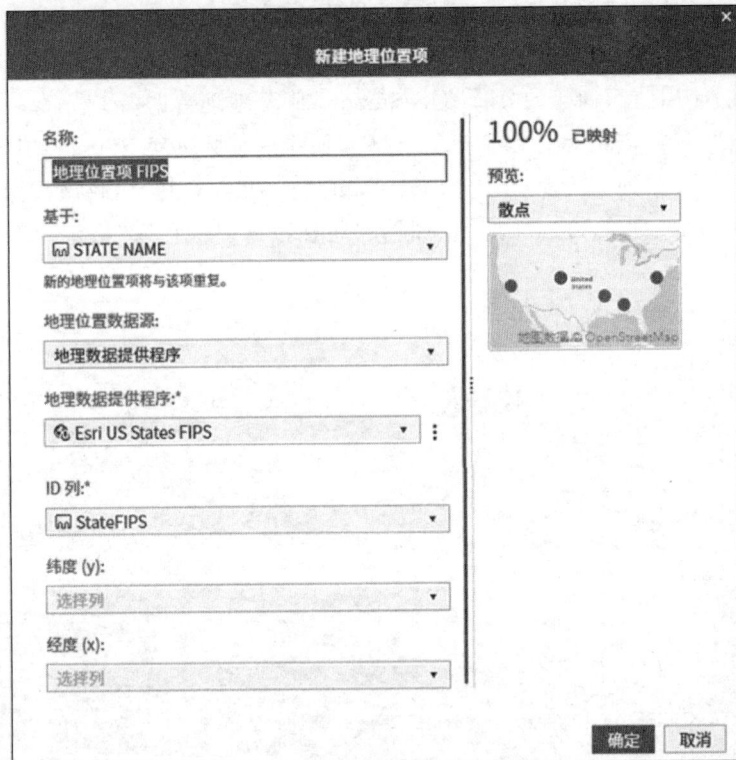

图 19.6　新建地理位置项——使用基于 ESRI 地图项服务的地理数据提供程序

如图 19.6 所示,本例选择数据表的 StateFIPS 列作为 ID 列,可以看到 100% 的映射。当然,还可以进一步选择数据源表中的纬度(y)列、经度(x)列,本例省略这两项。

(6) 单击"确定"按钮,成功完成"地理位置项 FIPS"的创建。

4. 使用 CAS 表的"地理数据提供程序"创建

接下来介绍的是使用基于 CAS 表创建的"地理数据提供程序",创建一个地理位置项。通常我们可以选择不同于地理数据提供程序的 CAS 表作为数据源表,只要两者的地理位置项的值能够进行正确映射即可。这里为简单起见,使用之前创建的"BJ County"地理数据提供程序,并基于数据源表 BJCOUNTY 的数据项 NAME99,创建一个名为"地理位置项 BJ"的地理位置项。具体创建步骤如下:

(1) 在主界面左侧的"数据"窗格中,单击已加载的数据源表 BJCOUNTY 下的"＋ 新建数据项"链接,从弹出的菜单中单击"地理位置项",打开"新建地理位置"窗口。

(2) 在"新建地理位置"窗口,给出要创建的地理位置数据项的名称,如图 19.7 所示的"地理位置项 BJ"。

(3) 单击"基于"下拉列表,选择要创建的地理位置项所基于的数据项,其值用于显示该地理位置项的标签。本例选择数据项 NAME99。

(4) 在"地理位置数据源"下拉列表中,选择"地理数据提供程序",并在下面的"地理数据提供程序"下拉列表中,选择之前创建的名为"BJ County"的地理数据提供程序。

(5) 接着,设置数据源表的 ID 列、纬度(y)列、经度(x)列、坐标空间等。一般情况下,ID

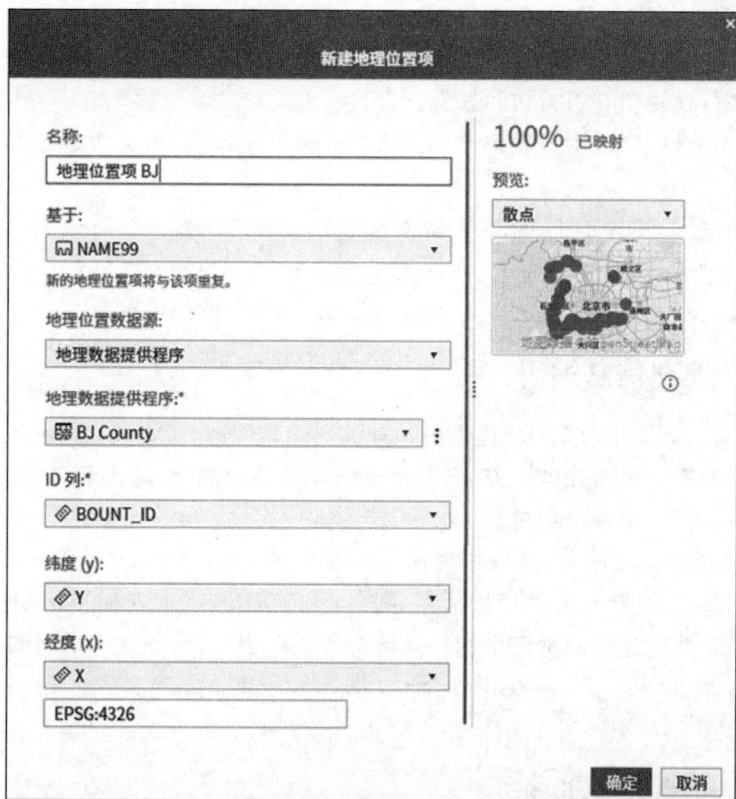

图 19.7 新建地理位置项——使用基于 CAS 表的地理数据提供程序

列的值应与地理数据提供程序中 ID 列的值匹配；坐标空间默认为 EPSG：4326。设置完成，该窗口右侧将显示数据源表中的纬度(y)列、经度(x)列的值，与"地理数据提供程序"的匹配情况，并给出数据映射的百分比。对那些未被正确映射的值，会列出其中的前五个值供用户参考。本例中，可以看到 100% 的映射，如图 19.7 所示。

（6）单击"确定"按钮，成功完成"地理位置项 BJ"的创建。

19.3 地理数据表扩充

通过与 ESRI 公司的 ArcGIS 地图服务器的深度集成，SAS Visual Analytics 提供以高度交互的方式访问 ArcGIS 地图、检索地图、增强地理空间数据可视化体验、地理数据表的扩充功能等。其中，地理数据表的扩充功能包括 ESRI 的地理编码服务及获取 ESRI 的相关人口统计信息的地理信息扩充服务(Geo Enrichment Service)。

当然，这些服务是为具有 ESRI 高级服务相关授权的企业用户提供的，通过一定的授权才能使用。SAS Visual Analytics 的授权设置包括：

（1）SAS Visual Analytics 用户需要单击"应用程序选项"菜单的"设置"菜单项，然后单击"SAS Visual Analytics"下面的"地图"链接；在右侧的选项区域，选择"接受 Esri ArcGIS 在线服务条款和条件"选项；接着，单击下面的"启用 Esri 高级服务"按钮，并在弹出的对话框中，输入 ESRI 在线账号的用户 ID 和密码(注：可以访问 esri.com 网站上的登录链接，来验证这些凭据是否有效）。

（2）由系统管理员在 SAS Environment Manager 应用程序中,将用户添加到"Esri Users"用户组中,以便获取相关访问权限。

获得上述相关授权后,用户重新登录 SAS Visual Analytics,就可以使用相关的 ESRI 高级集成功能。

本节简要介绍 ESRI 地理信息编码服务及地理信息扩充服务。有关 ESRI 人口统计信息数据集合的查询工具,以及在 SAS Visual Analytics 中创建包含地理信息编码的数据表操作、对数据表进行人口统计等相关地理信息扩充的示例,请扫描本章二维码查看。

19.3.1 地理信息编码

地理信息编码服务是由 ESRI 提供的地理编码搜索服务,可以将地址或地名转换为经、纬度坐标,并在地图上显示出来。该服务能够对世界各地的地址、地标等地名信息提供搜索,并返回准确可靠的地理坐标信息。

已经启用 ESRI 高级服务、获取相关授权的 SAS Visual Analytics 用户,可以使用地理信息编码服务,将 CAS 数据表的地址信息,提供给 ESRI 的 ArcGIS 世界地理编码服务,进行地理编码搜索,并将返回的地理坐标信息等与数据源表结合,创建一个新的包含每一行地址所对应纬、经度坐标及其在 ESRI 地址数据库中地址的 CAS 数据表,供 SAS Visual Analytics 或其他 SAS Viya 平台的应用程序进行分析或生成报表。

19.3.2 地理信息扩充

地理信息扩充服务是由 ESRI 提供的扩充地理位置相关信息的服务,能够查找世界各地的人口统计信息及其他位置信息,包括人口、收入、住房、消费者行为和自然环境等方面的信息。该服务提供总计超过 15000 个数据字段,覆盖 150 多个国家和地区的相关信息,可用于检索与地理位置或周围区域相关联的数据,以便更好地对该地理区域的信息进行理解和分析,做出更明智的决策。

ESRI 的地理信息扩充服务,通过其独特的数据分配算法,聚合多种地理几何形状范围内的人口统计信息,返回给地理信息扩充请求端。例如,在美国和加拿大,ESRI 的数据分配主要依赖于人口普查点(即人口普查区块算出的质心),这是当地最详尽的人口普查制表级别,包含居住在相关街区的实际人口和家庭数量等信息;对于大多数其他国家和地区,数据分配主要依赖于定居点(由 Esri 模型生成,并提供定居可能性的估计值)。

通过向 ESRI 地理信息扩充服务发送请求,指定一个地理几何形状及相关参数,地理信息扩充服务将返回所请求区域的相关人口统计信息数据。一般地,请求 ESRI 地理信息扩充服务,需要指定的参数主要包括:

1) 研究区域

指定请求区域的地理几何形状,可以是点、线、多边形或行驶时间区域等。对研究区域(Study Area),最简单的几何点、线,默认是使用围绕该点或线周围一英里的区域,作为研究区域;几何多边形是该多边形形成的区域,作为研究区域;行驶时间区域是从某个点出发经过一定行驶时间所形成的区域。

2）要请求的数据变量

就是要返回请求区域的人口统计信息，如总人口数、家庭收入等。ESRI 提供了人口统计信息数据集合的查询工具，帮助人们查询该数据集合中的人口统计数据变量。

ESRI 公司提供世界上几乎每个国家或地区的相关人口统计信息数据集。其地理信息扩充服务使用每个国家/地区特定的唯一双字符缩写 ID，用作向服务的 sourceCountry 参数传递该国家/地区的 ID 值，以便从 ESRI 数据库中查询有关国家/地区的信息。

在 SAS Visual Analytics 中已经启用 ESRI 高级服务、获取了相关授权的用户，可以使用地理信息扩充服务，将 ESRI 提供的这些扩充人口统计信息，与 CAS 中的数据表相结合，从而可以创建包含与 CAS 表的地理位置相关联的 ESRI 数据列。例如，可以结合数据表中的邮政编码，获取 ESRI 提供的该邮编区域内的人口、收入等统计信息，并进一步在 SAS Visual Analytics 或其他 SAS Viya 平台的应用程序中进行分析或生成报表。

19.4　地理分析对象

我们已经知道，现实世界中的地理空间数据，一般由描述地理空间的方位数据和描述空间对象的属性数据组成。前面已经介绍，针对描述地理空间的方位数据，可以通过创建地理位置数据项对应到地图的某个位置。而针对描述空间对象属性的数据，则采用离散值或连续值的方式直接进行记录，并可以结合地理位置项，在地图上通过点、线、面等视觉标记，以及位置、颜色、形状和大小等视觉通道，更形象直观地进行可视化展示，这就需要用到各种地理分析对象。

SAS Visual Analytics 最新版本支持 10 种地理分析对象（也简称为地图对象）。本节仅简要说明这些地理分析对象的特点，受篇幅所限，有关这些地图对象的示例、创建方法、数据角色分配、选项设置，以及其所支持的动态交互操作等详细内容，请扫描本章二维码进行查看。

SAS Visual Analytics 中的地理分析对象，都可以通过对应的选项，来设置是否显示背景地图。默认为启用该选项，即显示背景地图。背景地图的来源，可以是 OpenStreetMap、ESRI ArcGIS 在线地图，或其他定制的背景图等。

另外，每个地理分析对象都可以通过其"选项"窗格中的"更改类型"链接，便捷地转换为其他类型的地理分析对象。例如，地理坐标图可以转换为地理气泡、地理聚类、地理等值线、地理区域、地理线或地理饼图等。需要注意的是，为了能进行这种转换，应确保其数据表结构和数据列分配均可满足目标地理分析对象的要求。

19.4.1　地理坐标

SAS Visual Analytics 的地理坐标对象，显示带有数据点的地图。每个数据点在地图上的位置，由选定的地理位置项确定。最简单的地理坐标图，只使用圆点标记地理位置的数据项，并不与任何属性数据直接相关联。要显示属性数据，可以将其对应数据项设置为圆点的大小、颜色等角色。如果数据集中有适合的日期、时间项，地理坐标图可以支持动画显示效果。

另外，SAS Visual Analytics 的地理坐标图，支持添加一种特殊的显示规则——图标显示规则，这种显示规则使用指定的图标显示在特定地理位置。具体方法读者可以参考第 14

章中有关显示规则的内容。

19.4.2　地理气泡

　　SAS Visual Analytics 的地理气泡对象,显示带有气泡的地图。每个气泡在地图上的中心位置,由选定的地理位置项确定。地理气泡图与地理坐标图非常类似,区别仅在于地理位置项必须至少与一个属性数据项关联,该属性数据项的值用来决定气泡的大小。其他的属性数据,可以用来设置气泡的颜色、显示标签等。如果数据集中有适合的日期、时间项,地理气泡图也支持动画显示效果。

19.4.3　地理等值线

　　SAS Visual Analytics 的地理等值线对象,显示带有阴影区域或线条的地图。这些阴影区域或线条在地图上的中心位置,由选定的地理位置项确定。地理等值线图,本质上是一种二维密度图,分别用地理位置的经、纬度,作为二维密度图的两个维度;而阴影区域或线条,是由其对应的属性数据值的密度或分布情况决定的。

　　值得一提的是,地理等值线图可以在"选项"窗格中设置其基准等值线,即当某些地图区域没有对应的属性数据值时,该选项指定在计算等值线时用什么基准值代替。不同的基准等值线设置,生成的地理等值线图也会不同。

19.4.4　地理区域

　　SAS Visual Analytics 的地理区域对象,显示带有完整区域轮廓的地图,并根据某个对应属性数据值为各个区域着色。这些着色区域的轮廓,由选定的地理位置项确定,区域的颜色由其属性数据值的大小决定。

　　需要注意的是,地理区域图只能接受可以标识区域的地理位置项,不支持使用基于经纬度或基于邮政编码等位置点的地理数据项,或基于地理几何点/几何折线的"地理数据提供程序"所创建的地理位置项。因为此时区域图无法获取完整区域轮廓的地理方位数据。另外,如果数据集中有适合的日期、时间项,地理区域图也支持动画显示效果。

19.4.5　地理饼图

　　SAS Visual Analytics 的地理饼图对象,使用饼图显示不同类别值对应的测度聚合值在地图上特定地理位置的分布情况。例如,美国各州的不同类型消费品的销售额情况。饼图的中心位置,由选定的地理位置项确定;每个饼图各扇区的颜色,由其对应的类别值决定,饼图各扇区的面积大小,由对应的测度聚合值大小决定。

　　与饼图类似,地理饼图支持使用圆环形或饼形图进行显示。另外,如果数据集中有适合的日期、时间项,地理饼图也支持动画显示效果。

19.4.6　地理聚类

　　SAS Visual Analytics 的地理聚类对象,是将地理坐标图中位置彼此临近的几个数据点,聚合显示为单个聚类标记,而每个聚类标记上的数字,代表与其位置临近的数据点数量。如果系统评估某些数据点的位置距离其周围点的距离较远,将单独显示为不同颜色的独立散点。

当为地理聚类图的"颜色"角色分配了数据项,可以进一步设置按值对聚类进行着色:如果"颜色"角色分配的是类别项,则可以设置颜色突出显示的是该类别项中最显著的主导值或最不显著的次要值;如果"颜色"角色分配的是测度项,则可以设置颜色所代表的该测度项之聚合类型(如平均值、中位数、总和等)。

需要注意的是,每当对地理聚类图进行缩放或平移时,系统会自动重新评估聚类并进行显示。如果缩放或平移地图导致某些地理位置不再位于视窗范围之内,则视窗之外的地理位置也不再参与聚类评估。另外,如果在地理聚类图上添加显示规则,聚类标记的显示不受显示规则的影响,显示规则只影响地理聚类图中未参与聚类的散点标记。

19.4.7 地理线

地理线对象能够根据地理位置项所确定的方位,显示出地理路线,如公交路线、铁路、高速公路、电线线路、水管线路等。SAS Visual Analytics 地理线对象的特别之处,在于它能使用的地理位置数据项比较特殊:只有基于地理几何"折线"类型的地理数据提供程序所创建的地理位置项才能用于地理线图。这里所说的"折线"类型,是将很多个地理位置点按路线ID分类、并连接成线段所形成的折线。

地理线对象支持"模式"角色,可以指定地图上各条路线的显示模式(如实线、点画线、虚线等)。并且,可以通过"宽度"角色与"固定线条粗细"选项,来决定路线显示的粗细。

19.4.8 地理网络

SAS Visual Analytics 的地理网络对象,实际上是将地理坐标对象与网络分析对象结合起来的一种组合对象。地理网络对象中每个节点的位置,由选定的地理位置项确定;地理位置节点之间通过连接线构成网络,来显示地理位置项之间的联系:通过节点的大小、颜色,或通过连线的粗细、颜色,来表示相互间的比例或联系等。与网络分析对象一样,地理网络对象也支持两种网络结构:层次结构网络与未分组网络。相关内容的细节,读者可以参看第18章。

图19.8为地理网络图的一个示例。这是一个未分组网络,显示的是北京故宫中部分景点的网络分布。值得注意的是,与网络分析对象类似,地理网络图对数据表的结构有一定要求。可以扫描本章二维码,获取创建该地理网络图数据集的 SAS 代码。图中的地理位置项使用"数据中的经纬度",分别基于 From 和 To 列创建,并将它们分配给"源"和"目标"角色。

另外,地理网络图支持显示最短路径的交互分析。当在地理网络图中选中两个或多个节点,其右键菜单的"选择"菜单项下提供了一个"最短路径"子菜单项。单击该子菜单项,系统将自动在所选择的节点之间找到连接这些节点的一条最短路径,并高亮显示出来。如果选择的是两个节点,则返回两个节点之间的最短路径。如果选择了两个以上的节点,则使用每个选定节点的配对之间的最短路径,构成最终返回的最短路径。如果返回的最短路径不止一条,则显示所有的最短路径。目前,SAS Visual Analytics 中提供的最短路径,只是选择连接两个节点所经过的节点数最少的路径,没有计算权重或间距大小。如果有这种需要,可以选用 SAS Viya 的优化产品。

在图19.8的地理网络图示例中,如果选中九龙壁与钟粹宫两个节点,可以高亮显示两个节点之间的最短路径。如图19.9所示,是游览北京故宫时,从九龙壁到钟粹宫经过景点

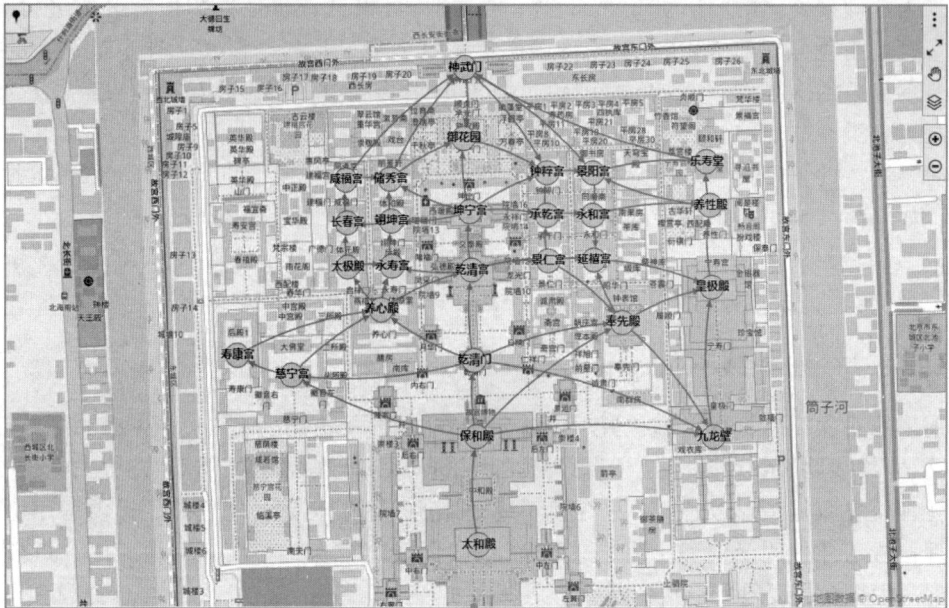

图 19.8　地理网络图示例(彩色图片可扫描附录二维码查看)

数最少的路径。这两个节点之间的最短路径一共有 3 条,均是从起点九龙壁出发、途经 3 个景点到达终点钟粹宫。

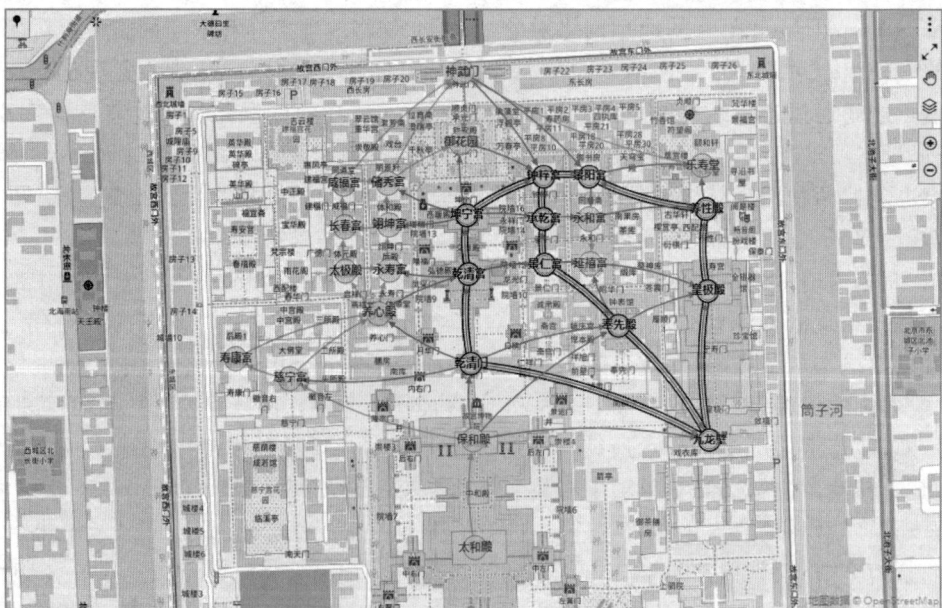

图 19.9　地理网络图最短路径示例(彩色图片可扫描附录二维码查看)

19.4.9　地理线坐标

SAS Visual Analytics 的地理线坐标对象,是根据一个地理位置项所确定的方位显示出地理路线,同时根据另一个地理位置项绘制数据点,显示其对应的属性数据。例如,公交路线及各个站点、水管线路及各个维护口等,都可以用地理线坐标对象来显示。地理线坐标对象可以看作在地理线对象上,叠加了地理坐标对象(散点图)形成的组合图形。

与地理线对象类似,地理线坐标对象的特别之处,也是只能使用"折线"几何类型所创建的"地理数据提供程序",来创建用于显示地理路线的地理位置项。而用于显示属性数据的地理位置项,则没有这个限制。如果数据集中有适合的日期、时间项,地理线坐标对象也支持动画显示效果。

19.4.10　地理区域坐标

SAS Visual Analytics 的地理区域坐标对象,是根据一个地理位置项所确定的方位,显示完整的区域轮廓,同时根据另一个地理位置项绘制数据点,显示其对应的属性数据。其中,完整轮廓的区域可以根据某个对应属性的数据值大小进行着色;显示对应属性数据的数据点,可以设置其大小、颜色等。地理区域坐标对象可以看作在地理区域对象上,叠加了地理坐标对象形成的组合图形。

如果数据集中有适合的日期、时间项,地理区域坐标图也支持动画显示效果。需要注意的是,与地理区域对象类似,地理区域坐标对象中的区域地理位置角色,不支持使用"基于经纬度"或"基于邮政编码"所创建的地理位置项,或基于地理几何点/折线的"地理数据提供程序"所创建的地理位置项;而用于显示属性数据的地理位置项,则没有这个限制。

19.5　地理分析对象的交互操作

SAS Visual Analytics 为所有的地理分析对象,提供了一些交互操作,以更好地进行地理对象的相关分析,主要包括:

(1) 缩放与平移。

(2) 显示与隐藏图层。

(3) 位置搜索与位置图钉。

(4) 地理选择。

- 基于与位置图钉的半径距离。
- 基于位置图钉的出行时间(含驾车、卡车或步行等模式)。
- 基于位置图钉的出行距离(含驾车、卡车或步行等模式)。

(5) 显示地理选择区域的人口统计数据。

(6) 交互式绘制路线。

(7) 标识地理位置。

(8) 启用数据标签稀化。

受篇幅所限,有关这些地理对象交互操作的具体内容,请扫描本章二维码查看。

19.6　习题

(1) SAS Visual Analytics 支持哪三种方式指定地理位置数据源？如何创建一个地理数据提供程序？

（2）SAS Visual Analytics 提供的地理分析对象有哪些？分别有什么特点？

（3）SAS Visual Analytics 提供了哪几种创建地理位置数据项的方式？分别如何创建？

（4）地理分析对象支持哪些交互操作？

19.7 本章小结

本章从位置数据及其记录格式出发，首先介绍如何导入 shapefile 文件，从而生成地理数据表；然后介绍了系统所支持的地理位置数据源，以及如何使用不同的地理位置数据源，创建地理位置提供程序和地理位置数据项；同时，简要介绍了基于 ESRI 的地理数据表扩充的相关内容。

本章还介绍了 SAS Visual Analytics 提供的 8 种地理分析对象及 2 种组合地理分析对象。受到篇幅限制，这些地理分析对象的具体创建方法、数据角色分配、选项设置、动态交互操作、进行地理分析对象的动态交互分析示例等相关说明，以及导入 shapefile 文件生成地理数据表和创建地理网络图示例的数据集和代码、进行地理数据表扩充的示例等内容，请扫描本章二维码进行阅读。

第 20 章

内容对象与Viya作业

电子资源

SAS Viya 平台是一个开放的分析平台,SAS Visual Analytics 系统也秉持开放的理念,支持使用第三方的可视化对象,包括来自非 SAS Visual Analytics 的其他应用及非 SAS 应用提供的内容。

本章将介绍如何使用 SAS Visual Analytics 提供的 3 个支持第三方内容的对象和 Viya 作业,及对第三方可视化图形或内容对象的访问与交互操作。

20.1 三个内容对象

SAS Visual Analytics 提供了三个内容对象:数据驱动内容、Web 内容及作业内容对象,可以实现对第三方内容的支持。这里的第三方内容,可能来自非 SAS Visual Analytics 或非 SAS 应用提供的内容。这三个内容对象也体现了 SAS Viya 平台的开放性理念。

20.1.1 数据驱动内容

SAS Visual Analytics 所提供的数据驱动内容对象,允许在报表中通过第三方可视化图形来显示数据。只要是基于 JavaScript 图表框架(如 D3. js、Google Charts 或 CanvasJS 等)生成的第三方可视化图形,都可以用数据驱动内容对象,在 SAS Visual Analytics 中进行展示,并可执行与报表中其他对象一样的过滤器、排名和自动操作等交互操作。值得一提的是,要灵活使用数据驱动内容,需要具备一定的 JavaScript 编程技能。

1. 创建

要创建一个数据驱动内容对象,在 SAS Visual Analytics 主界面中:

(1) 单击左侧边栏的 ⊾ 图标,可以看到" > 内容"链接。

(2) 单击该链接,展开后选择"数据驱动内容",双击鼠标或按住鼠标拖曳将这个数据驱动内容对象添加到工作区。

2. 设置 Web 内容 URL

创建数据驱动内容对象后,需要在"选项"窗格设置 Web 内容 URL,如图 20.1(b)所示。实际上,该 URL 是包含第三方可视化图形的一个网页,默认设置为当前系统的 /resources/custom_table. html 文件。本节将带领读者编写一个包含谷歌日历的网页,为方便读者使用,也可以直接设置为 https://sbjciw. github. io/DDC/google_Calendar_zh. html。

3. 分配数据角色

数据驱动内容对象的基本数据角色是"变量",可以为它分配任意数量的类别项或测度项。值得注意的是,数据驱动内容对象使用的数据集,需要满足其第三方可视化图形的数据结构要求,并加载到 CAS 中。另外,我们为数据驱动内容对象所分配的数据项,应该只包含第三方可视化图形要求的数据项,且数据项的名称、格式和顺序也应该保持一致,确保符合第三方可视化图形的要求。

这里需要注意:由于安全性考虑,在 URL 框中设置的包含第三方可视化图形的展示页面,必须通过超文本传输安全协议(HTTPS)进行访问。如果使用普通的超文本传输协议(HTTP)提供,则数据驱动内容对象将无法在 SAS Visual Analytics 中正常显示和使用。

我们以第三方可视化图形"谷歌日历"为例说明数据角色的分配。所使用的样例数据集可以访问 https://github.com/sbjciw/DDC/blob/master/data/ddc.xlsx 进行下载,该数据集满足谷歌日历可视化图形需要的数据结构要求。将该数据集导入并加载到 CAS 中,然后将数据集的 salesdate 和 sales 两个数据项分配给"变量"角色。如图 20.1(a)所示,这两个数据项分别是日期型和数值型变量,其中,salesdate 数据项的格式需要按照第三方可视化图形支持的格式设置为 DDMMYYYY(DDMMYY8.)。

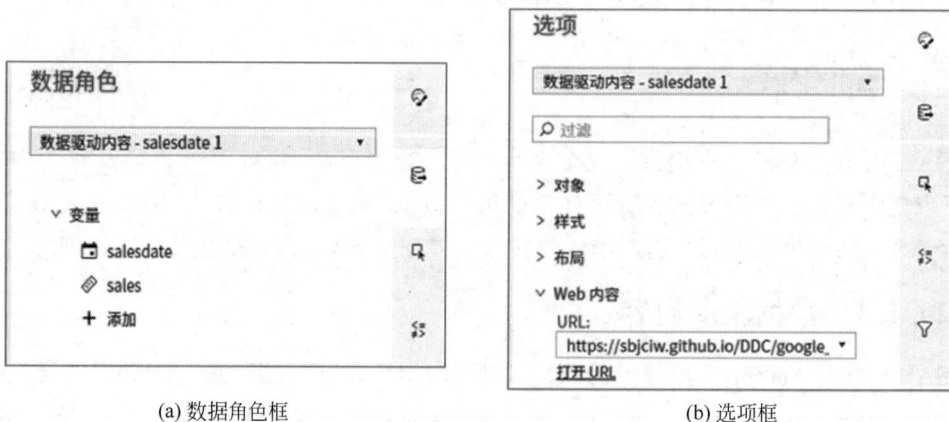

(a) 数据角色框　　　　　　　　　(b) 选项框

图 20.1　数据驱动内容对象的数据角色和选项

添加完数据后,数据驱动内容对象将以 SAS Visual Analytics 提供的默认页面形式显示其中的数据(该页面默认为/resources/custom_table.html),如图 20.2 所示。只有当设置好第三方可视化图形的 HTML 页面后,才会在 SAS Visual Analytics 中以第三方可视化图形进行数据展现,如图 20.3 所示。

4. 加载第三方可视化图形

受篇幅所限,请扫描本章二维码,查看在 SAS Visual Analytics 中加载第三方可视化图形的具体步骤与代码,及其与 SAS Visual Analytics 的图表对象进行数据交互的详细说明。

20.1.2　Web 内容

SAS Visual Analytics 所提供的 Web 内容对象,将显示在 iFrame 内联框架中,使得我们可以在报表中直接嵌入第三方的网页或视频。Web 内容对象无法与 SAS Visual Analytics 中的其他对象进行数据传递和交互。如果需要与其他对象进行数据传递和交互,

The data-driven content object enables you to incorporate your own content, like a calendar object, into a SAS Visual Analytics report.

	salesdate	sales
☐	10/15/2020	1500
☐	10/16/2020	1800
☐	10/17/2020	2100
☐	10/18/2020	2500
☐	12/21/2020	2500
☐	01/06/2021	3500
☐	05/15/2021	3500
☐	05/16/2021	3800
☐	05/17/2021	3500
☐	05/18/2021	3800
☐	06/16/2021	4000
☐	08/15/2021	4500

图 20.2　数据驱动内容对象的默认页面示例

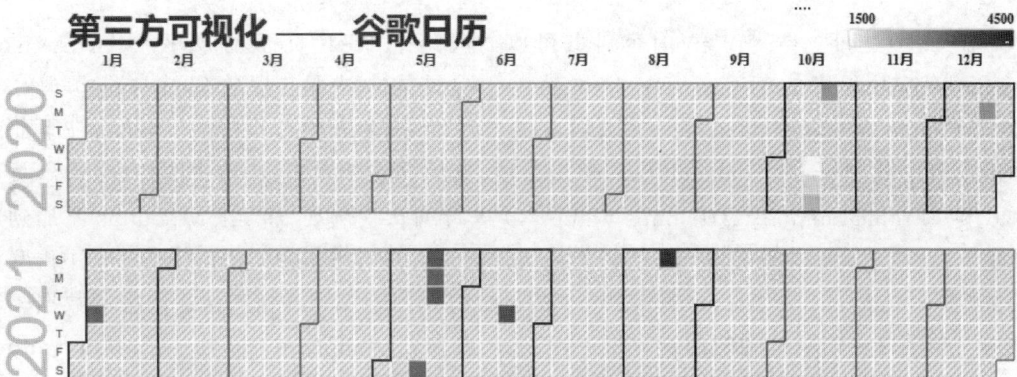

图 20.3　第三方可视化图形示例

应该使用数据驱动内容对象。另外,如果被嵌入的第三方网页或视频内容,不能在 iFrame 内联框架中显示,则不能用于 Web 内容对象中。

1. 创建

要创建一个 Web 内容对象,在 SAS Visual Analytics 主界面中:

(1) 单击左侧边栏的 ╚ 图标,可以看到"＞内容"链接。

(2) 单击该链接,展开后选择"Web 内容",双击鼠标或按住鼠标拖曳将这个 Web 内容对象添到工作区。

2. 设置 Web 内容 URL

要使用 Web 内容对象,与数据驱动内容对象的图 20.1(b)类似,需要在"选项"窗格设置 Web 内容的 URL。

默认情况下,Web 内容对象的 URL 设置为一段 SAS Visual Analytics 的推介视频。Web 内容对象支持的 URL 包括:直接输入该 URL 路径框中第三方网页或视频的页面路径;使用超文本传输安全协议(HTTPS)、能够显示在 iFrame 内联框架中的任何 Web 网页或视频路径等。

如果在 Web 内容下的 URL 栏中,输入一个 URL 路径,将在报表页面中显示 URL 对应的 Web 页面。例如,在 URL 中输入 https://www.sas.com/cn,Web 内容对象将显示 SAS 中文官网的页面内容,如图 20.4 所示。在报表页面的 Web 内容对象中,可以像浏览普通 Web 页面一样,单击页面中的链接等进行 Web 访问等操作。例如,单击图 20.4 左上角的"软件"链接,该报表页面将进入 SAS 中文官网的软件页面,显示该页面的内容。

图 20.4　Web 内容对象示例

需要注意的是,要使 Web 内容对象可以访问某个 URL 页面,需要设置 SAS Visual Analytics 应用程序的 IFrame Sandbox 特性值。具体方法是:以管理员身份登录 SAS Environment Manager,进入"配置"页面,在"查看"下拉列表中选择"定义",然后在下面列出的项目中找到 sas.visualanalytics,单击该项,然后在右侧单击 ✐ 编辑图标,在弹出页面中找到"IFrame Sandbox Attribute Value:"项进行编辑。例如,将 allow-popups 添加到默认值的后面,以允许内联框架(iframe)使用弹出窗口。这样 SAS Visual Analytics 中内联框架的"IFrame Sandbox Attribute Value:"的设置将作用于 Web 内容、作业内容和数据驱动内容对象等基于内联框架的内容对象上,其默认值为 allow-forms allow-presentation allow-same-origin allow-scripts。

20.1.3　作业内容

SAS Visual Analytics 所提供的作业内容对象,允许在报表中通过 Viya 作业访问 SAS 程序,并将来自 SAS Viya 作业的输出显示在报表的作业内容对象中。作业内容对象显示在 iFrame 内联框架中。图 20.5 是 Viya 系统提供的样例作业(MEANS Procedure Executed Using CAS)在作业内容对象中运行的结果页面。有关 Viya 作业的更多内容将在下一节介绍。

通过作业表单提供的作业参数,SAS Visual Analytics 可以显示由不同作业输入参数所运行的作业输出结果。

1. 创建

要创建一个作业内容对象,在 SAS Visual Analytics 主界面中:

(1)单击左侧边栏的 ⌇ 图标,可以看到" > 内容"链接。

(2)单击该链接,展开后选择"作业内容",双击鼠标或按住鼠标拖曳将这个作业内容对象添加到工作区。

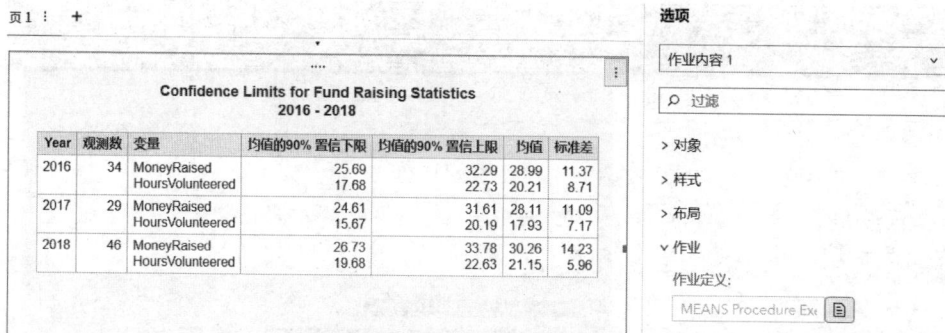

图20.5 作业内容对象示例

2. 设置作业定义

创建好的 Viya 作业,一般保存在 SAS 服务器上。当新建了一个作业内容对象后,我们可以为其指定要运行的 Viya 作业定义的路径。选中作业内容对象,单击工作区中的"选择一个作业"按钮,在弹出的浮窗中(如图 20.6(a)所示),单击"浏览"按钮选择该 Viya 作业即可;也可以在作业内容对象的"选项"窗格中(如图 20.6(b)所示),单击"作业定义"下面的"浏览"按钮进行设置。此时,将弹出图 20.7 所示的页面,在该页面中找到并单击要使用的 Viya 作业名称,然后单击"打开"按钮,等待作业加载完成后,就显示出作业运行结果页面。

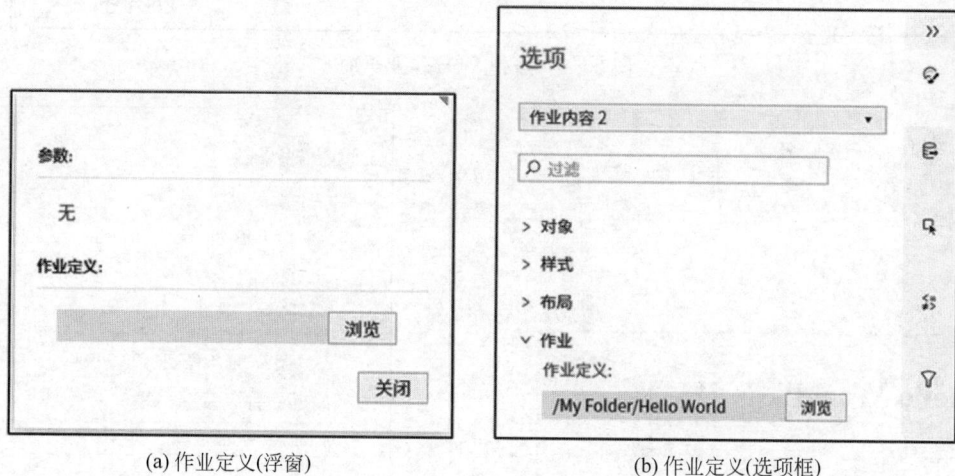

(a) 作业定义(浮窗)

(b) 作业定义(选项框)

图20.6 作业内容对象的作业定义与选项

3. 设置作业参数

如果想要使用不同的输入参数运行该作业,可以在作业的提示表单页面中,输入运行该作业的新参数值。这里以作业"Hello World"为例,待作业加载并运行完成后显示结果页面。单击作业内容对象右上角的⋮图标,如图 20.8 所示,从弹出菜单中选择"设置作业参数…"项,就可以进入图 20.9 所示的作业提示表单页面,输入想要使用的新参数值,并运行该作业。例如,在"Specify a name for the greeting:"栏下,输入"Visual Analytics",单击"确定"按钮,则在 SAS Visual Analytics 的作业内容对象中,就会显示"Hello Visual Analytics!"字符串。

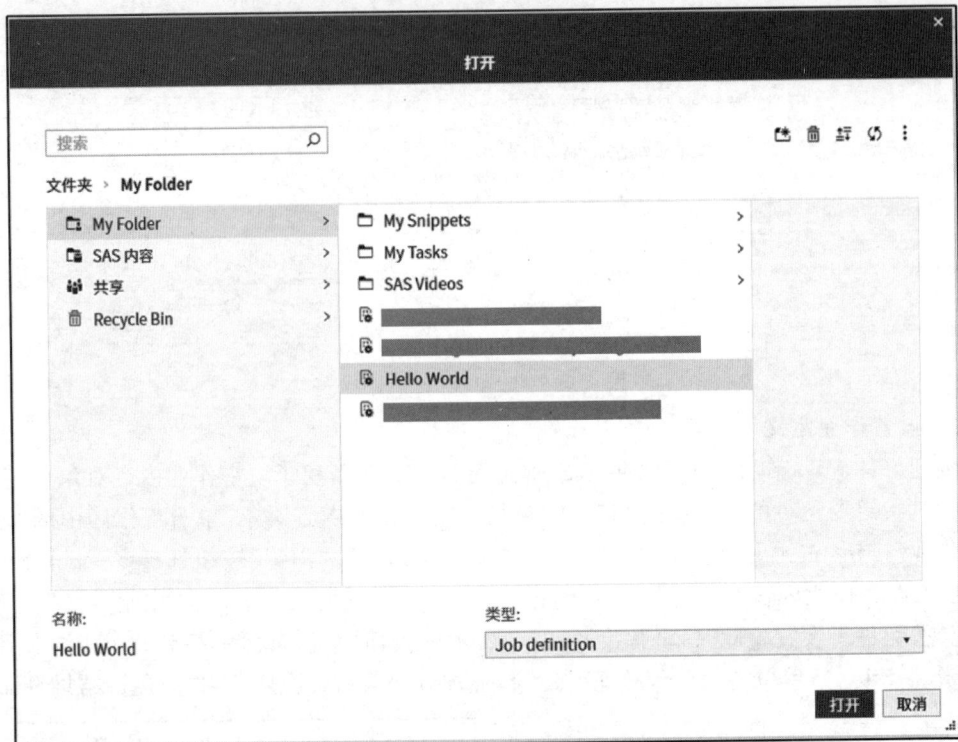

图 20.7　选择 Viya 作业页面

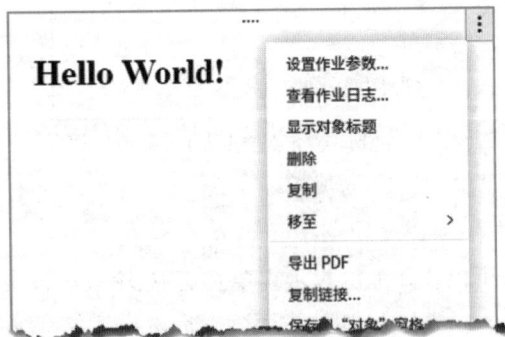

图 20.8　作业内容对象及设置作业参数菜单

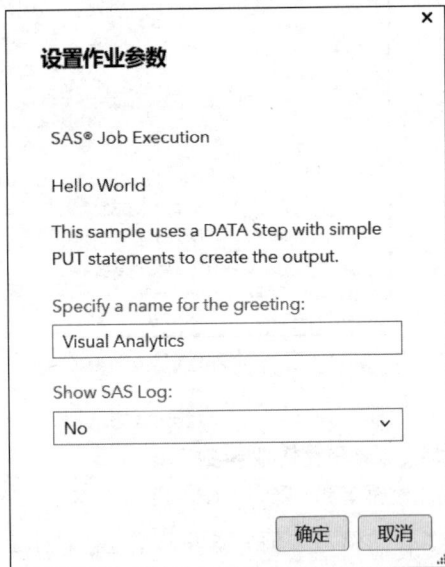

图 20.9　作业的提示表单页面示例

4. 查看作业日志

如果要查看作业运行的日志,可以单击图 20.8 所示作业内容对象右上角的 ⋮ 图标,然后从弹出菜单中选择"查看作业日志…"项,就可以打开"作业日志"窗口,查看作业执行中的所有错误、警告或其他信息,如图 20.10 所示。

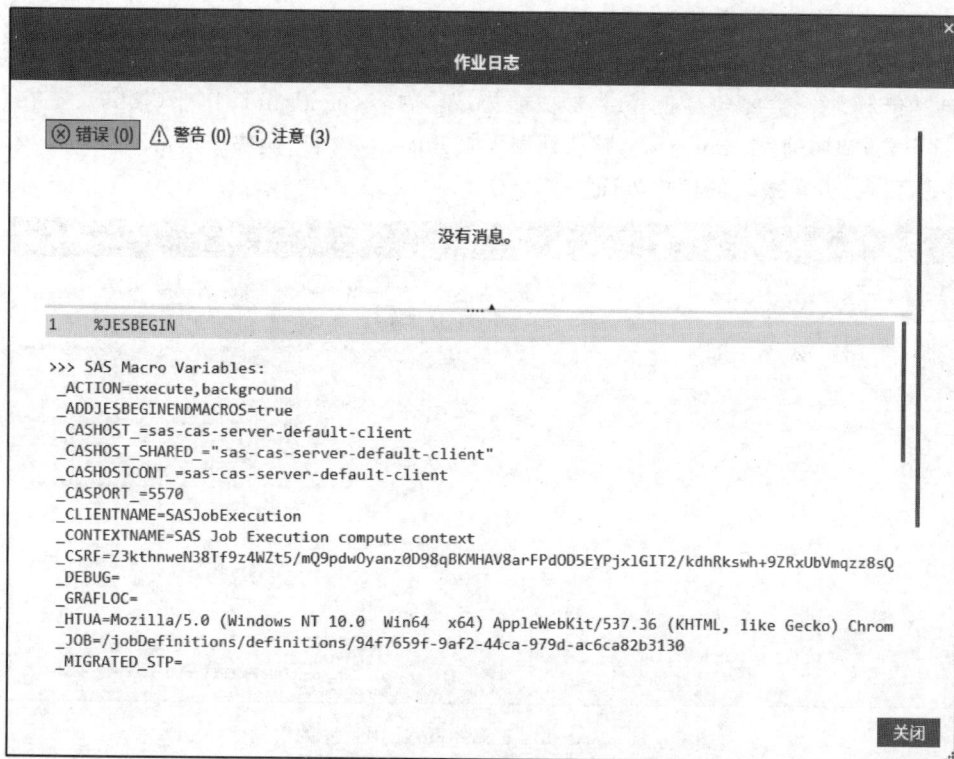

图 20.10 作业的查看作业日志窗口

如图 20.8 所示,作业内容对象的弹出菜单中,还提供了其他一些交互操作功能,含义与使用方法与其他图形对象的类似,这里不再重述。

20.2 Viya 作业

20.2.1 关于 Viya 作业

随着 SAS Viya 的推出,曾经广泛使用的 SAS 存储过程,逐渐被 Viya 作业取代。Viya 作业可以完成与 SAS 存储过程类似的定制应用程序的开发,同时,SAS Viya 提供了 Job Execution Web 应用程序来执行 Viya 作业,以便充分发挥 SAS Viya 的功能。当然,也可以通过很多其他 SAS 应用程序来执行 Viya 作业,如 SAS Studio 提供了创建及运行作业的功能。SAS Studio 所有的作业相关的调用请求,也可以最终由 SAS Job Execution 应用程序来执行。

Viya 作业是由 SAS 作业定义(与程序相关的元数据)及输入表单组成。当创建了作业定义后,就可以生成该作业的可执行 URL,进而直接使用该可执行 URL 来运行 Viya 作业。Viya 作业使用的输入表单,无论是提示表单或是 HTML 页面表单,都作为提供给用户的一个交互界面,可以输入作业运行的参数值并提交作业。作业执行的结果将显示在一个 Web 页面中。

SAS Job Execution 本质上是一个便于执行 Viya 作业的 Web 应用程序,用于创建、管理和执行 Viya 作业。其访问路径通常为 https://sashost:port/ SASJobExecution,如果没有给出端口号（port），则默认为 80。

SAS Job Execution 应用程序的界面如图 20.11 所示。左侧边栏有一些图标，可以进入不同的功能模块。主要包括四个主要功能模块：内容（Content）、作业（Jobs）、正在预定（Scheduling）和样例（Samples）等，默认情况下打开的是"内容"模块。单击对应功能模块的图标，就可以打开该模块的用户界面。

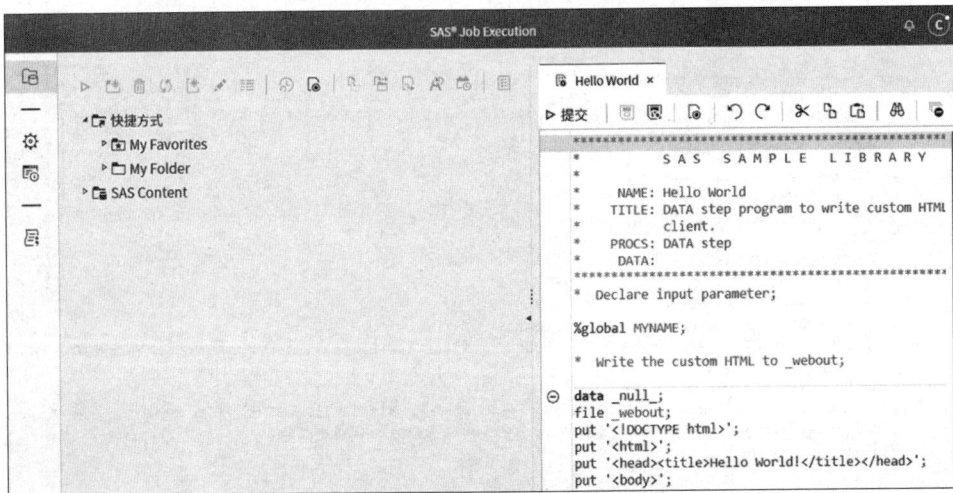

图 20.11　SAS Job Execution 应用程序的页面

受篇幅所限，有关 SAS Job Execution 应用程序主要功能模块的说明及相关操作，请扫描本章二维码进行查看。

20.2.2　创建 Viya 作业

在 SAS Viya 中可以通过多种方式创建及执行 Viya 作业。这里简要介绍如何在 SAS Job Execution 应用程序中创建作业（含创建作业定义文件、作业源代码、作业的 HTML 表单、作业的提示表单等）。相关内容的程序代码、参数设置、示例与说明，以及在 Viya 作业中动态访问 CASLIB 数据表的示例等，请扫描本章二维码进行查看。

1. 创建作业定义文件

在"内容"页面的左侧窗格中，选择作业文件要存放的路径，然后单击工具栏中的 ⬕ 图标，就会打开"新建文件"窗口，如图 20.12 所示。这里，需要给出作业名（如作业名为 Job1）、从"文件类型"下拉列表中选择"作业定义"（下拉列表中的可选项有作业定义、HTML 表单、提示和文本文件，默认为作业定义）；然后，确认要使用的服务器及计算上下文后（可以直接使用默认选项）；最后，单击"确定"按钮，即可完成作业的创建。

创建好"作业定义"文件后，在"内容"页面左边窗格的文件夹中，就可以看到刚刚创建的"Job1"。右击该文件，从弹出菜单中选择要执行的下一步操作。例如，可以编辑其程序源代码、新建 HTML 表单、创建提示、预定作业、提交作业、查看作业属性，以及复制、移动、删除或重命名等常规操作。图 20.13 显示的是作业文件的右键菜单项及编辑子菜单。

2. 创建作业定义的程序代码

接下来，我们可以开始创建作业定义的程序代码。

图 20.12 创建作业定义文件页面

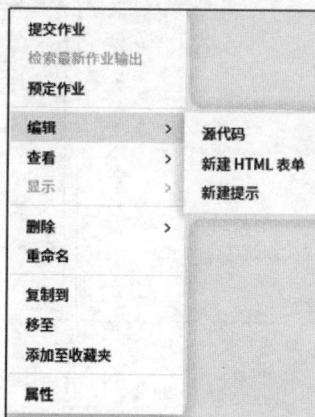

图 20.13 作业定义文件的右键菜单

在"内容"页面左边窗格的文件夹中,找到刚刚创建的作业定义文件"Job1",在其右键菜单中,找到"编辑 ＞"并单击其子菜单项"源代码",就会在右边窗格中打开代码编辑区。或者在左边窗格的文件夹中,直接双击作业定义文件"Job1",也可以打开其作业源代码的编辑区。当编辑好 SAS 程序代码后,单击 🔲 图标,保存该作业的程序代码文件。

3. 创建作业的表单

Viya 作业支持分别使用 HTML 表单和提示表单,动态地传递输入参数的值。在 SAS Job Execution 应用程序中创建的作业表单,通常建议将该表单与作业定义的程序文件保存在同一文件夹中,并且使用与作业定义相同的名称。这样,在作业执行时可以自动显示 HTML 表单或提示表单作为输入页面。

值得一提的是,作业的提示表单使用"任务提示接口"(Task Prompting Interface,TPI)方式,来提供用户的交互界面。例如,SAS 9.4 中最常见的存储过程中允许用户输入参数值的表单,或在应用程序中用来显示供用户输入信息的表单等,都是用这种 TPI 的提示表单。它实际上就是一个 XML 定义文件,其中的提示(Prompt)能够在代码运行时,自动请求用户的输入。Viya 作业的提示表单使用的模板语言是 Velocity Template Language 2.0,需要遵照通用任务模型(CTM)定义的模板进行定义。执行包含提示表单的 Viya 作业时,系统会自动为每种类型的提示生成一个或多个宏变量。

4. 关于作业访问 CASLIB 数据表

目前版本的 SAS Job Execution 应用程序,默认情况下,HTML 表单或提示表单不能直接访问 CASLIB 数据表。如果要访问 CASLIB 数据表,则需要管理员修改 SAS Job Execution compute context 的配置,使得在 HTML 页面或提示表单中,可以连接 CASLIB 逻辑库。

要实现 CASLIB 数据表的访问,具体设置方法是在 SAS Environment Manager 应用程序中进行如下设置:

(1) 以管理员身份登录 SAS Environment Manager,单击 🖊 图标进入"上下文"设置,找到 SAS Job Execution compute context 项,如图 20.14(a)所示,单击该项后,再单击右上侧的 🖊 图标进入"编辑计算上下文"页面,如图 20.14(b)所示。

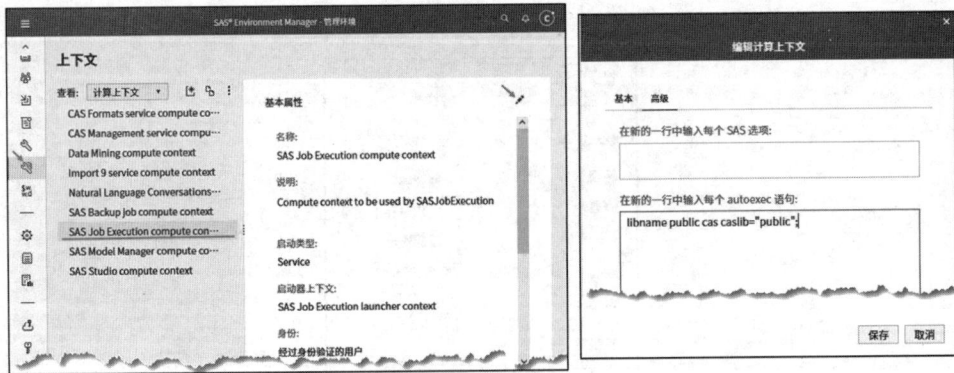

(a) 管理环境页面之计算上下文　　　　　　(b) 编辑计算上下文

图 20.14　SAS Environment Manager 应用程序的上下文设置示例

(2) 在"编辑计算上下文"页面中,进入"高级"选项卡,在"在新的一行中输入每个 autoexec 语句"栏下输入 libname 语句,就可以增加想要访问的 CASLIB。下面例子中的 libname 语句,添加了名为 PUBLIC 的 CASLIB。

```
libname public cas caslib = "public";
```

至此,在 SAS Job Execution 应用程序中就可以访问 CASLIB 数据表。

需要注意的是,如果作业使用的是提示表单,要访问 CASLIB 数据表,还需要在作业的提示表单 XML 中设置 DataSource 标签的 defaultValue 属性,使其以 libname. tablename 的形式指定要访问的 CAS 数据表。如< DataSource name = "dataset" defaultValue = "caslib1. castable1">。

如果作业使用的是 HTML 表单,要访问 CASLIB 数据表,还应该在 HTML 页面文件中包含以下内容。

(1) 必须引用下面两个 JavaScript 库:

```
< script src = "/SASJobExecution/resources/sap/ui/thirdparty/jquery.js"></script >
< script src = "/SASJobExecution/resources/dynamic.min.js"></script >
```

(2) 必须初始化 SASDynamic 动态库。可以使用 HTML BODY 标签执行此操作,如 < body onload = "SASDynamic.init()">。

(3) 对于加载的 CASLIB 数据表,在 HTML 页面中构建字段选择器时,可以在 select 标签中使用 data-library 和 data-table 等属性,来指定动态加载的数据逻辑库和数据表,使用 data-colname 属性指定数据表中的字段,如< select name = "dealer" id = "dealer" data-colname = "dealer" data-library = "CASLIB1" data-table = "MYCARS">。

20.2.3　作业提示

SAS Viya 目前版本的作业,访问动态数据时大多通过作业的提示表单。我们已经了解到,作业的提示表单实际是一个 XML 文件。该文件遵照通用任务模型中的< Task > 标签模板,进行定义。

图 20.15 是作业提示表单 XML 文件的一个结构示意图,从该图我们可以了解 Task 标签及其子标签的层级结构及组织形式,在创建作业提示表单 XML 文件时,需要遵循这种结构,才能正确创建作业的提示表单。

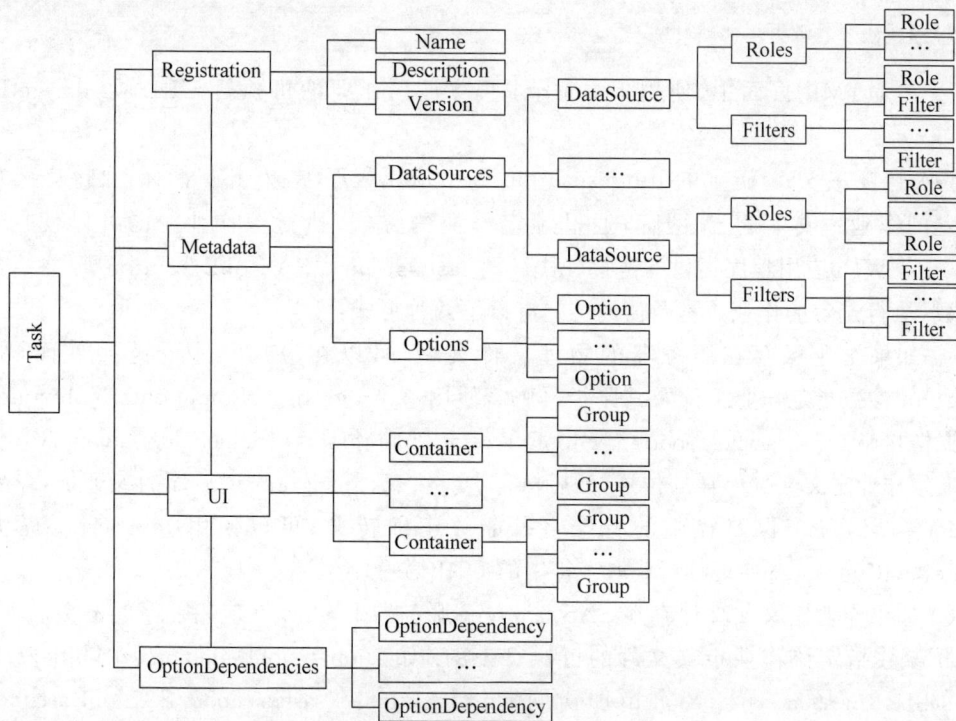

图 20.15　Task 提示表单的 XML 标签层次结构

受篇幅所限,有关 Task 标签及各级子标签的说明、注意事项,以及对应的 XML 代码段示例等,请扫描本章二维码进行查看。

20.2.4 执行作业

1. 执行作业的方式

在 SAS Viya 中执行作业的方式有多种,可以包括且不限于以下方式:

(1) 使用 SAS Visual Analytics 的作业内容对象,通过指定作业的可执行 URL,调用并执行作业。

(2) 在 SAS Studio 中,进入"资源管理器"页面,选定要执行的作业,从右键菜单中选择"运行"菜单项,就可以执行该作业。也可以双击要执行的作业,在右侧编辑区菜单中,单击"▷ 运行"按钮,执行该作业。

(3) 在 HTML 页面中通过以下方式之一,直接调用作业的可执行 URL:

① 将作业的可执行 URL 嵌入任意一个网页中,通过 HTML 页面标签的 src 进行调用。下面的代码段是几种调用方式的示例。

```
/* 超链接调用 */
< a href = "作业的可执行 URL">SAS 作业</a>

/* iframe 调用 */
< iframe src = "作业的可执行 URL">SAS 作业</iframe>

/* 图片调用 */
< img src = "作业的可执行 URL"/>
```

② 在 HTML 页面中,使用 JavaScript 程序调用作业的可执行 URL,如 d3. getData("URL")。

(4) 直接在 SAS Viya 的 Job Execution Web 应用程序中,单击 ▷ 图标,直接提交并执行选定的作业;或单击 🗓 图标,通过预定作业的方式,执行该作业。也可以使用 Job Execution Web 应用程序提供的链接(https://sashost:port/SASJobExecution/),并结合相关参数,执行选定的作业。参数值的传递有以下两种形式:

① 如果作业保存在服务器的物理文件夹中,可以在应用程序的链接后面,加上_program 参数指定作业文件及其路径,例如,使用 ?_program=/SomeFolder/jobname(即访问此链接 https://sashost:port/SASJobExecution/?_program=/SomeFolder/jobname),将检索并获取作业定义文件保存的位置,然后执行它。注意,_program= 后面的参数值,需要使用 URI 编码,以确保路径中的特殊字符能够正确转义(可以使用 JavaScript 提供的 encodeURIComponent()函数,获取字符串的 URI 编码)。

② 如果作业定义文件保存在 SAS Content 服务器上,可以在应用程序的链接后面,加上_job 参数指定该作业定义文件的可执行 URL,如?_job=/jobDefinitions/definitions/3b9f3a5e-deb1-4873-a90a-be6280e35deb(即访问此链接 https://sashost:port/SASJobExecution /?_job=/jobDefinitions/definitions/3b9f3a5e-deb1-4873-a90a-be6280e35deb)。要获取指定作业定义文件的可执行 URL,可以在作业的"属性"页面中,单击"详细信息",在"作业详细信

息"字段后面的字符串,就是该作业的可执行 URI。

(5) 使用 SAS Viya 的命令行接口(CLI),将调用请求及参数发送给 Job Execution Web 应用程序,作业的运行结果以文本形式返回。如 sas-viya job webapp execute--query-string "_program＝/My Folder/Hello World",将运行 /My Folder/Hello World 作业。注意:使用 SAS Viya 的命令行接口(CLI)执行作业,需要先安装 CLI 的 Job 插件(./sas-viya plugins install--repo SAS job),并通过 ./sas-viya auth login 进行认证及授权后才能执行作业。

2. 获取作业的可执行 URL

要获取一个作业的可执行 URL,在 SAS Job Execution 应用程序中,选中某作业文件,右击并从弹出菜单中选择"属性",进入图 20.16 所示的"属性"页面。在左侧栏中选择"详细信息",就可以在右边显示该作业定义的详细信息。其中,"作业提交"标签后面的内容,就是该作业的可执行 URL。用鼠标选中这个 URL,按 Ctrl＋C 快捷键,就可以复制这个 URL,用其他方式执行该作业。

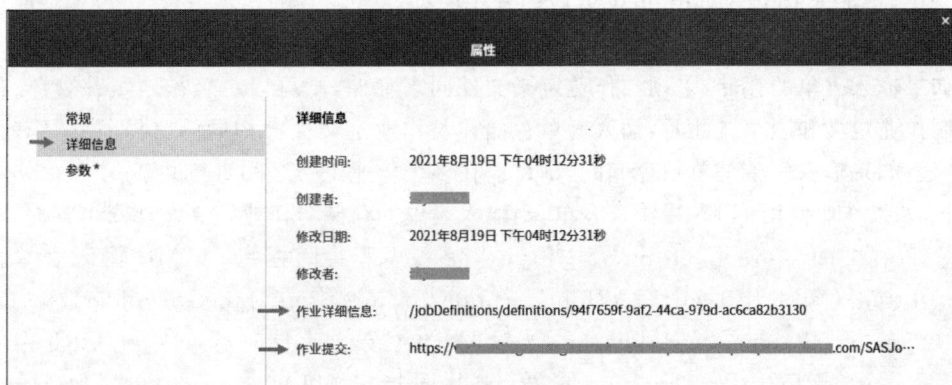

图 20.16　获取作业的可执行 URL

另外,在作业的"属性"页面中,单击"详细信息",在"作业详细信息"字段后面的字符串,可以获得该作业定义的 URI 信息,它可以在 Viya 系统中唯一地标识该作业。

3. 作业的参数值

在 SAS Job Execution 应用程序中执行作业,默认情况下,系统会自动在作业代码的前后加上相关的宏:以 %JESBEGIN 宏开始、以 %JESEND 宏结束。这些宏会分配一个名为 _WEBOUT 的文件引用,可用于向浏览器、客户端应用程序或通过 ODS HTML5 语句来输出作业结果。

运行作业时的参数值传递,可以通过作业的可执行 URL、HTML 输入表单的字段、提示表单的字段、作业定义的参数选项卡,或 SAS Job Execution 应用程序的配置窗格,指定输入参数的名称和值。作业执行时通过"名/值"对的形式,将参数值传递给作业定义的程序代码。这些参数作为 SAS 程序的全局宏变量,可以在 SAS 程序中使用。另外,也可以通过作业的输入表单传递动态参数值。

1) 通过"名/值"对传递参数值

传递给作业定义程序代码的"名/值"对,使用"名称＝值"的形式传递,多个参数之间以 & 进行区分。例如,通过 https://host:port/SASJobExecution/?_program＝/Folder1/

myJob&p=123 执行作业时,系统会创建表 20.1 中的 2 个宏变量。

表 20.1   通过"名/值"对向作业传递参数值示例

宏 变 量 名	宏 变 量 值
_program	/Folder1/myJob
p	123

值得注意的是,当使用提示表单显示输入参数时,表单会自动显示 URL 或作业定义中所指定的参数值。其中,URL 参数及作业定义中的参数值,优先于提示表单 XML 中设置的参数值;URL 的参数值又优先于作业定义中的参数值。

2)通过输入表单传递参数值

作业的输入表单,可以是与作业定义一起存储,或分开存储的 HTML 输入表单或作业提示表单。执行作业时,系统首先打开作业定义的输入表单,由用户提供参数值,然后才提交输入表单的参数值,执行该作业并返回结果。如果作业同时定义了 HTML 输入表单和提示表单,将根据 Job Execution Web 应用程序中设置的 _action 参数值,在运行作业时选择调用 HTML 输入表单或作业提示表单,或直接执行该作业。

如果输入表单的存储,采用与作业定义文件同名存储,则可以更轻松地跟踪表单、移动或复制作业定义和表单。此时,输入表单存储在与作业定义文件相同的路径下并具有相同的名字。如果输入表单是单独存储的,则可以在多个作业定义之间进行共享。

- 如果作业使用 HTML 输入表单,当输入表单的存储与作业定义文件同名存储,则可以在 URL 中使用 /form 及 _form= 参数,来共同指定 HTML 输入表单。如 https://sashost:port/SASJobExecution/form/?_program=/Folder1/myJob&_form=/Folder2/myJobForm。当输入表单被单独存储时,则可以在 URL 中使用 _action=form 及 _form= 参数,来共同指定 HTML 输入表单。如 https://sashost:port/SASJobExecution/?_action=form&_program=/Folder1/myJob&_form=/Folder2/myJobForm。

- 如果作业使用提示表单,无论提示表单的存储与作业定义文件是同名存储,还是提示表单文件被单独存储,都可以在路径 URL 中加入 /prompts 并结合 _program 参数,共同指定提示表单的路径。如 https://sashost:port/SASJobExecution/prompts/?_program=/Folder1/myJob。

至此,对 Viya 作业相关内容的讨论告一段落。我们可以使用 SAS Job Execution 或 SAS Studio 来创建 Viya 作业,通过 SAS Visual Analytics 的内容对象或其他应用程序来执行 Viya 作业。

20.3   习题

(1) SAS Visual Analytics 提供的数据驱动的内容对象,如何与第三方可视化图形进行消息传递?

(2) SAS Visual Analytics 中如何为作业内容对象设置作业参数?

(3) 要执行 Viya 作业,有哪几种方式?

（4）如何在 SAS Job Execution 应用程序中创建一个 Viya 作业？

（5）目前版本支持哪两种作业表单？分别如何创建它们？

20.4　本章小结

本章介绍了 SAS Visual Analytics 所提供的数据驱动内容对象、Web 内容对象及作业内容对象。这些内容对象，分别允许在报表中通过自定义的第三方可视化图形来显示数据、在报表中嵌入第三方网页或视频，以及在报表中访问 SAS Viya 作业并在报表中显示作业输出。

另外，本章也介绍了如何创建 Viya 作业，包括创建作业定义文件、作业源代码、作业的 HTML 输入表单与提示表单，并简要介绍了提示表单所遵循的通用任务模型的< Task >标签层级结构。

受到篇幅限制，本章有关 SAS Viya 系统所提供的作业执行应用程序 SAS Job Execution 应用程序的介绍、数据驱动内容对象示例、Viya 作业示例、作业提示标签说明，以及提示表单定义的示例等相关内容，请扫描本章二维码进行阅读。

第21章

SAS Visual Analytics REST API

电子资源

SAS Viya 是一个开放的分析平台,除了通过相关的应用程序(如 SAS Visual Analytics 等)进行分析,还可以使用多种编程语言或接口,访问 SAS Viya 及运行于其上的服务与应用,其中 REST API 是一种常用的重要接口。

运行于 SAS Viya 分析平台上的 SAS Visual Analytics,提供了多种 REST API 接口,是帮助用户通过程序代码访问与存取 VA 报表的一种重要途径。本章主要介绍 SAS Visual Analytics 提供的相关 REST API,包括 reports、images、transforms、visualization 等,并给出各种 API 的典型应用、调用方法及示例程序。

21.1 关于 REST API

让我们首先简要谈一谈 REST API。

有一定计算机知识的人,都知道 API 是 Application Programming Interface 的缩写,代表应用程序编程接口。API 主要是为了方便开发人员调用这些编程接口直接获得输出结果,而无须考虑其内部的实现机制。例如,应用程序 A 提供的 API,可以方便其他应用程序轻松地请求和调用应用程序 A 的数据和资源,不用考虑应用程序 A 是如何生成这些数据和资源的。API 使得其他应用程序只需在遵循一定调用要求的情况下,能够轻松地与应用程序 A 进行交互或对其现有功能进行扩展。

而所谓的 REST(Representational State Transfer),中文译为"表现层状态转换",是一种面向"资源"的 Web 软件架构的设计风格,基于 HTTP 协议、使用 XML 格式或 JSON 格式定义"资源"。REST 使用 URI(Uniform Resource Identifiers)来唯一标识系统中的资源。URI 的格式通常为/< ResourceType >/< Unique-ResourceID >。例如,在 Viya 系统中的某个报表,其 URI 为/reports/reports/991423c6-d2c5-425d-8cc5-e2bc4ee6ea8c;某个文件夹,其 URI 为 /folders/folders/63dc24db-a10d-4127-b59f-3d99767d0489。

通过将 REST 与 API 结合起来,REST API 可以根据 Web 客户端的请求,利用 HTTP 协议提供的操作(具体说主要是四个动作:GET、POST、PUT、DELETE),对资源进行增删改查操作。操作后服务器端的响应,是通过 HTTP 状态码及标准的结构化数据对象(如 JSON 对象)给出的。

(1) 资源:在 REST 架构中一切都是资源,可以是数据、服务、用户等。资源可以由其 URI 唯一标识。

（2）REST API 的 HTTP 请求头（Header）：一般由客户端发出请求时提供。HTTP 请求头可以包含很多定义，如 Accept-Charset：gb2312；Accept-Language：en，zh；Authorization：Basic，token；Accept：application/json；Content-Type：application/x-www-form-urlencoded 等。

（3）通常使用 HTTP 的 GET 操作进行资源的查询，通过 POST 执行新增资源的操作，PUT 操作可以对资源进行更新，而 DELETE 用来删除资源。

（4）REST API 请求运行后，返回的 HTTP 状态码，通常是一个三位数字的代码，分为五大类：

① 1xx：代表操作的相关信息。

② 2xx：表示操作成功。

③ 3xx：代表操作被重定向。

④ 4xx：代表操作发生客户端错误。

⑤ 5xx：代表操作发生服务器端错误。

21.2　SAS Viya REST API

目前，SAS Viya 提供的 REST API 接口，主要包括以下几大类：

- Visualization——提供 Reports、Report Images、Report Transforms 等相关的 API。
- Compute——提供对 SAS 计算服务器及分析服务器的操作，包括对云分析服务器 CAS 的操作。
- Text Analytics——提供对文本文档的分析，包括分类、情感分析、文本解析和主题分析等。
- Data Management——提供对数据质量、数据评分、数据表等的操作。
- Decision Management——提供对模型管理、数据挖掘、机器学习与评分、决策和业务规则等的 API。
- Core Services——提供对共享资源的操作，包括 Authorization、Annotation、Files、Folders、Projects、Relationships 和 SAS Logon 等相关的 API。
- Automated Machine Learning——提供机器学习管道自动化（Machine Learning Pipeline Automation）API，支持对项目进行自动化 CRUD 操作，从而使 VDMML 项目创建、管道构建和培训以及冠军模型的生产自动化。

SAS Viya 提供的 REST API，可以通过多种途径去访问系统中的资源，如 CURL、浏览器及其插件、其他 REST 客户端，也可以通过 SAS 程序进行访问。本章主要介绍 Visualization API 中与 SAS Visual Analytics 相关的 Reports、Report Images、Report Transforms 等 API 的调用方法。另外，也包括了一些 Core Services API 所提供的对 Folders、Files 对象的操作函数。

需要特别注意的是，使用 Reports API 时，每一个发送给 SAS Viya 服务器的资源请求，在操作的响应头中都需要使用相应的资源实体标签 ETag。ETag 的值通常是带有 "" 的字符串，如 "kedkboub"。

关于 ETag

实体标签 ETag(Entity Tag)，实质上是一个"不可见"的字符串，用于在 HTTP 响应头中标记某个资源的当前实体。"不可见"的意思是，不显示在界面上。HTTP 请求会在响应状态码为 200(OK)(表示请求已成功)时，在响应头中提供一个实体标签 ETag，用于区分对同一资源所请求的两个或多个实体。这些实体，可能是该资源随时间、内容的变化等而形成的一个表现形式或状态。有时出于性能考虑，可能会使用弱实体标签(Weak ETag)。当使用弱实体标签或实体标签还是无法区分实体时，则在 HTTP 响应头中发送一个 Last-Modified 值。

客户端从之前的资源请求中所获得的一个或多个实体标签 ETag，可以通过与响应头中的 If-Match 字段中的实体标签 ETag 进行比较，以验证这些实体之一是当前所请求的资源，然后，就可以用最小的事务开销来有效地更新一些内容。另外，在处理更新请求时，也可以通过 ETag 来排除非期望状态的资源，防止无意的修改。一般来讲，服务器端都要求对 If-Match 进行强匹配，来防止对资源的意外修改。

SAS Viya 服务器每次处理更新资源请求时，在该操作的响应头中会更新该资源的实体标签 ETag。因此，要使用实体标签 ETag 进行更新之前，应该先使用 API 获取最近一次操作后资源的实体标签 ETag，并将其值传递给请求头的 If-Match 字段，以便进行匹配、判断是否更新该资源。在 Reports API 调用示例中，我们将给出使用 ETag 进行资源更新的方法。

21.3 VA 的 Reports API

Reports API 可以创建符合商业智能报表定义 BIRD(Business Intelligence Report Definition)规范的 VA 报表，这些报表可以通过 SAS Visual Analytics 及相关应用进行浏览。

21.3.1 Report 对象

我们在 SAS Visual Analytics 中创建并保存的报表，在 Viya 系统中的资源类型为 Report 对象，其结构示意图如图 21.1 所示。其中：

- 每个 Report 对象包含了一个 Report Content 对象，而 1~n 个 Report 对象组成了 Reports 对象集合。
- Report 对象自身包含了一些属性，包括了 id、name、description、createdBy、imageUris、creationTimeStamp、links 等。
- Report Content 对象，是那些用来生成可视元素的图形、表格、图像等资源，通常与 Report 对象分开保存。Report Content 对象一般是以 XML 或 JSON 格式保存的文件。每个 Report Content 对象中又可以包含若干 Elements 对象。

Reports API 支持的媒介类型，主要是以下两种：

- application/vnd.sas.report+json：对应的是报表对象的一些通用的元数据信息。
- application/vnd.sas.report.content+json：是报表对象的 XML 体。SAS Viya 的 Report 服务，一般将报表存储为 XML 文件，这是能够通过 XML 模式验证的一种规范形式(称为 BIRD 规范)。当然，报表也可以采用 JSON 格式进行读写。

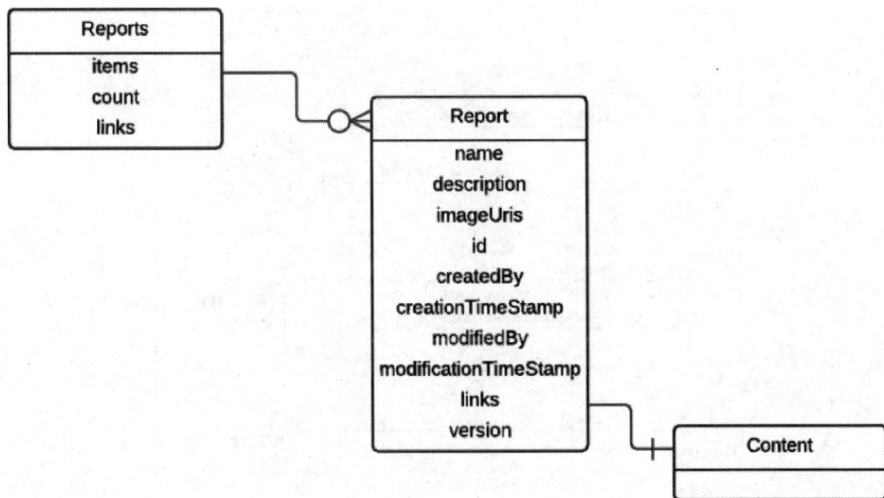

图 21.1 Report 对象结构示意图

21.3.2 Reports API 调用示例

Reports API 支持对以下报表资源对象的访问和操作：

（1）Reports 对象集合。

（2）Report 对象。

（3）Report Content 对象。

（4）Element 对象。

有关获取上述四种报表资源对象的代码及相关说明，以及调用 Reports API 的 SAS 程序代码示例及说明（含创建 Report 对象、修改 Report 对象、修改 Report Content 对象、删除 Report 对象）等内容，请扫描本章二维码查看。

21.4 VA 的 Report Images API

21.4.1 Report Images API

Report Images API 可以为 VA Report 对象生成 SVG 图。既可以为整个报表生成一个 SVG 图，也可以为报表的页面或其对象分别生成 SVG 图。图 21.2 给出了使用 Report Images API 生成 SVG 图的流程。首先，用户需要创建一个作业 Job，并通过轮询 Report Images 服务获得该 Job 的状态（创建后为运行状态 running）；当 Job 的状态转换为完成（completed）后，该 Job 可以返回用户所请求的 SVG 资源的 URI；然后用户可以根据这个 URI 获取该 SVG 图像文件。

在 Report Images API 生成 SVG 的过程中，默认使用的是异步作业方式。我们知道，尽管大部分作业通常可以在不到一秒的时间内完成，但是，有些查询所花的时间可能较长。采用异步轮询的方式，可以使浏览器不必等待该作业完成才接收其他请求，以便用户得到更及时的响应。当然，对于需要"直接"返回图像的情况，API 也提供了"directImage"图像模式。但是，这种模式在每次调用过程中都一直保持着一个"浏览器线程"，因此应该谨慎使用

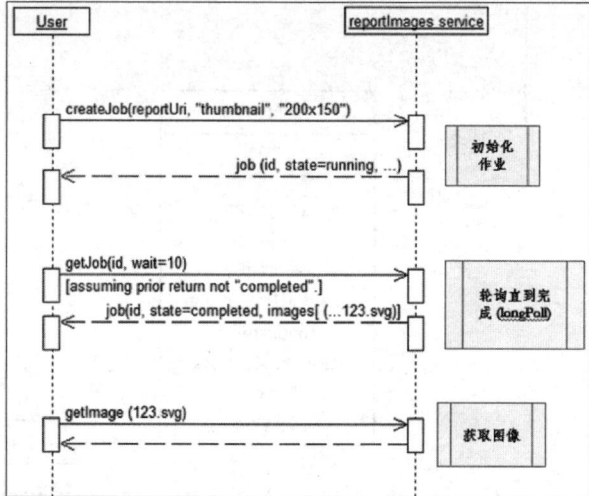

图 21.2　Report Images API 生成 SVG 图的流程示意图

这种模式。

Report Images API 提供 SVG 图的布局参数(Layout Type),支持缩略图(thumbnail)、原图(normal)及整页图(entireSection)三种方式。而 API 所提供 SVG 图的选择类型参数(Selection Type),支持的类型包括:为整个报表生成一个 SVG 图(report)、为报表的每页都生成一个 SVG 图(perSection)、为参数 visualElementNames 或 visualElementName 的视觉元素生成一个 SVG 图(visualElements,仅用于 directImage 模式)。

另外,为了更好地进行 SVG 图渲染,可以使用大小(size)参数,指定所请求的图像大小(不是宽高比)。该参数值的格式为"宽×高"(注意中间不要有空格),如 268×151 中的数值为该图像在 CSS 样式中的像素大小。

21.4.2　Report Images API 调用示例

用 SAS 代码调用 Report Images API 导出 SVG 图像文件的流程,包括创建作业、轮询作业状态、获取作业结果、保存为 SVG 图像文件等。受篇幅所限,请扫描本章二维码查看相关的说明及 SAS 程序代码示例。

21.5　VA 的 Report Transforms API

21.5.1　Report Transforms API

Report Transforms API 提供了对 VA 报表进行简单变换的操作。典型的变换包括:

- 替换报表的数据源。
- 更改报表的主题。
- 翻译报表中的标签。
- 根据数据源自动生成一个可视化报表。
- 更改已有报表的参数值或其默认值。

- 给已有报表添加过滤、排名或数据视图。

Report Transforms API 主要是对资源进行变换。而所谓的变换,可以理解为对一个 VA 报表所执行的某种更替操作。操作开始前,设置好变换属性、并指定将要对报表进行的操作;操作完成后,则会给出已经对报表进行的操作及操作过程的相关信息。资源变换的 HTTP 请求体,可以是包含 VA 报表内容的资源对象,也可以是一个指向库中某个报表的引用;请求头所设置的客户端的内容类型是 application/vnd.sas.report.transform。而资源变换后返回的结果,可以是包含被更新报表内容的资源对象或对已更新报表的引用。这里所说的报表内容,就是前面提到的 Report Content 对象,其内容类型是 application/vnd.sas.report.content,格式可以是 XML 或者 JSON。

下面几节将结合几个示例,帮助读者了解如何使用 Report Transforms API 对资源进行变换,包括:替换报表的数据源表、翻译报表、改变报表参数值等。替换报表的数据源表的示例,包括准备源报表、准备 HTTP 请求体、确定目标报表与文件夹、执行数据源替换等;翻译报表的示例,包括生成用于本地化翻译的工作表、翻译工作表、将本地化翻译的工作表添加到报表的 XML 文件中及获取本地化翻译的报表等;改变报表参数值的示例,包括抽取报表参数及生成更改参数值后的报表。受篇幅所限,请扫描本章二维码,查看各个示例的具体代码及说明。

21.5.2 调用示例之替换报表的数据源

本节将以替换报表中的数据源为例,介绍 Report Transforms API 的使用。

要将报表中的某个数据源表替换为另一个数据表,或将数据源表的某个列更改为对应的替换列,都可以使用 Transforms API。方法也比较简单,通过 HTTP 的 POST 方法,在调用的 URL 中包含 /reportTransforms/dataMappedReports 即可。值得注意的是,调用 API 的方法时,必须分别指定原始的数据源及替代数据源。为确保可以进行有效的替换,需要替代数据源与原始数据源的表结构相匹配,从而确保替代数据源是可用于替换的。另外,在调用 API 时需要在 HTTP 请求中,设置客户端的内容类型为 Accept=application/vnd.sas.report.transform+json 及 Content-Type=application/vnd.sas.report.transform+json。

替换数据源的 Transforms API,还支持在调用的 URL(/reportTransforms/dataMappedReports)后面,设置一些其他参数。

(1) useSavedReport:指定源报表是否为一个已经保存的资源。其默认值为 false,表示报表内容由 PROC HTTP 的输入请求体提供。如果为 true,则变换的请求中,必须提供该报表的 reportURI。

(2) saveResult:指定是否将变换后的报表保存到资源库。如果为 false,则将变换后的报表作为响应体的一部分,返回给客户端。如果为 true,则变换后的报表不会直接在响应体中返回,而是作为报表资源保存在资源库中,并且,由请求体中的 resultReport 给出保存的报表名称和描述等,由 resultParentFolderUri 指定保存报表的文件夹。

(3) failOnDataSourceError:指定当测试替代数据源表的兼容性时,如果发生严重错误,该服务是否失败并返回。默认为 false,表示在发生错误时会尝试强制进行变换。如果设置为 true,则表示有错误时将停止变换并返回失败状态。

(4) validate:指定是否应根据 XML 模式验证报表中的内容,默认为 true。模式验证错误不一定会停止变换操作。

21.5.3 调用示例之翻译报表

由 SAS Visual Analytics 系统生成的报表,支持根据浏览器设置的语言地域、以不同的语言标签进行显示,以更好地适应跨国企业及用户的应用需要。Report Transforms API 通过在 URL 中包含 /reportTransforms/translationWorksheets/、可以实现抽取 VA 报表中的标签,并生成一个可用于本地化翻译的工作表;当工作表翻译完成后,再把翻译完的工作表文件,添加到 VA 报表的 XML 文件中。这样,SAS Visual Analytics 系统就能够根据浏览器所设置的语言地域以该语言显示翻译后的报表。

21.5.4 调用示例之改变报表的参数值

SAS Visual Analytics 支持动态报表,可以通过不同的参数值动态控制报表中的数据内容,以便根据业务应用的需要生成有针对性的报表。Report Transform API 通过在 URL 中包含 /reportTransforms/parameterizedReports,可以抽取 VA 报表中的参数对象,然后更改参数的默认值或当前值并生成对应参数值的报表。

1)抽取 VA 报表中的参数对象

要抽取 VA 报表中的参数对象,需要使用 PROC HTTP 的 GET 方法,在 URL 中包含 /reportTransforms/parameterizedReports/< report-id >/parameters。

2)生成更改参数值后的报表

要生成使用新参数值的报表,需要使用 PROC HTTP 的 POST 方法,并在 URL 中包含 /reportTransforms/parameterizedReports?useSavedReport=true&saveResult=true。

21.6 VA 的 Visualization API

Visualization API 提供一些对报表执行基本操作的支持。包括:
- 将报表的全部或部分导出为一个 PDF 文件,并提供自定义打印文档外观的选项。
- 将报表的全部或部分导出为一个或多个图像。支持导出的格式为 SVG 和 PNG 格式。
- 导出可以在独立的 Web 服务器上显示报表的报表包(Report Package)。
- 以给定格式(如逗号分隔值)导出报表对象的数据。

Visualization API 调用示例

受篇幅所限,请扫描本章二维码,查看调用 Visualization API 将报表导出为 PDF 文件,以及导出报表包的示例、代码及说明(含直接导出与作业导出两种方式)。API 也支持将报表或对象导出为图像,或者导出报表数据等,具体的调用方法可以参考 SAS Viya REST API 开发者网站。

21.7 其他 REST API

在实际应用中,Visualization API 一般会结合 SAS Viya 提供的其他 REST API,共同完成一些任务。

本节以一个示例,结合 Core Services 所提供的资源操作来介绍 Folders API,我们将首先在 SAS Viya 系统中查找指定名称的所有报表,然后分别列出其所在路径。限于篇幅,这里对 SAS Viya 提供的其他 REST API 的介绍非常有限,要了解更多详细信息,请访问 SAS 开发者网站 https://developer.sas.com/apis/rest/ 的相关内容。

21.7.1　SAS Viya 的过滤支持

SAS Viya REST API 提供的过滤支持,会筛选出仅满足指定布尔条件的资源子集,其原理类似于 SQL 查询中的 WHERE 子句筛选机制。Viya REST API 可以支持两种形式的过滤:基础过滤与参数过滤,也可以将两种形式结合起来。关于 Viya 过滤支持的更多详细信息,请参考 SAS Viya API 的过滤支持网页。

Viya REST API 提供的基础过滤与参数过滤,通过由对象的属性及其值所组成的过滤条件,返回与过滤条件相匹配的资源。

1) 基础过滤

允许通过对象的属性值来过滤资源集合。以报表对象为例,基础过滤的通用格式为 GET /reports/reports/?$Name_0 = value_0 \& \cdots \& Name_n = value_n$。基础过滤只支持精确匹配或简单包含关系,并且按位置先后依次进行匹配。例如,过滤出所有 'id' 属性值为 cindy 的报表集合,使用 GET /reports/reports?createdBy=cindy 即可。需要注意的是,属性名和属性值的字符串中都不能使用引号,故属性值的字符串中有时需要进行 URL 编码,才能作为参数值,如 GET /reports/reports?name=Production%20Report,将返回所有 name 属性值为 Production Report 的报表。

2) 参数过滤

参数过滤是一种较为灵活的过滤方式,使用 ?filter=filterExpression 的格式。其中,filterExpression 支持逻辑运算符(and,or,not)、比较运算符(eq,ne,lt,le,gt,ge),以及其他一些函数运算符(如 contains,startsWith,in,match 等)。例如,参数过滤表达式 GET/reports/reports?filter = eq(name,'Production Report'),将返回所有 name 属性值为 Production Report 的报表。

21.7.2　Folders API 简介

使用 Folders API,可以创建用来组织资源的逻辑文件夹层次结构。这种文件夹结构,不需要物理的文件系统去支持它,Folders API 仅在其文件夹结构中保留由其他持久性服务所管理的资源 URI。通常,持久性服务和 Folders API 相互间不必了解彼此的情况,即拥有属于文件夹成员资源的持久性服务,可能并不了解 Folders API;而 Folders API 也可能完全不了解持久性服务。这种微服务(Microservice)体系结构的设计,保证了整个系统的松耦合。

Folders API 所操作的 Folder 对象,本身是其他资源或文件夹的虚拟容器,其中仅保留了由其他服务所管理的资源 URI。Folder 对象通常包含两种成员类型:child 和 reference。一个特定资源只能作为单个 Folder 对象的 child,但可以同时被多个 Folder 对象作为 reference 成员。例如,对于 VA 报表这类资源,一般都作为一个文件夹的 child,并在该文夹中存储其 reportURI。因此，通过查找某报表对象的 ancestor 对象，就可以从报表反向获取文件夹的 URI。关于 Folders API 的更多方法，请参考 https://developer.sas.com/apis/rest/Core Services/ 的相关内容。

21.7.3 Folders API 的调用示例

本例将查找 Viya 系统中的所有 Report 对象，列出报表名字为"Report 2"的所有报表，并显示其在 Viya 系统中的路径。具体步骤如下：

（1）获取名为"Report 2"的报表列表；

（2）获取该列表中的一个报表的 Report 对象；

（3）获取步骤（2）中的 Report 对象所在的 Folder 对象；

（4）根据其 Folder 对象生成该 Report 对象的路径；

（5）重复步骤（2）～步骤（4），得到列表中所有报表的路径。

受篇幅所限，上述步骤中具体调用 API 的方法及相关代码，请扫描本章二维码进行查看。

21.8 习题

调用本章介绍的 REST API，创建一个报表，并完成以下操作：

（1）在 VA 中，选取 CARS 数据，创建一个条形图，并保存为"Report 1"；

（2）使用 Reports API，获取"Report 1"的 Content 对象，并保存到文件 rContent 中；

（3）使用 Reports API，创建一个名为"Report by API"的 Report 对象；

（4）使用 Reports API，为"Report by API"创建 Content 对象，Content 内容来自文件 rContent；

（5）在 VA 中打开"Report by API"，验证可以正常打开条形图。

21.9 本章小结

SAS Viya 是一个开放的云分析平台，面向企业应用的开发人员，提供了多种 REST API 接口，方便他们访问 SAS Viya 系统中的各种数据、服务及 SAS 资源，便于将 SAS 的分析能力构建并集成到企业不同的应用中。本章主要介绍了访问 VA 报表及资源的相关 API，包括 Reports、Images、Transforms、Visualization 等的方法，以及一些其他相关 REST API（包括 Viya 的过滤支持及 Folders）的方法及调用说明等。

受到篇幅限制，本章有关 SAS Viya 提供的各种 REST API 的典型调用方法和 SAS 代码示例，以及本章习题的参考代码等内容，可以扫描本章二维码进行阅读。

第22章

SAS Visual Analytics SDK

电子资源

　　根据 Gartner 的定义，SDK（Software Development Kits）指在特定环境下用于进行软件开发的一组开发工具。我们常见的 SDK 有 Java SDK、iOS SDK 等。SAS Visual Analytics SDK 是提供给 Web 开发人员的 JavaScript 库的集合，可以用来将 SAS Visual Analytics 的各种对象，嵌入用户自定义的网页或 Web 应用程序中，使用户能够在自己的网站或 HTML 应用程序中使用 SAS Visual Analytics 提供的图形对象与分析对象等。SAS 还提供了 Mobile SDK for iOS/Android，这是一组免费的移动应用开发工具包，可使企业在自己的移动应用程序中访问 SAS Visual Analytics 报表对象。

　　SAS Visual Analytics SDK 提供了一个框架，使用户能够将 SAS Visual Analytics 的整个报表、单个或多个图表对象，嵌入企业自己的网页中，并支持在用户定制的网页或 Web 应用程序中操作 SAS Visual Analytics 报表对象，或者与 SAS Visual Analytics 报表对象之间共享数据。SAS Visual Analytics SDK 的 JavaScript 库，使企业的 Web 页面直接通过 HTML 定制元素< sas-report >来嵌入一个 VA 报表，或通过< sas-report-object > 元素嵌入一个 VA 对象，抑或使用 VA SDK 提供的 API 函数嵌入 VA 对象。

　　本章将介绍 VA SDK 的使用方法，包括需要执行的系统配置、SDK 库的安装与使用，SDK 提供的主要 API 等，并给出了 Web 页面显示 SAS Visual Analytics 报表的示例。对 Mobile SDK 感兴趣的读者，请参考 SAS 开发者网站 https://developer.sas.com/guides/mobile-sdk.html 提供的相关文档。

22.1　配置 SAS Viya 服务器

　　使用 VA SDK 之前，需要 SAS Viya 系统管理员在 SAS Environment Manager 应用程序中，对 SAS Viya 环境中的服务器进行一些配置。包括：启用跨域资源共享 CORS、配置跨站点请求伪造 CSRF、启用跨站点 Cookie 或设置允许匿名访客访问 SAS Visual Analytics 的系统配置，以及使用命令行接口 CLI（Command Line Interfaces）对访问规则的配置等。具体的配置方法，请扫描本章二维码查看，或参考官方帮助文档。

22.2　使用 SAS VA SDK 库

22.2.1　安装使用 VA SDK 库

　　使用 NPM 包管理工具，来安装 VA SDK 库。NPM 包管理工具一般用于安装

JavaScript 库、共享、分发 JavaScript 代码,管理项目依赖关系等。

以下是将 SAS VA SDK 库安装到某个项目中的具体步骤及说明。

```
# 在项目的根目录下,运行
npm install @sassoftware/va - report - components

# 将包中内容复制到项目所部署的 asset 目录下
cp - r ./node_modules/@sassoftware/va-report-components ./sdk-assets

# VA SDK 库就可以通过以下 <script> 脚本元素进行加载了
< script async src = "./sdk - assets/dist/umd/va-report-components.js"></script>
```

22.2.2　免安装使用 VA SDK 库

使用内容传递网络(Content Delivery Network,CDN),可以实现免安装直接使用 SAS VA SDK 库。一般地,CDN 提供了直接使用 JavaScript 库中文件的一种便利方式,如通过 unpkg.com 或 jsDelivr.com 等。为了更便捷高效地调用 SDK 库及其函数,SAS 推荐用免安装方式直接使用 VA SDK 库。

下面是使用 unpkg.com 网站,以 unpkg.com/:package@:version/:file 方式加载 VA SDK 库的代码示例。

```
// 加载 VA SDK 时,可以直接使用以下 HTML script tag.
// 使用 CDN
< script async src = "https://cdn.developer.sas.com/packages/va - report - components/
latest/dist/umd/va-report-components.js"></script>

// 使用 unpkg.com
// 其中 1.12 可以替换为相应的语义版本号 (major.minor.patch)
< script async src = "https://unpkg.com/@sassoftware/va-report-components@1.12/dist/umd/va-
report-components.js"></script>
```

22.2.3　身份认证

调用 SAS VA SDK 时的身份认证,有两种方式: authenticationType = "guest"或者 authenticationType = "credentials"。如果没有特别设置,默认为 authenticationType = "credentials"。

1) authenticationType = "guest"

使用匿名访客身份,自动进行身份认证。如上节所述,此时,必须在服务器上启用匿名访客访问,并为匿名访客设置必要的授权规则,以确保匿名访客可以访问相关报表及资源,这一点非常重要。匿名访客身份认证,通常用于在公开页面中访问 VA 报表的场景,也就是这些报表或页面的内容是公众可以随意查看的。如果系统设置为允许使用匿名访客身份访问,则 VA SDK 自动启动并完成身份验证过程,不需要调用 VA SDK 的程序进行干预。

2) authenticationType = "credentials"

使用 SAS Viya 系统提供的用户账户凭据,进行身份验证。这种身份验证方法,通过

SAS Viya 提供的登录管理器（Logon Manager），进行身份验证。通过验证后，将会话 Cookie 存储在浏览器中，便于后续访问。这种身份验证方法，与用户直接访问 SAS Visual Analytics 的身份验证流程相同。使用这种身份验证模式，VA SDK 检测到用户未能通过身份验证时，将自动提示用户先登录 SAS Viya 服务器进行身份验证。只有通过身份验证后，才能访问 VA 报表及其资源。如果系统已经配置好 SAS Logon Manager 的单点登录，那么访问 VA SDK 时，无须进行任何其他配置就可以直接完成身份验证。

22.3 VA SDK 提供的 API

VA SDK 提供的 API 函数，都封装在 @sassoftware/va-report-components 库中，可以通过 HTML 的 < script > 脚本元素进行加载。企业可以将 VA SDK 提供的 JavaScript API 函数，与自己企业的 Web 页面结合起来，为访问 SAS VA 报表或其内容对象，提供动态的 Web 访问体验。同时，通过调用 VA SDK 的 API 函数，企业的 Web 页面能够直接利用 VA 的报表交互功能，就像在 SAS Visual Analytics 中进行报表交互一样。本节介绍 VA SDK 提供的一些 API 函数和组件，如果需要查看更多函数，可以参考 SAS 开发者网站 https://developer.sas.com/sdk/va/docs/api-reference/网页的相关内容。

22.3.1 加载全局变量

默认地，VA SDK 库中定义了一个名为 vaReportComponents 的全局变量，对所有 API 函数的调用都可以通过它进行。每当 Web 页面侦听到 vaReportComponents.loaded 事件，就加载 API 所需要的相关资源（如 fonts、ltjslib、themes 等）。然后，就可以开始使用全局变量 vaReportComponents，去调用或访问 VA SDK 库中的 API 所提供的函数和对象。例如，vaReportComponents 对象的函数 SASReportElement( )、SASReportPageElement( ) 或 SASReportObjectElement( )，这些函数所返回的对象分别对应于 < sas-report >、< sas-report-page > 和 < sas-report-object > 等 HTML 元素。

以下代码段示例，调用 SASReportElement( ) 函数创建一个 < sas-report > 对象：

```
< script async src = "https://unpkg.com/@sassoftware/va-report-components@latest/dist/umd/va-report-components.js"></script>
< script >
  window.addEventListener('vaReportComponents.loaded', function() {
    // The SAS Visual Analytics SDK is loaded and ready
    const reportElement = new vaReportComponents.SASReportElement();
  });
</script>
```

22.3.2 传递报表参数

如果 VA 报表定义了参数，可以通过 SDK 设置该参数的值，从而直接展示由该参数值运行出来的报表。下面的代码示例中，VA 报表所定义的参数名为 rptParm，传递给该参数的值为 USA，运行后打开的是参数值为 USA 的报表。

```
< script >
    const sasReport = document.getElementById('myReport');
    sasReport.parameters = {  rptParm: 'USA',  };
</script>
```

22.3.3 VA SDK API 的主要函数

VA SDK 提供的 API 函数,可以用来访问 SAS VA 报表或其内容对象。下面是一些 VA SDK 提供的主要函数功能及函数名:

(1) 建立与 Viya 服务器的连接——connectToServer()。

(2) 创建< sas-report >、< sas-report-page >、< sas-report-object > 等 对 象—— SASReportElement()、SASReportPageElement()、SASReportObjectElement()。

(3) 获取指向某个报表或报表对象的句柄——getReportHandle()、getObjectHandle()。

(4) 通过句柄设置及更改报表参数,或导出报表及报表对象——setReportParameters()、updateReportParameters()、exportPDF()。

(5) 生成报表或报表对象的自定义菜单项——MenuItemProvider()。

(6) 与数据驱动内容对象通信——registerDataDrivenContent()、dispatch()、deregister()。

有关 VA SDK API 提供的一些主要函数和对象的调用方法、参数及属性说明等内容,请扫描本章二维码查看,或参考 VA SDK 的开发文档。

22.4 VA SDK 引用报表包

在 REST API 一章中,我们介绍了导出报表包。可以直接从 SAS Visual Analytics 应用程序的主菜单中,选择"导出 > 报表包",也可以使用 REST API 提供的程序接口导出报表包。

解压所导出的报表包,其中包含一个 index.html 及一个 packageIndex.html 文件,说明了如何在 Web 页面中,使用 VA SDK 来引用报表包、呈现报表内容。读者如果想查看这两个页面的内容,可以将报表包的.zip 文件,解压到 Web 服务器的目录(这里以 localhost 的 myproj 子目录为例说明)。然后,通过 Web 浏览器访问 http://localhost/myproj/index.html 或 http://localhost/myproj/packageIndex.html,就可以直接查看导出的报表了。

实际上,报表包中所包含的 index.html 与 packageIndex.html 文件,使用 VA SDK 提供的 JavaScript 库,加载报表包中的资源;使用 SASReportElement()、SASReportPageElement() 或 SASReportObjectElement()函数所创建的 HTML 定制元素对象的 packageUri 属性,直接引用报表内容。packageUri 指向的是报表包的位置,既可以是绝对路径的 URL,也可以是相对路径的 URL。

下面的代码段,是通过 VA SDK 引用报表包、呈现报表内容的示例。

```
// 页面中包含 VA SDK 提供的 js库
< script async src = 'https://cdn.developer.sas.com/packages/va - report - components/latest/dist/umd/va - report - components.js'>
</script>
```

```
// 或者使用的以下的免安装库路径,类似以下路径
< script async src = "https://unpkg.com/@sassoftware/va-report-components@1.12/
dist/umd/va-report-components.js"></script>

// 在页面中引用报表包,显示报表
// 以下路径为导出报表包时,index.html 和 packageIndex.html 文件使用的默认库路径
< sas-report packageUri = '.'></sas-report>

// 在页面中引用报表包,显示报表对象
< sas-report-object packageUri = "http://localhost/myproj" objectName = "ve27">
</sas-report-object>
```

22.5 VA SDK 使用示例

本节将通过简单的示例,说明在企业应用中如何创建一个 Web 页面,并在页面中显示 SAS Visual Analytics 所创建的报表。包括:

(1) 创建一个 Web 页面。

(2) 获取 SAS VA 报表的 HTML 元素。

(3) 将 VA 报表对象嵌入 Web 页面中。

(4) 将一个 VA 报表导出为 PDF 文档。

(5) 导出报表对象的数据。

(6) 使用 VA SDK 生成一个自定义菜单项。

(7) 使用 VA SDK 与数据驱动内容对象的交互。

受篇幅所限,请扫描本章二维码,查看 VA SDK 使用示例的具体内容及相关代码。

22.6 习题

(1) VA SDK 库的调用方式有哪两种?

(2) VA SDK 的 API 可以访问 SAS VA 所创建的几种报表对象?它们分别是什么?

(3) VA SDK 支持匿名访问 SAS VA 创建的报表吗?需要什么配置?

22.7 本章小结

本章主要介绍如何使用 VA SDK,包括需要执行的系统配置、SDK 库的安装使用及免安装使用;并对 SDK 提供的主要 API 进行了简要说明。最后,还提供了通过 Web 页面调用 VA SDK 访问 SAS Visual Analytics 报表的一些例子。

受到篇幅限制,使用 VA SDK 需要进行的系统配置、主要 API 的详细说明与调用示例,以及使用 VA SDK 创建 Web 网页并嵌入 VA 报表、报表导出、生成自定义菜单的完整示例,与数据驱动内容对象进行交互的相关代码和说明等内容,请扫描本章二维码进行阅读。

第 23 章

定制可视化图形模板

电子资源

我们通过前面的内容，已经知道 SAS Visual Analytics 提供了丰富的图形对象（超过 40 种），用于对数据进行可视化展现。在此基础上，SAS Visual Analytics 提供了定制可视化图形模板的功能，用户可以根据应用的需要，创建新的图形模板，然后将这个图形模板加载到 SAS Visual Analytics 中，使用所定制的可视化图形来进行数据可视化及创建分析报表。

定制可视化图形模板，不仅能够提高工作效率、提升专业形象，还能够提高数据沟通的质量与效果，是数据分析与报表创建的重要利器。定制可视化图形模板的好处有以下 4 方面。

- 节省时间：使用模板可以减少从头开始设计图形所需的时间。一旦模板建立好，只需输入数据即可快速生成符合要求的图形，节省大量重复性工作的时间。
- 提高效率：由于模板预先定义了布局和格式，因此能够简化整个图形生成的流程，使得我们能够更专注于数据解释、分析及洞察提炼，而不是在样式上花费过多时间。
- 一致的输出：使用定制的图形模板，人们能够轻松创建出符合需求的高质量图形，无论是内部报表还是对外展示，有助于确保输出的一致性。
- 适应独特需求：定制模板能够根据不同的数据类型与分析目的，对可视化图形进行调整和扩展，以灵活应对各种需求。

23.1 定制图形模板的入口

要使用 SAS Visual Analytics 提供的定制可视化图形模板的功能，可以在用户界面左上角，单击 ▤ 图标，从下拉菜单中，选择"生成自定义图形"项，进入 SAS Graph Builder 图形生成器应用程序，如图 23.1 所示。用户可以在该应用中，创建自定义的可视化图形模板。单击右上角的"新建自定义模板"按钮，就可以开始创建自定义图形模板了。定制可视化图形模板时，可以在 SAS Graph Builder 中更改图形的布局、向图形模板中添加新的图形元素、修改图形的数据角色、更改选项等。

定制好的可视化图形模板，可以导入 SAS Visual Analytics 中，用于创建对应的可视化图形。使用定制的可视化图形模板所创建的图形，与 SAS Visual Analytics 系统所提供的可视化图形对象，具有一致的外观及通用选项。同样地，在定制的图形模板被导入 SAS Visual Analytics 后，可以根据定制图形的数据角色设置，为它分配数据、设置选项等。

图 23.1 SAS Graph Builder 图形生成器界面

23.2 组成模板的图形元素

在 SAS Graph Builder 中定制可视化图形模板，实质上是通过将 Viya 系统所提供的一些图形元素，进行布局、组合、或调整，从而构建出独特的图形模板。Graph Builder 中提供的基础图形元素，如图 23.2 和图 23.3 所示。

基础图形 名称	示例	基础图形 名称	示例
条形图		带形图	
气泡图		线图	

图 23.2 Graph Builder 提供的基础图形之一

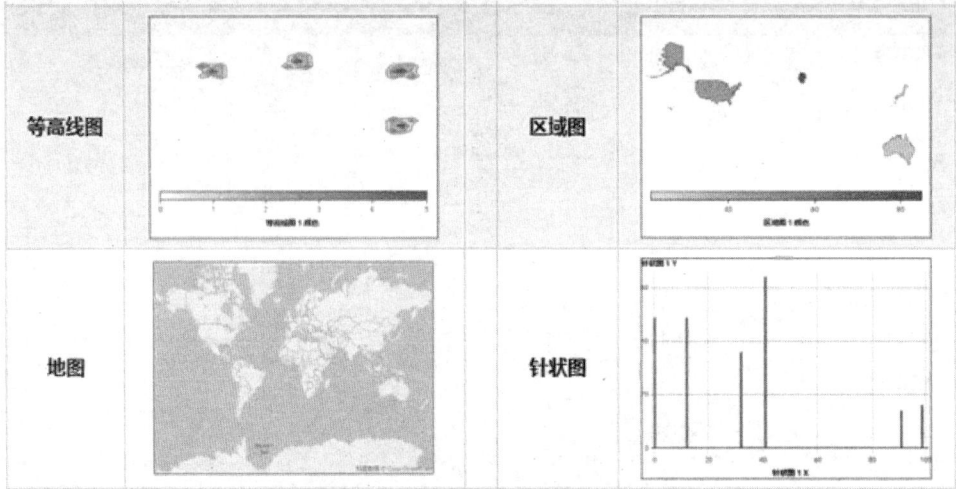

| 等高线图 | | 区域图 | |
| 地图 | | 针状图 | |

图 23.2 （续）

基础图形名称	示例	基础图形名称	示例
饼图		散点图	
进度图		序列图	
阶梯图		时间序列图	
矩形树图		向量图	

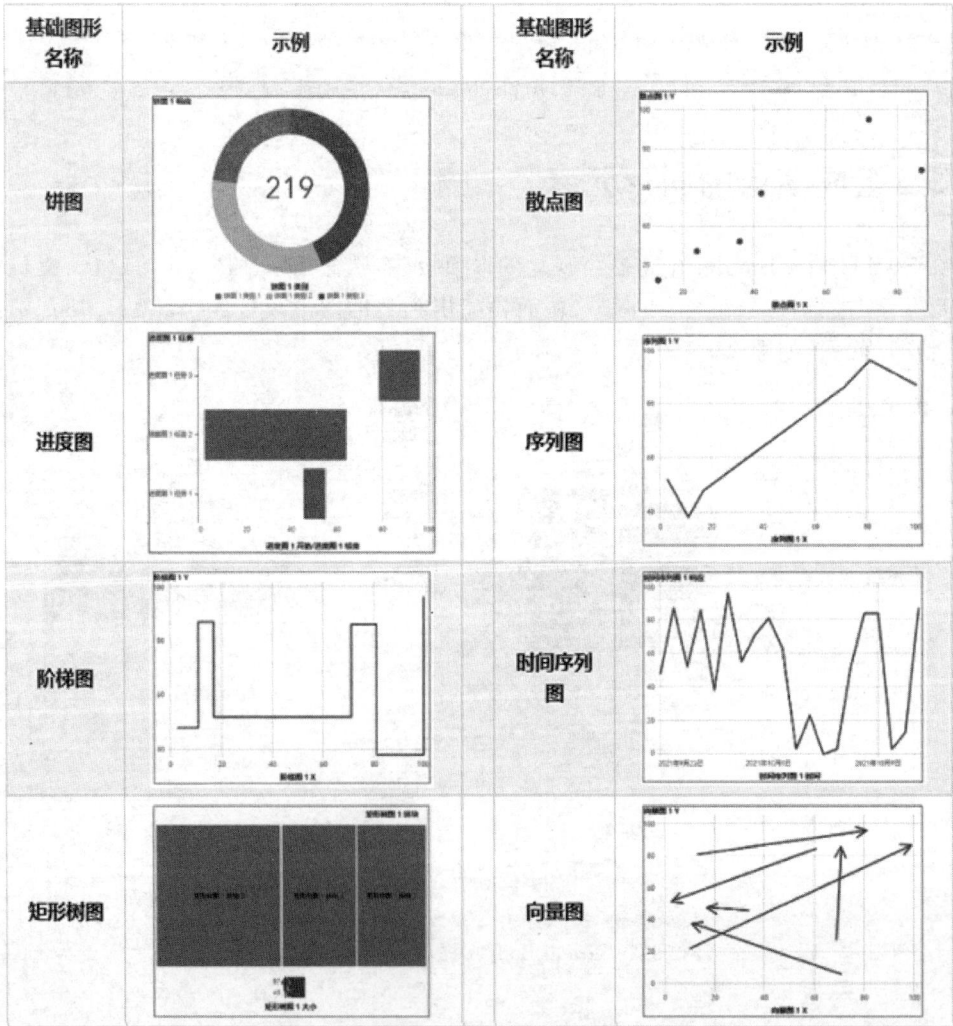

图 23.3 Graph Builder 提供的基础图形之二

瀑布图

图 23.3 （续）

23.3 定制可视化图形模板

在 SAS Graph Builder 中定制可视化图形模板,包括以下三个主要步骤:选择适当的图形元素、设置图形模板属性,以及设置图形模板的数据角色。

SAS Graph Builder 定制可视化图形模板时,可以将图形模板绘制区域划分为 $1\sim n$ 个单元格,默认为 1 个单元格。当多个基础图形元素被添加到同一个单元格中时,会自动启用叠加功能,将一个图形元素叠加到另一个图形元素上。但是,某些相互不兼容的图形元素,不能被叠加到同一单元格中。当图形模板绘制区域被划分为多个单元格时,可以分别按横向、纵向排列这些单元格,且这些单元格可以分别容纳 $1\sim n$ 个基础图形元素。同样地,同一单元格的基础图形元素必须相互兼容、不同单元格的基础图形元素可以不兼容。

表 23.1 是互不兼容的基础图形元素列表,其中值得注意的是:

- 饼图和树形图与任何其他图形元素不兼容,表中没有单独罗列。
- 地理地图有其自己的兼容性要求,本表未包含地理图。
- 瀑布图要求其 X 轴项是一个共享角色,以避免出现不可预测的结果,因此无法与另一瀑布图兼容。

表 23.1 基础图形元素间的相互兼容说明

基础图形名称	与之不兼容的基础图形
条形图(横向)	条形图(纵向)、带形图、线图、针状图、进度图、向量图、瀑布图
线图	条形图(横向)、进度图、向量图
条形图(纵向)	条形图(横向)、进度图、向量图
瀑布图	条形图(横向)、进度图、向量图、瀑布图
带形图	条形图(横向)、进度图
针状图	条形图(横向)、进度图
散点图	饼图、树图
气泡图	饼图、树图
序列图	饼图、树图
阶梯图	进度图
时间序列图	进度图
进度图	条形图(纵向、横向)、带形图、线图、针状图、阶梯图、时间序列图、向量图、瀑布图
向量图	条形图(纵向、横向)、线图、进度图、瀑布图

23.3.1　选择适当的图形元素

根据要定制的图形模板的需要,选择适当的基础图形元素。选择的出发点,可以从图形元素的特点出发、综合考虑图形模板的需要及适用的数据类型等,进行模板的设计与定制。

本节以居中显示分类数据标签的蝶形图为例,来说明定制可视化图形模板的过程。我们将创建的蝶形图模板,可以展示两个测度项按不同类别值的对比情况;类别项值将作为标签显示在定制图形的中央;以图形中轴对称的左、右两边的矩形条,分别展示两个测度项在不同类别值下的聚合值。为简单起见,本例定制的蝶形图模板适用于展示包含两个测度项和一个类别项的数据。

根据上述对蝶形图模板的设计,我们选用两个水平方向排列的条形图,并以"背靠背"的形式排列在一起,来构建这个蝶形图模板。步骤如下:

（1）从左侧"图形元素"窗格中,拖曳一个"条形图"到绘制区域,其名称为"条形图1"。

（2）从"图形元素"列表中,拖曳另一个"条形图"到绘制区域,并将其放置在"条形图1"的右侧,命名为"条形图2"。

（3）如图23.4所示,拖动两个条形图中间的 图标,使左边"条形图1"所在的区域略大于右边"条形图2"所在的区域。这么做的原因是,我们将使用左边的条形图显示分类标签,为避免造成对左边矩形条空间的挤压,我们为左边的条形图留出更大的空间。

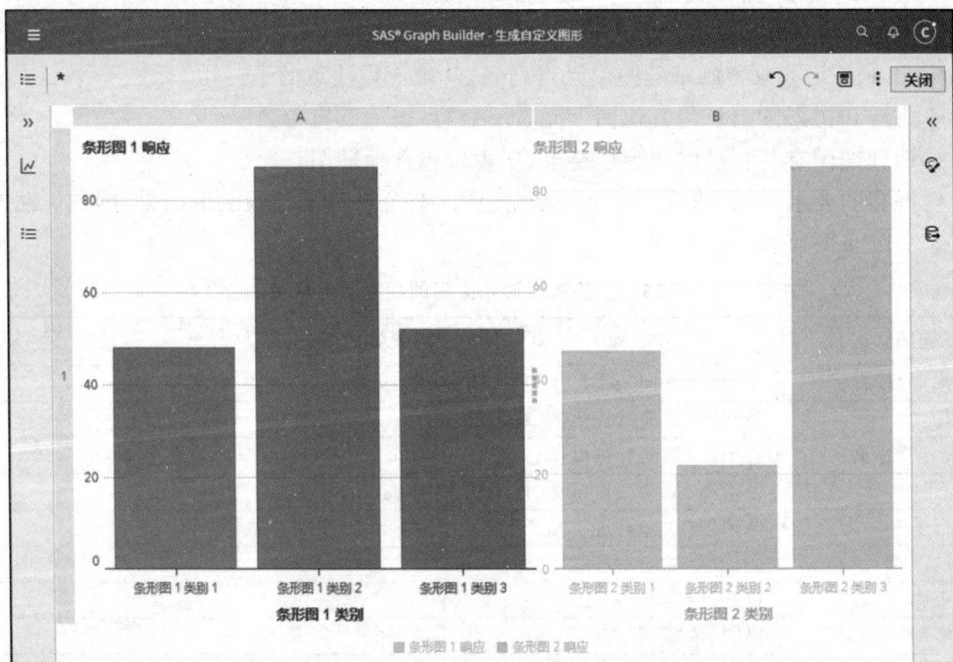

图 23.4　定制蝶形图模板之选择图形元素

23.3.2　设置图形模板属性

接下来要做的,就是对基础图形元素及图形模板进行选项设置,以满足图形模板的设计要求。本例中,根据我们对蝶形图模板的设计,需要在右侧边栏的"选项"窗格中,进行如下的设置：

（1）从"选项"窗格的下拉列表中，选择"条形图 1"，如图 23.5（a）所示，在它下面找到"方向："标签，单击 ▤ 图标，将其设置为水平方向；在"Y 轴："标签下，单击 ▥ 图标，将其设置为右方。

（2）从"选项"窗格的下拉列表中，如图 23.5（b）所示，选择"条形图 1"下面的"X 轴"，在它下面的选项中，勾选"倒序"选项。

（3）从"选项"窗格的下拉列表中，如图 23.5（c）所示，选择"条形图 1"下面的"右 Y 轴"，在它下面的选项中，清除"轴标签"及"轴线"选项。在"刻度值"下面，选择"文本样式"为 Noto Sans SC，字号为 12，选中 B（粗体字），以及"数据字体颜色 4"。

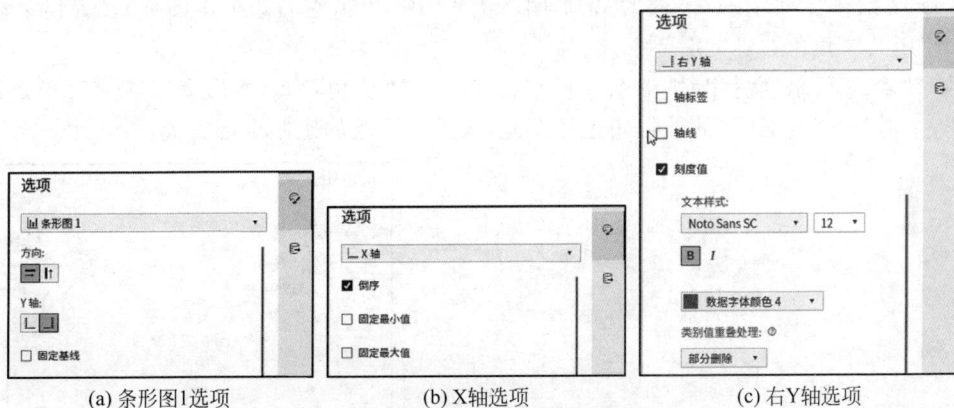

(a) 条形图1选项　　　　(b) X轴选项　　　　(c) 右Y轴选项

图 23.5　定制蝶形图模板之设置图形选项 1

（4）接着，从"选项"窗格的下拉列表中，选择"条形图 2"，如图 23.6（a）所示，在它下面的"方向："标签下，单击 ▤ 图标，将其设置为水平方向，在"Y 轴："标签下，单击 ▥ 图标，将其设置为左方。

（5）再从"选项"窗格的下拉列表中，如图 23.6（b）所示，选择"条形图 2"下面的"左 Y 轴"，在它下面的属性中，清除"轴标签""轴线""刻度值"三个选项。

（6）最后，从"选项"窗格的下拉列表中，如图 23.6（c）所示，选择"图例"，然后从"可见性"下的列表中，选择"全部隐藏"。

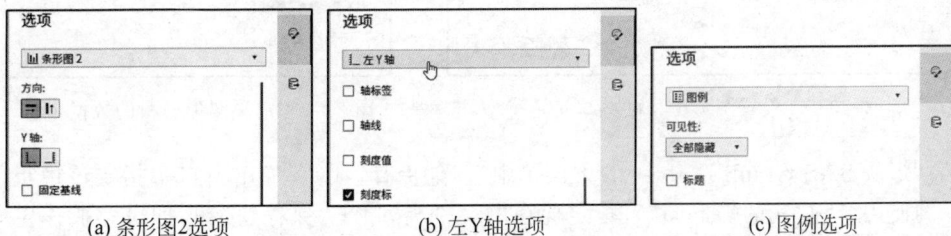

(a) 条形图2选项　　　　(b) 左Y轴选项　　　　(c) 图例选项

图 23.6　定制蝶形图模板之设置图形选项 2

23.3.3　设置图形模板的数据角色

最后，我们需要为图形模板设置相关的数据角色。在 SAS Graph Builder 中，每当我们选择了某个图形元素时，其对应的数据角色会自动列示在右侧边栏的"角色定义"窗格中。

如本例添加的"条形图 1"已经带有"条形图 1 类别"和"条形图 1 响应"两个数据角色；"条形图 2"已经带有"条形图 2 类别"和"条形图 2 响应"两个数据角色。

要为定制蝶形图模板设置数据角色，需要在右侧边栏的"角色定义"窗格中，再进行如下的设置：

（1）在"共享角色"下，单击"添加角色"按钮，在弹出的"添加共享角色"窗口中，如图 23.7 所示，我们将"角色名称"设置为"类别"；在"分类"下选择"类别"；勾选"必需"选项；然后单击"确定"按钮，完成对共享角色"类别"的添加。

（2）然后，在右侧边栏的"角色定义"窗格中，找到"条形图 1"下面的"条形图 1 类别"项，单击它右边的：图标，在弹出菜单中选择"使用共享角色"->"类别"。

（3）找到在"条形图 2"下面的"条形图 2 类别"项，单击它右边的：图标，在弹出菜单中选择"使用共享角色"->"类别"。

如图 23.8 所示，我们为蝶形图模板定义了三个数据角色："条形图 1 响应""条形图 2 响应""类别"，均为"必需"的数据角色。至此，蝶形图模板的定制全部完成。

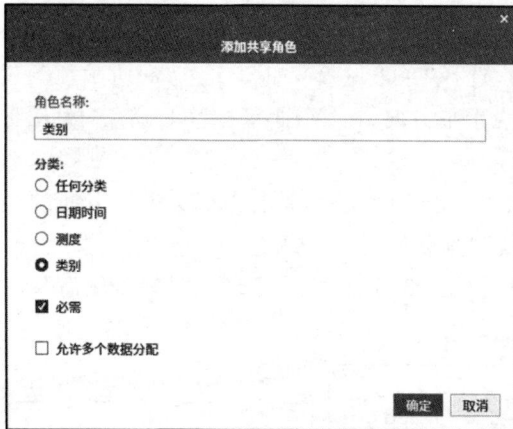

图 23.7　设置图形模板的共享角色　　　　图 23.8　定义图形模板的数据角色

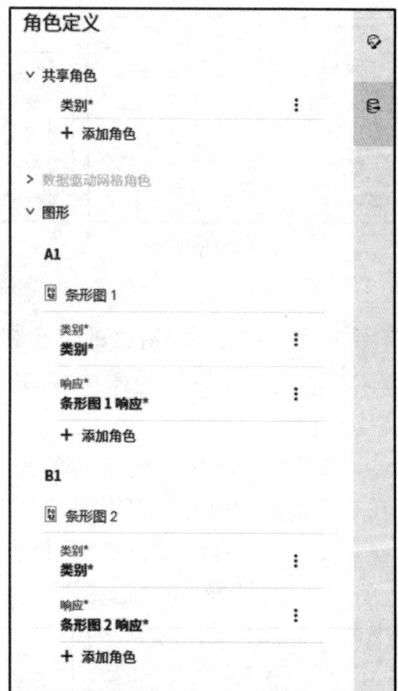

最后，从 SAS Graph Builder 的主菜单中选择"保存"项，在弹出窗口中指定该模板的名称（本例使用名称"我的蝶形图"），指定保存的文件夹，单击"保存"按钮，即可完成该定制蝶形图模板的创建。

23.4　使用定制的图形模板

要在 SAS Visual Analytics 中使用定制好的可视化图形模板，需要先导入该定制图形模板。

下面以我们定制的蝶形图模板为例，来看看在 SAS Visual Analytics 中，使用定制好的可视化图形模板的步骤：

（1）单击 SAS Visual Analytics 左侧边栏的"对象"窗格，再单击该窗格右上角的┇图标，从菜单中选择"导入自定义图形…"。

（2）然后，从弹出窗口中，找到之前保存的定制图形模板，选中并单击"确定"按钮即可。这样，这个定制图形模板就会列示在"对象"窗格的"图形"列表下。本例中，在弹出窗口中选择我们保存的定制模板"我的蝶形图"。然后，它就会列示在"对象"窗格的"图形"列表下，名称为"我的蝶形图"。

（3）直接拖曳该对象到报表工作区，就可以使用它来绘制定制的蝶形图了。图 23.9 所示是将"我的蝶形图"添加到报表工作区后的界面。

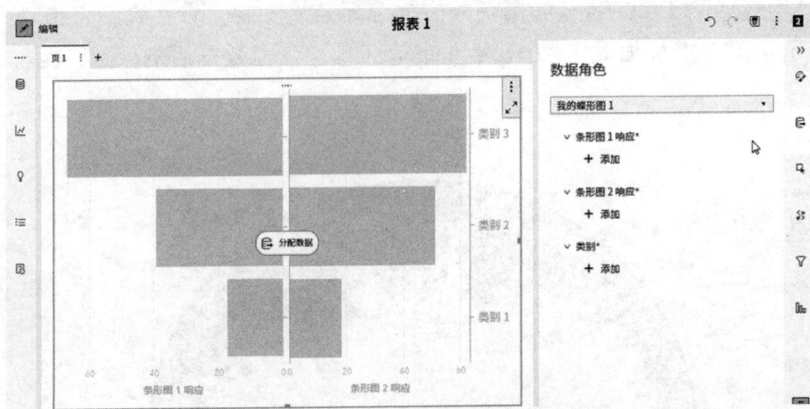

图 23.9 打开定制的图形模板

（4）接着，为该蝶形图指定数据角色。单击图中的"分配数据"图标，在弹出的"选择数据"框中，选择 PRDSALE 数据集。然后，为"条形图 1 响应"角色分配"实际销售"项，为"条形图 2 响应"角色分配"预计销售"项，为"类别"角色分配"月份"项。

至此，可以看到使用定制图形模板创建出来的蝶形图，其类别项的值显示在图形中央。如图 23.10 所示，按月份将实际销售额与预计销售额进行对比的蝶形图，月份标签显示在蝶形图的中央，左右两边的矩形条分别显示的是对应的实际销售额与预计销售额。

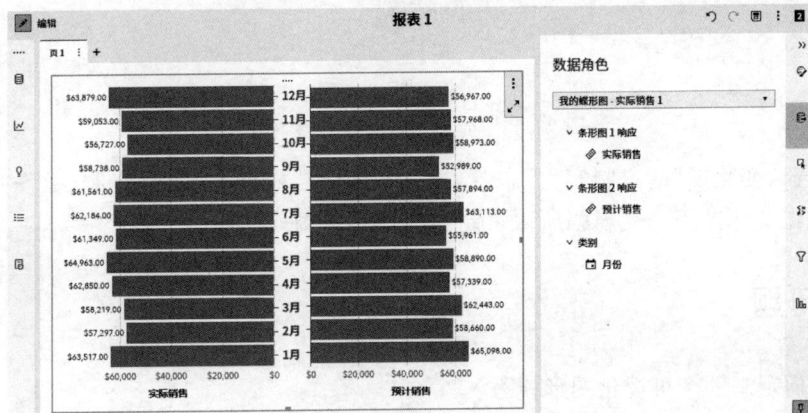

图 23.10 使用定制的图形模板示例

23.5 定制图形模板的实例

前面我们通过定制一个分类标签居中显示的蝶形图示例,介绍了如何在 SAS Graph Builder 中添加图形元素、更改图形模板的布局、更改图形选项、设置图形的数据角色等图形模板定制的主要步骤。

本节通过另一个环形图形模板的定制实例,帮助读者进一步了解如何使用 SAS Graph Builder 进行图形模板的灵活定制。

该例中要定制的图形模板"环形气温变化图",将采用环形轴的方式,来显示一年内日平均气温的变化情况。我们将以 20℃ 作为基准线,日均气温低于 20℃,则向圆环内方向显示蓝色线条,日均气温高于 20℃,则向圆环外方向显示红色线条,圆上的点表示气温为 20℃。图 23.11 所示是图形模板加载了 2018 年北京地区日均气温数据后的效果。

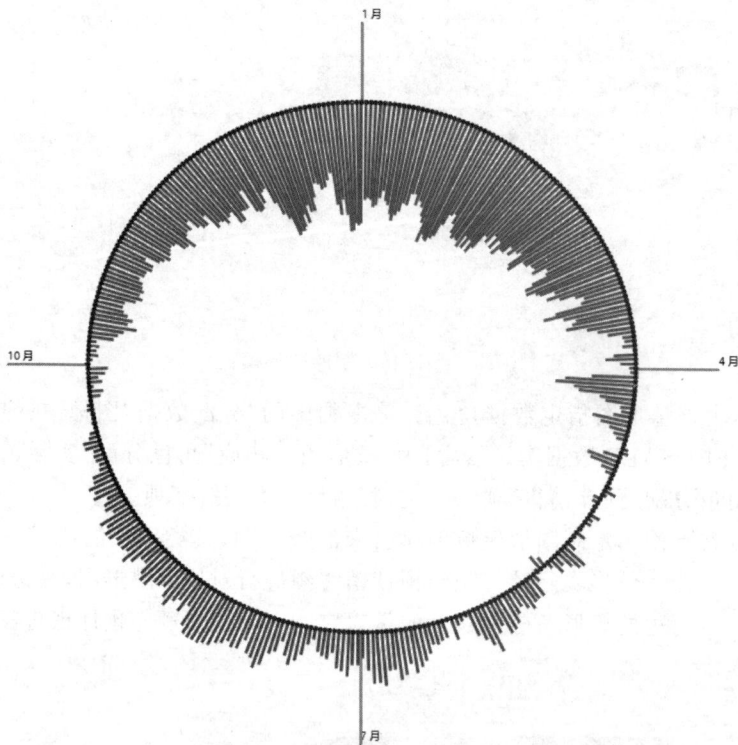

图 23.11 定制的环形气温变化图

"环形气温变化图"的定制实例,包括:设计思路、数据准备、图形定制、数据角色设置、生成环形气温变化图等。受篇幅所限,请扫描本章二维码查看具体内容。

23.6 习题

(1) 如何定制一个可视化图形模板?

(2) SAS Visual Analytics 中如何导入和使用定制的图形模板?

（3）尝试定制一个图形模板。

23.7　本章小结

本章介绍了如何使用 SAS Graph Builder 图形生成器应用程序，创建一个定制的图形模板，并结合定制蝶形图说明如何在 SAS Visual Analytics 中使用该图形模板创建可视化图形。

本章还结合定制环状气温变化图的例子，带领读者一起体验定制更灵活图形模板的思路及过程。受到篇幅限制，该示例的设计思路、数据准备、图形定制、角色设置等的描述和说明，可以扫描本章二维码进行阅读。

后　记

从 2015 年底萌生编写本书的想法，到 2018 年真正开始撰写第一章，历时五年多，终于完成了本书的编写。由于写作主要是在业余时间断续进行，期间伴随着我司可视化软件产品的多次升级，使得成书时间远超预期。当书稿提交出版社后，编辑反馈内容篇幅过长，需要分为上下两册。考虑到现在纸张价格上涨、同时为方便部分读者运行相关代码，最终决定抽取部分内容作为文泉云盘的电子资源、部分内容放置于 GitHub 开源社区，通过扫描相关章节的二维码进行阅读。这样既符合环保理念，又能减轻读者的购书负担。于是，为尽可能保持全书内容的完整性，又一轮较大幅度的调整再次延迟了本书的出版。在此，特向关心本书出版的各位同仁说明情况，并诚挚感谢大家的理解与支持！

在本书付印之际，请允许我在此分享一点个人的感悟。写作本书的过程让我深刻地体会到了坚持不懈的价值。不积跬步，无以至千里。每个章节的完成都离不开无数次的修改与调整，在坚持和挑战中找到自己的节奏与动力，很好地磨炼了我的耐心与毅力。写作本身也是一个持续学习与自我探索的过程，每一次的停顿与调整都是为更深入的理解铺路；每一次的反馈与反思都是为向前迈进准备。

多年的行业经验让我深刻体会到，可视化分析不仅仅是一种技术手段，更是一种思维方式。希望本书能够向读者传达可视化分析的潜力与力量，以及跨学科思维的重要性。数据不仅仅是冰冷的数字，它们背后往往蕴含着丰富的故事等待人们去探索，通过可视化图形将繁杂的数据转化为易于理解的形式，会促进更深层次的认识和交流。同时，优秀的可视化分析工具，不仅依赖于技术，还需要设计学、统计学、心理学与用户体验的结合，这种跨学科的工具无疑会助力我们的可视化分析实践。保持好奇心、不断提出问题、持续探索和尝试不同的可视化方法及呈现方式，再结合跨领域思维，必将提升我们分析问题的深度和广度。总之，可视化分析的过程也是一个不断学习和迭代的旅程。勇于尝试新方法、拥抱失败的过程，将塑造我们以独特视角对数据的理解。

最后，诚挚希望本书能够引导读者在数据的海洋中，勇敢尝试、不断探索，最终找到属于自己的航向。未来的数据分析与可视化领域充满无限可能，让我们一起迎接挑战，共同迈向数据驱动的未来。

附　　录

1．附录 A

1）数值运算符说明与示例

2）文本运算符说明与示例(一)

3）文本运算符说明与示例(二)

4）日期时间运算符说明与示例

5）比较运算符说明与示例

6）布尔运算符说明与示例

7）聚合运算符说明与示例(一)

8）聚合运算符说明与示例(二)

9）聚合运算符说明与示例(三)

10）聚合运算符说明与示例(四)

11）快速计算项说明与示例

2．附录 B

1）过滤条件运算符说明(一)

2）过滤条件运算符说明(二)

3．附录 C

1）预定义的地理名称或代码样例(一)

2）预定义的地理名称或代码样例(二)

3）预定义的地理名称或代码样例(三)

4．附录 D

1）SAS Visual Analytics 对象的默认数据限值

2）SAS Visual Analytics 的键盘快捷键说明

5．附录 E

由于书中的部分彩色图片在纸质图书印刷时变为黑白图片,为便于读者更清晰地查看彩色图片、观察和体悟色彩的作用,本附录以电子文档的形式,给出书中的部分彩色图片。

请扫描本页二维码,查看附录 A～E 的具体内容。

参 考 文 献

[1] 陈为,等.数据可视化的基本原理与方法[M].北京：科学出版社,2013.

[2] QGIS. QGIS 地理信息系统基础教程. OSGeo,2019.

[3] Falko Schulz,et al. Insightful Data Visualization with SAS® Viya®. SAS Institute,2020.

[4] SAS Institute Inc. SAS® Visual Analytics for SAS® Viya®. SAS Institute,2020.

[5] Tricia Aanderud,et al. An Introduction to SAS® Visual Analytics：How to Explore Numbers,Design Reports,and Gain Insight into Your Data. SAS Institute,2017.

[6] Aurelia Moser,et al. Geospatial Data and Analysis. O'Reilly Media,2017.

[7] 李善友.第一性原理[M].北京：人民邮电出版社,2021.

[8] 凯莱布·埃弗里特.数字起源[M].北京：中信出版社,2018.

[9] 久保忧希也.请用数据说话[M].北京：中信出版社,2019.

[10] 安妮特·西蒙斯.故事思维[M].江西：江西人民出版社,2017.

[11] 芭芭拉·明托.金字塔原理[M].海南：南海出版公司,2013.

[12] Michael Friendly. A Brief History of Data Visualization. Handbook of Computational Statistics：Data Visualization. Germany：Springer-Verlag,2006.

[13] Stephen Few. Show Me the Numbers. California：Analytics Press,2004.

[14] Edward Tufte. Visual Display of Quantitative Information. Connecticut：Graphics Press,1983.

[15] Henry Nicholas. Knowledge Management：A New Concern for Public Administration. USA：Public Administration Review,1974.

[16] IBCS Association. International Business Communication Standards V1. 1. Germany：IBCS Institute (HICHERT+FAISST). 2017.

[17] UNECE. ORG. Making Data Meaningful. Part 2：A guide to presenting statistics. United Nations Economic Commission for Europe(UNECE). Geneva,2009.

[18] Atrin Assa. Telling Your Data Story. SAS Institute,2019.

[19] Bree Baich. The MECHANICS of Storytelling-a SAS Best Practices E-book. SAS Institute,2017.

[20] 魏因申克.设计师要懂心理学[M].北京：人民邮电出版社,2013.

[21] 约翰·安德森.认知心理学及其启示[M].北京：人民邮电出版社,2012.

[22] 丹尼尔·卡尼曼.思考,快与慢[M].北京：中信出版社,2012.

[23] 冯启思.数据统治世界[M].北京：中国人民大学出版社,2013.

[24] Colin Ware. Information Visualization：Perception for Design. MA：Morgan Kaufmann Publishers,2012.

[25] Jeroen de Mast & Benjamin Kemper. Principles of Exploratory Data Analysis in Problem Solving：What Can We Learn from a Well-Known Case? Quality Engineering,2009.

[26] Tracey Weissgerber,et al. Beyond Bar and Line Graphs：Time for a New Data Presentation Paradigm. PLoS Biol 13(4)：e1002128. https://doi. org/10.1371/journal. pbio. 1002128,2015.

[27] Steven Petersen & Michael Posner. The attention system of the human brain：20 years after. Annual Review of Neuroscience,2012.

[28] George Miller. The Magical Number Seven,Plus or Minus Two：Some Limits on Our Capacity for Processing Information. The Psychological Review,1956.

[29] Nelson Cowan. The magical number 4 in short-term memory：A Reconsideration of Mental Storage Capacity. Behavioral and Brain Sciences,2001.

[30] John Tukey. The Future of Data Analysis. Princeton University and Bell Telephone Laboratories,1961.

［31］　Daniel Keim，et al. Solving Problems with Visual Analytics. Germany：Eurographics Association，2010.

［32］　NIST/SEMATECH. Exploratory Data Analysis. USA：https://doi. org/10. 18434/M32189，2012.

［33］　Howard Seltman. Experimental Design and Analysis. Carnegie Mellon University，https:// www. stat. cmu. edu/～hseltman/309/Book/Book. pdf，2018.

［34］　Manfred Borovcnik，Klagenfurt，Austria. Exploratory Data Analysis—A New Approach to Modelling. International Conference on Teaching Mathematical Modelling and Applications（ICTMA 7），1995.

［35］　John Behrens. Principles and Procedures of Exploratory Data Analysis. USA：American Psychological Association，Inc. 1997.

［36］　Jeroen de Mast，Benjamin P. H. Kemper. Principles of Exploratory Data Analysis in Problem Solving. Quality Engineering，Taylor & Francis Group，2009.

［37］　Marcin Kozak. Basic principles of graphing data. Scientia Agricola，2010.

［38］　James Thomas，Kristin Cook. Illuminating the path. USA：National Visualization and Analytics Center，2005.

［39］　Richard Atkinson & Richard Shiffrin. Chapter：Human memory：A proposed system and its control processes. Psychology of learning and motivation. New York：Academic Press Inc，1968.

［40］　Matthew Ward，Georges Grinstein，Daniel Keim. Interactive Data Visualization. USA：CRC Press，Taylor & Francis Group，2010.

［41］　Daniel Keim，et al. Mastering the Information Age-Solving Problems with Visual Analytics. Germany：Eurographics Association，2010.

［42］　Charlie Chunhua Liu，et al. Producing High-Quality Figures Using SAS/Graph® And ODS Graphics Procedures. USA：CRC Press，Taylor & Francis Group，2015.

［43］　SACHA，Dominik. Knowledge Generation in Visual Analytics：Integrating Human and Machine Intelligence for Exploration of Big Data［Dissertation］Konstanz：University of Konstanz，2018.

［44］　SAS Institute Inc. SAS® Visual Analytics Help Center. https://support. sas. com/en/documen-tation. html SAS Institute，2022.

［45］　SAS Institute Inc. SAS® Visual Analytics SDK. https://developer. sas. com/sdk/va/docs/getting-started/ SAS Institute，2022.

［46］　Rick Styll. AI is Coming for Your BI：Automated Analysis in SAS® Visual Analytics. SAS Institute，2019.

［47］　Liz Grennan，et al. Why businesses need explainable AI-and how to deliver it. https://www. mckinsey. com/capabilities/quantumblack/our-insights/why-businesses-need-explainable-ai-and-how-to-deliver-it＃/McKinsey & Company，2022.

［47］　Robby Powell. Add the "Where" to the "What" with Location Analytics in SAS® Visual Analytics 8. 3. SAS Institute，2019.

［48］　Stu Sztukowski. Mastering Parameters in SAS® Visual Analytics. SAS Institute，2019.

［49］　Nicole Ball. SAS® Visual Analytics 2 for SAS® Viya®：Advanced Course Notes. SAS Institute，2020.

［50］　Brad Morris，Robby Powell. SAS® Visual Analytics SDK：Embed SAS® Visual Analytics Insights in Your Web Pages and Web Apps. SAS Institute，2020.

［51］　SAS Institute Inc. Exploring SAS® Viya® Programming and Data Management. SAS Institute，2019.

［52］　SAS Institute Inc. SAS® Viya® REST APIs：Visualization API Reference. https://developer. sas. com/apis/rest/Visualization/ SAS Institute，2022.

［53］　SAS Institute Inc. SAS® Job Execution Web Application Help Center. https://go. documentation. sas. com/doc/zh-CN/jobexeccdc/2. 2/jobexecug/titlepage. htm SAS Institute，2023.

［54］　Anthony Figueroa. Data Demystified—DIKW model. https://towardsdatascience. com/ rootstrap-dikw-model-32cef9ae6dfb Rootstrap，2019.